A Origem do Cristianismo

Karl Kautsky

A Origem do Cristianismo

Tradução, introdução, apêndice e notas de
Luiz Alberto Moniz Bandeira

3ª edição

CIVILIZAÇÃO BRASILEIRA
2024

CAPA
EG Design – Evelyn Grumach

FOTO DE CAPA:
© Dr. John C. Trever, Ph. D./Corbis/Latinstock e © Richard T. Nowitz/Corbis/Latinstock

PROJETO GRÁFICO
Evelyn Grumach e João de Souza Leite

DIAGRAMAÇÃO DE MIOLO
Abreu's System

CIP-Brasil. Catalogação-na-fonte
Sindicato Nacional dos Editores de Livros, RJ

Kautsky, Karl, 1854-1938
K32o A origem do cristianismo/Karl Kautsky; tradução, introdução,
3ª ed. apêndice e notas de Luiz Alberto Moniz Bandeira. – 3ª ed. – Rio de Janeiro: Civilização Brasileira, 2024.

Tradução de: *Der Ursprung des Chistentums. Eine historische Untersuchung*
Anexo: Comunismo cristão e heresia/Luiz Alberto Moniz Bandeira
ISBN 978-85-200-0738-4

1. Jesus Cristo – Historicidade. 2. Cristianismo – Origem. 3. Cristianismo – História. I. Bandeira, Moniz, 1935-. II. Título. III. Título: Comunismo cristão e heresia.

07-1855 CDD: 270.1
CDU: 27(09)

Este livro foi revisado segundo o Acordo Ortográfico da Língua Portuguesa de 1990.

Direitos desta tradução adquiridos pela
EDITORA CIVILIZAÇÃO BRASILEIRA
Um selo da
EDITORA JOSÉ OLYMPIO LTDA.
Rua Argentina, 171 – 20921-380 – Rio de Janeiro, RJ – Tel.: 2585-2000

Impresso no Brasil
2024

Sumário

Prólogo

Luiz Alberto Moniz Bandeira

Karl Kautsky (1854-1938), nascido em Praga e educado em Viena, foi o legatário de Karl Marx (1818-1883) e de Friedrich Engels (1820-1895), com os quais estabeleceu relações de amizade, quando de sua viagem a Londres em 1881. Coube a ele depois compilar e editar os manuscritos de Marx sobre *Theorien über den Mehrwert* (Teorias sobre a mais-valia), que constituíram o quarto volume de *Das Kapital*. Kautsky tornou-se membro do Partido Social-Democrata da Áustria e, posteriormente, do Partido Social-Democrata da Alemanha, para onde se mudou, e fundou a revista teórica *Die Neue Zeit* (O novo tempo). Tornou-se então o principal intérprete da doutrina de Marx, dentro da Internacional Socialista, mas suas divergências com Vladimir Lenin, líder da facção bolchevique dos social-democratas russos, começaram a agravar-se por volta de 1914, e ele criticou acerbamente o modo como foi constituído o Estado soviético e clamou contra o Terror Vermelho, implantado na Rússia após a revolução de 1917. Assim, com a maior veemência e toda a força de sua autoridade moral, intelectual e política, opôs-se aos métodos de Lenin e Trotsky, por suprimirem, na Rússia, a democracia política em nome da implantação do socialismo. Segundo Kautsky, o socialismo, como meio para a libertação do proletariado, sem democracia, era "impensável", conceito este que insistentemente reafirmou:

> Para nós (...) socialismo sem democracia é impensável. Nós entendemos sob o moderno socialismo não a simples organização da produção social, mas também a organização democrática da sociedade. O socialismo para nós está inseparavelmente ligado com a democracia. Nenhum socialismo sem democracia.[1]

Kautsky, criticando o regime soviético e a inconsistência do pensamento de Lenin, do ângulo da própria teoria de Marx, ponderou que, quando se tratava de ditadura como forma de governo, não se podia falar de ditadura de uma classe. Uma classe só poderia dominar, nunca governar. E, além do mais, quando o proletariado se dividia em diferentes partidos, a ditadura de um deles não era a ditadura do proletariado, senão de uma parte sobre as outras. E, no caso da Rússia Soviética, a situação ainda mais se complicava, pois a ditadura do proletariado não seria sequer uma simples ditadura do proletariado sobre o proletariado e sim também uma ditadura de operários e camponeses sobre o proletariado.[2] Kautsky enfatizou que a liberdade não era menos importante que o pão[3] e salientou que não se podia entender a ditadura do proletariado, da qual Marx falara, como uma forma de governo (*Regierungsform*) e sim como uma situação política (*politischer Zustand*), somente viável quando contasse com o suporte das massas, ou seja, da maioria da população.[4] Este conceito de ditadura do proletariado como situação política (*politischer Zustand*) é similar ao de Rosa Luxemburg e aproxima-se bastante do que Antonio Gramsci formulou, ao defini-la como hegemonia política consentida pelas massas, não imposta a estas, tal como ocorria na União Soviética. Segundo Kautsky,

> (...) a organização estatal da produção, através de uma burocracia ou através da ditadura de uma única camada da população, não significa socialismo.[5]

A organização socialista do trabalho, ele observou, não devia ser uma organização de caserna (*Kasernenorganisation*) e um sistema de guerra civil crônica, que tornavam impossível a construção do modo socialista de produção[6] e provocavam a apatia e o desânimo das massas. O socialismo, representando o total bem-estar no contexto da moderna cultura, somente seria possível através de poderoso desenvolvimento das forças produtivas, que o capitalismo trazia consigo, e da enorme riqueza por ele gerada e concentrada nas mãos da classe burguesa,[7] observou Kautsky, que qualificou como um estado camponês (*Bauernstaat*) o que os bolcheviques organizavam na Rússia e evocou a advertência de Engels no sentido de que, em condições de subdesenvolvimento das relações de produção, uma economia comunista poderia servir de base para o despotismo.[8]

Tais críticas ao curso da Revolução Russa levaram Lenin a apodar Kautsky de "renegado", em livro muito difundido no meio da esquerda.[9] Nesse mesmo livro, porém, Lenin reconheceu que Kautsky sabia Marx "quase de memória"[10] e, mais adiante, fez-lhe justiça, ao observar que "por muitos dos seus trabalhos sabemos que Kautsky soube ser um historiador marxista, e esses trabalhos ficarão como patrimônio perdurável do proletariado, apesar da apostasia do autor".[11] Entre os trabalhos de história, aos quais Lenin se referiu como "patrimônio perdurável do proletariado", destaca-se *Der Ursprung des Christentums* (*A origem do cristianismo*), cuja primeira edição foi publicada, em 1908, pela J. H. W. Dietz Nachf, em Stuttgart, na Alemanha. Sua terminologia reflete naturalmente o espírito da época e a militância de Kautsky como social-democrata e como o mais conceituado intérprete da doutrina de Marx e Engels. Algumas pessoas podem estranhar que ele se refira à plebe, e aos escravos e libertos, os segmentos baixos da população judaica na Palestina, como proletariado. Kautsky, porém, usou o termo proletariado, de origem latina, no seu sentido etimológico, *proletarii*, como se chamava, no Império Romano, os cidadãos da última classe social, que não pagavam impostos, os cidadãos de baixo poder aquisitivo, considerados úteis apenas pela prole que geravam. O notável historiador inglês Edward Gibbon observou que a seita cristã, inicialmente, foi inteiramente composta pela escória da populaça (*dregs of the populace*), de camponeses e mecânicos, de jovens e mulheres, de mendigos e escravos, os últimos dos quais, os escravos, algumas vezes podiam haver introduzido os missionários nas famílias ricas e nobres às quais pertenciam.[12] Ela recrutara seus prosélitos entre a massa condenada à obscuridade, ignorância e pobreza.[13] O mesmo Engels ressaltou, ao assinalar, em seu pequeno ensaio *Zur Geschichte des Urchristentums* (*Sobre a história do cristianismo primitivo*), que o cristianismo se propagara inicialmente entre os escravos, os homens livres empobrecidos e os camponeses, nos latifúndios da Itália, Sicília e África, para os quais o Paraíso fora perdido.[14]

Kautsky também denomina de comunismo, comunismo de consumo, o coletivismo em que viviam certas comunidades judaicas, sobretudo os essênios e os zelotes. Não há melhor classificação do que essa — comunismo de consumo — para o regime em que os cristãos primitivamente viviam. Entretanto, não obstante a moldura teórica, fundada no materialismo histórico, e o matiz ideológico, *A origem do cristianismo* não constitui apenas um "patrimônio perdurável do proletariado", como disse Lenin. Constitui uma obra histórica de valor universal, embora, naturalmente, possa gerar muitas controvérsias e discordâncias. Seu mérito acadêmico transcende quaisquer concepções políticas e ideológicas. *A origem do cristianismo* constitui enorme contributo, deveras importante, inclusive do ângulo teológico, para a compreensão de Jesus, em sua concreticidade histórica, e do cristianismo, como um fenômeno social e político, que transcendeu sua época, razão pela qual traduzi esta obra para o português, entre 1968/69, há quase 40 anos passados, agora por mim revisada com base na primeira edição alemã de 1908.

Em *A origem do cristianismo*, Kautsky estuda as condições econômicas e sociais tanto do Império Romano quanto da Palestina, como elas influíram sobre o povo de Israel, e mostra os costumes e tendências de suas diversas seitas — fariseus, saduceus, essênios e zelotes. Busca explicar os verdadeiros fatores e as circunstâncias históricas que determinaram os acontecimentos, interpretando o vasto material existente sobre o judaísmo e o cristianismo. A profunda análise que Kautsky faz dos Evangelhos é deveras significativa, esclarecedora. Ele aponta as suas contradições e busca desvelar Jesus como homem, o Jesus histórico, resgatá-lo debaixo das camadas que lhe foram posteriormente sobrepostas pelas interpolações dos escribas e tradutores.

Quanto a Jesus, supõe-se que ele recebera a influência dos essênios, entre os quais talvez vivera, embora se insurgisse contra a pureza ritual.[15] Seus ensinamentos, tal como transcritos nos Evangelhos, eram de inspiração profética, escatológica, à maneira dos mestres essênios, e não ensinamentos da tradição, conforme preferiam os mestres fariseus. Essa influência essênia talvez houvesse sido transmitida a Jesus por João Batista, que aparentemente vivera na comunidade Qumran, a noroeste do Mar Morto, onde, em 1947, foram descobertos, dentro de cavernas ao longo do uádi, os Manuscritos do Mar Morto.[16] Há indícios de que essa comunidade era de essênios, embora o tema gere controvérsias e alguns historiadores e arqueólogos discordem de tal teoria.[17]

De acordo com André Dupont-Sommer, no Regulamento da Comunidade (*Serek Hayyakhad*), conhecido como o Manual de Disciplina e encontrado em Qumran, o termo usual é o "partido" (*'esah*); a seita é o "Partido de Deus" e o termo *'esah*, que significava seita, foi o que possivelmente deu origem à palavra essênio, tanto que em grego as duas formas do mesmo nome — *essênoi* e *essaioi* — têm em comum a raiz *ess*, que poderia representar exatamente a raiz hebraica '*es*—. [18] Daí que se pode interpretar que a palavra essênio significaria "homens do partido", os *partisans*, referidos pelos historiadores israelitas Fílon (Philon) e Flávio Josefo (Flavius Josephus).[19]

Segundo o teólogo Geza Vermes, diretor do Oxford Forum for Qumran Research, "a identificação do essenismo com a seita de Qumran permanece como a hipótese mais provável de todas que já foram propostas".[20] Aceita essa interpretação, poder-se-ia estabelecer o vínculo entre a seita da Aliança, como descrita nos documentos de Qumran, e os essênios.[21] E João Batista, mesmo que não fosse um essênio, parecia compartilhar os mesmos ideais e inspiração mística. Era um "*quasi*-essênio", observou André Dupont-Sommer, em sua obra *The Jewish Sect of Qumran and the Essenes*, ao ponderar que, embora o cristianismo não fosse uma réplica do essenismo, era uma das muitas seitas "*quasi*-essênias" que àquele tempo existiam na Palestina.[22] Geza Vermes admitiu como provável que a Igreja jovem tomou por modelo a comunidade essênia, "bem experiente na época", uma comunidade que aguardava seu fim escatológico.[23] Ele salientou que "características mais específicas, tais como a administração monárquica (i. e., os líderes únicos, inspetores em Qumran, bispos nas comunidades cristãs) e a prática do comunismo religioso na rígida disciplina da seita, pelo menos nos primeiros tempos da Igreja de Jerusalém, sugeririam uma ligação causal direta".

Os cristãos, assim como os essênios, rejeitavam o Templo de Jerusalém. E as práticas rituais e comunitárias partilhadas pelos membros de Qumran apresentam, segundo o professor James VanderKam, da Universidade de Notre Dame, "alguns paralelos impressionantes com os cristãos do Novo Testamento".[24] Uma das principais características dos essênios era a de que os recém-chegados davam seus bens e pertences aos superiores, que também recolhiam os salários ganhos por todos os sectários.[25] Por sua vez, em Atos dos Apóstolos, ao descrever os eventos do primeiro Pentecostes, após a crucificação de Jesus, diz-se que "todos os que acreditavam estavam juntos e tinham as coisas em comum, vendiam suas propriedades e bens, distribuindo o produto entre todos, de acordo com as necessidades de cada um".[26]

Os documentos de Qumran, encontrados cerca de 39 anos após a publicação de *A origem do cristianismo*, confirmam a análise de Kautsky, baseada nos relatos de Flávio Josefo e Fílon, relativa aos essênios, cujo regime ele qualificou de comunidade de consumo (*Gemeinsamkeit des Konsums*), em que não somente os alimentos, mas também as roupas, eram comuns a todos; porquanto o que era posse de um era posse de todos.[27] De acordo com Josefo, aqueles que aderiam à seita entregavam seus bens à comunidade (*yakhad*), "de tal forma que entre eles não se vê absolutamente nem a humilhação da pobreza nem o orgulho da riqueza, porquanto as posses se encontram reunidas, não existindo para todos senão um único haver, como ocorre entre irmãos". O Regulamento da Comunidade ou Manual de Disciplina, de Qumran, um dos documentos do Mar Morto, descreve sua organização mais ou menos nos mesmos termos que Josefo, Fílon de Alexandria e Plínio, o Velho. Várias vezes alude à incorporação das propriedades particulares dos membros à posse da comunidade e este tema é especialmente destacado na transcrição dos procedimentos de iniciação à seita. Somente após completar um ano inteiro na comunidade e havendo sido decidido que poderia continuar, "suas propriedades e ganhos serão entregues ao Tesoureiro da Congregação, que os registrará em suas contas, (mas) não os gastará para a Congregação" e somente depois de passar, com êxito, por mais de um ano de provação, "sua propriedade será incorporada" aos bens da comunidade.[28] A comunidade de bens era total, ao menos para os membros completamente iniciados, e quaisquer fraudes relacionadas com a sua administração eram punidas.[29]

Há muita similitude e também diferenças em vários aspectos entre a literatura de Qumran e o Novo Testamento. Um dos manuscritos refere-se a uma comunidade da Aliança (*berît*), cujo caráter era fundamental e essencialmente religioso e democrático, onde não havia escravos e todas as medidas que afetassem a vida material e moral eram submetidas a voto.[30] Os membros da Aliança formavam uma congregação (*'edah*), guiada por um personagem messiânico, chamado de Mestre da Virtude ou Mestre da Justiça (*Môreh hazzedeq*), que sofreu perseguição e martírio. E seus adeptos criam que o fim do mundo era iminente e somente se salvariam os que tivessem fé no Mestre, o protótipo exato de Jesus, em muitos aspectos. André Dupont-Sommer ressaltou, porém, que os manuscritos de Qumran eram judeus, essênios, e não judeus-cristãos, razão pela qual o Mestre da Justiça não podia ser identificado com Jesus, apesar das similitudes.[31] Segundo ponderou, Jesus parecia ser uma "reencarnação" do Mestre da Justiça, se bem que a semelhança não fosse completa. Jesus foi crucificado em torno de 30 d.C., sob o domínio do prefeito romano Pôncio Pilatos.[32] O Mestre da Justiça morrera por volta de 65-63 a.C., durante o reinado do sacerdote judeu Aristóbulo (Aristobulus). E, embora ele sentisse claramente as obrigações mais profundas, implícitas na Lei Mosaica, faltava-lhe, segundo Geza Vermes, "a genialidade de Jesus, o judeu que conseguiu desvelar a essência da religião como um relacionamento essencial entre os homens e entre homens e Deus".[33]

Os paralelos que se podem traçar entre os manuscritos descobertos em Qumran e os Evangelhos são vários. Muitos historiadores reconhecem que a seita judaica dos essênios preparou, imediata e diretamente, o caminho para o cristianismo e contribuiu para modelar a alma e o corpo da Igreja Cristã.[34] Há naturalmente espaço para muitas interpretações divergentes e conjecturas. Mas a seita dos zelotes, tudo indica, foi também incubada entre os essênios[35] e seus membros, na medida em que o jugo de Roma se fez mais opressivo, começaram a empreender, no ano 48 a.C., uma campanha terrorista visando a encorajar a insurreição, mediante o assassinato de legionários romanos e de judeus colaboradores, por *sicarii*, que se infiltravam nas cidades e os apunhalavam com a *sica* (adaga curva),[36] ou sequestravam membros da guarda do Templo para pedir resgate, ou usavam veneno em larga escala. Muitos dos atentados eram suicidas, porque os zelotes atacavam suas vítimas à luz do dia, no centro de Jerusalém, em seguida aos quais logo eram capturados e crucificados ou queimados vivos.[37] A legitimidade do terrorismo, quando outras formas de protesto falhavam, foi ardentemente discutida, com referência ao papel dos zelotes e dos sicários, que se insurgiram e promoveram feroz resistência contra o domínio de Roma.[38] Segundo Paul Johnson, possivelmente Pilatos desconfiou de que Jesus fosse um dos zelotes, ainda mais porque alguns dos seus discípulos eram assim conhecidos, entre os quais Simão, o Zelote, e talvez o próprio Judas, conhecido como Iskariot(e), possivelmente uma corruptela de *sicarii* e zelote.[39] Os zelotes também ensinavam a não pagar tributos.[40] A provocação que lhe foi feita e Jesus, evadindo, respondeu "dai a César o que é de César, e a Deus o que é de Deus",[41] reforça a hipótese levantada por Paul Johnson. Possivelmente queriam que ele dissesse algo que o incriminasse. "Dai a César o que é de César", se verdadeira a frase, não significava necessariamente pagar o tributo aos romanos. E a entrada triunfal de Jesus em Jerusalém, onde ensinou publicamente no Templo, durante a Festa de Tabernáculos,[42] não permite descartar de forma alguma a hipótese de que ele estivesse à frente de uma sedição contra o jugo de Roma. Jesus manifestara sua ira contra a hipocrisia. Atacou os que faziam negócios com dinheiro dentro do Templo. E declarou:

> Não penseis que vim trazer paz à terra; não vim trazer paz, mas espada. Pois vim causar divisão entre o homem e seu pai; entre a filha e sua mãe e entre a nora e sua sogra. Assim, os inimigos do homem serão os da sua própria casa.[43]

Estas palavras de Jesus podem ser interpretadas como incentivo à rebelião contra o Sinédrio, contra os sacerdotes do Templo e o domínio de Roma. Por mais submisso e gentil que em algumas passagens dos Evangelhos Jesus possa parecer, ele expressava ocasionalmente ideias completamente distintas. Fazem supor que fora efetivamente um rebelde e o reino de Deus, o reino escatológico por ele anunciado, afigurava-se como incitamento à revolta. Jesus falava por meio de parábolas, com frases crípticas e enigmáticas, e a explicação mais comum é a de que ele se julgava o Messias, o servo de Deus esperado para destruir o domínio de Roma e restaurar o reino de Israel, e foi crucificado para desencorajar qualquer tentativa de insurreição.[44] Kautsky observou que tal presunção, a de que Jesus fora de fato um rebelde, não é somente a única que permite esclarecer certas passagens dos Evangelhos, mas também a única completamente de acordo com o caráter da época e da região, a Palestina sob o domínio de Roma, que suportava a autonomia da comunidade judaica apenas para manter sob controle seu nacionalismo.[45] Alguns *scholars* cristãos reconhecem que houve um elemento político no julgamento e execução de Jesus.[46]

De fato, conforme Paul Johnson ressaltou, a crucificação era a "*most degrading form of capital punishment*", reservada para rebeldes, escravos amotinados e outros inimigos da sociedade. [47] E, apesar de que os sacerdotes fariseus e saduceus temessem a sua pregação, Jesus não foi morto a pedradas, por meio de lapidação, como a lei judaica determinava. Foi crucificado, como líder de uma insurreição frustrada, de conformidade com o procedimento de Roma. Assim, tanto a morte na cruz, forma usada pelos romanos para executar os rebeldes, quanto a inscrição I.N.R.I. (*Iesus Nazarenus Rex Iudaeorum*)[48] indicaram que a condenação de Jesus fora por crime de *perduellio*, i. e., sedição contra Roma, *species atrocissima criminis laesa maiestatis*,[49] ao proclamar-se Messias (*Mâshiyakh*),[50] rei dos judeus. O "ungido", o rei, descendente de David, sempre fora esperado pelos judeus e chamado de Messias. E, de acordo com os Evangelhos de Mateus e Lucas, Jesus era descendente da casa real de David e aparentemente foi percebido não como um simples líder religioso, ou mesmo um pequeno rebelde, mas, de fato, como real ameaça à elite dirigente e ao domínio de Roma, um revolucionário, clamando pelo trono de Israel. Não sem razão Kautsky assinalou que a história da paixão de Nosso Senhor Jesus Cristo é, no fundamental, apenas um testemunho da história da paixão do povo judeu.[51] E o fato de que Jesus foi crucificado como rebelde contra Roma, conforme ressaltou o professor S. G. F. Brandon,[52] é ironicamente o que há de mais certo sobre a existência de Jesus, a prova mais consistente de sua historicidade, registrada por Tácito, ao referir-se à perseguição dos cristãos promovida por Nero:

> O autor desse nome, Cristo, fora executado pelo procurador Pôncio Pilatos na era do imperador Tibério; e a perigosa superstição, reprimida pelo momento, irrompeu novamente, não só na Judeia, origem desse mal, mas também na cidade (Roma), onde tudo o que é atroz e vergonhoso conflui de todas as partes e é venerado.[53] (Tacitus, *Annales* XV, 44, 2-5.)

Nietzsche, mesmo a avaliá-lo de um ângulo adverso, não podia também deixar de concluir que Jesus era um revolucionário. Não viu, no entanto, contra que ou contra quem seria a rebelião de que Jesus, "com razão ou *sem* razão", fora considerado organizador, a não ser contra a igreja judaica, o Sinédrio. Para Nietzsche tratava-se de uma rebelião contra "os bons e os justos", contra a hierarquia da sociedade — *não* contra a respectiva corrupção, mas contra a casta, o privilégio, a ordem, a fórmula; era a *descrença* nos "homens superiores", o *não* proferido contra tudo o que fosse sacerdote e teólogo. A hierarquia, que assim foi atacada, embora apenas momentaneamente, era o alicerce lacustre sobre a qual o povo judeu, em meio da "água", ainda conseguia sobreviver — era a sua *derradeira* possibilidade, aflitivamente conquistada, de permanecer, o resíduo da sua existência política peculiar: um ataque contra ela era um ataque contra o mais profundo instinto nacional, contra a vontade de viver de um povo, a mais tenaz nunca vista na Terra. Jesus, conforme Nietzsche o qualificou, era um "*heilige Anarchist*" (santo anarquista), que incitava a populaça, os pecadores e excluídos, os *Tchandala* (termo hinduísta para designar a casta inferior, pária), entre os judeus, a opor-se à ordem vigente — com uma linguagem que, caso os Evangelhos fossem confiáveis, ainda hoje levaria à Sibéria[54] —; era um criminoso político, tanto quanto os criminosos políticos eram possíveis em uma comunidade *absurdamente apolítica*. Isto o levou à cruz. A prova está na inscrição INRI (*Iesus Nazarenus Rex Iudaeorum*) afixada na cruz, afirmou Nietzsche, a ressaltar que Jesus morreu pela *sua própria* culpa, e não há qualquer razão para se pretender, mesmo que se tenha dito muitas vezes, que houvesse morrido pelas culpas dos outros.[55]

Não é, entretanto, na personalidade de Jesus, senão na criação relacionada com seu nome, a comunidade cristã, que Kautsky busca a razão pela qual sua atividade messiânica não teve sorte similar à de tantos outros beatos e pregadores que àquele tempo apareceram e foram esquecidos. Não foi a fé na ressurreição do Crucificado o que criou a comunidade cristã, mas foi a força e o vigor da comunidade cristã que adensaram a fé na ressurreição do Crucificado. E, como dizia Søren Kierkegaard (1813-1855), a fé não se explica, pois está além da razão. A fé é o salto no absurdo. Este salto representa o reconhecimento do irracional, como escândalo e paixão, o paradoxo e o risco da existência. [56] Exige a crucificação da compreensão. E o principal paradoxo, Kierkegaard argumentava, está na doutrina da Igreja, segundo a qual Jesus era inteiramente divino e inteiramente humano, o paradoxo do Deus-Homem. Este paradoxo do Deus-Homem, i. e., de que o Deus eterno, infinito, transcendente, tornou-se simultaneamente o ser humano, temporal e finito, que Jesus encarnou, constitui, segundo Kierkegaard, uma ofensa à razão: o paradoxo da fé não autoriza mediação dentro do universal, não pode reduzir-se a nenhum raciocínio, porque a fé começa precisamente onde a razão acaba. E qualquer pretensão de solucionar este paradoxo constitui uma tentativa ou de objetivar o que não pode ser conhecido objetivamente — porque tudo se transforma, é e não é — ou de desprezar a fé como o absurdo, e procurar conhecer algo de modo absoluto, o que não é possível. Kierkegaard mantém os termos da contradição dialética — tese e antítese — inconciliavelmente separados, antagônicos. A contradição não se resolve. Não há síntese. O que ocorre é o salto no absurdo, o paradoxo da fé, a fé é paixão, e Deus, o absoluto, não cabe na razão.

Jesus, decerto, só pode ser historicamente compreendido e racionalmente explicado fora da fé. E foi o que Kautsky tratou de fazer em *A origem do cristianismo*. Pesquisou e estudou Jesus, o homem, o Jesus histórico, o Messias, e avaliou-o não apenas como um rebelde, disposto a promover um levante contra Roma e o Sinédrio, mas como o representante e líder, quiçá o fundador, de uma organização que lhe sobreviveu e continuou a aumentar em número e força, com a esperança escatológica, alicerçada na fé, após a terrível catástrofe que culminou na destruição de Jerusalém, em 70 d.C.

Os judeus foram o único povo no Oriente Médio que empreendeu uma ofensiva em larga escala contra o Império Romano. No ano 67 d.C., a cidade de Gamla, nas colinas de Golã, opôs-se às legiões de Roma, que marchavam contra Jerusalém, e 4.000 habitantes foram massacrados. E cerca de 5.000 judeus suicidaram-se, pulando do alto dos abismos, a fim de escapar à brutalidade dos romanos. Essa catástrofe nacional possivelmente modelou os sentimentos e as ideias da seita em Qumran. As escavações mostram que o monastério se tornou o centro da resistência, durante a guerra, entre 66 e 70 d.C., quando a 10ª Legião de Roma, comandada por Vespasiano, começou a sitiar Jerusalém, cuja população havia triplicado, em virtude da afluência de refugiados de outras cidades destruídas. O ataque principiou com um bombardeio de catapultas e durou cerca de dois meses, até que, finalmente, os romanos derrubaram as muralhas e incendiaram a cidade, massacrando milhares de judeus. A energia popular, virtualmente, desapareceu, na Palestina.

A destruição de Jerusalém, submetendo os judeus ao jugo de Roma, afigurou-se para os adeptos da Aliança como o fim das idades, o prelúdio do apocalipse e da vinda do Messias, o Mestre da Justiça. Esse trágico episódio inaugurou nova era na história da Palestina. E assim, desde a destruição de Jerusalém, o cristianismo, cada vez mais, deixou de ser um partido político dentro do judaísmo, com práticas comunitárias, coletivistas, baseadas nas tradições dos essênios e zelotes, e se tornou um partido político dos gentios, externo e hostil ao judaísmo. O Império Romano, tolerante com o judaísmo e o helenismo, sentiu-se, porém, ameaçado pelo cristianismo, cujos aderentes não aceitavam a divindade reivindicada pelos imperadores Calígula, Nero e Domiciano, e formavam comunidades diferentes. A perseguição contra os cristãos, movida pelos imperadores, nos dois primeiros séculos, deveu-se em larga medida ao fato de que renunciavam à sua família e ao seu país, estavam ligados entre si por um indissolúvel laço de união com uma sociedade peculiar, a qual em toda parte assumia um caráter diferente do resto da humanidade.[57]

A primitiva comunidade cristão-judaica empenhava-se em combinar a observância da Lei Mosaica com a Nova Aliança. Seus membros não eram menos adversos aos negócios do que aos prazeres do mundo.[58] Entretanto, na medida em que o cristianismo mais difundia os novos ensinamentos nas comunidades judaicas fora da Palestina, mais ganhava em seu imenso poder de propaganda, se despojava de suas peculiaridades judaicas, cessava de ser nacional e se fazia de natureza predominantemente social. Edward Gibbon ponderou que o judaísmo era uma religião admiravelmente assentada para a defesa, mas não para a conquista.[59] Não podia tornar-se uma religião mundial sem mudar seus ensinamentos e organização, as características originalmente tribais, em que os sacerdotes eram supostos descendentes da tribo de Aarão; os atendentes do Templo, de Levi; e os reis e governantes, de David.[60]

O filósofo alemão Ludwig Feuerbach escreveu que Israel era a definição histórica da natureza da consciência religiosa, que, porém, era afetada pela barreira de um interesse especial, o interesse nacional. Faltava cair essa barreira para surgir a religião cristã. "O judaísmo é o cristianismo mundanizado; o cristianismo é o judaísmo espiritual" — definiu Feuerbach, acrescentando que "a religião cristã é a religião judaica libertada do egoísmo nacional, mas certamente uma religião distante, nova".[61] Com efeito, segundo Kautsky, somente o Messias social, não o Messias nacional, podia transcender os limites do judaísmo. E observação semelhante fez o historiador britânico Paul Johnson, para quem o próprio Jesus não foi um judeu nacionalista. Pelo contrário, foi um judeu universalista.[62] Mas, ao afastar-se do judaísmo, perdendo seu caráter nacional, o cristianismo dos gentios tornou-se submisso e servil. O coletivismo das primitivas comunidades cristãs virtualmente desapareceu, embora sempre viessem a ocorrer tentativas de resgatá-lo e que foram perseguidas como heresias. E, conforme Kautsky assinalou, foi a comunidade cristã, não o comunismo cristão, ante a qual, finalmente, os imperadores romanos se ajoelharam.

Kautsky equivocou-se, entretanto, ao comparar, na parte final da obra, o destino do movimento cristão com o destino do movimento social-democrata (socialista), na Europa, tentando demonstrar que havia grandes diferenças entre os dois e, consequentemente, não havia possibilidade de que as mesmas deformações, ocorridas no cristianismo oficial, se reproduzissem no movimento social-democrata. Segundo ele, o movimento social-democrata não sofreria as mesmas contradições e desvios que se processaram no cristianismo e possibilitaram o seu reconhecimento e estabelecimento como religião de Estado, por Constantino, no século IV.

Kautsky, sob este aspecto, errou. Havia muito de utopia — e de propaganda — na sua avaliação e previsão, que não se confirmaram. Pelo contrário, a social-democracia, cerca de seis anos depois da publicação de *A origem do cristianismo*, dividiu-se. Os partidos social-democratas e socialistas apoiaram seus respectivos governos na guerra de 1914-1918. Dividiu-se, em consequência, e algumas facções, a começar na Rússia, formaram os partidos comunistas. Os social-democratas, gradativamente, amoldaram-se ao sistema capitalista, perderam o primitivo caráter rebelde, revolucionário, em oposição ao Estado, e converteram-se em partidos do Estado, dentro do Estado e pelo Estado. Os comunistas também. Mas a trágica semelhança com a Igreja da Idade Média configurou-se na União Soviética, onde o partido comunista (bolchevique) se tornou o próprio Estado, instituiu a ideologia, chamada então de marxista-leninista, como ideologia oficial, ou melhor, como religião de Estado, e implantou, a partir sobretudo dos anos 30 do século XX, seu Santo Ofício, a inquisição, e produziu milhares de vítimas, ao longo da tirania de Stalin, o Sumo Pontífice, chamado "guia genial de todos os povos" e "sol que ilumina a humanidade".

A evolução e o destino da social-democracia, bem como dos seus derivados, os partidos comunistas, foram muito similares à evolução e ao destino do cristianismo, a Igreja, embora em outras condições históricas. Tanto um como outro perderam suas características originais.

St. Leon, inverno de 2005/2006

NOTAS

1. *"Für uns also ist Sozialismus ohne Demokratie undenkbar. Wir verstehen unter dem modernen Sozialismus nicht bloß gesellschaftliche Organisierung der Produktion, sondern auch demokratische Organisierung der Gesellschaft. Der Sozialismus ist demnach für uns untrennbar verbunden mit der Demokratie. Kein Sozialismus ohne Demokratie."* K. Kautsky, *Die Diktatur des Proletariats*, Berlim, Dietz Verlag, 1990, p. 11-12.
2. *Id., ibid.*, p. 33.
3. *Id., ibid.*, p. 56.
4. *Id., ibid.*, p. 33-83.
5. "(...) *Staatliche Organisierung der Produktion durch eine Bürokratie oder durch die Diktatur einer einzelnen Volksschicht bedeutet nicht Sozialismus.*" *Id., ibid.*, p. 36.
6. *Id., ibid.*, p. 36-37.
7. *Id., ibid.*, p. 57.
8. *Id., ibid.*, p. 11. F. Engels,"Soziales aus Rußland" in Marx e Engels, *Werke*, Berlim, Dietz Verlag, 1976, Band 18, p. 556-557.
9. V. Lenin, "La Revolución Proletaria y el Renegado Kautsky" in *Obras Escogidas*, Moscou, Ediciones en Lenguas Extranjeras, 1948, tomo II, p. 346-539.
10. *Id., ibid.*, p. 449.
11. *Id., ibid.*, p. 482.
12. Edward Gibbon, *The History of the Decline and Fall of the Roman Empire*, Londres, Penguin Books, vol. I, p. 508.
13. *Id., ibid.*, p. 508.
14. Friedrich Engels, "Zur Geschichte des Urchristentums" in Marx e Engels, *Werke*, Band 22, Berlim, Dietz Verlag, 1977, p. 463.
15. Paul Johnson, *A History of the Jews*, Nova York, Harper Perennial, 1988, p. 126.
16. Otto Betz, "João Batista era essênio" in Hershel Shanks (org.), *Para compreender os Manuscritos do Mar Morto,* Rio de Janeiro, Imago, p. 218-219. Ygael Yadin, "O Pergaminho do Templo — O mais longo dos Manuscritos do Mar Morto", *ibid.*, p. 114-115.
17. Robert Eisenman e Michael Wise, *Jesus und die Urchristen — Die Qumran-Rollen entschlüsselt*, Munique, C. Bertlsmann Verlag, 1993, p. 280-281. Os arqueólogos israelenses Yitzhak Magen e Yuval Peleg, após dez temporadas de escavações em Qumran, em julho de 2004 romperam o consenso acadêmico segundo o qual os essênios que viveram naquela localidade não

eram ascetas, mas prósperos agricultores ligados ao comércio internacional. Os Manuscritos do Mar Morto teriam sido escritos por sacerdotes de Jerusalém, que os esconderam das legiões de Roma, no século I d.C., nas grutas de Qumran. Entretanto, Plínio, o Velho, fornece algumas informações que indicam ser de essênios da comunidade localizada em Qumran: "Na parte ocidental do Mar Morto os essênios se afastam das margens por toda a extensão em que estas são perigosas. Trata-se de um povo único em seu gênero e admirável no mundo inteiro, mais que qualquer outro: sem nenhuma mulher e tendo renunciado inteiramente ao amor; sem dinheiro e tendo por única companhia as palmeiras. Dia após dia esse povo renasce em igual número, graças à grande quantidade dos que chegam; com efeito, afluem aqui em grande número aqueles que a vida leva, cansados das oscilações da sorte, a adotar seus costumes (...) Abaixo desses ficava a cidade de Engaddi, cuja importância só era inferior à de Jericó por sua fertilidade e seus palmeirais, mas que se tornou hoje um montão de ruínas. Depois vem a fortaleza de Massada, situada num rochedo, não muito distante do Mar Morto."

18. A. Dupont-Sommer, *The Jewish Sect of Qumran and the Essenes — New Studies on the Dead Sea Scrolls*, Nova York, The Macmillan Company, 1956, p. 62-63. Em nenhum dos manuscritos publicados encontra-se a palavra essênio. Outra hipótese etimológica, mais usual, é a de que *essênio* deriva do hebraico *khassîdîm* (חֲסִידִים, piedosos), em aramaico *khassayya*, em grego *essaioi* (Ἐσσαῖοι) ou *essênoi* (Ἐσσηνοί), daí essênios.
19. *Id., ibid.,* p. 62-64.
20. Geza Vermes, *Os Manuscritos do Mar Morto* (edição revista e ampliada), São Paulo, Mercuryo, 2005, p. 77.
21. De acordo com Flávio Josefo (Ἱστορία Ἰουδαϊκοῦ πολέμου πρὸς Ῥωμαίους *Bellum Iudaicum*, II, VIII, 119), existiam "entre os judeus três escolas filosóficas: os adeptos da primeira são os fariseus; os da segunda, os saduceus; os da terceira, que apreciam justamente praticar uma vida venerável, são denominados essênios: são judeus pela raça, mas, além disso, estão unidos entre si por uma afeição mútua maior que a dos outros". Também Fílon, de Alexandria, diz em *Quod omnis probus liber sit*, § 75, que "a Síria Palestina, que ocupa uma parte importante da populosa nação dos judeus, não é, também ela, estéril em virtude. Alguns deles, que somam mais de 4.000, são denominados essênios". Esse número é confirmado por Flávio Josefo nas Ἰουδαϊκὴ ἀρχαιολογία *(Antiquitates Iudaicae)* XVIII, I, 20: "São mais de quatro mil homens a se comportarem dessa maneira." Os arqueólogos admitem que viveram em Qumran de 150 a 200 pessoas. Em dois séculos de existência da comunidade, ali devem ter vivido cerca de

1.200 pessoas. As ferramentas encontradas e as instalações escavadas fazem presumir que eles cultivaram a terra — em 'Ain Feshka, ao sul das ruínas —, faziam cerâmica, curtiam peles e copiavam manuscritos. Comiam, rezavam e decidiam juntos. Os essênios, porém, não viviam apenas em Qumran. De acordo com Flávio Josefo, eles não tinham "uma cidade única, mas em cada cidade compõem com alguns outros uma colônia". Os Fragmentos Sadoquitas, também conhecidos como Documento de Damasco, confirmam que muitos essênios habitavam cidades e aldeias da Palestina, em acampamentos. Esses fragmentos da literatura hebraica e judaica, da ordem de 140.000, foram descobertos na sinagoga de Ben Ezra, no Cairo, por Salomon Schechter, por volta de 1896-1897, ou seja, 50 anos antes da descoberta dos documentos do Mar Morto. São chamados de Documentos Sadoquitas (*Zaddîkîm*), dado que a seita, que tinha características idênticas às de Qumran, era guiada por sacerdotes levitas descendentes do sumo-sacerdote Zadoq, um dos ramos da família de Aarão. Schechter inferiu que os fragmentos por ele encontrados eram remanescentes daquela seita.

22. *Id., ibid.*, p. 148-150.
23. Geza Vermes, *Os Manuscritos do Mar Morto* (edição revista e ampliada), São Paulo, Mercuryo, 2005, p. 32-33.
24. James C. VanderKam, "Os Manuscritos do Mar Morto e o Cristianismo", *ibid.*, p. 198-199, 202-203.
25. Geza Vermes, *Os Manuscritos do Mar Morto* (edição revista e ampliada), São Paulo, Mercuryo, 2005, p. 76.
26. *Atos dos Apóstolos* II, 44-45, cf. *Atos dos Apóstolos* IV, 32.
27. Karl Kautsky, *Der Ursprung des Christentums. Eine historische Untersuchung*, Stuttgart, Verlag Von J. H. W. Dietz Nachf, 1908, p. 322-325.
28. James C. VanderKam, "Os Manuscritos do Mar Morto e o Cristianismo", *ibid.*, p. 202-203.
29. A. Dupont-Sommer, *The Jewish Sect of Qumran and the Essenes — New Studies on the Dead Sea Scrolls*, Nova York, The Macmillan Company, 1956, p. 64-65
30. *Id., ibid.*, p. 77.
31. *Id., ibid.*, p. 160-163.
32. *Id., ibid.*, p. 163.
33. Geza Vermes, *Os Manuscritos do Mar Morto* (edição revista e ampliada), São Paulo, Mercuryo, 2005, p. 35-36
34. A. Dupont-Sommer, *The Jewish Sect of Qumran and the Essenes — New Studies on the Dead Sea Scrolls*, Nova York, The Macmillan Company, 1956, p. 164-165.

35. Paul Johnson, *History of Christianity*, Londres, Weidenfeld e Nicolson, 1976, p. 19.
36. Karl Kautsky, *Der Ursprung des Christentums*, Stuttgart, J. H. M. Dietz Nachfolger, Zwölfe Auflage, 1908, p. 316-322.
37. Robert A. Pape, *Dying to Win. The Strategic Logic of Suicide Terrorism*, Nova York, Random House Trade Paperbacks, 2005, p. 11-12
38. Paul Johnson, *History of the Jews,* Nova York, Harper Perennial, 1988, p. 122-123.
39. Segundo outra hipótese, o termo Iskariot(es) deriva do hebraico, *Îsh-Qerioth*, "homem de Qerioth".
40. Paul Johnson, *History of Christianity*, Londres, Weidenfeld e Nicolson, 1976, p. 31.
41. *Lucas*, XX, 20-25.
42. O tabernáculo era onde Deus habitava no meio de seu povo, dele recebia adoração e sacrifício e com ele falava, no período da Antiga Aliança. Este é o tema de Tabernáculos: Deus habitando com Seu povo. A Festa do Tabernáculo era uma das três ocasiões em que se dava a peregrinação em massa, de todo o país, para Jerusalém.
43. *Mateus*, X, 34-36.
44. Morton Smith, *The Secret Gospel,* Clearlake, Califórnia, The Dawn Horse Press, 1984, p. 86.
45. Karl Kautsky, *Der Ursprung des Christentums,* Stuttgart, J. H. M. Dietz Nachfolger, Zwölfe Auflage, 1908, p. 390-391. Vide também Paul Johnson, *History of the Jews*, Nova York, Harper Perennial, 1988, p. 128-130.
46. S. G. F. Brandon, *Jesus and the Zealots,* Nova York, Charles Scribner's Son, 1967, p. 46.
47. Paul Johnson, *History of Christianity,* Londres, Weidenfeld e Nicolson, 1976, p. 29.
48. Jesus, o nazareno, rei dos judeus.
49. Em Roma, já nos primeiros tempos da República, considerava-se *perduellio* todo ato que atentasse contra o Estado ou a paz, e seu autor (*perduellis*) era levado perante o povo (*populi iudicio*), e executado, se fosse condenado. Lúcio Cornélio Sila (Lucius Cornelius Silla, 138-79 a.C.), durante a sua ditadura (82-79 a.C.), decretou a *Lex Cornelia de Maiestate*, regulando o procedimento penal contra o *crimen maiestatis*, de modo a proteger tanto a pessoa do governante como as instituições políticas, punindo quem executasse, colaborasse ou planejasse atentado contra os *magistratus Populi Romani* ou contra quem tivesse *imperium* ou *potestas*. Em 70 a.C., a legislação de Sila foi abolida. E Júlio César, provavelmente, foi quem promul-

gou, por volta de 46 a.C., a *Lex Iulia de Maiestate*, para punir os delitos contra o povo romano e sua segurança, incluindo alta traição, sedição, deserção do exército, ataques criminosos contra magistrados e outros. Mas a *Lex Iulia de Maiestate* não foi aplicada contra Cina, Bruto, Cássio, Cimber e outros assassinos de Júlio César. Como sempre, a eficácia da lei dependeu da correlação de forças políticas.

50. A palavra hebraica *Mâshiyakh* (מָשִׁיחַ), também existente em aramaico (*Meshikha*), é transcrita para o grego como *messias*; porém a palavra grega para "ungido" é *christos*, e é interessante que fosse o título em grego, e não aquele em hebraico, o que foi adicionado ao nome de Jesus. Paul Johnson, *A History of the Jews,* Nova York, Harper Perennial, 1988, p. 124-125.
51. Karl Kautsky, *Der Ursprung des Christentums*, Stuttgart, J. H. M. Dietz Nachfolger, Zwölfte Auflage, 1908, p. 432.
52. S. G. F. Brandon, *Jesus and the Zealots*, Nova York, Charles Scribner's Sons, 1967, p. 46.
53. *Auctor nominis eius Christus Tiberio imperitante per procuratorem Pontium Pilatum supplicio adfectus erat; repressaque in praesens exitiabilis superstitio rursum erumpebat, non modo per Iudaeam, originem eius mali, sed per urbem etiam, quo cuncta undique atrocia aut pudenda confluunt celebranturque.*
54. Nietzsche publicou *Der Antichrist* (*O anticristo*), em 1888, época em que os revolucionários russos eram deportados para a Sibéria.
55. Friedrich Nietzsche, *Der Antichrist* in Friedrich Nietzsche. *Gesammelte Werke,* Bindlach, Gordon Verlag GmbH, 2005, p. 1116-1117.
56. Søren Kierkegaard, *Fear and Trembling*, Londres, Penguin Books, 2003, p. 95-108. Kierkegaard, 1967, p. 82-99, p. 164-165.
57. Edward Gibbon, *The History of the Decline and Fall of the Roman Empire*, Londres, Penguin Books, vol. I, p. 521.
58. *Id., ibid.*, p. 481.
59. *Id., ibid.*, p. 449.
60. Paul Johnson, *The History of Christianity,* Londres, Weidenfel e Nicolson, 1976, p. 13-14.
61. *"Das Judentum ist das weltliche Christentum, das Christentum das geistliche Judentum. Die christliche Religion ist die vom Nationalegoismus gereinigte jüdische Religion, allerdings zugleich eine neue, andere Religion."* Ludwig Feuerbach, *Das Wesen des Christentums,* Leipzig, Verlag Von Philipp Reclam, s/d, p. 200.
62. Paul Johnson, *A History of the Jews*, Nova York, Harper Perennial, 1988, p. 125.

Introdução

O cristianismo e as questões da Bíblia são temas que há muito tempo me interessam. Já se passaram 25 anos desde que colaborei com um artigo para *Kosmos* sobre *Die Entstehung der biblischen Urgeschichte* (Surgimento da pré-história bíblica), e dois anos após haver escrito outro para *Die Neue Zeit* sobre a origem do cristianismo. É este um velho amor para o qual novamente volto. A oportunidade foi criada pela necessidade de preparar a segunda edição de meu livro *Vorläufer des Sozialismus* (*Precursores do socialismo*).[1]

As críticas ao livro anterior, que pude ler, apontaram erros, principalmente na introdução, na qual fiz um breve esboço do comunismo no cristianismo primitivo: segundo essas críticas, minha opinião não resistiria aos novos resultados da pesquisa.

Pouco tempo depois, Göhre[2] e outros proclamaram que já estava superada a opinião de que nada se poderia dizer de concreto sobre a personalidade de Jesus e de que o cristianismo poderia ser explicado sem referência a ela — opinião primeiro defendida por Otto Bauer[3] e depois aceita em seus pontos essenciais por Franz Mehring[4] e formulada por mim desde 1885.

Por essa razão, não quis lançar nova edição de meu livro, publicado havia 30 anos, sem outro estudo, fundamentado na literatura que ultimamente aparecera sobre o cristianismo.

A conclusão a que cheguei, com esses estudos, foi a de que nada tinha de revisar. As últimas pesquisas, entretanto, abriram-me novas perspectivas e deram sugestões para ampliar minha introdução *Vorläufer* (*Precursores*), transformando-o em um novo livro.

Naturalmente não pretendo haver esgotado o assunto, que é gigantesco. Estou satisfeito se contribuir para a melhor compreensão daquelas páginas do cristianismo, que se me afiguraram como as mais decisivas do ponto de vista da concepção do materialismo histórico.

Não posso comparar meus conhecimentos sobre as questões da história religiosa e da teologia com os daqueles que dedicaram toda a sua vida a tais estudos. Escrevi este livro nas poucas horas livres que me permitiram minhas atividades de redação e políticas, em uma época em que os acontecimentos tomavam a atenção de todos os que participavam das lutas de classes do presente, i. e., entre o início da Revolução Russa de 1905 e a eclosão da Revolução na Turquia, em 1908.

Não obstante, talvez a intensa participação nas lutas de classe do proletariado fosse o que me permitiu aquela percepção da essência do cristianismo, que pode parecer inacessível aos professores de teologia e de história religiosa.

Jean-Jacques Rousseau disse uma vez em sua *Julie*:[5]

> Entendo que é uma loucura querer estudar a sociedade (*le monde*) como simples observador. Quem deseja apenas observar nada observará, uma vez que sendo inútil no trabalho e um estorvo nas brincadeiras, não está em nenhum dos dois lados. Observamos a ação dos demais na medida em que nós mesmos atuamos. Na escola do mundo, como na do amor, temos de começar com o exercício prático daquele que desejamos aprender.[6]

Este ensinamento, aqui restrito ao estudo do homem, pode ser ampliado e aplicado à pesquisa de todas as coisas. Em parte alguma, conseguir-se-á muito mais através da simples observação, sem prática. Isto é válido inclusive para o que se refere à pesquisa de objetos tão remotos como as estrelas. Onde estaria a astronomia se ela se restringisse a simples observações, se não as ligasse à *praxis*: o telescópio, análises espectrais e fotografias? Este princípio é ainda mais válido no que se refere às coisas terrestres, com as quais a práxis nos levou a um contato mais íntimo que a mera observação. O que aprendemos com a simples observação das coisas é insignificante comparado com o que aprendemos por meio da experiência. O leitor lembrar-se-á, sem dúvida, da enorme importância que o método experimental alcançou nas ciências naturais.

Experiências não podem ser feitas como meio de conhecimento da sociedade humana. A atividade prática do pesquisador, de qualquer modo, é menos importante; as condições de seu sucesso são similares às condições de uma fecunda experiência. Estas condições são um conhecimento dos mais importantes resultados obtidos por outros pesquisadores e da intimidade com um método científico, que aguça a avaliação dos pontos essenciais de cada fenômeno, possibilitando distinguir o essencial do não essencial e descobrindo o elemento comum das diversas experiências.

O pensador dotado de tais condições e estudando um campo em que trabalha, ativamente, terá mais facilidade de chegar a resultados que seriam inacessíveis se ele fosse mero observador.

Isto é válido, particularmente, para a história. Um político militante, se dotado de suficiente preparação científica, entenderá com mais facilidade a história política, na qual poderá orientar-se melhor do que o estudioso de gabinete, que nunca teve o menor conhecimento prático das forças motrizes da política. E o pesquisador será favorecido por sua experiência, se se trata da pesquisa do movimento social da classe em que ele mesmo atua e cujo caráter peculiar muito conhece.

Esse conhecimento fora até agora favorável, quase exclusivamente, às classes possuidoras, que monopolizam a ciência. Os movimentos das classes inferiores da sociedade encontraram até o momento poucos estudiosos que os compreendiam.

O cristianismo, no começo, era, sem dúvida, um movimento de camadas sociais empobrecidas, dos mais variados tipos, que podem ser denominadas pelo termo comum de "proletários", sempre que esta expressão não seja entendida como designativa apenas dos trabalhadores assalariados. Um homem familiarizado com o moderno movimento do proletariado e que conhece o elemento comum de suas fases, nos diversos países, em virtude de sua ativa participação; um homem que aprendeu a viver em meio dos sentimentos e aspirações do proletariado, lutando ao seu lado, pode alegar que está habilitado para entender muitas coisas sobre os primórdios do cristianismo mais facilmente que os intelectuais que somente de longe viram o proletariado.

Entretanto, embora o militante político, com preparo científico, tenha mais vantagem em muitos outros aspectos do que o homem apenas instruído através dos livros, esta vantagem se acha frequentemente prejudicada pela tentação mais forte a que está exposto, i. e., a de permitir que sua objetividade seja perturbada. Dois perigos principais ameaçam mais os trabalhos históricos dos militantes políticos do que aqueles dos pesquisadores: em primeiro lugar, podem tentar modelar o passado inteiramente de acordo com a imagem do presente e, em segundo, buscar ver o passado à luz das necessidades da política atual.

Nós, socialistas, na condição de marxistas, contamos, entretanto, com uma excelente proteção contra esses perigos na concepção materialista da história, estreitamente vinculada ao nosso ponto de vista proletário. A concepção tradicional da história focaliza os movimentos políticos somente como a luta para implantar determinadas instituições políticas — monarquia, aristocracia, democracia etc. — representadas, por sua vez, como o resultado de aspirações éticas específicas. Porém, se nesse ponto se permanece, se não se buscam os fundamentos dessas ideias, aspirações e instituições, então se pensa que elas sofrem mudanças superficiais, no correr dos séculos, mas o núcleo permanece o mesmo; que toda a história é um esforço ininterrupto para alcançar a liberdade e igualdade, que enfrentam periodicamente a opressão e a desigualdade, que nunca se realizam, mas nunca se destroem completamente.

Todas as vezes que os combatentes da liberdade e da igualdade alcançaram a vitória, transformaram-na sempre em nova base para a opressão e a desigualdade. Todo o curso da história se apresenta assim como um ciclo que sempre volta ao seu começo, eterna repetição do mesmo drama, sem um avanço real para a humanidade.

Quem defender tal ponto de vista sentir-se-á sempre inclinado a representar o passado, com a imagem do presente e, quanto mais conhecer o homem como ele agora é, mais tratará de representá-lo com o modelo do presente. Contrária a essa concepção da história, há outra que não se satisfaz com a consideração das ideias históricas, mas tenta descobrir suas causas, que residem nos fundamentos da sociedade. Eles estão sempre no modo de produção, que por sua vez depende de vários fatores, mas, sobretudo, do nível de desenvolvimento técnico.

Tão logo iniciamos a pesquisa dos recursos técnicos e do modo de produção da Antiguidade, abandonamos o pressuposto de que a tragicomédia eternamente se repete no cenário mundial. A economia dos seres humanos mostra uma contínua evolução de formas inferiores para formas mais altas; esta evolução, entretanto, não é de modo algum ininterrupta ou uniforme em sua direção. Ao investigarmos as relações econômicas da existência dos seres humanos, nos diversos períodos da história, libertamo-nos da ilusão de que as mesmas ideias, aspirações e instituições estão sempre a repetir-se. Constata-se que no decorrer dos séculos as mesmas palavras podem passar por mudanças no seu significado; que as ideias e instituições, que aparentemente se assemelham umas às outras, têm um conteúdo diferente, surgidos das necessidades de diferentes classes, sob distintas circunstâncias. A liberdade que o moderno proletariado reivindica é completamente distinta daquela que era a aspiração dos representantes do Terceiro Estado, em 1789, e esta, por sua vez, era fundamentalmente diferente daquela pela qual lutavam os fidalgos[7] do Império Germânico no começo da Reforma.

Dado que as lutas políticas não representam simples conflitos de ideias abstratas ou de organizações políticas, mas têm bases econômicas, logo se compreende que aí, tanto quanto na técnica e no modo de produção, processa-se uma evolução constante de novas formas, que não existe uma época que se assemelhe a outras, que as mesmas palavras e os mesmos argumentos podem adquirir, em tempos diferentes, significados muito distintos.

Assim como o ponto de vista proletário permite mais facilmente ver aqueles aspectos do cristianismo primitivo que são comuns ao moderno movimento do proletariado, do que é possível aos pesquisadores burgueses, a ênfase dada às condições econômicas, derivada da concepção materialista da história, evita que se esqueça o caráter peculiar do proletariado antigo, ao identificar-se o elemento comum a ambas as épocas. O caráter peculiar do proletariado antigo decorria de sua posição econômica, que, não obstante a semelhança, tornava suas aspirações completamente distintas das do proletariado moderno. A concepção materialista da história também evita a tendência para medir o passado segundo os padrões do presente e para adaptar sua representação aos interesses da prática política imediata, exercida na atualidade. Decerto nenhum homem honrado, qualquer que seja seu ponto de vista, seguirá conscientemente uma direção em virtude de uma falsa representação do passado. Contudo, em nenhuma outra área, como nas ciências, a imparcialidade do pesquisador é tão necessária e tão difícil de alcançar.

A tarefa da ciência, certamente, não é só representar o que existe, produzindo uma fotografia, de modo que qualquer observador normalmente organizado possa formar a mesma imagem. A tarefa da ciência consiste em extrair da "abundância de aspectos" dos fenômenos o elemento essencial e em desvendar o fio que guie o caminho no labirinto da realidade.

A tarefa da arte, aliás, é similar. Também a arte não deve fornecer uma simples fotografia da realidade; o artista deve reproduzir aquilo que pareça ser o essencial, o que há de característico na realidade que se propõe a representar. A diferença entre a arte e a ciência consiste no fato de que o artista representa o essencial em forma física e tangível, que impressiona, enquanto o pensador representa o essencial como um conceito, uma abstração.

Quanto mais complicado é um fenômeno e menor o número de outros fenômenos com os quais possa ser comparado, tanto mais é difícil separar o essencial do acidental, e tanto mais se faz sentir a subjetividade do pesquisador e escritor, porém, tanto mais se torna indispensável que ele tenha uma percepção imparcial e isenta de preconceitos.

Não há, provavelmente, fenômeno mais complicado do que o da sociedade humana, a sociedade dos seres humanos, cada um dos quais em si é mais complicado do que qualquer outro ser que se conheça. O número de organismos sociais, que podem ser comparados uns com os outros, no mesmo nível de desenvolvimento, é, ademais, relativamente muito pequeno. Não é de admirar que o estudo científico da sociedade tenha começado depois de qualquer outro campo de pesquisa, e não é de preocupar que, neste campo, as concepções dos pesquisadores sejam tão diferentes. Tais dificuldades aumentam ainda mais se os diversos pesquisadores, como ocorre no caso das ciências sociais, têm interesses práticos, tendências diferentes, e muitas vezes opostos, como frequentemente ocorre, o que não significa que esses interesses práticos sejam apenas de natureza pessoal, uma vez que podem ser claramente interesses de classe.

Evidentemente é impossível manter uma atitude inocente em relação ao passado quando se está interessado, de algum modo, no combate e nas lutas sociais de sua própria época, contemplando tais fenômenos como se fosse mera repetição do passado. As últimas afiguram-se como simples precedentes, implicando justificação e condenação dos combates e lutas antigas, de cujo julgamento depende o presente. Quem é fiel à sua causa pode permanecer imparcial? Quanto maior seja o seu envolvimento, mais importante se lhe afiguram os fatos do passado, considerados essenciais do seu ponto de vista e que pareçam apoiar seus conceitos, abandonando aqueles aparentemente favoráveis aos conceitos contrários. O pesquisador transforma-se em moralista ou advogado, glorificando ou menosprezando fenômenos específicos do passado, tais como igreja, monarquia, democracia etc.

O caso é completamente diferente, porém, quando o pesquisador, em virtude de sua compreensão dos fenômenos econômicos, reconhece que não existe simples repetição da história, que as relações econômicas do passado não mais retornarão, que as contradições e lutas de classes são inteiramente distintas das da atualidade e que as ideias e instituições modernas são diferentes das existentes no passado, a despeito da aparente similitude que possam apresentar. Compreende-se assim que cada época tem de ser avaliada segundo sua própria medida, que as aspirações do presente têm de basear-se nas relações do presente, que os êxitos e fracassos do passado pouco significam quando considerados isoladamente e que uma simples evocação do passado pode levar a erros. Os democratas e os proletários da França, no último século, fizeram muitas vezes experiências, quando se apoiaram mais nos "ensinamentos" da Revolução Francesa do que no entendimento das relações de classe então existentes.

Quem aceitar a concepção materialista da História pode assumir uma atitude sem preconceitos em vista do passado, mesmo que esteja participando ativamente nas lutas do presente. Sua práxis pode tornar mais aguda sua visão de muitos fenômenos do passado, não mais obscurecida.

Assim, tratei de apresentar os fundamentos do cristianismo primitivo, sem pretender enaltecê-lo ou estigmatizá-lo, somente com o propósito de compreendê-lo. Sabia que quaisquer que fossem os resultados, a causa, pela qual luto, não seria prejudicada. Não havia dúvida de que, sob qualquer ângulo, o proletariado da Era Imperial, quaisquer que fossem suas aspirações e seus resultados, era inteiramente diverso do moderno proletariado, que atua e luta numa situação bastante diferente. Quaisquer que fossem as realizações e sucessos, os pequenos defeitos e derrotas dos proletários antigos nada podem significar, nem favorável nem desfavoravelmente, para o caráter e as perspectivas do moderno proletariado.

Se é assim, qual o propósito prático de ocupar-se com a História? De acordo com a perspectiva usual, considera-se a História uma carta marítima para quem navega nas atividades políticas: a carta deve indicar as falésias e os locais pouco profundos, onde outros marinheiros se defrontaram com problemas, capacitando seus sucessores a navegar sem dificuldades. Entretanto, para que serve o estudo da História, senão talvez para entretenimento, se os canais navegáveis estão a mudar constantemente, os bancos de areia também, formando-se em outros lugares, se cada piloto deve encontrar suas próprias rotas de navegação, se ao simplesmente seguir a rota do mapa antigo pode extraviar-se?

O leitor que assim supõe está realmente colhendo o trigo junto com o joio.

Se quiséssemos continuar no quadro acima, teríamos de admitir sua inutilidade como guia permanente para o piloto de uma nave política. Mas isto não significa que a História não tenha outro uso. Ela serve como instrumento para sondar os canais nos quais o piloto navega, para conhecê-los, e compreender a posição em que se encontra. O único meio de compreender um fenômeno é saber como ele começou. Não posso compreender a sociedade atual sem saber como surgiu, como seus vários fenômenos (capitalismo, feudalismo, cristianismo, judaísmo etc.) se desenvolveram.

Se quero ter clareza quanto à posição social, as tarefas e as perspectivas da classe à qual pertenço, ou à qual aderi, então devo entender o organismo social existente, conceituá-lo em todos os seus aspectos, o que é impossível, se não sei como se processou. Sem o conhecimento da evolução da sociedade é impossível ter uma consciência e ampla visão da luta de classe, fica-se a depender das impressões dos círculos próximos, do momento imediato, e nunca se está seguro de que através daqueles canais se chega ao destino ao chocar-se contra arrecifes, dos quais não se pode escapar. Seguramente muitas lutas de classe tiveram sucesso, embora seus participantes não tivessem uma consciência clara da essência da sociedade em que viviam.

Na sociedade atual, porém, as condições para o êxito dessas lutas desapareceram, na mesma medida em que se torna absurdo deixar-se levar pelo instinto e a tradição para a escolha da comida e bebida. Esses elementos talvez bastassem em condições simples, naturais. Porém, quanto mais se tornam artificiais as condições de vida, devido ao progresso da indústria e das ciências naturais, quanto mais se afastam da natureza, mais necessário se faz para o conhecimento científico ao escolher, em meio da abundante oferta de produtos artificiais, aqueles que mais convêm ao seu organismo. Quando os homens bebiam somente água, era suficiente o instinto para encontrar boas fontes e evitar águas estagnadas e pântano. Mas esse instinto não é suficiente no caso das bebidas manufaturadas. Aí se torna necessário o conhecimento científico.

Na política e nas atividades sociais em geral é igual. Nas frequentemente minúsculas comunidades antigas, com suas condições simples e transparentes, que permaneceram imutáveis durante séculos, bastavam a tradição e o "saudável senso comum" — em outras palavras, a inteligência de cada indivíduo, adquirida por meio de experiências pessoais — para mostrar a alguém sua posição e suas tarefas na sociedade. Atualmente, em uma sociedade cujo mercado abrange o mundo inteiro, que continuamente se transforma, com a revolução técnica e social, em que milhões de trabalhadores se organizam e os capitalistas concentram bilhões em suas mãos, é impossível para uma classe insurgente que não pode limitar-se a manter o *status quo*, mas que deve aspirar a uma total renovação da sociedade, conduzir sua luta de modo conveniente e com êxito apenas pelo "saudável senso comum" e pelo trabalho minucioso dos homens práticos. Torna-se necessário que cada combatente amplie seu horizonte através de conhecimentos científicos, reconheça as grandes conexões sociais, no espaço e no tempo, não para suprimir o trabalho detalhado, nem mesmo relegá-lo a um segundo plano, mas para o vincular conscientemente ao processo social no seu conjunto. Isto se torna ainda mais necessário, porquanto essa sociedade, cada vez mais abrangente, aprofunda a divisão do trabalho, restringe o indivíduo mais e mais a uma simples especialidade, a uma única atividade, tendendo a degradar progressivamente seu nível mental, a fazê-lo mais dependente e menos capaz de entender o processo como um todo, processo este que se expande concomitantemente em proporções gigantescas.

Assim, cada homem que faz da ascensão do proletariado a tarefa de sua vida deve opor-se a essa tendência, ao empobrecimento espiritual e à estupidez, e orientar o interesse dos operários para os grandes aspectos, grandes contextos e grandes objetivos.

A não ser por meio do estudo da História, é difícil que exista outro modo através do qual se possa perceber e compreender a evolução da sociedade, em grandes períodos de tempo, particularmente quando esta se processou em meio de violentos movimentos sociais, que continuam a influenciar as forças dominantes na sociedade.

A fim de levar o proletariado a ter uma compreensão social, uma consciência própria e maturidade política, e a ter um pensamento mais abrangente, é indispensável o estudo do processo histórico por meio da concepção materialista da História. Destarte, a pesquisa do passado, para nós, longe de ser mera paixão antiquada, converte-se em poderosa arma nas lutas do presente, visando a acelerar um futuro melhor.

K. Kautsky
Berlim, setembro de 1908

NOTAS

1. Karl Kautsky, *Vorläufer des Neueren Sozialismus,* Ester Band, Kommunistische Bewegungen im Mittelalter; Zweiter Band, *Der Kommunismus in der Deutschen Reformation*, Berlim, Verlag J. H. W. Dietz Nachf., 1947. (N. do T.)
2. Paul Göhre (1864-1928), teólogo evangélico alemão, político social-democrata, é autor de várias obras, entre as quais *Der unbekannte Gott. Versuch einer Religion des modernen Menschen,* Leipzig, F. W. Grunow, 1919. (N. do T.)
3. Bruno Bauer (1809-1882), teólogo, filósofo e historiador alemão, em sua obra *Kritik der evangelischen Geschichte der Synoptiker* (*Crítica da história dos evangelhos sinóticos*), publicada em 1841, procurou refutar a teoria de David Friedrich Strauß (1808-1874), em sua obra *Das Leben Jesu, kritisch bearbeitet* (A vida de Jesus criticamente examinada), publicada em 1835-1836, segundo a qual os Evangelhos cristãos seriam mitos que surgiram de uma atividade inconsciente das comunidades primitivas. Bauer entendia que, ao contrário, resultaram de uma invenção dos evangelistas. (N. do T.)
4. Franz Mehring (1846-1819), historiador alemão e militante do Partido Social-Democrata, autor da biografia de Karl Marx e de outras obras sobre a história da Alemanha e da Social-Democracia. (N. do T.)
5. Kautsky se refere à novela romântica epistolar *Julie ou la nouvelle Héloïse*, publicada em 1761 por Jean-Jacques Rousseau (1712-1778), filósofo iluminista franco-suíço. O título original da obra foi *Lettres de deux amants habitants d'une petite ville au pied des Alpes.* (N. do T.)
6. Kautsky fez a citação de Rousseau em alemão. No original francês, o parágrafo é o seguinte: "*Je trouve aussi que c'est une folie de vouloir étudier le monde en simple spectateur. Celui qui ne prétend qu'observer n'observe rien, parce qu'étant inutile dans les affaires et importun dans les plaisirs, il n'est admis nulle part. On ne voit agir les autres qu'autant qu'on agit soi-même; dans l'école du monde comme dans celle de l'amour, il faut commencer par pratiquer ce qu'on veut apprendre.*" (N. do T.)
7. Kautsky, no original alemão, emprega a palavra *Reichsritterschaft,* que significa a pequena nobreza que dirigia diretamente as cidades e aldeias, ligada aos senhores do Império Romano-Germânico, ao tempo da Reforma protestante promovida por Martinho Lutero. (N. do T.)

PRIMEIRA PARTE A personalidade de Jesus

1. As fontes pagãs

Qualquer que seja a atitude diante do cristianismo, não se pode deixar de considerá-lo um dos fenômenos mais importantes da história da humanidade. O fato de que a Igreja Cristã haja perdurado cerca de dois milênios e ainda permaneça cheia de vigor e, em muitos países, mais poderosa do que o Estado, não pode deixar de provocar enorme admiração. Assim, tudo o que possa contribuir para a compreensão desse colossal fenômeno e o estudo das origens dessa organização tem extrema importância, atualidade e significação prática.

Isso garante à pesquisa sobre os primórdios do cristianismo um interesse muito maior do que em qualquer outra, na área da História, que vá além dos dois séculos passados.[1] Mas isso também torna a investigação dos seus primórdios ainda mais difícil.

A Igreja Cristã tornou-se uma organização de domínio, no interesse de seus próprios dignitários, ou de outros dignitários, do Estado, que conseguiram obter o seu controle. Quem derrotasse seus poderes teria também de derrotar os poderes da Igreja. A luta *pela* Igreja, tanto quanto a luta *contra* a Igreja, foi, consequentemente, uma *causa de partido*, com a qual estão ligados os *mais importantes interesses econômicos*. De fato esta condição parece obscurecer demasiadamente o objetivo a que se propõe um estudo histórico da Igreja, e durante muito tempo as classes dirigentes proibiram qualquer investigação sobre os princípios do cristianismo, atribuindo um caráter *divino* à Igreja, que permanece acima e além de toda a crítica humana.

A burguesia esclarecida do século XVIII conseguiu finalmente colocar em seu lugar, de uma vez por todas, este halo divino. Até então não tinha sido possível a investigação científica do cristianismo. Mas embora pareça estranho, ainda no século XIX a ciência laica permaneceu separada desse campo, considerando-o ainda integrado no domínio da teologia e em nada relacionado à ciência. Um grande número de trabalhos históricos escritos pelos mais importantes estudiosos clássicos do século XIX, tratando do período da Roma Imperial, referiu-se timidamente ao mais importante fenômeno desta época, isto é, ao surgimento do cristianismo. Assim, Theodor Mommsen,[2] no quinto volume de sua *Römischen Geschichte* (*História romana*), faz um estudo detalhado da história dos judeus e dos Césares e não pôde aí deixar de mencionar ocasionalmente o cristianismo, mas este aparece em sua obra como um fato realizado, pressupondo o conhecimento de sua existência. Em resumo, somente os teólogos e seus oponentes, os propagandistas livre-pensadores, demonstraram, até agora, algum interesse pelos primórdios do cristianismo.

Não foi, porém, a covardia que exatamente impediu esses historiadores de pesquisar a origem do cristianismo, uma vez que eles produziam somente a história e não literatura de controvérsia. A escassez de *fontes* disponíveis para obter os conhecimentos sobre a matéria talvez constituiu, suficientemente, motivos para não empreenderem esse trabalho.

A cristandade, de acordo com o conceito tradicional, é a criação de um só homem, Jesus Cristo, e este conceito não foi de forma alguma substituído. Certamente, pelo menos nos ilustres círculos "esclarecidos" e "instruídos", Jesus já não é considerado um Deus, mas um personagem sem dúvida extraordinário; uns decidem-se a encontrar uma nova religião, outros triunfam nesse esforço de forma tão notável e tão superficial. Esse conceito não é apoiado somente por teólogos ilustres, mas também por livre-pensadores radicais, que se distinguem dos primeiros apenas pela crítica que fazem da personalidade de Jesus, da qual tentam extrair, na medida do possível, tudo que seja nobre.

Entretanto, ainda no final do século XVIII, o historiador inglês Edward Gibbon,[3] em sua *História do declínio e queda do Império Romano* (escrita entre 1774 e 1778), assinala com delicada ironia o fato surpreendente de que nenhum dos contemporâneos de Jesus houvesse informado alguma coisa a seu respeito, apesar de lhe serem atribuídos feitos tão maravilhosos.

> Porém como vamos desculpar a indolente desatenção do mundo pagão e filosófico para aquelas evidências que eram apresentadas pela mão do Onipotente, não para a sua razão e sim para os seus sentidos? Durante a época de Cristo, de seus apóstolos e de seus primeiros dis-

cípulos, a doutrina que pregavam era confirmada por inúmeros prodígios. O coxo andava, o cego via, o enfermo era curado, o morto ressuscitado, os demônios expulsos, as leis da natureza eram suspensas frequentemente em benefício da Igreja. Mas os sábios de Grécia e Roma voltavam as costas ao terrível espetáculo e, prosseguindo com suas ocupações quotidianas da vida e estudo, pareciam inconscientes de qualquer alteração no governo moral ou físico do mundo.

De acordo com a tradição cristã, toda a terra, ou pelo menos toda a Palestina cobriu-se de trevas durante três horas, após a morte de Jesus. Isto teria sido durante a vida de Plínio, o Velho,[4] que dedicou um capítulo especial aos eclipses, em sua *História natural*, mas nada escreveu sobre esse eclipse.[5]

Mas, prescindindo desses milagres, é difícil entender como uma personalidade como a de Jesus dos Evangelhos que, de acordo com o que se diz, levantou tal comoção na mente dos homens, pudesse levar adiante sua agitação e morrer finalmente como um mártir de sua causa, sem conseguir que os hebreus e os pagãos contemporâneos lhe dedicassem uma única palavra.

A primeira menção a Jesus feita por um não cristão é encontrada nas *Antiguidades judaicas* de Flávio Josefo. O terceiro capítulo do décimo oitavo livro, que trata do procurador Pôncio Pilatos, diz, entre outras coisas:

> Nesta época viveu Jesus, um homem sábio, se é que pode ser denominado homem, pois realizou milagres e foi um senhor dos homens, que com prazer aceitavam sua verdade e conseguiu muitos partidários entre os judeus e os helenos. Esse homem era o Cristo. Embora Pilatos o tenha crucificado, baseando-se na acusação dos homens mais importantes de nosso povo, aqueles que primeiro o amaram permaneceram fiéis a ele. Então no terceiro dia ele lhes apareceu, ressuscitado para uma nova vida, como os profetas de Deus e milhares de coisas maravilhosas haviam predito. Dele tomam os cristãos o nome e sua seita (φῦλον) não cessou de crescer desde então.

Josefo fala novamente de Jesus no vigésimo livro, capítulo nove, i, dizendo que o alto sacerdote Ananias (Annanus), durante a administração do governador Albino (no tempo de Nero), "conseguiu levar perante os tribunais e apedrejar a Tiago, irmão de Jesus, chamado o Cristo (τοῦ λεγομένου χριστοῦ), juntamente com outros, acusados de violar a Lei".

Essas evidências foram sempre muito consideradas pelos cristãos, pois são a palavra de um não cristão, um judeu e fariseu, que nasceu em 37 d.C., viveu em Jerusalém e, consequentemente, pôde muito bem obter informações autênticas sobre Jesus. Além disso, seu testemunho era muito importante porque, sendo judeu, não tinha motivo algum para enfatizar os fatos a favor dos cristãos.

Mas exatamente o elogio excessivo de Cristo pelo piedoso judeu torna suspeita essa passagem de sua obra, mesmo para o estudante principiante. Sua autenticidade foi posta em dúvida no século XVI, e agora se tem a certeza de que é uma *interpolação*, não foi escrita, de forma alguma, por Josefo.[6] A passagem foi acrescentada, durante o século III, por um copista cristão, que evidentemente se sentiu ofendido pelo silêncio de Josefo ao não dar informação alguma concernente à pessoa de Jesus, embora relate todos os mexericos da Palestina. Esse cristão piedoso compreendeu, com razão, que a ausência de semelhante menção equivalia à negação de sua existência (a de Jesus) ou pelo menos da importância de seu salvador, mas o descobrimento da interpolação transformou-se praticamente numa evidência contra Jesus.

A passagem sobre Tiago é também de natureza muito duvidosa. É verdade que Orígenes, que viveu de 185 a 254 d.C., menciona, em seu comentário sobre Mateus, uma passagem de Josefo sobre Tiago. Assinala que é interessante que Josefo, apesar de tudo, não acreditasse em Jesus como o Cristo. Novamente cita essa informação de Josefo sobre Tiago em sua polêmica contra Celso e acentua novamente o ceticismo de Josefo. Essas palavras de Orígenes constituem uma das evidências de que no original de Josefo não existia a passagem relativa a Jesus em que este é reconhecido como Cristo, o Messias.

Parece então que a passagem relativa a Tiago, que Orígenes encontrou em Josefo, é também falsificação de um cristão, porque, segundo cita Orígenes, é completamente diferente do conteúdo dos manuscritos de Josefo que nos chegaram. A citação de Orígenes apresenta a destruição de Jerusalém como um castigo pela execução de Tiago. Essa falsificação não passou a outros manuscritos de Josefo e consequentemente não foi preservada. Mas, por outro lado, a passagem que nos foi transmitida nos manuscritos de Josefo não é citada por Orígenes, embora mencione as outras três vezes; isto apesar do fato de que Orígenes citou cuidadosamente todas as evidências de Josefo que pareciam favorecer a fé cristã. É razoável, consequentemente, presumir que a passagem de Josefo que nos foi transmitida é também uma falsificação, feita por algum cristão piedoso, para maior glória de Deus, desde os tempos de Orígenes, mas anteriormente à obra de Eusébio, que as citou.

Não somente a menção a Jesus e Tiago, na obra de Josefo (*Antiguidades*, XVIII, capítulo V, 2), mas também a de João Batista é suspeita de interpolação.[7]

Vemos então que desde princípios do segundo século defrontamo-nos com falsificações cristãs da obra de Josefo. Seu silêncio com relação aos principais personagens do Evangelho era muito impressionante e teve de ser alterado.

Mas se são genuínas as informações relativas a Tiago, elas somente demonstraram que existiu um Jesus a quem se chamou o Cristo, isto é, o Messias. Possivelmente não poderiam provar mais que isso.

> Contudo, ainda admitindo a passagem como genuína, não seria mais forte do que uma teia de aranha, sobre a qual a crítica teológica teria dificuldade em sustentar uma forma humana. Houve muitos pseudo-Cristos no tempo de Josefo e até o segundo século, de quem só temos notícias sumárias. Houve um Judas da Galileia, um Teudas, um egípcio desconhecido, um samaritano e um Bar Kochba. Pode muito bem ter havido um Jesus entre eles. Jesus era um nome muito familiar entre os judeus: Josias, Josué, o Salvador.[8]

A segunda passagem de Josefo informa, além disso, que entre os agitadores que então operavam na Palestina, como Messias, como ungidos do Senhor, havia um chamado Jesus. A passagem não nos diz nada relativo a sua vida ou sua obra.

Nos Anais do historiador romano Tácito, escritos em cerca do ano 100 d.C., encontra-se a seguinte menção a Jesus. No livro XV descreve-se o incêndio de Roma no período de Nero e lê-se no capítulo XLIV:

> Para fazer frente ao rumor (que apontava Nero como o culpado pelo incêndio), ele acusou as pessoas conhecidas como *cristãos* e odia-

das por seus crimes, culpando-as e debandando-as aos maiores tormentos. O Cristo, de quem haviam tomado o nome, tinha sido executado no reinado de Tibério[9] pelo procurador Pôncio Pilatos; mas ainda que esta superstição tenha sido abandonada por um momento, surgiu novamente, não só na Judeia (*Iudaea*), o país original desta praga (*mali*), mas na própria Roma, onde cada ultraje e cada vergonha (*atrocia aut pudenda*) encontra acolhida e ampla disseminação. Primeiro, uns poucos foram detidos e interrogados e depois, baseando-se em suas denúncias, um grande número de outros, que não eram acusados do crime do incêndio, mas somente de ódio à humanidade. Sua execução constituiu uma diversão pública; foram cobertos com peles de feras e depois devorados pelos cães, crucificados ou levados à fogueira e queimados de noite, iluminando a cidade. Nero abriu seus jardins para esse espetáculo e ainda preparou jogos circenses, misturou-se ao povo com roupa de carroceiro ou dirigindo um carro de corrida. Embora esses homens fossem criminosos que mereciam os castigos mais severos, havia uma simpatia pública por eles, pois parecia que não eram sacrificados para o bem público, mas pela crueldade de um único homem.

Esse testemunho seguramente não foi falsificado pelos cristãos em seu favor, conquanto sua exatidão seja contestada, pois Dio Cássio[10] não conhece nenhuma perseguição aos cristãos durante o reinado de Nero. Entretanto, Dio Cássio viveu um século após Tácito. Suetônio, que escreveu pouco depois de Tácito, informa em sua biografia sobre uma perseguição aos cristãos, "gente que havia abraçado uma nova e perniciosa superstição" (capítulo XVI).

Porém, de Jesus, Suetônio nada diz, e Tácito nem sequer transmite seu nome. Cristo, a palavra grega para "o ungido", não passa da tradução grega da palavra hebraica "Messias". Com relação às atividades de Cristo e ao conteúdo de seus ensinamentos, Tácito nada tem a dizer.

Isto é tudo que dizem de Jesus as fontes não cristãs do primeiro século de nossa era.

NOTAS

1. Referência à fundação do reino da Prússia em 1701. (N. do T.)
2. Theodor Mommsen (1817-1903), historiador e filósofo alemão. É autor de *Römische Geschichte* (*História romana*). Os três primeiros volumes apareceram entre 1854-1856. O quarto volume foi abandonado antes de concluído, mas em 1885 apareceu outro, geralmente apontado como o quinto volume, sobre a história das províncias de Roma. Por sua obra *Römische Geschichte*, recebeu o Prêmio Nobel de Literatura em 1902. (N. do T.)
3. Edward Gibbon (1737-1794), autor da célebre obra *The History of the Decline and Fall of The Roman Empire.* (N. do T.)
4. Caius Plinius Secundus (23-79), cognominado Plínio Maior (o Velho), naturalista e escritor latino, autor da célebre obra *Historiae Naturalis.*
5. Na sua obra, edição de 1908, Kautsky, dá como referência: (Gibbon, 15. Kapitel). O texto em inglês é o seguinte: "*But how shall we excuse the supine inattention of the Pagan and philosophic world, to those evidences which were presented by the hand of Omnipotence, not to their reason, but to their sense? During the age of Christ, of his apostles, and of their first disciples, the doctrine which they preached was confirmed by innumerable prodigies. The lame walked, the blind saw, the sick were healed, the dead were raised, demons were expelled, and the laws of Nature were frequently suspended for the benefice of the church. But sages of Greece and Rome turned aside from the awful spectacle, and pursuing the ordinary occupations of life and study, appeared unconscious of any alterations in the moral or physical government of the world.*" Edward Gibbon, *The History of the Decline and Fall of the Roman Empire*, Londres, Penguin Books, vol. I (vols. I e II), cap. XV, p. 512. (N. do T.)
6. Compare-se, entre outros, Emil Schürer, *Geschichte des Jüdischen Volkes im Zeitalter Jesu Christi*, vol. I, 3ª ed., 1901, p. 544.
7. *Id., ibid.*, p. 438, 548, 581.
8. Albert Kalthoff, *Die Entstehung des Christentums*, Leipzig, 1904, p. 16, 17.
9. Tibério (Tiberius Iulius Cæsar Augustus, nascido Tiberius Claudius Nero, 42 a.C.-37 d.C.) foi imperador romano. Chegou ao poder em 14 d.C., como sucessor de seu padrasto Augusto. Pertencia à família Claudii da aristocracia romana e era filho de Tibério Cláudio Nero (Tiberius Claudius Nero) e Lívia Drusa (Livia Drusilla). Tibério faleceu em 37 d.C. e deixou o império para seu sobrinho-neto Calígula, filho de Germânico (Germani-

cus), que fora adotado como filho por ele, e seu neto Tibério Gemello (Tiberius Gemellus). Calígula depois matou seu primo e tornou-se o único imperador. (N. do T.)

10. Dio Cássio (Dio Cassius Cocceianus, *c.* 165-229 d.C.), filho de Cássio Aproniano (Cassius Apronianus), senador romano, foi historiador, e os fragmentos de sua obra, coletados por Henri de Valois, formaram a *Fragmenta Valesiana*. (N. do T.)

2. As fontes cristãs

Mas de onde vêm com maior frequência as fontes cristãs? Não temos nos Evangelhos as mais minuciosas narrações dos ensinamentos e influência de Jesus?

Não há dúvida de que são minuciosas. Porém, infelizmente, há consideráveis problemas com a *fidedignidade*. O exemplo da falsificação da obra de Josefo permitiu-nos conhecer uma característica dos primitivos historiadores cristãos, isto é, sua completa indiferença em relação à *verdade*. Não tinham preocupação com esta, mas em fazer ver o que queriam, e não havia sutileza na escolha dos meios para consegui-lo.

Por uma questão de justiça, deve-se admitir que naquele tempo eles não estavam sós. A literatura religiosa judaica não era nada melhor, e os movimentos místicos "pagãos", anteriores e em seguida ao início da era cristã, cometiam a mesma falta. A credulidade do público, o desejo de causar impacto ou mesmo uma falta de confiança em suas próprias habilidades, a necessidade de agarrar-se a autoridades sobre-humanas, a falta de um sentido da realidade, qualidades, cujas causas examinaremos, viciavam então toda a literatura, especialmente quando se desviava das linhas tradicionais. Encontraremos muitas provas disto nas literaturas cristã e judaica. Mas o fato é que os filósofos místicos inclinavam-se também nessa direção — certamente achavam-se intimamente relacionados com o cristianismo — como o demonstraram, por exemplo, os neopitagóricos, uma seita que surgiu no século anterior ao nascimento de Cristo. Sua doutrina, mistura de platonismo e estoicismo, rica em fé revelada, faminta de milagres, pretendia ser o ensinamento do antigo filósofo Pitágoras,[1] que viveu no século VI a.C. e de quem se sabe muito pouco. Assim, era muito fácil atribuir a ele todas as coisas que necessitavam da autoridade de um grande nome.

Os neopitagóricos desejavam ser considerados verdadeiros discípulos do antigo filósofo de Samos; para poder apresentar seus ensinamentos como genuinamente pitagóricos, tomaram *essas inumeráveis interpolações literárias*, que, sem vacilação, atribuíam todas as coisas — sem considerar serem novas ou de origem platônica ou aristotélica, bem conhecida — a Arquitas ou a Pitágoras.[2]

O mesmo encontramos na primitiva literatura cristã cujo caos requereu cuidadoso trabalho de algumas das mais brilhantes inteligências do século passado para seu esclarecimento e ordenamento, sem ter conseguido um resultado muito satisfatório.

Mostraremos em um exemplo como é grande a confusão que resulta da mistura dos mais variados conceitos da origem dos primitivos escritos cristãos. É o caso da Revelação de São João,[3] especialmente difícil de aceitar. Pfleiderer[4] diz o seguinte sobre esse assunto em seu livro *O cristianismo primitivo, seus escritos e seus ensinamentos*:

O Livro de Daniel era o mais antigo desses apocalipses e serviu de modelo para toda a série. Quando se procurou a chave da interpretação das visões de Daniel nos acontecimentos da guerra judaica, ao tempo de Antíoco Epífanes, presumiu-se com razão que o Apocalipse de João devia explicar-se pelas circunstâncias, então. Assim, quando o misterioso número 666, no capítulo XIII, versículo 18, foi interpretado quase simultaneamente por vários estudiosos (Benary, Hitzig e Reuss) de acordo com o valor numérico das letras hebraicas, como significando o imperador Nero, chegou-se à conclusão, por uma comparação dos capítulos XIII e XVII, que o apocalipse se originou pouco após a sua morte, em 68 d.C. Este critério prevaleceu durante algum tempo, especialmente na recente escola de Tübingen, que sustenta ainda firmemente ter sido o livro composto pelo apóstolo João e supôs que a chave de todo o livro tinha de encontrar-se no conflito entre judaizantes e partidários de Paulo, uma interpretação que só pôde ser levada adiante arbitrariamente (sobretudo em Volkmar). Novo impulso em direção de uma investigação mais completa do problema ocorreu em 1882 por um discípulo de Weizsäcker,[5] Daniel Völter,[6] que formulou a hipótese de uma revisão e extensão de um documento fundamental por diversos autores entre 66 e 170 (fixando, mais tarde, o ano de 140 como o limite máximo). O método de crítica dos documentos, aqui aplicado, sofreu nos quinze anos seguintes as maiores variações. Vicher tomou como base um documento judaico, produzido por um escritor cristão. Sabatier[7] e Schön, por outro lado, tomaram um documento cristão no qual haviam sido introduzidos documentos judaicos falsificados; Weyland distinguiu duas fontes judaicas, que datam dos tempos de Nero e de Tito, e um editor cristão do tempo de Trajano; Spitta distinguia um documento fundamental cristão do ano de 60 d.C., duas fontes judaicas de 63 a.C. e 40 d.C. e um redutor cristão do tempo de Trajano; Schmidt, três fontes judaicas e dois redatores cristãos; Völter (em um segundo trabalho em 1893), um apocalipse original do ano 62 e quatro revisões datadas das épocas de Tito, Domiciano, Trajano e Adriano. A consequência de todas estas hipóteses, mutuamente opostas e mais ou menos complicadas, foi, finalmente, que o não iniciado tivesse a impressão de que nada é certo e nada é impossível no campo da crítica do Novo Testamento (Jülicher).[8]

Pfleiderer crê "que as cuidadosas pesquisas dos últimos séculos" produziram um "resultado seguro", embora não se atreva a afirmá-lo e somente diga que "parece". No que se refere à primitiva literatura cristã, as conclusões razoáveis e seguras, quase sem exceção, são formuladas em seu aspecto negativo, i. e., na certeza de que é falsa.

Poucas obras cristãs antigas foram escritas realmente pelos autores a quem são atribuídas, porquanto, na maior parte, apareceram em época bastante posterior às datas comumente assinaladas e seus textos originais foram, em muitos casos, terrivelmente deformados pelas revisões e adições que se lhe fizeram mais tarde. Finalmente, é certo que nenhum dos Evangelhos ou outros antigos textos cristãos foram escritos por um contemporâneo de Jesus.

O chamado Evangelho de Marcos é considerado agora o mais antigo dos Evangelhos; certamente não foi escrito antes da destruição de Jerusalém, que o autor apresenta como profetizada por Jesus e que, na verdade, já tinha de se ter realizado quando o Evangelho foi escrito. Portanto, foi escrito, provavelmente, pelo menos meio século após a data assinalada como a da morte de Jesus. O que narra é, portanto, o produto da evolução de uma lenda durante meio século.

Após o Evangelho de Marcos vem o de Lucas, em seguida o de Mateus e finalmente o de João, em meados do século II e pelo menos um século após o nascimento de Cristo. Quanto mais avançamos no tempo, mais milagrosos são os Evangelhos. Certamente, os milagres já ocorriam no de Marcos, mas são bem modestos se comparados com os posteriores. Assim, no caso das ressurreições, Marcos apresenta Jesus chamado ao leito da filha de Jairo que está a ponto de morrer: Todos pensam que está morta, mas Jesus diz: "A moça não está morta, mas dormindo." E põe a mão sobre ela e ela se levanta. (*Marcos*, V.)

Em Lucas temos a volta à vida do jovem de Naim. Quando Jesus o encontrou já havia transcorrido, desde a morte, tempo suficiente para que se achasse a caminho do cemitério; Jesus o levantou de seu caixão. (*Lucas*, VII.)

Para João esses feitos não são suficientemente fortes. No capítulo XI narra a ressurreição de Lázaro "que estava morto há quatro dias". Dessa maneira, João bate o recorde.

Os autores dos Evangelhos eram homens extremamente ignorantes; suas ideias relativas ao assunto sobre o qual escreviam eram completamente errôneas. Lucas apresenta José viajando com Maria de Nazaré para Belém, onde Jesus nasceu, por ocasião de um censo imperial romano. Mas tal censo não se realizou no reinado de Augusto. Além do mais, a Judeia somente passou a ser província romana depois da data assinalada para o nascimento de Cristo. No ano 7 d.C. fez-se realmente um censo, mas os censores foram às residências da população. Não foi necessário ir a Belém.[9] Voltaremos ainda ao assunto.

Também o processo de Jesus perante Pôncio Pilatos não corresponde às leis judaicas ou romanas. Até nos casos em que os evangelistas não estão relatando milagres, frequentemente apresentam situações falsas e impossíveis.

E a trama assim urdida em um "Evangelho" sofreu muitas outras mudanças em mãos de "editores" posteriores e copistas, para a edificação da fé.

Por exemplo, os melhores manuscritos de Marcos terminam no capítulo XVI, versículo 8, no momento em que as mulheres estão olhando Jesus morto na sepultura, mas encontram em seu lugar um jovem com uma túnica branca e ampla; por isso deixaram a tumba e "sentiram-se atemorizadas".

O que se segue nas versões tradicionais foi escrito mais tarde. Entretanto, possivelmente a situação não terminou no versículo 8. Rénan[10] já supôs que o que se seguia foi acrescentado no interesse de uma boa causa, porque continha algum material que podia entrar em conflito com uma interpretação posterior.

Por outro lado, Pfleiderer e outros, após uma investigação exaustiva, chegaram à conclusão de "que o Evangelho de Lucas ainda não continha nada da origem sobrenatural de Jesus, mas essa história surgiu mais tarde e foi introduzida no texto adicionando os versículos 34 e seguintes[11] no capítulo I e intercalando as palavras como se acreditava, no capítulo III, versículo 23".[12] (*Urchristentum*, I, p. 408.[13])

Em vista disso, não é um milagre que nas primeiras décadas do século XIX os Evangelhos começassem a ser considerados, por muitos estudiosos, fontes completamente carentes de valor para a biografia de Jesus, e Bruno Bauer chegasse, inclusive, a negar de forma absoluta a existência histórica de Jesus. Entretanto, é natural que os teólogos sejam incapazes de abandonar os Evangelhos e que até os mais liberais façam todos os esforços para manter sua autoridade. Que resta do cristianismo se a personalidade de Cristo é abandonada? Mas, a fim de salvá-la, os teólogos veem-se obrigados a recorrer às mais engenhosas deformações e combinações.

Assim, Harnack,[14] em suas conferências sobre a essência do cristianismo, declarou que David Friedrich Strauss pudera ter pensado estar jogando fora como um papel velho o valor histórico dos Evangelhos, mas o trabalho histórico e crítico de duas gerações conseguira, não obstante, impor novamente, em grande medida, essa realidade. De fato os Evangelhos não são trabalhos históricos, nem foram escritos para apresentar os fatos como ocorriam, mas têm a intenção de ser documentos construtivos. "Entretanto, não são inúteis como fontes históricas, principalmente uma vez que seu propósito não foi imposto de fora, mas em muitos aspectos eles coincidem com as intenções de Jesus." (*Das Wesen des Christentums*, 1900, p. 20.)

Mas o que podemos saber sobre as intenções de Jesus fora do que nos dizem os Evangelhos?! Todo o raciocínio de Harnack, apoiando a credibilidade dos Evangelhos como fontes para a vida de Jesus, prova somente o quanto é impossível apresentar uma evidência segura e decisiva a tal respeito.

Posteriormente, em seu ensaio, o próprio Harnack vê-se forçado a admitir que todas as narrações do Evangelho referentes aos primeiros trinta anos da vida de Jesus não são históricas; também se pode provar que todos os incidentes de datas posteriores são impossíveis ou foram inventados. Apesar de tudo, porém, agrada-lhe preservar o resto como fato histórico. Acredita que ainda retemos "um quadro vivo dos ensinamentos de Jesus, do fim de sua vida e da impressão que causou em seus discípulos". (*Das Wesen des Christentuns*, 1900, p. 20.)

Mas como Harnack sabe que as pregações de Jesus foram tão fielmente apresentadas nos Evangelhos? Os teólogos são muito mais céticos quando abordam o assunto da reprodução dos outros sermões daqueles dias. Assim, encontramos o colega de Harnack, Pfleiderer, que nos diz em seu livro sobre o cristianismo primitivo:

> Argumentar acerca da veracidade deste ou daquele sermão nos Atos é realmente absurdo. Basta somente pensar em todas as condições que seriam necessárias para poder considerar como exatos, ou pelo menos como corretos, em termos gerais, semelhantes discursos. Teriam de ter sido anotados imediatamente por alguns dos presentes (na verdade, para obter um registro exato, teriam de ter sido taquigrafados), e essas notas dos vários discursos teriam de ter sido conservadas por mais de meio século pelos ouvintes, que eram, em sua maioria, judeus ou pagãos, hostis ou indiferentes, ao que se dizia, e finalmente reunidas pelo historiador nas mais diversas localidades. Qualquer um que haja pelo menos pensado nessas impossibilidades compreenderá, definitivamente, como deve considerar *todos estes discursos*: na realidade, nos Atos como em todos os historiadores seculares da Antiguidade, os discursos são *composições livres* nas quais o autor faz falar os seus heróis como acha que *poderiam ter falado* nas circunstâncias do momento. (p. 500, 501.)

Muito certo! Por que também não se aplica esse raciocínio aos sermões de Jesus que se encontram colocados (no tempo) pelos autores dos Evangelhos, além dos discursos nos Atos em relação aos Apóstolos? Porque os sermões de Jesus nos Evangelhos não passam de discursos que os autores desses *records* desejavam que Jesus houvesse proferido. Na verdade, os discursos, conforme foram transmitidos, têm inúmeras contradições; expressões que são às vezes de rebeldia e às vezes de submissão e que somente podem ser explicadas pelo fato de que entre os cristãos havia várias tendências, cada uma das quais adaptava os discursos de Cristo, em sua tradição, às suas próprias necessidades. Darei outro exemplo da forma audaciosa com que os evangelistas procediam em tais assuntos. Compare-se o Sermão da Montanha, registrado por Lucas, com o registrado por Mateus. Em Lucas é ainda uma glorificação do pobre, uma condenação do rico. No tempo de Mateus, já muitos cristãos não gostavam dessa linguagem, e o Evangelho de São Mateus, consequentemente, transforma o pobre que será abençoado no pobre de espírito, enquanto omite totalmente a condição do rico. Se esta era a maneira de tratar os sermões que foram anotados, que razões temos para crer que os discursos que, segundo se afirma, Jesus proferiu, meio século antes de serem registrados, são fielmente repetidos nos Evangelhos? Em primeiro lugar, é absolutamente impossível, pela simples tradução oral, preservar fielmente, por um período de cinquenta anos depois de pronunciado, o vocabulário de um discurso que não foi anotado imediatamente. Qualquer pessoa que, apesar disso, reproduza discursos transmitidos, somente pela voz corrente, demonstra sua prontidão em escrever qualquer coisa que lhe agrade, ou sua extrema credulidade para aceitar, pelo valor que se diz ter, tudo que se conte.

Por exemplo, o *Padre-Nosso* é considerado uma contribuição original de Jesus. Mas Pfleiderer assinala que uma oração (*cadix*) aramaica muito antiga conclui com estas palavras:

"Magnífico e Santificado seja Seu grande nome no mundo que Ele criou por sua vontade. Possa levantar seu Reino durante vossa vida e durante toda a vida da casa de Israel."

Está claro que a primeira parte do *Padre-Nosso* é uma imitação.

Quando nada é certo nos discursos de Jesus, na história de sua vida e seguramente nem em seus milagres, que resta dos Evangelhos?

De acordo com Harnack, ainda resta a influência de Jesus sobre seus discípulos e a história de sua paixão. Mas os Evangelhos não foram compostos pelos discípulos de Cristo, não refletiam a impressão causada por essa *personalidade*, mas a impressão causada pela *narrativa* da personalidade de Cristo aos membros da seita cristã. Nem mesmo a impressão mais poderosa pode provar alguma coisa em relação à exatidão histórica dessa narrativa. Até uma narrativa sobre uma pessoa fictícia pode causar a mais profunda impressão num sistema social, sempre que as condições históricas sejam propícias. Imensa foi a impressão causada por *Werther*, de Goethe[15] e, embora todo o mundo soubesse que se tratava de simples novela, Werther teve muitos discípulos e sucessores.

Entre os judeus, principalmente nos séculos imediatamente anteriores e posteriores à época de Cristo, personagens inventados frequentemente exerciam grande influência, sempre que os feitos e ensinamentos que se lhes atribuíssem correspondessem às profundas necessidades do povo judeu. Temos, por exemplo, a figura do profeta Daniel[16] — de quem o Livro de Daniel informa que viveu durante o reinado de Nabucodonosor,[17] Dario[18] e Ciro,[19] em outras palavras, no século VI a.C. — que realizou os maiores milagres e que fez profecias logo cumpridas de maneira assombrosa, a última das quais foi a de que grandes calamidades sobreviriam ao judaísmo, das quais seria redimido ou salvo por um redentor e depois alçado a seu prestígio anterior. Esse Daniel nunca existiu; o livro que fala sobre ele foi escrito no ano 165, quando ocorreu a insurreição macabeia; consequentemente, não é um milagre que todas as profecias enunciadas pelo profeta correspondam corretamente a todos os fatos anteriores ao ano de 165, o que convencia o piedoso leitor de que a profecia final de tão infalível profeta também teria de cumprir-se inelutavelmente. Todo esse assunto não passou de uma invenção audaciosa que obteve, no entanto, o maior efeito; a crença no Messias, a crença em um redentor que viria, encontrou o maior apoio nesse profeta; veio a ser o modelo para todas as profecias posteriores a respeito do Messias. Mas o Livro de Daniel prova também com quanta resolução as pessoas piedosas acolhiam os embustes naqueles dias, cada vez que aspiravam a conseguir grandes efeitos. O efeito produzido pela figura de Jesus não é, portanto, uma prova de sua verdade histórica.

Não nos resta, consequentemente, nada do que Harnack pensa que salvou como o verdadeiro núcleo histórico, exceto a história da paixão de Cristo. E mesmo essa história está entrelaçada de milagres do princípio ao fim, terminando com a Ressurreição e a Ascensão, o que torna quase impossível descobrir os núcleos históricos da vida de Jesus. Teremos outras ocasiões de voltar à veracidade da história da paixão.

O resto da primitiva literatura cristã não é melhor. Tudo que foi aparentemente escrito pelos contemporâneos de Jesus, seus discípulos, por exemplo, foi reconhecido como falso, pelo menos no sentido de ter sido produzido posteriormente.

Também entre as epístolas atribuídas a São Paulo não há uma só cuja autenticidade não tenha sido posta em dúvida; várias têm sido geralmente reconhecidas pela crítica histórica como falsas. A falsificação mais deslavada é provavelmente a da segunda epístola dirigida aos habitantes de Tessalônica. Nessa carta falsa, o autor, que se esconde sob o nome de Paulo, faz a seguinte advertência: "Que não os retireis facilmente de vosso sentimento, nem os conturbeis por espírito, nem por palavra, nem por carta como a nossa..." (II, 2) (isto é, uma carta apócrifa), e finalmente o falsário diz: "Saudação de minha própria mão, Paulo, que é meu sinal em toda carta minha: assim escrevo." Decerto, são precisamente tais palavras que traem a falsidade.

Inúmeras outras epístolas de Paulo constituem talvez a mais antiga produção literária da cristandade, mas praticamente nada mencionam sobre Jesus, além do fato de que foi crucificado e logo ressuscitou dentre os mortos.

Que crédito podemos dar à Ressurreição? Esse não é um assunto que necessitemos discutir com nossos leitores. Consequentemente, não há praticamente um só elemento na literatura cristã, referente a Jesus, que possa resistir ao exame.

NOTAS

1. Pitágoras (Πυθαγόρας, *c.* 580-500 a.C.), filósofo e matemático grego, nasceu em Samos, na Ásia Menor, e foi fundador da escola itálica em Crotona. Ele admitia a metapsicose e obrigava seus discípulos a uma vida austera. A comunidade liderada por Pitágoras acabou, possivelmente, por converter-se em uma força política, de caráter aristocrático, que despertou a hostilidade do partido democrata, e uma revolta levou Pitágoras a passar os últimos anos de sua vida em Metaponto. A comunidade pitagórica esteve seguramente rodeada de mistério e, ao que tudo indica, seus discípulos esperavam anos antes de serem apresentados ao mestre e mantinham em segredo os ensinamentos que recebiam. As mulheres podiam participar da comunidade; Teano, provavelmente esposa de Pitágoras e mãe de seus filhos, é a mais conhecida. (N. do T.)
2. Eduard Zeller, *Philohophie der Griechen*, parte III, seção II, Leipzig, 1868, p. 96.
3. Trata-se do Apocalipse (grego: Ἀποκάλυψις Ἰωάννου), o último livro canônico do Novo Testamento, no qual se encontram as revelações feitas ao autor, um profeta chamado João, quando estava exilado na ilha de Patmos. Esse João é tradicionalmente identificado como São João Evangelista, mas a maioria dos estudiosos julga serem os dois pessoas diferentes. Apocalipse ('Αποκάλυψις, literalmente: "levantamento da cobertura/do véu; Revelação") é, no judaísmo e no cristianismo, a revelação de acontecimentos, até então secretos para o resto da humanidade, a um profeta escolhido por Deus. O teólogo alemão Gottfried Christian Friedrich Lücke (1791-1855), em 1832, publicou a obra *Versuch einer vollständigen Einleitung in die Offenbarung Johannis und in die gesammte apokalyptische Litteratur*, a primeira descrição científica da literatura apocalíptica cristã e judaica, na qual introduz o termo "apocalipticismo" (*Apokalyptik*) à teologia como descrição do pensamento comum deste gênero. (N. do T.)
4. Otto Pfleiderer (1839-1908), teólogo protestante alemão, autor de *Das Urchristentum, seine Schriften und Lehren, in geschichtlichem Zusammenhang*, Berlim, G. Reimer, 1887. (N. do T.)
5. Karl Heinrich Weizsäcker (1822-1899), teólogo evangélico, irmão do historiador Julius Weizsäcker (1828-1889), foi professor para Igreja e História dos Dogmas na Universidade de Tübingen (Alemanha). Daniel Völter foi seu discípulo. (N. do T.)
6. Daniel Völter, professor de teologia em Amsterdã e Strasburg, autor de *Die Unechtheit des Galaterbriefs*. (N. do T.)

7. Paul Sabatier (1858-1928), pastor protestante francês, autor da biografia de São Francisco de Assis (1893) e professor da Universidade de Strasburg. (N. do T.)
8. Otto Pfleiderer, *Die Entstehung des Christentums*, 1902, II, p. 281, 283.
9. Vide David Strauss, *Das Leben Jesu, kritisch bearbeitet*, Tübingen, 1840, 4ª ed., p. 227 e ss.
10. Ernest Rénan (1823-1892), escritor, filósofo e historiador francês, autor da *Vie de Jésus* (1863). (N. do T.)
11. "Então Maria disse ao Anjo: Como será isto, se não conheço varão. E respondendo, o Anjo lhe disse: O Espírito Santo virá sobre ti e a virtude do Altíssimo te fará sombra; por isto o Santo que nascerá será chamado Filho de Deus."
12. "... filho de José, *como se acreditava*."
13. O título completo da obra de Pfleiderer é *Das Urchristentum, seine Schriften und Lehren, in geschichtlichem Zusammenhang*, Berlim, G. Reimer, 1887. (N. do T.)
14. Adolf von Harnack (1851-1930), teólogo alemão, autor de várias obras, entre as quais *Das Wesen des Christentums* (1900). Ele criticou os dogmas do cristianismo e procurou dar à teologia um caráter mais liberal, o que o levou a tornar-se *persona non grata* para as autoridades evangélicas. (N. do T.)
15. Alusão à novela *Die Leiden des jungen Werthers*, de Johann Wolfgang von Goethe (1749-1832), publicada em 1774. O jovem Werther, em uma série de cartas a um amigo, Wilhelm, fala de seu amor por (Char)Lotte, e, sem poder conquistá-la, termina por suicidar-se. A tragédia de Werther provocou uma comoção geral entre os jovens, e logo se multiplicaram suicídios idênticos. Essa novela é de certo modo autobiográfica, pois Goethe, dois anos antes, conhecera uma mulher chamada Charlotte Buff, pela qual se apaixonara e que, sendo casada, não correspondia ao seu amor. (N. do T.)
16. Daniel (דָּנִיֵּאל), que significa "Deus é meu juiz", foi um profeta bíblico. Segundo a Bíblia, Daniel pertencia à tribo de Judá, que fora capturada e estava na Babilônia quando Nabucodonosor destruiu Jerusalém. Ele serviu a Nabucodonosor, de quem ganhou a confiança e se tornou conselheiro, devido à sua habilidade de interpretar os sonhos. Foi Daniel que previu a destruição da Babilônia. Suas profecias estão no Livro de Daniel, constante da Bíblia. (N. do T.)
17. Nabucodonosor II durante 43 anos (entre 604 e 562 a.C.) foi o rei do Império Neobabilônico. Tornou-se famoso pela conquista do reino de Judá e pela destruição de Jerusalém e seu Templo, em 587 a.C. Foi ele que promoveu a construção dos Jardins Suspensos da Babilônia, uma das sete ma-

ravilhas do mundo, e de outros grandes monumentos. Os registros cuneiformes, descobertos por arqueólogos no século XX, confirmaram o relato do Livro de Daniel, segundo o qual foi Nabucodonosor o responsável pela construção — em verdade reconstrução — da Grande Babilônia (*Daniel, IV, 30*). (N. do T.)

18. Não se deve confundir Dario, o Medo, o comandante militar de Ciro II, que conquistou a cidade da Babilônia em 539 a.C., com Dario I, o Grande, rei da Pérsia entre 521 e 486 a.C., sucedido por Xerxes (*Khashayar*), seu filho, derrotado na batalha naval de Salamina (480 a.C.), quando empreendia a maior campanha militar contra os gregos. Dario, o Medo, é chamado de rei no Livro de Daniel. (N. do T.)

19. Ciro II, o Grande, foi rei da Pérsia entre 559 e 530 a.C., ano em que morreu em batalha com os massagetas. Pertencia à dinastia dos Aquemênidas, com ascendência na casa real dos medos. Em 539 a.C., conquistou a Babilônia e, segundo a Bíblia, recebeu uma mensagem divina que lhe atribuía a missão de libertar os judeus na Babilônia e enviá-los à Palestina. Após a conquista da Babilônia, os judeus exilados, atravessando o deserto, voltaram à terra de Israel e Jerusalém foi reconstruída. (N. do T.)

3. A luta pela imagem de Jesus

No melhor caso nós não obtemos mais do que Tácito nos diz como núcleo histórico dos primitivos informes cristãos referentes a Jesus: no tempo de Tibério, foi executado um profeta, do qual a seita dos cristãos derivou sua origem. O que este profeta ensinou e qual foi sua influência é um assunto sobre o qual não se pode obter ainda a menor informação segura. De qualquer modo, é certo que não atraiu a atenção que lhe foi atribuída nos primeiros registros cristãos, pois, caso contrário, certamente Josefo, que conta muitas outras coisas de menor importância, teria informado alguma coisa a seu respeito. A agitação e a execução de Jesus não provocaram o menor interesse em seus contemporâneos. Porém, se Jesus realmente foi um agitador, adorado por uma seita como seu defensor e guia, a importância de sua personalidade deveria aumentar, com o crescimento dessa seita. Assim começou a formar-se uma teia de lendas sobre essa personalidade, em torno da qual espíritos piedosos teciam tudo que desejavam que seu modelo tivesse dito e feito. Na medida em que Jesus cada vez mais se tornava um modelo para toda a seita, cada um dos numerosos grupos que a compunham desde o início tratou de atribuir a essa personalidade aquelas ideias às quais estava mais apegado, de modo que pudesse invocar a sua autoridade. A imagem de Jesus, segundo se esboça nas lendas primeiro transmitidas oralmente e, depois, fixadas por escrito, tornou-se cada vez mais a de uma personalidade sobre-humana, a encarnação de todos os ideais da nova seita, mas também uma imagem cada vez mais contraditória, cujos traços não eram compatíveis uns com os outros.

Quando a seita chegou a certo nível de organização, transformando-se em Igreja, na qual uma tendência específica conquistou o predomínio, um de seus primeiros trabalhos foi delinear um *cânon* fixo, um catálogo de todos aqueles primeiros escritos cristãos que reconheceu como genuínos. Certamente só foram reconhecidos aqueles que se ajustavam ao ponto de vista da tendência dominante. Todos os Evangelhos e outros escritos que contivessem um quadro de Jesus que não estivesse de acordo com essa tendência da Igreja foram rechaçados como "heréticos", falsos ou, pelo menos, apócrifos e indignos de confiança, e não foram disseminados, sendo quase totalmente eliminados; restaram muito poucos. Os escritos admitidos ao cânon foram "editados", a fim de introduzir a maior uniformidade possível, mas, por sorte, a edição foi feita com tão pouca habilidade que ainda se veem, aqui e ali, rastros de relações anteriores e contraditórias que nos permitem supor o curso da história de cada livro.

A Igreja não conseguiu seu objetivo, que era o de obter desse modo uma uniformidade de opiniões dentro dela; isto foi impossível. As variáveis condições sociais estavam sempre produzindo novas diferenciações de opiniões e aspirações dentro da Igreja e, graças à contradição que preservou a imagem de Jesus, reconhecida pela Igreja, apesar de todas as edições e omissões que se fizeram, estas várias opiniões sempre conseguiram encontrar na imagem de Cristo pontos que servissem a seus propósitos. Consequentemente, a luta entre forças socialmente opostas dentro da estrutura da Igreja Cristã converteu-se ostensivamente em mera luta pela interpretação das palavras de Jesus, e os historiadores superficiais são suficientemente ingênuos para crer que todos os grandes e frequentes conflitos sangrentos dentro da cristandade, sob a bandeira da religião, não passaram de lutas por simples palavras e, portanto, uma triste indicação da estupidez da raça humana. Porém, onde quer que um fenômeno social de massa seja atribuído a mera estupidez de seus participantes, esta, na realidade, é simplesmente a estupidez do observador e crítico, que evidentemente não conseguiu localizar-se entre conceitos e opiniões que lhe são estranhos, ou penetrar nas condições e motivos materiais subjacentes a estes modos de pensamento. Como regra, a guerra travou-se entre interesses bem reais; quando as várias seitas cristãs disputam sobre uma interpretação diferente das palavras de Cristo, são realmente esses interesses que atuam.

O advento do modo moderno de pensar e a superação do eclesiástico certamente tiraram cada vez mais o significado prático desses conflitos sobre a imagem de Jesus, reduzindo-os a meras sutilezas por parte dos teólogos, pagos pelo Estado para manter vivo o modo de pensar eclesiástico e que têm de fazer algo para merecer seus salários.

A moderna crítica da Bíblia, ao aplicar os métodos históricos de investigação de fontes originais aos livros bíblicos, deu novo impulso ao conflito sobre a interpretação da personalidade de Jesus. Essa crítica abalou a certeza sobre a imagem tradicional de Jesus, mas, proferida principalmente por teólogos, raramente pode resolver-se a aceitar o conceito primeiramente emitido por Bruno Bauer e depois por outros, particularmente A. Kalthoff,[1] de que é impossível, dadas as presentes condições das fontes, estabelecer uma nova imagem. A crítica repetidamente tenta restaurar essa imagem, com o mesmo resultado obtido anteriormente pelo cristianismo dos séculos anteriores: cada um dos senhores teólogos põe seus próprios ideais e espírito na sua imagem de Jesus. Igual às descrições de Jesus no século II, as do século XX não pintam o que Jesus realmente ensinou, mas o que seus produtores desejavam que tivesse ensinado.

Kalthoff dá-nos uma análise clara dessa transformação da imagem de Jesus:

> Do ponto de vista social-teológico, a imagem de Jesus é, consequentemente, a mais sublime expressão religiosa de todas as forças operativas sociais e éticas da era em questão; e a transformação que esta imagem de Jesus sofreu constantemente, suas extensões e contradições, o enfraquecimento de antigos caracteres e sua aparição sob novas cores oferecem-nos o mais delicado instrumento para mediar as alterações pelas quais a vida contemporânea está passando, desde os mais altos pontos de seus ideais espirituais, às maiores profundidades de seus fenômenos materiais. A imagem de Cristo mostrará ora os traços do filósofo grego, ora os dos Césares romanos, os do senhor feudal, os do mestre das corporações, os do atormentado camponês vassalo ou os do burguês livre, e todos estes traços são genuínos, todos vivem enquanto os teólogos se acreditam possuídos da noção peculiar de prover os traços individuais de sua época particular como os caracteres históricos originais do Cristo dos Evangelhos. Se esses traços parecem históricos, é pelo fato de que as mais variadas e opostas forças que operavam nos períodos nascentes e construtivos da sociedade cristã têm uma certa semelhança com as forças que atuam hoje em dia. Mas a imagem do Cristo de nossos dias parece, à primeira vista, totalmente cheia de contradições. Ainda mantém em certo grau os traços

dos antigos santos, os do Senhor dos Céus, mas também os caracteres completamente modernos do amigo do proletariado, até os do líder dos trabalhadores. Mas esta contradição é um mero reflexo dos contrastes mais fundamentais que animam nossa vida moderna.

E numa passagem anterior:

> A maior parte dos representantes da chamada Teologia Moderna usa as tesouras quando resume de acordo com o método crítico preferido por David Strauss: amputa os elementos míticos dos Evangelhos e declara que o restante constitui o núcleo histórico. Mas mesmo os teólogos reconhecem que este núcleo se fez demasiado pobre sob suas manipulações... Na ausência de toda certeza histórica, o nome de Jesus veio a ser um depósito vazio para a Teologia Protestante, na qual cada teólogo pode calcar sua própria bagagem intelectual. Um deles fará deste Jesus um moderno seguidor de Espinosa; outro, um socialista, enquanto os teólogos profissionais oficiais, certamente, verão Jesus à luz religiosa do Estado Moderno; na realidade, recentemente o apresentaram, cada vez mais intrépido, como o advogado religioso (a Teologia Nacional) de todas as aspirações que reclamam o domínio da grande Prússia.[2]

Em vista deste estado de coisa, não deve surpreender que os historiadores sintam apenas uma pequena inclinação para investigar a origem do cristianismo, se começam com a opinião de que foi criado por uma só personalidade. Se essa opinião fosse correta, seria certamente razoável abandonar todos os esforços para determinar a origem do cristianismo e deixar a nossos teólogos a posse não disputada do campo da ficção religiosa.

Outra deve ser a atitude do historiador, se considera o cristianismo uma religião mundial, não mero produto de um super-homem, mas da sociedade. As condições sociais da época em que se originou o cristianismo são bem conhecidas. E o caráter social da cristandade primitiva pode também ser determinado com alguma precisão pelo estudo de sua literatura.

O valor histórico dos Evangelhos e dos Atos dos Apóstolos não é provavelmente maior que o valor dos poemas homéricos ou das canções dos

Nibelungen. Eles tratam de personagens históricos; mas relatam suas atividades com tal liberdade poética que é impossível tirar de suas narrativas os menores dados para uma representação histórica de tais personagens, porquanto são mesclados com elementos de fábula, o que não permite determinar quais caracteres são históricos e quais são inventados. Se não tivéssemos outra informação referente a Átila, a não ser a que se encontra nas canções de Nibelungen, teríamos que dizer dele o que agora dizemos de Jesus, isto é, de que nem mesmo estamos certos de que tenha existido e que pode ter sido um personagem mítico como Siegfried.

Tais narrativas poéticas são, no entanto, de um valor incalculável no estudo das condições sociais sob as quais surgiram. Elas as refletem fielmente, mesmo que os autores livremente inventem certos fatos e personagens. Até que ponto a narrativa da Guerra de Troia e seus heróis tem fundamento histórico permanece na obscuridade, e talvez para sempre. Não obstante, temos na *Ilíada* e na *Odisseia* duas fontes históricas de primeira grandeza para o estudo das condições sociais da Era Heroica.

As obras poéticas são com frequência muito mais importantes para o estudo de suas épocas que as mais fiéis narrativas históricas, porque as últimas nos dão somente os elementos pessoais, extraordinários, impressionantes, que são os menos permanentes em seu efeito histórico; por outro lado, as primeiras nos oferecem um panorama da vida diária das massas, que é constante e permanente em seus efeitos, com a mais duradoura influência sobre a sociedade; o historiador não relata estas coisas, pois geralmente as supõe conhecidas e evidentes. É por essa razão que as novelas de Balzac são uma das fontes mais importantes para o estudo da vida social da França nas primeiras décadas do século XIX.

Assim, embora não tenhamos encontrado nada de exato nos Evangelhos, nos Atos dos Apóstolos e nas Epístolas, sobre a vida e a doutrina de Cristo, podemos, não obstante, obter informações muito importantes acerca do caráter social, ideais e aspirações da primitiva comunidade cristã. Quando a crítica da Bíblia escava as várias camadas que estão acumuladas em tais escritos, oferece-nos uma oportunidade para investigar o desenvolvimento daquelas comunidades, enquanto as fontes "pagãs" e judaicas nos capacitam a vislumbrar as forças sociais que atuavam simultaneamente na cristandade primitiva. Temos assim condições para reconhecer e entender esta última como um produto de seu tempo; tal a base de todo o conhecimento histórico. Os personagens isolados podem influir na sociedade, e a descrição de indivíduos preeminentes é indispensável para um quadro completo de seu tempo. Mas, quando medidos por épocas históricas, sua influência é, no máximo, temporal, e eles apresentam apenas aspectos superficiais que, conquanto impressionem à primeira vista, nada nos revelam sobre seus alicerces. São estes que determinam o caráter e a permanência da estrutura. Se podemos revelá-los, teremos realizado o trabalho mais importante para a compreensão do edifício.

NOTAS

1. Albert Kalthoff (1850-1906), teólogo evangélico e filósofo alemão, autor de várias obras, entre as quais *Das Christus problem. Grundlinien zu einer Sozialtheologie*, Leipzig (1902) e *Die Entstehung des Christentums*, Leipzig (1904).
2. *Das Christusproblem. Grundlinien zu einer Sozialtheologie*, 1902, p. 15, 17, 80, 81.

SEGUNDA PARTE A Sociedade Romana na era imperial

1. O sistema escravista

A PROPRIEDADE DA TERRA

Se desejamos entender as concepções características de uma época particular e distingui-las das ideias de outras épocas, devemos, antes de tudo, estudar as necessidades e os problemas peculiares ao período, que resultam, antes de tudo, do modo de produção, pelo qual a sociedade sustenta sua vida.

Tratemos em primeiro lugar de investigar, a partir de seus verdadeiros princípios, o sistema econômico em que o Império Romano se baseava. Só assim podemos entender as características essenciais da última etapa de sua evolução, i. e., a do período imperial e as tendências peculiares daquele tempo.

O modo de produção, nos países que o Império abarcava, era a agricultura. Além desta havia, em muito menor escala, a indústria artesanal e o comércio de mercadorias. A produção para o consumo direto constituía a regra geral. A produção de mercadorias, em outras palavras, a produção para o mercado, estava ainda na infância. Os artesãos e os comerciantes tinham em muitos casos propriedades agrícolas que se achavam estreitamente ligadas à vida doméstica; seu principal trabalho era a produção para o lar. A agricultura fornecia os alimentos para a cozinha e as matérias-primas como linho, lã, peles, madeiras, com as quais os membros das famílias faziam suas roupas, utensílios e instrumentos. Tudo que se podia vender era o excedente — quando havia — após satisfeitas as necessidades do grupo familiar.

Esse modo de produção exige a existência da propriedade privada da maioria dos meios de produção em tudo que estiver relacionado com o trabalho humano, incluindo, consequentemente, o trabalho agrícola, mas não a propriedade privada dos bosques e pastos, que pode continuar sendo propriedade comum; a propriedade dos animais domésticos, mas não dos de caça; finalmente envolve a propriedade privada dos instrumentos e matérias-primas e a dos produtos resultantes de seu uso e emprego.

Com a propriedade privada já existe a possibilidade da desigualdade econômica. Acidentes fortuitos podem favorecer e enriquecer um estabelecimento enquanto prejudicam e empobrecem outros. Desenvolvem-se estabelecimentos agropecuários, suas terras e rebanhos aumentam; essas condições, entretanto, criam um novo problema de trabalho para os maiores estabelecimentos, i. e., onde obter o trabalho adicional requerido para o apropriado cuidado dos grandes rebanhos e cultivo dos campos extensos.

Surgem diferenças e oposições entre as classes. Quanto mais produtivo se torna o trabalho agrícola, maior é o excedente que produz além das necessidades do próprio agricultor. Esse excedente serve, por um lado, para alimentar os artesãos, que executam certos trabalhos de serraria e olaria; por outro lado, o excedente pode ser usado para troca por outros artigos e matérias-primas que não possam produzir-se na região, ou porque a natureza não dê ou porque não haja indivíduos capazes de fazê-los. Tais produtos, de outras regiões, são adquiridos e oferecidos pelos comerciantes. O surgimento dos artesãos e do comércio tende a aumentar a desigualdade na propriedade da terra. Além da desigualdade entre grandes e pequenas propriedades, sabemos que existe ainda a da maior proximidade ou distância dos lugares onde se congregam os trabalhadores e comerciantes que trocarão seus produtos pelos excedentes dos camponeses. Quanto mais deficientes forem os meios de tráfego, mais difícil se torna levar os produtos ao mercado e maiores são as vantagens de quem vive próximo destes.

Desse modo, forma-se uma classe de proprietários, entre aqueles favorecidos por um ou mais desses fatores, que obtém maior excedente do que a maioria dos camponeses, consegue mais produtos do comércio e da indústria, tem mais tempo de lazer que a média dos fazendeiros, controla mais recursos técnicos no trabalho e na guerra, recebe mais estímulo intelectual por conviver com outras pessoas, artistas e comerciantes, e pode ampliar seu horizonte espiritual. Essa classe de felizes proprietários tem então o tempo, a capacidade e os meios de fazer transações que excedem os limites estreitos da perspectiva camponesa e de unir um número de comunidades agrícolas em um Estado, para administrá-lo e defendê-lo, bem como para regular suas relações com Estados vizinhos e distantes.

Todas essas classes, grandes proprietários de terra, comerciantes, artesãos, vivem do excedente do trabalho agrícola, ao qual se acrescenta aquele vindo da indústria. Na medida em que suas funções na sociedade se tornam importantes, os comerciantes e grandes proprietários de terras adquirem uma porção cada vez maior desse excedente. Logo os proprietários de terras mais poderosos, em virtude de sua superioridade econômica ou de sua situação privilegiada no Estado, têm condições de privar a massa de camponeses e artesãos do excedente de seu trabalho. Assim obtêm riquezas muito superiores às da média dos camponeses e artesãos e, por sua vez, consolidam seu poder social e sua capacidade de açambarcar mais sobreprodutos e ganhar riquezas adicionais.

Assim, acima dos camponeses e artesãos, formam-se várias camadas de grandes exploradores, proprietários da terra e comerciantes, além de usurários, aos quais teremos ocasião de nos referir em conexão com outros assuntos. O aumento de suas riquezas é acompanhado de uma crescente necessidade de aumentar sua própria economia doméstica (*Haushalt*), que permanece ainda intimamente vinculada ao cultivo da terra. Qualquer um que nessa época quisesse ter uma economia doméstica tinha que possuir seu próprio estabelecimento agrícola, o que se fazia mais seguro quando este era constituído em sua própria terra. Nessa época, a ambição geral está voltada para a posse da terra, incluindo nessa ambição os artesãos, usurários e comerciantes. O desejo geral é o de aumentar a propriedade da terra, uma vez que predomina ainda a produção para a subsistência; quem quisesse aumentar sua riqueza, ter uma casa mais próspera, tinha que ter maior área agrícola.

O desejo de obter e aumentar a quantidade de terra que se possui é a paixão dominante da época, que se estende desde que a sociedade, quando baseada na agricultura, deixa de ser nômade; em outras palavras, desde o estabelecimento da economia camponesa até o momento do surgimento do capital industrial. A sociedade antiga, mesmo em seu ponto culminante, no período Imperial, nunca passou além dessa etapa, que só foi superada em tempos modernos, desde a Reforma.

A ESCRAVIDÃO DOMÉSTICA

A posse da terra, porém, é inútil sem trabalhadores que a cultivem. Já assinalamos o problema peculiar da mão de obra, que surge com a formação das grandes propriedades agrárias. Ainda antes do início dos tempos históricos já encontramos o seguinte fenômeno: indivíduos mais ricos procuravam trabalhadores para agregá-los à casa, além dos membros da família a ela ligados por laços de sangue, e com quem pudessem contar sempre.

Tais trabalhadores não podiam ser conseguidos, a princípio, pelo oferecimento de salários. Certamente já cedo encontramos casos de trabalho assalariado, mas é sempre um fenômeno excepcional e temporário, por exemplo, a ajuda durante a colheita. Os instrumentos de produção necessários para um estabelecimento independente não eram tão numerosos que, em geral, uma família média não pudesse adquiri-los. Os laços familiares e comunais ainda eram tão fortes que qualquer acidente que ocorresse a uma família e que a privasse de sua propriedade, na maioria dos casos, era reparado pela assistência de parentes e vizinhos.

Ao mesmo tempo que havia pequena oferta de trabalho assalariado, havia também pouca demanda. A família e sua indústria ainda se achavam intimamente relacionadas. Se eram necessários trabalhadores adicionais para o estabelecimento, eles deveriam incorporar-se à casa, pois não tinham oficina própria, nem vida familiar própria, sendo inteiramente absorvidos pela família estranha. Em tais circunstâncias, não era fácil conseguir trabalhadores livres. Mesmo durante a Idade Média, os jornaleiros só concordavam em incorporar-se à família do mestre temporariamente, como transição, até obterem o grau de mestre e o estabelecimento de suas próprias famílias. *Permanentemente*, nessa época, não se podia garantir mão de obra *livre* mediante pagamento de salários, como trabalhadores adicionais em uma família estranha. Só o acorrentamento *pela força* podia proporcionar os trabalhadores adicionais necessários aos grandes estabelecimentos. A esse objetivo servia a *escravidão*. Nela, o estranho não tem direitos. Como era muito pequena a comunidade daquela época, o conceito de "estranho" era bastante amplo. Na guerra, não somente os combatentes capturados, mas frequentemente toda a população do país conquistado era escravizada e dividida entre os vitoriosos ou vendida. Mas podiam-se também obter escravos em tempo de paz, principalmente por meio do tráfego marítimo, muitas vezes associado, em suas primeiras etapas, à pirataria; as presas preferidas eram seres humanos fortes e belos, capturados nas incursões costeiras, quando estas não estavam defendidas. Além disso, os descendentes de escravos permaneciam na escravidão.

A vida dos escravos não era, a princípio, muito má, e muitos assumiam tranquilamente essa condição. Quando membros de uma casa poderosa, eram frequentemente empregados em trabalhos que lhes proporcionavam comodidade e luxo e não eram sobrecarregados de tarefas. Se seu trabalho era de natureza produtiva, realizava-se com frequência nas grandes fazendas, com o auxílio do patrão, e envolvia apenas a produção para o consumo familiar, necessariamente limitado. A sorte do escravo era determinada pelo caráter do patrão e pela riqueza da família à qual pertencia. Os donos tinham interesse em melhorar a condição de seus escravos, pois isso traria benefícios aos seus próprios negócios. Além disso, pelo contato pessoal constante com o dono, o escravo tinha relações mais ou menos humanas com este e podia, se tivesse inteligência e habilidade, chegar a tornar-se indispensável a ele, um amigo. Nos antigos poetas são encontradas passagens que mostram a liberdade que os escravos podiam ter com seus donos e a afeição mútua entre eles. Muitas vezes eram despedidos com um belo presente por seus fiéis serviços, e outros economizavam o suficiente para comprar sua liberdade. Não eram poucos os que preferiam a escravidão à liberdade, isto é, preferiam a vida como membros de uma família rica à existência solitária, pobre, incerta.

> Não se deve supor, diz Jentsch, que a condição legal do escravo, tão repugnante como nos parece, fosse levada tão a sério na vida privada e que o escravo não fosse considerado ou tratado como um ser humano; até o final da Primeira Guerra Púnica, a sorte dos escravos não era muito triste. O que se disse do poder legal do chefe da família sobre sua esposa e filhos aplica-se também a seus direitos sobre os escravos; esse poder, legalmente ilimitado, era restringido pela religião, o costume, a razão, o sentimento e o próprio interesse, e o homem que era considerado perante a lei como uma mercadoria, sujeito à venda e aos caprichos de seu dono, era estimado como um fiel trabalhador do campo e como um companheiro no lar, com quem se pode

conversar agradavelmente, após o trabalho, lado a lado, fora da casa.[1]

Essa relação de camaradagem não existia somente no campo; na Idade Heroica, até os príncipes trabalhavam. Na *Odisseia*, a filha do rei Alcino lava roupas juntamente com suas escravas; o príncipe Ulisses não desafia seu rival a um duelo, mas a uma competição na ceifa e no arado e, quando volta a sua pátria, encontra seu pai trabalhando no jardim, com uma pá. Ulisses e seu filho Telêmaco são estimados afetuosamente por Eumeu, seu escravo, o "divino tratador de porcos", que estava firmemente convencido de que seu dono lhe teria dado liberdade há muito tempo e também uma fazenda e uma esposa, se houvesse voltado antes.

Essa forma de escravidão foi uma das mais suaves que conhecemos. Mas mudou seu caráter quando se transformou num meio de *fazer dinheiro*, principalmente quando as *grandes propriedades*, tendo sido separadas da casa do dono, começaram a empregar muitos trabalhadores.

A ESCRAVIDÃO NA PRODUÇÃO DE MERCADORIAS

As primeiras propriedades desse tipo foram, provavelmente, as minas. O trabalho de mineração e o dos minerais, principalmente a ganga metálica, presta-se ainda, por sua natureza, somente ao uso do lar. Entretanto, assim que essas indústrias atingem o mínimo grau de desenvolvimento, produzem um grande excedente sobre as necessidades domésticas; além disso, somente podem ter certa perfeição com o emprego regular do trabalho de grande número de trabalhadores, pois de outra forma o trabalhador não pode adquirir a necessária habilidade e experiência para tornar lucrativas essas estruturas industriais. Ainda na Idade da Pedra encontramos grandes centros em que a manufatura de implementos de pedra era feita de forma lucrativa e em grande escala, sendo depois distribuídos, por meio do escambo, de grupo em grupo, ou de comunidade territorial em comunidade territorial.[2] Esses produtos minerais parecem ter sido as primeiras mercadorias, provavelmente as primeiras com a intenção de servir para o escambo.

Assim que, em um depósito de minerais de valor, a mineração se desenvolveu, superando o mais primitivo estágio de extração à superfície, ela exigiu cada vez maior número de trabalhadores. A necessidade dessa força de trabalho podia facilmente exceder o número de trabalhadores livres disponíveis na comunidade territorial do proprietário da mina. O trabalho assalariado não permitia manter permanentemente muitos trabalhadores: somente o trabalho compulsório de escravos ou criminosos condenados podia assegurar o número necessário de trabalhadores.

Esses escravos, no entanto, já não produziam unicamente bens de consumo para as limitadas necessidades pessoais de seu dono; trabalhavam também para que ele obtivesse dinheiro. Não trabalhavam apenas para atender ao consumo de mármore ou enxofre, ferro ou cobre, ouro ou prata de sua própria casa, mas para a venda dos produtos da mina, proporcionando-lhe dinheiro, essa mercadoria que pode comprar todas as coisas, todos os prazeres, todo o poder e que nunca se possui em demasia. Nas minas os trabalhadores eram obrigados a trabalhar o máximo possível, pois quanto mais trabalhavam, mais dinheiro o senhor ganhava. Eram alimentados e vestidos tão pobremente quanto possível, pois sua alimentação e vestuário tinham que ser *comprados* e pagos em *dinheiro*; na mina, os escravos não os produziam. Enquanto o proprietário de um rico estabelecimento agrícola, tendo excesso em bens de consumo e alimentos, não podia senão distribuí-los abundantemente entre seus escravos e hóspedes, o que ocorria com a produção de mercadorias era diferente; quanto menos consumissem os escravos, maior seria o ganho em dinheiro do proprietário. A situação dos escravos foi piorando na medida em que a indústria crescia, cada vez mais separados da casa do dono, acomodados em alojamentos especiais cuja miséria deplorável contrastava violentamente com o luxo da casa do amo. Além disso, cessou todo o contato pessoal entre senhor e escravo, não só porque a oficina era agora separada da casa da família, mas também pelo grande número de trabalhadores. Assim, informa-se que em Atenas, ao tempo da Guerra do Peloponeso, Hipônico[3] tinha 600 escravos trabalhando nas minas da Trácia e 1.000 em Nícias. A posição do escravo transformou-se então em um castigo permanente; enquanto o trabalhador livre podia fazer uma certa seleção entre seus senhores e, em determinadas circunstâncias favoráveis, exercer alguma pressão sobre eles, recusando-se ao trabalho e resistindo assim aos piores abusos, o escravo que fugia de seu senhor ou se negava a trabalhar podia ser morto. Havia uma só razão para impedir a morte de um escravo: o custo de sua substituição por outro. O trabalho assalariado não custava nada e se um trabalhador morria, outro podia ocupar seu lugar, mas o escravo tinha que ser comprado; quando morria antes do tempo, era seu dono que perdia. Por essa razão, sua influência baixava juntamente com seu preço, e houve épocas em que o preço de um escravo era baixíssimo, quando as guerras constantes, no exterior e interior do país, levavam ao mercado inúmeros cativos. Na terceira guerra dos romanos contra a Macedônia, por exemplo, no ano 169 a.C., setenta cidades foram saqueadas no Épiro, e num só dia 150.000 de seus habitantes foram vendidos como escravos.

De acordo com Boeckh,[4] o preço comum de um escravo em Atenas era de 100 a 200 *dracmas* (80 a 160 marcos). Xenofonte informa que o preço variava entre 150 *dracmas*. Apiano diz que no Ponto, numa ocasião, os prisioneiros de guerra foram vendidos por quatro *dracmas* (cerca de 3 marcos) cada um. Quando os irmãos de José o venderam no Egito, ele alcançou somente 20 *siclos* (18 marcos).[5]

Um bom cavalo de sela era muito mais caro que um escravo; no tempo de Aristófanes,[6] era aproximadamente de 12 *minas*, quase 100 marcos.

Mas a mesma guerra que proporcionava escravos baratos arruinava muitos camponeses, pois as milícias camponesas constituíam o núcleo principal do exército. Enquanto o camponês lutava, sua fazenda arruinava-se por falta de braços. Os camponeses arruinados só podiam dedicar-se ao bandoleirismo, a menos que tivessem a oportunidade de ir a uma cidade vizinha, complementar suas necessidades trabalhando como artesãos ou ingressando no lumpemproletariado. Dessa forma surgiram novos crimes que não se conheciam em épocas anteriores e a perseguição a esses criminosos proporcionou mais escravos, pois as prisões eram ainda desconhecidas. São um produto do modo capitalista de produção. Àquele tempo, as pessoas, quando não eram crucificadas, eram condenadas a trabalhos forçados.

Houve, portanto, em certos períodos, enorme quantidade de escravos muito baratos, vivendo em condições miseráveis. As minas de prata da Espanha, das mais produtivas da Antiguidade, são um excelente exemplo.

> A princípio as pessoas se encarregavam sozinhas da exploração e ganhavam grandes riquezas, pois o minério estava à superfície e existia em grande abundância. Mais tarde, quando os romanos se apoderaram da Ibéria (Espanha), um grande número de italianos foi atraído pelas minas, conseguindo grandes riquezas por sua avareza, comprando inúmeros escravos que entregavam ao supervisor da mina... Os escravos que trabalhavam nestas minas produziam quantias incríveis para seus senhores, mas, trabalhando muito abaixo do nível do solo, gastando energia dia e noite nos poços, morriam de excesso de trabalho, pois não tinham diversões, descanso, eram dirigidos pelo chicote dos capatazes, sofriam o maior desconforto e trabalhavam até a morte. Uns poucos, muito vigorosos e pacientes, eram capazes de suportar esse tratamento, mas apenas para prolongar sua miséria, cuja extensão lhes tornava preferível a morte à vida.[7]

Assim como a escravidão doméstica patriarcal é, talvez, a forma mais suave de exploração, a escravidão a serviço da cobiça ao lucro é seguramente a mais abominável.

Nas *minas*, o emprego de inúmeros escravos tornava-se necessário, nas circunstâncias determinadas, por causa da *técnica* de exploração mineira. Porém, com o correr do tempo, surgiu uma demanda de mão de obra escrava em outros setores. Havia comunidades com poder militar superior ao de suas vizinhas e consideravam a guerra tão vantajosa que nunca se cansavam de promovê-la. As atividades bélicas ofereciam uma fonte inesgotável de novos escravos, necessários aos trabalhos produtivos. Essas comunidades, entretanto, estavam sempre relacionadas com as grandes cidades. Quando uma cidade, devido à sua situação favorável, tornava-se um grande centro mercantil, passava a atrair muitas pessoas e, se não havia dificuldade em conceder cidadania aos estrangeiros, logo se tornava mais populosa e mais rica em recursos de todos os tipos que as comunidades vizinhas, que viviam sob seu jugo. O saque e a exploração do país limítrofe constituíam uma fonte adicional de riqueza para a cidade e seus habitantes. Essa riqueza estimulava a necessidade de grandes construções, de caráter higiênico (banhos, aquedutos), de caráter estético e religioso (templos e teatros) ou de caráter militar (muralhas em torno das cidades). Tais construções, naquele tempo, podiam ser realizadas de modo muito melhor com grandes massas de escravos. Apareceram os empreiteiros, que compravam muitos escravos e, com eles, executavam obras para o Estado. A grande cidade oferecia ainda um grande mercado para produtos alimentícios. Com o baixo preço dos escravos, a maior parte dos excedentes era produzida pelos estabelecimentos agrícolas, que produziam em grande escala. Certamente, àquela época, a superioridade técnica da produção agrícola em grande escala era um fato indiscutível. A escravidão, sem dúvida, era menos produtiva do que o trabalho dos camponeses livres, porém, como a força de trabalho do escravo não precisava ser economizada e este podia trabalhar até a morte, produzia um *excedente* sobre o custo de sua manutenção *maior* do que o produzido pelo camponês, que ainda não apreciava os benefícios do trabalho excedente e estava acostumado a uma vida cômoda. Além disso, exatamente nessas comunidades, o trabalho escravo tinha a vantagem suplementar de não estar o escravo sujeito ao serviço militar, enquanto o camponês podia ser a qualquer momento separado de seu arado a fim de defender seu país. Dessa forma começou a produção agrícola em grande escala, com escravos, nos territórios sob o controle das cidades grandes e guerreiras. Os cartagineses elevaram esse sistema a um nível alto. Os romanos conheceram esse sistema nas guerras contra Cartago e, quando anexaram os grandes territórios de sua poderosa rival, assimilaram também a prática da produção agrícola em larga escala, que desenvolveram e ampliaram ainda mais.

Finalmente, nas grandes cidades onde havia muitos escravos exercendo o mesmo ofício e também um bom mercado para esses produtos, era fácil comprar um bom número desses escravos e pô-los a trabalhar numa só oficina, de forma que pudessem produzir para o mercado, como o fazem hoje os trabalhadores assalariados. Mas essas manufaturas com escravos somente tiveram importância no mundo helênico, não no romano. Em toda parte, entretanto, desenvolveu-se uma indústria especial com trabalho escravo, juntamente com a produção agrícola em grande escala, quer essa produção se destinasse a fornecer sementes para o mercado, por exemplo, ou somente para o consumo da família e da economia doméstica, o que, neste último caso, obrigava à produção dos gêneros agrícolas variados, necessários à manutenção da casa.

Uma das características do trabalho agrícola é requerer um grande número de trabalhadores em certas estações do ano, enquanto em outras, particularmente no inverno, necessita de muito poucos. Tal problema, que persiste ainda nos modernos estabelecimentos de produção agrícola em grande escala, era muito mais grave no sistema escravista, pois o trabalhador diarista pode ser despedido quando não é mais necessário e novamente contratado. Como viverá no intervalo, é assunto dele. O grande agricultor não podia vender seus escravos no outono e comprar outros na primavera. Isto seria muito caro, pois no outono os escravos tinham muito pouco valor e na primavera seu preço subia. Consequentemente, via-se obrigado a mantê-los ocupados durante os períodos em que não havia trabalho agrícola. A tradição de uma agricultura e indústria conjugadas era forte, entretanto, e o agricultor fabricava seu próprio linho, lã, peles, madeira e outros produtos, fazendo tecidos e implementos. Consequentemente, os escravos das grandes empresas agrícolas eram empregados, quando não havia trabalho agrícola, em atividades industriais, tais como o têxtil, o curtume das peles, a produção de carruagens e arados, o preparo de todos os tipos de materiais de construção etc. Mas, assim que a produção de tais artigos alcançou um nível mais alto, ela passou a atender às necessidades não somente do estabelecimento e da economia doméstica, mas também do mercado.

Quando os escravos estavam baratos, sua produção industrial também era barata, pois não demandava gastos em dinheiro. A fazenda, o latifúndio forneciam os alimentos e as matérias-primas para os trabalhadores e a maioria dos utensílios. Como os escravos tinham que ser mantidos, mesmo no período em que não havia trabalho agrícola, os produtos industriais que excedessem suas próprias necessidades e as da economia doméstica proporcionavam lucros ao proprietário, mesmo que alcançassem preços baixos.

Não é de admirar por que um artesanato livre e forte não pôde desenvolver-se ante a concorrência do trabalho escravo. No mundo antigo, particularmente no mundo romano, os artesãos eram indivíduos miseráveis, trabalhando quase sempre sós, sem aprendizes, comumente em casa dos fregueses, com material fornecido por este. Um artesanato rico, como o que se desenvolveu posteriormente, na Idade Média, não existia de forma alguma. As associações eram fracas, os artesãos estavam constantemente à mercê de seus fregueses, em sua maioria grandes proprietários latifundiários e, enquanto "clientes" dos mesmos levavam, frequentemente, uma vida de parasitas, às portas do lumpemproletariado.

A produção em grande escala com trabalho escravo era suficientemente forte para evitar o desenvolvimento da indústria livre e de sua técnica, que sempre permaneceu em baixo nível, nos tempos antigos, dada a pobreza dos artesãos; mas a destreza deste profissional podia às vezes chegar a um alto nível, embora seus instrumentos de trabalho permanecessem miseráveis e primitivos. O mesmo acontecia nas empresas de grande escala: também nelas a escravidão tinha o mesmo efeito inibitório de todo o desenvolvimento técnico.

A TÉCNICA ATRASADA DA ECONOMIA ESCRAVAGISTA

Na agricultura, a produção em larga escala não significava nível alto de eficiência, como na mineração. De fato, a crescente produção de mercadorias gerou uma divisão de trabalho à própria agricultura; muitos estabelecimentos dedicaram-se ao cultivo de cereais, enquanto outros criavam gado etc. Na medida em que se desenvolvia a produção em grande escala, tornou-se possível administrar a propriedade rural cientificamente, com homens preparados, capazes de superar a rotina camponesa. Daí por que encontramos uma técnica agrícola desenvolvida, no mesmo nível da Europa do século XVIII, naqueles países que introduziram essa economia agrícola em grande escala, i. e., entre os cartagineses e, mais tarde, entre os romanos. Mas faltava a mão de obra que, de acordo com essa teoria, teria elevado esses estabelecimentos a um nível superior ao de empresa de pequeno produtor agrícola. O próprio trabalhador jornaleiro não está tão interessado ou dedicado ao seu trabalho como o trabalhador livre, dono da terra; o emprego de trabalhadores assalariados é lucrativo somente quando o estabelecimento em grande escala é tecnicamente superior aos estabelecimentos menores. Mas o escravo empregado em um grande estabelecimento, não mais nas condições da família patriarcal, é um trabalhador relutante e seus esforços são principalmente em detrimento de seu senhor. Mesmo na escravidão doméstica, o trabalho escravo não era considerado tão produtivo quanto o trabalho livre. Odisseu diz:

"Os criados, quando o senhor deixa de mandá-los, não querem trabalhar, como seria justo, pois o poderoso Zeus arrebata ao homem a metade de sua virtude no dia em que o submete à servidão."

Ainda pior era a situação dos escravos torturados diariamente para que se tornassem mais ativos e cuja atitude ante seu senhor era de desespero e de ódio. Seria necessário que a produção em grande escala tivesse imensa superioridade para que pudesse alcançar os mesmos resultados sobre a pequena produção, com o mesmo número de trabalhadores. A produção em grande escala não somente não era superior como, em muitos aspectos, era inferior. Os escravos, maltratados, descarregavam sua raiva sobre o gado que, evidentemente, não progredia. Era ainda impossível permitir-lhes o uso de instrumentos delicados:

Marx já assinalou esses aspectos. Sobre a "produção baseada na escravidão", diz:

> Esta é uma das razões que encarece a produção baseada na escravidão. Aqui, para empregar a feliz expressão dos antigos, o trabalhador só se distingue do animal e dos instrumentos mortos porque o primeiro é um *instrumentum vocale*, o segundo é um *instrumentum semivocale* e o terceiro um *instrumentum mutum*. Por seu lado, o trabalhador faz sentir ao animal e à ferramenta que não é um seu igual, mas um homem. Marca a diferença que o separa deles maltratando-os e destruindo-os apaixonadamente. Por isso, nesse regime de produção, impera o princípio econômico de empregar somente ferramentas toscas, pesadas, mas difíceis de destruir exatamente por serem assim. Assim se explica porque foram encontrados nos Estados escravistas do golfo do México, quando foi deflagrada a guerra da independência, arados de tipo chinês antigo, que cavavam a terra como porcos ou toupeiras, sem penetrar fundo nela ou revolvê-la...

Em seu *Sea Board States*, Olmsted[8] diz:

> Aqui me mostraram ferramentas que, em nosso país, nenhuma pessoa razoável entregaria ao trabalhador a quem paga uma diária. Em minha opinião, seu enorme peso e sua rudeza tornam o trabalho executado com elas uns dez por cento mais pesado no mínimo, que as que costumamos utilizar. Garantiram-se, entretanto, que dada a forma negligente e grosseira com que os escravos as manejam, seria impossível confiar-lhes, com bons resultados, ferramentas mais leves ou delicadas. Nas plantações de cereais da Virgínia as ferramentas que confiamos a nossos trabalhadores não durariam um dia, apesar de que os campos dessa região são mais fáceis de se trabalhar e menos

pedregosos que os nossos. Como perguntei porque havia uma tendência geral a substituir os cavalos por mulas, a razão primordial e decisiva que me apresentaram foi de que os cavalos não resistiam ao tratamento que os negros lhes dispensavam constantemente; esgotavam-se e inutilizavam-se a cada passo pelos maus-tratos; já as mulas suportavam sem muito prejuízo corporal os golpes e a falta de uma ou duas rações. Além disso, não se enfraqueciam ou adoeciam por abandono ou excesso de trabalho. Assim que chego à janela do quarto em que escrevo, presencio quase continuamente o tratamento que aqui dão ao gado, que faria qualquer fazendeiro do norte despedir imediatamente o vaqueiro.

Sem inteligência, descontente, malicioso, desejando uma ocasião para prejudicar o odiado senhor que o atormentava, em qualquer oportunidade que houvesse, o trabalho do escravo do latifúndio produzia muito menos que o do camponês livre. Plínio, no século I de nossa Era, já acentuava como eram frutíferos os campos da Itália quando o próprio agricultor os cultivava e como se tornara intratável a Mãe Natureza ao ser maltratada por escravos acorrentados e marcados. Esse tipo de agricultura pode, em algumas circunstâncias, produzir um excedente maior que a fazenda do camponês livre, mas não pode, de modo algum, manter o mesmo número de pessoas em prosperidade. Entretanto, enquanto continuavam as condições de guerra, com que Roma perturbava constantemente o mundo mediterrâneo, a expansão agrícola também continuava, mas havia simultaneamente a decadência da economia camponesa oprimida por aquela expansão, pois as guerras proporcionavam muitas compensações aos grandes proprietários de terras, além de novas terras e inúmeros escravos baratos. Desse modo, encontramos no Império Romano um processo econômico que tem impressionante semelhança com o dos tempos modernos: decadência da pequena indústria, desenvolvimento da produção em grande escala e aumento das grandes propriedades agrárias, os latifúndios, que expropriavam o camponês e que, onde não o podiam substituir por meio do método de grandes plantações ou outras produções em grande escala, pelo menos o reduziam, de proprietário livre, a arrendatário dependente.

Pöhlmann, em sua *História do comunismo e socialismo antigos*,[9] cita, entre outras coisas, "O lamento do pobre contra o rico", da Coleção de

Declamações pseudoquintiliana, em que se narra muito bem o crescimento dos latifúndios. É o lamento de um camponês arruinado, que geme:

> Eu não sou, desde sempre, vizinho de um homem rico. Ao meu redor viviam, em vários sítios, agricultores com iguais condições econômicas, que trabalhavam suas modestas propriedades em paz com os outros. Como agora é diferente! A terra, que antes alimentava todos esses cidadãos, é agora uma grande plantação que pertence a um só homem rico. Seu domínio estendeu-se em todas as direções; os lares dos camponeses foram arrasados, e os santuários dos ancestrais, destruídos. Os antigos proprietários despediram-se dos deuses que protegiam as casas de seus ancestrais e transferiram-se para o exterior, com suas esposas e filhos. Há uma grande uniformidade de trabalho em grandes extensões. Por todo lado, a opulência me rodeia como uma muralha. Aqui, o jardim do rico proprietário, ali, seus campos; aqui, suas vinhas, lá, suas florestas e pradarias. Eu também teria partido com todo prazer, mas não consegui encontrar um único lugar onde não estivesse cercado de vizinhos ricos, pois onde há lugar sem a propriedade privada dos ricos? Já não se satisfazem de estender sua posse até os limites naturais, como fazem as nações, de um rio ou uma montanha, mas levam-na aos mais remotos desertos, montanhas e bosques. Esta expansão só encontra limite ou barreira quando as terras do rico encontram as terras de outro rico. Outra queixa que nós, pobres, temos contra estes ricos é que nem consideram necessário desculpar-se pela violação de nossos direitos.[10]

Pöhlmann vê nessa descrição as tendências "*do capitalismo extremo em geral*". Porém, a semelhança desse desenvolvimento com a do capitalismo moderno é apenas superficial, assim como a concentração da riqueza acumulada e é absolutamente sem sentido a comparação. Quem estudar o assunto mais profundamente encontrará mesmo uma oposição aguda entre as duas tendências. Em primeiro lugar, a tendência à concentração, o esforço por parte das grandes empresas para esmagar as pequenas, ou mesmo a violência para aumentar a dependência das pequenas empresas em relação ao poder dos magnatas, existem em nossos dias na indústria e em muito menor grau na agricultura, enquanto nos tempos antigos a situação era inversa. Além disso, a submissão das pequenas às grandes empresas, realizada atualmente por meio da concorrência, dá condições de maior produtividade aos estabelecimentos que trabalham com máquinas mais avançadas a desenvolver todas as suas forças. Na Antiguidade, a submissão tomava a forma de enfraquecimento dos camponeses livres, oprimidos pelo serviço militar, por um barateamento da força de trabalho, pela pressão de um fornecimento inesgotável de escravos, à disposição dos possuidores de grandes recursos monetários, bem como pela usura, de que falaremos mais tarde, todos fatores que reduzem a produtividade do trabalho em vez de aumentá-la. As condições necessárias para o desenvolvimento e a utilização de maquinaria faltavam durante a Antiguidade, pois a classe dos artesãos livres não se tinha desenvolvido até alcançar um nível capaz de proporcionar grande quantidade de trabalho qualificado livre, pronto a alugar-se permanentemente, e necessário para a produção da maquinaria e sua manipulação. Não havia, daí, o incentivo requerido para que os pensadores e estudiosos inventassem as máquinas, pois estas teriam permanecido sem aplicação prática. Uma vez inventadas as máquinas capazes de serem utilizadas na produção e ao aparecer uma grande massa de artesãos livres desejosos de serem empregados na sua produção e manejo, a máquina transforma-se em uma das armas mais importantes na concorrência entre os diferentes empresários. O resultado é um constante aperfeiçoamento e aumento do tamanho das máquinas, da produtividade do trabalho, do excedente sobre o salário pago ao trabalhador, e da necessidade de entesourar ou *acumular* uma parte deste excedente, a fim de conseguir novas e melhores máquinas e, finalmente, a necessidade constante de mercados, cada vez mais amplos, porquanto a máquina, aperfeiçoada, cria cada vez mais produtos, que devem ser absorvidos em tais mercados. Ocorre, em consequência, o aumento ininterrupto de capital, de forma que os meios de produção assumem um papel cada vez mais importante no sistema capitalista, e este, a fim de dispor lucrativamente da crescente quantidade de artigos de consumo e meios de produção, tem que procurar continuamente novos mercados. Pode-se assim dizer que, durante um só século, o século XIX, o sistema capitalista conquistou o mundo inteiro.

Completamente diverso foi o desenvolvimento na Antiguidade. Temos visto que os escravos empregados nos grandes estabelecimentos só podiam receber os implementos mais rudes, que somente os mais grosseiros e estúpidos podiam ser empregados no trabalho e que, consequentemente, só o fato de o trabalho escravo ser extremamente *barato* tornava o estabelecimento em grande escala razoavelmente rentável. Daí que os proprietários dos grandes estabelecimentos se sentiam estimulados a fazer guerras, o meio mais efetivo de obter escravos baratos e de propiciar uma expansão contínua das fronteiras do Estado. A partir das guerras contra Cartago, essa tendência chegou a ser uma das mais poderosas forças motrizes da política romana de conquista que, no decorrer dos séculos, subjugou todos os países mediterrâneos e, no tempo de Cristo, depois de submeter a seu jugo a Gália, hoje França, preparava-se para subjugar a Germânia, cuja população robusta proporcionava excelentes escravos.

Essa insaciabilidade e constante pressão para aumentar a área explorada faziam dos grandes estabelecimentos antigos algo semelhante aos modernos, mas havia grande diferença na maneira como se aplicava a produção excedente das crescentes massas de escravos. O capitalista moderno, como vimos, deve acumular uma grande parte de seus lucros para aumentar e melhorar sua empresa, a não ser que deseje ser ultrapassado e vencido por seus competidores. O antigo possuidor de escravos não tinha essa necessidade. A base técnica sobre a qual se mantinha sua produção não era mais elevada, antes era bem inferior à do pequeno agricultor a quem deslocava. Essa base técnica não se revolucionava nem se ampliava, permanecia sempre a mesma. Toda a superprodução acima dos gastos e da substituição ou desgaste de utensílios, gado e escravos, achava-se à disposição do proprietário, para seu uso, ainda que não fosse perdulário.

Certamente o dinheiro poderia ser investido no comércio e na usura, ou em novas áreas de terra para transformá-las em fontes adicionais de lucro, porém esses novos ganhos só podiam ser consumidos pelo proprietário. A acumulação de capital, com o propósito de produzir novos meios de produção além de uma quantidade determinada, não teria sentido, uma vez que eles não encontravam aplicação.

Quanto maior era o número de camponeses deslocados pelo latifúndio, maior era a superfície de terra e o número de escravos sob o domínio de um só proprietário, criando um maior excedente de produção, tesouro à disposição dos indivíduos, que só podiam consumi-los para sua própria satisfação. Enquanto o capitalista moderno se caracteriza pela tendência a *acumular capital*, o aristocrata romano da época do Império, quando surgiu o cristianismo, distingue-se pela *procura de prazeres*. Os capitalistas modernos acumularam tanto capital que, diante deste parece diminuta a riqueza dos mais ricos cidadãos da Roma antiga. O Creso[11] dos antigos romanos foi Narciso (Narcissus), escravo libertado de Nero, que acumulou uma fortuna de quase 90 milhões de marcos. Que representa essa quantia, comparada com os 4 bilhões de marcos que dizem Rockefeller possuir? Porém o esbanjamento que praticam os bilionários americanos não pode ser comparado, apesar de todas as suas loucuras, com a dissipação de seus predecessores romanos, que faziam servir línguas de rouxinóis em seus banquetes e dissolviam pérolas preciosas em vinagre.

Naturalmente, com o crescimento do luxo e a diminuição do preço do escravo, o número de empregados domésticos a serviço pessoal aumentou. Horácio,[12] em uma de suas sátiras, diz que era *dez* o número mínimo de escravos que um homem precisava para conseguir uma comodidade razoável. Em uma casa aristocrática, podiam ser milhares. Enquanto os ignorantes eram levados às minas e às grandes fazendas, os mais educados, principalmente os escravos gregos, ficavam com as famílias que viviam nas casas urbanas. Não somente cozinheiros, escribas, músicos, pedagogos, atores, mas também médicos e filósofos eram presos como escravos. Em contraste com os escravos, cuja tarefa era aumentar a riqueza de seu senhor, os escravos educados tinham, na maioria dos casos, pouco trabalho a executar. A maioria deles era ociosa, como seus próprios senhores. Desapareceram, porém, as duas condições que antes garantiam bom tratamento aos escravos de família: seu preço alto, que tornava necessário cuidar deles, e a relação de camaradagem com seu senhor, com quem o escravo trabalhava. Agora, em vista da grande riqueza do senhor e do baixo preço dos escravos, ninguém sentia a menor inclinação em economizar essa mão de obra. Além disso, cessou toda relação pessoal com o senhor para a grande maioria dos escravos domésticos; o dono mal os conhecia. E se o senhor e o escravo mantinham contatos pessoais, não era no trabalho, fonte de respeito mútuo, mas em festas e vícios, que resultam da ociosidade e arrogância e inspiram a patrões e empregados o desprezo mútuo. Ociosos, às vezes mimados, os escravos da casa estavam, entretanto, sujeitos a todos os maus humores, aos repentinos ataques de cólera que frequentemente se tornavam perigosos para eles. É bem conhecida a crueldade de Védio Polião:[13] o escravo que quebrara um recipiente de cristal foi lançado, como alimento, às moreias, que são peixes em um viveiro, muito deliciosos.

O aumento do número de escravos domésticos significava o crescimento do número de elementos não produtivos da sociedade, que aumentava simultaneamente com o desenvolvimento do lumpemproletariado, formado, em parte, pela massa de camponeses livres. Esse processo ocorria paralelamente à substituição dos trabalhadores livres por escravos, tornando cada vez menos produtivo o trabalho em muitos setores.

Quanto mais numerosos eram, porém, os membros de uma casa, mais fácil tornava-se a preparação, com seu próprio pessoal, dos produtos necessários, como certas roupas e utensílios que as casas menores eram obrigadas a comprar. Ocorria assim uma renovação constante da produção doméstica para consumo da família. Entretanto, essa última forma da economia familiar do rico não pode ser confundida com a simples economia doméstica original, que se baseava na ausência quase completa de produção comunal e que produzia por si mesma os artigos mais importantes e indispensáveis para suas necessidades, tendo que comprar somente alguns utensílios e artigos de luxo. Esta segunda forma de produção, para o consumo da família e de toda a casa, que encontramos no fim da República Romana e durante o Império, nas casas abastadas, baseava-se precisamente na produção da comunidade, das minas e dos latifúndios para o mercado; essa produção doméstica era, principalmente, de artigos de luxo.

O desenvolvimento da produção para o consumo doméstico era um perigo para o artesão livre, que as empresas industriais das cidades e os latifúndios, trabalhados com a força de trabalho dos escravos, já estavam a prejudicar bastante. A classe dos artesãos livres estava condenada a decrescer *relativamente*, ou seja, o número de trabalhadores livres, incluindo os artesãos, tendia a diminuir, em comparação com o de escravos. Havia, no entanto, alguns ramos mercantis em que os trabalhadores livres podiam continuar aumentando em número *absoluto*, em virtude da exacerbação do luxo, a criar crescente demanda na indústria, não só de objetos de arte, como também de simples artigos de uso pessoal, como cosméticos e pomadas.

Quem julgar a prosperidade da sociedade por tais esbanjamentos, quem assumir o mesmo ponto de vista limitado dos Césares romanos, dos grandes proprietários latifundiários e sua comitiva de cortesãos, artistas e literatos, pode considerar as condições sociais do período de Augusto como excelentes. Em Roma, acumulavam-se riquezas indescritíveis com o único fito de satisfação pessoal. Dissipadores ociosos, em busca de prazeres, vagavam de banquete em banquete, esbanjando com mãos pródigas a abundância que lhe era impossível consumir sozinhos. Muitos artistas e sábios recebiam de mecenas meios financeiros em abundância. Construíam-se prédios imensos, cuja ingente magnitude e proporções artísticas despertam até hoje nossa admiração. O mundo inteiro parecia transpirar riquezas por todos os poros e, entretanto, esta sociedade já estava condenada à destruição.

A DECADÊNCIA ECONÔMICA

Já havia, entre as classes dirigentes, a intuição de que as coisas caminhavam para o desastre, dado que se sentiam afastadas de todas as atividades, de todos os trabalhos, mesmo do estudo e da política, realizados pelos escravos. Na Grécia, o trabalho dos escravos servira, a princípio, para permitir grande luxo a seus senhores, facilitar a administração do Estado e para a meditação sobre os importantes problemas da vida. Porém, quanto mais aumentavam os produtos excedentes, reunidos em mãos de indivíduos pela concentração da propriedade territorial, expansão dos latifúndios e aumento das massas de escravos, maior era a tendência a considerar a prática do prazer, do esbanjamento desses excedentes, como as funções sociais mais aristocráticas das classes dirigentes, que mais se empenhavam na concorrência da dissipação e no desejo de ultrapassar os demais em esplendor, luxo e ociosidade. Em Roma esse processo se realizou com mais facilidade que na Grécia, pois esta estava um pouco atrasada em seu nível cultural quando alcançou tal modo de produção. O poder militar grego expandira-se, principalmente à custa das tribos bárbaras, enquanto encontrara uma forte oposição na Ásia Menor e no Egito. Seus escravos eram ignorantes, de quem os gregos nada tinham a aprender e a quem não podiam confiar a administração do Estado. Além disso, a riqueza que se podia extrair dos bárbaros era comparativamente insignificante. Por outro lado, o domínio romano estendeu-se rapidamente pelas antigas regiões da civilização oriental, indo até Babilônia (ou Selêucia); dessas províncias recém-conquistadas, os romanos não somente extraíram imensas riquezas, mas ainda tomaram muitos escravos, superiores a seus senhores em conhecimentos, de quem estes tinham muito a aprender e a quem podiam confiar a administração do Estado. Os administradores do Estado, que tinham sido anteriormente os grandes proprietários de terra aristocratas, foram substituídos na época do Império pelos escravos da casa imperial e libertos do imperador, homens livres que permaneciam fiéis a seus ex-senhores.

Assim, a única função que restava aos latifundiários e a seu enorme séquito de parasitas, na sociedade, era a do prazer. Mas o homem torna-se insensível a todo estímulo que atua sobre ele continuamente, ao prazer e à dor, aos impulsos de volúpia e ao temor à morte. Prazeres ininterruptos, aos quais não interrompiam trabalho nem luta, causaram, a princípio, uma ânsia constante de novos prazeres, em que se procurava superar experiências anteriores e despertar novamente os nervos cansados, o que arrastou aos vícios mais pervertidos, às piores crueldades, levando também a extravagância aos graus mais absurdos. Há, contudo, um limite para todas essas coisas, e uma vez que o indivíduo tenha alcançado o ponto além do qual é impossível aumentar seus prazeres, por falta de recursos, de forças ou como consequência da ruína física ou econômica, sente-se invadido pela maior repugnância, por uma aversão à simples ideia do prazer, sente cansaço da vida; todas as ideias e imagens terrestres lhe parecem vãs — *vanitas, vanitatum vanitas*. O desespero, o desejo da morte, é o resultado, mas também o desejo de uma vida nova e mais elevada. Entretanto, em muitas pessoas a aversão ao trabalho era muito arraigada e a vida ideal não era concebida como uma vida de trabalho agradável, senão como um estado absolutamente inativo de bem-aventurança, cuja felicidade consistia no completo afastamento dos sofrimentos e desilusões das necessidades e prazeres físicos.

Entre os melhores indivíduos da classe exploradora, no entanto, surgiu também um sentimento de vergonha pelo fato de que seus prazeres se baseavam na ruína de inúmeros camponeses livres, no mau tratamento dado a milhares de escravos nas minas e nos latifúndios. Seus escrúpulos de consciência despertaram também um sentimento de simpatia para com os escravos, em contraste com a rude crueldade que era o sentimento comum — lembremos apenas os combates de gladiadores. Finalmente, na consciência doentia nasceu também uma aversão pelo ouro e o dinheiro, que até então tinham sido o desejo dominante das pessoas naquele tempo.

Sabemos que Espártaco[14] (o líder da rebelião dos escravos), em seu acampamento, proibia a todos possuir ouro e prata. Como nossos escravos fugitivos nos superam em grandeza de espírito! O orador Messala[15] descreve que o triúnviro Antônio[16] utilizava utensílios de ouro para suas mais baixas necessidades pessoais... Antônio, que degradou o ouro desta forma, tornando-o a coisa mais baixa da natureza, merecia ser declarado um proscrito. Mas só um Espártaco teria podido proscrevê-lo. (Plínio, no Livro 33 de sua *História natural*.)

Abaixo dessa classe dominante, da qual uma parte naufragava na louca procura de prazeres, dinheiro e crueldade, enquanto a outra se enchia de sentimentos de lástima com relação ao pobre, de aversão ao ouro e aos prazeres e ainda do desejo da morte, estendia-se a imensa massa de trabalhadores escravos. Eram recrutados nas tribos mais diversas, tratados pior que as bestas de carga, embrutecidos pelo abuso constante, por terem que trabalhar agrilhoados, sob o chicote, cheios de raiva, de desejo de vingança e desesperados, e estavam sempre prontos a se insurgir. Eram, porém, incapazes de derrubar a ordem do poderoso Estado e estabelecer um novo, devido ao atraso, uma vez que a maioria eram elementos bárbaros, de baixo nível intelectual, embora houvesse, entre eles, alguns excelentes indivíduos, mais intelectualizados, que pudessem ter essa ambição. A única espécie de libertação que conseguiriam não poderia ser derrubando a sociedade existente, mas escapando dela, juntando-se aos criminosos, no bandoleirismo, cuja importância crescia, ou transpondo as fronteiras imperiais para unir-se aos inimigos do Império.

Acima desses milhões, dos mais miseráveis entre os seres humanos, havia uma camada de escravos, composta de várias centenas de milhares, que viviam frequentemente no luxo e na abundância e sempre presenciavam e sofriam as paixões mais violentas; serviam, pois, de cúmplices a todas as formas concebíveis de corrupção, sendo ou o sujeito de tais depravações e, consequentemente, tão deformados como seus senhores, ou, parecendo-se também com muitos deles — e, às vezes, muito mais cedo, uma vez que muito antes sofriam os males de uma vida depravada —

cheios de aversão aos prazeres e desejo de uma vida nova, pura e mais elevada.

Havia também multidões de cidadãos livres e escravos libertos, camponeses empobrecidos, arrendatários arruinados e expulsos, miseráveis artesãos urbanos e, finalmente, o lumpemproletariado das grandes cidades, com a energia e a confiança própria do cidadão livre que chegara, entretanto, a ser economicamente supérfluo na sociedade, sem lar, sem segurança, dependendo exclusivamente das migalhas que os grandes senhores lhes lançavam, movidos pela generosidade, pelo temor ou pelo desejo de paz.

Quando o Evangelho de São Mateus apresenta Jesus dizendo "*as raposas têm tocas, as aves dos céus têm ninhos; mas o Filho do Homem não tem um lugar onde repousar sua cabeça*" (VIII, 20), está expressando, pela sua boca um pensamento que Tibério Graco[17] expusera, 130 anos antes do nascimento de Cristo, para todo o proletariado de Roma: "Os animais selvagens da Itália têm suas covas e cavernas onde descansar, mas os homens que lutam e morrem pela grandeza da Itália só possuem a luz e o ar, pois isso não lhes pode ser tirado. Sem lar e sem lugar onde abrigar-se, vagam de um lugar a outro com suas mulheres e filhos."

Sua miséria e a constante insegurança de sua existência, deviam ainda exasperá-los quando contemplavam a crescente desfaçatez e luxo dos senhores. Assim foi gerado violento ódio de classe, do pobre contra o rico, que era completamente diferente do que sente o moderno proletariado.

Toda a sociedade moderna está baseada no trabalho do proletariado. Se este deixar de trabalhar, a sociedade cairá aos pedaços. O antigo proletariado, repudiado, não realizava trabalho algum, e mesmo o trabalho dos camponeses livres e dos artesãos não era indispensável. A sociedade não vivia do proletariado. Era o proletariado que vivia da sociedade. Era completamente supérfluo e poderia ter desaparecido totalmente sem prejudicá-la. Sua desaparição teria aliviado o sistema social. O trabalho dos escravos era o fundamento sobre o qual a sociedade repousava.

Hoje, a oposição entre o capitalista e o proletário situa-se na fábrica, na oficina. A questão é a seguinte: Quem controlará os produtos, o proprietário dos meios de produção ou o proprietário da força de trabalho? A luta envolve todo o sistema de produção, é uma luta para estabelecer um modo superior de produção.

O antigo lumpemproletariado não estava interessado nessa luta. Realmente, não trabalhava, nem desejava trabalhar. Só desejava uma parte nos lucros do rico, uma distribuição diferente dos prazeres, não dos meios de produção; um saque do rico, não uma alteração no modo de produção. Diante dos sofrimentos dos escravos nas minas e nas plantações eram tão insensíveis como diante dos sofrimentos dos animais.

Os camponeses e os artesãos, ainda menos, podiam pensar em instalar um modo superior de produção. Nem isso essas classes podem fazer hoje. Seu sonho era, no máximo, a restauração do passado, mas estavam tão estreitamente relacionados com o lumpemproletariado e suas aspirações lhes eram tão agradáveis, que nem eles tinham desejos ou ambições diferentes das dos proletários empobrecidos: uma vida sem trabalho, à custa do rico, um comunismo por meio do saque aos abastados.

A sociedade romana, no final da República e durante o Império, apresenta, por conseguinte, imensos contrastes sociais, muitos ódios e muitas lutas de classe, insurreições e guerras civis, um desejo ilimitado de uma vida diferente e melhor, bem como a abolição da ordem social existente. Mas não mostra nenhum esforço no sentido de introduzir um novo e mais elevado modo de produção.[18]

As condições *morais* e *intelectuais* para tal movimento ainda não estavam dadas. Nenhuma classe possuía o conhecimento, a energia, o amor ao trabalho e o desinteresse necessários para exercer uma pressão efetiva em prol de um novo modo de produção, porquanto ainda não existiam as condições *materiais*, prévias, sem as quais ainda não podiam surgir nem mesmo tais *ideias*.

Já vimos que a economia baseada na escravidão não envolvia qualquer avanço técnico, mas um retrocesso, que efeminava os senhores e os tornava incapazes para o trabalho, o que não só aumentava o número de trabalhadores improdutivos da sociedade como também diminuía a produtividade dos trabalhadores e retardava o avanço da técnica, com a possível exceção de certos artigos de luxo. Qualquer um que comparasse o novo modo de produção, sob a economia escravista, com o do campesinato livre que deslocou e oprimiu, perceberia que houve declínio, decadência e não avanço. Começava-se a sentir que os tempos passados haviam sido melhores — a Idade de Ouro — e que cada época que se seguia era acompanhada de uma relativa degeneração. A era capitalista caracteriza-se pela noção de um progresso ilimitado para a humanidade, devido ao esforço constante do capitalismo para melhorar seus meios de produção, que resulta em uma tendência de ver o passado com cores tristes e o futuro com cores rosas, enquanto na Roma imperial encontramos a ideia oposta, i. e., a de uma deterioração progressiva e incessante da humanidade e um desejo constante de restaurar os bons tempos passados. Cada vez que no tempo do Império as reformas e as ideias sociais se relacionavam com uma eventual melhoria das condições de produção, a única aspiração era a da restauração do antigo modo de produção, com um campesinato livre, e tinham razão, pois este modo de produção era relativamente mais elevado. O trabalho dos escravos conduziu a um beco sem saída. O trabalho social tinha que se basear, novamente, no campesinato antes que se pudesse iniciar uma nova ascensão. A civilização romana achava-se, porém, incapacitada de dar esse passo, porquanto perdera os camponeses necessários. Foi preciso que a migração de nações inteiras lançasse grandes massas de camponeses livres no Império Romano para que os restos da civilização por ele criada pudessem ser outra vez usados como bases para uma nova evolução social.

Como todo modo de produção baseado na hostilidade mútua, a antiga economia escravista cavou sua própria sepultura. Na forma que o Império mundial Romano finalmente alcançou, ela se baseava na guerra. Somente as guerras vitoriosas, incessantes, um domínio contínuo de novas nações e uma expansão ininterrupta do território imperial podiam fornecer o imenso número de escravos baratos que se necessitava.

A guerra, entretanto, não podia ser feita sem soldados, e os melhores elementos para isso eram os *camponeses*. Acostumados ao trabalho duro e constante ao ar livre, no calor e no frio, sob sol ardente e chuvas torrenciais, podiam suportar melhor as adversidades de um legionário. O proletário empobrecido da cidade, havendo perdido o costume do trabalho, da mesma forma como o destro artesão, tecelão, serralheiro ou escultor, nunca se prestaria a esse serviço. A extinção dos camponeses livres significou o desaparecimento de soldados para os exércitos romanos. Fez-se necessário, cada vez mais, substituí-los por mercenários voluntários, soldados profissionais dispostos a servir por mais tempo que o período regulamentar. Logo, mesmo esses se tornaram insuficientes e tornou-se necessária a convocação de outros cidadãos. Tibério[19] já havia declarado no Senado que faltavam bons soldados, e aceitou-se toda espécie de vagabundos. Cada vez eram mais numerosos os mercenários bárbaros nos exércitos romanos recrutados nas províncias subjugadas; finalmente, os organismos militares tiveram que ser reforçados com estrangeiros, inimigos do Império. Ao tempo de César[20] já encontramos germânicos nos exércitos de Roma.

A possibilidade cada vez menor de recrutar soldados entre os romanos, a crescente escassez e o aumento do custo desses soldados, aumentou necessariamente o amor de Roma pela paz, não porque tivesse modificado seus conceitos éticos e sim por motivos completamente materiais. Roma tinha que economizar seus soldados e já não podia pensar em estender os limites do Império. Devia contentar-se em obter o número de soldados suficiente para manter as fronteiras existentes. Foi precisamente nessa época, no reinado de Tibério, que Jesus viveu, quando a ofensiva romana, vista em conjunto, chegava ao ápice. Agora começam os esforços para manter o Império Romano, ameaçado por inimigos externos. As dificuldades de tal situação ficavam cada vez mais sérias, dado que, quanto mais estrangeiros, principalmente germânicos, serviam nos exércitos de Roma, mais informados ficavam seus vizinhos bárbaros de sua riqueza e seu modo de guerrear, para não mencionar suas fraquezas, e mais desejavam penetrar no Império, não como mercenários e empregados, mas como conquistadores e senhores. Ao invés de empreender novas caçadas de bárbaros, os dirigentes romanos viram-se logo obrigados a retirar-se ou a comprar-lhes a paz. Assim, no século I de nossa era, a afluência de escravos baratos cessou bruscamente. Tornava-se cada vez mais necessário *criar* escravos.

Esse procedimento, porém, era muito dispendioso. O treinamento de escravos só era lucrativo no caso de escravos domésticos de tipo superior, capazes de realizar trabalho qualificado. Era impossível continuar administrando os latifúndios com o emprego de escravos adestrados. O uso de escravos na agricultura era cada vez menos frequente, e até a mineração estava em decadência quando cessou o fornecimento de escravos capturados na guerra, que não havia necessidade de economizar, e a exploração de muitas minas deixou de ser lucrativa.

A derrocada do sistema econômico escravista não levava a um renascimento do campesinato. Faltava certo número de camponeses economicamente solventes, e, ademais, a propriedade privada da terra constituía um obstáculo. Os proprietários dos latifúndios não estavam dispostos a ceder suas terras, nem a diminuir a escala de suas grandes operações. Punham uma parte de suas propriedades à disposição de pequenos arrendatários ou colonos, sob a condição de que estes trabalhassem uma parte do tempo na fazenda do patrão. Desse modo surgiu um sistema agrário que mesmo depois, no período feudal, continuou sendo a ambição dos grandes proprietários, até que o capitalismo o suplantou com o sistema de arrendamentos.

As classes trabalhadoras, nas quais eram recrutados os colonos, eram, em parte, escravos rurais e camponeses arruinados, e, em parte, proletários, artesãos livres e ex-escravos das grandes cidades, já incapazes de nelas viverem, uma vez que diminuíam a generosidade e o luxo dos ricos com o declínio na produção agrícola e mineira baseada no trabalho escravo. Além disso, essa força de trabalho aumentava com os habitantes das províncias limítrofes que se viam obrigados a abandonar seus lares ante o avanço dos bárbaros e a emigrar para as províncias centrais do Império, onde encontravam ocupação como colonos.

Esse novo modo de produção não pôde, contudo, deter o processo de decadência econômica resultante da falta de fornecimento de escravos. Era ainda tecnicamente mais atrasado, se comparado com o do campesinato livre, e um obstáculo para o desenvolvimento técnico. O trabalho que o colono era obrigado a realizar na fazenda continuava sendo compulsório, realizado com igual má vontade, negligência e desprezo pelo gado e as ferramentas, como ocorria com o trabalho escravo. De fato, o colono trabalhava numa fazenda de sua propriedade, mas esta era tão pequena que não havia perigo de tornar-se insolvente ou produzir mais que o necessário para sobreviver. E, além do mais, a renda que devia pagar em espécie era tão grande que o colono tinha de entregar a seu senhor tudo por ele produzido além do necessário para cobrir as suas necessidades mais essenciais. A miséria dos colonos era comparável talvez com a dos pequenos arrendatários da Irlanda ou talvez com a dos camponeses da Itália atual, onde existe ainda um modo de produção semelhante. As regiões agrícolas de hoje têm, pelo menos, o recurso da emigração para áreas industrialmente prósperas. Esse recurso não existia para o colono do Império Romano. A indústria produzia poucos meios de produção, porquanto se dedicava principalmente a produzir artigos de consumo e de luxo. Na medida em que diminuía o lucro dos latifundiários e dos proprietários de minas, as indústrias nas cidades retrocediam e sua população decrescia rapidamente.

Ao mesmo tempo a população das províncias também diminuía. Os pequenos arrendatários não podiam sustentar uma família numerosa porque o rendimento de suas fazendas em tempos normais mal bastava para sustentá-los. Quando havia más colheitas, não tinham reservas nem dinheiro para comprar o que necessitavam. Só a fome e a miséria obtinham colheitas ricas; massas de colonos eram dizimadas, principalmente crianças. O decréscimo da população na Irlanda durante o século passado é semelhante ao decréscimo da população do Império Romano.

É fácil entender que as causas econômicas, que provocavam um declínio da população em todo o Império Romano, agiam mais visivelmente na Itália e em Roma que em qualquer outro lugar. Se o leitor deseja dados, acrescentamos que a cidade de Roma no tempo de Augusto alcançara um milhão de habitantes, permaneceu neste nível durante o primeiro século do Império e, na época de Severo, desceu a 600.000; a partir desta época, o número continuou decrescendo rapidamente.[21]

Em sua excelente obra *A evolução econômica dos tempos antigos* (*Die Wirtschaftliche Entwicklung des Altertums*, 1895), Eduard Meyer[22] apresenta num suplemento a descrição dada por Dio Crisóstomo[23] (nascido em 50 d.C.), em sua Sétima Oração, sobre as condições de um pequeno povoado da Eubeia, cujo nome não diz. É um relatório contundente sobre a diminuição da população no Império.

Todo o distrito pertence à cidade e paga-lhe tributo. Quase, ou toda terra, é possuída pelos ricos, proprietários de extensas superfícies que a usam para pasto ou plantação. As terras estão inteiramente desertas. Quase dois terços de nossa terra, declarava um cidadão na Assembleia Popular, "permanece abandonada porque não podemos trabalhá-la, nossa população é muito reduzida. Eu possuo tantos acres quanto qualquer outro, não somente nas montanhas, mas também nas planícies. Se encontrasse quem quisesse cultivá-las, não só poderia fazê-lo gratuitamente, como eu ainda lhe daria dinheiro..." Continuava dizendo que a desolação estava às portas da cidade, "a terra está totalmente ociosa e é um espetáculo deprimente, como se estivéssemos no deserto e não nas cercanias da cidade. Mas, dentro das muralhas da cidade, a maior parte é pasto... O ginásio foi transformado em campo de cultivo e Hércules e outras estátuas dos deuses e heróis estão ocultas sob os grãos de cereal e o orador que me precedeu leva seu gado todas as manhãs para pastar em frente do palácio municipal e das oficinas públicas; assim, os estrangeiros que nos visitam riem e troçam de nós."

Em consequência, muitas casas na cidade estão vazias; a população está evidentemente decrescendo. Alguns pescadores de púrpura vivem próximo às Rochas Cafáricas.[24] Fora daí, não se encontra ninguém. Antes, todo esse território pertencia a um cidadão rico "que tinha grandes rebanhos de cavalos e outros animais, muitos pastos, muitos campos bem cultivados e várias outras propriedades". Devido à sua riqueza, o imperador ordenou que fosse morto e seus rebanhos dispersos, incluindo o gado que pertencia a seu pastor e, desde então, essas terras permaneceram ociosas. Somente dois pastores, homens livres e habitantes da cidade, aqui ficaram e agora vivem da caça e de criar um pouco de gado...

As condições aqui descritas por Dio — e na Grécia as coisas aconteciam tal como nos primeiros dias do Império — são as mesmas encontradas nos séculos seguintes, em Roma e seus arredores, que deixaram suas marcas até hoje na Campânia. Ainda neste distrito, aldeias desapareceram, as terras permaneceram improdutivas em todas as direções e são usadas somente como pastos (e para vinhas, nos flancos das colinas) e finalmente a própria Roma está se despovoando, suas casas se esvaziam e os grandes edifícios públicos, o Fórum e o Capitólio, servem de pasto para o gado. Essas mesmas condições começaram a surgir em nosso século (XIX), na Irlanda, e não pode deixar de impressionar qualquer viajante que venha a Dublin ou viaje pelo país. (*Die Wirtschaftliche Entwicklung des Altertums*, 67-69.)

Também a fertilidade do solo diminuía. Mantinha-se pouco gado nos estábulos e recorria-se pouco a esse sistema quando se trabalhava com mão de obra escrava, pelos maus-tratos que os animais recebiam. Mas a carência de estábulos significava também a carência de adubos e a incapacidade de fertilizar o solo ou cultivá-lo de forma intensiva, o que equivalia a privá-lo ainda da capacidade de propiciar futuros rendimentos. Com essa forma de cultivo, colheitas abundantes só podiam ser obtidas nas melhores terras. Entretanto, o número dessas terras decrescia continuamente, esgotadas pelas colheitas sucessivas.

Fenômeno semelhante ocorreu na América do Norte durante o século XIX, nos estados do Sul, onde o sistema escravista vigorava: as terras não eram fertilizadas, esgotando-se rapidamente, e o emprego de escravos só era lucrativo nas terras mais férteis. O sistema escravista, naquele país, só podia manter-se com a contínua expansão das fronteiras para o oeste, absorvendo novas terras e abandonando as terras estéreis, já cansadas. É o mesmo caso do Império Romano, e esta é uma das causas do contínuo desejo dos senhores do Império de conquistarem novas terras e seus esforços por conquistá-las através da guerra. O sul da Itália, Sicília e Grécia tinham suas terras extenuadas no princípio da época Imperial.

O esgotamento das terras unido à falta de mão de obra, além do uso irracional do trabalho, só podia resultar em uma constante redução no rendimento das colheitas.

Ao mesmo tempo, a capacidade da nação de adquirir produtos alimentícios no estrangeiro diminuía também. O ouro e a prata eram extraídos cada vez menos, pois as minas rendiam pouco, devido, como vimos, à diminuição dos trabalhadores. O ouro e a prata disponíveis fluíam cada vez mais para o estrangeiro; uma parte ia para a Índia e a Arábia, a fim de comprar artigos de luxo para os ricos ainda existentes, mas principalmente para pagar os tributos às tribos bárbaras das fronteiras. Vimos que os soldados eram cada vez mais recrutados nessas tribos; aumentava ainda o número de soldados que, findo o seu tempo de serviço, regressavam a suas tribos com seu soldo ou com o que tivessem economizado. Na medida em que declinava o poder militar do Império, tornava-se mais necessário aplacar os perigosos vizinhos, mantendo-os calmos, e a maneira mais fácil de consegui-lo era pagar-lhes pesados tributos. Quando este procedimento não dava resultados, o território do Império era invadido pelas tribos hostis em busca de saque. Também essa era uma das causas da diminuição das riquezas do Império, e os últimos restos destas riquezas foram dissipados com o esforço de proteção. Enquanto decaía o poder militar do Império, na medida em que diminuíam os recrutas do interior, tornava-se mais urgente a importação de soldados do estrangeiro e se ampliava a pressão das tribos bárbaras hostis. Por tais fatores, crescia a demanda de mercenários, enquanto a oferta diminuía e o salário que deviam receber aumentava na proporção inversa. Desde o tempo de César, o salário era de 225 *denários* (196 marcos), em adição ao qual o soldado recebia 2/3 *medimnus* — sendo um *medimnus* o mesmo que 54 litros de grão —, ou seja, 4 *módios*, e, posteriormente, passou a receber 5 *módios* mensais.[25] Um escravo, que comia somente cereais, recebia a mesma quantia. Em vista da frugalidade dos hábitos alimentares da população do Sul, a maior parte de suas necessidades podia ser atendida com cereais. Domiciano elevou o salário para 300 *denários* (261 marcos) e, no tempo dos últimos imperadores, até as armas eram fornecidas gratuitamente. Sétimo Severo[26] e posteriormente Caracalla[27] aumentaram ainda mais o pagamento dos soldados.

O poder aquisitivo do dinheiro era muito mais elevado que hoje. Sêneca,[28] contemporâneo de Nero,[29] conta que um filósofo podia viver com meio *sestércio* (menos de 11 *pfennig*)[30] por dia. Quarenta litros de vinho custavam 25 *pfennig*; um cordeiro custava de 40 a 50 *pfennig*; uma ovelha, 1,5 marco.

> Em vista dos preços que vigoravam, não havia dúvida de que o salário do legionário romano era muito alto. Além de seu soldo, recebia presentes em dinheiro quando ascendiam novos imperadores; nos tempos em que os soldados colocavam um imperador diferente em período de poucos meses, a situação era outra. Quando terminava o tempo de serviço, o soldado recebia uma bonificação que, nos dias de Augusto,[31] atingia 3.000 *denários* (2.600 marcos). Calígula[32] reduziu-a à metade, mas Caracalla elevou-a a 5.000 *denários* (4.350 marcos).[33]

Os efetivos do exército tinham que aumentar na proporção dos ataques às fronteiras do Império, que se multiplicavam por todos os lados. No tempo de Augusto, sua força era de 300.000 homens; mais tarde, ultrapassou o dobro.

Estes são números enormes, quando se toma em conta que a população do Império era muito rarefeita, devido ao baixo nível da agricultura e ao pouquíssimo excedente dos produtos. Beloch[34] estima a população do Império Romano, cuja extensão era aproximadamente quatro vezes maior que a do atual Império Alemão, em 55.000.000 de habitantes nos dias de Augusto. A Itália, que hoje tem 33.000.000 habitantes, contava apenas 6.000.000. Essas 55.000.000 de pessoas, com seus métodos primitivos, eram obrigadas a sustentar um exército tão numeroso como o do atual Império Alemão, que constitui um fardo pesado, apesar do enorme progresso técnico ocorrido desde aquele tempo; e o exército de mercenários era muito mais bem pago que no moderno exército alemão.[35]

Enquanto a população diminuía e sua pobreza aumentava, cresciam os encargos do militarismo.

Havia duas causas para isso; juntas, levaram ao colapso econômico.

As duas principais funções do Estado naqueles dias eram a guerra e a construção de edifícios. Se os gastos com a primeira eram aumentados, sem a elevação dos impostos, era forçosamente em detrimento da segunda, e assim acontecia. Em seu período de apogeu, quando havia um grande excedente produzido pelas massas escravas, o Estado era suficientemente rico para realizar grandes edificações, não somente de luxo, mas para funções religiosas ou higiênicas ou, ainda, para atender necessidades econômicas. Com a ajuda das enormes massas de camponeses à sua disposição, o Estado construiu obras colossais que ainda hoje admiramos, aqueles templos e palácios, aquedutos e esgotos e ainda a excelente rede de estradas, unindo Roma às mais remotas províncias do Império, um poderoso meio de unificação econômica e política e de tráfego internacional, além das grandes obras de irrigação e drenagem. Assim, drenando os pântanos nos Pontinos, ao sul de Roma, abriu-se à agricultura imensa região de 100.000 hectares de terras férteis, com cerca de 33 povoados. A construção e manutenção da drenagem dos pântanos Pontinos constituíam uma das grandes preocupações dos governantes de Roma. O sistema de drenagem deteriorou-se a tal ponto que atualmente toda essa região pantanosa e as terras a seu redor estão devastadas e estéreis.

Quando o poderio econômico do Império se enfraqueceu, seus governantes preferiram abandonar as construções a pôr um freio ao militarismo. Os imponentes edifícios transformaram-se em ruínas impressionantes, e seu desaparecimento foi acelerado pela crescente falta de mão de obra, que tornava mais fácil tomar material de construção das ruínas dos antigos edifícios que obtê-lo de pedreiras distantes. Esse método de construção foi mais prejudicial às obras de arte antigas que as devastações dos invasores vândalos e outras tribos bárbaras.

> O espectador que lança um olhar sobre tristes ruínas da Roma antiga sente vontade de condenar a memória dos godos e vândalos pelos

> danos que eles nem puderam, nem talvez quiseram causar. A tempestade da guerra podia derrubar algumas torres mais elevadas, mas a destruição que minava aquelas edificações maciças prosseguiu lenta e silenciosamente durante um período de dez séculos... Os monumentos da época da grandeza do consulado ou do Império já não eram reverenciados como a glória imortal da capital, mas considerados uma mina inesgotável de material de construção, mais barato e mais conveniente que o das pedreiras longínquas.[36]

Não somente as obras de arte eram destruídas, mas também as construções públicas de função econômica ou higiênica, estradas e aquedutos. Essa ruína geral, uma consequência da derrocada econômica do Império, contribuiu por sua vez para precipitá-la.

Apesar de tudo, no entanto, os encargos militares aumentavam, e, finalmente, tinham de tornar-se cada vez mais insuportáveis, e efetuar a destruição definitiva do Império Romano. A soma total dos encargos públicos (pagamentos em espécie, pagamentos em serviço, impostos monetários) permanecia a mesma ou aumentava, enquanto diminuíam a riqueza e a população. O indivíduo arcava com uma carga imposta pelo Estado cada vez mais pesada. Todos buscavam uma forma de transferir essa carga para ombros mais fracos; a maior parte dessa transferência fazia-se na direção dos miseráveis colonos, e sua situação, já lamentável, tornou-se tão desesperadora que provocou inúmeras sublevações, como a dos colonos gauleses (Bagaudes), que pela primeira vez se insurgiram, no período de Diocleciano,[37] em 285 d.C., e, embora dominadas após alguns êxitos iniciais, engajaram-se em novas tentativas de levante e sublevação, durante o século inteiro, exprimindo a enormidade de sua miséria.

Entrementes, outras camadas sociais eram oprimidas com severidade ainda maior, embora não na forma prejudicial pela qual o eram os colonos. O fisco apoderava-se de tudo aquilo que podia. Os bárbaros não saqueavam mais que o Estado. Havia um processo constante de desintegração social, divergências frequentes e uma incapacidade dos vários membros da sociedade para realizar até as funções mais necessárias pelo bem da comunidade e de cada um.

O que antes era regulado pelo costume e pela necessidade econômica, passara a requerer a intervenção compulsória do Estado para sua realização. Os meios empregados para essa intervenção tornaram-se mais numerosos após Diocleciano. Algumas dessas leis sujeitavam o colono ao solo, transformando-o em um servo; outras obrigavam o proprietário da terra a participar da administração da cidade, confiando-lhe a função de arrecadar impostos para o Estado. Outras organizaram os artesãos em associações obrigatórias, forçando-os a prestar serviços e a oferecer suas mercadorias a preços fixos. A burocracia que o Estado necessitava para fazer cumprir essas medidas tornou-se mais numerosa.

A burocracia e o exército, isto é, o poder estatal, colocaram-se em crescente oposição, não só às classes exploradas, mas também aos exploradores. Para estes o Estado estava deixando de ser uma instituição de apoio e proteção e transformava-se em um poder de saque e devastação. A hostilidade para com o Estado aumentava; mesmo o governo dos bárbaros foi contemplado como salvação. A população das fronteiras preferia escapar para os camponeses livres, bárbaros; convidando-os para resgatá-la e salvá-la do Estado e da ordem social vigente, recebiam-nos de braços abertos.

Um escritor cristão do Império Romano, Salviano,[38] escreve o seguinte sobre o assunto, em seu *De gubernatione dei*:

> Uma grande parte das Gálias e da Espanha já é gótica e todos os romanos que lá vivem não querem voltar a ser romanos novamente. Não me espantaria se todos os pobres e necessitados fossem para lá, e eles o fariam, se pudessem abandonar suas propriedades e famílias. E nós, os romanos, espantamo-nos de não poder vencer os godos, quando preferimos viver entre eles a entre nosso próprio povo.

A migração de nações, a invasão do Império Romano por hordas de rudes germânicos não significaram a destruição prematura de uma civilização avançada e florescente, mas o término de um processo de dissolução de uma civilização moribunda e o estabelecimento das bases para uma nova cultura, que se processou, certamente, de modo lento e incerto por vários séculos.

Nos quatro séculos que transcorreram desde o estabelecimento da autoridade imperial por Augusto até a migração dos povos, o cristianismo tomou forma: nesse período, que começa com o nível mais alto alcançado pelo mundo antigo; com a mais colossal e embriagante acumulação de riquezas e poder em poucas mãos; com a miséria mais terrível atingindo escravos, camponeses arruinados, artesãos e as camadas proletárias mais baixas; com as mais violentas oposições e os mais terríveis ódios de classe; e que termina com o aniquilamento completo de toda a sociedade.

Tudo isso impôs ao cristianismo suas características e deixou rastros em sua forma.

Mas o cristianismo, que se formou à base do modo de produção acima descrito que, em muitos aspectos, ampliou suas consequências, apresenta também a marca de outras influências, surgidas da vida política e social.

NOTAS

1. Karl Jentsch, *Drei Spaziergänge eines Laien ins klassische Altertum*, 1900. *Dritter Spaziergang, Der Romerstaat*, p. 237. Compare-se com o *Zweiter Spaziergang* na mesma obra: *Die Sklaverei bei den antiken Dichtern.*
2. Comunidade territorial (*Markgenossenschaft*) é um termo do direito germânico que denomina a comunidade de aldeias com administração e jurisdição comuns. (N. do T.)
3. Hipônico (Hipponicos) foi um dos comandantes da batalha de Tanagra em 426 a.C. (N. do T.)
4. Philipp August Boeckh (1785-1867), *scholar* alemão, filósofo, filólogo e especialista em Antiguidade. Foi professor nas universidades de Heidelberg e Berlim. (N. do T.)
5. Levi Herzfeld, *Handelsgeschichte der Juden des Altertums*, 1894, p. 193.
6. Aristófanes (Aristophanes) foi o mais célebre poeta cômico de Atenas. Viveu no século V a.C. e escreveu *As nuvens, As vespas, Os pássaros* e *Lisistrata.*
7. Diodorus Siculus, *Historische Bibliothek*, vol. XXXVI, 38. Compare-se com a citação da mesma obra, III, 13, sobre as minas de ouro egípcias, às quais Marx se refere no *Capital*, vol. I, capítulo 8, 2, nota 43. Diodoro Sículo (Diodorus Siculus, 90-30 a.C.) foi um historiador grego nascido em Agira (Agyrium), na Sicília (N. do T.)
8. Frederick Law Olmsted (1822-1903), *A Journey in the Seaboard Slave States; With Remarks on Their Economy*, Nova York, Londres, Dix and Edwards, Sampson Low, Son & Co., 1856. (N. do T.)
9. Robert Pöhlmann (1852-1914), *Geschichte des antiken Kommunismus und Sozialismus*, München, C. H. Beck, 1893/1901. (N. do T.)
10. Pöhlmann, *Geschichte des antiken Kommunismus und Sozialismus*, vol. II, p. 582-583.
11. Creso (Croesus, em grego Κϱοῖσος) foi lendário por sua enorme fortuna. Nascido no início do século VI, filho de Aliates (Alyattes), foi rei da Lídia de 560 a.C. até sua derrota pelos persas em 546 a.C. Continuou a política de expansão de seu pai, conquistando cidades da Jônia (Ásia Menor). Foi, entretanto, menos agressivo contra os gregos, e até chegou a fornecer refúgio ao estadista Adrasto (Adrastus). (N. do T.)
12. Horácio (Quintus Horatius Flaccus, 56-8 a.C.) foi um dos poetas mais importantes de Roma, amigo de Mecenas e de Augusto. Exaltou em suas obras os prazeres mundanos. Elas estão divididas em quatro grupos: Odes, Epodos, Sátiras e Epístolas. (N. do T.)
13. Védio Polião (Publius Vedius Pollio, ?-15a.C.) era um dos cavaleiros mais ricos e amigo do imperador Augusto, a quem deixou como herança uma lu-

xuosa vila conhecida como Pausilypon, entre Nápoles e Puteoli (Pozzuoli), onde foi construída uma enorme cripta (Crypta Neapolitana), com um enorme túnel, de 700 a 1.000 metros de comprimento. (N. do T.)

14. Espártaco (Spartacus, 120-71 a.C.), nascido em Trácia, foi um escravo que se insurgiu contra o Império Romano, em Cápua (Sicília), juntamente com outros 200 gladiadores, em 73 a.C. Formou um exército com cerca de 100.000 homens e, em dois anos, os insurgentes derrotaram cinco exércitos de Roma. Porém, sitiados e sem possibilidade de escapar da Sicília, foram derrotados em 71 a.C. pelas legiões do cônsul Marco Licínio Crasso, que mandou crucificar na Via Ápia mais de 6.000 escravos insurretos. (N. do T.)

15. Messala (Marcus Valerius Messalla Corvinus, 64 a.C.-8 d.C.) foi um general romano, autor de várias obras que foram perdidas. Escreveu memórias da guerra civil depois do assassinato de César — que vieram a ser uma importante fonte de informação para as obras historiográficas de Suetônio e Plutarco —, poemas bucólicos e outros versos em grego, ensaios sobre detalhes filológicos e traduções de oradores gregos. Foi também um orador destacado. (N. do T.)

16. Antônio (Marcus Antonius, 83-30 a.C.). Depois do assassinato de Júlio César (100-44 a.C.) ele formou com Augusto (62-14 a.C.), sobrinho-neto e herdeiro de Júlio César, e Marco Emílio Lépido (Marcus Emilius Lepidus, ?-13/12 a.C.), em 43 a.C., um segundo triunvirato. O primeiro fora formado por Júlio César, Marco Licínio Crasso (Marcos Licinius Crassus) e Pompeu (Gnaeus Pompeius Magnus). Durou de 60 a 53 a.C. (N. do T.)

17. Tibério Graco, (162-132 a.C.), irmão de Caio (Gaius), foi eleito tribuno da plebe em 133 a.C. e dedicou-se a defender as ideias progressistas e uma reforma agrária, a fim de acabar com os latifúndios particulares e do Estado e melhorar as condições de vida do povo romano. (N. do T.)

18. Pöhlmann, em sua obra já citada *Geschichte des antiken Kommunismus und Sozialismus*, coloca no mesmo nível do socialismo dos tempos modernos, absurdamente, as lutas de classe do proletariado antigo, inclusive as dos camponeses expulsos por dívidas, o repúdio das dívidas aos proprietários, a distribuição e exploração das terras pelos deserdados, a fim de provar que a ditadura do proletariado, sob quaisquer circunstâncias, só poderia causar o assassinato, a violência, o carbonarismo, a divisão e o tumulto. A erudição desse professor é a mesma do professor Eugen Richter, adornada com grande número de citações gregas. (N. do A.) Eugen Richter (1838-1906) foi um político e jornalista alemão, autor do ensaio *Über die Freiheit des Schankgewerbes*. (N. do T.)

19. Tibério Cláudio Nero César (42 a.C.-37 d.C.), filho de Tibério Cláudio Nero e Lívia Drusa, foi o segundo imperador de Roma da *gens* de Júlio-Claudiana. Também pertencia à *gens* Claudia da aristocracia romana. Sucedeu ao padrasto, César Augusto. *Gens* (pl. *gentes*) era um conjunto de famílias, um clã, cujos membros tinham um ancestral comum. (N. do T.)
20. Júlio César (Gaius Julius Cæsar, 100-44 a.C.), assassinado por um dos irmãos Cascas (Servílio Casca), que lhe enfiou por trás um estilete debaixo da goela, seguido pelos demais conspiradores, que lhe fizeram no corpo cerca de vinte e três feridas. Os conspiradores, articulados por Bruto (Marcus Iunius Brutus, 85-42 a.C.) e Longino (Gaius Cassius Longinus, ?-42 a.C.), esfaquearam-no, pois temiam que ele assumisse o título de *rex* (rei). César criara Bruto como filho, e tornou-se famosa a exclamação grega atribuída a ele, depois que o vira entre os conspiradores: "Καὶ σὺ τέκνον" (*Kai su teknon*: "Até tu, filho!"). Bruto era descendente de Júnio Bruto, que liderou a revolta e assassinou o último rei de Roma, Tarquinio, em 509 a.C., após o que foi instaurada a república. Dois dias depois do assassinato, o Senado de Roma concedeu anistia aos criminosos, ao mesmo tempo em que ratificava os atos de Júlio César. Porém, durante e após o funeral, o povo, que simpatizava com César, levantou-se, os tumultos recrudesceram, e Bruto, Cássio e os demais conspiradores, impopularizados, fugiram de Roma. Quase nenhum sobreviveu três anos ou morreu naturalmente. (N. do T.)
21. Ludo M. Hartmann, *Geschichte Italiens im Mittelalter*, 1897, vol. I, p. 7.
22. Eduard Meyer (1855-1930), historiador alemão, especializado em História Antiga. Foi professor nas universidades de Leipzig, Breslau, Halle e Berlim. Sua principal obra, que Kautsky cita, foi *Geschichte des Alterthums* (5 vols., 1884-1902). (N. do T.)
23. Dio Crisóstomo (Δίων Χρυσόστομος; 40-112? d.C.) foi um filósofo sofista grego, orador e historiador do Império Romano no primeiro século. Contemporâneo de Plutarco, Tácito e Plínio, o Jovem, viveu em Roma ao tempo do imperador Domiciano e pregava contra o vício e a sensualidade, defendia a vida campestre como superior à da cidade rica, bem como a harmonia mundial e verdadeira piedade, com base na ideia universal e inata de Deus. Seu apelido *Chrysostomo* deriva-se do grego *chrysostomos* (χρυσόστομος), que significa Boca Dourada. (N. do T.)
24. *Kapharische Felsen*, no original alemão. Lugar onde teria morrido Ajax, herói mitológico grego. (N. do T.)
25. Módio, antiga medida grega e romana de volume de áridos, equivalente a 8,7 litros. (N. do T.)
26. Severo (Lucius Septimius Severus, 146-211), fundador da dinastia dos Severos (193-235) e o primeiro imperador romano nascido em Leptis Magna,

antiga cidade situada na costa do Mediterrâneo. Organizou em 207 uma expedição para a Bretanha com o objetivo de expandir o domínio de Roma sobre toda a ilha. Lá permaneceu, com a esposa e os dois filhos, até morrer em 211, em York, depois de várias vitórias no norte da ilha. (N. do T.)

27. Marco Aurélio Severo Antonino (Marcus Aurelius Severus Antoninus), apelidado Caracalla (188-217), foi um imperador romano (211-217). Nascido em Lyon, na Gália, filho de Sétimio Severo e Julia Domna, articulou o assassinato de seu irmão Públio Sétimo Geta (Publius Septimius Geta), em 211, antes de completar um ano da morte de seu pai. Foi um bom militar e administrador. Restaurou a segurança do Império em suas campanhas contra as tribos germânicas. No entanto, foi assassinado em 217 por soldados de sua Guarda Pretoriana, como resultado de uma conspiração aparentemente instigada pelo prefeito Marco Opélio Macrino (Marcus Opellius Macrinus, 217-218). (N. do T.)
28. Sêneca (Lucius Annaeus Seneca, 4 a.C.-65 d.C.), também conhecido como Seneca Minor, foi filósofo, classificado como estoico, dramaturgo e orador. Nascido em Córdova (Corduba), na Ibéria, que então integrava o Império Romano, envolveu-se em conflitos com Calígula e Cláudio. Depois tornou-se preceptor de Nero e teve inicialmente grande influência sobre ele. Entretanto, Nero acusou-o de estar envolvido em uma conspiração e lhe ordenou que cometesse suicídio. Apesar de contemporâneo de Jesus, não lhe faz nenhuma referência. (N. do T.)
29. Nero Claudius Cæsar Augustus Germanicus (37-68 d.C.) foi o quinto e último imperador de Roma. Tornou-se célebre pela sua crueldade e insanidade, talvez exagerada por Tácito e Suetônio. (N. do T.)
30. *Pfennig* era a moeda divisionária do antigo marco alemão. (N. do T.)
31. Augusto (62 a.C.-14 d.C.) foi o nome com o qual Caius Julius Cæsar Octavianus, sobrinho-neto de Júlio César, se tornou o primeiro imperador de Roma, em cujo reinado Jesus, o Cristo, nasceu. Foi o primeiro título que ele recebeu do Senado em 27 a.C., adotado por todos os seus sucessores. Augusto descendia da família (*gens*) Octavia, filho de Caio Otávio (Caius Octavius), o pretor. Ele introduziu reformas na administração de Roma e sua política marcou a história da cristandade. Após a batalha de Actium, confirmou Herodes, o Grande, no título de rei dos judeus e concedeu-lhe grande território entre a Galileia e Traconites. Após a morte de Herodes, que devotou a Augusto enorme gratidão, ele dividiu o reino entre seus filhos e, nessa ocasião, ordenou o *census* na província a ser governada por Sulpício Quirino (Sulpicius Quirinus), evento que possibilitou o cálculo da data em que o Cristo nasceu. (N. do T.)

32. Gaius Iulius Cæsar Augustus Germanicus (12-41 d.C.) tornou-se conhecido como Calígula. Foi o terceiro imperador da dinastia Júlio-Cláudia, derivada das *gentes* Júlia e Cláudia, de Tibério. Celebrizou-se pela sua crueldade e depravação. Foi assassinado em 41 d.C. por membros de sua Guarda Pretoriana. (N. do T.)
33. Paul Ernst, "Die sozialen Zustande im Romischem Reich vor den Einfall der Barbaren", *Die Neue Zeit*, vol. XI, nº 2, p. 253 e ss.
34. Karl Julius Beloch (1864-1929), historiador alemão, foi pioneiro na pesquisa e no estudo da demografia de Roma. Autor de várias obras, entre as quais *Die Bevölkerung der griechisch-römischen Welt* (1886); *Römische Geschichte bis zum Beginn der punischen Kriege* (1926); *Bevölkerungsgeschichte Italiens* (2 tomos). (N. do T.)
35. Em 1908. (N. do T.)
36. Gibbon, *History of the Decline and Fall of the Roman Empire*, capítulo 36, Londres, 1898.
37. Diocleciano (Gaius Aurelius Valerius Diocletianus, 245?-312? d.C.), nascido em Dioclea, foi imperador de Roma entre 284 e 305. Instaurou um governo autocrático, encerrando a crise do terceiro século, e deu início a uma nova fase do Império. As reformas que promoveu asseguraram a sobrevivência do Império Romano do Ocidente por mais duzentos anos, e do Império Romano do Oriente (Império Bizantino) por mais 1.000 anos. (N. do T.)
38. Salviano, conhecido como Salvianus de Marseille (400-470 d.C.), foi um escritor romano, nascido provavelmente em Colônia e educado em Augusta Treverorum (Trier, Tréves). Escreveu a obra *De gubernatione Dei* (O governo de Deus).

2. A essência do Estado

O ESTADO E O COMÉRCIO

Além da escravidão existiam duas outras formas de exploração na sociedade antiga, que também atingiram seu ponto culminante nos primórdios do cristianismo, aguçando os antagonismos de classe e depois acelerando progressivamente a destruição da sociedade e do Estado: a usura e a pilhagem das províncias subjugadas pelo poder central. Essas duas instituições se acham estreitamente ligadas ao caráter do Estado antigo que era, geralmente, tão intimamente entrelaçado com a economia, que já tivemos de mencioná-lo várias vezes em nossa discussão das bases da sociedade e do Estado, i. e., do modo de produção.

Consequentemente, nossa primeira obrigação é apresentar um esboço rápido do Estado antigo.

A democracia da Antiguidade nunca ultrapassou os limites da comunidade urbana ou da comunidade territorial. A comunidade territorial era formada por uma ou mais aldeias que possuíam e administravam em comum determinado território. Isto se realizava por meio de eleições populares diretas, em assembleias de todos os membros adultos da comunidade. Consequentemente, a aldeia ou comunidade territorial não podia ser muito grande. Seu território devia ter uma extensão que permitisse a cada membro viajar de sua propriedade até a Assembleia Popular sem esforço ou prejuízo excessivos. Uma organização democrática, na Antiguidade, não podia desenvolver-se além de tais proporções. Faltavam condições técnicas e econômicas. Só o capitalismo moderno, com sua imprensa e seu sistema de correios, jornais, estradas de ferro e telégrafos, foi capaz de soldar as nações modernas em unidades, não só linguísticas, como na Antiguidade, mas de sólidos organismos políticos e econômicos. Esse processo permaneceu essencialmente incompleto até o século XIX. Somente a Inglaterra e a França foram capazes, por circunstâncias especiais, de chegar a ser nações, no sentido moderno, antes desse estágio, e de estabelecer um parlamentarismo nacional, base da democracia, em escala maior que a da comuna. Contudo, mesmo nesses dois países, tal condição só foi possível através da direção de dois grandes centros, Londres e Paris, e, ainda em 1848, o movimento democrático nacional foi um movimento de poucas comunidades que se elevaram acima das demais: Paris, Viena e Berlim.

Na Antiguidade, com seus meios de transporte atrasados, a democracia estava limitada à extensão da comuna. O transporte entre os países do Mediterrâneo era realmente de proporções consideráveis, no primeiro século de nossa era, chegando a conferir importância internacional a dois idiomas: o latim e o grego. Infelizmente, nessa época, a democracia e a vida política, como um todo, estavam em decadência; infelizmente, mas não por um acaso infeliz. A evolução do transporte entre as comunidades achava-se, àquele tempo, necessariamente relacionada às condições que causavam a morte da democracia.

Não é nossa tarefa mostrar como isso ocorreu nos países do Oriente, onde a democracia, limitada à comuna, chegou a ser a base de um tipo especial de despotismo. Consideramos aqui somente o curso específico do mundo helênico e romano, e examinaremos um único exemplo, o da comunidade de Roma, que mostra as tendências do desenvolvimento antigo de modo especialmente drástico, porque o desenvolvimento foi mais rápido e em escala maior do que em qualquer outra comunidade do mundo antigo. Mas em todas essas comunidades influíam as mesmas tendências, embora talvez em menores dimensões.

A extensão de cada comunidade territorial e aldeia tinha limites muito definidos, que não podiam ser ultrapassados, o que fez com que várias comunidades territoriais e aldeias permanecessem bastante iguais enquanto mantinham uma economia camponesa pura. Nem mesmo havia, nessa etapa, muitas causas para conflitos entre eles, pois, em geral, cada um produzia tudo que necessitava. No máximo, o aumento da população podia ocasionar carência de terras. Porém não podia levar a uma ampliação dos limites da comunidade territorial, uma vez que esta não podia ser tão grande que dificultasse o deslocamento de seus membros até o local da assembleia popular legislativa. Como toda a superfície cultivável da comunidade territorial estava aproveitada, os jovens sem trabalho, capazes de utilizar armas, emigravam e criavam outra comunidade, ou desalojando elementos mais fracos ou estabelecendo-se em regiões com população menos densa e mais espaço disponível.

Consequentemente, as aldeias e comunidades individuais permaneciam com uma força relativamente igual. Tais condições, no entanto, modificaram-se logo que o comércio começou a influir sobre a economia camponesa.

Já vimos que o comércio de mercadorias começou em épocas muito antigas. Seu início foi na idade da pedra. Havia regiões onde se obtinham com facilidade matérias-primas muito desejadas, enquanto em outras eram conseguidas com dificuldade, ou não o eram. Naturalmente, os habitantes das primeiras regiões tinham maior quantidade das matérias-primas do que podiam consumir e tornaram-se mais hábeis na extração e manipulação de tais artigos. O excedente era fornecido aos vizinhos em troca de outros produtos e estes, por sua vez, eram permutados com outras tribos. Nesse processo de intercâmbio, de tribo em tribo, muitos produtos percorriam distâncias incríveis. Há a pressuposição de que esse comércio decorria do nomadismo de hordas que, em suas migrações, tinham constante contato umas com as outras e, em tais ocasiões, intercambiavam seus excedentes.

Quando as tribos se tornavam sedentárias, essas oportunidades cessavam, mas não a necessidade de intercambiar os produtos, principalmente utensílios ou material para fabricá-los, que só eram obtidos com facilidade em alguns lugares. Assim, o comércio de tais produtos teve de desenvolver-se. A fim de satisfazer a essa necessidade, formou-se uma camada especial de nômades, os mercadores. Eram tribos nômades de pastores que, utilizando seus animais de carga, passaram a dedicar-se ao fornecimento de produtos abundantes em alguns distritos e, portanto, baratos, a outros onde eram escassos e, portanto, caros, ou eram pescadores, que navegavam em seus barcos, pela costa ou de ilha em ilha. Porém, na medida em que o comércio se desenvolvia, mesmo os camponeses foram forçados a fazê-lo. De modo geral, a classe dos proprietários de terra tinha um desprezo arrogante pelo comércio. A aristocracia romana considerava a usura uma ocupação decente, não o comércio. Isso não era, entretanto, obstáculo para que o proprietário de terras obtivesse ocasionalmente grandes lucros em operações mercantis.

O comércio segue certas rotas que se tornam mais desenvolvidas, nas quais as povoações recebem os produtos com mais facilidade que nas outras e onde os vendedores encontram compradores para suas mercadorias. Em muitos lugares, onde é impossível contornar a estrada e que, além disso, têm uma posição naturalmente fortificada, habitantes e senhores dispõem de condições para deter os mercadores e multá-los por meio da imposição de tributos. Outros lugares transformam-se em armazéns onde as mercadorias têm que fazer baldeações, como por exemplo portos ou cruzamentos, a que os mercadores chegam em grande número, vindos das mais variadas regiões, e onde as mercadorias permanecem frequentemente armazenadas por algum tempo.

Todas as comunas favorecidas pela natureza, quanto à maior facilidade para o início, desenvolveram-se, necessariamente, além das proporções da comuna camponesa e, enquanto a população dessa logo alcança o limite permitido pela extensão e fertilidade de seu território, o crescimento da população de um centro mercantil independe da riqueza do solo que possui e pode ir além do limite permitido por tais circunstâncias, pois, controlando certas mercadorias, dispõe dos meios de adquirir aquilo de que precisa, i. e., obter os alimentos produzidos fora dos limites da comunidade territorial. Com o comércio de implementos agrícolas, matérias-primas, utensílios para a indústria e produtos industriais de luxo, desenvolve-se também o comércio de produtos alimentícios requeridos pelos habitantes da cidade.

A expansão do comércio, entretanto, não tem limite fixo e por sua própria natureza continua a estender-se além dos limites alcançados, sempre à procura de novos fregueses, novos produtores, novos depósitos de matérias-primas, novas regiões industriais, novos compradores para seus produtos. Assim, os fenícios, em épocas muito remotas, saíram do Mediterrâneo e chegaram pelo norte até a Inglaterra, enquanto pelo sul dobravam o Cabo da Boa Esperança.

> Em épocas incrivelmente remotas, encontramo-los em Chipre e no Egito, na Grécia e Sicília, na África e até no Oceano Atlântico e no Mar do Norte. O campo de seu comércio estendia-se de Serra Leoa e as Cornualhas no oeste até a costa de Malabar a leste. Por suas mãos passavam o ouro e as pérolas do Oriente, a púrpura de Tiro, os escravos, o marfim, as peles de leões e panteras do interior da África, o incenso da Arábia, o linho do Egito, os vinhos finos da Grécia, a prata da Espanha, o estanho da Inglaterra e o ferro de Elba.[1]

Os artesãos preferem naturalmente estabelecer-se nas cidades comerciais porque essas oferecem, de fato, o único mercado para certos tipos de produtos, estimulando assim o desenvolvimento do artesanato. De um lado estão os mercadores em busca de mercadorias e, de outro, os camponeses das vilas próximas, que vão à cidade nos dias de mercado para vender seus produtos e comprar, com o que obtiveram na venda, utensílios, armas e adornos. A cidade comercial assegura ainda aos artesãos o fornecimento das matérias-primas necessárias, sem as quais não poderiam trabalhar.

Além dos mercadores e artesãos surge também, nas cidades, uma classe de ricos proprietários de terras. Os membros da comuna originária dessas cidades, que detém terras na comarca, enriquecem-se, aumentando seu preço constantemente, na medida em que os recém-chegados fazem aumentar a demanda das terras. Aumentam seus lucros, como vimos, pelo fato de que entre as mercadorias oferecidas há também escravos.

Certas famílias de proprietários que, por uma ou outra razão, superaram a camada média de camponeses em propriedade territorial e em riqueza, acham-se agora em condições de estender suas plantações agrícolas, com o aumento do número de escravos. Em síntese, podem explorar suas terras por meio somente de escravos, transferindo-se para as cidades e dedicando-se a negócios urbanos, à administração da cidade ou à guerra. Um proprietário agrícola desse tipo, que antes tinha somente uma fazenda no território da comarca, pode agora construir também uma casa na cidade e viver nela. Tais proprietários continuam a basear seu poder econômico e posição social em sua propriedade da terra e na agricultura, porém, além disso, passam a residir na cidade e aumentam sua população com numerosa criadagem, pois, como vimos, pode ser grande o emprego de escravos em serviços de luxo.

A cidade comercial assim aumenta, constantemente, sua riqueza e população, mas na medida em que cresce sua força, crescem igualmente sua disposição para a guerra e seu desejo de exploração. O comércio não é algo pacífico como os economistas burgueses nos ensinam, e essa verdade tornava-se muito mais evidente no tempo em que principiou. O comércio e o transporte não eram distintos. O comerciante não podia sentar-se em seu escritório, como faz hoje, receber as ordens de seus clientes por escrito e atendê-las com o auxílio da estrada de ferro, o navio ou o correio.

Ele próprio tinha que levar seus artigos ao mercado, e isto requeria força e energia. Através de regiões sem estradas, a pé, a cavalo ou navegando por mares tempestuosos com pequenos barcos descobertos, o comerciante era obrigado a viajar durante meses, às vezes por anos, longe de seu lar. Isso implicava dificuldades não menores do que as de uma campanha militar, onde só homens fortes podiam sobreviver.

Os perigos das viagens não eram menores do que os da guerra. O comerciante estava a cada momento ameaçado, não somente pela natureza, com suas ondas e arrecifes, tempestades de areia, falta de água ou de alimentos, frio glacial ou calor tórrido. Os tesouros que o comerciante conduzia constituíam uma presa que provocava a cobiça dos mais fortes. Enquanto, no princípio, o comércio era efetuado entre uma tribo e outra, posteriormente, ele foi praticado com grupos numerosos, por terra, em caravanas, e por mar, em frotas comerciais. Cada indivíduo nas expedições tinha de estar armado e pronto a defender suas propriedades de espada em punho. Desse modo, o comércio chegou a ser uma escola para o espírito belicoso.

Porém, enquanto o grande valor das mercadorias conduzidas obrigava o comerciante a desenvolver a força de um guerreiro, de modo que a pudesse defender, essa força bélica, por sua vez, tendeu a transformar-se em força de ataque. As vantagens do comércio consistiam em obter barato e vender caro; e a forma mais barata de obter qualquer coisa era, indiscutivelmente, tomá-la sem qualquer compensação. O roubo e o comércio acham-se a princípio bastante relacionados. Cada vez que se sentia suficientemente forte, o comerciante facilmente se transformava em bandido ao ver uma presa de valor, e o próprio homem constituía uma dessas presas.

O comerciante necessitava de sua força bélica não só a fim de fazer suas compras tão barato quanto possível, mas também com o objetivo de manter os competidores afastados dos mercados que frequentava; pois quanto maior o número de compradores, mais alto o preço das mercadorias que necessitava adquirir; quanto maior o número de vendedores, mais baixo o preço das mercadorias que levava ao mercado; em outras palavras, maior a diferença entre o preço de compra e o de venda, i. e., o lucro. Onde surgissem várias grandes cidades comerciais, próximas entre si, logo uma guerra se desencadeava, tendo o vencedor a perspectiva não só de eliminar seus competidores do campo, mas também de transformá-los de concorrentes em elementos para a geração de lucros; ou, da forma mais radical, que não podia ser utilizada com frequência, do saque absoluto da cidade rival e venda de seus habitantes como escravos, ou por métodos menos radicais, que permitiam novos lucros cada ano, incorporando a cidade vencida como "comuna vinculada", com obrigação de pagar impostos, de fornecer tropas e de abster-se de prejudicar de qualquer forma o competidor vitorioso.

Algumas cidades comerciais particularmente favorecidas por sua localização geográfica ou outras circunstâncias podem assim, do seu território, coordenar outras cidades, em uma organização estatal, sem necessidade de impedir a existência de uma constituição democrática em cada uma dessas cidades. A totalidade dessas cidades, o Estado, não é, entretanto, governado democraticamente, porque a cidade vitoriosa é a única que tem o controle, enquanto as outras devem obedecê-la sem a menor participação nos assuntos legislativos e administrativos do Estado.

Na Grécia encontramos um grande número de cidades-estados — Atenas é a mais poderosa delas. Nenhuma das cidades vitoriosas, porém, era suficientemente forte para subjugar as outras de modo permanente ou para subjugar todas as suas rivais. A história da Grécia é a de uma guerra eterna entre as várias cidades e as cidades-estados, raramente interrompida para a defesa comum contra um inimigo único. Essas guerras aceleraram enormemente a decadência grega, assim que se fizeram sentir as consequências da economia escravista que já descrevemos. Mas é ridículo sentir-se moralmente indignado por essa situação, como alguns de nossos professores. A luta contra o concorrente é um corolário necessário do comércio. As formas de luta mudam, porém ela assume necessariamente o caráter de guerra quando cidades comerciais soberanas se colocam frente a frente. Assim que o comércio tornou suas cidades grandes e poderosas, o espetáculo da Grécia, dilacerando-se, era, consequentemente, inevitável. O objetivo de cada luta é dominar ou suprimir o competidor para estabelecer o monopólio. E nenhuma das cidades gregas, nem mesmo a poderosa Atenas, chegou a ser suficientemente forte para alcançar tal objetivo. Esse destino estava reservado a uma cidade italiana, Roma, que submeteu a seu domínio toda a civilização mediterrânica.

PATRÍCIOS E PLEBEUS

A concorrência com os rivais não é a única causa para que uma grande cidade comercial vá à guerra. Onde o território é contíguo ao de robustos camponeses, especialmente pastores montanheses, geralmente mais pobres que os agricultores das planícies, porém menos fixados ao solo, homens acostumados às caçadas sangrentas — uma excelente escola de guerra —, a riqueza da cidade pode facilmente despertar a ambição por parte dos camponeses. Estes podem não dar atenção às povoações pequenas, de mercado limitado e pequeno artesanato. Entretanto, os tesouros de um grande centro comercial têm necessariamente de atraí-los e provocam sua união em massa para um ataque de rapina à comunidade rica. Esta, por outro lado, empreende um esforço constante para estender sua posse aos territórios habitados por esses montanheses. Vimos que o crescimento da cidade é acompanhado pelo desenvolvimento de um extenso mercado para os produtos agrícolas e que o solo que produz tais artigos adquire maior valor, estimulando o desejo de mais terras e de mais trabalhadores para cultivá-las em benefício de seus conquistadores. Daí resulta uma luta constante entre a cidade e as tribos camponesas limítrofes. Se estas conseguem a vitória, a cidade é saqueada e deve começar novamente. Mas se a cidade é vencedora, apodera-se de uma parte da terra dos camponeses vencidos, entregando-a a seus próprios proprietários de terra, que algumas vezes as transferem a seus filhos sem terra, mas a maior parte das vezes fazem-nas cultivar por trabalhadores forçados, também fornecidos pela comunidade vencida, como arrendatários, servos ou escravos. Outras vezes, entretanto, o procedimento é mais suave. A população subjugada não só não é escravizada, mas se lhe admite adquirir uma cidadania de segunda classe, que garante toda liberdade e proteção legal do Estado, sem qualquer participação em seu governo, porquanto os que detêm efetivamente a cidadania são os que governam a cidade e o Estado, por meio de suas assembleias. Os novos cidadãos eram muito necessários à cidade, na medida em que sua riqueza aumentava e crescia o peso da guerra, dado que as famílias dos antigos cidadãos já não podiam fornecer o número necessário de cidadãos soldados. O serviço militar e os direitos de cidadania estão a princípio muito relacionados. Não havia modo de aumentar rapidamente o número de guerreiros, exceto pela aceitação, por parte do Estado, de novos cidadãos. A liberalidade na outorga da cidadania a imigrantes, ou mesmo a indivíduos das comunidades vizinhas derrotadas, não foi uma das razões menos importantes para o engrandecimento de Roma.

A quantidade desses novos cidadãos podia estender-se à vontade. Os limites impostos ao número de antigos cidadãos não eram aplicáveis aos novos. Esses limites eram em parte de natureza técnica. Se a administração da cidade era função da assembleia dos antigos cidadãos, esta não podia ser tão numerosa que impossibilitasse a realização de negócios. Os cidadãos também não podiam viver tão longe do local que tornasse a viagem impossível, sem dificuldades e sem abandonar os trabalhos agrícolas em certos períodos. Essas objeções não se aplicavam ao caso dos novos cidadãos. Mesmo quando lhes concediam certos direitos políticos, até o direito de voto na assembleia (o que raramente ocorria), não era necessário — pelo menos do ponto de vista dos antigos cidadãos — que os novos delas participassem. Quanto mais os antigos cidadãos ficassem entre si, melhor lhes parecia.

Os limites impostos ao número dos antigos cidadãos não se aplicavam, portanto, aos novos, cuja quantidade podia aumentar indefinidamente, sendo limitada apenas pelas dimensões do Estado e sua necessidade de soldados, pois mesmo quando o dever de fornecer tropas fosse imposto às províncias subjugadas, o exército sempre necessitava de um núcleo de confiança e este só podia ser formado por um contingente forte de soldados cidadãos.

Assim, na cidade em crescimento, surge uma segunda forma de organização não democrática do Estado. Quando a grande comunidade citadina chega a ser a senhora absoluta de inúmeras comunas e províncias, surge dentro da cidadania da comuna, agora estendida além dos limites do perímetro da cidade e de suas terras, um antagonismo entre os cidadãos do antigo tipo, ou de primeira classe (patrícios), e os novos cidadãos (plebeus). Essas duas formas tornam a democracia uma aristocracia, não pela limitação do círculo de cidadãos com todos os privilégios ou pela elevação de alguns privilegiados acima deles, mas pelo crescimento do próprio Estado, em que o núcleo privilegiado permanece inalterado, enquanto todos os novos elementos que se unem à antiga aldeia ou comunidade territorial têm menos direitos, ou não têm direito algum.

Mas essas duas formas de ascender à aristocracia, a partir da democracia, não seguem o mesmo curso. Uma dessas formas de exploração e controle do Estado por uma minoria privilegiada — o governo de uma comunidade sobre todo um império — pode estender-se continuamente, como é o caso de Roma, e é forçada a crescer, enquanto o Estado tiver energia vital e não for vencido por uma potência superior. O caso dos novos cidadãos sem direitos políticos, no entanto, é diferente. Quando esses cidadãos são camponeses, aceitam os direitos limitados mais ou menos em paz. Devido à grande distância de suas terras à cidade, não podem, na maioria, abandonar a casa de manhã cedo, assistir a uma assembleia de cidadãos na praça do mercado ao meio-dia e estar de volta a casa ao anoitecer. Com o crescimento do Estado, sua situação interna e externa faz-se mais e mais complicada; a política e os assuntos da guerra requerem uma preparação intelectual prévia que não é acessível ao camponês. Não compreende as questões técnicas e pessoais discutidas na assembleia política da cidade e, consequentemente, sente pouca necessidade de exigir o direito de participação.

Mas o corpo de novos cidadãos não permanece limitado aos camponeses. Há os estrangeiros radicados na cidade, a qual se consideram úteis. Ademais, os distritos conquistados, a cujos habitantes é conferida a cidadania, não incluem somente aldeias, mas também cidades com artesãos e comerciantes, além de grandes proprietários de terras que afora a fazenda possuem casa na cidade. Assim que esses adquirem os direitos da cidadania romana, começam a sentir a necessidade de transferir-se do pequeno povoado para a grande cidade, onde sua presença é aceita, atraídos pelas maiores facilidades de emprego e diversões mais interessantes. Entrementes, como já vimos, há cada vez mais camponeses expropriados pela guerra e a necessidade de aumentar o número de escravos. O melhor asilo para esses elementos é, também, a grande cidade, onde são cidadãos e onde tentam trabalhar como carregadores ou artesãos, como vendedores ambulantes ou como simples parasitas de algum senhor rico de quem se tornam clientes ou cortesãos, prestando qualquer tipo de serviços. Passam a formar o lumpemproletariado.

Tais elementos têm muito mais tempo e oportunidades do que os camponeses para se dedicarem à política, sobre os quais seus efeitos são mais perceptíveis e diretos. Eles têm forte interesse em obter influência política, em substituir a assembleia dos antigos cidadãos por uma assembleia de todos os cidadãos, em alcançar para todos o direito de eleger os funcionários do Estado e em aprovar as leis.

Enquanto a cidade crescia, aumentava também o número de todos os elementos, porém o círculo de antigos cidadãos não se expandia. Em consequência, este último tornava-se relativamente cada vez mais fraco, pois não possuía um poder militar independente da comunidade de cidadãos, e os novos cidadãos, assim como os antigos, eram soldados, portadores de armas e treinados para utilizá-las. Assim, em todas as cidades deste tipo travou-se uma áspera luta de classes entre antigos e novos cidadãos, terminando regularmente, mais cedo ou mais tarde, com vitórias destes, isto é, da democracia, que entretanto significa somente a ampliação da aristocracia, pois continua a restrição de direitos e a exploração das províncias que não possuem cidadania. Frequentemente o território e, por vezes, a intensidade de exploração das províncias são dilatados simultaneamente ao progresso da democracia na cidade governante.

O ESTADO ROMANO

Essas diversas lutas, características de todas as cidades comerciais florescentes na Antiguidade, desenvolvem-se plenamente em Roma, quando a cidade surge pela primeira vez na história.

Sua posição geográfica favorecia-a a tornar-se um centro de comércio. Localiza-se à margem do Tibre, a alguma distância da costa, o que, naqueles dias, não era um obstáculo para o comércio marítimo, uma vez que as embarcações eram muito pequenas. Constituía, pelo contrário, uma vantagem, já que situada um pouco afastada da costa estava melhor protegida contra piratas e inundações do que as cidades litorâneas. Não é acidentalmente que muitas das antigas cidades comerciais não estivessem localizadas na própria costa, e sim à margem de rios navegáveis, a alguma distância de sua foz — Babilônia e Bagdá, Londres e Paris, Antuérpia e Hamburgo.

Roma foi construída em um ponto onde o Tibre ainda era navegável e onde duas colinas, facilmente fortificáveis, projetavam-se sobre o rio, garantindo assim a proteção e a segurança para os armazéns utilizados para carregar ou descarregar mercadorias. O distrito onde Roma estava situada era ainda atrasado, habitado somente por camponeses, mas ao norte e ao sul havia territórios habitados por povos em uma etapa avançada do desenvolvimento econômico, Etrúria e Campânia, com uma indústria bastante ativa, amplo comércio e uma economia agrícola baseada no trabalho forçado. Os cartagineses lá iam da África com seus produtos e estavam quase no mesmo estágio de civilização que os etruscos e as colônias gregas do sul da Itália.

Essa posição geográfica favoreceu Roma. A cidade comercial aparecia ante os povos de suas imediações, os latinos e os volscos,[2] como representante de uma cultura superior; mas, para aqueles mais distantes, os etruscos e os gregos itálicos, os romanos continuavam sendo camponeses rudes. De fato, a agricultura permaneceu sendo para os romanos a fonte principal de vida, apesar de todo o desenvolvimento de seu comércio. Afastados do mar, nada conheciam da navegação e da construção naval, mas permitiam aos navegantes e mercadores estrangeiros chegar até Roma levando seus produtos. Essa condição se manteve inalterável e explica em parte o fato de os judeus constituírem em Roma uma colônia tão importante no tempo de César e de seus inúmeros sucessores, em outras palavras, na época em que se originou o cristianismo. Naqueles tempos, tinham conseguido controlar uma parte do comércio romano. Uma situação similar pode ser notada ainda hoje em Constantinopla, onde o comércio se acha principalmente em mãos de estrangeiros.

Quanto mais próspera Roma se tornava por causa de seu comércio, mais entrava em conflito com seus vizinhos. O mercado de produtos alimentícios estimulava os proprietários de terra romanos a ampliar suas posses à custa de seus vizinhos, enquanto estes se viam dominados pela cobiça que lhes inspirava a riqueza da cidade. Por outro lado, surgiu a luta de concorrência com as cidades etruscas. A jovem cidade teve que manter uma série de guerras longas e sangrentas, mas saiu vitoriosa, graças à dupla situação especial de que já falamos. Os recursos técnicos superiores e a organização sólida da grande cidade derrotaram os camponeses; mas os etruscos, que já tinham perdido parte de seu poderio militar, em consequência da substituição do campesinato livre pelo trabalho forçado, foram vencidos pelo tenaz e sofrido campesinato romano.

Assim que Roma se tornou suficientemente forte para submeter os etruscos, aprendeu como a guerra pode constituir excelente negócio, podendo proporcionar mais riqueza que o comércio — pois este estava principalmente em mãos de estrangeiros — ou a agricultura que, devido ao sistema de trabalho empregado, rendia muito pouco. O comércio e o bandoleirismo sempre estiveram intimamente ligados, mas provavelmente não houve outra cidade comercial que tivesse se baseado tanto na fase do bandoleirismo, ou que o tenha transformado numa instituição nacional, na base da grandeza da cidade, estabelecendo sobre esses alicerces todas as suas instituições.

Assim que as cidades etruscas foram conquistadas, saqueadas e transformadas em suas tributárias, Roma voltou-se para os abastados vizinhos do sul, cuja riqueza crescente ocasionara uma perda de seu poder militar — por causas que já expusemos repetidas vezes —, o que tornava a presa mais cobiçada e mais fácil de ser atingida. Mas sua riqueza atraía também a atenção de outro povo agrícola, os samnitas,[3] que Roma teve de vencer antes de dominar as cidades gregas do sul da Itália. Cada tribo camponesa lutava contra outra, mas os samnitas não tinham como núcleo uma grande cidade, como Roma, que possibilitara a organização centralizada de suas forças camponesas empregadas na guerra. Foram derrotados, e Roma teve caminho livre para saquear e subjugar as ricas cidades do sul da Itália.

O sul da Itália estava somente a um passo da Sicília, tão rica quanto a parte grega da Itália e que também atraía as ambiciosas hostes romanas. Mas, nesse campo, os romanos encontraram um sério inimigo: os cartagineses. Cartago, poderosa cidade comercial situada a pouca distância da atual Túnis, subjugara, sob a influência do mesmo instinto predatório de Roma, a metade ocidental da costa norte-africana, a Espanha, e agora tentava dominar também a Sicília. Era uma colônia de fenícios que, pela natureza de seu país, se viram forçados a se dedicar à navegação e conseguiram a supremacia nos mares. Através desse meio, Cartago alcançou sua riqueza; formando marinheiros, não camponeses. Em lugar de uma economia camponesa, desenvolveu um sistema de latifúndios, com escravos baratos capturados e extração de minérios. Carecia, portanto, de um exército popular camponês. Assim que foi forçada a penetrar no interior, a fim de consolidar suas conquistas e desenvolver seu poder militar em terra, teve que recorrer ao emprego de mercenários.

Travadas entre Roma e Cartago, as chamadas Guerras Púnicas começaram no ano 264 a.C. e só terminaram definitivamente quando Cartago foi destruída em 146 a.C. A luta já fora decidida pela derrota de Aníbal, a qual pôs fim à Segunda Guerra Púnica, no ano de 201 a.C. Essas lutas eram guerras entre exércitos de mercenários e de camponeses, entre forças profissionais e milícias. Frequentemente as primeiras ganhavam. Durante o comando de Aníbal, Roma quase foi vencida, mas o exército miliciano, defendendo seus próprios lares, tornou-se finalmente mais experiente e derrotou os opositores. Cartago foi totalmente arrasada, sua população, dizimada. Seus imensos recursos em latifúndios, minas e cidades conquistadas constituíram a presa do vencedor.

Assim caiu a mais perigosa adversária de Roma, que então passou a dominar, sem concorrência, a metade ocidental do Mediterrâneo. Logo depois dominou a metade oriental, cujos Estados já haviam passado pelo caminho de sofrimento da velha cultura, o que significara a substituição dos camponeses livres pelo trabalho forçado de escravos e servos, o empobrecimento dos camponeses com as guerras intermináveis e a substituição das forças milicianas por tropas mercenárias, e haviam sido tão enfraquecidas do ponto de vista militar, que não podiam oferecer uma resistência séria aos exércitos romanos. Roma subjugou sem dificuldade uma cidade após outra, um país após outro, a fim de saqueá-los e condená-los a pagar tributos eternamente. A partir desse momento, Roma ia ser a senhora do mundo civilizado antigo, até que os bárbaros germânicos conseguiram impor a Roma igual sorte que ela impusera aos gregos, embora estes fossem muito superiores nas artes e na cultura. Não somente na economia e na política, mas também na filosofia e nas artes, os romanos nunca passaram de saqueadores dos gregos. Os maiores pensadores e poetas romanos foram, quase todos, plagiários.

Os mais ricos países do mundo então conhecido, que tinham acumulado inumeráveis tesouros de uma civilização que se estendia por séculos, ou, como no caso do Egito, por milênios, achavam-se agora expostos a serem saqueados e roubados por Roma.

O enorme poderio militar, que possibilitou a Roma realizar esses feitos grandiosos, somente esteve à sua disposição enquanto ela foi uma democracia, uma cidade em cuja existência todas as camadas sociais — embora não no mesmo grau — tinham grande interesse. Em uma longa e perigosa luta, que durara desde o século VI até o século IV a.C., os novos cidadãos, ou plebeus, tinham conseguido arrancar dos velhos cidadãos, ou patrícios, privilégios e mais privilégios, até que, finalmente, todas as diferenças legais entre as duas camadas tinham desaparecido e a assembleia popular de todos os cidadãos teve o privilégio de legislar e eleger os altos funcionários, cônsules, pretores e edis. Após o término de seu período como funcionários, eles passavam a integrar ao Senado que de fato governava todo o Estado.

Porém o povo romano não conseguiu dominar o Estado; só o direito de eleger seus governantes. E, quanto mais o lumpemproletariado predominava na cidade de Roma, mais essa democracia se tornava instrumento para a obtenção de lucros, uma forma de conseguir liberalidades e diversões dos candidatos.

Já nos familiarizamos com os clientes que alugavam a si próprios a senhores ricos, para serviços de todos os tipos. Quando esses clientes tinham direito de voto, um dos serviços mais importantes era o de exercê-lo de acordo com o desejo dos patrões. Cada romano rico, cada família abastada controlava dessa forma inúmeros votos na assembleia popular, a qual manipulava no interesse da camarilha à qual pertencia. Alguns grupos de famílias ricas detinham em suas mãos o governo do Estado e conseguiam muitas vezes garantir a eleição de seus membros para os cargos mais elevados e, consequentemente, ingresso no Senado. A democracia não modificou esse sistema, exceto quanto à permissão de que famílias ricas bárbaras penetrassem no círculo privilegiado, limitado aos patrícios enquanto durou o regime aristocrático.

Depois de eleitos, os cônsules e pretores estavam obrigados a permanecer em Roma no primeiro ano de sua atividade oficial. No segundo ano, cada um deles assumia a administração de uma província e tratava de recuperar os gastos feitos para a candidatura ao cargo e, ademais, de obter algum lucro, porquanto não recebiam salários: eram "cargos de honra". Por outro lado, a perspectiva de lucros que podiam ser obtidos nas províncias, através de extorsão ou suborno e frequentemente por meio do roubo, fazia com que tal cargo fosse muito disputado, a ponto de vários candidatos superarem-se uns aos outros em presentes e diversões para o povo.

Porém, enquanto os diferentes modos de compra de votos aumentavam as perspectivas de ganhos para o lumpemproletariado pela venda dos privilégios de cidadania, ainda maior era a tentação para os camponeses com direitos de cidadãos romanos de abandonar sua vida miserável, laboriosa e oprimida no campo e transferir-se para Roma. Essa tendência, por sua vez, aumentava a massa com direitos eleitorais e também os pedidos aos candidatos. No tempo de César, havia em

Roma 320.000 cidadãos romanos que recebiam cereais grátis do Estado; o número de votos que podiam ser comprados era, consequentemente, de cerca de 320.000. Assim se podem calcular as enormes quantias gastas em uma eleição. No ano de 53 d.C., a compra de votos exigiu tal quantia em dinheiro que os juros sobre o capital se elevaram consideravelmente, produzindo uma crise.[4]

> A nobreza (nobres funcionários) tinha de gastar muito, observa Mommsen. Um combate de gladiadores custava 720.000 *sestércios* (150.000 marcos). Mas pagavam com prazer, pois assim mantinham afastados dos cargos aqueles que não tinham tanto dinheiro.[5]

Na verdade, pagavam com muita frequência, dado que havia várias eleições por ano. Não pagavam por ideal, mas porque sabiam estar comprando a permissão para realizar uma pilhagem mais lucrativa nas províncias e, portanto, efetuando um bom negócio.

A "democracia", ou o domínio sobre toda a população do Império Romano — cerca de 50 a 60 milhões de habitantes —, exercida por algumas centenas de milhares de cidadãos romanos, transformou-se em um dos meios mais efetivos de expandir a pilhagem ao mais alto grau e ao mais completo saque das províncias, na medida em que cada um deles levava consigo uma legião de "amigos", que os tinham ajudado a eleger-se e, como recompensa, roubavam e pilhavam sob sua proteção.

Isso não era tudo. O capital usurário de Roma invadia as províncias, onde tinha todas as oportunidades para desenvolver por completo seu poder destrutivo e para obter uma posição de importância que não desfrutava em nenhum outro lugar do mundo antigo.

A USURA

A usura é antiga, quase tanto como o comércio. Conquanto não se possa traçar seu começo na idade da pedra, é provável que seja anterior ao uso do dinheiro. Assim que se constituíram algumas famílias com propriedades definitivas, foi possível que umas se tornassem mais ricas que outras em gado, terras, escravos. Consequentemente, era natural que os camponeses em situação difícil obtivessem empréstimos do que sobrava ao vizinho rico, em cereais ou em gado, que o devedor teria que devolver dentro de algum tempo, juntamente com uma quantidade adicional, ou realizar, em troca, certo trabalho. Assim começou a escravidão do devedor. Tais transações de usura são possíveis, e acontecem realmente, numa economia baseada somente em produtos naturais, ainda sem o uso do dinheiro. A propriedade de grandes extensões de terra e a usura estão intimamente ligadas desde seu princípio, e o capital usurário — hoje denominado alta finança — e a grande propriedade territorial foram, frequentemente, bons amigos. Por mais que recuemos na história, sempre encontramos os grandes proprietários desempenhando também as funções de usurários, e a luta entre patrícios e plebeus não era somente uma luta entre proprietários de terras e camponeses pelo uso das terras comunais, mas também uma luta entre credores e devedores.

A produtividade do trabalho camponês e, em consequência, o sobreproduto por ele gerado eram tão insignificantes que tornavam necessária a exploração de grandes massas, a fim de que os exploradores pudessem obter uma riqueza considerável. Os aristocratas romanos, por meio da usura, exploravam apenas os camponeses das vizinhanças imediatas de Roma e, por mais que os oprimissem muito, não obtinham grandes lucros. Porém os negócios dos usurários romanos floresceram de modo mais satisfatório e eles obtiveram lucros consideráveis, na medida em que tiveram acesso a todo o mundo daquela época.

Com isso havia uma divisão do trabalho. O recolhimento resultava da usura no tocante aos vizinhos e não era um negócio que requeresse muita atenção. Os aristocratas podiam atendê-lo sem abandonar a administração de suas propriedades ou a administração do Estado. Por outro lado, era difícil explorar a Espanha e a Síria, as Gálias e a África do Norte, enquanto ao mesmo tempo se dirigiam os destinos do imenso Estado romano. O negócio da usura começou a separar-se cada vez mais dos afazeres do governo. Ao lado dos funcionários nobres, que roubavam as províncias na qualidade de generais e governadores, não se esquecendo de ganhar mais dinheiro em outros pequenos negócios, desenvolveu-se uma classe especial de usurários capitalistas, formando também uma organização corporativa especial, a classe dos "cavaleiros". Quanto mais numerosa se tornava a classe dos capitalistas prestamistas que operavam exclusivamente em transações financeiras, mais variados eram os tipos destas transações.

Um dos principais meios de saquear as províncias era arrendar o recolhimento dos impostos. Como ainda não havia uma burocracia capaz de encarregar-se da cobrança dos impostos, a forma mais conveniente de efetuar a cobrança era a de designar para essa função, em cada província, um encarregado das finanças, que devia entregar ao Estado o total dos impostos e tinha liberdade de pagar a si próprio como quisesse. Esse sistema de arrecadação é semelhante ao que ainda hoje é empregado em muitas partes do Oriente com resultados tão desastrosos. Quem tem a seu cargo a cobrança dos impostos, certamente não se contenta com a quantidade a que tem direito. Os habitantes das províncias estavam à mercê desse financista, a ponto de serem até esfolados.

Ocorria frequentemente que certas cidades ou reinos tributários não tinham condições de pagar as quantias que lhes haviam sido impostas. Em tal caso, os homens de dinheiro romanos estavam prontos a fazer-lhes empréstimos, certamente à base de juros. Por exemplo, o grande republicano Júnio Bruto[6] fez "excelentes especulações emprestando dinheiro ao rei da Capadócia e à cidade de Salamis. A esta, emprestou a uma taxa de juros de 48 por cento".[7] Essa taxa de juros não era excessivamente alta. Salvioli,[8] em seu livro, informa sobre empréstimos feitos até a 75 por cento. Em caso de riscos excepcionais, a taxa de juros era ainda mais elevada. Por exemplo, a grande casa bancária de Rabírio,[9] no tempo de César, emprestou ao rei do Egito, Ptolomeu, que estava exilado, todos os recursos seus e de seus amigos, à taxa de juros de 100 por cento. De fato, Rabírio fez um mau investimento. Quando Ptolomeu recuperou o trono, não pagou e prendeu seu credor importuno, que reclamava o pagamento por todo o Estado egípcio. O financista escapou para Roma, e César deu-lhe a oportunidade de fazer uma nova fortuna em contratos para as guerras na África.

Esses contratos eram outro método de fazer dinheiro. Os tributos pagos pelas províncias subjugadas eram enormes e acumulavam-se nos cofres de Roma. Porém as guerras incessantes custavam muito dinheiro e eram o meio pelo qual os financistas embolsavam a pilhagem feita nas províncias e que não havia ido diretamente para suas mãos, mas entregue ao Estado. Eles forneciam provisões de guerra ao Estado — uma fonte frequente de lucros, ainda em nossos dias. Mas praticavam a usura nos negócios com o próprio Estado, quando este se achava em situação financeira embaraçosa, o que não era raro, pois quanto mais presas conseguia nas províncias, mais elevadas eram as reivindicações das várias camadas de parasitas do Estado. Grandes somas algumas vezes eram fornecidas ao Estado, maiores do que qualquer soma possuída individualmente. Com esse propósito, foram muito úteis as sociedades anônimas. A usura não é somente a forma mais antiga da exploração capitalista, é também a primeira a organizar sociedades anônimas.

Os financistas romanos fundaram companhias, correspondentes a nossos bancos (sociedades por ações), com diretores, caixas, agentes etc. Ao tempo de Sula,[10] formou-se a Companhia Asiani, com um capital tão grande que pôde emprestar 20.000 talentos[11] ao Estado, ou seja, vinte e cinco milhões de dólares. Vinte anos depois aumentou esse empréstimo para 120.000 talentos... Os pequenos recursos eram investidos em ações nas grandes companhias, o que levou, segundo nos diz Políbio[12] (VI, 17), toda a cidade de Roma a participar das várias empresas financeiras dirigidas por algumas firmas proeminentes. As menores economias participavam das empresas dos publicanos, que exploravam o negócio dos impostos, arrendavam as terras do Estado e obtinham lucros enormes. (Salvioli, op. cit., p. 40, 41).

Tudo isto parece muito moderno e é pelo menos uma indicação de que a sociedade romana, na época em que o cristianismo nascia, avançara até os umbrais do capitalismo moderno e, entretanto, os efeitos desse capitalismo antigo eram completamente diferentes daqueles do capitalismo moderno.

Os métodos que descrevemos são aproximadamente os mesmos que resultaram na formação do capitalismo moderno, caracterizados por Marx como de "acumulação original": expropriação da população camponesa, saque das colônias, comércio de escravos, guerras comerciais e dívidas nacionais. Nos tempos modernos, encontramos esses métodos com as mesmas consequências destrutivas e devastadoras que tiveram na Antiguidade. Mas a diferença entre os tempos modernos e antigos encontra-se no fato de que na Antiguidade somente as influências destrutivas do capitalismo se desenvolveram, enquanto o capitalismo, na época moderna, começa destruindo, a fim de desenvolver as condições destinadas à edificação de um novo e mais elevado modo de produção. O método pelo qual se desenvolve o capitalismo moderno não é, certamente, menos bárbaro e cruel que o seguido pelo capitalismo antigo, mas, pelo menos, o capitalismo moderno cria uma base para que se possa avançar além dessa consequência cruel e destrutiva, enquanto o capitalismo antigo permaneceu sem superar essa limitação.

Já vimos o fundamental de tal limitação no capítulo anterior. Somente pequena parcela de acumulação conseguida pelo capitalismo moderno, através do saque, extorsão e outros atos de violência é empregada no consumo; a maior parte é dedicada, principalmente, à produção de novos e mais elevados meios de produção, aumentando assim a produtividade do trabalho humano. O capitalismo do mundo antigo não encontrou as condições preliminares e necessárias para essa tarefa. Sua influência sobre o modo de produção limitava-se a substituir o trabalho dos camponeses livres pelo trabalho dos escravos, o que equivalia a retroceder economicamente nas mais importantes esferas da produção, levando a um declínio da produtividade do trabalho social e a um empobrecimento da sociedade.

Já os lucros dos financistas, assim como os saques dos generais e oficiais romanos, não eram empregados novamente na usura. Eram meios para um novo saque, mas malbaratados, utilizados na satisfação pessoal, na produção de instrumentos para essas satisfações (e devemos reconhecer não só palácios, mas também os templos, entre esses meios de satisfação ou prazer) ou (se ignoramos os lucros obtidos nas poucas empresas mineiras) na aquisição de propriedades, isto é, na expropriação de camponeses livres e em sua substituição por escravos.

O saque e a devastação das províncias serviram somente para dar aos financistas de Roma um meio de permitir que a diminuição da produtividade do trabalho social — devido à propagação da escravidão — marchasse com mais rapidez do que teria feito de outro modo. A destruição em um campo não era contrabalançada pela prosperidade econômica em outro, como ocorre algumas vezes com o capitalismo moderno, mas a destruição das províncias acelerava também a decadência de Roma. Como resultado do domínio de Roma, portanto, o empobrecimento geral do mundo antigo assumiu um ritmo mais acelerado, após o início da era cristã, do que teria tido se as coisas se passassem de outro modo.

Contudo os sintomas da bancarrota econômica, por um longo período, ocultaram-se sob o esplendor deslumbrante da situação de Roma. Em poucos decênios, Roma reunira quase todos os objetos que séculos e até milhares de anos de diligente trabalho artístico tinham criado em todos os centros de civilização ao redor do Mediterrâneo. A derrocada política do sistema fez-se evidente muito antes da derrocada econômica.

ABSOLUTISMO

Roma matou a vida política em todas as regiões que conquistou ao destruir sua capacidade de resistência e ao privá-las de sua autonomia. Toda a política desse imenso Império concentrava-se somente na cidade de Roma. Mas quem eram as pessoas que dirigiam a vida política naquela cidade? Eram financistas que procuravam somente a acumulação de juros e mais juros; aristocratas que passavam de uma diversão a outra, que desprezavam todo trabalho, todo esforço, até o de governar e o de fazer a guerra; e finalmente, o lumpemproletariado, que vivia da venda de seus direitos políticos a quem os pagasse melhor.

Suetônio[13] informa em sua biografia de César, sobre os presentes que este distribuiu após as guerras civis:

> Deu a cada homem da população, além dos dez *módios* de cereais e dez libras de azeite, os trezentos *sestércios* que prometera, além de cem *sestércios* como juros (isto é, 80 marcos de uma vez, quando se podia viver com 10 *pfennig* por dia). Também se encarregou de pagar (para os arrendatários) a renda anual: em Roma, até 2.000 *sestércios* por família (400 marcos) e, na Itália, até 500 *sestércios* (100 marcos). Além disso, ofereceu um banquete (para 200.000 pessoas) e distribuiu carne grátis; após a vitória sobre a Espanha, ofereceu também dois banquetes públicos, pois o anterior lhe parecera pouco farto e, consequentemente, inadequado à sua generosidade; por causa disso, organizou um segundo banquete, cinco dias depois, que foi uma festa brilhante. (Capítulo XXVIII.)

Organizou ainda jogos de esplendor inigualável. Um ator, Décimo Labério,[14] recebeu 500.000 *sestércios*, ou 100.000 marcos, por uma única representação!

Com relação a Augusto, Suetônio narra:

> Distribuía sempre presentes ao povo, de valor variável, algumas vezes 400 *sestércios* (80 marcos), outras vezes 300 *sestércios* (60 marcos), ou somente 250 (50 marcos) por homem. Não esquecia os jovens, embora em outras distribuições não tivessem recebido nada, a menos que passassem dos onze anos. Em anos de crise, vendia cereais à população por um preço muito baixo e repetia suas instruções para a distribuição de dinheiro. (*Octavius*, capítulo XIV.)[15]

De fato, um proletariado que admitia ser comprado desse modo, que organizara sua venalidade como um sistema e abertamente a ostentara, perdia toda a sua independência política. Não passava de um instrumento nas mãos do melhor comprador. A luta pela autoridade estatal transformou-se em uma concorrência entre alguns salteadores que tinham podido acumular os maiores saques e que desfrutavam do mais amplo crédito com os financistas.

Esse fator deixou de ter considerável importância com o surgimento do sistema de recrutar mercenários. O exército tornou-se mais e mais o senhor da república. Depois que esse sistema se expandiu, declinaram as proezas bélicas do cidadão romano — ou, pelo menos, o declínio dessas façanhas causou a ampliação do mencionado recrutamento de mercenários. Todos os elementos da população capazes de prestar serviço militar encontravam-se no exército; fora dele, a população ia perdendo sua habilidade e seu espírito belicoso.

Dois fatores influíram, especialmente, no sentido de rebaixar cada vez mais o exército ao papel de instrumento voluntário de qualquer general que oferecesse ou prometesse suficiente pagamento, ou parte do saque, e no sentido de ser cada vez menos motivado por considerações políticas. O primeiro fator foi o crescente número de não romanos, de provincianos e até de estrangeiros no exército, elementos que não tinham direito à cidadania e se achavam, consequentemente, totalmente excluídos de participação na vida política; o segundo fator era a inclinação cada vez menor dos amantes dos prazeres, dos efeminados aristocratas, para participar das atividades militares. Essa classe fornecera, até então, os oficiais do exército e agora, cada vez em maior número, cedia os postos aos oficiais profissionais. Estes não eram economicamente independentes como os aristocratas e não tinham nenhum interesse nos conflitos dos partidos romanos que, na realidade, não passavam de lutas entre as várias camarilhas de aristocratas.

À medida que aumentavam os não romanos no exército e os aristocratas eram substituídos por oficiais profissionais, mais disposto tornava-se o exército a vender-se ao melhor comprador e a fazer desse o governante de Roma.

Assim foram estabelecidas as bases para o cesarismo, em que o homem mais rico de Roma podia comprar a República ao comprar a autoridade política. Essa foi a razão que levou o general que dispusesse do controle do exército a tornar-se o homem mais rico de Roma, através da expropriação de seus opositores e confisco de suas propriedades.

A vida política do último século da República consistiu somente em guerras civis — um termo errôneo, pois os cidadãos nelas não representavam qualquer papel. Não eram guerras entre cidadãos, mas guerras entre os indivíduos políticos, a maior parte deles constituída de financistas ambiciosos e generais preeminentes, que mutuamente se assassinavam e roubavam, até que Augusto, após triunfar sobre todos os competidores, estabeleceu, finalmente, sua permanente autocracia.

Em certa medida, César já o tinha conseguido, como um aristocrata aventureiro, profundamente endividado, que conspirara com os mais ricos financistas romanos, Pompeu e Crasso, com o propósito de assumir o poder do Estado. Mommsen caracterizou Crasso da seguinte maneira:

> Formou sua fortuna com a compra de terras durante a revolução, mas não desprezava nenhum meio de fazer dinheiro: dirigiu negócios de construções grandiosas na capital; associou-se às mais variadas empresas; tanto em Roma como fora dela, atuava como banqueiro, diretamente ou por meio de seus amigos, adiantava dinheiro a seus colegas no Senado e tomava a seu cargo a realização de obras públicas ou o suborno dos funcionários judiciários, o que lhe conviesse melhor. Não tinha a menor delicadeza na escolha de seus negócios... Não vacilava em aceitar heranças provenientes de testamentos a seu favor, notoriamente falsificados.[16]

César não foi melhor. Nenhum meio lhe parecia mal para fazer dinheiro. Suetônio, de quem já fizemos muitas citações, diz o seguinte na sua biografia de César, glorificado, posteriormente, por Mommsen:

Não mostrou desinteresse nem como general nem como governante. Segundo sabemos por várias fontes, recebeu dinheiro de nossos aliados quando era Procônsul na Espanha, mendigando a fim de pagar suas dívidas e saqueou várias cidades na Lusitânia, sob o pretexto de que eram hostis, embora houvessem obedecido às suas ordens e aberto as portas à sua chegada. Nas Gálias, roubou os templos e santuários ricamente adornados com oferendas; destruía cidades com frequência, mais pelo saque que por suas transgressões. Obteve tanto ouro que fez oferecer e vender, na Itália e nas províncias, uma libra de ouro por 3.000 *sestércios* (600 marcos).[17] No período de seu primeiro consulado, roubou 3.000 libras de ouro do Capitólio, substituindo-o por metal dourado. Vendeu alianças e reinos por dinheiro; deste modo, tomou de Ptolomeu (rei do Egito), para ele e para Pompeu, cerca de 6.000 talentos (30 milhões de marcos). Posteriormente, cobriu os enormes gastos das guerras civis, dos triunfos e das festividades por meio de extorsões ultrajantes e roubos de templos. (*Julius Cæsar*, capítulo LIV.)

A guerra contra as Gálias, que até então estiveram livres da pressão romana e, consequentemente, do saque, foi empreendida por César, principalmente como forma de obter lucros. A rica presa que recolheu nesse país capacitou-o a romper com seu sócio Pompeu, com quem até então compartilhara os negócios do governo. O terceiro sócio, Crasso, caíra na Ásia em uma campanha predatória contra a Pártia[18] onde, segundo nos diz Apiano,[19] "esperava conseguir, não só muita fama, mas também muito dinheiro"[20] — da mesma forma com que César obtivera tanto sucesso nas Gálias.

Após a morte de Crasso, restava ainda Pompeu no caminho de César. Pompeu estava rodeado dos restos da aristocracia que permanecia ativamente na política. O grande Júlio dispôs deles numa série de campanhas, que também renderam valiosas presas.

Informa-se que na procissão triunfal (no final da guerra civil) exibiu sessenta mil talentos de prata e 2.822 coroas de ouro, que pesavam 2.414 libras. Imediatamente após sua entrada solene em Roma, utilizou estes tesouros para satisfazer as exigências de seu exército, dando a cada soldado 5.000 *dracmas* áticos (4.000 marcos), o dobro a cada oficial e, aos oficiais superiores, o dobro da quantia dada aos demais oficiais, excedendo amplamente a promessa feita anteriormente.[21] Já relatamos anteriormente, citando Suetônio, os presentes que César dava aos proletários de Roma.

A partir de então, a autoridade absoluta de César não era discutida publicamente, e os republicanos estavam impossibilitados de expressar seu protesto a não ser pelo assassinato. Os herdeiros de César, Antônio e Augusto, liquidaram essa questão.

Assim, o Império Romano veio a ser o domínio, a propriedade privada de um só indivíduo, o César ou imperador. Cessou toda a vida política. A administração desse domínio era negócio privado de seu proprietário. Como todas as outras propriedades, foi frequentemente disputada; os salteadores, isto é, os generais triunfantes, apoiados por um forte exército, atacavam com frequência o proprietário do Estado, que muitas vezes era assassinado por sua própria guarda pessoal, a fim de que o trono vacante pudesse ser vendido ao melhor comprador. Porém essa era uma transação financeira não inferior às outras da mesma época, e não um ato político. A vida política cessou completamente; encontramos, primeiro entre as camadas inferiores e posteriormente também nas mais elevadas, não só indiferença, mas mesmo ódio pelo Estado e seus dignitários, seus juízes, seus funcionários fiscais, seus soldados, até mesmo pelos imperadores, considerados incapazes de proteger alguém e que chegaram a constituir uma calamidade até para as classes possuidoras que, para escapar dessa situação, procuraram refúgio entre os bárbaros.

Restavam alguns lugares no Império Romano que ainda mantinham um resto de vida política após a vitória de César, mas também foram prontamente varridos por seus sucessores. Onde mais perdurou uma vida política vigorosa foi na grande cidade da Palestina, Jerusalém. Foram necessários grandes esforços para subjugar esse último baluarte de liberdade política no Império Romano. Após um longo e obstinado cerco, Jerusalém foi totalmente arrasada em 70 d.C., e o povo judeu, privado de qualquer lar.

NOTAS

1. Mommsen, *Römische Geschichte*, 6, Auflage, 1874, I, p. 484.
2. Os volscos eram um dos povos que habitavam o sul da Itália, cuja conquista pelos romanos durou 230 anos. No início, os romanos venceram os volscos e sabinos, e somente em 338 a.C. eles conquistaram as cidades latinas e a fértil planície de Campânia. As primeiras guerras tiveram um caráter defensivo porque a prosperidade de Roma atraía a cobiça dos vizinhos. E daí os romanos passaram a conquistar territórios, o que levou os gregos da Magna Grécia a pedirem ajuda a Pirro, rei do Epiro. Pirro e seus aliados foram derrotados, o que deu às legiões de Roma a possibilidade de conquistar toda a Itália, anexar a Etrúria em 265 a.C. e vencer os gauleses da costa do Adriático. Não havia uniformidade na organização dos territórios que Roma conquistou. Eram várias as culturas e formas de governo, e Roma procurou manter unidos em uma confederação os povos que vencia, tratando de estabelecer um vínculo permanente entre o Estado romano e a região da Itália. A concessão de cidadania a muitos povos que dominava, a que Kautsky se referiu, foi de suma importância na conformação do Império Romano, que paralelamente construiu uma rede de estradas, a fim de possibilitar rápido deslocamento de suas legiões para qualquer parte da Itália. (N. do T.)
3. Os samnitas (latim: samnites; osco: safineis) foram um antigo povo europeu que, procedente da Europa Central, se estabeleceu na região centro-meridional da Itália, Campânia, no primeiro milênio antes da era cristã. A principal cidade era Bovianum (o atual Boiano). Nas Três Guerras Samnitas (343-290 a.C.), foram vencidos pelos romanos. Os samnitas continuaram insurrectos, inclusive aliando-se aos cartagineses na Segunda Guerra Púnica (218-201 a.C.), até desaparecerem no início do primeiro século a.C. (N. do T.)
4. Joseph Salvioli, *Le capitalisme dans le monde antique*, Paris, V. Giard & E. Briére, 1906, p. 243.
5. *History of Rome*, Nova York, 1895, vol. III, p. 42.
6. Júnio Bruto (Lucius Iunius Brutus) liderou a revolta que, em 510 a.C., derrubou o rei Lúcio Tarquínio, o Soberbo (Lucius Tarquinius Superbus), que fugiu com a família para a Etrúria. Com a queda do rei, o poder passou para o Senado, com Bruto como um dos seus primeiros pretores, funcionários executivos que mais tarde assumiram o ofício de cônsules. (N. do T.)
7. Salvioli, *op. cit.*, p. 42.
8. Giuseppe Salvioli (1857-1928) foi professor de História do Direito e de Direito Canônico e diretor da Faculdade Jurídica da Universidade de Paler-

mo. Publicou em Paris, em 1906, sua famosa obra *Le capitalisme dans le monde antique*, publicada na Itália em 1929, um ano após sua morte, sob o título *Il Capitalismo Antico (Storia Dell'economia Romana)*. (N. do T.)

9. Rabírio (Gaius Rabirius Postumus) era um *eques*, i. e., pertencia à classe dos *equites*, uma das duas classes superiores na República Romana e no início do Império. Foi acusado de extorquir o rei do Egito, Ptolomeu Auletes (Ptolomeu XI), em cumplicidade com Aulo Gabínio (Aulus Gabinius), general que foi tribuno da plebe (67 a.C.) e pretor (61 a.C.). Ptolomeu recusou-se a pagar-lhe o dinheiro que pedia e Rabírio fugiu para Roma, onde foi preso, acusado pelo Senado. Cícero defendeu-o e ele foi absolvido. (N. do T.)
10. Sula (Lucius Cornelius Sulla Felix, *c.* 138-78 a.C.) foi um general romano e ditador. É usualmente conhecido apenas como Sula.
11. O talento (latim *talentum*, grego τάλαντον) era uma medida de massa, originária da Babilônia, dividida em 60 minas, equivalente à massa do volume de água de um pé cúbico. Em Atenas, um talento era uma massa de 26 quilos. Em Roma, o peso de um talento era a denominação para um peso de 100 libras, ou seja, aproximadamente 32,5 quilos. Com o tempo, a unidade de massas tornou-se também uma unidade de moeda, utilizada para as grandes transações com dinheiro, equivalente ao peso de um talento em ouro ou prata. (N. do T.)
12. Políbio (Polybius, *c.* 203-120 a.C.) foi um historiador grego e autor do famoso livro *As histórias* ou *A ascensão do Império Romano*, abrangendo o período de 220 a 146 a.C. (N. do T.)
13. Suetônio (Gaius Suetonius Tranquillus, 69/70-130 d.C.), famoso historiador romano, escreveu a biografia de César (*De vita Cæsarum*), bem como de Augusto, Tibério, Calígula, Cláudio, Nero, Galba, Otto, Vitélio, Vespasiano, Tito e Domiciano. (N. do T.)
14. Décimo Labério (Decimus Laberius, 106-43 a.C.), cavaleiro romano e famoso ator mímico. (N. do T.)
15. A obra a que Kautsky se refere é *De Vita Cæsarum-Divus Augustus*. (N. do T.)
16. *Römische Geschichte*, III, 14.
17. O valor de uma libra de ouro era ordinariamente de 4.000 *sestércios*. O saque de César nas Gálias fez descer seu valor em 25% em relação ao da Itália.
18. Pártia era o Império Arsácida, que foi a principal potência no Planalto Iraniano desde o século III a.C., e dominou a Mesopotâmia, de modo intermitente, entre cerca de 190 a.C. e 224 d.C. Era a principal rival do Império Romano, cuja expansão impediu que ultrapassasse o oriente da Capadócia (Anatólia). (N. do T.)

19. Apiano (Appianus Alexandrinus) viveu no segundo século depois de Cristo. Nascido em Alexandria (Egito), mudou-se para Roma, onde diz ter "advogado diante dos imperadores". Escreveu *Rhomaika* (Ῥωμαϊκά), uma história de Roma e de suas guerras em língua grega, dividida em 24 livros. Só foram preservadas partes da obra, entre outras todos os cinco livros sobre a guerra civil (*Bellum Civile*). (N. do T.)
20. *Geschichte der Bürgerkriege*, II. Buch, 3. Kapitel. Apiano informa que os partas não tinham sido culpados da menor hostilidade. A guerra contra eles foi, consequentemente, somente uma campanha de rapina.
21. Apiano, *Geschichte der Bürgerkriege*, II, capítulo 11.

3. Correntes de pensamento no período do Império Romano

ENFRAQUECIMENTO DOS LAÇOS SOCIAIS

Vimos que era completa a desintegração das formas tradicionais de produção e do Estado na época em que o cristianismo surgiu. As formas tradicionais do pensamento também se decompunham. Buscas e tentativas de novos modos de pensamento começaram. O indivíduo sentia que era uma unidade em si, pois toda a base social anteriormente existente em sua aldeia ou comunidade e seus tradicionais conceitos éticos se haviam dissolvido. Assim, o individualismo se tornou um dos aspectos mais destacados do novo modo de pensamento. O individualismo nunca pode significar que o indivíduo está completamente desgarrado de suas conexões sociais. Isso é completamente impossível. O indivíduo só pode existir em sociedade e por meio da sociedade. Mas o individualismo pode chegar a fazer com que as conexões sociais nas quais ele nasceu e que, portanto, lhe pareciam naturais e evidentes, percam sua força, e colocar então o indivíduo ante a tarefa de abrir seu caminho sem as relações sociais anteriores. O indivíduo, entretanto, só pode conseguir fazê-lo, unindo-se a outros indivíduos com interesses e necessidades iguais, formando novas organizações sociais. A natureza dessas organizações é determinada, certamente, pelas circunstâncias existentes e não pelo capricho dos indivíduos interessados. Tais instituições não se apresentam ao indivíduo sob a forma de uma organização tradicional já pronta. Ela deve ser criada por ele em comum com outras pessoas que tenham as mesmas aspirações, que podem ter inúmeros erros e as maiores diferenças possíveis de opinião até que, finalmente, surgem, do conflito de opiniões e experiências, novas organizações que, correspondendo às novas condições, permanecem e oferecem às gerações seguintes uma segurança tão grande quanto as organizações que as precederam. Em tais períodos de transição pode parecer que não é a sociedade que condiciona o indivíduo, mas o indivíduo que condiciona a sociedade, e que as formas sociais, seus problemas e aspirações, dependem inteiramente de sua vontade.

Um individualismo como esse, que busca modos de pensamento e organizações sociais novos, é característico, por exemplo, do período do liberalismo que se seguiu à dissolução das organizações sociais, sem tê-las substituído imediatamente por outras, até que, finalmente, as novas organizações de trabalhadores e proprietários se desenvolveram, cada vez mais, como elementos decisivos da sociedade capitalista.

Os primeiros séculos da era imperial romana assemelham-se ao século XIX na dissolução de todas as organizações sociais e criação de outras. Tais períodos também se assemelham um ao outro no fato de que, em ambos, a desintegração das velhas relações sociais processou-se mais rápida e perceptivelmente nas grandes cidades, transformadas gradualmente no centro de toda a vida social.

Quando o camponês era forte e economicamente autossuficiente, a vida social oferecia-lhe poucas oportunidades para o pensamento, uma vez que lhe era fixada definitivamente pelo costume e o hábito. Tinha, no entanto, de dedicar especial atenção à natureza, com a qual mantinha constante guerra, porquanto ela, todos os dias, causava novas surpresas, das quais ele completamente dependia e as quais tinha de superar para existir. A questão era saber onde estavam as forças que determinavam os vários fenômenos naturais e por que motivo. A princípio o camponês procurou responder a essa questão de modo muito ingênuo, através da personificação das várias forças naturais por inúmeros deuses que atuavam na natureza, porém esse problema assentou os fundamentos das ciências naturais, por meio da mesma questão, a questão do por quê, das causas de todas as coisas. Assim que o homem começou a compreender que a relação entre a causa e o efeito, nos fenômenos naturais, é uma relação natural e necessária, que não depende do capricho de divindades individuais, ficou aberto o caminho para uma compreensão real das ciências naturais.

Essa compreensão, decerto, não foi alcançada pelos camponeses, absolutamente submetidos à natureza. Eles se rendiam, sem resistência, às forças naturais, incapazes de as controlar por meio do conhecimento, mas inclinando-se a apaziguá-las com pedidos e sacrifícios. Um estudo científico da natureza só é possível nas cidades, onde o homem não está direta e fortemente dependente dela e pode começar a trabalhar como um observador da natureza. Somente nas cidades surge uma classe com suficiente ociosidade para a observação e não sujeita ao impulso de empregar esse ócio unicamente em distrações corporais violentas, como o fazem os grandes proprietários do campo, onde a força física e a resistência são um elemento importante da produção, onde a ociosidade e a abundância só criam diversões físicas, como a caça ou o banquete.

A filosofia da natureza começa nas cidades. Porém, gradualmente, muitas dessas cidades crescem tanto que suas populações se veem separadas de qualquer conexão com a natureza e perdem, assim, todo o interesse que antes tinham nela. O curso dos acontecimentos, cada vez mais, deu a tais cidades a direção da vida econômica e espiritual de grandes regiões. Esse mesmo curso de desenvolvimento, simultaneamente, enfraquecia todos os laços sociais que tinham, até então, sujeitado o indivíduo às organizações e modos de pensamento tradicionais. O mesmo processo aguçava os antagonismos da classe, desencadeando uma luta cada vez mais selvagem, que às vezes ia destruir as relações existentes. Não era mais a natureza, mas a sociedade que oferecia continuamente ao homem novas surpresas, nas grandes cidades, criando-lhe diariamente novos e desconhecidos problemas e obrigando-o a responder à pergunta: "Que teremos de fazer?"

Não se tratava da questão do porquê, na natureza, senão a do que será, na sociedade; não do conhecimento das novas relações naturais e sim, aparentemente, da livre escolha de novos objetivos sociais — isto, principalmente, passou a absorver o pensamento do homem. Em lugar da filosofia da natureza, temos agora a ética, e esta assumiu a forma de uma procura da felicidade do indivíduo. Assim aconteceu no mundo helênico após as guerras contra a Pérsia. Já vimos que no mundo romano a arte e a ciência foram somente um plágio da Grécia, não através do trabalho, mas da pilhagem de seus tesouros intelectuais (e materiais). Os romanos se familiarizaram com a filosofia grega quando esta se preocupava mais com os interesses éticos que com o estudo da natureza. O pensamento romano nunca dedicou muita atenção à filosofia natural, e sua grande preocupação, desde o princípio, foi com a ética.

Duas tendências filosóficas prevaleciam especialmente nos primeiros séculos da era imperial: a de Epicuro[1] e a do estoicismo.[2] Epicuro chamava a filosofia de uma atividade, que, por meio de concepções e experiências, levava a uma vida feliz. Pensou que se podia alcançar a felicidade buscando o prazer, mas somente aqueles racionais, permanentes, e não os sensuais, exagerados e temporais, que conduzem à perda da saúde e da fortuna e, em consequência, da felicidade.

Essa filosofia se adaptava aos costumes da classe exploradora, que não tinha outra aplicação para a sua riqueza senão o consumo. Precisava exatamente de uma regulamentação racional da vida do prazer. Essa doutrina, no entanto, não satisfazia ao número crescente de pessoas que haviam já sofrido malogro físico, intelectual ou financeiro, aos pobres e aos miseráveis, nem tampouco oferecia consolo àqueles já saturados de prazer, assim como não podia dar prazer aos que ainda tinham algum interesse nas formas tradicionais da vida comunal e desejavam ainda realizar objetivos, que transcendiam suas necessidades pessoais, aos patriotas que observavam a decadência do Estado e da sociedade, pesarosos, mas incapazes de deter o processo. A todos esses grupos, os prazeres do mundo pareciam vãos e insípidos. E eles se voltavam para o estoicismo, que exaltava a virtude, não o prazer, como o melhor, como a única bem-aventurança. Os estoicos viam os bens externos, a saúde, a riqueza etc., com grande indiferença, assim como os males externos.

Isso levou finalmente muitas pessoas a dar completamente as costas ao mundo, a desprezar a vida e até mesmo a desejar a morte. O suicídio chegou a ser um hábito na Roma imperial. Durante algum tempo, tornou-se verdadeira moda.

Entretanto, estranhamente, junto com o desejo da morte, desenvolveu-se na sociedade romana verdadeiro pavor desta.

Um cidadão de qualquer comunidade da Antiguidade clássica considerava-se parte de um grande todo que sobreviveria após sua morte e que era imortal em comparação a ele próprio. Continuaria vivendo em sua comunidade; conservaria traços de sua vida. Não necessitava de outro tipo de imortalidade. Como um fato real ou não, encontramos entre as nações antigas, de pouca tradição cultural, ideias de que havia uma vida após a morte, ou nas trevas, produzidas pela necessidade de explicar a aparição, nos sonhos, de pessoas mortas. A vida nas trevas era uma vida lamentável que ninguém desejava. Conhecemos o lamento da sombra de Aquiles:[3]

Prefiro ser um lavrador, estar no campo como um assalariado por um homem humilde, sem herança e sem prosperidade, do que governar toda a hoste dos que partiram mortos. (*Odissee*, XI, 489 bis 491.)

A suposição de uma vida nas trevas, após a morte, era, repetimos, uma hipótese ingênua requerida para as explicações de certos fenômenos dos sonhos e não o resultado de uma necessidade real do espírito.

A situação mudou quando a comunidade entrou em decadência e o indivíduo começou a desvincular-se dela. Ele não mais tinha a sensação de que sua atividade perduraria no Estado. Sua atitude para com o Estado era de indiferença e muitas vezes até de hostilidade. Era-lhe intolerável, entretanto, a ideia de que seria completamente aniquilado. Surgiu um temor da morte como nunca se conhecera na Antiguidade. A covardia prosperou, a Morte tornou-se a imagem de terror, quando anteriormente era considerada a irmã do Sono.

Cada vez mais se fazia sentir a necessidade de uma doutrina que mantivesse a imortalidade do indivíduo, não como uma sombra sem corpo, mas como um espírito feliz. Logo não se buscou mais a felicidade nos prazeres da vida, nem ainda na virtude terrena, mas em conseguir uma situação melhor, para a qual essa vida era meramente uma preparação. Tal conceito encontrou poderoso apoio na doutrina de Platão[4] e essa foi a direção tomada pela escola estoica.

Platão já imaginara uma vida no futuro, onde as almas, libertadas de seus corpos, continuariam vivendo e seriam recompensadas ou castigadas por suas atividades terrenas. No capítulo 13 do livro 10 de *República*, Platão conta de um panfiliano[5] que morrera na guerra e, quando ia ser incinerado, no décimo segundo dia após sua morte, ressuscitou e informou que sua alma, depois de abandonar o corpo, estivera em um lugar maravilhoso, com enormes fendas que se estendiam das profundezas do céu às entranhas da terra. Sentados no tribunal, os juízes julgavam as almas que chegavam, conduzindo as justas para a direita, o Céu, onde reinava uma beleza indescritível, enquanto as injustas eram dirigidas para a esquerda, até as entranhas da terra, por uma fenda subterrânea, onde tinham de expiar seus pecados, dez vezes mais do que estes representavam. As almas incorrigivelmente más eram entregues a homens selvagens, parecidos com imagens de fogo, que as acorrentavam e torturavam. As outras que eram mandadas ao subterrâneo, e as que viviam no Céu iam começar nova vida após mil anos. O panfiliano, que tudo isso vira, sustentava que recebera instruções para fazer esse discurso e que ressuscitara por milagre.

Quem não se lembra imediatamente do Céu e do Inferno da concepção cristã, com ovelhas à direita e cabritos à esquerda, e o fogo eterno que se acha preparado no Inferno (*Mateus*, XXV, 33-41) e mortos que só viverão novamente "depois que se passem 1.000 anos" (*Revelação de São João*, XX, 5) etc.? Contudo, Platão viveu no século IV antes de Cristo. Não menos cristã é a impressão produzida pelas palavras: "O corpo é a carga e o castigo do espírito; oprime o espírito e mantém-no cativo." Não foi um cristão quem escreveu tais palavras. Foi o filósofo estoico Sêneca, preceptor de Nero,[6] o perseguidor dos cristãos.[7]

Muito semelhante é esta outra passagem:

> Por meio dessa ossatura esconde-se a alma, disfarçada, separada do que lhe é próprio e verdadeiro e lançada à decepção; toda a luta da alma é contra a carne que a oprime. A alma esforça-se para voltar ao lugar de onde veio, onde há a paz eterna, onde preserva o que é puro e claro depois da aparência confusa e intrincada deste mundo.

Em outra passagem de Sêneca encontramos também inúmeras frases impressionantes que também ocorrem no Novo Testamento. Assim, Sêneca diz numa ocasião: "Revesti-vos com o espírito de um grande homem." Bruno Bauer compara corretamente esta expressão com a contida na Epístola de Paulo aos Romanos: "Mas, revesti-vos de Nosso Senhor Jesus Cristo" (XIII, 14), e aos Gálatas: "porque todos quantos fostes batizados em Cristo, de Cristo vos revestistes" (III, 27). Estas coincidências fizeram com que muitas pessoas chegassem à conclusão de que Sêneca estava utilizando as fontes cristãs e até de que era cristão. Tal suposição não passou de produto da imaginação cristã. Sêneca escreveu antes de serem compostas as várias partes do Novo Testamento. Se alguém apropriou-se de tais ideias, é mais razoável presumir que foram os cristãos que o fizeram, a partir dos escritos dos filósofos da moda daquele tempo. Pode-se, entretanto, supor que ambas as partes empregaram, independentemente uma da outra, frases que eram então correntes.

Com referência, especificamente, à expressão "revestidos de Cristo", Pfleiderer mostra que foi tomada do culto persa a Mitra,[8] de muita aceitação no Império Romano. Entre outras coisas, diz-nos, relativamente à influência deste culto sobre os conceitos cristãos:

> Os sacramentos de Mitra também incluíam uma comida sagrada, onde o pão e o copo de água ou de vinho santificados serviam como símbolos místicos da distribuição da vida divina entre os crentes de Mitra. Nestas celebrações, apareciam os fiéis com máscaras de animais, indicando, por estas representações, atributos de seu deus Mitra; os celebrantes "vestiam-se" com seu deus, o que queria dizer que tinham entrado em comunidade de vida com ele. Isto é também muito semelhante aos ensinamentos de Paulo sobre a ceia do Senhor, como uma "comunhão" do sangue e do corpo de Cristo (*I Coríntios*, X, 16), porque todos que fostes batizados... (*Gálatas*, III, 27). (Pfleiderer, *Die Entstehung des Christentums*, 1907, p. 130.)

Sêneca não é o único filósofo de sua época que idealizava ou usava termos que nos parecem cristãos.

Especialmente as ideias de que tratamos no momento, da imortalidade da alma e da vida posterior, encontravam cada vez mais partidários no tempo em que o cristianismo teve origem. Assim, Fílon,[9] judeu alexandrino, que viveu no princípio da era cristã, termina seu primeiro livro sobre *As alegorias da lei*[10] com a frase:

> Heráclito[11] também disse, "vivemos as mortes deles (os deuses) e morremos suas vidas", pois, quando vive, a alma está como morta e encerrada no corpo, como em uma sepultura, enquanto vive sua própria vida depois que morremos e se vê libertada do mal e do cadáver da vida ao qual fora encadeada.

A preparação para a vida posterior começou gradualmente a ser considerada de maior importância do que a luta pelas riquezas desse mundo. O reino de Deus substituiu os reinos desse mundo. Mas quem encontra esse reino? Anteriormente, os cidadãos tinham seguido três linhas de conduta distintas e dignas de confiança: a da tradição, a da vontade popular e a das necessidades da comunidade. Agora elas não existiam mais. A tradição convertera-se em uma sombra vazia. O povo não tinha uma vontade única, o cidadão era agora indiferente às necessidades da comunidade. Interessado somente em si mesmo, o indivíduo estava desamparado na torrente de novas ideias e relações que inundavam a sociedade e lançou-se à procura de um porto seguro, de doutrinas que lhe ensinassem a verdade e uma correta filosofia de vida, que lhe mostrassem o caminho direto ao reino de Deus.

Como em todos os casos, quando surge uma nova necessidade, havia inúmeras pessoas que tentavam satisfazê-la. Começou a pregação da moral individual, a moral por meio da qual o indivíduo podia, sem alterar a sociedade, elevar-se acima dela e chegar a ser um cidadão de valor em um mundo melhor.

Em que outra atividade poderiam empregar-se os talentos retóricos e filosóficos? Todas as atividades políticas tinham cessado. O interesse pelo estudo das causas das coisas, isto é, pelo trabalho científico, diminuía. Que restava para as ambições de oradores e filósofos, além dos litígios para a aquisição de propriedades ou a pregação da doutrina do desprezo pela propriedade, além de serem juristas ou pregadores? Em consequência, essas duas áreas foram muito cultivadas na era imperial e os romanos mostraram-se excessivamente produtivos, naquele tempo, tanto em pregações sobre a ausência de valor das riquezas desse mundo, como em parágrafos jurídicos para a proteção desses bens. Chegou a ser moda pronunciar discursos edificantes e fabricar máximas e historietas morais. Os Evangelhos, no fundo, não são mais que uma compilação dessas coleções de máximas e histórias.

Essa época não pode ser julgada meramente por sua retórica moralizadora. Não há dúvida de que a nova moral, com seu desprezo por esse mundo, respondia a certas necessidades intelectuais que, por sua vez, eram produzidas por condições sociais. Mas, na realidade, era impossível escapar desse mundo; ele sempre parecia mais forte. Havia então uma contradição entre a teoria e a prática morais, que é inevitável em qualquer doutrina desse tipo.

Um exemplo clássico disso é Sêneca, a quem já mencionamos em diferentes ocasiões. Esse nobre estoico frequentemente moralizava contra a participação na política, criticando Marco Bruto,[12] que, segundo dizia, havia violado os princípios fundamentais do estoicismo ao desenvolver atividades políticas. Mas o próprio Sêneca, que censurava o republicano Bruto por participar dos conflitos políticos, era um cúmplice em todas as ações sangrentas de Agripina e Nero e servia a este como alcoviteiro, com a intenção única de manter seu posto de ministro. O mesmo Sêneca criticava em seus escritos a riqueza, a avareza e o amor aos prazeres, mas, no ano 58 d.C., foi obrigado a ouvir a acusação feita por Suílio, no Senado, de ter ele acumulado seus milhões por meio de testamentos falsificados e usura. De acordo com Dio Cássio,[13] a insurreição dos bretões na época de Nero foi, em parte, causada pelo fato de que Sêneca lhes fizera um empréstimo de dez milhões de *denários* e mais tarde cobrara toda a quantia, inesperadamente, da maneira mais brutal. Este propugnador da pobreza deixou, ao morrer, uma fortuna de 300 milhões de *sestércios* (mais que 6 milhões de marcos), uma das maiores fortunas da época.

Ante tão magnífico exemplo de hipocrisia, parece sem importância o caso que, um século depois, o satírico Luciano[14] ridiculariza em seu *Hermotimus*. Trata-se de um filósofo estoico inventado por ele, que pregava o desprezo pelo dinheiro e pelos prazeres e assegurava que a prática de seus ensinamentos resultaria em uma nobre equanimidade em todas as vicissitudes da vida, mas que levava aos tribunais seus alunos quando estes não podiam pagar-lhe o combinado, embriagava-se nos banquetes e acalorava-se de tal maneira nas discussões a ponto de jogar um utensílio de prata na cabeça de seu opositor.

A pregação moral chegou a ser moda na era imperial. Mas as pessoas não procuravam somente *ensinamentos morais* que pudessem constituir um apoio aos espíritos dependentes, desamparados, que haviam, juntamente com suas atividades públicas comuns e com a tradição, perdido todo o respaldo. Sentia-se a necessidade de um apoio *pessoal*. Já Epicuro disse: "Temos que procurar para nós um homem nobre a quem tenhamos constantemente presente, para que vivamos como se ele nos observasse e ajamos como se ele visse." Sêneca cita esta passagem e continua:

> Necessitamos de um guardião e um mestre. Desaparece um grande número de pecados se o homem que tropeça tem a seu lado uma testemunha. O espírito deve ter alguém a quem venere com um respeito que até santifica seu mais secreto fundo. O simples pensamento em tais auxiliares tem um poder de direção e correção. Ele é o guardião, o modelo e a regra, sem o qual não se pode retificar o que está errado.

As pessoas assim se acostumaram a escolher um grande desaparecido como seu santo patrono. Mas algumas pessoas chegaram a ponto de sujeitar sua conduta ao domínio de pessoas ainda vivas, pregadores que pretendiam fazer crer que eram superiores ao resto da humanidade, devido a sua grande moralidade. O estoicismo já declarara o filósofo livre de erros e defeitos. Junto à hipocrisia e ao falso ar de santidade, começou a desenvolver-se uma arrogância farisaica do mestre moral — essas qualidades, desconhecidas na Antiguidade clássica, resultavam de um período de decadência social e chegaram necessariamente a ser cada vez mais relevantes, à medida que a ciência era substituída, na filosofia, pela ética —; em outras palavras, à medida que as perguntas sobre o indivíduo substituíram a investigação do mundo.

Surgiram então pregadores morais para cada classe social, os quais declaravam poder elevar o homem a uma maior perfeição moral por meio de suas próprias e sublimes personalidades. Os principais mestres desse tipo, para os proletários, foram os filósofos da escola dos cínicos, sucessores do famoso Diógenes,[15] que pregavam nas ruas, vivendo da mendicância e que encontravam a felicidade na sujeira e na frugalidade, o que tornava desnecessário que fizessem qualquer trabalho, coisa que detestavam e consideravam um terrível pecado. Cristo e seus apóstolos são representados algumas vezes como pregadores mendigando pelas ruas. Nos Evangelhos não há lugar para o trabalho. Todos, aí, estão de acordo, apesar de suas contradições.

Mas os aristocratas tinham seus próprios moralistas domésticos que, em sua maioria, pertenciam à escola estoica.

> Seguindo a moda dos grandes, desde o tempo de Cipião,[16] Augusto manteve junto de si seu próprio filósofo, Areus, um estoico de Alexandria, do qual Lívia[17] também foi discípula, a fim de obter consolo após a morte de seu filho Druso.[18] Augusto levou Areus em sua comitiva quando entrou em Alexandria após a batalha de Ácio e apresentou-o a seus concidadãos no discurso em que prometeu aos alexandrinos perdoá-los por terem apoiado Antônio, como um dos motivos de sua clemência. Semelhantes guias espirituais atendiam, em outros palácios e residências, às necessidades espirituais dos grandes. Tendo sido anteriormente instrutores de alguma teoria nova, vieram a ser, para os romanos, após as guerras civis, guias espirituais práticos, diretores mentais, consoladores na desgraça, confessores. Acompanhavam as vítimas dos caprichos imperiais à morte e lhes ministravam os

últimos auxílios espirituais. Canus Júlio,[19] que recebeu sua sentença de morte do imperador Calígula com uma expressão de gratidão e que morreu com calma e compostura, foi acompanhado em sua última jornada por "seu filósofo". Junto com seu genro Helvídio,[20] Tráseа[21] levou o cínico Demétrio,[22] como seu clérigo doméstico, ao quarto, onde fez com que lhe fossem abertas as próprias veias e, durante o tormento de sua lenta morte, manteve o olhar fixo no último. (Bruno Bauer, *Christus und die Cäsaren*, p. 22, 23.)

Assim, antes do surgimento do cristianismo, já vemos o *padre confessor* entrar cena e, devido à força das novas circunstâncias — e não a qualquer ensinamento individual — surge nos países da Europa um novo poder histórico, o *governo sacerdotal*. Certamente havia, desde muito tempo, sacerdotes entre gregos e romanos, mas foram de pouca importância no Estado. Somente na época imperial começamos a encontrar as condições maduras, nos países da Europa, para o domínio sacerdotal, que já existira na Antiguidade, em muitos países do Oriente. Agora encontramos, mesmo no Ocidente, as condições preliminares necessárias para a clerezia, uma casta sacerdotal que domina os homens e que, pela falsa santidade e arrogância de muitos de seus membros, começa a desenvolver os traços característicos do sacerdócio, odiado em todas as épocas, até o presente, por todos os elementos vigorosos da sociedade, por todos que não necessitam de tutela.

Platão já esclarecera que o Estado só estaria bem governado quando os filósofos o controlassem e os outros cidadãos nada tivessem a dizer. Agora seu sonho se cumprira, embora de maneira que, certamente, não lhe agradaria.

Porém esses pregadores de moral e padres confessores eram de qualquer forma suficientes para a geração enfraquecida que então vivia. O Estado marchava irresistivelmente para a destruição. Cada vez eram mais fortes os golpes dos bárbaros às portas do Império, amiúde dilacerados pelas sangrentas disputas de seus próprios generais. A pobreza das massas aumentava. O despovoamento era progressivo. A sociedade romana foi colocada ante seu fim. Mas essa geração estava demasiado corrompida, era muito fraca de corpo e espírito, covarde, estava em desacordo consigo mesma e com seu ambiente, para ser capaz de fazer uma tentativa enérgica para libertar-se dessas intoleráveis condições. Perdera a fé em si mesma e o único apoio que a preservava do desespero completo era a esperança no auxílio de algum poder superior, através de um *redentor*.

A princípio via-se nos Césares esse redentor. Nos dias de Augusto, falava-se em uma profecia dos Livros Sibilinos,[23] prometendo um redentor em um futuro próximo.[24] Augusto era considerado um príncipe da paz que dirigia o desorganizado Império, após as guerras civis, para uma nova época de esplendor e prosperidade, com "paz na terra aos homens de boa vontade".

Mas os Césares não trouxeram paz permanente nem avanço econômico ou moral, apesar de toda a confiança posta em seus poderes divinos.

Eram realmente classificados como deuses — antes que surgissem ateus do deus tornado, era aceita a noção do homem como deus, apesar do segundo procedimento ser, evidentemente, mais difícil. Onde toda a vida política se extinguira, o Senhor do Estado alça-se tão majestosamente acima da massa da população, que realmente deve impressioná-la como algo supremo, pois só ele parece unir em si toda a força e o poder da sociedade e dirigi-la de acordo com sua vontade. Por outro lado, na Antiguidade os deuses eram concebidos de maneira muito humana. A transição do super-homem para o deus não era, consequentemente, muito difícil.

Os gregos arruinados da Ásia e do Egito tinham começado, vários séculos antes de nossa era, a considerar seus déspotas deuses ou descendentes de deuses. Também veneravam os filósofos como tal. Durante a vida de Platão já surgira a lenda, mencionada no discurso fúnebre pronunciado por seu sobrinho Espeusipo, de que sua mãe Peritione não o concebera de seu marido, mas de Apolo. Quando os reinos helênicos se transformaram em províncias romanas, transferiram a adoração divina por seus reis e filósofos aos governadores romanos.

Júlio César, porém, foi o primeiro homem que se atreveu a pedir aos romanos o que os gregos envilecidos lhe ofereciam: ser adorado como um deus. Vangloriava-se de sua origem divina. Apresentava como sua ancestral nada menos que a deusa Vênus, como Virgílio,[25] o poeta da corte de Augusto, sobrinho de César, explicou posteriormente em pormenores em seu longo poema épico *Eneida*.

Quando César voltou a Roma, após a Guerra Civil, triunfante, resolveu-se em Roma "erigir-lhe uma série de templos como a um deus, incluindo um que devia ser consagrado a ele e à deusa da clemência, onde era representado tomando as mãos da divindade".[26] Valendo-se desse artifício, apelaram para a clemência do vencedor. Após sua morte, o "divino Júlio" foi formalmente admitido, por decisão do povo e do Senado de Roma, à corte celestial dos deuses romanos. Isso, diz Suetônio,

> não só superficialmente, por uma mera resolução, mas pela firme convicção do povo. Pois não aparecera um cometa, durante os festivais que seu sucessor Augusto organizou para o povo, o primeiro depois que Júlio fora transformado em deus, durante sete dias consecutivos e cerca da undécima hora (entre as cinco e as seis da tarde)? Acreditava-se que era a alma de César, que se dirigia para o céu. Por isso ainda é representado com uma estrela sobre sua cabeça. (Capítulo LXXXIX.)

Isto não lembra a estrela que indicava a divindade de Cristo recém-nascido aos sábios do Oriente?

A partir do tempo de Augusto, todo imperador era admitido à categoria de divindade após sua morte. Na parte oriental do Império deu-se-lhe o nome grego *Soter*, que significa *redentor*.

Essas canonizações (apoteoses) não se limitaram aos imperadores mortos; foram concedidos também a seus parentes e favoritos. Adriano se enamorara de um jovem grego, Antínoo, que "veio a ser em todos os sentidos o favorito do imperador", segundo conta Hertzberg com delicadeza em seu *Geschichte des römischen Kaiserreiches* (p. 369).[27] Depois que seu amante se afogou no Nilo, Adriano fez com que fosse imediatamente admitido entre os deuses, como uma recompensa por seus variados serviços; fez construir uma cidade esplêndida perto do local do acidente, à qual deu o nome de Antinópolis e nessa cidade um magnífico templo para seu singular santo. A adoração a esse jovem estendeu-se rapidamente por todo o Império. Em Atenas organizou-se, em sua honra, jogos festivos e sacrifícios. Mas Suetônio informa, em relação a Augusto:

> Embora soubesse que se dedicavam templos até aos Procônsules (governadores), ele, entretanto, não aceitou essa honra em nenhuma província, a menos que o templo fosse dedicado de igual modo a ele

e a Roma. Dentro de Roma, sempre recusou enfaticamente essa honra. (Capítulo III.)

Augusto era comparativamente modesto. O terceiro imperador da dinastia juliana, Caio, apelidado Calígula (*bota pequena*), fez-se adorar em Roma enquanto vivia, não só como semideus, porém como um deus, e sentia-se realmente como tal.

"Os que guardam as ovelhas e os bois", disse uma vez, "não são nem as ovelhas nem os bois, mas aqueles que têm uma natureza superior, assim como aqueles que foram colocados na condição de soberanos dos homens, não são homens como os demais, senão deuses."

A natureza de cordeiro dos homens é que produz a divindade de seus governantes. Essa qualidade estava fortemente desenvolvida na época imperial. E assim a adoração de imperadores e seus favoritos como divindades era tomada tão a sério; como hoje, que algumas pessoas levam um pedacinho de fita presenteado, em suas lapelas, atribuindo ao objeto feitos milagrosos. Essa adoração divina envolvia uma grande dose de servilismo — a esse respeito, a era imperial ainda hoje não foi superada, o que significa muito. Mas, além do servilismo, a *credulidade* também representava um papel importante.

CREDULIDADE

Essa credulidade era também um resultado das novas condições.

Desde seus primórdios, o homem é altamente dependente de observar atentamente a natureza, para não ser enganado por nenhum de seus fenômenos e captar claramente uma série de relações entre causa e efeito. Toda a sua existência depende dessa habilidade. Onde não se sai bem, facilmente está perdido.

Todo o comportamento do homem está baseado na constatação de que certas causas produzem certos resultados, que a pedra lançada pelo homem matará o pássaro ao atingi-lo, que a carne desse pássaro aplacará sua fome, que dois pedaços de madeira, esfregados um contra o outro, produzirão fogo, que o fogo esquenta e também consome a madeira etc.

Através de seus próprios atos, definidos por tais experiências, o homem julga então os outros fenômenos, impessoais, da natureza. Neles contempla os efeitos das ações de personalidades individuais dotadas de poderes sobre-humanos, os deuses. A princípio, eles não desempenham o papel de produzir milagres, mas de causar o curso regular e natural dos acontecimentos, o sopro do vento, as ondas dos mares, o poder destrutivo do raio, como também de certas ideias dos homens, tanto as sábias quanto as estúpidas. É sabido que os deuses cegam aqueles que desejam destruir. A produção de tais resultados constitui a principal função dos deuses na primitiva religião natural.

O encanto dessa religião está em sua naturalidade, em sua penetrante observação de pessoas e coisas, que faz até hoje os poemas homéricos, por exemplo, inexcedíveis como obras de arte.

Essa observação penetrante e constante investigação do por quê, das causas das coisas no mundo externo, faz-se mais delicada, conforme vimos, com o desenvolvimento das cidades e, nestas, o estudo da filosofia da natureza. Os observadores urbanos podem agora descobrir na natureza fenômenos impessoais, de espécie tão simples, mas regularidade tão rígida, que podem ser reconhecidos como necessários, se fora do campo do arbítrio, que está associado à concepção das divindades pessoais. Foi especialmente o movimento das *estrelas* que possibilitou o conceito de lei e de necessidade na natureza. A ciência natural começa com a *astronomia*. Essas ideias aplicam-se depois ao resto da natureza; por toda parte começa uma busca de relações necessárias, de leis. A repetição regular da experiência é a base da qual se parte.

Tais condições mudam quando, com referência a causas já indicadas, o interesse pela investigação científica da natureza retrocede e é substituído pelo interesse ético. O espírito humano já não se ocupa de coisas tão simples como, por exemplo, o movimento dos astros, que oferecem um ponto de partida fácil. Interessa-se exclusivamente por si mesmo, pelo fenômeno mais complicado, mais variável e mais intangível, que resiste por mais tempo ao estudo científico. Ademais, a ética não envolve somente conhecimento do que é e do que era, do que está presente na experiência e usualmente em uma experiência regular que se repete; a ética se interessa por planos e obrigações para o *futuro*, que estão além da experiência, constituindo, consequentemente, um campo de absoluta liberdade de vontade perante nós. Nesse campo, o desejo e o sonho desempenham um grande papel, a imaginação fica à larga e ultrapassa todas as barreiras da experiência e da crítica. Lecky[28] observa corretamente, em sua obra *Geschichte des Geiste der Aufklärung:* "A filosofia de Platão, ao ampliar a esfera do espiritual, aumentou a crença (em feitiçaria); e nós encontramos que se manifestava maior tendência para a magia, em qualquer época antes ou depois da era cristã, quando essa filosofia predominava." (Edição alemã, 1874, p. 19.)

Ao mesmo tempo, a vida nas grandes cidades priva seus habitantes, que constituem o elemento intelectual predominante de toda a população, do nexo com a natureza, sem possibilidade ou necessidade de observá-la e compreendê-la. O conceito do que é natural e possível começa a vacilar, a população perde sua medida do absurdo e do impossível, do não natural, do sobrenatural.

Quanto mais impotente se sente o indivíduo, mais timidamente busca apoio firme em alguma personalidade, que se levante acima da média comum. Quanto mais desesperada é a situação, mais necessita de um milagre que o salve — mais fé terá na pessoa à qual se apega, considerando-a um libertador, um salvador, capaz de realizar milagres. Na realidade, exigirá esses milagres para provar que seu salvador possui efetivamente o poder de libertação.

Reminiscências de lendas divinas, de épocas muito antigas, podem também constituir um fator. Motivos tomados de tais lendas frequentemente se incluem nos novos mitos. Contudo, os últimos são completamente diferentes dos primeiros. Poderes sobrenaturais foram atribuídos aos antigos deuses a fim de oferecer uma explicação aos fatos reais que tinham sido precisa e corretamente observados. Agora os poderes sobre-humanos são atribuídos aos homens, a fim de capacitá-los a produzir efeitos que ninguém ainda havia observado e que eram inteiramente impossíveis. Tais fenômenos maravilhosos podiam ter-se desenvolvido, a partir das velhas lendas dos deuses, por alguma poderosa imaginação, ainda nos tempos mais antigos; mas as velhas lendas *não estão baseadas* em semelhantes fatos milagrosos. O milagre constitui o ponto de partida para as novas formas de mitos.

Um dos pontos em que a antiga e a nova lenda deviam coincidir era na concepção do herói como um deus. Em épocas anteriores, os homens gostavam de exaltar o esplendor de seus antepassados, de representar o homem de quem sua raça se originava como um super-homem e como um semideus. De acordo com o modo de pensar então dominante, que procurava um deus atrás de cada coisa, somente de um deus ele podia obter o poder necessário. E como esses deuses, apesar de todas as suas qualidades sobre-humanas, eram concebidos de maneira demasiadamente humana, com todas as emoções humanas, era natural presumir-se que a mãe do herói ancestral inspirara uma paixão amorosa a um deus, cujo fruto fora o bravo herói.

Da mesma maneira, as últimas lendas sempre apresentam os redentores do mundo como concebidos por mães mortais, mas pais divinos. Suetônio diz-nos:

> No livro de Asclepiades de Mendes sobre os deuses, li que Átia, a mãe de Augusto, fora uma vez à meia-noite a um culto solene em honra de Apolo e que adormecera em sua liteira enquanto esperava a chegada das outras mulheres. Repentinamente, uma serpente uniu-se a ela na cama, abandonando-a pouco depois. Ao despertar, sentiu-se como se seu esposo tivesse estado com ela e limpou-se. Imediatamente apareceu uma mancha em seu corpo, na forma de uma serpente, que nunca mais saiu, obrigando-a a renunciar aos banhos públicos. No décimo mês após, nasceu Augusto, sendo então considerado como o *filho de Apolo*. (*Octavius*, capítulo XCIV.)

Uma intriga amorosa com um deus era considerada, naquela época, pelas senhoras romanas, não só possível, mas também uma distinção especial. Josefo conta-nos uma linda história a esse respeito. Durante o reinado de Tibério, vivia em Roma uma senhora de nome Paulina, cuja beleza era tão grande quanto sua castidade. Um cavaleiro abastado, Décio Mundo (Decius Mundus), apaixonou-se perdidamente por ela e lhe ofereceu 200.000 *dracmas* por uma só noite, o que foi recusado. Porém uma escrava liberta pôde ajudá-lo. Contou-lhe que a bela Paulina era zelosa adoradora da deusa Ísis. E ele preparou seus planos. Subornou os sacerdotes da deusa, por 40.000 *dracmas*, para que informassem a Paulina que o deus Anúbis[29] a desejava.

> A dama ficou encantada e vangloriava-se para suas amigas da honra que Anúbis lhe conferia. Também disse a seu esposo que Anúbis a convidara para cear e coabitar com ele. O marido consentiu com pra-

zer, conhecendo a virtude da esposa. Paulina foi ao templo e, após haver ceado, na hora de deitar-se, o sacerdote apagou todas as luzes e fechou a porta. Mundo, que se escondera no templo, aproximou-se e não esperou convite. Realizou seus desejos durante toda a noite, pois ela estava convencida de que se tratava do deus. Após saciar seu desejo, ele partiu de manhã, antes que os sacerdotes voltassem ao templo e Paulina regressou para seu esposo, contou-lhe que o deus Anúbis estivera com ela e jactou-se desse feito perante suas amigas.

Dias depois, ao encontrar essa senhora na rua, o nobre cavaleiro Décio Mundo levou sua impudência ao ponto de ofendê-la por ter-se entregado a ele gratuitamente. A piedosa senhora, terrivelmente desiludida e enfurecida, procurou imediatamente Tibério e conseguiu que os sacerdotes de Ísis fossem crucificados, seu templo destruído e Mundo desterrado.[30]

Essa história tem um ressaibo especialmente picante porque vem logo após a passagem, que já mencionamos no começo, na qual há louvores entusiásticos ao milagroso Cristo. A justaposição dessas duas passagens não deixou de atrair comentários piedosos; viram uma conexão entre Cristo e as aventuras da senhora Paulina, uma ironia disfarçada do maligno judeu Josefo sobre a virgindade da santa Maria e a ingenuidade de seu marido José; uma ironia que, certamente, dificilmente seria compatível com o reconhecimento dos milagres de Cristo contidos na passagem imediatamente anterior. Porém, uma vez que Josefo, na realidade, não conhecia nada de tais milagres e como a passagem relativa a eles é uma interpolação cristã posterior, como nós já sabemos, essa ironia contra a santa Virgem e seu noivo que se entregara a seu destino carece de intenção. Prova somente a estupidez do falsificador cristão, que escolheu precisamente essa passagem como a mais apropriada para o testemunho referente ao filho de Deus.

Ser filho de Deus era uma das condições de um redentor, fosse um César ou um pregador de rua. Mas não era menos necessário realizar milagres que, em ambos os casos, eram de igual maneira inventados.

Até Tácito,[31] que de modo nenhum tendia para exagero, informa (*Histórias*, IV, capítulo LXXXI), com relação a Vespasiano,[32] que este realizara muitos milagres em Alexandria, demonstrando a boa vontade do Céu para com o imperador. Molhou com saliva os olhos de um cego e este imediatamente voltou a ver. E parou junto a outro, que tinha a mão aleijada, e o curou.

O poder de realizar tais milagres foi transferido, mais tarde, dos imperadores pagãos para os monarcas cristãos. Os reis da França possuíam o notável dom de poder curar escrófulas e bócios no ato da coroação, por um simples toque. Ainda em 1825, na coroação de Carlos X, o último Bourbon que ocupou o trono da França, esse milagre foi devidamente realizado.

Informa-se que Jesus teria realizado curas semelhantes, em mais de uma ocasião. O piedoso Merivale[33] assevera que o milagre de Vespasiano se realizara de acordo com o modelo cristão — o que não parece plausível, quando consideramos quão insignificante era o cristianismo no tempo de Vespasiano. Bruno Bauer, por outro lado, declara em seu livro *Cristus und die Cesaren*:

> Deleitarei os sábios teólogos de nossos dias com minha asserção de que o último autor do Quarto Evangelho e, posteriormente, o editor do primitivo Evangelho contido na versão de São Marcos tomaram a aplicação da saliva, nas curas miraculosas de Cristo, deste trabalho de Tácito. (*João*, IX, 6; *Marcos*, VII, 33.)

Em nossa opinião, não é nem sequer necessário presumir esse caso de imitação. Cada época que acredita em milagres tem também suas noções peculiares de como estes se produzem. Em meados da Idade Média, supunha-se geralmente que um pacto com o diabo tinha que ser firmado com sangue quente; dois escritores podiam usar essa ideia em suas histórias sem que um necessariamente a tivesse tomado de outro. Assim, nos dias de Vespasiano e depois, a saliva poderia ter sido considerada um material apropriado para curas milagrosas e seria natural atribuir curas por esse método à pessoa que deve ser glorificada, tanto pelo sóbrio informante do redentor temporal sobre o trono dos césares, como para o mais extasiado informante do redentor sobre o trono do reino milenar; nenhum dos autores precisava se apropriar do que dissera o outro. Tácito não inventou o que conta, mas encontrou a lenda circulando pela população.

Naquela época, não somente os césares, mas também seus contemporâneos realizavam milagres. Os autores dos Evangelhos apresentam-nos os milagres e testemunhos de Jesus, produzindo uma profunda impressão como a que nós, em nossa atual atitude, supomos que deveriam produzir. Mesmo após o milagre da alimentação das 5.000 pessoas, os discípulos de Cristo permaneceram incrédulos. Além disso, não só Jesus, mas também os apóstolos fizeram milagres. As pessoas eram realmente tão crédulas que nunca ocorreu aos cristãos duvidar dos milagres realizados por indivíduos a quem consideravam impostores. Saíam da dificuldade pelo simples estratagema de atribuir tais milagres ao poder do diabo e dos espíritos malignos.

Os milagres eram baratos como as amoras. Cada fundador de seita religiosa ou de escola filosófica realizava milagres para legitimar-se. Por exemplo, o caso do pitagórico Apolônio de Tiana,[34] um contemporâneo de Nero.

Naturalmente, já seu nascimento é milagroso. Quando sua mãe o esperava, o deus Proteu[35] — o deus sábio incompreendido por todos — apareceu-lhe, e ela intrepidamente lhe perguntou que filho daria à luz. Ele lhe respondeu: "A mim."[36] O jovem Apolônio cresce um prodígio de sabedoria, prega uma vida moral e pura, distribui sua riqueza entre seus amigos e parentes pobres e viaja pelo mundo como filósofo mendicante. Porém, ainda mais do que por sua modéstia e moralidade, ele chama a atenção por seus milagres, impressionantemente semelhantes aos de Cristo. Por exemplo, é narrado esse acontecimento de sua estada em Roma:

> Uma virgem morrera no dia de seu casamento, ou pelo menos foi considerada morta. O noivo seguia o féretro, pranteando, e Roma inteira lamentava-se com ele, pois a donzela era de família muito aristocrática. Quando Apolônio encontrou a procissão, disse: desçam o ataúde e eu deterei vossas lágrimas por esta donzela. Quando perguntou o nome da moça, a multidão pensou que iria pronunciar uma das costumeiras orações fúnebres, mas ele tocou na donzela morta, a pronunciar algumas palavras que não foram compreendidas, e sua paralisação cessou. Ela falou e regressou à casa de seu pai.[37]

De acordo com a lenda, Apolônio opõe-se energicamente aos tiranos Nero e Domiciano,[38] é aprisionado por eles, consegue libertar-se de seus grilhões sem dificuldade mas não foge, e espera seu processo na prisão. Na corte de Justiça, em Roma, pronuncia longo discurso em sua defesa e então, antes de ser proferida a sentença, desaparece misteriosamente, surgindo de repente em Puzol (Dicearqueia), perto de Nápoles, para onde os deuses o haviam enviado com a velocidade de um trem expresso.

Apolônio desenvolve especialmente o dom da profecia, indispensável para o trabalho de um redentor, bem como a capacidade de ver o que ocorre nas outras partes do mundo. Quando Domiciano foi assassinado, em seu palácio de Roma, Apolônio, em Éfeso, presenciou o ato tão claramente, como se estivesse lá, e informou imediatamente aos habitantes da cidade. Essa é uma façanha de telégrafo sem fio que reduz Marconi[39] a simples amador.

Terminou por desaparecer em um templo, cujas portas se abriram para recebê-lo e fecharam-se após seu ingresso. "Do interior ouviram-se cantos de donzelas como se o convidassem a subir ao céu, com as palavras: sai das trevas da terra, entra na luz do céu, vem."[40]

O corpo de Apolônio nunca foi encontrado. Assim, é evidente que esse redentor também subiu ao céu.

Logo se estabeleceu uma dura concorrência entre os milagres atribuídos a Cristo e os realizados por Apolônio. Durante o reinado de Diocleciano, um dos últimos governadores, Hiérocles,[41] escreveu um livro contra os cristãos, em que afirmava que os milagres de Cristo nada eram se comparados com os de Apolônio e, mais ainda, que não eram tão bem comprovados. Eusébio de Cesareia[42] escreveu uma réplica a esse livro, em que não punha a menor dúvida sobre os milagres de Apolônio, mas tentava simplesmente diminuí-los, atribuindo-os não a atos divinos, mas à magia, ao trabalho do Demônio.

Em outras palavras, mesmo onde era necessário criticar os milagres, ninguém pensou em duvidar deles.

Essa credulidade cresceu com a desintegração progressiva da sociedade, com o declínio do espírito de investigação científica e com a propagação exuberante da pregação moral. O aumento da credulidade era acompanhado do crescente amor aos milagres. Todas as sensações deixam de produzir o efeito quando se repetem com demasiada frequência. Os estímulos devem ser cada vez mais fortes, a fim de causar boa impressão. No primeiro capítulo, vimos como essa regra se aplica aos Evangelhos, nos quais pode ser claramente localizada no episódio da ressurreição dos mortos, muito mais simples nos antigos que nos recentes.

O mais moderno de todos os Evangelhos, o de São João, acrescenta aos antigos milagres, conhecidos dos primeiros Evangelhos, a milagrosa produção de vinho nas bodas de Caná. João chega mesmo a dizer que um enfermo curado por Jesus padecera durante trinta e oito anos, enquanto um cego, que fora curado, era cego de nascença; em outras palavras, os milagres tornaram-se cada vez maiores.

No Livro Segundo de Moisés, XVII, 1-6, conta-se como esse fez brotar água de uma pedra no deserto, a fim de dar de beber aos sedentos israelitas. No período cristão, esse milagre já não era suficiente. Sabemos, pela Primeira Epístola do Apóstolo Paulo, aos Coríntios (X, 4), que a pedra da qual os judeus receberam água viajou com eles pelo deserto, a fim de que nunca lhes faltasse água — um manancial nômade.

Especialmente grosseiros são os milagres que aparecem nos chamados "Atos do Apóstolo Paulo". Em uma concorrência de milagres com Simão, o mago, o apóstolo restitui à vida um arenque salgado. Por outro lado, coisas perfeitamente naturais eram consideradas milagrosas aos olhos dos homens daqueles dias, evidências da intervenção arbitrária de Deus no curso da natureza; não só em convalescença e mortes, em vitórias e derrotas, mas em diversões de cada dia, como apostas, por exemplo, encontravam-se milagres. "*Quando numa corrida de cavalos, em Gaza, onde competiam os cavalos de um cristão piedoso e um pagão piedoso, 'Cristo derrotou Marnas', muitos pagãos fizeram batizar-se.*"[43]

Mas o êxito normal, interpretado como milagre, não era sempre suscetível de uma só interpretação.

> Durante a guerra contra os Quadi[44] (173-4), no reinado de Marco Aurélio,[45] o exército romano, extenuado pelo sol ardente, viu-se envolvido por forças superiores e ameaçado de aniquilamento. De repente, surgiram nuvens espessas, a chuva caiu torrencialmente e uma tempestade terrível levou a destruição e a confusão às fileiras do inimigo; os romanos salvaram-se e conseguiram vitória. O efeito desse acontecimento foi impressionante; de acordo com o costume da época, foi imortalizado em representações pictóricas, considerado geralmente como milagre e sua recordação permaneceu até os últimos dias da Antiguidade e, séculos após, foi comentado por cristãos e pagãos como uma prova da verdade de suas respectivas crenças... O fato maravilhoso foi, de modo geral, considerado como resultado do apelo

do imperador a Júpiter; outros, entretanto, afirmam que se deve, realmente, à arte de um mago egípcio, Arnúfis,[46] membro de sua comitiva, que tinha atraído a chuva invocando os deuses, especialmente Hermes.[47] Entretanto, conforme o relato de um cristão contemporâneo, o milagre foi realizado pelas orações dos soldados cristãos da 12ª Legião (meliteniana).[48] Tertuliano[49] também (ano 197) se refere à versão cristã como bem conhecida e cita uma carta de Marco Aurélio como prova.[50]

O desejo veemente de milagres e a credulidade popular assumiram grandes dimensões, até que, finalmente, no período da maior degradação, nos séculos IV e V, os monges realizavam milagres que, comparados com os de Jesus, conforme narram os Evangelhos, tornam os últimos de pouca importância.

> Era fácil persuadir, em um tempo de credulidade, de que o menor capricho de um monge egípcio ou sírio era suficiente para interromper as leis eternas do universo. Os favoritos do céu estavam acostumados a curar enfermidades incuráveis com um simples toque, uma palavra ou uma frase distante. Para expulsar das almas os demônios mais obstinados, ou tirá-los dos corpos dos que estavam deles possuídos, os mesmos procedimentos bastavam. Aproximavam-se familiarmente ou dominavam imperiosamente os leões e serpentes do deserto; faziam brotar um tronco completamente seco, flutuar o ferro na superfície da água, transpunham o Nilo nas costas de um crocodilo e se refrescavam num forno incandescente. (Gibbon, *op. cit.*, capítulo 37.)

Uma excelente caracterização da atitude mental da época em que o cristianismo surgiu é feita por Schlosser,[51] em seu *Weltgeschichte*, ao falar de Plotino,[52] o mais famoso filósofo neoplatônico do século III de nossa era.

> Plotino, que nasceu no ano de 205 em Licópolis,[53] Egito, e morreu em 270, na Campânia, foi durante 11 anos um aluno diligente de Amônio,[54] mas deixou-se dominar tanto pela ideia da natureza divina e humana que, não satisfeito com os ensinamentos místicos greco-egípcios de seu predecessor e mestre, procurou também a sabedoria

persa e hindu; agregou-se ao exército do jovem Gordiano[55] e foi para a Pérsia com ele... Plotino foi posteriormente para Roma, onde encontrou, muito a seu propósito, a tendência dominante para o misticismo oriental, e desempenhou por 25 anos, até pouco antes de sua morte, o papel de profeta. O imperador Galiano[56] e sua esposa manifestaram por ele tal veneração supersticiosa que, diz-se, até tiveram a ideia de criar um estado filosófico, numa das cidades da Itália, que seria governado de acordo com os princípios de Plotino. Também as mais respeitáveis famílias romanas deram a mais entusiástica aprovação a Plotino; alguns dos homens mais preeminentes da cidade tornaram-se seus partidários mais zelosos e receberam seus ensinamentos como uma mensagem do Céu.

A debilidade espiritual e moral no mundo romano e a tendência geral que prevalecia para o êxtase histérico, a moralidade monástica e as qualidades proféticas e sobrenaturais nunca se expressaram tão bem quanto na impressão produzida por Plotino e no respeito que sua doutrina recebeu pelo simples fato de ser incompreensível.

Os meios utilizados por Plotino e seus discípulos para disseminar a nova filosofia foram os mesmos usados no final do século XVIII por Mesmer[57] e Cagliostro,[58] na França, para mistificar a nobreza decadente, e por membros da Rosacruz (*Rosenkreuz*),[59] espíritos feiticeiros, e os mesmos usados na Alemanha para mistificar um piedoso rei da Prússia. Plotino praticou a magia. Ordenava aos espíritos que aparecessem ante ele e descia mesmo a uma atividade só praticada no país por uma classe desprezada: a de descobrir os culpados de pequenos roubos, quando seus amigos lho pediam.

Os escritos de Plotino eram no estilo profético. Conforme o testemunho de seu mais famoso discípulo, escrevia suas inspirações, mas não as lia depois, nem para corrigir a linguagem. Nem as principais obras da Grécia antiga foram escritas assim! As mais rudimentares regras do pensamento, a que costumamos chamar de método, faltam tanto nos escritos quanto nos discursos desse homem, que exigia de cada um que desejasse alcançar o conhecimento filosófico, como primeira condição, um desprendimento de sua própria natureza ou uma emersão do estado natural do pensamento e do sentimento.

A fim de ter uma ideia do caráter de seus ensinamentos e do efeito que produzia, necessitamos somente de alguns dados sobre o conteúdo do que escreveu. Viver com os homens e entre os homens é sempre representado como pecaminoso e não natural, enquanto a verdadeira sabedoria e a felicidade consistem, para ele, em uma separação completa do mundo dos sentidos, na meditação e num isolamento triste e cuidadoso do próprio espírito, bem como numa concentração nas coisas superiores... Esta teoria da vida, que mina todas as atividades e foge de todas as experiências e relações humanas e, além disso, é exposta com o maior desprezo pelos que têm opiniões diferentes, está acompanhada de uma concepção teórica pura da natureza e de suas leis, baseada somente em ardentes fantasias mentais. Aristóteles[60] apoiava suas ideias sobre a natureza na experiência, observação e matemática; nada disso há em Plotino. Considerava-se um filósofo iluminado por Deus; consequentemente, acreditava que todos os seus conhecimentos provinham de uma fonte interior de inspiração e que não precisava ascender por nenhuma escada para alcançar o conhecimento, pois suas opiniões o colocavam acima das coisas terrenas e o levavam através do espaço... Plotino tinha três discípulos que dispuseram de forma tolerável o que pronunciara sob a forma de oráculo e propagaram seus ensinamentos como seus apóstolos: Herênio,[61] Amélio[62] e Porfírio.[63] Os três foram bastante talentosos, e Longino[64] menciona os dois últimos como os únicos filósofos de sua época cujos escritos são legíveis, embora Longino fosse em muitos aspectos hostil a qualquer filosofia que voltasse as costas à vida e à razão sensata.

Mas a melhor forma de julgarmos como era pequeno seu *amor à verdade*, é pela biografia de Plotino escrita por Porfírio, que relata as histórias mais néscias de seu mestre e, como era muito inteligente para acreditar nelas, deve tê-las fabricado intencionalmente, a fim de aumentar o crédito nos ditos oraculares de Plotino.[65]

A MENTIRA

Mentir é um complemento necessário à credulidade e ao amor aos milagres. Até agora, oferecemos somente exemplos nos quais os informantes relatam milagres referentes a mortos, mas não faltavam pessoas que informassem as maiores maravilhas sobre si mesmas, como Apion de Alexandria,[66] o inimigo dos judeus, o "instigador do mundo", como o chamava o imperador Tibério, cheio de grandes palavras e de mentiras maiores ainda, da mais ousada onisciência e ilimitada fé em si mesmo, conhecedor, se não dos homens, pelo menos de sua falta de valor, um mestre celebrado tanto do discurso como da arte de seduzir o povo, de resposta pronta, engenhoso, descarado e *incondicionalmente leal*.[67]

Leal — o que significa servil — foi grande parte dos homens dessa espécie. Esse leal velhaco foi bastante impertinente, ao conjurar Homero, do outro mundo, a fim de perguntar-lhe o lugar de sua origem. E até assegurava que o espírito do poeta lhe havia aparecido e respondera a pergunta, mas obrigando-o a guardá-la em segredo...

Um farsante ainda maior era Alexandre de Abonuteicos[68] (nascido em cerca de 105 d.C. e falecido aproximadamente em 175 d.C.), que praticava a magia pelos meios mais grosseiros, por exemplo, matando animais e cavando por dentro das imagens dos deuses, onde escondia seres humanos. Esse homem estabeleceu um oráculo que dava informações mediante o pagamento de umas taxas, e Luciano avaliou os rendimentos desse negócio em cerca de 60.000 marcos por ano.

Através do cônsul Rutiliano,[69] ele conseguiu influência sobre o filosófico imperador Marco Aurélio. Esse charlatão morreu rico e cheio de honras, e foi levantada uma estátua em sua memória, à qual são atribuídas quatro profecias após sua morte. Outra impostura bem manipulada parece ter sido a seguinte:

> Dio Cássio relata que, no ano 220, um *espírito*, que dizia ser o de Alexandre, o Grande, parecendo-se exatamente a ele na forma, feições e vestindo um traje adequado, marchava com uma comitiva de quatrocentas pessoas vestidas como bacantes, do Danúbio ao Bósforo, onde desapareceram; ninguém se atreveu a contê-los, mas, pelo contrário, em todos os lugares lhes ofereciam casa e comida gratuitamente.[70]

Nossos heróis da quarta dimensão e até o mais material capitão de Köpenick[71] devem esconder seus rostos de vergonha quando pensam em tais efeitos.

Não somente os charlatães e assaltantes dedicavam-se à prática do embuste e do logro, mas também pensadores sérios e outras pessoas honradas.

A literatura histórica da Antiguidade nunca se caracterizou por um método crítico excessivamente severo. Não era ainda uma ciência no sentido estrito da palavra, ainda não era empregada para a pesquisa das leis de desenvolvimento da sociedade, mas com propósitos *pedagógicos e políticos*. Seu objetivo era animar o leitor ou demonstrar-lhe a correção das tendências políticas favorecidas pelo historiador. Os grandes feitos de seus predecessores devem ser apresentados para elevar as mentes das gerações vindouras e para inspirar-lhes atos similares, o que fazia da história um simples eco, em prosa, da epopeia heroica. Essas gerações também deviam ser ensinadas, pela experiência de seus antepassados, sobre o que deviam ou não fazer. É fácil compreender que muitos historiadores não eram muito rigorosos na seleção e crítica de suas fontes, sobretudo quando o objetivo principal era o da construção e da inspiração. Com o interesse de produzir efeito artístico, podiam permitir-se preencher algumas lacunas com a fantasia. Cada historiador considerava ser um privilégio especial improvisar livremente os discursos que seus personagens deveriam dizer. Os historiadores clássicos, porém, tinham a preocupação de não desorientar consciente e intencionalmente a descrição da atividade dos personagens. Deviam ter o maior cuidado em evitar essa falta, porquanto tratavam de uma atividade política pública, o que os fazia submeter suas informações a cuidadoso exame.

No entanto, com a decadência da sociedade antiga, o trabalho do historiador mudou. As pessoas deixaram de pedir instrução política, pois esta lhes era cada vez mais indiferente, cada vez mais repulsiva. Nem tinham já a necessidade de exemplos de atos viris, ou de devoção ao país. Queriam divertimento, novo estímulo para seus nervos cansados, intrigas e sensações, milagres. Uma ligeira inexatidão, para mais ou para menos, não importava ao leitor. A comprovação de feitos registrados fez-se mais difícil ainda porque as ocorrências *privadas* se achavam agora no primeiro plano do interesse do leitor, acontecimentos que não haviam tido completa publicidade. A literatura histórica transformou-se cada vez mais, por um lado, em narrativas de escândalos e, por outro, em exageros terríveis do tipo *münchhauseniano*.[72]

Essa tendência também ocorreu na literatura grega, ao tempo de Alexandre, o Grande.[73] Onesícrito,[74] um cortesão seu, escreveu um livro sobre os feitos de Alexandre, repleto de mentiras e exageros. Mas há um só passo da mentira à falsificação. Esse passo foi dado por Euémeros[75] que, no século III, trouxe a seu país inscrições da Índia garantindo serem muito antigas, embora houvessem sido fabricadas por ele mesmo.

Esse método excelente não se limitou à história literária. Vimos como foi desaparecendo entre os estudantes de filosofia o interesse pelas coisas desse mundo, enquanto aumentava o interesse pelas coisas do outro. Porém como um filósofo poderia convencer seus discípulos de que suas opiniões sobre a outra vida não eram somente o fruto de sua fantasia? A maneira mais simples de produzir tal convicção era, certamente, inventar uma testemunha que tivesse regressado do lugar de onde ninguém jamais volta e houvesse dado informações sobre as condições gerais. Nem mesmo Platão teve repugnância em utilizar esse recurso, como já vimos no caso do excelente panfiliano.

Além disso, o minguante interesse pelas ciências naturais e sua substituição por uma meditação sobre a ética também implicavam o abandono do espírito crítico, que aspira a provar a correção de cada proposição por *experiência real* e um maior enfraquecimento intelectual dos indivíduos, o que produzia um desejo crescente de achar apoio na pessoa de um grande homem. Para os homens, em vez de *provas verdadeiras*, as *autoridades* tornaram-se decisivas, e quem desejasse produzir alguma impressão tinha que ambicionar a ter as necessárias autoridades ao seu lado. Se estas não lhe ofereciam as passagens requeridas, tornava-se necessário *corriger la fortune*, alterar a fortuna, e por si próprio criar as autoridades. Já tivemos ocasião de notar autoridades desse tipo nos casos de Daniel e Pitágoras. Jesus também era uma autoridade desse tipo, como seus apóstolos, Moisés, as sibilas etc.

O escritor nem sempre se dava ao trabalho de escrever um livro inteiro sob pseudônimo. Frequentemente, era suficiente interpolar, em um trabalho autêntico, simples sentença de uma autoridade reconhecida, fazendo com que esta sentença expressasse as próprias crenças do escritor, de modo a conquistar assim autoridade para seu argumento. Isso era muito fácil por não ter sido ainda inventada a imprensa. Os livros circulavam em cópias escritas pelo proprietário ou por seu escravo, caso o proprietário dispusesse de bastantes recursos para ter um escravo com essa função. Ademais, havia uma espécie de editores que produziam cópias de livros por meio de escravos e depois as vendiam com grandes lucros. Era muito fácil omitir nessas cópias uma frase que parecesse inconveniente ou acrescentar outra que fosse necessária, principalmente se o autor já morrera, o que tornava muito remota a possibilidade de protestos, naqueles tempos de despreocupação e credulidade. Outros copistas, posteriormente, preservaram essas falsificações para a posteridade.

Os cristãos estavam na situação mais cômoda com respeito a tal procedimento. Quaisquer que tenham sido os mestres e organizadores das comunidades cristãs, o certo é que saíram das camadas mais baixas da população, não sabiam escrever e nada deixaram registrado. Suas doutrinas foram a princípio propagadas somente pela tradição. Se algum dos adeptos invocava a autoridade dos primeiros mestres da comunidade, em qualquer discussão, era difícil contradizê-lo, a menos que a tradição tivesse sido violada de forma muito grosseira. Passaram então a circular as mais variadas versões das palavras do "Senhor" e de seus apóstolos. Em consequência das acaloradas controvérsias, que havia a princípio entre as comunidades cristãs, essas várias versões foram levadas adiante, não com o propósito de um registro histórico, mas por serem controversas, sendo depois anotadas e enfeixadas nos Evangelhos. Os últimos copistas e os que reescreviam os textos estavam também a participar da polêmica, o que os levava a eliminar uma frase inconveniente e acrescentar outra em seu lugar, a fim de poder usar todo o registro como prova do fato de que o Cristo e seus apóstolos tinham defendido uma ou outra opinião. Essa tendência polêmica encontra-se a cada passo no exame dos Evangelhos.

Logo, porém, os cristãos não se contentaram em inventar e forjar, desse modo, as próprias escrituras sagradas, conforme suas necessidades demandavam. Esse método era demasiado conveniente para não ser aplicado a outros, a autores "pagãos", assim que houve número suficiente de pessoas educadas, entre os cristãos, para dar valor a preeminentes escritores fora da literatura cristã, e assim que o número de pessoas também foi suficiente para valer a pena preparar cópias especialmente para esses cristãos educados, as quais eram recebidas com satisfação e postas em circulação. Várias dessas falsidades foram preservadas até nossos dias.

Já mencionamos uma falsificação desse tipo, a do testemunho de Josefo sobre Jesus. O escritor seguinte, da época de Tácito, para falar dos cristãos como seus contemporâneos, é Plínio o Jovem,[76] que escreveu uma carta a Trajano,[77] onde a eles se referiu, na época em que era propretor de Bitínia[78] (provavelmente em 111-113 d.C.), documento que foi conservado em sua coleção de cartas. Nessa carta, Plínio pedia instruções sobre como proceder com os cristãos em sua província, em relação aos quais não tem nenhuma acusação, mas que eram a causa de os templos estarem vazios.[79] Essa opinião sobre a inocência dos cristãos não se harmoniza bem com a de Tácito, amigo de Plínio, que acentua seu "ódio a toda a raça humana". É interessante notar o fato de que o cristianismo já se tenha estendido à Bitínia, durante o reinado de Trajano, a ponto de fazer com que os templos ficassem vazios, "há muito tempo desertos, não se fazem suas solenidades e raramente se encontram compradores para os animais sacrificados nos mesmos". Achamos que esse fato chamaria tanto a atenção como se somente houvesse votos socialistas em Berlim. Teria havido certamente uma comoção geral. Mas Plínio somente soube da existência dos cristãos quando alguém os denunciou. Essas e outras razões nos permitem presumir que essa carta é uma *falsificação cristã*. Semler,[80] em 1788, já supôs que toda essa carta de Plínio fora inventada por um cristão em data posterior, para o engrandecimento do cristianismo. Bruno Bauer, porém, julga que a carta foi realmente escrita por Plínio, pois os cristãos nela não eram de forma alguma elogiados, razão pela qual foi posteriormente "redigida" por algum copista.

Essas falsificações tornaram-se mais desavergonhadas quando os bárbaros germânicos inundaram o Império Romano no período das grandes migrações. Esses novos senhores do mundo eram simples camponeses, cheios de malícia, sóbrios e suficientemente sofisticados em coisas que não fossem demasiado profundas para eles. Com toda a sua simplicidade, estavam menos sedentos de milagres, menos crédulos que os herdeiros da antiga civilização, e não sabiam ler ou escrever. Essas artes se tornaram privilégio do clero cristão, herdeiro da cultura antiga. O clero não tinha por que temer que suas falsificações, no interesse da Igreja, continuassem criticadas e, por isso, mais do que antes, elas se multiplicaram profusamente, não mais se limitando a aspectos doutrinários ou a apoiar discussões teóricas, de conhecimento ou disputas de organização, mas tornaram-se uma *fonte de recursos* para justificar legalmente a apropriação já realizada. As falsificações mais atrevidas dessa época foram, sem dúvida, a *Doação de Constantino*[81] e os *Decretos de Isidoro*,[82] elaborados no século VIII. No primeiro desses documentos, Constantino (306-337 d.C.)[83] entrega aos papas o domínio ilimitado e eterno de Roma, da Itália e de todas as províncias do Ocidente, desde então chamados Estados Pontifícios. Os decretos de Isidoro são uma coleção de leis eclesiásticas as quais proclamam a autoridade única do papa, na Igreja, reunidas pelo bispo espanhol Isidoro, no princípio do século VII.

Essa grande quantidade de falsificações não é a menos importante das causas que tornam tão obscura a história da origem do cristianismo. Muitas dessas falsificações não são difíceis de descobrir. Muitas foram descobertas há séculos. Lorenzo Valla[84] revelou em 1440 que a *Doação de Constantino* era uma falsificação. Mas não é igualmente fácil mostrar a existência de um grão de verdade em uma dessas falsificações e fixar tudo que seja verdadeiro.

O quadro que estamos relembrando não é muito agradável. Há, em todas as partes, decadência geral, econômica e política, como também científica e moral. Os antigos romanos e gregos haviam considerado o desenvolvimento completo e harmonioso da virilidade, no melhor sentido da palavra, uma virtude. *Virtus* e *Arete* tinham significado bravura e paciência, mas também orgulho varonil, sacrifício e devoção desinteressada pelo bem comum. À medida que a sociedade se afundava na servidão, a submissão veio a ser a suprema virtude e daí derivavam todas as nobres qualidades, às quais dedicamos nossa atenção, como a aversão ao bem comum e concentração no próprio eu; covardia e falta de confiança em si mesmo; desejo de redenção, não pela força própria ou de uma classe, mas por meio de um imperador ou Deus; autodegradação ante os que estão em cima, arrogância sacerdotal para os que estão abaixo; indiferença fútil e desgosto da vida; desejo ardente de sensações, de milagres; histeria e êxtase, juntamente com hipocrisia, mentira e falsidade. Esse é o quadro que a época imperial nos oferece, cujos traços, o produto de seu tempo, o cristianismo, espelha.

HUMANITARISMO

Os adeptos do cristianismo, entretanto, dirão que esse quadro é unilateral e, consequentemente, inverídico. E dirão que temos que admitir que os cristãos eram somente seres humanos e não podiam proteger-se contra a influência degradante de seu ambiente, e que esse é somente um dos lados do cristianismo. Devemos observar ainda — acrescentarão — que ele desenvolveu uma moral muito superior à da Antiguidade, um humanitarismo sublime, uma misericórdia infinita para tudo que tivesse forma humana, inferiores e superiores, estrangeiros e compatriotas, inimigos ou amigos; que prega uma confraternização dos homens de todas as classes e raças. Essa moral não se explica pela época em que surgiu o cristianismo, e o fato se torna ainda mais notável por serem propagados no período da mais profunda corrupção moral. A interpretação materialista da História nos falha nesse ponto; aqui estamos tratando de um fenômeno que só podemos explicar por uma individualidade sublime, que é completamente independente das condições do tempo e do espaço, um Deus-homem ou, para usar um termo moderno comum, um super-homem.

Assim falam nossos "idealistas".

Mas quais são os fatos? Consideremos primeiro a caridade para com o pobre e a humanidade em relação aos escravos. Esses fenômenos só são encontrados realmente no cristianismo? Em verdade, não encontramos muita caridade na Antiguidade clássica, e não é difícil explicar a razão: a caridade implica a existência da nobreza em vasta escala. A vida intelectual na Antiguidade estava profundamente enraizada em condições comunistas, em uma propriedade comum das terras do clã, da comunidade, do lar, que dava a seus membros um *direito* aos produtos e aos meios de produção comuns. Era raramente necessário dar *esmolas*.

Não se deve confundir hospitalidade com caridade. A hospitalidade era um traço muito geral nos tempos antigos; é uma relação entre *iguais*, enquanto a caridade pressupõe *desigualdade* social. A hospitalidade agrada tanto ao que a concede quanto ao que a recebe, mas a caridade exalta a quem dá e degrada e humilha quem recebe.

Com o curso da História, como vimos, uma massa proletária começou a desenvolver-se em várias grandes cidades. Esse proletariado, no entanto, possuía ou adquiria *poder político* e utilizou-o a fim de conquistar parte dos produtos que fluíam para os armazéns do senhor abastado ou do Estado, como um fruto do trabalho dos escravos e da exploração das províncias. Graças à democracia e a seu poder político, nem mesmo esses proletários necessitaram de caridade. A caridade implica não só uma grande miséria das massas, mas também um proletariado sem direitos e poder político, condições que só na era imperial passaram a existir em grande escala. Não é surpreendente que a noção de caridade não existisse até então na sociedade romana. Não foi, contudo, o resultado da elevada moralidade sobrenatural do cristianismo.

No começo do seu domínio, os césares julgaram que era recomendável comprar, por meio do pão e dos jogos, não só o exército, mas também o proletariado da capital. Nero, especialmente, teve muito êxito nessa prática. Em muitas das grandes cidades provinciais esse recurso foi usado também para pacificar as camadas inferiores da população.

Esse procedimento não durou muito. O crescente empobrecimento da sociedade forçou a restrição dos gastos estatais, o que os césares principiaram, naturalmente, em relação ao proletariado, pois já não o temiam. Nisso, provavelmente, também teve influência o desejo de reduzir a crescente falta de força de trabalho. Se não havia distribuição de pão, os proletários capazes de trabalhos físicos tinham de submeter-se aos grandes proprietários de terras como colonos ou arrendatários.

Mas precisamente essa necessidade de força de trabalho originou novas formas de subvenções.

Na era imperial, todas as organizações sociais antigas estavam a desintegrar-se, não somente os clãs, mas também os lares das grandes famílias. Cada homem pensava somente em si mesmo, e os laços familiares, assim como os políticos, dissolviam-se; extinguia-se a disposição das pessoas se sacrificarem por seus parentes, a devoção à comunidade e ao Estado. Principalmente as crianças órfãs sofriam com essa situação. Sem pais, ficavam indefesas, ninguém se preocupava com elas. Sem pais estavam sem proteção no mundo e não encontravam ninguém que as tomasse. Esse número aumentou ainda mais porque a indigência geral e a decadência do espírito de sacrifício levavam grande número de pessoas a fugir de obrigações familiares. Alguns conseguiram-no, não se casando, recorrendo à prostituição, na qual a masculina muito florescia; outros, embora casados, utilizavam meios para evitar filhos. Essas práticas naturalmente contribuíram para a diminuição da população, o aumento da falta de trabalhadores e, consequentemente, para a pobreza geral. Muitas pessoas com filhos julgaram mais cômodo abandoná-los. Essa extraordinária prática assumiu enormes dimensões. Toda proibição de nada valia. Assim, duas questões tornaram-se da maior urgência: de um lado, cuidar das crianças abandonadas e, do outro, das crianças de famílias pobres, que ainda permaneciam com os pais. Elas preocuparam os primeiros cristãos. A proteção dos órfãos foi sua constante preocupação. Não somente a compaixão, mas a necessidade de força de trabalho e de soldados foi que gerou o esforço para garantir a proteção dos órfãos, dos enjeitados e das crianças proletárias.

Durante o reinado de Augusto já encontramos esforços nesse sentido. No século II da nossa era, começam a assumir forma. Os imperadores Nerva e Trajano foram os primeiros a criar instituições, nas províncias italianas, em que o Estado comprava inúmeras propriedades, arrendavam-nas ou hipotecavam-nas, e o produto da renda ou dos juros sobre as hipotecas era usado na educação das crianças pobres, principalmente os órfãos.[85]

Adriano,[86] imediatamente após assumir o trono, ampliou essa medida, planejada no tempo de Trajano, a fim de atender a cerca de 5.000 crianças. Outros imperadores, posteriormente, desenvolveram-na ainda mais, mas essa caridade nacional foi também acompanhada pela caridade da comuna, como fora precedida pela caridade privada. O mais antigo orfanato privado de que temos informações data do tempo de Augusto. Hélvio Basila,[87] que fora pretor, legou 88.000 marcos aos cidadãos de Atina, no Lácio, para o fornecimento de cereais a uma certa quantidade de crianças.[88] No tempo de Trajano, há notícias de muitas instituições semelhantes. Uma senhora rica, Célia (Cælia) Macrina, de Tarracina, quando morreu seu filho, doou um milhão de *sestércios* (mais de 200.000 marcos), com cujos juros deviam ser mantidos cem meninos e meninas;[89] Plínio, o Jovem, fundou uma casa em 97 d.C., em sua cidade nativa, Como, que devia receber anualmente as rendas de um capital avaliado em 500.000 *sestércios*, para dedicá-las à alimentação de crianças pobres. Fundou ainda escolas, bibliotecas etc.

Todas essas fundações não foram suficientes para deter o despovoamento do Império. Suas causas estavam profundamente relacionadas com as condições econômicas e, consequentemente, o despovoamento aumentava na medida em que a decadência econômica progredia. O empobrecimento geral chegou ao ponto de consumir os recursos necessários para continuar essa obra em benefício das crianças. A pobreza levou à falência não só as instituições beneficentes, mas o próprio Estado.

Sobre essas instituições beneficentes, Müller informa:

> Sua existência pode ser reconstituída ao longo de quase 180 anos. Adriano aumentou as verbas para as crianças. Antonino Pio[90] destinou

novos recursos para essa finalidade. Em 145 d.C., os meninos e meninas de Cupramontano, uma cidade de Piceno, seus beneficiários, dedicaram-lhe um epitáfio de reconhecimento, como o fizeram os de Sestino, na Úmbria, em 161. Uma dedicatória semelhante em Ficúlea, no Lácio, testemunha uma atividade similar de Marco Aurélio. Esse último estabelecimento parece ter alcançado seu maior desenvolvimento no princípio do reinado deste imperador; a partir de então, a desintegração geral do império foi paralela à da instituição. Devido aos problemas que a guerra apresentava constantemente e que o obrigaram a leiloar as joias da coroa, insígnias e outros valores da dinastia imperial, Marco Aurélio parece haver até mesmo chegado a confiscar os fundos doados àquela instituição e garantir o pagamento dos juros com o Tesouro Nacional. Durante o reinado de Cômodo,[91] o Tesouro viu-se impossibilitado de cumprir esta obrigação durante nove anos e Pertinax,[92] incapaz de pagar os atrasos, renegou-os. Parece que, posteriormente, as condições da instituição melhoraram. Um oficial encarregado do assunto ainda a menciona no século III. Mas sua existência chegou ao fim. Durante o reinado de Constantino, já não mais existia.[93]

A pobreza crescente podia liquidar as instituições de caridade, mas não destruir o conceito da caridade. Esse se tornava evidentemente mais forte devido à miséria crescente. E não é, em nenhum sentido, característica somente do cristianismo, e sim de toda a sua época, quando se recorreu à caridade não pelo alto nível moral, mas por causa da decadência econômica.

O sentido de caridade e sua valorização resultaram no aparecimento de outra qualidade menos admirável: a *ostentação* pelas esmolas dadas. Plínio, a quem já mencionamos, constitui um bom exemplo. Todas as nossas informações referentes a suas instituições de caridade são dadas por ele mesmo; descrevia-as com riqueza de detalhes em escritos, que eram publicados. Quando vemos Plínio com seus sentimentos sublimes e provando sua imensa admiração por sua própria nobreza de caráter, parece-nos que é menos uma indicação da grandeza moral da "Idade de Ouro" do Império Romano, seu período mais feliz, de acordo com Gregorovius[94] e a maior parte de seus colegas,[95] do que um ridículo exibicionismo de todo aquele período, um contrapeso edificante de sua arrogância sacerdotal e beatífica hipocrisia.

A censura mais severa feita a Plínio, conhecida por nós, é a de Niebuhr,[96] que o acusa de "vaidade infantil" e "humildade desonesta".[97]

Como no caso da caridade, diz-se que o tratamento humano concedido aos escravos é peculiar ao cristianismo.

Devemos assinalar, em primeiro lugar, que o cristianismo, pelo menos sob a forma com que se tornou religião de Estado, nunca, em nenhum sentido, combateu a escravidão como um princípio. De nenhum modo concorreu para sua supressão. Se a exploração dos escravos, com propósitos de ganhar dinheiro, cessou no tempo do cristianismo, a causa nada tem a ver com suas concepções religiosas. Nós já sabemos que o retrocesso militar de Roma impedia o fornecimento de escravos baratos e não tornava, portanto, lucrativa a exploração do trabalho escravo. Mas a manutenção de escravos de luxo continuou sendo praticada por longo tempo depois do Império Romano e, simultaneamente com o cristianismo, surgiu no mundo romano uma nova variedade de escravos, os eunucos, que desempenharam um grande papel sob o governo dos imperadores cristãos, desde Constantino. Já os encontramos, entretanto, na corte de Cláudio, pai de Nero. (Suetônio, *Tiberius Claudius Drusus*, capítulo XXVIII, 44.)

Os próprios proletários livres nunca pensaram em acabar com a escravidão. Buscaram melhorar suas condições, sugando mais dinheiro dos ricos e do Estado, sem necessidade de executar qualquer trabalho, o que era impossível, a não ser à base da exploração da mão de obra escrava.

É interessante observar que no estado comunista do futuro, do qual Aristófanes[98] zomba em seu *Ekklesiazusen*,[99] a escravidão continua existindo. Cessa a diferença entre os que possuem e os que não possuem, mas só no caso dos homens livres; todas as coisas vêm a ser propriedade comum, incluindo os escravos, que continuam o trabalho da produção. Naturalmente foi um gracejo de Aristófanes, mas corresponde completamente ao pensamento antigo.

Encontramos uma atitude semelhante expressa em um panfleto relativo aos fundamentos da prosperidade geral de Ática, escrito no século IV a.C., para o qual Pöhlmann chama a atenção em sua *História*, que já citamos.

Esse panfleto demanda, como Pöhlmann assinala, "imensa ampliação da economia geral do Estado para o tráfico e a produção" e, particularmente, a compra de escravos pelo Estado para o trabalho nas minas. O número desses escravos do Estado deve ser aumentado à medida que cada cidadão tenha no máximo três escravos. O Estado estará então em condições de permitir a cada cidadão pelo menos o mínimo de conforto para a vida.[100]

O professor Pöhlmann declara que essa admirável proposta é característica do "radicalismo coletivista" e do "socialismo democrático", que aspira à nacionalização de todos os meios de produção no interesse do proletariado. Na verdade, é característica da atitude peculiar do proletariado antigo e de seu interesse na preservação da escravidão; mas a compreensão de Pöhlmann de tal exigência é exemplo da estreiteza do entendimento burguês, que considera todas as nacionalizações da propriedade, mesmo a propriedade do homem, um exemplo de "coletivismo", e cada medida adotada no interesse do proletariado um exemplo de "socialismo democrático", sem considerar se esse proletariado tem a posição de explorador ou de explorado.

Uma indicação de que os proletários estavam interessados na preservação da escravidão é o fato de que mesmo a prática revolucionária dos proletários romanos nunca apresentou uma oposição, em princípio, à propriedade de seres humanos. Os escravos, por sua vez, mostravam-se dispostos a serem usados para sufocar qualquer insurreição proletária. Dirigidos pelos aristocratas, deram um golpe de morte no movimento proletário liderado por Caio Graco.[101] Cinquenta anos depois, os proletários romanos, dirigidos por Marco Crasso,[102] dominaram a rebelião de escravos liderada por Espártaco.

Diferente da ideia da supressão geral da escravidão, na qual ninguém seriamente pensou, é a maneira pela qual os escravos eram tratados. Devemos reconhecer que no cristianismo houve grande melhora das opiniões relativas à escravidão, um reconhecimento dos direitos humanos dos escravos, contrastando com a miserável situação em que se encontravam no princípio do período imperial, quando a vida e o corpo do escravo, como já vimos, estavam abandonados aos caprichos de seu senhor, que frequentemente fazia o mais cruel uso do seu direito.

O cristianismo opôs-se energicamente a esse modo de tratar os escravos. Mas dizer isso não equivale a dizer que o cristianismo estava em oposição ao espírito da época, isto é, que permanecia só, com sua atitude em favor dos escravos.

Qual era a classe que reclamava o direito ilimitado de maltratar e executar os escravos? Evidentemente, a classe dos ricos proprietários de terra, particularmente a *aristocracia*.

Mas a democracia, as classes inferiores, não possuindo escravos, não estavam muito interessadas no privilégio de maltratá-los, como os grandes proprietários. Enquanto prevaleceu entre o povo romano a classe dos pequenos camponeses, que possuíam escravos, ou, pelo menos as tradições dessa classe, o povo não se sentiu impelido a defender os escravos.

Só lentamente se preparou a mudança nos sentimentos, não como consequência de melhores ensinamentos de moral e sim da diferente composição do proletariado romano. Os romanos nascidos livres, principalmente pequenos camponeses, eram cada vez menos enquanto o número de escravos libertos, que também participavam dos direitos de cidadãos romanos, crescia enormemente; na época imperial, a maioria da população romana provinha dessa classe.

As razões para a libertação dos escravos foram várias. Muitos dos homens que não tinham filhos, o que era frequente, devido ao desejo de escapar das obrigações impostas pelo casamento e sua prole, viam-se induzidos, por bondade ou capricho, a determinar em seu testamento a libertação de seus escravos. Às vezes, libertavam escravos como recompensa por serviços prestados ou por vaidade, pois quem quer que libertasse muitos escravos era considerado homem rico. Outros libertavam-nos por conveniência política, dado que o liberto geralmente permanecia dependendo do senhor, como seu cliente, apesar de ter direitos políticos. O escravo, consequentemente, aumentava a influência política de seu senhor. Também era permitido aos escravos economizar dinheiro e com ele comprar sua liberdade. Muitos senhores conseguiam bons lucros quando um escravo, explorado até a ruína física, comprava sua liberdade por um preço que lhes permitia substituí-lo por um novo, com força não utilizada.

Na medida em que aumentava o número de escravos na população, crescia também o número de libertos. O proletariado livre era recrutado cada vez mais entre os *escravos* e não entre os *camponeses*. Esse proletariado, no entanto, era também politicamente contrário à aristocracia possuidora de escravos e tentava conquistar direitos políticos e poderes, o que significava a perspectiva de atraentes vantagens econômicas. Não surpreende que na democracia romana já se começasse a sentir simpatia pelos escravos, ao tempo em que os excessos de seus proprietários tinham alcançado o máximo grau.

Mas há outro fator que deve ser levado em conta.

Quando os césares alcançaram o poder, suas casas, como as de qualquer romano ilustre, eram administradas por escravos e libertos. Degradados como estavam os romanos, um cidadão nascido livre considerava que servir pessoalmente, ainda que ao mais poderoso dos cidadãos, superava os limites de sua dignidade. A casa dos césares passou a ser a *corte imperial*, e seus criados domésticos vieram a ser *cortesãos imperiais*. Entre eles desenvolveu-se um novo mecanismo para a administração do Estado, além do corpo de empregados herdado da República. E esse mecanismo tinha cada vez mais a seu cargo os negócios do Estado, e o governava, enquanto os oficiais que procediam do período da República iam transformando-se em portadores de títulos vazios, talvez suficientes para a vaidade pessoal, mas que não envolviam um poder real.

Os escravos e os libertos da corte imperial chegaram a ser os governantes do mundo e, por meio de seus esbanjamentos, extorsões e roubos, seus exploradores mais efetivos. Muito boa descrição é feita por Friedländer em sua excelente história dos costumes da Roma imperial, que já citamos mais de uma vez:[103]

> A riqueza que controlavam em razão de sua posição privilegiada foi a principal fonte de seu poder. Em uma época em que as fortunas dos homens livres chegaram a ser proverbiais, não havia muitas pessoas que pudessem comparar-se a esses criados imperiais. Narciso tinha 400.000.000 de *sestércios* (87 milhões de marcos), a maior fortuna conhecida no mundo antigo. Calisto,[104] Epafrodito,[105] Doríforo[106] e outros tinham tesouros pouco inferiores. Quando o imperador Cláudio se queixou certa vez da má situação das finanças imperiais, murmurou-se, em Roma, que teria mais que o suficiente se seus dois libertos (Narciso e Palas) o admitissem como terceiro sócio.

Na realidade, muitos imperadores conseguiram uma excelente fonte de renda obrigando os escravos e libertos ricos a repartir com eles o produto de suas extorsões.

Devido à posse de enormes riquezas, os libertos imperiais excediam os aristocratas romanos em luxo e em esplendor. Seus palácios eram os mais suntuosos de Roma. O palácio de Posides,[107] eunuco de Cláudio, era mais belo que o Capitólio — segundo Juvenal —, e profusamente adornado pelas coisas mais raras e caras do mundo... Mas os libertos imperiais também embelezaram Roma e as outras cidades da monarquia com construções úteis e esplêndidas. Cleandro (Cleandrus), o poderoso liberto de Cômodo, empregou parte de sua imensa riqueza na construção de casas de banho e outros estabelecimentos, úteis tanto a indivíduos quanto à cidade inteira.

Essa repentina prosperidade de muitos escravos e ex-escravos ressaltava ainda mais quando comparada com a decadência financeira da aristocracia latifundiária. Só tem um paralelo hoje no surgimento da aristocracia judaica financeira. E, como os aristocratas arruinados de hoje, que odeiam e desprezam, no fundo do coração, os judeus ricos, mas adulam-nos quando deles necessitam, assim também era o tratamento dado aos escravos e libertos dos imperadores.

A mais alta aristocracia de Roma competia em seus esforços para honrar os poderosos servidores do imperador, apesar de que este, descendente de famílias antigas e famosas, desprezava e detestava esses indivíduos de origem odiosa, marcados, indelevelmente, com o sinal da escravidão, e que, em mais de um aspecto, eram de categoria inferior ao mendigo nascido livre.

Socialmente, a posição dos servidores imperiais era muito modesta, subordinada à dos dignitários de nascimento ilustre.

Em realidade a relação era muito diferente, de fato, frequentemente a oposta, e os "escravos" infinitamente desprezados tinham a satisfação de serem invejados e admirados pelos "homens livres e nobres", que as mais distintas famílias romanas se humilhassem profundamente perante eles; muito poucos atreviam-se a tratá-los como servidores. A bajulação mais abjecta conseguira uma árvore genealógica para o liberto Palas, que fixava sua origem no rei da Arcádia,[108] do mesmo nome, e um descendente dos Cipiões[109] propôs ao Senado um voto de agradecimento por ter esse rebento de uma casa real subordinado sua nobreza ao bem do Estado e condescendido em ser um servidor imperial. Por proposta de um dos cônsules (no ano de 52 d.C.) ofereceu-se-lhe a insígnia pretoriana e uma quantia proporcional de dinheiro (15.000.000 de *sestércios*).

Palas aceitou somente a primeira. O Senado votou então uma resolução de agradecimento a Palas.

Esse decreto foi exibido publicamente, em uma placa de bronze, junto à estátua de Júlio César com todas as insígnias e o detentor dos 300.000.000 de *sestércios* foi elogiado como modelo de desinteresse austero. L. Vitélio, pai do imperador do mesmo nome,[110] homem de alta posição, cuja virtuosidade em vadiagem era muito comentada até mesmo naqueles dias, adorava, entre seus dourados deuses domésticos, imagens de Palas e Narciso.

Mas nada podia expressar melhor a posição desses ex-escravos que o fato de lhes ser permitido casar-se com filhas de famílias aristocráticas, mesmo aparentadas à casa imperial, em uma época em que o orgulho da nobreza, da linhagem e da longa série de antepassados ilustres era enorme.[111]

Os cidadãos romanos, donos do mundo, tinham descido ao ponto de serem governados por aqueles que eram ou tinham sido escravos, perante os quais se inclinavam.

É claro que deve ter sido enorme a reação da opinião pública, principalmente sobre a escravidão, naqueles tempos. Os aristocratas deviam odiar cada vez mais os escravos, à medida que se viam obrigados a humilhar-se ante eles; a massa popular era induzida ao respeito aos escravos, e estes passaram a sentir a nova dignidade.

O cesarismo, por outro lado, surgira na luta que a democracia, integrada em grande parte por libertos, mantinha contra a aristocracia possuidora de inúmeros escravos. Esta última classe, não tão facilmente subornável como as massas arruinadas do povo, era a única oposição séria ao surgimento dos césares na concorrência pelo poder do Estado; os grandes proprietários de escravos formavam a oposição republicana no

Império, se é possível falar em oposição. Os escravos e os libertos constituíram o mais leal suporte dos imperadores.

Todas essas influências determinaram necessariamente uma atitude mais ou menos amigável em relação aos escravos, não só no proletariado, mas na corte imperial e nos círculos que a acompanhavam, atitude esta expressa muito enfaticamente tanto pelos filósofos como pelos pregadores proletários das ruas.

Não citaremos longas opiniões a esse respeito, mas relataremos um incidente muito característico: *a clemência do tirano Nero para com os escravos e libertos*. Nero estava em disputa constante com o aristocrático Senado que, embora condescendente com os libertos poderosos, pedia sempre as mais severas medidas em relação a eles e aos escravos em geral. Assim, em 56 d.C., o Senado pediu que a "arrogância" dos libertos fosse quebrada, permitindo aos antigos proprietários de escravos o direito de privar da liberdade os libertos que se portassem "mal", isto é, que não guardassem o devido respeito pelos seus antigos senhores. Nero opôs-se energicamente a essa moção. Mostrou o alto nível alcançado pelos libertos, assinalando que muitos senadores e cavaleiros procediam de suas fileiras e lembrou o antigo princípio romano de que, qualquer que fosse a diferença entre as várias classes do povo, a liberdade deveria ser patrimônio de todos. Nero propôs substitutivo, no sentido de que não fossem limitados os direitos dos libertos, e o Senado, acovardado, aprovou-o.

No ano 61 d.C., a situação tornou-se mais difícil. Pedânio Segundo (Pedanius Secundus), prefeito da cidade, fora assassinado por um de seus escravos. De acordo com a antiga lei aristocrática, esse feito requeria castigo sob a forma da execução de todos os escravos que estavam sob o mesmo teto no momento do crime, que, nesse caso, seriam mais de 400 pessoas, incluindo mulheres e crianças. Mas a opinião pública era favorável a um procedimento mais suave. A massa popular estava decididamente a favor dos escravos; o próprio Senado dava a impressão de que era arrastado por esse sentimento generalizado. Então, C. Cássio,[112] líder da oposição republicana no Senado, descendente de um dos assassinos de César, tomou a palavra e admoestou o Senado, em um discurso violento, concitando-o a que não se atemorizasse e cedesse espaço à misericórdia. A escória da humanidade só pode ser controlada pelo temor. O discurso foi muito eficiente. Ninguém no Senado o contradisse, e até Nero foi forçado a ceder, por considerar mais sábio manter a paz. Os escravos foram todos executados. Mas, quando os republicanos aristocratas, estimulados pela vitória, apresentaram ao Senado uma moção adicional para deportar da Itália todos os libertos que tivessem vivido sob o mesmo teto que os escravos condenados, Nero levantou-se de sua cadeira e declarou que, embora não se devesse permitir que a misericórdia e a compaixão suavizassem as leis antigas, estas não deviam, de forma alguma, ser fortalecidas. A moção foi derrotada.

Nero chegou a designar um juiz especial, de acordo com Sêneca, para "*investigar os maus-tratos infligidos aos escravos, por parte dos senhores, e impor limites à sua crueldade e caprichos, bem como sua mesquinhez no fornecimento de alimentos*". Nero diminuiu ainda o número de combates de gladiadores e chegou mesmo a insistir, conforme Suetônio, em que nenhum dos participantes, nem mesmo os criminosos condenados, fossem mortos.

Temos um relato semelhante sobre Tibério. Os fatos acima citados mostram claramente como é infrutífero um escrito historiográfico moralizante ou político quando se julgam os homens do passado com o critério político e moral de nossa época. Nero, assassino de sua mãe e de sua esposa, perdoava com indulgência a vida de escravos e criminosos. O tirano tratava de proteger a liberdade quando a via ameaçada pelos republicanos; o louco voluptuoso praticava as virtudes do humanitarismo e da caridade para com os santos e mártires do cristianismo, dava de comer ao faminto, de beber ao sedento, vestia os nus (recorde o leitor sua generosidade faustosa para com os proletários romanos) e defendia a causa do pobre e do miserável. A figura histórica ultrapassa todos os limites quando se tenta avaliá-lo por padrões éticos. Assim, é difícil e insensato determinar se Nero era no fundo um bom homem, um canalha, ou ambas as coisas, como geralmente hoje se presume; é fácil, entretanto, compreender Nero e seus feitos — tanto os que nos parecem simpáticos quanto os que consideramos repugnantes — se analisarmos o ponto de vista de sua época e sua posição social.

O fato de o escravo ter deixado de ser uma mercadoria barata deve ter contribuído para enfatizar a clemência da corte imperial, ou mesmo do proletariado, para com estes. Por um lado, a fase da exploração dos escravos em seus aspectos mais brutais, isto é, sua exploração com objetivo de lucro, chegara ao fim. Restavam somente os escravos de luxo que, pela natureza de seu trabalho, recebiam normalmente um tratamento melhor.

Esses escravos se tornaram um elemento relativamente mais importante à medida que se tonavam mais escassos e caros, que a perda causada por sua morte prematura era maior, e que se tornava mais difícil substituir.

Também concorreram, nesse mesmo sentido, o declínio crescente do serviço militar, devido a um número cada vez maior de habitantes da cidade tomar horror ao derramamento de sangue, e à teoria do internacionalismo, que ensinava que cada homem devia ser considerado sem relação à sua procedência, e anulava as diferenças nacionais e antagonismos.

INTERNACIONALISMO

Já assinalamos como era grande o desenvolvimento do tráfego mundial na Era Imperial. Um excelente sistema de estradas unia Roma a suas províncias e estas entre si. O tráfego comercial foi estimulado especialmente pela paz no interior do Império, após as permanentes guerras entre as várias cidades e Estados, e as últimas guerras civis, que tinham ocupado os derradeiros séculos da história da República. Graças a essa condição, o poder naval do Estado, ao tempo do Império, foi capaz de combater e fazer cessar totalmente a pirataria que, até então, nunca tinha desaparecido no Mediterrâneo. O sistema de pesos e medidas e o sistema monetário foram padronizados para todo o Império; todos esses fatores contribuíram poderosamente para facilitar o tráfego entre as várias partes do Império. Esse intercâmbio foi de caráter eminentemente pessoal.

Os povos que habitavam em torno do Mediterrâneo uniram-se mais estreitamente e suas especificidades desapareciam cada vez mais. Na realidade, o Império nunca chegou a formar um conjunto completamente uniforme. Sempre foi possível distinguir duas partes, a Ocidental, que falava latim, romanizada, e a Oriental, de idioma grego e helenizada. Quando o poder, o senhorio mundial e as tradições de Roma se extinguiram, quando esta cidade deixou de ser a capital, o Império logo se desagregou em duas partes políticas e religiosas.

No começo da Era Imperial ainda não havia a possibilidade de um ataque sério contra a unidade do Império. Era o momento em que desaparecia a distinção entre as nações subjugadas e a cidade dominante. Mas, à medida que o povo romano perdia sua virilidade, os césares começaram a não se sentir como os senhores de todo o Império, os senhores de Roma e os senhores das províncias desta. Roma — tanto a aristocracia quanto o povo — alimentava-se das províncias, porém, incapaz de produzir, com recursos próprios, soldados suficientes e oficiais para controlar as províncias, já não era um elemento de poder no Império dos césares, e sim de debilidade. O que Roma pilhava nas províncias não ia para os césares, que não tinham qualquer compensação. Os imperadores foram obrigados, em seu próprio interesse, a opor-se e, finalmente, a abolir a posição privilegiada de Roma no Império.

O direito à cidadania romana passou assim a ser estendido, generosamente, a todos os habitantes das províncias. Estes ingressaram no Senado, ocupando altos cargos. Os césares foram os primeiros a levar à prática o princípio de igualdade entre os homens, sem diferença de origem: todos os homens estavam igualmente sujeitos a eles e eram avaliados somente de acordo com sua utilidade, sem distinção de pessoa, fossem senadores ou escravos, romanos, sírios ou gauleses. No princípio do século III, a união e nivelamento das raças progrediram a ponto de Caracalla poder conceder direitos de cidadania romana a todos os habitantes das províncias, abolindo, simultaneamente, todas as diferenças anteriores entre governantes e governados, diferenças que já não existiam, realmente, havia muito tempo. Ele foi um dos imperadores mais miseráveis, e assim expressou, abertamente, uma das ideias elevadas da época, uma ideia que o cristianismo, com prazer, gostaria de arrebatar. E a miséria foi o motivo que induziu o déspota a tomar tal decisão.

Durante a República, os cidadãos romanos estiveram isentos de contribuições, desde a época em que os saques das províncias conquistadas tinham começado a fluir abundantemente. "Emílio Paulo[113] trouxe para o Tesouro uma presa de 300.000.000 de *sestércios* dos macedônios, depois de derrotar Perseus,[114] e o povo romano, a partir de então, não mais precisou pagar impostos."[115] Porém as dificuldades financeiras crescentes, que começaram com Augusto, tornaram necessária a restauração gradual das contribuições, sob a forma de novos impostos sobre os cidadãos romanos. A "Reforma" de Caracalla transformou os habitantes das províncias em cidadãos romanos, a fim de obrigá-los a pagar impostos como romanos, além de suas contribuições regulares. Simultaneamente, esse gênio financeiro dobrou os impostos para os cidadãos. Também aumentou o orçamento do exército em uma importância equivalente a 61 milhões de marcos. Não nos surpreende o fato de que essa "reforma financeira" pouco adiantasse e levasse o imperador a recorrer a outros meios, dos quais o mais importante e audaz foi uma inflação e falsificação da moeda.

A desintegração geral, por outro lado, favoreceu a disseminação de ideias internacionalistas e o desaparecimento dos preconceitos nacionais.

O despovoamento e a corrupção em Roma evoluíram tão rapidamente que os romanos, havendo cessado de fornecer soldados, logo também deixaram de produzir *funcionários* apropriados. Podemos encontrar essa deficiência até nos próprios imperadores. Os primeiros imperadores eram ainda descendentes das antigas famílias aristocráticas de Roma, das *gentes* Juliana e Cláudia. Mas o terceiro imperador da dinastia Juliana, Calígula, era um louco, e Nero é uma indicação da ruína completa do poder da aristocracia romana para governar. O sucessor de Nero, Galba,[116] era também de uma família patrícia romana, mas foi seguido por Othon, de uma distinta família etrusca, e Vitélio, um plebeu da Apúlia.[117] Finalmente, Vespasiano, que fundou a dinastia Flávia, era um plebeu de origem sabina.[118] Mas os plebeus itálicos logo se demonstraram tão corrompidos e incapazes de governar quanto os aristocratas romanos. E o desastrado Domiciano, filho de Vespasiano, foi sucedido, após o curto reinado de Nerva, pelo espanhol Trajano. Com este, começou o governo dos imperadores espanhóis, que durou quase um século, até que também eles evidenciaram incapacidade política, na pessoa de Cômodo.

Sétimo Severo, após o término da linhagem espanhola, fundou uma dinastia afro-síria. O último imperador desta dinastia, Alexandre Severo,[119] foi assassinado, e a coroa, oferecida pelas legiões, passou para um trácio de origem goda, Maximino (Maximinus), um precursor dos godos que depois governaram em Roma. Cada vez mais o processo geral da decadência atacava as províncias, e crescia a necessidade de revigorá-las com sangue bárbaro, não romano, a fim de injetar nova vida no Império moribundo. Era preciso buscar soldados, até imperadores, em lugares cada vez mais afastados dos principais centros da civilização.

Assim como já vimos os escravos governando como cortesãos sobre os homens livres, vemos os habitantes das províncias e até os bárbaros, colocados no trono como imperadores, como criaturas com direito à adoração divina. Todos os preconceitos de raça e de classe da Antiguidade pagã desapareceram por necessidade, e o sentimento de igualdade continuamente aumentou.

Esse sentimento se manifestou bem mais cedo em muitos intelectuais, antes que as condições acima descritas se tornassem corriqueiras. Cícero já escrevia (*De officiis*, III, 6): "Quem afirmar que devemos ter consideração com nossos concidadãos, mas não com os estrangeiros, está abrindo uma brecha nos laços universais da raça humana e abolindo em princípio a caridade, a generosidade, a bondade e a justiça." Nossos historiadores ideológicos aqui confundem, naturalmente, a causa com o efeito e usam tais frases (que o "piedoso" encontra nos Evangelhos e o "ilustrado" na filosofia pagã) como razões que explicam a suavização dos costumes e a ampliação do conceito de nação para abarcar toda a humanidade. A única dificuldade é que se encontram ante o fato de que os espíritos nobres e sublimes, que se diz terem feito essa revolução na cabeça dos homens, eram dirigidos por indivíduos voluptuosos e criminosos, sedentos de sangue, como Tibério, Nero, Caracalla e uma galeria de vaidosos filósofos da moda e embusteiros, tais como Sêneca, Plínio o Jovem, Apolônio de Tiana e Plotino.

Devemos observar de passagem que os aristocratas cristãos souberam adaptar-se rapidamente a essa simpática sociedade, do que apresentamos um exemplo: entre os muitos amantes, de ambos os sexos, mantidos pelo imperador Cômodo (180-192 d.C.) — menciona-se um harém de 300 moças e 300 rapazes —, a honra de ocupar o primeiro lugar coube a Márcia, uma piedosa cristã, afilhada de Jacinto (Hyacinthus), presbítero da comunidade cristã em Roma. Sua influência era bastante grande para obter a libertação de vários cristãos deportados. Mas finalmente achou seu imperial amante importuno; talvez temesse que sua sede de sangue pudesse custar-lhe a vida. Participou então de uma conspiração contra a vida do imperador e encarregou-se de executar o plano do assassínio: na noite de 31 de dezembro do ano de 192, a bondosa cristã deu a seu amante ignorante uma bebida com veneno e, como este não fez efeito suficientemente rápido, o imperador, já inconsciente, foi estrangulado.

De igual característica a este procedimento é a história de Calisto, que tinha a proteção de Márcia.

> Esse Calisto, no período anterior de sua vida, possuíra, em virtude de uma vocação especial pelas atividades financeiras, um banco próprio. A princípio, fora escravo de um distinto cristão, que lhe entregou

considerável soma de dinheiro para fazer um investimento no banco. Porém, depois que o escravo defraudara os numerosos depósitos que viúvas e outros crentes, confiando na solidez de seu senhor, haviam feito no banco, e este, finalmente, estava quase falindo, seu senhor lhe pediu contas. O escravo desleal fugiu, mas foi capturado e enviado por seu senhor ao moinho de disciplina.[120] Tendo conseguido a liberdade, graças aos apelos de seus irmãos cristãos e, em seguida, tendo sido enviado pelo prefeito às minas da Sardenha, obteve o favor de Márcia, a mais poderosa amante do imperador Cômodo. A pedido dela, foi-lhe devolvida a liberdade e, pouco depois, foi nomeado *bispo* de Roma.[121]

Kalthoff considera bastante possível que os dois contos dos Evangelhos, relativos um ao administrador infiel que esbanja o patrimônio do amo (*Lucas*, XVI, 1-9) e, o outro, à pecadora a quem foram perdoados os pecados, "que são muitos, porque muito amou" (*Lucas*, VII, 36-48) foram incluídos nos Evangelhos a fim de fornecer uma interpretação e sanção eclesiástica para a duvidosa reputação de Márcia e Calisto, que foram tão preeminentes na comunidade cristã de Roma. Pode também servir como uma contribuição para a história da origem dos Evangelhos.

Calisto não foi o último bispo e papa que deveu seu posto a uma amante, e o assassinato de Cômodo não foi o último ato de violência cristã. A sede de sangue e a crueldade de muitos papas e imperadores, começando nos termos de Constantino, o Santo, não necessitam de menção, pois são bem conhecidas.

A "suavidade e enobrecimento de costumes" que acompanharam a introdução do cristianismo foram, consequentemente, de natureza algo peculiar. A fim de entender suas limitações e contradições, é necessário estudar suas raízes econômicas. Os belos ensinamentos morais da época não as explicam, e o mesmo pode-se dizer com relação ao internacionalismo daqueles dias.

A TENDÊNCIA PARA A RELIGIÃO

O tráfego mundial e o processo de nivelamento político foram duas poderosas causas que contribuíram para o crescente internacionalismo, mas esse aumento dificilmente poderia ter chegado a essas proporções se não fosse pela dissolução de todos aqueles laços que uniam, mas também isolavam, as antigas comunidades. As organizações, que haviam determinado toda a vida do indivíduo na Antiguidade e oferecido apoio e guia, perderam, na época imperial, quase todo o seu significado e força: não somente todas as organizações baseadas nos laços de sangue, como a comunidade gentílica e até a família, como também as que se baseavam na convivência no mesmo solo, como a comunidade territorial e a aldeia. Isso, como já vimos, resultou em uma procura geral, por parte das pessoas que tinham perdido seu apoio moral, de modelos, líderes, e até mesmo redentores; mas também estimulava os homens a buscar e estabelecer novas organizações sociais mais adequadas às novas necessidades, que se tornavam cada vez mais pesadas.

Já próximo ao fim da República, há uma tendência geral para a formação de clubes e associações, particularmente com propósitos políticos, mas também com finalidades beneficentes. Estas foram dissolvidas pelos césares. Nada apavorava mais o despotismo do que as organizações sociais, já que seu poder era maior quando a autoridade pública e os cidadãos tinham de enfrentá-la como indivíduos esparsos.

César "dissolveu todas as sociedades, exceto aquelas que eram muito antigas", informa Suetônio (César, capítulo XLIII). Quanto a Augusto, diz: "Muitos partidos (*plurimae factiones*) organizaram-se sob o nome de um novo colégio para cometer todas as violências possíveis... O colégio, com exceção das associações muito antigas ou reconhecidas legalmente, foi dissolvido."[122]

Mommsen julga tais medidas muito louváveis. Sem dúvida, porque considera o astuto e inescrupuloso conspirador e intrujão (César) um "genuíno estadista" que "servia ao povo não em busca de recompensa, nem mesmo pela recompensa de seu amor", mas "pelas bênçãos da posteridade e, principalmente, para salvar e renovar sua nação".[123] Para compreender essa opinião sobre César, o leitor deve recordar que o trabalho de Mommsen surgiu poucos anos depois da batalha de Juna (a primeira edição saiu em 1854), quando Napoleão III foi exaltado por muitos liberais, particularmente alemães, como o salvador da sociedade, e trouxe à moda um culto a César.

Após cessarem as atividades das associações políticas, o desejo de cessarem as organizações voltou-se para sociedades mais inocentes. Multiplicaram-se principalmente as sociedades profissionais, caixas de auxílio a casos de enfermidade, morte, pobreza, e associações de voluntários contra incêndios, e em menor escala os clubes meramente sociais, clubes de comensais, sociedades literárias e outras similares. No entanto, tal era a desconfiança dos césares, que não toleraram nem mesmo essas organizações, uma vez que poderiam servir de pretexto para associações mais perigosas.

Na correspondência com Trajano, Plínio refere-se a uma conflagração que devastara a Nicomédia[124] e recomenda a organização de uma associação de voluntários de combate a incêndios (*collegium fabrorum*), de no máximo 150 homens. Esse número podia ser facilmente mantido sob vigilância. Trajano, no entanto, considerou a sugestão muito perigosa e negou a permissão que lhe fora pedida.[125]

Em cartas posteriores (n°s 117 e 118), vemos que até as reuniões sociais, em festas de casamento, ou outras reuniões de pessoas ricas, em que se distribuía dinheiro, pareceram a Plínio e Trajano perigosas para o Estado.

Não obstante, nossos historiadores exaltam Trajano como um dos melhores imperadores.

O ímpeto de organização dependia, em tais circunstâncias, de atividade secreta que, se descoberta, acarretava pena de morte para os participantes. É evidente que simples entretenimentos ou mesmo vantagens individuais não poderiam ser suficientes para impelir um homem a arriscar sua pele. Só podiam manter-se organizações cujo objetivo transcendesse a simples vantagem pessoal, que persistissem ainda que o indivíduo perecesse. Contudo, essas organizações só podiam ganhar força se seu objetivo correspondesse a um *interesse* e *necessidade social* forte, de uma classe ou geral, sentido o mais profundamente pelas grandes massas e capaz de levar seus membros mais enérgicos e desinteressados a arriscar a vida para satisfazer suas exigências. Em outras palavras, na época imperial, só podiam manter-se as organizações que tivessem um objetivo social transcendente, um ideal elevado, e não aquelas cujos esforços objetivavam vantagens práticas e interesses momentâneos. Só o entusiasmo mais revolucionário ou idealista podia dar vida e vigor a uma organização.

Esse idealismo nada tinha em comum com o idealismo filosófico. A busca de grandes objetivos sociais pode ser também o resultado de uma filosofia materialista; na realidade, somente o método materialista, com base na experiência e no estudo das relações necessárias de causa e efeito, pode conduzir à escolha de grandes objetivos sociais, livres de ilusões. Todos os pré-requisitos, necessários à existência de tal método, faltavam na época imperial. O indivíduo só podia elevar-se acima de si mesmo por meio de um misticismo moralizador, e alcançar assim os objetivos que transcendiam o bem-estar pessoal e temporal, e só podia consegui-lo por meio do pensamento conhecido como pensamento *religioso*. Somente as associações religiosas se mantiveram na época imperial. Far-se-ia, entretanto, um conceito errôneo a seu respeito, se sua forma religiosa, seu misticismo moralizador nos fizesse passar por cima do *conteúdo* social inerente a todas essas organizações e que lhes dava força: o desejo de modificar as tristes condições existentes, o desejo de formas sociais superiores, de uma cooperação mais estreita e uma ajuda mútua àqueles muitos indivíduos, mentalmente desamparados, que obtinham novo alento e satisfação porque se uniram para atingir ideais elevados.

Com essas organizações religiosas apareceu uma nova linha divisória na sociedade, precisamente naquele tempo em que, nos países mediterrâneos, o conceito de nacionalidade se expandia para o de humanidade. As organizações puramente econômicas, cujo propósito era ajudar o indivíduo apenas em um ou outro aspecto particular, não enfraqueciam o laço que o unia à sociedade existente e não criavam um novo conteúdo para sua vida. Porém era diferente com as sociedades religiosas que buscavam um grande ideal social sob uma capa religiosa. Esse ideal estava na mais total contradição com a sociedade existente, não apenas em um ponto, mas em todos os lados e cantos. Os defensores desse ideal falavam a mesma língua daqueles que os rodeavam e, entretanto, não eram compreendidos por eles; a cada passo, os dois mundos, o velho e o novo, encontravam-se hostis em suas fronteiras, embora convivessem na mesma terra. Destarte, surgiu um novo antagonismo entre os homens. No momento preciso em que o gaulês e o sírio, o romano e o egípcio, o espanhol e o grego começavam a perder sua identidade nacional, surgiu a grande diferença entre crentes e não crentes, santos e pecadores, cristãos e pagãos, que logo iria dividir o mundo da maneira mais profunda.

À medida que esse contraste se aguçava e que a luta se acentuava, o fanatismo e a intolerância também cresciam como um acompanhamento obrigatório a toda luta, que constitui, como a própria luta, um elemento necessário ao progresso e ao desenvolvimento, quando dá ânimo e energia às forças do progresso. *Nota bene*, não utilizamos o termo "intolerância" significando a supressão violenta da propagação de todas as opiniões incômodas, mas no sentido de repulsa e crítica enérgica de todas as opiniões diferentes, e uma defesa das próprias. Somente a covardia e a indolência seriam tolerantes nesse sentido, quando questões grandes e universais estão em jogo.

Esses interesses acham-se sujeitos a constante mudança. O que ontem ainda foi uma questão de vida ou morte pode ser hoje algo indiferente, pelo qual não vale a pena lutar. Assim, o fanatismo nesse ponto, que ontem foi uma necessidade, pode chegar a ser hoje uma causa para desperdício de energia e, portanto, altamente nocivo.

Assim, a intolerância e o fanatismo religiosos de muitas das seitas cristãs que cresciam naquele tempo constituíam uma das forças que aceleravam a evolução social, e isso durou enquanto seus objetivos sociais, cobertos pela roupagem religiosa, eram acessíveis às massas, tanto na época imperial quanto na época da Reforma. Essas qualidades, porém, tornaram-se reacionárias e constituíram um meio de retardar o progresso quando o modo religioso de pensamento, substituído pelos métodos da ciência moderna, passou a ser favorecido unicamente pelas camadas, classes ou regiões atrasadas da população, e não pôde, sob conceito algum, continuar servindo de invólucro para novos objetivos sociais.

A intolerância religiosa era um traço inteiramente novo no modo de pensamento da sociedade antiga. Do mesmo modo que foi intolerante do ponto de vista nacionalista e não respeitava os estranhos ou até mesmo o inimigo — o qual escravizava ou matava, mesmo que não tivesse lutado como guerreiro — tampouco pensou em desprezar alguém por suas opiniões religiosas. Aqueles casos que podem ser considerados perseguições religiosas, como, por exemplo, o processo de Sócrates, podem ser atribuídos a acusações *políticas*, sem caráter religioso.

O novo modo de pensamento que surgia na época imperial foi o primeiro a trazer consigo a intolerância religiosa e o fez em ambos os lados, cristão e pagão. Do lado pagão, certamente não envolvia intolerância a todas as religiões estrangeiras, mas apenas àquela que, sob uma capa religiosa, pregava uma nova ordem social.

Em todos os outros casos, os pagãos mantiveram a mesma tolerância religiosa que eles praticavam, e, de fato, foi precisamente no tempo do Império que o intercâmbio internacional conduziu à internacionalidade de cultos religiosos. Os mercadores estrangeiros e outros viajantes sempre levaram consigo seus deuses. E os deuses estranhos recebiam maior consideração que os deuses nativos, porque esses não haviam ajudado e demonstraram sua impotência. O mesmo sentimento de desespero, que resultava da desintegração geral, levou também à perda da fé nos velhos deuses, impelindo muitos dos espíritos mais fortes e independentes a voltarem-se para o ateísmo e ceticismo e duvidarem de toda divindade e mesmo de toda filosofia. Os mais tímidos, os elementos mais fracos, procuraram, entretanto, novo redentor no qual, como já vimos, pudessem encontrar apoio e esperança. Muitos pensaram que o haviam encontrado nos césares, elevados a deuses. Outros acharam mais prudente voltar-se aos que já eram considerados deuses desde a Antiguidade, mas que não haviam sido experimentados no país. Assim, os cultos estrangeiros tornaram-se populares.

Nessa concorrência internacional de divindade, o Oriente venceu o Ocidente, em parte porque as religiões orientais eram menos ingênuas, possuíam mais profundidade urbano-filosófica, por motivos que conheceremos depois, mas também porque o Leste derrotou o Oeste no campo industrial.

A antiga civilização do Oriente era muito superior à do Ocidente no campo da indústria, quando foi conquistada e saqueada pelos macedônios e depois pelos romanos. Talvez o leitor possa pensar que o nivelamento internacional, que então começava, implicava também um nivelamento industrial, elevando necessariamente o Ocidente ao nível do Oriente. Mas aconteceu o contrário. Vimos que, a partir de um dado momento, houve um processo geral de decadência do mundo antigo, consequência, em parte, da preponderância do trabalho forçado sobre o trabalho livre e, em parte, da pilhagem das províncias por Roma e pelo capital usurário. Esse declínio processou-se mais rapidamente no Ocidente que no Oriente, e a superioridade cultural deste último, começada no século II de nossa era e estendida até aproximadamente o ano 1000 d.C., não diminuiu, mas aumentou. A pobreza, a barbárie, o despovoamento fizeram progressos mais rápidos no Ocidente que no Oriente.

A causa de tal fenômeno deve encontrar-se principalmente na superioridade industrial do Oriente e no constante aumento da exploração das classes trabalhadoras em todo o Império. Os lucros excedentes, que essas classes proporcionavam em todas as províncias, afluíam, em sua maior parte, para Roma, a sede dos grandes exploradores. Contudo, de todo o excedente acumulado em Roma, que tomava a forma de dinheiro, a parte do leão escoava novamente para o Oriente, pois era este que produzia todos os artigos de luxo desejados pelos grandes exploradores, proporcionava os escravos de luxo e também os produtos industriais, como os cristais e a púrpura da Fenícia, o linho e os tecidos bordados do Egito, as lãs finas e os couros da Ásia Menor, os tapetes da Babilônia. E a decrescente fertilidade da Itália tornava o Egito o fornecedor de cereais de Roma, pois as cheias do rio, que cobriam anualmente o solo do Egito com novo limo fértil, tornaram a agricultura do vale do Nilo inesgotável.

Muito do que o Oriente fornecia era tomado pela força, sob a forma de impostos e juros extorsivos, porém ainda restava considerável quantidade a ser paga com os rendimentos da exploração do Ocidente, cuja pobreza aumentava.

O tráfico com o Oriente começava a estender-se além das fronteiras do Império. Alexandria tornou-se rica, não só pela venda dos produtos industriais egípcios, mas também por servir como intermediária no comércio entre a Arábia e a Índia, ao mesmo tempo que de Sínope,[126] no Mar Negro, partia para a China uma rota comercial. Plínio considerava, em sua *História natural*, que aproximadamente 100.000.000 de *sestércios* (mais de 20 milhões de marcos) saíam anualmente do Império para pagar as sedas chinesas, as joias da Índia e as especiarias da Arábia, sem nenhuma compensação notável sob a forma de mercadorias e sem obrigar de nenhum modo os países estrangeiros a pagar tributos ou juros. A soma total tinha de ser paga em metal precioso.

Com os produtos, os mercadores orientais traziam seus cultos para o Ocidente. Estes eram bastante aceitáveis para as necessidades do Ocidente, pelo fato de que já tinham existido, no Oriente, semelhantes condições sociais, embora talvez não desenvolvidas nas proporções desastrosas que tinham alcançado então em todo o Império Romano. A ideia da redenção por uma divindade, peculiar a quase todos esses cultos e que se baseava na graça adquirida mediante renúncia aos prazeres terrestres, propagou-se no Império, especialmente na forma do culto egípcio de Ísis[127] e do culto persa de Mitra.

> Especialmente Ísis, cuja adoração começara em Roma no tempo de Sula e ganhara fervor especial durante o reinado de Vespasiano,

> estendeu-se até os lugares mais afastados do Ocidente, alcançando gradualmente um amplo significado, a princípio como uma deusa da cura, no estrito sentido físico... Seu culto era rico em magníficas procissões e também em castigos, expiações, estritas observâncias e particularmente em mistérios. Era precisamente o desejo religioso, a esperança do perdão dos pecados, o desejo de penitências severas e a aspiração de ganhar a imortalidade, plena de felicidade, pela submissão completa a uma divindade, o que animava a propagar cultos tão exóticos no Olimpo grego ou romano, que anteriormente haviam sido bem mais indiferentes a semelhantes cerimônias misteriosas, êxtases arrebatados, práticas mágicas, negação de si mesmo, submissão ilimitada à divindade, renúncia e penitência, como condições para a purificação e a santidade. Ainda mais poderoso era o culto secreto de Mitra, que também oferecia redenção e imortalidade e foi especialmente disseminado pelos exércitos. Esse culto tornou-se conhecido primeiro durante o reinado de Tibério.[128]

As crenças hindus encontraram entrada no Império Romano. Por exemplo, o nosso já conhecido Apolônio de Tiana realizou uma viagem especial à Índia para estudar as doutrinas religiosas e filosóficas. Outrossim, Plotino lá esteve, a fim conhecer mais de perto as sabedorias persa e hindu.

Todas essas crenças e cultos não passaram sem deixar suas marcas entre os cristãos, que se empenhavam pela redenção e salvação, e constituíram uma das influências mais poderosas nas primeiras etapas do culto e das lendas do cristianismo.

O pregador da Igreja, Eusébio, tratou esse culto egípcio desdenhosamente, como "sabedoria de insetos" e, no entanto, o mito da Virgem Maria é apenas um eco dos originados nas margens do Nilo.

Osíris era representado na terra pelo boi Apis.[129] O próprio Osíris fora concebido por sua mãe sem a intervenção de um deus; assim também se fez necessário que seu representante na terra fosse concebido por uma vaca virgem sem a assistência de um touro. Heródoto nos informa de que a mãe de Ápis concebera graças a um raio de Sol, enquanto, segundo Plutarco, concebera graças a um raio da Lua.

"Como Ápis, Jesus não teve pai, e fora engendrado por um raio de luz do céu. Ápis era um touro, mas representava um deus; Jesus era um Deus representado por um cordeiro. Mas o próprio Osíris era representado com cabeça de carneiro."[130]

Um observador da época, irônico, notou, talvez no século III, quando o cristianismo já era bastante forte, que não havia grande diferença no Egito entre cristãos e pagãos:

> Aqueles que adoram Serápis[131] no Egito são também cristãos e aqueles que se chamam bispos cristãos são também adoradores de Serápis; todo grande rabino dos judeus, todo sacerdote cristão, todo samaritano, no Egito, era ao mesmo tempo um feiticeiro, um profeta, um embusteiro (aliptes). Quando o patriarca vem ao Egito alguns querem que ele ore a Serápis, enquanto outros querem que ele ore a Cristo.[132]

A história do nascimento de Cristo, ademais, como é narrada em Lucas, tem certas características budistas.

Pfleiderer comenta que o autor do Evangelho não teria inventado livremente essa história, tão anti-histórica, mas a tomado de sagas "que de algum modo haviam chegado a seu conhecimento", possivelmente lendas antigas comuns a todos os povos da Ásia ocidental.

> Pois encontramos as mesmas sagas, às vezes com os mesmos detalhes surpreendentes, assimiladas na história da infância do salvador hindu Gautama Buda[133] (que viveu no século V a.C., K.) das Índias Orientais. Ele (Buda) nasceu também milagrosamente de Maya,[134] rainha virgem, em cujo corpo imaculado a luminosa criatura celestial, Buda, entrara. Também apareceram, em seu nascimento, espíritos celestiais que entoaram o seguinte canto de louvor: "Um maravilhoso herói, um herói incomparável nasceu. Salvação do mundo, cheio de misericórdia, hoje tu estendes tua benevolência sobre todos os extremos do espaço! Deixa vir o prazer e a satisfação a todas as criaturas, para que sejam calmas, senhoras de si mesmas e felizes." Buda também é então conduzido por sua mãe ao templo, para satisfazer a costumes legais; ali o velho ermitão Asita, a quem um pressentimento levara a descer do Himalaia, profetiza que o menino será o Buda, o redentor de todos os males, um guia para a liberdade, a luz e a imortalidade... Finalmente temos uma relação sumária de como a criança

real diariamente ganha em perfeição mental, em beleza corporal e força; precisamente o que se diz do menino Jesus em *Lucas*, II, 40 e 52.[135]

Provas de sabedoria precoce são contadas também do jovem Gautama. Entre outras histórias, a de que num festival os seus pais perderam o menino, e após incansável procura, seu pai o encontrou num círculo de homens santos, abstraído em piedosas reflexões, e então recomendou severamente ao assombrado pai que buscasse coisas superiores.[136]

Pfleiderer, no livro mencionado, mostra mais elementos que foram tomados, pelo cristianismo, de outros cultos; por exemplo, a adoração a Mitra. Já citamos a referência de Pfleiderer à ceia do Senhor, que era "um dos sacramentos de Mitra" (p. 130). Também na doutrina da Ressurreição encontram-se elementos pagãos.

Talvez Paulo tenha sido influenciado pela ideia popular do deus que morre e retorna à vida, que dominava naquele tempo nos cultos de Adônis, Átis e Osíris, do Oriente Próximo (com vários nomes e costumes muito parecidos em todas as partes). Em Antioquia, a capital síria, onde Paulo agiu bastante tempo, a principal celebração da festa de Adônis era na primavera; no primeiro dia (na celebração de Osíris era o terceiro dia da morte, enquanto na de Átis, a celebração era no quarto dia), celebrava-se a morte de Adônis,[137] o Senhor, enquanto no dia seguinte havia, entre cantos selvagens e lamentações de mulheres, o enterro de seu corpo (representado por uma imagem); no outro dia, proclamava-se que o deus vivia e fazia-se sua imagem levantar-se no ar etc.[138]

Mas Pfleiderer mostra corretamente que o cristianismo não se limitou a tomar esses elementos pagãos. Adaptou-os para que servissem ao seu sistema unificado de crenças, pois o cristianismo não podia conceder asilo aos deuses estranhos sem os transformar. Somente seu monoteísmo teria sido suficiente para prevenir esse procedimento.

MONOTEÍSMO

O monoteísmo, a fé em um só deus não era, propriamente, característica exclusiva do cristianismo. Aqui também é possível revelar as raízes econômicas das quais essa ideia brotou. Já vimos como o habitante das grandes cidades tornou-se estranho à natureza, como se dissolveram todas as organizações tradicionais, nas quais anteriormente o indivíduo encontrara firme apoio moral; finalmente, como a preocupação pelo *ego* chegou a ser a tarefa principal do pensamento, que, da investigação do mundo externo, se converteu cada vez mais em uma reflexão sobre os próprios sentimentos e necessidades.

Os deuses tinham servido a princípio para explicar os processos da natureza, cujas conexões causais não eram ainda entendidas. Esses procedimentos eram muito numerosos, dos mais diversos tipos, e requeriam, consequentemente, para sua explicação, a criação dos mais variados deuses, grosseiros e alegres, brutais e bondosos, varões e fêmeas. Depois, à medida que o conhecimento das relações causais na natureza progrediu, os deuses individuais tornaram-se cada vez mais supérfluos. Contudo, no curso de milhares de anos haviam criado raízes tão profundas na mente humana, tinham-se associado tão estreitamente a suas ocupações diárias, que o conhecimento da natureza não era ainda suficientemente completo para varrer totalmente a fé nos deuses. Os deuses viam-se levados de um a outro campo da atividade. De companheiros constantes dos homens, transformavam-se em extraordinários fenômenos milagrosos; havendo sido habitantes da terra, mostravam-lhes as regiões acima, o céu; de trabalhadores e lutadores vigorosos e enérgicos, que incansavelmente mantinham o mundo em comoção, tornavam-se observadores contemplativos da cena universal.

Provavelmente, o progresso da ciência natural tê-los-ia abolido de todo se a construção da grande cidade e a decadência econômica, que já descrevemos, não tivessem provocado um afastamento da natureza e feito com que a base do pensamento passasse a ser o estudo do espírito pelo espírito, em outras palavras, não a pesquisa científica do conjunto de todos os fenômenos espirituais experimentados, mas um estudo no qual o espírito do indivíduo vinha a ser a fonte de toda a sabedoria concernente a ele mesmo, a qual, por sua vez, era a fonte de toda a sabedoria mundial. Porém, por mais que fossem múltiplos e variados os sentimentos e necessidades da alma, supunha-se que essa era uma unidade indivisível, e que a alma dos outros era concebida exatamente como da mesma natureza da alma do indivíduo que refletia. Uma atitude científica levara à dedução de que todas as atividades espirituais dependem necessariamente de leis uniformes. Porém os fundamentos da antiga moral começaram então a dissolver-se, e, sem motivação, aos homens a liberdade afigurou-se como a liberdade da vontade do indivíduo. A natureza uniforme do espírito humano parecia somente suscetível de explicação considerando que o espírito era em todas as partes uma porção do mesmo espírito, um só, cuja emanação e imitação constituem o inescrutável e uniforme espírito de todos os indivíduos. Carente de espaço, como alma individual, era também alma universal. Essa alma era concebida como presente e ativa em todas as pessoas, em outras palavras, como onipresente e onisciente; os pensamentos mais secretos não se lhe podiam ocultar. A maior atenção que se dava ao interesse moral, como oposto ao interesse pela natureza, que deu lugar à presunção dessa alma universal, também concedia um caráter moral à alma universal. Essa veio a ser a consubstanciação de todas as ideias morais que então ocupavam os homens. Mas, a fim de sê-la, a alma tinha que estar separada da natureza corporal, que é inerente à alma dos homens e obscurece sua moralidade. Assim, se desenvolveu o conceito de uma nova divindade, que só podia ser única, correspondente à unidade da alma do indivíduo, em oposição à multiplicidade dos deuses da Antiguidade, que correspondia à complexidade dos processos naturais fora de nós. E a nova e única divindade estava fora e acima da natureza, existia antes desta, que fora criada por si, em oposição aos deuses antigos que haviam sido uma porção da natureza e não eram mais antigos que ela.

Mas, por mais que os novos interesses espirituais dos homens parecessem puramente psíquicos e morais, não podiam abandonar completamente a natureza. E uma vez que, no mesmo tempo, as ciências naturais decaíam, ressurgia a suposição de intervenções de elementos pessoais sobre-humanos a fim de explicar a natureza. Os seres superiores, que agora intervinham no processo universal, já não eram, porém, deuses soberanos como o tinham sido anteriormente, mas estavam subordinados ao espírito universal, como, de acordo com o conceito daqueles dias, a natureza estava subordinada a Deus e o corpo ao espírito. Eram criaturas entre Deus e os homens.

Esse conceito das coisas foi escorado pelo desenvolvimento político. A destruição da república dos deuses no céu era simultânea à queda da república em Roma; Deus se tornara a partir de então o onipotente imperador do Além; como César, tinha sua corte, os santos e os anjos, e sua oposição republicana, o diabo e suas hostes.

Finalmente, os cristãos chegaram mesmo a dividir a burocracia celestial de Deus — os anjos — conforme os escalões, em classes correspondentes às divisões feitas pelos césares entre sua burocracia terrena, e os anjos pareciam sujeitos à mesma prerrogativa do cargo que os funcionários do imperador.

A partir de Constantino, os cortesãos e funcionários do Estado foram divididos em escalões, cada um dos quais tinha o direito de usar certo título. Encontramos os seguintes: 1. os *gloriosi*, isto é, os altamente celebrados, que correspondiam aos cônsules; 2. os *nobilissimi*, ou mais nobres, esses títulos correspondiam aos príncipes de sangue; 3. os *patricii*, isto é, os barões.

Além desses escalões de nobreza havia também os da alta burocracia; 4. os *ilustres*, isto é, os ilustres; 5. os *spectabilis*, ou respeitáveis; 6. os *clarissimi*, ou famosos; abaixo destes, temos: 7. os *perfectissimi*, ou mais perfeitos; 8. os *egregii*, ou notáveis; 9. os *comites*, ou "conselheiros privados".

Nossos teólogos me apoiarão quando digo que a corte celestial está organizada da mesma maneira.

Assim, por exemplo, o *Léxico eclesiástico da teologia católica* (editado por Weltzer e Welte, Freiburg em Breisgau, 1849)[139] menciona em seu artigo "Anjo" o enorme número de anjos e diz:

> Seguindo o precedente de Santo Ambrósio, muitos mestres acreditavam que a relação entre o número de anjos e o número de homens é de 99 para 1; por exemplo, a ovelha perdida, na parábola desse nome (*Lucas*, XII, 32), representa a raça humana, enquanto as 99 ovelhas que não se perderam representam os anjos. Os anjos dessa legião incontável acham-se agrupados em certas classes e a Igreja — opondo-se até à opinião de Orígenes,[140] que acha que todos os espíritos são iguais entre si em substância, força etc. — defendeu no Segundo Concílio de Constantinopla, no ano de 533 d.C., as distinções

entre os anjos. A Igreja reconhece nove coros de anjos, agrupados de três em três. Essas nove ordens são: 1. Os Serafins; 2. Os Querubins; 3. Os Tronos (*Thronus*); 4. As Dominações (*Dominatio*); 5. As Virtudes (*Virtus*); 6. As Potestades (*Potestas*); 7. Os Principados (*Principatus*); 8. Os Arcanjos; 9. Os Anjos (anjos comuns).[141]

"Parece não caber dúvida de que os anjos constituem, no sentido estrito da palavra, a classe mais baixa e mais numerosa, enquanto os serafins constituem a classe mais elevada e menos numerosa."

Na Terra as coisas não são muito diferentes: não há muitos funcionários com altos títulos, mas temos um grande número de vulgares mensageiros.

O artigo acima mencionado contém ainda a seguinte informação:

> Os anjos vivem em comunhão íntima e pessoal com Deus e sua relação com Ele é, consequentemente, de infinita adoração, de humilde submissão, de incansável afeição que renuncia a todos os amores além do amor de Deus, de completa e prazerosa renúncia de todo seu ser, de firme fidelidade, de completa obediência, de profundo respeito, gratidão sem limites, ardente adoração, ou mesmo de incessante louvor, de constante magnificência, de santo júbilo e de maravilhoso prazer.

Idêntica submissão prazerosa era requerida pelos imperadores por parte de seus funcionários e cortesãos. Tal foi o ideal do bizantinismo.

É claro que a imagem do Deus único, como se desenvolveu no cristianismo, não era menos um produto do despotismo imperial que da filosofia, que, a partir dos dias de Platão, se voltara cada vez mais para o monoteísmo.

Essa filosofia estava tão de acordo com os sentimentos e as necessidades gerais, que logo se tornou parte da consciência popular. Por exemplo, já encontramos em Plauto,[142] um poeta romano que viveu no século III a.C. e cujas ideias são de uma filosofia barata, passagens, como a seguinte, de um escravo que pede um favor: "Entretanto há um Deus, que ouve e vê tudo que fazemos; ele fará por teu filho o que tu faças por mim. Ele recompensará as boas ações e castigará os maus feitos." (*Os prisioneiros de guerra*, ato II, cena 2.)

Esse já é um conceito de Deus completamente cristão. Mas esse monoteísmo era demasiado ingênuo, permitindo, inconscientemente, que os velhos deuses continuassem existindo ao mesmo tempo. Não ocorreu aos próprios cristãos pôr em dúvida a existência dos antigos deuses, dado que aceitavam, sem discussão, tantos milagres pagãos. Mas o Deus cristão nunca tolerou outros deuses além de si mesmo; seria o único governante. Se os deuses pagãos não se submetiam a Ele e consentiam em ser incorporados à sua corte, só lhes restava o posto que desempenhou a oposição republicana durante os primeiros imperadores, em sua maioria bem triste. Consistia meramente em esforços ocasionais para fazer alguma ação contra o Todo-Poderoso, incitar seus virtuosos súditos contra ele, sem nenhuma esperança de derrubar seu senhor, mas apenas de conseguir irritá-lo de vez em quando.

Porém, mesmo esse intolerante monoteísmo, certo de sua vitória, que não duvidou por um momento da superioridade e onipotência de seu Deus, foi encontrado pelo cristianismo. Não entre os pagãos, mas em uma pequena nação de caráter peculiar, a dos *judeus*, que também desenvolveu a *crença em um redentor* e a obrigação do *auxílio mútuo* e de firme solidariedade em muito maior extensão, e satisfez, muito melhor que qualquer outra nação ou classe social da época, a grande necessidade por tais doutrinas. Os judeus, consequentemente, deram poderoso ímpeto à nova doutrina, resultante dessas necessidades, e contribuíram para ela com alguns de seus elementos mais importantes. Só depois de também entender, particularmente, o judaísmo, ao lado do mundo romano-helênico durante a época imperial em geral, é que estarão reveladas todas as raízes das quais brotou o cristianismo.

NOTAS

1. Epicuro ou Epikouros (Ἐπίκουρος, em grego), filósofo grego, foi o fundador de uma corrente filosófica. Nasceu na Ilha de Samos, atual Grécia, em cerca de 342 a.C., e morreu em Atenas, em cerca de 270 a.C.). Recebeu influência do atomismo de Demócrito de Abdera (*c.* 460-370 a.C.) Anterior a Socrátes, Epicuro fundou sua escola em um jardim de Atenas no ano 306 a.C. Numerosos centros epicuristas desenvolveram-se na Grécia e, desde o século I a.C., em Roma, sob a influência de Lucrécio. (N. do T.)
2. A escola estoica foi fundada por volta do início do século III a.C., por Zenão de Citio (Ζήνων ὁ Κιτιεύς), que reunia seus discípulos sob um pórtico (*stoa*, στοά) na ágora (ἀγορά, praça de reunião e mercado) de Atenas. Sua doutrina defende uma vida em conformidade com a lei da natureza e recomenda a falta de emoções diante do mundo exterior (*apatheia*, ἀπάθεια). Depois de Zenão, os mais destacados estoicistas gregos foram Cleantes de Assos, Crisipo de Solis, Posidônio e Epíteto. Em 155 a.C., Diógenes da Babilônia levou o estoicismo para Roma, onde a escola também teve numerosos adeptos, entre outros Catão (o Jovem), Sêneca e Marco Aurélio. (N. do T.)
3. Aquiles (Ἀχιλλεύς, *Akhilleús*) ou Akhilles foi, na mitologia grega, o maior combatente na guerra contra Troia. Seus feitos foram celebrados por Homero no poema épico *Ilíada*. O título de tal poema deriva do nome Ílion (em grego Ἴλιον), uma cidade-estado da idade do bronze, localizada no Mar Egeu, próxima ao Helesponto (Dardanelos), na atual província turca de Çanakkale. Homero, nessa obra, narra os acontecimentos ocorridos em 51 dias durante o décimo e último ano da guerra de Troia. O motivo condutor da obra é a "cólera" (μῆνις) de Aquiles, palavra com a qual o poema começa. Em outro poema atribuído também a Homero — *Odisseia* (em grego Ὀδύσσεια, *Odússeia*) — o personagem Odisseu navega para o mundo inferior e conversa com as almas, uma das quais a de Aquiles, que lhe diz preferir ser um homem pobre, um assalariado, do que governar sobre os mortos (cap. XI, p. 488-491). (N. do T.)
4. Platão ou Plato (em grego Πλάτων), filósofo grego discípulo de Sócrates e mestre de Aristóteles. Nasceu em cerca de 428/427 a.C., viveu em Atenas, onde fundou a Academia, e faleceu em cerca de 348/347 a.C. Segundo Diogenes Sartius, seu nome real era Aristócles. Platão ou Plato devia ser um apelido. Deriva-se de πλάτος (*plátos*), que em grego significa largura, amplitude, e provavelmente passaram a chamá-lo assim porque possuía tais características físicas ou intelectuais. Dedicou-se à política, ética, metafísica e gnoselogia e deixou várias obras, entre as

quais *Banquete* e *República*. Os títulos originais dessas obras são: Συμπόσιον, que significa simpósio, no sentido de banquete; *República* tem como título original Πολιτείας, que literalmente se traduz como politeia, palavra não existente em português. Deriva de *polis* (πόλις), que é a cidade no sentido político e podia incluir várias aldeias; politeia é o Estado. (N. do T.)

5. Panfiliano, natural de Pamphylia, região ao sul da Ásia Menor, ao leste de Lycia, na costa do Mediterrâneo. O nome Pamphylia, de raiz grega, significa "todas as tribos"; é o país de origem de Er, o herói do mito que Sócrates propõe nas conclusões de *República*, de Platão. (N. do T.)
6. Nero (37-68 d.C.) foi imperador romano entre 54 e 68. Nasceu em Âncio, era descendente de uma das principais famílias romanas, a *gens* imperial Júlio-Claudiana, através de sua mãe, Agripina, a Jovem, filha de Germanicus e neta de César Augusto. Segundo consta, seu governo foi, a princípio, bom, orientado por sua mãe e seu preceptor, Sêneca. Depois se tornou paranoico, como Tibério e Calígula, afastou-se de Sêneca e promoveu uma série de assassinatos, inclusive de sua mãe e de sua esposa. Durante seu governo ocorreu o incêndio que destruiu grande parte de Roma e cuja responsabilidade foi a ele atribuída. Também desencadeou intensa perseguição aos cristãos. (N. do T.)
7. Lucius Annaeus Seneca, vide página 107, nota 28.
8. Mitra, na mitologia da Índia e da Pérsia, representava o deus da luz, filho de Ahura-Mazda, deus do bem, gerado em uma virgem, a deusa Anahira. Era chamado de Sol Vencedor. Seu símbolo era o touro, animal que se sacrificava em sua homenagem. Mitra foi incorporado à mitologia romana, considerado o Protetor do Império e cultuado por alguns imperadores. O culto de Mitra fazia-se em sociedades secretas, de caráter masculino, e difundiu-se sobretudo entre os militares, porque impunha honestidade, coragem e pureza aos seus adeptos. Na Antiguidade, celebrava-se seu nascimento na data de 25 de dezembro. Esse culto perdurou na Europa durante três séculos e só declinou depois que a Igreja Católica se organizou como instituição, durante o governo de Constantino. (N. do T.)
9. Fílon (Philon ou Filon, em grego Φίλων) foi um filósofo judeu. Nasceu em Alexandria (Egito), em cerca de 20 a.C., e morreu em cerca de 50 d.C. Tentou interpretar o Antigo Testamento à luz das categorias filosóficas da Grécia e harmonizar as duas tradições. Escreveu numerosas obras em língua grega. O que se sabe da biografia dele deve-se, principalmente, à obra de Josefo *Antiquitates* e ao que está escrito em seus próprios textos. (N. do T.)
10. O título original da obra, em grego, é Νόμων Ἱερῶν Ἀλληγορίαι ou, em latim, *Legum Allegoriae*. (N. do T.)

11. Heráclito (Ἡράκλειτος, *Herakleitos* em grego) nasceu em Éfeso (Jônia, Ásia Menor) por volta de 535 a.C. e morreu por volta de 475 a.C. Recebeu o apelido de "o Obscuro". É considerado o pai da dialética. A ele foi atribuída a frase: "Todas as coisas fluem. Nada permanece parado." (Πάντα ῥεῖ καὶ οὐδὲν μένει.) Ensinava: "Nós entramos e não entramos nos mesmos rios. Nós somos e não somos." (ποταμοῖσι τοῖσιν αὐτοῖσιν ἐμβαίνουσιν ἕτερα καὶ ἕτερα ὕδατα ἐπιρρεῖ; fragmento B 12.) (N. do T.)
12. Marco Bruto (Marcus Iunius Brutos, 85-42 a.C.), por seu casamento com Porcia, filha de Catos, fervoroso estoico, entrou, através da família, em ligação com a seita, embora tivesse seus próprios pontos de vista. (N. do T.)
13. Dio Cássio (Cassius Cocceianus, 165-229 d.C.), conhecido historiador romano, foi senador de Roma e funcionário do Estado. (N. do T.)
14. Luciano de Samósata (Lucianus Samosatensis, Λουκιανὸς ὁ Σαμοσατεύς), famoso satírico e retórico, nasceu aproximadamente em 120 d.C., em Samósata (Turquia), então província da Síria dominada pelo Império Romano, e morreu por volta de 180 d.C., possivelmente no Egito (Alexandria). Ele escreveu em grego. (N. do T.)
15. Diógenes (Διογένης, *c.* 412 ou 404-323 a.C.) nasceu em Sínope (Turquia) e foi o mais famoso representante da escola filosófica do cinismo, fundada por Antístenes (*c.* 445-*c.* 360 a.C.), discípulo de Sócrates. Radical crítico da sociedade, tornou-se conhecido por morar em um barril em vez de uma casa e por andar durante o dia pelo mercado de Atenas com uma lanterna na mão, à procura de um "ser humano". (N. do T.)
16. Cipião (Publius Cornelius Scipio Africanus Major, 235-183 a.C.) foi um estadista na República Romana e importante general na Segunda Guerra Púnica. Foi quem derrotou Hanibal e destruiu Cartago. Daí o nome de Africanus. Era da *gens* Cornelia, antiga família romana cujos membros usavam o cognome de Scipio. Públio Cornélio Cipião Emiliano Africano, o Jovem, (185-129 a.C.) também foi importante general e político na República Romana e comandou o cerco final a Cartago. (N. do T.)
17. Lívia Drusa (58 a.C.-29 d.C.) foi esposa de César Augusto, que a deificou, passando a chamar-se Júlia Augusta. Foi muito poderosa no início do Império Romano, tendo exercido a regência algumas vezes. É a mãe dos imperadores Tibério e Druso. (N. do T.)
18. Druso (Nero Claudius Drusus Germanicus, 38-9 a.C.) ao nascer foi chamado Decimus Claudius Drusus. Era o filho mais jovem de Lívia. (N. do T.)
19. Canus Júlio (Iulius Canus ou Canus Iulius), filósofo romano. O fato a que Kautsky se refere foi narrado por Sêneca na monografia *De tranquilitate animi*, XIV, p. 4-10.

20. Helvídio (Helvidius Priscus), genro de Trásea, foi um filósofo estoico, que viveu no tempo de Nero, Galba, Otto, Vitélio e Vespasiano. (N. do T.)
21. Trásea (Publius Clodius Thrasea Paetus), senador romano e filósofo estoico. (N. do T.)
22. Demétrio (Demetrius) foi um filósofo cínico, nascido em Sinum. Viveu algum tempo em Corinto e depois em Roma, no tempo de Nero e Vespasiano. (N. do T.)
23. Sibila (grego Σίβυλλα, latim *Sibylla*) é um termo grego, usado também na Roma antiga, que significa "profeta feminina". Em Roma, normalmente refere-se a Sibila de Cumas (Cumae) — antiga cidade de colonização grega, situada no litoral da Campânia (Itália) —, que presidia o oráculo de Apolo naquela cidade. Certa vez, apresentou-se ao rei romano Tarquínio, o Soberbo, e ofereceu-lhe seus nove livros proféticos, escritos em grego, a um preço muito alto. Tarquínio recusou-se a comprá-los e ela destruiu três. Depois mais três. Com medo de que ela destruísse os outros, ele pagou o preço que ela pedira pelos nove. Esses livros, conhecidos como Livros Sibilinos, foram guardados no templo de Júpiter. Inicialmente, estavam escritos em folha de palmeira e, depois, foram passados para papiro. Os romanos, ao tempo da República, apreciavam muito esses livros e mantinham-nos sob a guarda de sacerdotes, cujo número cresceu de dois para dez e finalmente para quinze sacerdotes, chamados respectivamente *duumviri, decemviri* e *quindecimviri sacris faciundis*. Estes consultavam os livros a pedido do Senado para descobrir que procedimentos religiosos eram necessários para evitar calamidades. Em 83 a.C., os Livros Sibilinos originais foram destruídos por um incêndio e foi formada uma nova coleção, destruída em 405 d.C. Eles exerceram enorme influência sobre os romanos. (N. do T.)
24. Merivale, *The Romans under the Empire*, 1862, vol. VII, p. 349. Esse autor, que Kautsky cita, é Charles Merivale (1808-1893), e o título completo da obra é *A History of the Romans under the Empire*, em sete volumes, publicada entre 1850 e 1862. (N. do T.)
25. Virgílio (Publius Vergilius Maro, 70-19 a.C.), algumas vezes escrito Virgilio, poeta romano, autor de *Eneida*, *Bucólicas* e *Geórgicas*. Foi a maior expressão da literatura latina. (N. do T.)
26. Apiano, *Römische Burgerkriege*, II, 16.
27. Este autor, que Kautsky cita, é Gustav Friedrich Hertzberg (1826-1907), professor da Universidade de Halle (Alemanha), autor de várias obras sobre as civilizações antigas, entre as quais *Geschichte des römischen Kaiserreiches*. (N. do T.)
28. Kautsky refere-se à obra do historiador irlandês William Edward Hartpole Lecky (1838-1903) — *A History of the Rise and Influence of Rationalism*

in Europe (2 vols., 1865), traduzida para o alemão e publicada com o título *Geschichte des Ursprungs und Einflusses der Aufklärung in Europa*, em Leipzig, em 1973. (N. do T.)

29. Anúbis (Anpu, Anup ou Anupu, nos hieroglifos) é o nome grego de um deus da mitologia egípcia. É ele que governa o mundo. (N. do T.)
30. *Altertümer des Juden* XVIII, 3. Trata-se da obra de Josefo *Antiquitates Iudaicae* (N. do T.)
31. Tácito (Publius ou Gaius Cornelius Tacitus, *c.* 56-*c.* 117 d.C.) deixou duas obras, *Historiae* e *Annales*, que chegaram aos dias atuais e que contam a história do Império Romano, no primeiro século, desde a chegada ao poder pelo imperador Tibério até a morte de Nero. Ele escreve sobre os reinados dos imperadores Tibério, Cláudio e Nero. (N. do T.)
32. Vespasiano (Cæsar Vespasianus Augustus, 9-79 d.C.), também conhecido como Tito Flávio Vespasiano, foi imperador de Roma de 69 d.C. a 79 d.C. Foi o fundador da dinastia Flávia, sucedido pelos filhos Tito e Domiciano. (N. do T.)
33. *The Romans Under the Empire.*
34. Apolônio de Tiana (Apollonius de Tyana, Τυανεα Ἀπολλώνιος, 2 a.C.-*c.* 98 d.C.) foi um filósofo grego pitagórico, que nasceu em Capadócia e morreu em Éfeso. Suas lições marcaram o pensamento científico durante muitos séculos depois de sua morte. A principal fonte sobre ele é a obra *Vida de Apollonio*, de Flávio Filostrato, que possivelmente tentou construir um personagem que se equiparasse a Cristo. É citado nas obras *A vida de Pitágoras*, de Porfírio, e *Vida pitagórica*, de Jâmblico. Imagina-se que seja ele o personagem Apolo, que aparece em Atos dos Apóstolos e Primeira Epístola aos Coríntios. (N. do T.)
35. Proteu, na mitologia grega, era filho dos titãs Tétis e Oceanus, que fora rei do mar e perdeu a luta contra Poseidon (Netuno). Podia prever o futuro, mas não gostava de fazer profecias, nem de que os humanos dele se aproximassem. O único que conseguiu foi Menelau, rei de Esparta, que queria saber se voltaria à sua cidade após a guerra contra Troia. (N. do T.)
36. *Apollonius von Tyana*, traduzido do grego de Filóstrato e comentado por Eduard Baltzer, 1883, I, p. 4.
37. *Op. cit.*, IV, p. 45.
38. Domiciano (Titus Flavius Domitianus, 51-96 d.C.) era filho de Vespasiano e sucedeu ao seu irmão Tito Flávio como imperador de Roma. Devido ao seu absolutismo, foi comparado por muitos a Calígula e Nero. (N. do T.)
39. Guglielmo Marconi (1874-1937), físico italiano, inventou o rádio, primeira criação do sistema de telegrafia sem fio, em 1896. Com 20 anos de ida-

de, comprovou a teoria de que ondas magnéticas poderiam gerar sons, em 1894-1895. (N. do T.)

40. *Op. cit.*, p. 378.
41. Hiérocles foi procônsul em Bitínia e Alexandria, durante o reinado de Diocleciano (284-305 d.C.). Insuflou a perseguição contra os cristãos. Em seus escritos, tentou mostrar que os seus livros sagrados estavam cheios de contradições e que o poder miraculoso de Jesus era menor do que o de Apolônio de Tiana. (N. do T.)
42. Eusébio de Cesareia (Eusebius de Cæsarea, 275-339 d.C.), conhecido como Eusébio Pamphili (o amigo de Panphilus), foi bispo da Cesareia, na Palestina, e é por muitos considerado o pai da Igreja. Deixou várias obras, entre as quais *Historia ecclesiae*, em que relata a história do cristianismo primitivo. (N. do T.)
43. Friedländer, *Sittengeschichte Roms*, 1901, II, p. 534. O autor que Kautsky cita é Ludwig Heinrich Friedländer (1824-1909), acadêmico alemão, professor de filologia antiga e história da cultura, autor de *Darstellungen aus der Sittengeschichte Roms in der Zeit von August bis zum Ausgang der Antonine* publicada pela primeira vez em 1862-1871. (N. do T.)
44. Os Quadi eram uma pequena tribo germânica. Provavelmente originários da região do Rio Main, os Quadi migraram para a Morávia. Há poucas informações a seu respeito. Em *Germania,* Tácito somente menciona os Quadi da mesma forma que os Marcomanni, referindo-se ao seu espírito guerreiro. (N. do T.)
45. César Marco Aurélio Antonino Augusto (Cæsar Marcus Aurelius Antoninus Augustus, 121-180 d.C.), nascido Marcus Annius Catilius Severus, sucedeu ao seu tio Antonino Pio (86-161 d.C.) no trono de Roma e reinou de 161 até morrer, em 180 d.C. Foi o último dos cinco imperadores romanos. Adotou a filosofia estoica e escreveu em grego *Meditationes* (Σκέψεις). Casou-se em 145 com Faustina, a Jovem, com quem teve treze filhos, entre os quais Marcus Aurelius Commodus Antoninus (161-192 d.C.), celebrizado apenas como Cômodo, que governou de 180 a 192 d.C., quando foi estrangulado, enquanto dormia, por Narciso (Narcissus), um dos conspiradores. Após seu assassinato, o Senado ordenou *damnatio memoriae*. (N. do T.)
46. Arnúfis (Arnuphis) foi um mágico romano que acompanhou o exército de Roma. Era amigo de Marco Aurélio. Os escritores pagãos atribuíam-lhe as vitórias do exército romano contra os germânicos. (N. do T.)
47. Friedländer, *op. cit.*, vol. III, p. 123.
48. A Legião Meliteniana, segundo alguns autores contemporâneos, entre os quais Eusébio, seria composta por cristãos. Tertuliano diz: "*Christiano-*

rum forte militum precationibus", "*Christianorum militum orationibus*", e não se refere ao fato de que todos eram cristãos. O nome meliteniana provém de Malatya, cidade no sudeste da Turquia, conhecida pelo seu antigo nome de Melitene, que data do tempo da dominação de Roma. Lá estava aquartelada a *Legio II Fulminata,* cujo emblema era um raio (*fulmen*). Foi formada ao tempo de Júlio César e guardava o Rio Eufrates, perto de Melitene, até o século V depois de Cristo. Também denominada *Paterna*, *Victrix*, *Antiqua*, *Certa Constans* e *Galliena.* (N. do T.)

49. Tertuliano (Quintus Septimius Florens Tertullianus, *c.* 155-230 d.C.), nascido em Cartago (Tunísia), foi um dos pensadores da Igreja nos primeiros tempos do cristianismo e deixou muitos escritos. (N. do T.)
50. Friedländer, *op. cit.*, II, p. 475.
51. Kautsky refere-se a Friedrich Christoph Schlosser (1776-1861), historiador alemão, autor de *Weltgeschichte für das deutsche Volk* (Frankfurt, 1844-1856; 18 volumes e registro). (N. do T.)
52. Plotino (Plotinus, Πλωτῖνος, 205-270 d.C.), autor das *Enneads*, foi um filósofo neoplatônico que divulgou em Roma uma doutrina baseada na união da alma com Deus mediante o êxtase e a contemplação. (N. do T.)
53. Lycopolis ou Lycopolitan era, ao tempo da civilização greco-romana, o nome de uma cidade situada no Alto Egito, depois denominada Asyut. Lá eram adorados Upuaut e Anúbis, deuses da mitologia egípcia. (N. do T.)
54. Amônio (Ammonius Saccas, 175-242 d.C.) foi um filósofo grego, de Alexandria, considerado o fundador do neoplatonismo. (N. do T.)
55. Gordiano (Marcus Antonius Gordianus Pius ou Gordianus III, 225-244 d.C.), foi imperador romano entre 238 e 244. Quando as forças persas, sob o comando do rei Shapur I, da dinastia sassânida que governou a Pérsia (Segundo Império) entre 224 e 651 d.C., invadiram a Mesopotâmia, ele abriu o templo de Janus e marchou para o Oriente. Os persas repeliram suas legiões e derrotaram-no na batalha de Resaena em 243 d.C. (N. do T.)
56. Galiano (Publius Licinius Egnatius Gallienus, 218-268 d.C.) foi coimperador juntamente com seu pai, Valeriano, até 260, quando este foi feito prisioneiro por Sapor, rei do Grande Império Persa (dinastia sassânida), enquanto tentava negociar um acordo de paz. Valeriano foi o único imperador de Roma a ser aprisionado e consta que foi esfolado e transformado em um pequeno banco para os pés. Galiano só anunciou a morte de seu pai após um ano, pois a crença era a de que um imperador sofria derrota porque os deuses o haviam abandonado. (N. do T.)
57. Frédéric-Antoine Mesmer (Franz Anton Mesmer, 1733-1815), nascido em Iznang (Bodensee), na região de Constanza, foi um médico alemão que

formulou a teoria do magnetismo animal ou fluido vital, segundo a qual uma vibração ou tom de movimento do fluido universal podia curar enfermidades. O mesmerismo foi bastante popular na França, entre fins do século XVIII e começo do século XIX, e suas ideias levaram James Braid a desenvolver o método da hipnose. (N. do T.)

58. Giuseppe Balsamo, ou Alessandro, conde de Cagliostro (1743-1795), foi um aventureiro italiano, nascido em Palermo, e um dos maiores representantes do ocultismo. Após fundar lojas maçônicas em vários países da Europa, morou em Roma, onde foi preso pela Inquisição (1791), no Castelo San'Angelo, acusado de heresia, bruxaria e práticas maçônicas. Foi condenado à morte, pena depois trocada pelo papa pela de prisão perpétua. Fugiu, mas, preso novamente, foi confinado em solitária no castelo de San Leon, perto de Montefeltro, e lá morreu em 1795. (N. do T.)
59. Rosa-cruz (Rosacruz) reúne fraternidades ou ordens místicas e esotéricas, que conservam antigas tradições; algumas praticam rituais da Franco-Maçonaria. O fundador dessa Ordem (Fraternidade Rosa Cruz), segundo alguns, foi Christian Rosenkreuz, designado como Irmão C.R.C., peregrino do século XV, nascido na Alemanha em 1378. De acordo com outros, foram protestantes alemães que fundaram essa Ordem, entre 1607 e 1616. Sua doutrina está exposta em alguns textos anônimos, entre os quais *Fama Fraternitatis R.C.* e *Confessio Fraternitatis Rosae Crucis.*
60. Aristóteles (Ἀριστοτέλης, 384-322 a.C.), um dos maiores filósofos gregos, nasceu em Estagira (Calcídica), na Trácia. Fez parte da Academia de Platão durante 20 anos e depois foi preceptor de Alexandre, o Grande. Dirigiu sua escola em Atenas, o "Liceo" (Λύκειον), entre 335 e 323, mas, depois da morte de Alexandre, teve de deixar Atenas, devido ao ódio ali gerado contra a Macedônia, e foi para Cálcis, onde morreu. Suas obras, que abordavam política, ética, metafísica e outras áreas do conhecimento humano, influíram na evolução do pensamento greco-romano e de todo o Ocidente, por muitos séculos.
61. Herênio (Herennius) foi um filósofo neoplatônico. (N. do T.)
62. Amélio (Gentilianus Amelius) foi um filósofo neoplatônico. (N. do T.)
63. Porfírio (Porphyrius, originalmente Malchus, *c.* 232-*c.* 304 d.C.) foi um filósofo neoplatônico. (N. do T.)
64. Longino (Longinus, Λογγῖ νος) (*c.* 210-*c.* 273 d.C.), nascido em Emesa (cidade da Síria chamada atualmente Homs ou Hims, à margem do Rio Orontes), foi um filósofo grego platônico, autor do tratado *Sobre o sublime* (Περὶ ὕψους). (N. do T.)
65. *Weltgeschichte*, 1846, vol. IV, p. 452 e ss.
66. Apion, gramático grego que comentou a obra de Homero, nasceu em Siwa, um oásis situado entre a depressão de Qattara (*Munkhafad al-Qattara*) e as

dunas do mar de areia, no noroeste do Egito, no deserto da Líbia. Ele viveu na primeira metade do século I. A partir do ano 38 d.C., ocorreram, em Alexandria, violentos conflitos por causa do status concedido aos judeus, razão pela qual foram enviadas missões a Calígula. Apion chefiou uma delas, dirigida contra os judeus, enquanto a missão judaica foi dirigida pelo filósofo Fílon. Josefo respondeu às acusações de Apion contra o judaísmo no livro *Contra Apionem*. (N. do T.)

67. Mommsen, *Römische Geschichte*, V, p. 517, 518.
68. Alexandre de Abonuteicos (Alexandre de Abonoteichos) foi o mais famoso impostor do século II d.C. Sua vida é descrita por Luciano de Samósata no livro *Pseudomantis* (Ἀλέξανδρος ἢ ψευδόμαντις, *Alexandre ou o falso profeta*). Como intelectual, agradável na aparência, ele conquistou muitos adeptos nas mais diversas partes do Império Romano. Através de oráculos imaginários, ele dizia preparar as almas para um novo nascimento e apresentava uma grande serpente que dizia corporificar uma nova divindade. Sua fama difundiu-se e, por volta de 150, construiu em sua cidade natal de Abonuteicos na Paflagônia, região situada no norte da Ásia Menor (Anatólia), no litoral do Mar Negro, um templo a Asclépio (Ἀσκληπιός, em latim Aesculapius), deus da medicina na mitologia grega, pai de vários filhos e filhas, entre elas Higieia, que representava a limpeza, e Panaceia, cujo nome quer dizer "cura tudo". Uma explicação detalhada sobre esse falso profeta foi publicada em *Mémoires couronnés de l'Académie de Belgique*, vol. XL (1887), por Franz-Valéry-Marie Cumont (1868-1947), arqueólogo e historiador belga, que se especializou em religiões sincréticas na Antiguidade, particularmente o culto de Mitra. (N. do T.)
69. Rutiliano (Publius Mummius Sisenna Rutilianus) foi cônsul em 146. Depois tornou-se procônsul na Ásia, em 160-161. Casou-se com uma filha de Alexandre.
70. Friedländer, *op. cit.*, vol. II, p. 626.
71. Friedrich Wilhelm Voigt (1849-1922) foi um sapateiro alemão, que em 1906 comprou partes de um uniforme em diferentes lojas e, vestido como um oficial prussiano, foi a um quartel em Köpenick, parou quatro soldados granadeiros e um sargento e deu-lhes ordens para que o seguissem e bloqueassem as saídas da *Rathaus* (Casa do Conselho). Então prendeu o *Bürgermeister* (prefeito) George Langerhans, confiscou 4.000 marcos e 70 *pfennigs*, com recibo, e ordenou aos soldados que levassem a autoridade e o tesouro para o general Helmuth Johann Ludwig von Moltke (1848-1916), em Witberg (Berlim). Depois saltou do trem, mudou o uniforme para roupa civil. Nove dias depois, foi preso, em fins de 1906, e sentencia-

do a quatro anos. Mas o Kaiser Wilhelm II, parece que divertido com o feito, perdoou a pena, em 1908. Celebrizou-se como *der Hauptmann von Köpenick* (o capitão de Köpenick). (N. do T.)

72. Karl Friedrich Hieronymus Freiherr von Münchhausen (1720-1797) foi um barão alemão que, quando jovem, serviu como pajem de Anton Ulrich, duque de Brunswick-Lüneburg e, mais tarde, se juntou ao exército russo. Tomou parte em duas campanhas contra o Império Otomano e, quando voltou para casa, começou a contar uma série de histórias fantásticas, que havia cavalgado uma bala de canhão, viajado à Lua e escapado de um pântano puxando ele próprio seus cabelos. Em 1786, Rudolf Erich Raspe publicou um livro com as fantásticas aventuras do barão mentiroso com o título: *Wunderbare Reisen zu Wasser und zu Lande, Feldzüge und lustige Abentheuer des Freyherrn von Münchhausen* (Viagens prodigiosas sobre o mar e sobre a terra, campanhas e aventuras engraçadas do Barão de Münchhausen). Münchhausen foi desde então personagem de vários livros, obras de arte e filmes. (N. do T.)

73. Alexandre III, conhecido como Alexandre, o Grande (Μέγας Ἀλέξανδρος), ou Alexandre Magno (356-323 a.C.) foi rei da Macedônia (336-323 a.C.) e considerado um dos maiores gênios militares da antiguidade. Era filho de Felipe de Macedônia e Olímpia de Epiro, mas sua mãe difundiu o rumor de que ele era filho de Zeus, que a fecundara sob a forma de uma serpente. (N. do T.)

74. Onesícrito (Ὀνησίκριτος), natural de Astipalea ou de Aegina, foi um dos intelectuais que acompanharam Alexandre, o Grande, em sua ampla expedição. As fontes gregas contam que foi discípulo de Diógenes de Sínope, filósofo da escola cínica e crítico radical da sociedade. Marinheiro experiente e timoneiro da nave de Alexandre, foi enviado como embaixador ante um grupo de ascetas na Índia, conhecidos como gymnosofistas (estudiosos nus). O notável geógrafo, cartógrafo e historiador grego Strabon (Στράβων) ou Strabo (63 ou 64 a.C.-*c.* 24 d.C.), em sua obra *Geografia* (Γεωγραφικά), um tratado em 17 livros, reproduz o relato de Onesícrito sobre esse encontro (livro 15, 1, p. 63-65), que foi, até sua época, a mais detalhada informação a respeito dos brâmanes. A biografia de Alexandre escrita por Onesícrito não foi conservada, mas seus relatos da conquista do Império Persa e parte da Índia por Alexandre foram estudados e citados por outros historiadores. (N. do T.)

75. Euémeros (Εὐήμερος), Euhemerus ou Evemerus (*c.* 330-*c.* 250 a.C.) foi hermeneuta e escritor grego, da época helenista. Foi o autor de uma obra chamada "Inscrição Sagrada" (*Hiera Anagraphe*, Ἱερὰ Ἀναγραφή), na qual

descreve uma viagem à ilha fictícia Panchaia, no Mar Índico. Ele diz ter achado inscrições arcaicas durante essa viagem, inclusive uma no templo de Zeus em Panchaia, onde estariam registrados os feitos de antigos reis, posteriormente idolatrados. Tornou-se conhecido por sua opinião de que os deuses são heróis deificados pelos homens. O livro foi perdido, mas sobreviveu em fragmentos, principalmente dentro da obra de Diodoro Sículo (Diódōros, Διόδωρος), historiador grego nascido em Agyrium, na Sicília (atual Agira, província de Enna), no primeiro século antes de Cristo (N. do T.)

76. Plínio, o Jovem (Caius Plinius Secilius Secundus, 61-114 d.C.), sobrinho de Gaius Plinius Secundus, conhecido como Plínio, o Velho, administrou Bitínia. Escreveu o *Panegírico de Trajano* e foi através de seus relatos que se conheceu a tragédia de Pompeia, quando o Vesúvio explodiu (97 d.C.). (N. do T.)
77. Trajano (Marcus Ulpius Trajanus, 53-117 d.C.) nasceu na Espanha e foi o imperador sob cujo governo o Império mais se expandiu. Combateu e venceu os dácios (habitantes da Romênia), os partas e os armênios. Promoveu reformas na educação e na agricultura. Ele sucedeu Nerva (Marcus Cocceius Nerva, 35-98 d.C.), que governou o Império Romano entre 96 e 98 d.C. e o adotou. Trajano morreu na luta contra os partas. (N. do T.)
78. Bitínia era uma antiga província romana, no noroeste da Ásia Menor, que correspondia à parte asiática da Turquia, estendendo-se até Istambul, ao sul do Mar Negro e do Mar de Mármara. (N. do T.)
79. C. Plinii Caecilii Epistolarum libri decem, livro X, epístola 97.
80. Johann Selomo Semler (1725-1791) foi um historiador, teólogo e comentador da Bíblia. Nasceu em Saalfeld, na Turíngia (Alemanha). Foi o primeiro que percebeu as críticas entre as facções judaica e não judaica nos primeiros tempos do cristinismo. Deixou várias obras, entre as quais *Commentatio de demoniacis* (Halle, 1760), *Versuch einer biblischen Dämonologie* (1776), *Selecta capita historiae ecclesiasticae* (3 vols., Halle,1767-1769), *Institutio ad doctrinam Christ. liberaliter discendam* (Halle, 1774). (N. do T.)
81. O documento conhecido como *Doação de Constantino* (*Constitutum Donatio Constantini* ou *Constitutum domini Constantini imperatoris*) foi forjado entre 750 e 850, em defesa dos interesses do papa Silvestre I, quiçá contra as pretensões do Império Bizantino ou do rei franco Charlemagne, que assumiu o poder no Ocidente com o título de Imperador dos Romanos. Apesar de denunciado pelo imperador Otto III como apócrifo, serviu, na Alta Idade Média, para justificar o poder temporal do papa de Roma. (N. do T.)
82. Isidoro de Sevilha (560-360), teólogo, matemático, doutor da Igreja e um dos grandes eruditos da Idade Média, nasceu em Cartagena (Espanha), foi arcebispo de Sevilha durante três décadas (599-636), e sua obra influen-

ciou toda a literatura na Espanha medieval. Atribui-se a ele a execução das manobras político-religiosas para que os reis visigodos abandonassem o arianismo e se convertessem ao cristianismo. Escreveu várias obras, como *De natura rerum* (*Sobre a natureza das coisas*), *De ordine creaturarum*, *Regula monachorum*, *De differentiis verborum* e *Etymologiae u Originum sive etymologicarum libri viginti*, em 20 volumes. Essa obra foi impressa em 1472, em Augsburg (Alemanha). (N. do T.)

83. Gaius Flavius Valerius Aurelius Constantinus, conhecido como Costantino Magno (272-337), foi proclamado Augusto pelas suas tropas em 306 e governou a parte oriental do Império Romano até morrer, em 337. Foi o primeiro imperador romano a permitir aos cristãos o livre culto, para substituir o paganismo. Há dúvidas, entretanto, sobre suas convicções religiosas. Um ano depois do Concílio de Niceia (325), ele mandou matar o próprio filho, Crispo, sufocou em seguida a mulher, Fausta, mandou estrangular o marido de sua irmã e chicotear o sobrinho até a morte. De acordo com fontes cristãs, consta que Constantino somente foi batizado no leito de morte, por Eusébio, bispo de Berytus (Beirute), na Fenícia (Líbano), Nicomedia e finalmente Constantinopla. (N. do T.)

84. Lorenzo Valea (Laurentius Valla, *c.* 1406-1452) foi um humanista italiano, retórico e educador. É considerado o fundador da filologia como ciência, e mediante provas filológicas demonstrou que a *Constitutum Constantini* (*Doação de Constantino*) não podia haver sido escrita durante o Império Romano. Na sua obra *Disputazioni dialettiche*, ele se opõe ao escolasticismo de Aristóteles. Em *De professione religiosorum* nega que o estado religioso seja o mais perfeito e critica os monges por assumirem essa condição, excluindo os demais cristãos, e em *Anotazionni sul testo latino del Nuovo Testamento* ele revisa as versões da Bíblia em latim. Coleção (não completa) de suas obras foi publicada em Basel em 1540, e em Veneza, em 1592. *De Elegantiis* foi reimpressa seis vezes entre 1471 e 1536. Foi considerado precursor da doutrina de Lutero, que tinha por ele grande respeito. (N. do T.)

85. Vide B. Matthias, *Römische Alimentarinstitutionen und Agrarwirtschaft. Jahrbuch fur Nationalökonomie und Statistik*, 1885, vol. I, p. 503 e ss.

86. Adriano (Publius Aelius Traianus Hadrianus, 76-138 d.C.) era descendente de colonos romanos originários de Picenum, antiga região da Itália central situada na costa do Mar Adriático, e radicados na cidade de Itálica, no sul da Espanha, perto de Sevilha. Pertencia à *gens* Aelia e foi imperador de Roma entre 117 e 138. Durante seu reinado, mandou reconstruir Jerusalém, destruída durante a primeira Guerra Judaico-Romana (66-73 d.C.), como uma cidade romana, com um templo de Júpiter no sítio do antigo

templo judaico. As políticas romanas, vistas como antijudaicas, e especialmente a gestão de Tineius Rufus (ou Tinnius Rufus, T. Annius Rufus), governador da Judeia, levaram a outro grande levante contra o Império Romano, em 132 d.C., sob a liderança de Simon bar Kokhba ("Simon Filho da Estrela", também conhecido por Simon ben Kosba ou Simon ben Koziba). Foi a Segunda Revolta Judaica. Bar Kokhba instituiu um Estado judeu independente e governou-o como *Nasi* (נָשִׂיא, príncipe, reconhecido como autoridade secular ao lado de Deus). A revolta durou três anos, após os quais, em 135 d.C., as legiões de Adriano conseguiram vencer. Os judeus foram encurralados nas montanhas e dizimados; a maior parte dos sobreviventes vendida como escravos ou exilados. O estudo das leis e os costumes judaicos foram proibidos, numa tentativa de eliminar os judeus, vistos como fonte de instabilidade. Adriano interditou aos judeus a entrada em Jerusalém, que foi reconstruída no estilo romano, sob o nome de Aelia Capitolina. E a Judeia passou a chamar-se Palestina, referência aos seus mais antigos habitantes, os filisteus, povo que vivera durante séculos no litoral do Mediterrâneo, ao oeste da Judeia. O esmagamento da revolta liderada por Bar Kokhba impossibilitou o renascimento de um judaísmo centrado no Templo de Jerusalém e na sua casta sacerdotal, retirando-lhe o caráter político, que somente reapareceu no século XIX. (N. do T.)

87. Hélvio Basila (Titus Helvius Basila) entre 33 e 39 d.C. foi pretor de Galácia (Galatia), uma província romana no centro da Ásia Menor, onde está situada Ankara. Lá, no século I d.C., o apóstolo Paulo pregou o Evangelho e organizou comunidades cristãs, às quais escreveu a Epístola aos Gálatas. (N. do T.)

88. A. Müller, *Jugendfüsorge in der römischen Kaiserzeit*, 1903, p. 21. Referência ao livro de Albert Müller *Jugendfürsorge in der römischen Kaiserzeit*, Hannover-Berlim, Verlag von C. Meyer (G. Prior), 1903. (N. do T.)

89. CIL. X, 6328; Dessau, *Inscriptiones Latinae Selectae*, 6278; Bruns, *Fontes iuris Romani anteiustiniani*, III, n. 55d.

"*Caelia C. f(ilia) Ma[c]rin[a] ex [test]ament[o (sestertium)] C[CC] (milibus) fieri iussit. In cuius ornatum | et tu[te]llam (sestertios). reliq[u]id. Eadem in memoria[m] M acri fili sui Tarricinensibus | (sestertium) X (centena milia nummum)| r[eli]quid,ut ex reditu eius pecuniae darentur cen[t]um pueris <centum puellis> alimentor[u]m nomine sing(ulis) | mensibus si]ng(ulis) pueris colonis (denarii) V, puellis colonis s[i]ng(ulis) in mens(es) sing(ulos) (denarii) IIII, pueris usq(ue) ad annos XVI, puellis | [usq(ue) ad] annos XIIII, ita ut semper C pueri C puellae per successiones accipiant.*"

Tradução: "Célia Macrina, filha de Caio, ordenou que 300.000 *sestércios* fossem legados do testamento. Deixou ... para seu ornato e mantimento. A mesma deixou um milhão de *sestércios* em memória de seu filho Macer para os Tarracinenses, para que, do que é distribuído por esse dinheiro, sejam dados a cem meninos e cem meninas alimentos; a cada menino mensalmente 5 denários, a cada menina mensalmente 4 denários, aos meninos até a idade de 16, às meninas até a idade de 14, assim que sempre aceitem 100 meninos e 100 meninas por vez." (N. do T.)

90. Antonino Pio (Titus Aurelius Fulvius Boionius Arrius Antoninus Pius, 86-161 d.C.), considerado um dos cinco bons imperadores de Roma, sucedeu a Adriano e ocupou o trono entre 138 e 161 d.C. Depois de ser cônsul e procônsul na Itália, serviu como procônsul na Ásia. Em 138, Adriano, depois da morte de seu primeiro filho adotivo, Lucius Aelius Cæsar, adotou Antonino Pio e o designou como seu sucessor. (N. do T.)
91. Cômodo (Cæsar Marcus Aurelius Commodus Antoninus Augustus, 161-192 d.C.) foi imperador de Roma entre 180 e 192. Era filho de Marco Aurélio e foi o primeiro imperador desde Domiciano (51-96, r. 81-96) a ascender ao trono por laços de sangue e não por adoção. Com ele, entretanto, terminou a era conhecida como a dos "cinco bons imperadores". Cometeu tanta violência que, após muitos atentados, terminou assassinado por um atleta chamado Narciso (Narcissus), por ordem de Márcia, sua concubina, enquanto tomava banho, de 31 de dezembro de 192 para 1º de janeiro de 193. Márcia, que conspirara contra Cômodo com o camareiro dele e o prefeito pretoriano Quinto Emílio Leto, tentara dar veneno a Cômodo, porém ele apenas passou mal. Ela então pediu a Narciso que o estrangulasse. (N. do T.)
92. Públio Hélvio Pertinax (Publius Helvius Pertinax, 126-193) foi proclamado imperador de Roma na manhã seguinte ao assassinato de Cômodo, mas seu reinado foi muito curto. Em 28 de março de 193, soldados da Guarda Pretoriana, descontentes porque haviam recebido apenas metade do pagamento, invadiram o palácio e mataram Pertinax. O senador Dídio Juliano (Marcus Severus Didius Julianus, 133 ou 137-193) proclamou-se então imperador de Roma, com o apoio da Guarda Pretoriana, o que provocou uma breve guerra civil. Mas seu reinado só durou dois meses, de 28 de março a 1º de junho de 193. O general e cônsul romano Lúcio Sétimo Severo (146-211), nascido em Leptis Magna (sudeste de Cartago), entrou em Roma, debandou a Guarda Pretoriana, reconheceu Pertinax, a quem deu um funeral de Estado como imperador legítimo, e mandou executar os soldados que o mataram. Dídio Juliano foi também condenado à morte por Sétimo Severo, que se tornou imperador de Roma e reinou de 193 a 211. (N. do T.)
93. *Op. cit.*, p. 7, 8.

94. Ferdinand Gregorovius (1821-1891) foi historiador e escritor alemão, nascido em Neidenburg, na Prússia Oriental. Deixou importantes obras, entre as quais *Geschichte der Stadt Rom im Mittelalter* (*História da cidade de Roma na Idade Média*), considerada até hoje fundamental pelos historiadores, *Geschichte der Stadt Athen im Mittelalter. Von der Zeit Justinians bis zur türkischen Eroberung* (*História da cidade de Atenas na Idade Média. Da época de Justiniano até a Conquista Turca*) e *Der Kaiser Hadrian, Gemälde der Römisch-hellenischen Welt zu seiner Zeit*. (N. do T.)
95. *Der Kaiser Hadrian*, 1884. Kautsky refere-se à obra de Ferdinand Gregorovius *Der Kaiser Hadrian, Gemälde der römisch-hellenischen Welt zu seiner Zeit*, Stuttgart, Cotta Verlag, 1884. (N. do T.)
96. Barthold Georg Niebuhr (1776-1831), historiador alemão, foi professor nas universidades de Berlim e Bonn. Sua principal obra é *Römische Geschichte,* Berlim, Georg Reimer Verlag, 1845. (N. do T.)
97. *Römische Geschichte*, 1845, vol. V, p. 312.
98. Aristófanes (Aristophanes, Ἀριστοφάνης, *c.* 447-386 a.C.) foi um dramaturgo da Grécia Antiga. Nasceu em Atenas e viveu durante a Guerra do Peloponeso (431-404 a.C.). De suas 40 comédias, chegaram aos tempos atuais apenas 11 de forma completa, entre as quais *As nuvens* (Νεφέλαι), uma sátira contra os sofistas e seu representante Sócrates, *Lisistrata* (Λυσιστρατή) e *A assembleia das mulheres* (Ἐκκλησιάζουσαι/*Ekklêsiadzousai*). Em suas obras, criticou duramente a política e a sociedade de Atenas. Como conservador, buscou fazer preservarem os tradicionais valores democráticos e as virtudes do civismo. Em especial, Aristófanes atribuiu a decadência de Atenas à influência dos sofistas. Com o método sofista, critica ele, é possível fazer uma coisa injusta (λόγος ἄδικος) parecer justa. (N. do T.)
99. Kautsky aí se refere à comédia *A assembleia das mulheres* (Ἐκκλησιάζουσαι/*Ekklêsiadzousai*), na qual as mulheres conseguem se infiltrar na assembleia popular, constituída por homens, e conquistar o poder político. Sob o fundo da derrota de Atenas na Guerra do Peloponeso, Aristófanes critica a degradação das instituições políticas e da sociedade. (N. do T.)
100. Pöhlmann, *Geschichte des antiken Kommunismus*, vol. II, p. 252 e ss.
101. Caio Graco (Gaius Sempronius Gracchus, 154 a.C.-121 a.C.) foi um político romano, patrício, que, entretanto, entrou em conflito com a corrente conservadora do Senado, os Optimates. Em sua carreira política (*cursus honorum*), foi eleito, em 122 a.C., pelas camadas mais baixas da população, tribuno das plebes, e tentou promover reformas em Roma. Quando se candidatou, em 121 a.C., buscou uma terceira reeleição, ao lado de Marco Fúlvio Flacco, mas ambos perderam devido a irregularidades no processo

eleitoral. Sem mandato, nada pôde fazer para impedir que os novos cônsules Quinto Fábio Máximo (Quintus Fabius Maximus) e Lúcio Opímio (Lucius Opimius) anulassem suas iniciativas legislativas. Caio Graco e Fúlvio Flaco recorreram à sublevação, esmagada pelo Senado, que os declarou inimigos da República. Fúlvio Flaco foi assassinado e Caio Graco, embora conseguisse escapar, foi perseguido pelas forças dos Optimates e não lhe restou alternativa senão suicidar-se. (N. do T.)

102. Marco Crasso (Marcus Licinius Crassus Dives, *c.* 115-53 a.C.) foi um general e político do Império Romano, que esmagou a revolta liderada por Espártaco e fez um pacto secreto, conhecido como Primeiro Triunvirato, com Pompeu e Júlio César. (N. do T.)

103. Referência ao livro de Ludwig Friedländer *Sittengeschichte Roms* (*História dos costumes romanos*). (N. do T.)

104. Calisto (Gaius Julius Callistus) foi um liberto de Calígula e tornou-se importante personagem na sua corte imperial. Induziu sua filha Ninfídia (Nymphidia) a tornar-se amante de Calígula, mas entrou na conspiração que culminou com seu assassinato pela Guarda Pretoriana. Cláudio, que sucedeu a Calígula como imperador, perdoou-o. (N. do T.)

105. Epafrodito (Claudius Tiberius Epaphroditus, ?-95 d.C.). Como liberto do imperador Cláudio, foi designado secretário como *a libellus*, encarregado das petições dirigidas ao imperador, o que lhe dava imenso poder econômico e político, podendo decidir sobre o que devia ou não informá-lo. Consta que Epafrodito se converteu ao cristianismo e, enquanto servia no palácio de Nero, escreveu a *Epístola aos Filipenses*, a carta que o apóstolo Paulo dirigiu aos habitantes de Filipos, importante cidade no Império Romano, situada na região montanhosa entre a Ásia e a Europa. Epafrodito foi o primeiro bispo de Filipos e Terracina (Itália) e, na condição de missionário de Paulo, fundou igrejas em Colosso, Laodiceia, Hierapólis e Andriacia, na Ásia Menor. Mas há poucas evidências de que o escravo liberto de Cláudio seja o mesmo homem que se tornou santo da Igreja Ortodoxa e da Igreja Católica. (N. do T.)

106. Doríforo foi um liberto de Nero, que com ele se casou, da mesma forma que se casou com um rapaz chamado Sporus, depois de mandar castrá-lo, conforme Suetônio conta:
"Suam quidem pudicitiam usque adeo prostituit, ut contaminatis paene omnibus membris novissime quasi genus lusus excogitaret, quo ferae pelle contectus emitteretur e cavea virorumque ac feminarum ad stipitem deligatorum inguina invaderet et, cum affatim desaevisset, conficeretur a Doryphoro liberto; cui etiam, sicut ipsi Sporus, ita ipse denupsit, voces quoque et

heiulatus vim patientium virginum imitatus. Ex nonnullis comperi persuasissimum habuisse eum neminem hominem pudicum aut ulla corporis parte purum esse, verum plerosque dissimulare vitium et callide optegere; ideoque professis apud se obscaenitatem cetera quoque concessisse delicta." De *Vita Cæsarum — Nero, XXIX.*
Tradução:
"Ele (Nero) se prostituiu a tal ponto que após profanar quase todas as partes do seu corpo, ele imagina, como uma espécie de jogo, e de cobrir-se com a pele de algum animal selvagem, deixou-se soltar de uma gaiola e atacou as partes privadas de homens e mulheres, amarrados a dois postos, e então quando se satisfez do seu louco prazer, abandonou-se ao seu liberto Doríforo, a quem tinha como fêmea, do mesmo modo que se casara com Sporus, indo tão longe a ponto de imitar gritos e lamentos de uma donzela sendo deflorada. Tenho ouvido falar de vários homens de que na sua convicção nenhum homem é casto e puro em qualquer parte do seu corpo, porém a maioria deles esconde seus vícios e põem um véu sobre eles; e que ele perdoou todas as faltas naqueles que confessassem a ele sua obscenidade."

107. Segundo Suetônio, Posides era o eunuco favorito de Cláudio, que o prostituiu. Suetônio, *De Vita Cæsarum — Claudius,* XXVIII. (N. do T.)
108. Arcádia ou Arkadia (Αϱκαδία), região da Grécia, situada no centro de Peloponeso. Sua capital moderna chama-se Trípoli. (N. do T.)
109. Cipiões (Scipiones), plural de Cipião (Scipio), cognome usado por um ramo da família Cornelii. Eram descendentes da família Cipião que se entroncara com os Paulli, um ramo da família Aemilius, e os Gracos. O mais famoso é Públio Cornélio Cipião Africano Maior, (236-183 a.C.), general durante a Segunda Guerra Púnica, que derrotou Hannibal de Cartago, na batalha de Zama, em 19 de outubro de 202 a.C. A tumba da família, que é um importante monumento da República Romana e contém primitivas inscrições latinas em versos saturninos, foi reescavada em 1780. (N. do T.)
110. O imperador chamava-se Aulus Vitellius Germanicus (15-69 d.C.). Ele reinou apenas oito meses. Foi derrotado pelas forças de Vespasiano e suicidou-se. (N. do T.)
111. Friedländer, *Sittengeschichte Roms*, I, p. 42-47.
112. Era descendente de Caio Cássio Longino (Caius Cassius Longinus), que foi um dos chefes da conspiração para assassinar César. Outro que participou da conspiração foi Caio Cássio Permense (Caius Cassius Parmensis). (N. do T.)
113. Emílio Paulo (Lucius Aemilius Paulus Macedonicus, 229-160 a.C.) foi um general e político romano. Comandou as legiões na terceira guerra contra a Macedônia (171-168 a.C.). Em 171 a.C., Emílio Paulo, na batalha de Pydna,

derrotou as forças de Perseu. Mandou executar 500 macedônios, como exemplo, para dissuadir qualquer resistência, exilou outros e saqueou a cidade. Segundo Plutarco, ele se apropriou da maior parte. Após pilhar a Macedônia e Epirus, regressou triunfante a Roma. Como reconhecimento pelo seu feito, o Senado concedeu-lhe o sobrenome de Macedonicus. (N. do T.)

114. Perseu foi o último rei da dinastia de Antigônida, descendente de Alexandre. Foi capturado por Emílio Paulo e levado preso para Roma. (N. do T.)
115. Plínio, *Naturgeschichte*, XXXIII, 17.
116. Galba (Lucius Livius Ocella Servius Sulpicius Galba, 3 a.C.-69 d.C.) era filho de Caio Sulpício Galba (Gaius Sulpicius Galba) e Múmia Acaica (Mummia Achaica), de importantes famílias patrícias. General das Legiões, em 60 d.C. foi nomeado governador da Gália Terraconense (Hispânia). Ao saber que Nero queria condená-lo à morte, uniu-se a Caio Júlio Víndice (Gaius Iulius Vindex), governador da Gália Lugdunense (Bretanha, Normandia), e a Marco Sálvio Otto (Marcus Salvius Otho, 32-69 d.C.), governador da Gália Lusitânia, que se rebelaram contra o aumento dos impostos cobrados das províncias. A rebelião foi frustrada pelo general Lúcio Verginio Rufo (Lucius Verginius Rufus), comandante das Legiões na Germânia. Víndice suicidou-se, mas Galba sucedeu a Nero, foi sucedido por Otto e posteriormente por Vitélio, que se mantiveram somente por alguns meses. (N. do T.)
117. Apúlia (Puglia, em italiano) é uma região no sudeste da Itália, à margem do Mar Adriático. (N. do T.)
118. Referência aos *sabini*, uma antiga tribo da velha Itália. Seu idioma pertencia, assim como o osco e o umbro, ao subgrupo sabélico das línguas itálicas, tronco da família indo-europeia. Sabina é uma sub-região dentro do Lacio (Latium), onde os romanos, de acordo com a lenda, raptaram as mulheres (sabinas) para repovoar a cidade de Roma. (N. do T.)
119. Marcus Aurelius Severus Alexandrus (208-235 d.C.), conhecido como Alexandre Severo, nasceu em Arca Cesarea (Palestina). Não se entregou à luxúria, como seus antecessores, e elevou as condições morais no Império. Teve como assessores homens notáveis, como o jurista Ulpiano e o historiador Dio Cassius. Embora não se tenha convertido ao cristianismo, respeitou os cristãos e, no seu templo particular, havia um busto de Jesus, juntamente com os de Orfeu, Abraão e Apolônio de Tiana. Como não quisesse prosseguir com a guerra contra os germânicos, os soldados da Legião XXII *Primigenia* amotinaram-se em um acampamento em Mainz (Germânia), e ele elegeu como imperador um dos seus companheiros, Maximino (Gaius Julius Verus Maximinus, 173-238 d.C.), filho de um godo e nascido na Trácia (lat.

Thracia ou Threcia), cidade romana situada ao sul da Bulgária, nordeste da Grécia e no norte da região europeia da Turquia, à margem do Mar Negro e do Mar de Mármara. Maximino foi o primeiro bárbaro a usar a púrpura imperial e o primeiro imperador que nunca esteve em Roma. Em seguida, Alexandre Severo e sua mãe, Júlia Mamea, foram assassinados, e o Senado reconheceu Maximino como imperador. (N. do T.)

120. Instrumento de tortura da época. (N. do T.)
121. Kalthoff, *Die Entstehung des Christentums*, p. 133.
122. *Octavius*, capítulo XXXII.
123. *Römische Geschichte*, III, p. 476.
124. Nicomédia foi uma cidade fundada pelo rei Nicomedes I (Νικομηδης, 279-255 a.C.), filho do rei Zipoites, de Bitínia. Situada no golfo que se abre para o Mar de Mármara, nas proximidades dos estreitos de Dardanelos e de Bósforo, na Ásia Menor, foi a metrópole de Bitínia e, pela sua importância estratégica, Diocleciano a converteu na capital do Império Romano do Oriente. (N. do T.)
125. Plínio, *Cartas*, X, 42 e 43.
126. Sínope, cidade situada no norte da Paflagônia, região à margem do Mar Negro, na parte central do norte de Anatólia, que corresponde à Turquia asiática, situada entre Bitínia e Ponto, e separada da Galácia (Frígia). (N. do T.)
127. Ísis, também conhecida como *Aset* ou *Iset*, representava a deusa-mãe, protetora e salvadora, na mitologia egípcia. Filha de Geb e de Nut, irmã de Osíris, Nephtys e Seth, era esposa de seu irmão Osíris. Segundo a crença, Seth assassinou Osíris, que governara o Antigo Egito. Ísis conseguiu encontrar o caixão, mas Seth, então, despedaçou o corpo de Osíris e espalhou as diversas partes pelo Nilo. Ísis procurou e juntou todos os pedaços, menos o seu sexo, engolido por um peixe. Tentou ressuscitá-lo e foi fecundada por ele. Gerou Horus, que depois foi vingar a morte do pai. Osíris tornou-se, depois do episódio, rei dos mortos. (N. do T.)
128. Hertzberg, *Geschichte des römischen Kaiserreichs*, p. 451.
129. Ápis ou Hapis era uma divindade egípcia representada por um touro, adorada na região de Memphis, principal cidade do Baixo Egito. De acordo com a mitologia, Osíris encarnou em um touro. Em Mênfis, o touro era negro, com um triângulo branco na testa. (N. do T.)
130. Lafargue, "Der Mythus von der unbefleckten Empfängnis", *Die Neue Zeit*, XI, nº 1, p. 849. Kautsky refere-se a Paul Lafargue (1842-1911), militante socialista francês, nascido em Cuba e casado com Laura, a segunda filha de Karl Marx. (N. do T.)

131. Serápis (Σέραπις) era uma divindade sincrética, greco-egípcia, que Ptolomeu I tornou padroeira de Alexandria, para onde levou sua estátua, após roubá-la de Sínope, segundo Plutarco. Serápis era uma espécie de combinação de Osíris-Ápis, chamada Aser-hapi, mas os gregos passaram a representá-lo como um homem e não como touro. (N. do T.)
132. Citado por Mommsen, *Römische Geschichte*, V, p. 585.
133. Buda (Buddha), que significa *Desperto*, *Iluminado*, e que vem do radical "Budh", *despertar*, é um título conferido, na religião budista, àqueles que despertaram plenamente para a verdadeira natureza dos fenômenos. Ao que tudo indica, o primeiro a intitular-se Buda foi Siddhartha Gautama, um príncipe, ou, segundo outros estudos, o filho do dirigente de uma das repúblicas aristocráticas existentes na Índia. Ele viveu provavelmente de 563 até 483 a.C. no reino de Sakya — parte da fronteira do Nepal com a Índia. Gautama, seu nome de família, significava "a melhor vaca", e Siddhartha é uma fusão do sânscrito "Siddhi" (realização, êxito) e "Artha" (objetivo, propósito, meta). A tradução seria "Aqueles cujos objetivos são alcançados". (N. do T.)
134. De acordo com a lenda, a rainha Maha Maya era filha do rei Anjana, esposa de Raja Shuddhodana. Segundo a lenda, Maha sonhou que fora levada para o Himalaia; um elefante branco, com cinco presas, deitou-se ao seu lado, e daí ela concebeu uma criança. Dez meses depois, ela deu à luz Buda. (N. do T.)
135. *Urchristentum*, 1, p. 412.
136. Pfleiderer, *Entstehung des Christentum*, 198, 199.
137. Adônis (Ἄδωνις) é um deus nas mitologias da Grécia e da Fenícia, de origem semita. Jovem de grande beleza, nasceu das relações incestuosas do rei Cíniras, rei e sacerdote de Chipre, com sua filha Mirra. Afrodite, a deusa do amor e da sensualidade, apaixonou-se por ele, porém Ares, o deus da guerra, decidiu matar Adônis, ao saber que ela o traíra. Adônis foi morto por um javali, que lhe desferiu um golpe na anca, e seu sangue, jorrado, transformou-se em flores do tipo anêmona. Adônis tornou-se assim uma deidade de vida, morte e ressurreição, que anualmente se renovava na vegetação. A origem do nome grego "Adonis" é semítica a significa "Senhor" (Hebraico: "Adon"). (N. do T.)
138. *Op. cit.*, p. 147.
139. Referência à obra de Heinrich Joseph Wetzer/Benedikt Welte (Hg.), *Kirchen-Lexikon oder Encyklopädie der katholischen Theologie und ihrer Hilfswissenschaften. Fünfter Band. Heinrich — Ivo. Mit Approbation des hochwürdigsten Erzbischofs von Freiburg.* (N. do T.)

140. Orígenes (Ὠριγένης, 182-251 d.C.), cristão egípcio nascido em Alexandria, foi um dos mais importantes eruditos e teólogos da Igreja nos primeiros tempos do cristianismo. Escreveu muitas obras, entre as quais *Contra Celsum*, opondo-se ao filósofo grego Celso, que foi um dos mais ardorosos defensores do paganismo. No ano de 250, quando o imperador Décio (Gaius Messius Quintus Traianus Decius, 201-251 d.C.) empreendeu uma perseguição aos cristãos, foi encarcerado e submetido a torturas durante um ano, e faleceu em consequência dos maus-tratos. (N. do T.)
141. A palavra anjo (latim *angelus*, do grego ἄγγελος) significou a princípio somente um mensageiro.
142. Plauto (Titus Maccius Plautus) foi um dramaturgo que viveu durante a República Romana, entre *c.* 250 e 184 a.C., e de suas obras foram preservadas intactas 21 comédias, os mais antigos escritos intactos da literatura latina. Elas são virtuais adaptações do modelo grego para o povo de Roma. (N. do T.)

TERCEIRA PARTE Os Judeus

1. O povo de Israel

MIGRAÇÕES TRIBAIS SEMÍTICAS

As origens da história de Israel estão envolvidas em profunda obscuridade, tanto quanto, ou talvez mais, que as origens da Grécia ou Roma, pois essas origens não só foram transmitidas verbalmente, durante muitos séculos, mas também falseadas da forma mais tendenciosa possível, quando as velhas lendas começaram a ser coletadas e registradas. Nada seria mais errôneo que supor que a história bíblica é uma narração de história real. As histórias da Bíblia contêm, sim, um núcleo histórico, mas esse núcleo é extremamente difícil de ser determinado.

Somente após o regresso do exílio babilônico, no século V a.C., as escrituras "sagradas" dos judeus receberam a forma que têm hoje. Naqueles tempos, todas as tradições antigas eram alteradas e suplementadas por invenções, com a maior audácia, a fim de preencher as exigências da crescente casta sacerdotal. Toda a história antiga dos judeus foi dessa forma resolvida de cima a baixo; isto é especialmente certo no que concerne à religião de Israel antes do Exílio.

Quando os judeus fundaram uma comunidade própria, após o exílio, em Jerusalém e na região circundante, essa comunidade logo imprimiu suas peculiaridades a outras tribos, como o demonstram inúmeros dados. No que se refere ao período anterior ao exílio, esses dados, entretanto, não foram preservados. Antes da destruição de Jerusalém pelos babilônios, os israelitas eram considerados pelos outros povos uma nação como as outras; nenhum traço particular parecia distingui-los das demais, e todas as razões apoiam a tese de que os judeus não apresentaram até então qualidades excepcionais.

É impossível, dada a escassez e o pouco valor das fontes disponíveis, traçar um quadro exato da antiga Israel. A crítica da Bíblia pelos protestantes, segundo os teólogos, provou que muita coisa foi falseada e inventada, porém muito mais é aceito ainda como está escrito, simplesmente porque ainda não foi definido como uma falsidade manifesta.

Não temos praticamente mais que hipóteses para a nossa intenção de delinear o desenvolvimento da sociedade israelita. As informações do Antigo Testamento servir-nos-ão sempre que for possível compará-las com descrições de povos em situações semelhantes.

A existência histórica dos judeus só começa quando penetram no país dos cananeus. Todos os relatos de seu período nômade são antigas lendas tribais, com adornos de propaganda, contos de fadas ou invenções posteriores. Os judeus apareceram primeiro na história como participantes de uma grande migração semítica de nações.

As migrações dos povos desempenham no mundo antigo um papel semelhante às revoluções hoje. Na parte precedente, conhecemos o declínio do Império Romano e vimos como foi preparada sua inundação pelos bárbaros germânicos, à qual se dá também o nome de migração dos povos. Esse não é um fenômeno inaudito. No antigo Oriente, anteriormente ocorreram repetidas vezes, em escala menor, mas como resultado de causas similares.

Em muitos dos férteis vales dos grandes rios orientais a agricultura desenvolveu-se em época muito remota, produzindo considerável excedente de produtos alimentícios e permitindo a existência e as atividades de numerosa população dedicada a outras ocupações, além da agricultura. As artes, os ofícios e as ciências floresceram e uma aristocracia, que teve a oportunidade de dedicar seu tempo exclusivamente à arte da guerra, desenvolveu-se. Essa aristocracia se tornou mais necessária na medida em que a riqueza das regiões fluviais começava a induzir os vizinhos nômades, guerreiros, a incursões predatórias. O camponês, que desejava lavrar seus campos em paz, necessitava da proteção daquela aristocracia, pela qual tinha de pagar. Entretanto, à medida que a aristocracia se tornava mais forte, sucumbia facilmente à tentação de empregar sua força militar para aumentar seus ganhos, especialmente quando o progresso das artes e dos ofícios fez surgir toda espécie de artigos de luxo, que só podiam ser obtidos pelos detentores de riqueza. Os camponeses começaram a ser oprimidos, e os aristocratas, mais preparados no manejo das armas, com seus vassalos, empreenderam campanhas contra os povos vizinhos, com o propósito de capturá-los como escravos. O trabalho forçado começou e impeliu gradualmente a sociedade ao mesmo impasse, em que também a sociedade romana depois se debateu, na última etapa da época imperial. O camponês livre é arruinado e substituído pelo trabalho forçado. Com isso, a base do poder bélico do Império desaparece. Simultaneamente, a aristocracia, apesar de sua superioridade bélica, perde seu arrojo, minada pelo luxo crescente.

Acaba a sua capacidade, necessária às funções requeridas por sua posição social: a de defender a comunidade contra as invasões de seus ambiciosos vizinhos. Esses vizinhos pouco a pouco conhecem a presa rica e tentadora, tão acessível, e fazem pressão, cada vez mais, nas fronteiras, até que as ultrapassam, finalmente, e desencadeiam uma tendência, que abrange mais e mais tribos, umas após outras, de modo que o movimento se prolonga por algum tempo. Alguns dos invasores tomam posse da terra, e surge assim um novo campesinato livre. Os mais poderosos formam nova aristocracia guerreira, enquanto a velha aristocracia, guardiã das artes e das ciências da antiga civilização, pode continuar a manter uma condição superior à dos conquistadores bárbaros, mas já não constitui uma casta de guerreiros e sim uma casta sacerdotal.

Quando esse movimento migratório cessa, o curso da evolução passa novamente pelo mesmo ciclo, que pode ser comparado ao ciclo de prosperidade e crise da sociedade capitalista. O antigo ciclo, no entanto, não se completava em um decênio, pois abrangia muitos séculos, e só foi substituído quando o modo capitalista de produção venceu, assim como o ciclo das crises de hoje só será vencido quando se instalar o modo socialista de produção.

Nas mais variadas regiões da Ásia e da África do Norte, esse curso de evolução continuou por milhares de anos, de modo mais perceptível nos lugares onde amplos e férteis vales confinavam com estepes ou desertos. Esses lugares produziam imensa riqueza, mas por fim também profunda corrupção e afrouxamento, que fizeram com que pobres, mas guerreiras, tribos nômades crescessem sempre prontas a mudar seu domicílio quando um saque era propício e, em ocasião oportuna, vindos de vastas áreas, rapidamente podiam reunir-se em inúmeros grupos, em um só ponto, para penetrar com ímpeto devastador numa região.

Tais vales eram os do Hoangho e Yang-tse-Kiang, nos quais se desenvolveu a nação chinesa, o vale do Ganges, onde se concentrava a riqueza da Índia; os do Eufrates e Tigre, onde surgiram os poderosos impérios babilônico e assírio e, finalmente, o vale do Nilo, no Egito.

Em um caso, temos a Ásia Central, no outro a Arábia, que eram reservas inesgotáveis de guerreiros nômades, que constituíam constante ameaça para seus vizinhos e algumas vezes se aproveitavam de sua fraqueza para iniciar imensas migrações.

Nesses períodos de fraqueza, fluíam da Ásia Central hordas de mongóis e, em certas ocasiões, também dos chamados indo-germânicos, rompendo as barreiras da civilização. Da Arábia vieram aquelas tribos incluídas sob o nome genérico de semitas. A meta dos invasores semíticos era a Babilônia, a Assíria, o Egito e as regiões mediterrâneas intermediárias.

Pouco mais de mil anos antes de Cristo, começou uma dessas grandes migrações semíticas, avançou até a Mesopotâmia, Síria, Egito e terminou, talvez, no século XI a.C. Entre as tribos semitas que naquele tempo conquistaram territórios vizinhos, onde existia uma cultura superior, estavam os hebreus. Por sua condição errante, beduína, possivelmente chegaram anteriormente até a fronteira egípcia no Monte Sinai, mas somente quando se estabelece na Palestina a comunidade hebreia toma forma definida, deixando atrás de si a fase de instabilidade nômade, sob a qual não havia possibilidade de constituir uma grande nação.

PALESTINA

A partir desse momento, a história e as características dos israelitas já não são determinadas somente pelas qualidades adquiridas na época nômade, talvez retidas por mais algum tempo, mas pela natureza e situação da Palestina.

Certamente devemos tomar cuidado para não superestimar a influência do fator geográfico na história. O fator geográfico — situação, contorno do solo, clima — permaneceu, em tempos históricos, quase completamente o mesmo na maioria dos países; esse fator está presente antes que comece a história e certamente teve sobre ela poderosa influência. Porém, a forma pela qual o fator geográfico influi na história de um país depende frequentemente do nível técnico e das condições sociais por ele alcançadas.

Assim, por exemplo, os ingleses certamente não teriam conseguido sua posição dominante no mundo, nos séculos XVIII e XIX, não fora o caráter peculiar de seu país, com sua riqueza de carvão e ferro e sua posição insular. Mas, enquanto o carvão e o ferro não desempenharam na técnica o papel dominante que exerceram na idade do vapor, esses tesouros naturais do solo tiveram significado diminuto. E, enquanto a América e o caminho marítimo para a Índia não foram descobertos, enquanto a técnica da navegação a vela não foi altamente desenvolvida, enquanto a Espanha, a França e a Alemanha não atingiram alto nível de civilização, enquanto esses países permaneceram habitados por meros bárbaros, enquanto o comércio europeu se concentrava no Mediterrâneo e era realizado, principalmente, por embarcações movidas a remos, a posição insular da Inglaterra constituiu um fator que a separava da civilização europeia e a mantinha em uma posição de debilidade e barbarismo.

A mesma natureza do país, portanto, tem significado muito diferente sob distintas condições sociais. Mesmo onde a natureza de uma região não é transformada pela mudança dos modos de produção, sua influência não tem de ser necessariamente a mesma. Aqui também encontramos sempre a soma total das condições econômicas como fator decisivo.

A história de Israel foi determinada, consequentemente, não pela natureza e situação da Palestina, considerada de forma absoluta, mas por uma Palestina que existia em certas condições sociais bem definidas.

A Palestina era região de fronteira, onde elementos hostis se encontravam e lutavam uns contra os outros. De um lado, terminava o deserto arábico e começava a terra cultivável da Síria e, do outro, chocavam-se as esferas de influências daqueles dois grandes impérios que existiam no princípio de nossa civilização e dominavam naquela época: os impérios do Egito, construído no vale do Nilo, e o da Mesopotâmia, junto aos rios Eufrates e Tigre, com centro ora na Babilônia ora em Nínive.[1]

Por fim, rotas comerciais altamente importantes atravessavam a Palestina, que dominava o tráfico entre o Egito, de um lado, e Síria e Mesopotâmia, de outro, bem como o comércio fenício com a Arábia.

Consideremos em primeiro lugar o efeito do primeiro fator. A Palestina era um país fértil; sua fertilidade não era excepcional, mas parecia de extraordinária exuberância quando comparada com as desoladas, pedregosas e arenosas regiões vizinhas. Seus habitantes consideravam-na um país superabundante em leite e mel.

As tribos hebraicas chegaram como pastores nômades, em conflitos constantes com os povos da Palestina, os cananeus, aos quais conquistaram cidade após cidade, submetendo-os cada vez mais ao seu domínio. Essas tribos hebraicas gradualmente ali se fixaram. Mas o que haviam conquistado, em constante guerra, tinham de defender, em constante guerra, pois outros povos nômades tentavam ali penetrar, igualmente ansiosos por tomar essa terra fértil: os idumeus, os moabitas, os amonitas e outros.

Na região conquistada, os hebreus permaneceram como pastores, por algum tempo, não obstante lá se estabelecerem. Aos poucos, assimilaram a agricultura praticada pelos habitantes primitivos, o cultivo dos cereais, vinhas, o cultivo da oliveira e da figueira, e com eles se miscigenaram. Mas, por muito tempo, conservaram as características da vida nômade, do beduíno, que anteriormente haviam levado. Os pastores nômades do deserto parecem particularmente pouco favoráveis ao progresso técnico, ao desenvolvimento social. O modo de vida atual dos beduínos da Arábia ainda lembra, vivamente, o descrito nas antigas lendas israelitas de Abraão, Isaac e Jacó. O retorno eterno às mesmas atividades e atribulações, às mesmas necessidades e ideias, por milhares de anos, de geração em geração, produz, por fim, tenaz conservadorismo, que se arraiga mais profundamente no pastor nômade que no agricultor e é muito favorável à preservação dos antigos costumes e instituições, mesmo depois da ocorrência de grandes modificações.

Como exemplo, observemos o fato de que a lareira não teve lugar definido na residência do camponês israelita, nem significação religiosa alguma, como expressão dessa tradição nômade. "Os israelitas assemelham-se aos árabes, nesse ponto, e distinguem-se dos gregos, com os quais se parecem em outros aspectos da vida diária", diz Wellhausen,[2] acrescentando: "Os hebreus parecem ter somente uma palavra para designar lareira: o nome *ashphot*, que, de forma bastante característica, adquiriu o significado de 'lixeira'. Este conceito é completamente diferente no indo-europeu, onde a lareira é o altar doméstico; os hebreus tinham a lâmpada eterna em lugar do inextinguível fogo do lar."[3]

Entre os costumes de sua vida nômade, que os israelitas conservaram, o mais importante talvez seja a inclinação e a predileção pelo *comércio de bens*.

Já mostramos, em nosso estudo da sociedade romana, como o comércio entre os povos desenvolveu-se cedo, comparado com o comércio entre os indivíduos. Os pastores de ovelhas nômades, que viviam no deserto, foram os primeiros a praticar o comércio. Sua forma de ganhar a vida forçava-os a vagar de um lugar para o outro, sem se fixar. Os recursos escassos de sua região devem ter estimulado, desde muito cedo, a necessidade de produtos de países mais favoravelmente situados, a cujas fronteiras chegavam. Provavelmente, permutavam cereais, azeite, tâmaras, instrumentos de madeira, pedra, bronze e ferro por gado, que produziam em abundância. Sua mobilidade eventualmente lhes permitia não apenas adquirir produtos para si, mas também intercambiar, por conta de outros, produtos muito procurados e facilmente transportáveis. Não fazem trocas com o único propósito de reter os produtos para seu próprio uso e consumo, mas para transferi-los em transações posteriores. Transformaram-se, desse modo, nos primeiros mercadores. Como não havia estradas e a navegação era pouco desenvolvida, predominava essa forma de comércio, que às vezes produzia a acumulação de grandes riquezas pelos que a praticavam. Mais tarde, quando se intensificou o comércio marítimo e foram construídas estradas terrestres seguras e transitáveis, o intercâmbio promovido anteriormente pelos nômades diminuiu e estes se empobreceram, limitados aos produtos do deserto. É a essa condição que devemos atribuir, pelo menos em parte, a grande decadência da antiga civilização da Ásia Central, após o descobrimento do caminho marítimo para a Índia. A Arábia empobreceu pela mesma razão. Seus nômades haviam mantido um comércio muito lucrativo com as cidades fenícias quando elas floresciam. Proporcionavam aos teares fenícios, que produziam para exportar para o Ocidente, a valorizada lã de suas ovelhas; mas também lhes levavam os produtos do sul, da rica e fértil Arábia "Feliz": incenso, especiarias, ouro e pedras preciosas; da Etiópia, separada da Arábia Feliz somente por um estreito, artigos de valor como marfim e ébano. O comércio da Índia também passava em sua maior parte pela Arábia, ao longo de cujas costas, diante do Golfo Pérsico e do Oceano Índico, as mercadorias de Malabar e Ceilão eram levadas em barcos, para serem depois transportadas pelo deserto à Palestina e à Fenícia.

Todas as tribos, através de cujos territórios esse comércio passava, enriqueceram-se com ele, em parte por sua utilidade como comerciantes, em parte pelos tributos que impunham às mercadorias em trânsito.

"É um fenômeno comum encontrar tribos muito ricas entre essas raças", diz Heeren.[4] "Nenhuma das tribos nômades árabes parece ter obtido tão grandes lucros, por meio das caravanas comerciais, como a dos medianitas, que estavam habituados a viajar ao longo das fronteiras setentrionais deste país, isto é, perto da Fenícia. Foi a uma caravana de mercadores medianitas, carregada de especiarias, bálsamo e mirra, em sua viagem da Arábia ao Egito, que foi vendido José. (*Gênesis* XXXVII, 28.) O despojo (capturado por Gedeão quando rechaçou uma invasão de medianitas em Canaã) que os israelitas tomaram desse povo, sob a forma de ouro, era tão grande que causou assombro; o ouro era tão comum entre eles que lhes permitia fabricar não apenas enfeites pessoais, mas até coleiras para seus animais." Assim, lemos no *Livro dos Juízes* (VIII, 21, 24, 26): "E Gedeão se levantou, e matou a Zebah e a Zalmunna; e tomou os adornos em forma de meia-lua que seus camelos traziam no pescoço... E disse-lhes Gedeão: Desejo fazer-lhes um pedido, que cada um me dê as argolas de seu despojo. (Porque traziam argolas de ouro, pois eram ismaelitas)... E foi o peso das argolas que ele pediu, 1.700 *siclos*[5] de ouro, sem as lâminas, joias e vestidos de púrpura, que traziam os reis medianitas e sem os ornamentos que havia no pescoço dos camelos."

Sobre os idumeus, Heeren fala: "Os gregos classificaram todas as tribos nômades que vagavam pelo norte da Arábia sob o nome de árabes nabateus. Deodoro, que descreve muito bem seu modo de vida, não deixa também de mencionar suas caravanas comerciais rumo ao Iêmen. 'Um número considerável deles', diz, 'dedica-se a levar ao Mar Mediterrâneo o incenso, a mirra e outras especiarias preciosas, que recebem dos que vêm da Arábia Feliz'." (Diodoro,[6] II, p. 390.)

"A riqueza assim adquirida pelas várias tribos do deserto era suficientemente grande para despertar a cobiça dos guerreiros gregos. Um dos principais centros para as mercadorias que cruzavam o território dos idumeus era a população fortificada de Petra, pelo que a Arábia norte-ocidental recebeu o nome de Arábia Pétrea. Demétrio Poliorcetes[7] tratou de assaltar e saquear essa cidade."

Da mesma forma que os medianitas, devemos considerar seus vizinhos, os israelitas, em seu período nômade. Informa-se que Abraão era muito rico, não só em gado, mas em ouro e prata (*Gênesis,* XIII, 2). Os pastores nômades podiam obter riquezas unicamente pelo comércio. Mas sua última situação, em Canaã, não lhes acarretou o debilitamento do espírito comercial adquirido sob a vida nômade, porque a situação nesse país lhes permitia continuar participando no comércio entre Egito e Babilônia e dele tirar proveito, promovendo-o e fazendo progredir, algumas vezes, outras, impedindo-o, com ataques às caravanas comerciais a partir de suas fortificações, entre as montanhas, e saqueando-as ou impondo-lhes tributos. Não se deve esquecer que o comerciante e o salteador eram então duas ocupações estreitamente aparentadas.

"Antes mesmo que os israelitas viessem a Canaã, o comércio estava bastante desenvolvido neste país. As cartas de Tell-el Amarna (do século XV a.C.) mencionam caravanas que atravessam o país sob proteção armada."[8]

Temos um registro do ano de 2000 a.C. relativo às estreitas relações comerciais entre a Palestina e o Egito, bem como com os países da região do Eufrates.

Jeremias (livre-docente da Universidade de Leipzig, não o profeta hebreu)[9] cita o conteúdo de um papiro daquele período, com suas próprias palavras, como se segue:

"As tribos beduínas da Palestina estão, consequentemente, em íntimo contato com o país civilizado do Egito. Seus *sheiks*, segundo vemos no papiro, frequentavam a corte do Faraó e se informavam das condições do Egito. Os enviados viajavam entre os territórios do Eufrates e do Egito com mensagens escritas. Esses beduínos asiáticos não são bárbaros, sem dúvida alguma. Em contraste, mencionam-se as tribos bárbaras que o rei do Egito combatia. Os *sheiks* beduínos também se uniam com o propósito de empreender campanhas militares contra o 'príncipe dos povos.'"[10]

Em sua *História comercial dos judeus na Antiguidade*, Herzfeld trata em detalhe das rotas das caravanas, que passavam pela Palestina ou por suas proximidades. Conjectura que aquelas comunicações "eram provavelmente, na Antiguidade, de maior importância comercial do que são hoje, para nós, as estradas de ferro".

"Uma tal rota conduzia do sudoeste da Arábia, paralelamente à costa do Mar Vermelho e seu Golfo Elanítico,[11] os produtos da Arábia Feliz, da Etiópia e de alguns países ao interior desta última até Sela, e depois a Petra,[12] aproximadamente 70 km ao sul do Mar Morto. Outra rota de caravanas trazia de Gerrha,[13] no Golfo Pérsico, os produtos da Babilônia e da Índia, em linha reta através da Arábia, também a Petra. Daí se abriam três outras estradas: uma para o Egito, com sub-ramais à direita até os portos arábicos do Mediterrâneo; uma segunda para Gaza, com um prolongamento muito importante para o norte; uma terceira ao longo das costas orientais do Mar Morto e do Jordão, até Damasco. Ailat, no mais interior recanto do Golfo Elanítico, ao qual deu seu nome, já chegara a ser um empório para as mercadorias das regiões mais ao sul, e também estava ligada a Petra por uma curta rota. A mencionada rota, que ia de Gaza até o norte, passava pelas terras baixas da Judeia e Samaria, e desembocava, na planície de Jisreel,[14] em outra rota, que se dirigia do Oriente até Acco.[15] Das mercadorias que chegavam por essas vias tão diferentes, as destinadas à Fenícia eram baldeadas em parte nos portos arábicos antes citados, em parte em Gaza e em Acco, porque o caminho desta última cidade para Tiro e Sidon era muito rochoso e só se tornou adequado ao transporte terrestre muito tempo depois. A frequentada rota de caravanas do Oriente ia da Babilônia ao médio Eufrates, em seguida através do deserto sírio-arábico, onde posteriormente floresceu Palmira, e, depois de seguir através de curta distância ao longo da margem oriental do Jordão superior, cruzava o rio e corria pela planície de Jisreel até alcançar o mar. Pouco antes de chegar ao Jordão, entrava na rota já descrita que vinha de Gilead,[16] cujo caminho, como vimos, era usado no tempo de José; também vimos que a rota vinda de Gaza penetrava na planície de Jisrael; mas provavelmente o caminho da Palestina para o Egito, de acordo com *Gênesis* XXXVII, 25; XLI, 57, também saía de Gaza... Ainda não podemos provar e medir, durante algum tempo, com fatos registrados na história, influência mercantilista (dessas rotas comerciais e das feiras que haviam surgido nas encruzilhadas) sobre os israelitas; mas, devido a sua necessidade inerente, não há dúvida de que existiu e essa presunção lançará luz sobre muitas velhas, pouco vistosas passagens, que o faz realmente reconhecer."[17]

O luxo e as indústrias de exportação, e também a arte, desenvolveram-se muito menos que o comércio, entre os israelitas, provavelmente porque estes haviam cessado de ser nômades, em uma época em que os ofícios alcançaram alto nível de desenvolvimento entre seus vizinhos. Os artigos de luxo, obtidos através do comércio, eram melhores e mais baratos do que os manufaturados pelos seus próprios artesãos. O resultado foi que tais trabalhos se limitaram aos artigos mais simples. Mesmo entre os fenícios, que se tornaram uma nação culta em data muito anterior, o progresso da indústria foi retardado pela concorrência dos artigos egípcios e babilônicos com que os próprios fenícios traficavam.

"É muito pouco possível que os fenícios fossem superiores no campo industrial aos habitantes do resto da Síria. Heródoto[18] tem provavelmente razão quando diz que os produtos oferecidos pelos primeiros fenícios, que desembarcaram nas costas da Grécia, não eram oriundos de seu país, mas do Egito e da Assíria. As grandes cidades da Fenícia não chegaram a ser cidades industriais predominantes até que perderam sua independência política e considerável parte de suas relações comerciais."[19]

Provavelmente as condições de guerra haviam dificultado o desenvolvimento do artesanato. De qualquer modo, é certo que o artesanato não se desenvolveu muito. O profeta Ezequiel, em suas lamentações por Tiro, descreve minuciosamente o comércio desta cidade, incluindo o de Israel. As exportações dos israelitas eram exclusivamente de natureza agrícola. "Judá e a terra de Israel eram teus mercadores: com trigo de Minit e confeitos e mel e azeite e bálsamo, deram em teu mercado." (XXVII, 17.)

Quando David tornou Jerusalém sua capital, o rei Hiram, de Tiro,[20] enviou-lhe "madeira de cedro e carpinteiros e trabalhadores em cantaria para os muros, que edificaram a casa de David". (*II Samuel*, V, 11.) O mesmo ocorreu na época de Salomão, quando da construção do Templo. Em troca, Salomão pagou a Hiram, anualmente, 20.000 medidas de trigo e vinte medidas de azeite puro. (*I Reis*, V, 11).

Sem artesanato de luxo altamente desenvolvido e sem ofícios artísticos, as artes plásticas ou gráficas não podem florescer, nem mesmo podem chegar a representar a forma humana, transcender a simples indicação do tipo humano, individualizar e idealizar seus modelos.

Tais artes têm de basear-se, necessariamente, em alto nível de comércio, que forneça ao artista variados materiais de muitas qualidades, permitindo-lhe escolher assim os mais apropriados ao seu objetivo. Necessita-se ainda de uma especialização avançada e uma certa quantidade de experiências, acumuladas por gerações, no manejo desses vários materiais, unidas a uma alta consideração para com o artista, o que o eleva acima do nível daqueles obrigados a trabalhar e lhe permite ócio, prazer e energia.

Unicamente nas grandes cidades comerciais, com artesanato vigoroso e antigo, podemos encontrar todos os elementos anteriores. Em Tebas e em Mênfis, em Atenas e, posteriormente, começando na Idade Média, em Florença, Antuérpia e Amsterdã, as artes gráficas alcançaram seu maior desenvolvimento sustentadas por um vigoroso sistema de artesanato.

Disto careciam os israelitas, e essa carência teve também um reflexo sobre sua religião.

O CONCEITO DE DEUS NO ANTIGO ISRAEL

As concepções da divindade entre os povos naturais primitivos são extremamente vagas e confusas e, de nenhum modo, tão claramente definidas como as que encontramos depois nas mitologias que os estudiosos nos oferecem. As várias divindades não são concebidas claramente nem distinguidas com precisão umas das outras; são personagens desconhecidas e misteriosas, que têm influência sobre a natureza e sobre o homem, concedendo a este felicidade ou infelicidade; na realidade, porém, são mais nebulosas e indefinidas que as visões de um sonho.

As únicas diferenças precisas entre as várias divindades consistem em suas localizações. Cada localidade, que estimulava especialmente a imaginação do homem primitivo, parecia-lhe ser o território de uma divindade específica. Altas montanhas ou uma simples rocha, grutas em posições peculiares e mesmo simples árvore centenária, mananciais e cavernas, adquiriam certa santidade como lares dos deuses. Mas, às vezes, até uma pedra de formato especial ou um tronco de madeira podiam ser considerados o domicílio de uma divindade, como objeto sagrado, cuja posse garantia ao seu proprietário o auxílio do deus que o habitava. Cada tribo, cada raça, tratava de adquirir um desses objetos sagrados, um fetiche. Isso também é verdade em relação aos hebreus, cujo conceito de Deus estava a princípio no nível que descrevemos e muito longe do monoteísmo. As relíquias sagradas dos israelitas não parecem ter sido senão fetiches, a começar com o "ídolo" (*Teraphim*),[21] que Jacó roubou de seu sogro Labão, da Arca da Aliança, onde mora Iahve, que proporciona vitória, chuva e riquezas a quem o possui. As pedras sagradas, que os fenícios e israelitas adoravam, eram chamadas Betel, *Casa de Deus*.

Nessa etapa, as divindades das várias localidades e os fetiches não estão definidos, individualizados. Frequentemente seus nomes são semelhantes. Entre os israelitas e fenícios, muitos deuses eram denominados *El* (no plural *Elohim*), enquanto outros eram chamados *Baal* (o senhor) pelos fenícios. "Apesar de seus nomes idênticos, todos os Baals eram considerados criaturas absolutamente distintas. Com frequência não há outra forma de distingui-los a não ser acrescentando a seus nomes o do lugar onde o deus era adorado."[22]

Uma diferenciação mais clara entre as várias divindades na consciência popular não foi possível até que as artes gráficas e plásticas se desenvolveram suficientemente para poder individualizar e idealizar as formas humanas, criar figuras definidas com características pessoais que, no entanto, envolviam também um fetiche, uma majestade, uma grandeza ou um caráter terrível, que as tornavam superiores às formas dos homens. Destarte, o politeísmo adquiriu uma base material; os seres invisíveis fazem-se agora visíveis e, consequentemente, capazes de estar presentes da mesma maneira na mente de todos os homens; agora todos os deuses se diferenciaram uns dos outros, desaparecendo todas as confusões entre eles. A partir de então, foi possível distinguir e individualizar certos caracteres específicos, na massa inumerável de seres espirituais que moravam em desordenada confusão na imaginação do homem primitivo.

No Egito, podemos observar claramente o aumento no número de deuses específicos, na medida em que se desenvolvem as artes gráficas e plásticas. Não é um acidente encontrar na Grécia, simultaneamente com o alto desenvolvimento das atividades artísticas e descrição dos seres humanos nas artes plásticas, as mais variadas e precisas personificações de suas divindades.

O progresso das nações desenvolvidas na indústria e na arte, substituindo o fetiche, a morada do espírito ou do Deus, pela *imagem* do Deus, não puderam realizar os israelitas devido ao atraso de sua indústria e de sua arte. Também a esse respeito sua evolução deteve-se no nível do modo de pensamento beduíno. Nunca lhes ocorreu representar seus próprios deuses por meio de imagens. As divindades com que se familiarizaram eram imagens de deuses de tribos estrangeiras, de inimigos, deuses importados ou imitados de modelos estranhos. Daí o ódio dos patriotas a estas imagens.

Tal fato ocorreu devido ao desenvolvimento retardado, que, não obstante, tornou mais fácil aos israelitas ultrapassar o politeísmo e conhecer o monoteísmo filosófico e ético, já emergente em várias grandes cidades, no auge da civilização antiga. Onde a imagem de um deus tinha lançado raízes profundas na imaginação do povo, formara-se uma base firme para o politeísmo, difícil de enfraquecer. Por outro lado, o caráter vago da imagem divina, junto com a identidade de nomes de divindades nas mais variadas localidades, facilitava o caminho para a popularização da ideia de um só Deus, ao qual todos os outros espíritos invisíveis eram criaturas subordinadas. Não é por acaso que todas as religiões nacionais monoteístas procedam de nações que se achavam ainda na etapa nômade do pensamento e não tinham desenvolvido uma indústria ou arte importante: além dos judeus foram os persas e, posteriormente, os árabes com o Islã que aceitaram o monoteísmo, assim que entraram em contato com uma cultura urbana superior. Não somente o islamismo, mas também a religião zenda,[23] devem ser considerados religião monoteísta. Esta última não reconhece senão Auramazda como único senhor e criador do mundo.[24] Angromainju (Ahriman) é um espírito inferior, algo semelhante a Satanás.

O fato de que as etapas mais atrasadas se desenvolvam mais facilmente que as etapas mais adiantadas poderá parecer paradoxal, mas é um fato do qual temos evidência mesmo na evolução dos organismos físicos. As formas altamente desenvolvidas são com frequência menos adaptáveis e perecem mais facilmente, enquanto as formas inferiores, cujos órgãos estão menos especializados, podem ser capazes de adaptar-se mais rapidamente a novas condições, e se acham, consequentemente, em melhor situação para seguir o curso da evolução.

O desenvolvimento dos órgãos humanos, porém, não é só um processo inconsciente. Junto com os órgãos do corpo, o ser humano desenvolve, conscientemente, outros, artificiais, cuja construção deve *aprender* com outros homens. Quanto a essas formas artificiais, o indivíduo ou os grupos de indivíduos podem saltar etapas inteiras da evolução, mas, decerto, sempre que as etapas superiores sejam alcançadas antes deles, por outros de quem os primeiros as adquirem. É do conhecimento geral que a iluminação elétrica, por exemplo, foi introduzida mais rapidamente em muitas aldeias camponesas do que nas grandes cidades que haviam investido enorme volume de capitais na iluminação a gás. A aldeia camponesa pôde dar o salto, da lâmpada de óleo à luz elétrica, passando por cima da etapa da iluminação a gás; mas isso foi possível porque o progresso técnico nas grandes cidades alcançara a capacidade de produzir a luz elétrica. A aldeia camponesa não conseguiria esse avanço por si mesma. De igual modo, o monoteísmo foi alcançado com maior rapidez pelas massas de judeus e persas do que pelas de egípcios, babilônicos e helenos, porém primeiramente a ideia de monoteísmo foi elaborada pelos filósofos dessas nações de cultura altamente avançada.

O período que estamos agora a considerar, anterior ao Desterro, não alcançara ainda a etapa monoteísta. Ainda o culto dos deuses primitivos prevalecia.

COMÉRCIO E FILOSOFIA

O comércio desenvolve outros modos de pensar diferentes daqueles do artesanato e da arte.

Em sua *Crítica da economia política* e posteriormente em O *capital*, Karl Marx assinala o duplo caráter do trabalho, conforme se apresenta nas mercadorias. Cada mercadoria é ao mesmo tempo um artigo de consumo e de troca e, consequentemente, o trabalho que envolve pode ser considerado simultaneamente um trabalho especial, determinado — como, por exemplo, o trabalho no tear, na olaria ou na forja — e um trabalho abstrato humano em geral.

A atividade produtiva, que desenvolve determinados artigos para o consumo, interessa sobretudo ao consumidor que deseja certos valores de consumo. Se necessita de tecido, interessa-se pelo trabalho aplicado à sua produção, pela simples razão de que é esse trabalho específico que produz o tecido. Também ao produtor dos artigos (e, como regra geral, estes não são ainda trabalhadores assalariados, no estágio de evolução a que nos estamos referindo, mas camponeses independentes, artesões ou artistas, ou seus escravos) interessa o trabalho como *atividade específica*, que o capacita a produzir *artigos específicos.*

Contudo, a atitude do comerciante é diferente. Sua atividade consiste em comprar barato e vender caro. Em última análise, é-lhe indiferente que variedade específica de mercadorias compra ou vende, sempre que encontre um comprador. Certamente, está interessado na quantidade de trabalho e tempo socialmente necessários (tanto do ponto de vista da compra quanto da venda) para a produção das mercadorias com as quais negocia, pois o trabalho tem um efeito na determinação de seu preço; mas está interessado nele somente como um trabalho humano geral, que dá valor às mercadorias, abstratamente, não no trabalho concreto, produtor de valores específicos de consumo. O comerciante não complica o assunto com tantas palavras, porque custou muito tempo ao homem revelar a determinação do valor por meio do trabalho humano geral. Com efeito, foi necessário o gênio de um Karl Marx, em uma etapa altamente avançada na produção de mercadorias, para analisar completamente essa condição. Porém, milhares de anos antes dele, o trabalho humano, em geral e abstrato, adquire uma expressão tangível em contraste com as formas concretas de trabalho, não sendo necessário o menor esforço de abstração para captá-lo, isto é, realiza-se por meio do dinheiro.[25] O dinheiro é o representante do trabalho humano geral, encerrado em cada mercadoria; não representa um tipo específico de trabalho, não o trabalho de um tecelão, ou oleiro, ou ferreiro, mas qualquer trabalho, todo trabalho, hoje de um tipo, amanhã de outro. Mas o comerciante está interessado na mercadoria unicamente como representativa de dinheiro, não em sua *utilidade* específica, mas em seu preço específico.

O produtor — camponês, artista, artesão — está interessado na natureza peculiar de seu trabalho, na peculiaridade do material que tem de manipular. Aumentará a produtividade de seu trabalho na medida em que nele ainda mais se especialize. Seu trabalho específico vincula-o, entretanto, a um lugar determinado, à sua terra ou à sua oficina. Em consequência, a limitação especial do trabalho em que está empenhado produzirá nele certa limitação mental, à qual os gregos deram o nome de *banausia* (derivado de *banausos*, o artesão). "Mesmo que os ferreiros, carpinteiros e sapateiros possam ser excelentes em sua especialidade", diz Sócrates, no século V antes de nossa era, "a maior parte deles são almas escravizadas; não sabem o que é belo, bom e justo". O judeu Jesus Sirach,[26] aproximadamente no ano 200 a.C., expressou o mesmo pensamento. Por mais útil que possa ser a manufatura, diz, o artesão é, entretanto, inútil na política, na jurisprudência, na difusão da cultura moral.

A máquina torna possível suprimir essa limitação mental da classe de trabalhadores, mas só a abolição do modo capitalista de produção criará as condições sob as quais a máquina preencherá, da forma mais completa, essa magnífica função de libertação.

As atividades do comerciante produzem nele efeito completamente diferente do que produzem as do artesão. Não pode contentar-se com o conhecimento de um ramo especial da produção numa região determinada; quanto mais se estendam seus interesses, quanto mais ramos da produção envolvam em mais regiões, com suas condições especiais de produção e suas necessidades específicas, melhor poderá escolher aquelas mercadorias, cuja venda seja mais lucrativa no momento dado; aqueles mercados nos quais possa comprar com mais lucro ou onde possa realizar vendas mais lucrativas. Entretanto, a despeito do grande valor dos produtos e dos mercados que o preocupa, o comerciante, em última análise, só está interessado nas condições dos preços, i. e., nas condições das várias quantidades de trabalho humano abstrato, em relações numéricas abstratas. Na medida em que o comércio se desenvolve cada vez mais, na medida em que os atos de compra e a venda se separam um do outro, no espaço e no tempo, na medida em que se tornam mais variadas as condições monetárias com que deve tratar o comerciante, na medida em que é maior o descompasso entre a compra e tempo do pagamento e mais adiantado o desenvolvimento do sistema de crédito e pagamento de juros, mais complicadas e variadas tornamse essas relações numéricas. Assim o comércio tem que estimular o *pensamento matemático* e, simultaneamente, o *pensamento abstrato*. Não obstante, enquanto o comércio estende seu horizonte além das limitações locais e profissionais, oferecendo ao comerciante conhecimento dos mais variados climas e solos, das mais variadas etapas da civilização e modos de produção, estimula-o, ao mesmo tempo, a fazer comparações; capacita-o a descobrir o elemento geral na massa de detalhes particulares, o elemento necessário no conjunto de fatos acidentais, o elemento recorrente, que surge frequentemente sob certas condições. O poder de abstração assim se desenvolve, tanto quanto o pensamento matemático, enquanto a manufatura desenvolve mais o gosto pelo concreto, mas também pelo superficial, mais que pela essência das coisas. Não é a atividade "produtiva", como a agricultura e o artesanato, senão o comércio "improdutivo", que desenvolve as faculdades mentais que constituem a base do estudo científico.

Isso, todavia, não quer dizer que o próprio comércio produza essa investigação científica. O pensamento desinteressado, a busca da verdade, não da vantagem pessoal, são precisamente as condições de que mais carece o comerciante. O camponês, bem como o artesão, vive somente do trabalho de suas mãos. A riqueza acessível a eles tem limites muito definidos, porém, dentro de tais limites, qualquer indivíduo médio e são pode consegui-la, a menos que a guerra ou forças naturais extraordinárias minem e empobreçam toda a comunidade. Ter aspirações mais altas do que a média não é necessário nem promissor sob certas condições. A satisfação com a situação herdada caracteriza tais ocupações, até que o capital, comumente na forma de capital usurário, conquiste-as e domine-as, a eles ou a seus governantes.

Muito diferente do concreto, trabalho útil, o comércio funciona com o trabalho humano em geral. O êxito do primeiro está estritamente limitado pela capacidade individual; o êxito do comércio não tem limites. O lucro do comércio tem seus limites somente na capacidade de dinheiro, de capital, que o comerciante possui e que pode ser indefinidamente estendida. O comércio, por outro lado, está exposto a muitos perigos e vicissitudes, mais do que do trabalho artesão ou camponês, com sua permanente monotonia e na produção simples de mercadorias. O comerciante está constantemente pairando entre os extremos da mais suntuosa riqueza e da absoluta ruína. A paixão por lucros tem mais estímulos entre os comerciantes do que entre os produtores. O comerciante caracteriza-se pela avareza insaciável, bem como pela crueldade mais brutal, tanto para com seus concorrentes quanto para o objeto de sua exploração. Atualmente, essa condição é ainda mais repulsiva e evidente para aqueles que vivem de seu próprio trabalho, em todos os lugares, onde a tendência exploradora do capital não encontra uma resistência vigorosa, notadamente nas colônias.

Esse não é um modo de pensar que possibilita um pensamento pessoalmente desinteressado, um pensamento científico. O comércio desenvolve a necessária *habilidade* para o seu objetivo, mas não sua *aplicação* para propósitos científicos. Pelo contrário, onde o comércio consegue influência sobre o saber, exerce-a unicamente para alterar os resultados do conhecimento em benefício de seus próprios fins; a ciência burguesa até hoje apresenta inúmeros exemplos desse procedimento.

O pensamento científico só podia progredir em uma classe dotada de todos os dons, experiências e conhecimentos que o comércio envolve, porém ao mesmo tempo liberada da necessidade de ganhar a vida e, em consequência, que fosse ociosa e tivesse oportunidade e prazer na investigação na solução de problemas, desinteressadamente, sem referência a seus resultados imediatos práticos e pessoais. A filosofia só se desenvolveu nos grandes centros de comércio, e só ali, onde outros elementos, além dos comerciantes, tinham riqueza e posição social que lhes permitiam ócio e liberdade. Em inúmeras cidades comerciais da Grécia, tais elementos eram os grandes proprietários de terras, a quem escravos liberavam da necessidade de trabalhar e que não viviam no campo, mas na cidade, sujeitos à sua influência e do grande comércio, afastados da rude faina física do proprietário rural.

Tal classe, vivendo e filosofando nas cidades, parece haver surgido apenas nas cidades marítimas, cujo espaço territorial era bastante extenso para produzir a nobreza rural, mas não suficientemente grande para mantê-la fora da cidade e atrair seu interesse para a ampliação de suas possessões. Essas condições são encontradas, particularmente, nas cidades marítimas da Grécia. O espaço territorial da Fenícia era demasiadamente insignificante para produzir tais proprietários de terra. Lá, todos viviam do comércio.

Nas cidades rodeadas por extenso espaço territorial, parece que os grandes proprietários rurais aparentemente viveram mais sob a influência da vida campestre e desenvolveram o modo de pensar do senhor rural. Nos grandes centros comerciais da Ásia Central eram os sacerdotes dos vários cultos que desfrutavam, em muito maior grau, da libertação do trabalho e preocupação com os negócios práticos. Vários desses locais de culto tornaram-se bastante importantes para manter permanentemente inúmeros sacerdotes de quem se exigia muito pouco trabalho. A mesma função social que recaía sobre a aristocracia nas cidades marítimas da Grécia era a que correspondia aos sacerdotes nos grandes centros comerciais do continente oriental, particularmente no Egito e Babilônia, ou seja, o desenvolvimento do pensamento científico, da filosofia. Ela, entretanto, impôs ao pensamento oriental certa limitação, da qual o pensamento grego permaneceu livre: a conexão e a referência ao culto religioso. O que a filosofia perdia, a religião ganhava, e também os sacerdotes. Enquanto os sacerdotes da Grécia eram simples servidores do culto, guardiões dos locais de adoração e executores do rito religioso, nos grandes centros comerciais do Oriente eram os que preservavam e administravam todo o saber, tanto científico quanto social, a matemática, astronomia, medicina, história e direito. Sua influência, por isso, aumentou enormemente sobre a sociedade e o Estado. Em tais regiões, a religião estava capacitada a alcançar aprofundamento espiritual, coisa que a mitologia grega não pôde conseguir, uma vez que a filosofia helênica logo rechaçou a mitologia, sem tentar infundir um conhecimento mais profundo às suas ingênuas concepções nem conciliá-las.

A religião na Grécia antiga adquiriu, provavelmente, caráter sensual, vigoroso e artístico devido à elevação alcançada pelas artes plásticas, ao mesmo tempo que sua filosofia seguia um curso em que não se chocava com os sacerdotes. Por outro lado, em uma região com comércio internacional tão vigoroso, mas sem artes plásticas, sem uma aristocracia profana, com tendências e necessidades intelectuais, mas com um sacerdócio completamente desenvolvido, uma religião que não emergira do politeísmo, com personalidades divinas claramente definidas, pôde assumir mais facilmente um caráter abstrato e espiritual, enquanto a divindade poderia mudar com maior facilidade de uma personalidade a uma ideia ou conceito.

COMÉRCIO E NACIONALIDADE

O comércio tem outra influência sobre o pensamento humano, além do que acabamos de analisar. É um estímulo imenso para o sentimento nacional. Mencionamos já as limitações do horizonte camponês e pequeno-burguês, em oposição ao amplo horizonte do comerciante, que o consegue porque suas ambições aumentam continuamente, afastando-o do lugar onde o acidente de nascimento o situou. Esse fato é mais claro no caso das cidades marítimas, como, nos tempos antigos, os fenícios e os gregos, os primeiros aventurando-se além do Mediterrâneo, no Oceano Atlântico, e os segundos, abrindo caminho até o Mar Negro. O comércio por terra não permitia expedições tão longas. E o marítimo pressupunha alto grau de perícia, especialmente em construções navais. Era um comércio entre os povos altamente adiantados e os estagnados, em que os últimos eram facilmente subjugados, dando origem à fundação de colônias. O comércio por terra foi realizado primeiro, e com mais facilidade, por nômades, que visitavam tribos mais desenvolvidas, onde encontravam excedente de produtos agrícolas e industriais. Não havia, em tais casos, possibilidade de estabelecer colônias por meio de expedições isoladas. Ocasionalmente, certo número de tribos nômades podia congregar-se a fim de saquear ou conquistar o país mais rico ou adiantado, mas, mesmo então, não vinham como colonizadores, como portadores de uma cultura superior. Tais uniões realizavam-se muito raramente, e só em circunstâncias extraordinárias, pois a própria natureza nômade dos pastores isolava as tribos e mesmo as famílias umas das outras, dispersando-as por grandes distâncias. Regra geral, os mercadores pertencentes a essas tribos só podiam penetrar na comunidade rica e poderosa, com a qual negociavam, como *suplicantes tolerados*.

Isso era também verdadeiro para os mercadores pertencentes a tribos pequenas que se tinham estabelecido no caminho das nações entre o Egito e a Síria. Como os fenícios e os gregos, essas tribos também estabeleceram, da Babilônia ao Egito, feitorias comerciais nos países com que negociavam, mas não colônias no sentido estrito da palavra: não cidades poderosas nem instrumentos para o controle e exploração dos bárbaros por uma nação civilizada, mas fracas comunidades de suplicantes, rodeadas por cidades poderosas e civilizadas. Os membros dessas comunidades tinham, pois, que viver estreitamente associados, em oposição aos estrangeiros entre os quais se encontravam, e tratavam de fortalecer-se e obter poder e prestígio para sua nação, pois as atividades comerciais que desempenhavam dependiam do seu reconhecimento.

Em todas as partes, ainda no século XIX, como já assinalei em meu livro sobre Thomas Morus,[27] a classe dos comerciantes é a mais internacional e, ao mesmo tempo, o setor mais nacional da sociedade. Mas, no caso dos comerciantes pertencentes a povos pouco numerosos, expostos, sem qualquer defesa, aos maus-tratos no estrangeiro, esse sentimento nacional, esse desejo de uma coesão e de um prestígio nacionais e o ódio aos estrangeiros necessariamente aumentaram com mais força.

Essa era a situação dos comerciantes israelitas. Provavelmente, foram para o Egito em época muito remota de sua história, talvez quando eram ainda pastores errantes, muito antes de se fixarem definitivamente em Canaã. Temos evidências relativas a migrações dos cananeus no Egito, muito remotas, talvez de 3.000 anos antes de Cristo. Eduard Meyer diz sobre o assunto:

> Uma famosa pintura do sepulcro de Khnemhotep,[28] em Beni Hassan,[29] mostra uma família beduína de 37 pessoas, conduzida por seu chefe Absha, viajando até o Egito no sexto ano do reinado de Usertesen III.[30] São chamados *Amu*, isto é, cananeus, e seus traços faciais são niti-

damente semitas. Usam roupas de muitas cores, que foram populares na Ásia desde os tempos mais antigos, estão armados de arcos e lanças e trazem consigo asnos e cabras; um deles sabe tocar lira. Levam consigo o *meszemut* para tingir as sobrancelhas. Agora pedem permissão para entrar, dirigindo-se ao conde de Menatchufu, Khnemhotep, a quem estão submetidas as terras montanhosas. Um escriba real, Neferhotep, leva-os adiante para depois despachar e informar ao rei. Outras cenas como a aqui descrita podiam ter ocorrido com frequência, e sem dúvida alguns comerciantes e artesãos cananeus estabeleceram-se em grande número nas cidades orientais do delta, onde teremos ocasião de encontrá-los novamente. Comerciantes egípcios, por sua vez, vieram com bastante frequência às cidades sírias. O comércio egípcio, nessa época tão remota, estendeu-se provavelmente até a Babilônia, embora tivesse que passar pelas mãos de muitos intermediários.

Alguns séculos depois, aproximadamente no ano de 1800 a.C., época em que a sociedade egípcia se estava desintegrando, o norte do Egito foi conquistado pelos hiksos,[31] sem dúvida tribos de emigrantes cananeus, que foram induzidas pela impotência do governo egípcio a invadir as ricas terras do Nilo, onde se mantiveram por mais de dois séculos.

O significado histórico mundial do domínio dos hiksos consiste no fato de que foram eles que estabeleceram ativa conexão entre o Egito e as províncias sírias, relações que desde então nunca se romperam. Comerciantes e artesãos cananeus vieram ao Egito em grande número. Nomes e formas cananeias de adoração encontram-se, consequentemente, no novo império. Palavras cananeias também começaram a penetrar na língua egípcia. Uma prescrição médica, de cerca 1550 a.C., que contém receita para os olhos escrita por um *amu* de Kepni, provavelmente a cidade fenícia de Biblos, mostra a intensidade de tais relações.[32]

Não temos razões para presumir que os *amus*, beduínos semitas que rumaram para as cidades do norte e do nordeste do Egito e nelas se estabeleceram, não incluíam, também, hebreus, conquanto estes não sejam especificamente nomeados. Por outro lado, é difícil determinar hoje o que deve ser considerado o núcleo histórico das lendas de José, da estada temporária dos hebreus no Egito e de sua partida com Moisés. Presumir que são idênticos aos hiksos, como diz Josefo, não parece razoável. Contudo, parece certo que não todo Israel, mas certas famílias e caravanas de hebreus vieram em data muito remota ao Egito, onde, dependendo das variáveis condições dos assuntos do país, foram tratados mais ou menos favoravelmente, de início, recebidos de braços abertos e, depois, atormentados e expulsos como estrangeiros "indesejáveis". Essa é a sorte típica dos estabelecimentos de mercadores estrangeiros, procedentes de tribos fracas, ao se fixarem em impérios poderosos.

A Diáspora, a dispersão dos judeus pelo mundo, certamente não começa com a destruição de Jerusalém pelos romanos, nem com o Desterro na Babilônia, mas muito antes; é uma consequência natural do comércio, um fenômeno partilhado pelos judeus com povos comerciantes. Mas não se deve esquecer que a agricultura, como no caso da maior parte destas tribos, permaneceu sendo também a fonte principal de vida dos israelitas, até a data de seu exílio. Anteriormente, o comércio tinha constituído uma ocupação unicamente dos pastores nômades. Depois que se fixaram e se introduziu uma divisão de trabalho e os mercadores viajantes se diferenciaram dos camponeses, que viviam do solo, o número de mercadores permaneceu relativamente pequeno e os camponeses determinavam o caráter do povo. O número de israelitas que viviam no estrangeiro era de qualquer forma pequeno, em comparação com os que permaneciam no país. Os hebreus não eram diferentes dos demais povos.

Viviam, no entanto, sob condições que causavam ódio ao estrangeiro e forte ressentimento nacional, estimulado no mercador e transmitido à massa da população, em forma ainda mais intensa que a usual entre os povos camponeses.

CANAÃ, A ESTRADA DOS POVOS

Vimos a importância que a Palestina tinha no comércio entre Egito, Babilônia e Síria. Desde tempos imemoriais, esses Estados se tinham esforçado por obter a posse desse país.

Na luta contra os hiksos, que mencionamos (cerca de 1800 a 1530 a.C.), um espírito belicoso desenvolveu-se no Egito. Mas, ao mesmo tempo, os hiksos fizeram progredir o comércio entre o Egito e a Síria. Assim, depois de expulsar os hiksos, surgiu entre os egípcios o desejo de expansão militar, principalmente com o propósito de controlar a rota comercial que conduzia à Babilônia. Avançaram até o Eufrates e ocuparam a Palestina e a Síria. Deste último país foram logo expulsos pelos hititas,[33] mas permaneceram por mais tempo na Palestina (do século XV ao XII a.C.). Ali mantiveram inúmeras fortificações, entre as quais Jerusalém. Finalmente, o poder militar do Egito declinou e, a partir do século XII, não pôde conservar por mais tempo a Palestina, enquanto, simultaneamente, os hititas sírios se enfraqueciam em face da incipiente expansão dos assírios, que evitaram sua penetração mais para o sul.

Desse modo, o domínio estrangeiro da Palestina cessou por algum tempo. Essa foi a oportunidade, aproveitada por um grupo de tribos beduínas, sob a denominação geral de israelitas, para penetrar na região como conquistadoras e gradualmente ocupá-la. Não haviam terminado a conquista, e estavam ainda empenhados no conflito com os anteriores habitantes, quando surgiram novos inimigos, outras tribos de beduínos, a exercer pressão rumo à "terra prometida". Ao mesmo tempo, defrontaram-se com outros inimigos, os habitantes das planícies situadas entre o mar e a região montanhosa, que os israelitas ocupavam. Estes eram os filisteus e decerto se sentiram seriamente ameaçados pelo avanço de um povo tão agressivo como os israelitas. De outro lado, a planície costeira deve ter estimulado os israelitas a ocupá-la, porquanto por ela passava o caminho principal que ligava o Egito ao norte. Quem controlasse esse caminho dominava, por conseguinte, todo o comércio estrangeiro com o norte e com o Oriente. O comércio marítimo do Egito, através do Mediterrâneo, era, àquele tempo, muito pouco importante. Entretanto, se esses habitantes das montanhas, no entorno da planície, se tornavam um povo combativo e ambicioso, eles ameaçariam constantemente o comércio, que ia e vinha do Egito. E, realmente, esses habitantes eram combativos e ambiciosos. Há muitas informações sobre a formação de quadrilhas de salteadores em Israel, por exemplo, a de Jephtha, "a quem se reuniram vagabundos e foram com ele". (*Juízes*, XI, 3.)[34] Também temos informações de invasões de salteadores no país dos filisteus. Com relação a Sansão, lemos que "o espírito de Jahvé caiu sobre ele e desceu a Ascalão e feriu trinta homens deles; e tomando seus despojos deu roupas aos que haviam explicado em enigma" (*Juízes*, XIV, 19), o que quer dizer que os estava roubando a fim de pagar uma dívida. David também é representado a princípio como o chefe de uma quadrilha de salteadores. "E a ele se juntaram todos os aflitos e todos quantos estavam endividados e todos os que se achavam com o espírito amargurado e foi feito capitão deles: e teve consigo cerca de quatrocentos homens." (*I Samuel*, XXII, 2.)

Não é estranho que prevalecesse um estado de guerra permanente entre os israelitas e filisteus, que faziam todos os esforços possíveis para submeter seus incômodos vizinhos. De um lado, sob pressão dos beduínos, e comprimidos, do outro, pelos filisteus, Israel viu-se na condição de dependência e sofrimento. Sucumbiu aos filisteus, porque o território montanhoso que habitava estimulava a formação de um espírito local particularista, dispersando os clãs, enquanto a planície facilitava a comunicação das várias tribos e comunidades para uma ação conjunta. Só quando o poderoso reino militar de David conseguiu reunir as várias tribos, em uma unidade sólida, Israel deixou de ser oprimido.

Os filisteus foram, destarte, vencidos, e os israelitas conquistaram todas as cidades fortificadas, que na planície de Canaã haviam resistido, entre as quais Jerusalém, lugar estratégico, quase inexpugnável, com o controle de todos os caminhos do sul para a Palestina. Ela se tornou a capital do reino e a sede do fetiche nacional, a Arca da Aliança, onde morava o deus da guerra Jahvé.[35] David obteve então o domínio de todo o comércio que transitava do Egito para o norte, o que lhe proporcionou rico despojo, capacitando-o a aumentar seus recursos bélicos e expandir os limites de seu Estado na direção tanto do norte quanto do sul. Submeteu as tribos dos beduínos, que pilhavam, até o Mar Vermelho, e deu segurança a suas rotas comerciais. E, com o auxílio dos fenícios, pois os israelitas não tinham conhecimento da navegação, começaram a levar pelo Mar Vermelho os produtos que anteriormente iam por via terrestre da Arábia meridional (Sabá)[36] até o norte. Essa época constituiu a idade de ouro de Israel, cujo domínio sobre uma das mais importantes rotas comerciais de então lhe possibilitou alcançar alto grau de poder e de riqueza.

Essa posição, porém, seria exatamente a causa de sua ruína. Não era um segredo para os grandes Estados vizinhos sua importância econômica. Quanto mais, durante os reinados de David e Salomão, o país florescia, mais despertava a cobiça de seus poderosos vizinhos, cujo poder militar, àquele tempo, aumentava, principalmente no Egito, devido à substituição da milícia camponesa por mercenários, que podiam ser empregados melhor nas guerras de agressão. O Egito, decerto, não tinha força suficiente para conquistar continuamente a Palestina. Isso, porém, foi pior para Israel. Em vez de cair na dependência permanente de uma grande nação, cujo poder lhe teria oferecido, pelo menos, paz e proteção contra os inimigos externos, tornou-se o joguete dos competidores egípcios e sírios e, posteriormente, também dos assírios. Desse modo, a Palestina constituiu o teatro da guerra onde poderosos inimigos combatiam. Além da devastação causada pelas guerras, que teve de manter para defender seus próprios interesses, ocorria também a destruição que grandes exércitos causavam, em batalhas por interesses absolutamente estranhos aos habitantes do país. E as cargas dos tributos obrigatórios e da dependência, que eram impostas de tempos a tempos aos israelitas, não foram amenizadas pelo fato de que não era sempre o mesmo senhor que as impunha, de que seus senhores mudavam constantemente com os humores da guerra e que cada um considerava sua propriedade precária e procurava explorá-la ao máximo, em pouco tempo.

A situação da Palestina era semelhante à da Polônia no século XVIII, ou à da Itália, particularmente a Itália do norte, desde os tempos da Idade Média até o século XIX. Como a Palestina anteriormente, a Itália e a Polônia encontraram-se incapacitadas de exercer sua própria política e, consequentemente, configuravam o campo de guerra e o objeto de exploração de potências estrangeiras: a Polônia, da Rússia, Prússia e Áustria; a Itália, da Espanha e França, bem como dos senhores do Império Alemão e, posteriormente, da Áustria. E também na Palestina ocorrera uma desunião nacional, talvez pela mesma razão: lá, como na Itália, as várias partes do país recebiam influência de diferentes vizinhos. O norte do território ocupado pelos israelitas estava mais ameaçado, mas, também, dominado pelos sírios e, posteriormente, pelos assírios. O sul, Jerusalém e sua comarca, compreendendo aproximadamente o território da tribo de Judá, era mais ameaçado pelo Egito, do qual estava na dependência. Por causa disso, às vezes, parecia convir a Israel uma política exterior apropriada, distinta de Judeia. Essa diferença foi provavelmente o motivo de sua divisão em dois impérios, ao contrário do que anteriormente, quando a política exterior fora a causa da unificação das doze tribos contra o inimigo comum, os filisteus, que ameaçavam a todos igualmente.

As condições similares da Palestina, Itália e Polônia produziram necessariamente efeitos similares também em outro campo: nos três países encontramos o mesmo *chauvinismo* nacionalista, a mesma sensibilidade nacional, o mesmo ódio aos estrangeiros, mais intenso que os sentimentos correspondentes, gerados pelas oposições nacionais em outros povos daquela época. Esse nacionalismo exacerbado aumenta na medida em que a situação continua insuportável, sujeita aos incessantes caprichos de seus poderosos vizinhos, que convertem o país dominado em teatro de guerra com invasões para pilhagem. Em virtude da importância que a religião alcançou, no Oriente, por motivos já analisados, o chauvinismo também teve de expressar-se na religião. As fortes relações comerciais com seus vizinhos trouxeram a Israel, de igual modo, as ideias religiosas, as formas de culto e as imagens divinas. Mas o ódio aos estrangeiros tomou também a forma de ódio aos seus deuses, não porque se duvidasse de sua existência, senão por serem considerados de auxílio efetivo aos inimigos.

Os hebreus não se distinguem dos outros povos orientais. O deus ancestral dos hiksos era Sutech. Quando eles foram finalmente repelidos, seu deus foi também deposto. Esse deus era identificado com o Deus das Trevas, Seth ou Sutech,[37] de quem os egípcios não gostavam. Os patriotas de Israel e seus líderes, os profetas, estavam provavelmente tão irritados contra os deuses estrangeiros como os patriotas alemães, no tempo de Napoleão, mostravam-se enfurecidos contra as modas francesas e as palavras francesas no idioma alemão.

AS LUTAS DE CLASSE EM ISRAEL

Os patriotas não se contentavam com o mero ódio aos estrangeiros. Sentiam-se obrigados a renegar o Estado, injetar-lhe maior força.

Na medida em que se tornava mais intensa a pressão externa, a desintegração social aumentava na comunidade israelita. O desenvolvimento do comércio, desde os tempos de David, produziu grande riqueza para o país. Contudo, como em qualquer outro lugar da Antiguidade, a agricultura, também na Palestina, continuou como a base da sociedade e a propriedade da terra era a forma mais segura e mais honrosa de posse. Como em outros lugares, os elementos que haviam enriquecido na Palestina procuraram adquirir terras ou expandi-las, se já as possuíam. Outrossim, aqui notamos o princípio de uma tendência para o latifúndio. Essa tendência se via estimulada, como em outros países, pelo fato de que os camponeses iam de mal a pior sob as novas condições. Anteriormente, as lutas dos israelitas representaram simples conflitos locais, ocorriam a pouca distância de sua terra e não requeriam, por longo tempo, a ausência de milicianos camponeses. Essa situação se alterou assim que Israel se tornou um grande Estado e se envolveu nos problemas de outros grandes Estados. O serviço militar arruinava o camponês e tornava-o dependente de vizinhos poderosos, que possuíam dinheiro e praticavam agiotagem, com poder para expulsá-lo de suas terras ou lhe permitir a permanência, como escravo devedor até pagar a dívida. Esse meio parece haver sido o preferido, porque temos poucas notícias da existência na Palestina de escravos de outras nações. Se os escravos, comprados, são algo mais do que um luxo caro, para a casa particular eles se tornam um investimento lucrativo na produção e demandam necessariamente guerras constantes e vitoriosas, que permitam a aquisição de numeroso material escravo barato. A possibilidade desse processo não existia entre os israelitas. Na maior parte, pertenciam àquelas tribos de poucos recursos que forneciam escravos em vez de obtê-los. Os proprietários dos latifúndios, necessitando de mão de obra barata e dependente, preferiam necessariamente a escravidão por dívida de seus compatriotas, um sistema que também em outros países — por exemplo, na Rússia atual[38] desde a abolição da servidão — encontra muitos partidários entre os grandes proprietários rurais que necessitam de escravos ou de servos.

Na medida em que essa situação evoluiu, o poder militar de Israel tinha de decrescer simultaneamente com a diminuição dos camponeses livres e de sua capacidade de resistência aos inimigos externos. Assim, os patriotas uniram-se aos reformadores sociais e aos amigos do povo, com o objetivo de deter esse desenvolvimento desastroso. Conclamaram o povo e o reino a combater tanto os deuses estrangeiros como os inimigos dos camponeses, dentro do próprio país. Profetizaram a destruição do Estado, desde que não se lograsse pôr fim à opressão e ao empobrecimento do campesinato.

"Ai de vós", bradou Isaías, "que juntais casa com casa e campo com campo, até que não haja mais espaço e habiteis sozinhos no meio da terra?

Jurou a meus ouvidos o Senhor dos exércitos: deveras, muitas casas devem ser destruídas, e as grandes e formosas ficar sem morador". (*Isaías,* V, 8 e 9.)

E o profeta Amós proclamou:

> Ouvi esta palavra, vós gordas vacas no monte de Samaria, que oprimis os pobres, que subjugais os necessitados, que dizeis a vossos senhores: Trazei-nos a beber. O senhor Jahvé jura por sua santidade: Eis aqui, vede, virão dias sobre vós em que sereis levados por anzóis e os descendentes por ganchos de pesca. (IV, 1 e 2.)
>
> Ouvi isto, vós que subjugais os necessitados e arruinais os pobres da terra. Dizendo: Ao passar o mês, venderemos o trigo; em uma semana, abriremos os *celeiros* de pão e diminuiremos a medida e aumentaremos o preço e falsearemos o peso; para comprar os pobres por dinheiro e os necessitados por um par de calçados e venderemos as limpadoras do trigo? Jahvé jurou pela glória de Jacó: Não me esquecerei para sempre de todas as vossas obras. A terra não há-de estremecer sobre isto? Todo habitante dela não chorará? A terra subirá toda, como um rio, e será arrojada e afundará como o rio do Egito. (*Amós,* VIII, 4-8.)
>
> O fato de que os possuidores e governantes estiveram utilizando o aparato do governo para sancionar a nova ordem de coisas, na forma de leis, resulta evidentemente dos incessantes lamentos dos profetas contra as leis existentes. "Ai dos que estabelecem leis injustas e prescrevem tirania; por afastar os pobres do juízo e por tirar o direito aos aflitos de meu povo; por despojar suas viúvas e roubar os órfãos!" (*Isaías*, X, 1-2.) "Sion, em juízo será resgatada e os convertidos dela, pela justiça." (*Isaías,* I, 27.) "Certamente, eis que em vão se cortou a pena, falseada pelos escribas." (*Jeremias,* VIII, 8.) "Porque vós transformastes o juízo em veneno e o fruto da justiça em fel?" (*Amós,* VI, 2.)[39]

Afortunadamente para os profetas, não viveram na Prússia ou na Saxônia! Teriam terminado perante os tribunais, por incitar à violência, por lesa-majestade e alta traição.

Contudo, por mais cheia de energia que fosse a agitação e por mais urgentes que fossem as necessidades das quais emergiu, ela não pôde obter êxito, pelo menos nenhum êxito permanente na sociedade, embora em algumas ocasiões os profetas pudessem conseguir leis para o alívio da miséria ou equilíbrio dos antagonismos sociais. Somente podiam aspirar à restauração do passado e à paralisação da corrente da evolução econômica. Isso era também impossível, como, por exemplo, os esforços similares dos Gracos, em Roma, estavam de antemão condenados ao fracasso. O declínio do campesinato e, com este, do Estado, era em Israel tão irresistível como posteriormente em Roma. Mas o ocaso do Estado, na pequena Israel, não foi uma lenta atrofia como no Império Romano. Adversários poderosos, superiores, deram um fim repentino, muito antes de haver esgotado sua força de vida. Esses adversários foram os assírios e os babilônios.

A QUEDA DE ISRAEL

Desde a época de Tiglath-Pileser I[40] (*c*. 1115-1050 a.C.) os assírios, com periódicas interrupções, começaram sua política de conquista, em grande estilo, e se aproximaram cada vez mais de Canaã. Esses poderosos conquistadores utilizavam novo método para tratar os vencidos, o qual teria um efeito desastroso sobre os israelitas.

Durante o estágio nômade, todo o povo estava naturalmente interessado em qualquer campanha militar que fosse proveitosa para cada um de seus homens. Tais campanhas eram realizadas para o simples saque ou para a conquista de um país rico, onde os vencedores se estabeleciam como a aristocracia exploradora da população nativa.

Entretanto, no estágio da agricultura fixa, a massa da população — os camponeses e os artesãos — já não tinha interesse em uma guerra de conquista. Seu interesse era naturalmente maior na guerra de defesa, pois os camponeses e artesãos sentiam-se então ameaçados de perder a liberdade e as terras, em caso de derrota. Eram os grandes mercadores que queriam uma política de expansão externa, por meio da força, porque necessitavam de segurança em suas rotas comerciais, somente possível, na maioria dos casos, através da ocupação militar, ao menos de algumas regiões no estrangeiro. Também a nobreza, igualmente, encorajava a expansão militar, porque ambicionava mais terras e novos escravos, da mesma forma que os reis eram militaristas, a fim de aumentar as rendas do Estado com a imposição de impostos.

Como não havia, entretanto, exército regular, nem burocracia que pudesse ser transferida para determinado ponto, a ocupação permanente e a administração do território conquistado tornavam-se uma tarefa difícil para o vencedor, nesse estágio da economia. Este, por isso, contentava-se, em geral, com um saque completo e o enfraquecimento do povo vencido, bem como com o compromisso de ajudá-lo e de pagar certos e determinados tributos, mas deixava as classes dominantes do país conquistado em sua posição social, sem alterar suas instituições políticas.

A desvantagem de tal situação era o fato de que o vencido aproveitava a primeira oportunidade para sacudir o jugo odioso, o que provocava nova campanha militar, com o objetivo de subjugá-lo, não sem infligir os mais violentos castigos aos "rebeldes".

Os assírios implantaram um sistema para maior estabilidade a suas conquistas: onde encontravam resistência forte, ou havia muitas insurreições, enfraqueciam o povo cortando-lhe a cabeça, privando-o de suas classes dirigentes, desterrando os habitantes mais importantes, os mais ricos, inteligentes e combativos, principalmente os da capital, para alguma região remota, onde se tornavam absolutamente inofensivos, porquanto não tinham nenhuma camada subordinada que pudessem governar. Os camponeses e pequenos artesãos restantes constituíam então a massa amorfa, que era incapaz de oferecer grande resistência aos conquistadores.

Salmanassar II (859-825 a.C.),[41] foi o primeiro rei assírio a penetrar na Síria propriamente dita (Alepo, Ramá, Damasco) e também o primeiro a nos dar notícias de Israel. Em um relato, em escrita cuneiforme de 842 a.C., menciona, entre outras coisas, um tributo pago pelo rei israelita Jehu.[42] E traz uma ilustração, representando a entrega desse tributo, que é o quadro mais antigo em que figuram personagens israelitas. A partir dessa época, Israel esteve em contato cada vez mais estreito com a Assíria, por causa do pagamento de tributos ou de suas insurreições, enquanto os assírios desenvolviam mais e mais a prática anteriormente descrita, desterrando classes superiores do povo vencido, principalmente do povo rebelde. Era somente uma questão de tempo a destruição de Israel pelos assírios vencedores e, aparentemente, invencíveis. Não é necessário nenhum dom extraordinário de profecia para predizer o fim antecipado pelos profetas judeus com tanta clareza.

O reino do norte terminou durante o reinado de Hosea,[43] que recusou o pagamento de tributos à Assíria, em 724 a.C., confiando no auxílio egípcio. Porém este deixou de vir. Salmanassar IV marchou sobre Israel, derrotou Hosea, aprisionou-o e sitiou sua capital, Samaria, mas somente ela pôde ser conquistada, após três anos de sítio, por Sargon, sucessor de Sancherib[44] (722 a.C.). A "flor da população" (segundo Wellhausen) — 27.290 pessoas, de acordo com as informações assírias — foi então levada para cidades assírias e medas. O rei da Assíria colocou no seu lugar pessoas de cidades rebeldes da Babilônia, "e pô-las nas cidades de Samaria, em lugar dos israelitas. Desta maneira, tomaram posse da Samaria e habitaram suas cidades". (*II Reis,* XVII, 24.)

Contudo, não foram todos os habitantes das dez tribos do norte de Israel desterrados. Somente os mais nobres das cidades, que então foram povoadas com estrangeiros. Isso, entretanto, foi suficiente para pôr um fim à nacionalidade dessas dez tribos, uma vez que o camponês sozinho é incapaz de construir uma vida comunal específica. Por outro lado, os habitantes urbanos e aristocratas israelitas, que foram transferidos para a Assíria e a Media,[45] desapareceram com o passar das gerações em seu novo ambiente, com o qual se misturaram.

A PRIMEIRA DESTRUIÇÃO DE JERUSALÉM

Ao povo de Israel restou apenas a cidade de Jerusalém, com sua província da Judeia. Parecia que esse pequeno resíduo teria o mesmo destino da maior parte de seu povo e que o nome de Israel desapareceria da face da terra. Mas os assírios não estavam deliberados a tomar e destruir Jerusalém.

Certamente, o fato de o exército assírio de Sancherib, que marchava contra Jerusalém (701 a.C.), ser obrigado a regressar a seu país devido a distúrbios na Babilônia, não passou de um adiamento. A Judeia permaneceu como um estado vassalo da Assíria, que podia desaparecer a qualquer momento.

Porém, a partir do reinado de Sancherib, a atenção dos assírios voltou-se gradualmente para o norte, onde tribos nômades aguerridas avançavam e ameaçavam constantemente, exigindo cada vez mais força militar para repeli-las: os cimérios, os medos e os escitas. Os últimos entraram na Ásia Ocidental por volta de 625 a.C., e avançaram, promovendo pilhagem e devastação, até as fronteiras do Egito, mas se espalharam, 20 anos depois, sem ter fundado um império. Não desapareceram, entretanto, sem deixar traços. Sua invasão abalou, nos alicerces, a monarquia assíria, deixando-a mais exposta a um ataque vitorioso dos medos. A Babilônia separou-se e tornou-se independente, enquanto os egípcios aproveitaram a situação para controlar a Palestina. O rei judeu Josiah[46] foi vencido e morto pelos egípcios em Megido (609 a.C.), e Necho, faraó do Egito, tornou Jojaquim[47] seu vassalo em Jerusalém. Finalmente, em 606 a.C., Nínive foi destruída por uma colisão de babilônios e medos e o Império Assírio chegou ao fim.

Isso, contudo, não salvou a Judeia. A Babilônia seguiu os passos de Assur[48] e tratou imediatamente de ganhar o controle da rota do Egito. Nesse esforço, os babilônios, durante o reinado de Nabucodonosor, encontraram a oposição de Necho, que avançara até o norte da Síria. Os egípcios foram derrotados na batalha de Karkemish (605 a.C.) e a Judeia converteu-se pouco depois em um estado vassalo da Babilônia. Vê-se que a Judeia passava de mão em mão e perdera toda a independência. Incitada pelo Egito, ela se recusou então a pagar tributo aos babilônios, em 597 a.C., porém a rebelião fracassou quase sem luta. Jerusalém foi sitiada por Nabucodonosor e rendeu-se incondicionalmente.

> Quando então Nabucodonosor, rei de Babel,[49] atacava a cidade, enquanto seus servos a tinham cercada, Jojaquim, rei de Judá, foi ao rei de Babel, acompanhado por sua mãe, seus servos, seus príncipes e seus cortesãos. E o rei de Babel o prendeu no oitavo ano de seu reinado. E dali tirou todos os tesouros do templo de Jahvé e os tesouros do palácio real e espedaçou todos os vasos de ouro que Salomão, rei de Israel, fizera para o templo de Jahvé, como Jahvé tinha dito. E levou para o cativeiro a Jerusalém inteira, a todos os príncipes e a todos os homens aptos para a guerra, que foram 10.000, e a todos os ferreiros e serralheiros, não ficou nada exceto os pobres do povo da terra. Transportou Jojaquim para Babel, e levou presos, de Jerusalém para a Babilônia, a mãe do rei, as mulheres do rei e seus cortesãos e os nobres da terra, e a todos os homens aptos para a guerra, que foram 7.000, e aos ferreiros e serralheiros, que foram 1.000; homens valentes. (*II Reis,* XXIV, 11-16.)

Babilônia empregou o antigo método assírio, mas, também nesse caso, não foi levado todo o povo, somente a corte real, os aristocratas, os homens guerreiros e os cidadãos urbanos ricos; 10.000 pessoas no total. Os "mais pobres do povo da terra", e em todo caso também os da cidade, ficaram. Ademais, provavelmente também restou uma porção das classes dirigentes. Mesmo assim, a Judeia não foi destruída. Um novo rei foi-lhe dado pelo senhor da Babilônia. Porém o velho ciclo novamente se repetiu, pela última vez. Os egípcios incitaram o novo rei, Zedekiah,[50] a separar-se da Babilônia.

Daí que Nabucodonosor apareceu diante de Jerusalém, conquistou-a e arrasou-a, completamente, por causa de sua insubordinação e sua posição dominante no caminho dos povos entre Babilônia e Egito (586 a.C.).

> Nabusaradan, capitão da guarda, servo do rei de Babel, veio a Jerusalém e queimou a casa de Jahvé e o palácio dos reis e todas as casas, e toda grande casa foi destruída com fogo. E todo o exército dos caldeus, que estava com o capitão da guarda, derrubou os muros ao redor de Jerusalém. E *o resto do povo, os que permaneceram na cidade* e os que se haviam juntado ao rei de Babilônia, e os da plebe, transportou-os Nabusaradan, capitão da guarda. Mas os pobres da terra deixou Nabusaradan, capitão da guarda, para que lavrassem vinhas e terras. (*II Reis,* XXV, 8-12.)

Do mesmo modo está em *Jeremias,* XXXIX, 9-10:

> E o resto do povo, que ficara na cidade e os que desertaram e a ele haviam aderido, com todo o resto do povo que ficara, Nabusaradan, capitão da guarda, transportou para a Babilônia. Mas Nabusaradan, capitão da guarda, deixou na terra de Judá a plebe, os que nada tinham, e um dia deu-lhes vinhas e terras.

Certo número do elemento camponês permaneceu. Não havia sentido em despovoar completamente o país, deixá-lo sem agricultores, uma vez que assim não poderia arrecadar tributos. Os babilônios, como era sua prática, desejaram tirar da população, particularmente, aquela parcela capaz de unir e dirigir a nação e que podia tornar-se perigosa para a supremacia da Babilônia. Os camponeses, sozinhos, raramente foram capazes de libertar-se do domínio estrangeiro.

A informação constante no capítulo XXXIX de *Jeremias* é fácil de compreender, se recordamos a formação dos latifúndios, que ocorreu também na Judeia. Era natural, portanto, que fossem agora fracionados e repartidos entre os camponeses expropriados, ou que o escravo devedor e o arrendatário se tornassem proprietários livres da terra que cultivavam. Seus senhores foram os comandantes da Judeia contra a Babilônia.

De acordo com as informações assírias, a população da Judeia, durante o reinado de Sancherib, era de 200.000 pessoas, não contando com a de Jerusalém, estimada em 25.000. O número dos grandes proprietários atingia 15.000. Sete mil destes foram desterrados por Nabucodonosor, após a primeira conquista de Jerusalém.[51] Ele deixou 8.000 atrás de si. Entretanto, o *Segundo Livro dos Reis,* XXIV, 14, informa que somente ficaram os mais pobres. Esses 8.000 foram desterrados na segunda destruição. Suas vinhas e seus campos foram concedido à "gente pobre, os pobres que não tinham nada".

Em todo caso, não é provável que toda a população fosse desterrada, exceto a de Jerusalém. A maior parte da população do campo permaneceu. Mas o que restou deixou de constituir uma comunidade judaica específica. Toda a vida nacional dos judeus estava agora concentrada nas cidades do exílio.

Essa vida nacional adquiriu então um matiz peculiar, devido à situação especial dos judeus urbanos. Enquanto os israelitas haviam sido um povo que não muito se diferenciava dos demais que o rodeavam e por isso não chamava atenção especial, os remanescentes, levando uma vida nacional separada, tornaram-se um povo distinto dos outros existentes. Não foi com a destruição de Jerusalém pelos romanos, em data muito posterior, mas na destruição de Jerusalém por Nabucodonosor que encontramos o princípio da situação anormal que faz dos judeus um fenômeno único na história.

NOTAS

1. Nínive (do nome assírio *Ninua*) foi importante cidade assiría, na margem oriental do Tigres. (N. do T.)
2. Julius Wellhausen (1844-1918), nascido em Göttingen (Alemanha), foi um teólogo protestante que se dedicou à pesquisa do Velho Testamento e o fundador da moderna crítica da Bíblia. Escreveu várias obras, entre as quais *Israelitische und jüdische Geschichte* (1894) e *Das arabische Reich und sein Sturz* (1902). (N. do T.)
3. Welhausen, *Israelitische und jüdische Geschichte*, p. 87-88.
4. Arnold Hermann Ludwig Heeren (1768-1842) foi um historiador, teólogo e filósofo alemão que nasceu em Arbergen, perto de Bremen, e em 1787 ocupou uma cátedra na Universidade de Göttingen. É autor de várias obras, entre as quais *Ideen über Politik, den Verkehr, und den Handel der vornehmsten Völker der alten Welt* (2 vols., Göttingen, 1793-1796; 4ª ed., 6 vols., 1824-1826). (N. do T.)
5. Um siclo de ouro equivale a 16,8 gramas ou aproximadamente 47 marcos.
6. Diodoro (Diodorus Siculus, Διόδωρος) nasceu na Sicília e viveu no século I a.C. Morou algum tempo em Roma, como no Egito. Sua obra, à qual deu o título de *Bibliotheca Histórica*, é constituída de 40 volumes. (N. do T.)
7. Demétrio I (Demetrius I, Δημήτριος), alcunhado de Poliorcetes (Πολιορκητής, 337-283 a.C), filho de Antígono I Monoftalmo (Antigonus I Monophthalmus) e de Estratonice (Stratonice), foi rei da Macedônia (294-288 a.C.). Combateu Ptolomeu, do Egito, derrotando-o na batalha de Salamina (ilha de Chipre), em 306 a.C. Sitiou, em 305/304 a.C., a cidade de Rodes (Ῥόδος), situada na maior das ilhas do Dodecaneso (Δωδεκάνησα), i. e., um grupo de 12 grandes e 150 menores ilhas no Mar Egeu. Não conseguiu conquistá-la, e para comemorar a vitória, os habitantes de Rodes construíram uma gigante estátua do deus-sol Hélio, o "Colosso de Rhodes", considerada uma das sete maravilhas do mundo antigo. Foi expulso de seu reino em 288 a.C. por uma aliança entre Lisímaco (Λυσίμαχος, 360-281 a.C.), um dos sucessores de Alexandre Magno, reinando sobre a Trácia e a Ásia Menor, e Pirro (Pyrrhus, Πύρρος, 319-272 a.C.), de Épiro. Em 286 a.C., Demétrio acabou sendo preso pelo rei Seleuco (Σέλευκος, *c.* 358-281 a.C.), que fundara o Império Selêucida após a morte de Alexandre Magno. Morreu poucos anos depois. (N. do T.)
8. Frants Buhl, *Die sozialen Verhältnisse der Israeliten*, 1899, p. 76. Kautsky se refere a Frants Buhl (1850-1932), orientalista dinamarquês, livre-docente e professor do Velho Testamento e filologia semítica nas universidades

de Copenhague e de Leipzig. Uma de suas principais obras é *Die socialen Verhältnisse der Israeliten*, que Kautsky cita. (N. do T.)

9. Alfred Jeremias (1864-1935) foi especialista em história da religião e estudos da Assíria. Lecionou nas universidades de Gröningen e de Leipzig, que em 1914 lhe conferiu o título de Doutor *Honoris Causa*. (N. do T.)
10. Jeremias, *Das Alte Testament im Lichte des alten Orients*, 1906, p. 300.
11. O Golfo Elanítico (Ælanítico) é o Golfo de Aqaba (em árabe, Khalïj al-Aqaba — Golfo de Aqaba, ou Bahr al Aqaba — Mar de Aqaba), também denominado de Golfo de Eilat. É formado pela baía no Nordeste do Mar Vermelho, separa a Arábia da Península do Sinai e banha Israel, o Egito, a Jordânia, onde se situa a cidade de Aqaba, e a Arábia Saudita. (N. do T.)
12. Petra (árabe *al-Bitrā'* ou *al-Batrā'*, grego Πέτρα, "rocha, montanha rochosa") foi a capital dos nabateus, situada na Jordânia, entre montanhas que se estendem no lado oriental de Wadi Araba, o grande vale que vai do Mar Morto ao Golfo de Aqaba. Caiu sob o controle dos romanos em 106 d.C. Famosa por ser cavada nas rochas, com fachadas helenísticas, foi redescoberta em 1812 por Johann Ludwig Burckhardt, um viajante suíço. Tornou-se importante sítio arqueológico e foi declarada Patrimônio Cultural da Humanidade pela Unesco. (N. do T.)
13. Gerrha (al-Jarha') foi uma antiga cidade na Arábia, situada no lado ocidental do Golfo Pérsico, supostamente no local ou perto do Forte de Uqair, cerca de 100 quilômetros ao noroeste de Al-Hasa (Al-Ahsa), na província oriental da Arábia Saudita. Tornou-se conhecida por suas casas feitas de sal, segundo descrições gregas e romanas. (N. do T.)
14. Jisreel, Jezreel, Esdrelon ou Esdraelon (יִזְרְעֶאל), é o maior vale de Israel, situado no norte do país, entre os montes da Samaria e da Galileia. (N. do T.)
15. Acco (hebraico: עַכּוֹ, 'Akkō) é uma cidade de Israel, chamada Acre em português, francês, inglês e outros idiomas, conhecida na Antiguidade como Ptolemais e situada na região da Galileia, ao norte da Baía de Haifa. (N. do T.)
16. Gilead é a região montanhosa que se estende pela margem oriental do Rio Jordão, onde Jesus foi batizado. Esse rio, que nasce no Monte Hermon, vai até o Mar da Galileia e, 100 quilômetros adiante, deságua no Mar Morto; constitui a fronteira natural entre Israel e a Jordânia. Perto daquela região é que se supõe que tenha se passado o período das tentações. (N. do T.)
17. *Handelsgeschichte der Juden*, p. 22-25.
18. Heródoto (Herodotos de Halicarnassus, Ἡρόδοτος, *c.* 484-*c.* 425 a.C.) foi um historiador grego, o primeiro do Ocidente. Escreveu *As histórias*

(Ἱστορίαι/*Historiai*), que significa literalmente “pesquisas, explorações” (de ἵστωρ “perito, conhecedor”, ἱστορέω “pesquisar, conhecer”). Nessa obra ele inclui as histórias de vários povos da Antiguidade, entre as quais os conflitos entre a Grécia e a Pérsia. (N. do T.)

19. R. Pietschmann, *Geschichte der Phönizier*, 1889, p. 238. Kautsky refere-se a Richard Ludwig Wilhelm Pietschmann (1851-1923), orientalista alemão, egiptólogo e bibliotecário. Foi diretor da biblioteca universitária de Greifswald, diretor de departamento na Biblioteca Real em Berlim e diretor da Biblioteca da Universidade de Göttingen. Sua obra *Geschichte der Phönizier* foi publicada em Berlim, em 1889. (N. do T.)
20. Hiram esmagou uma rebelião em Utica, sua primeira colônia, perto de Cartago, e aliou-se ao rei Salomão, a fim de ocupar o espaço aberto na região com a retirada do Egito e a incapacidade de fazê-lo demonstrada pela Assíria e por Damasco. Assegurou o acesso às maiores rotas comerciais ao Egito, à Arábia e à Mesopotâmia, além de abrir a rota sobre o Mar Vermelho, ligando o porto de Ezion-Geber ao de Ophir (os arqueólogos não conseguiram localizá-lo), onde se supõe que o rei Salomão recebia os carregamentos de ouro. Do rei Hiram I, porém, não existem documentos contemporâneos senão os da Bíblia (onde ele é mencionado em vários capítulos do *Primeiro Livro dos Reis* e do *Segundo Livro das Crônicas*), razão pela qual muitos duvidam de sua historicidade. (N. do T.)
21. *Teraphim* é uma palavra de origem hebraica (תְּרָפִים) usada somente de forma plural. De etimologia incerta, a palavra, usada em vários livros da Bíblia hebraica (*Gênesis, I Samuel, Juízes, II Reis, Oseias, Ezequiel*), denomina uma imagem de um deus familiar. Ainda não se tem certeza sobre sua precisa configuração. (N. do T.)
22. R. Pietschmann, *Geschichte der Phonizier*, p. 183-184.
23. Kautsky refere-se ao Avesta ou Zend-Avesta, o livro sagrado do zoroastrismo, uma religião monoteísta fundada na Pérsia por Zaratustra, chamado de Zoroastro pelos gregos. O livro foi na maior parte destruído quando Alexandre, o Grande, conquistou a Pérsia, mas partes foram reunidas entre os séculos III e VII d.C. Conforme alguns historiadores, o zoroastrismo é a primeira manifestação do monoteísmo e influenciou tanto o judaísmo como o cristianismo e o islamismo. (N. do T.)
24. A divindade — Auramazda — pode ser o Deus do céu ou o Supremo Deus Ahura Mazda, a quem Xerxes, imperador da Pérsia (485-465 a.C.) adorou, conforme se sabe através de inscrições cuneiformes. Em uma dessas inscrições, Xerxes proclama que “Auramazda é um poderoso deus; o maior deus dos deuses”. (N. do T.)

25. O dinheiro surge como medida de valor antes de tornar-se instrumento de circulação. Era usado como tal, mesmo nos tempos da permuta: assim, lemos que no Egito havia o costume de "usar barras de cobre (*utes*) que pesavam 91 gramas, não ainda na forma de um verdadeiro dinheiro, pelo qual todas as outras mercadorias pudessem ser intercambiadas, mas como medida do valor. Assim, no Novo Império, um boi avaliado em 199 *utes* era pago por meio de um bastão incrustado, valendo 25 *utes*, outro de 12 *utes*, onze jarros de mel, avaliados em 11 *utes* etc. Posteriormente, a moeda ptolomaica de cobre estabeleceu-se sobre esta base". Eduard Meyer, *Die wirtschalftliche Entwicklung des Altertums*, 1895, p. 11. (Este autor, Eduard Meyer (1855-1930), que Kautsky cita, foi um professor alemão, especializado na história da Antiguidade. Lecionou nas universidades de Leipzig, Breslau, Halle e Berlim. Sua principal obra é *Geschichte des Alterthums*, em cinco volumes, publicados entre 1884 e 1992.) (N. do T.)
26. A Yeshua ben Sira, conhecido como Jesus Sirach, é atribuída a autoria do *Ecclesiasticus* (não confundir com o *Eclesiastes*, escrito pelos cristãos) ou *Livro da sabedoria e virtude*. Este livro contém as reflexões do autor, que viveu em Jerusalém e se supõe que depois se mudou para Alexandria, e foi escrito originalmente em hebraico, por volta do ano 190 a.C., e depois traduzido para o grego. A Igreja Católica e as Igrejas Ortodoxas consideram esse livro parte integrante do cânone da Bíblia. Os protestantes, porém, não o reconhecem e não o incluem em suas versões da Bíblia, por ser *deuterocanônico*, i. e., um dos sete livros do Antigo Testamento, que foram agregados à Bíblia grega (Cânone de Alexandria). (N. do T.)
27. Kautsky refere-se à sua obra *Thomas More und seine Utopie*, publicada em Stuttgart pela J. H. W. Dietz, Nachf., 1888. (N. do T.)
28. Khnemhotep (ou Chnumhotep), chefe da guarda de Saqqara, onde estão sepultados os faraós da VI Dinastia (4326-4123 a.C.). Saqqara é uma vasta necrópole situada 30 quilômetros ao sul do Cairo. (N. do T.)
29. Beni Hasan (também conhecida como Bani Hasan) é uma vila ao leste do Nilo, cerca de 16 quilômetros distante de Tell el-Amarna. Lá existem 39 tumbas cavadas nas rochas, das XI e XII dinastias do antigo Egito (*c.* 2133-1786 a.C.).
30. Monarca da XII dinastia, que se estendeu aproximadamente de 2100 a 1900 a.C., possivelmente começando alguns séculos antes.
31. Os hiksos, identificados com os amalecitas, foram o grupo dominante do Egito, constituindo as dinastias XV e XVI, em uma data que varia, segundo os autores, entre 1650 e 1542 a.C. O Egito estava então indefeso, sem exército e sem faraó, e caiu facilmente em poder dos amalecitas, sem que

se travasse combate. A conquista ocorreu na época do Êxodo, por volta do ano 1441 a.C., mas o Egito foi libertado durante o reinado de Saul em Israel e a ascensão ao trono de Ahmose, por volta de 1020 a.C. (N. do T.)

32. Eduard Meyer, *Geschichte des alten Aegyptens*, 1887, p. 182, 210.
33. Os hititas eram um povo de origem indo-europeia, cuja existência remonta à metade do segundo milênio antes de Cristo. A Bíblia reconhece-os como descendentes de Chet, irmão de Sidon, filhos de Canan. Sua pátria era a Anatólia (região da Turquia), na Ásia Central. Esse povo exerceu enorme influência na Ásia Central e conquistou o norte da Síria. O rei dos hititas Hattusilis I conquistou a Babilônia em 1650 a.C. e, depois, seu império estendeu-se ao Líbano. Seu rival foi o Egito. Os hititas, porém, começaram a declinar por volta de 1200 a.C. Depois de meados do século XII a.C., sob a pressão dos assírios, eles tiveram de abandonar as vilas de Karkemish e Hamat, no norte da Síria, e emigraram para Canaã. (N. do T.)
34. Jephtha (*Yiftach*) é um personagem do Velho Testamento, que serviu como um dos juízes em Israel, por um período de seis anos (*Juízes,* XII, 7), depois de Jair e antes de Ibzan. Ele viveu em Gilead e pertenceu a uma tribo hebraica fundada por Manasses, filho de José.
35. Jahvé (יהוה) é o nome do deus judeu. É proibido aos judeus pronunciar o nome de Deus em vão, assim, é substituído pela palavra “meu senhor”, *adonai* (אֲדֹנָי). No texto da Bíblia hebraica, as vogais de Jahvé são substituídas pelas vogais de *adonai* (יְהֹוָה), daí a equivocada transcrição “Jeová”. (N. do T.)
36. Sabá (em hebreu, *sheba*) era um reinado mencionado no Velho Testamento que controlava algumas regiões da Etiópia e da Eritreia, situada no sudoeste da Península Arábica, onde se localiza o Iêmen. A rainha de Sabá era chamada pelos árabes de Bilqus ou Balkis, e de Makedda no *Kebra Negast* (*Glórias dos reis*), livro sagrado da Etiópia, provavelmente escrito no século XIII, redigido em *ge’ez* (língua clássica da Etiópia, pertencente à família semítica). De acordo com a Bíblia, era negra e bonita. Referências a ela são encontradas na Bíblia (*I Reis* e *II Crônicas*), no Qumran e na história da Etiópia. Consta que ela teve um relacionamento amoroso com Salomão, de quem teve um filho, Menelik (ou Ibn el Hakim), que se tornou o tronco da dinastia etíope denominada *salomonide.* (N. do T.)
37. Sutech ou Seth, também conhecido como Set e Setekh, era originalmente, na mitologia antiga, o deus da força, das tempestade, das terras estrangeiras e dos desertos. Ele protegia as caravanas contra as tempestades de areia no deserto. Era presumidamente o marido de ‘Ashtart (Astarte) ou ‘Anat, ou da deusa egípcia Nephthys, sua irmã, com quem foi pai de Anúbis. (N. do T.)

38. Kautsky escreveu essa obra antes de 1908, ano em que saiu a primeira edição, e naquela época ainda vigorava a Rússia czarista. (N. do T.)
39. M. Beer, “Ein Beitrag zur Geschichte des Klassenkampfes im Hebräischen Altertum”, *Die Neue Zeit*, vol. XI, I, p. 447.
40. Tiglath-Pileser I (תִּגְלַת פִּלְאֶסֶר, do assírio Tukulti-apil-Ešarra) foi rei da Assíria entre 1115 e 1076 a.C. e um dos grandes conquistadores. Sua primeira campanha foi contra os meshech (ou moschi), oriundos da Anatólia, que haviam ocupado certas áreas do alto Eufrates. Depois esmagou o Commagene, um pequeno reino no centro-sul da atual Armênia, cuja capital era Samósata, bem como a região oriental da Capadócia (Καππαδοκία), na Ásia Menor (parte da atual Turquia). (N. do T.)
41. Salmanassar II reinou na Assíria como o sucessor do rei Assur-Nasirpal I, fundador da sétima dinastia dos assírios. (N. do T.)
42. Jehu (אֵיהוּ, Ele é Jahvé) ou Yehu era filho de Jehoshaphat, neto de Nimshi, e reinou em Israel por volta de 842-815 a.C. (ou 841-814 a.C.). A principal fonte para os acontecimentos nessa região encontra-se em *II Reis,* IX, X. (N. do T.)
43. Hosea (הוֹשֵׁעַ, “Hoshea”, Salvação do Senhor) ou Oseias foi um dos doze profetas menores da Bíblia hebraica ou Velho Testamento. Viveu no século VIII a.C. e profetizou um período escuro e melancólico da história de Israel e o declínio e a queda do reino do nordeste. Durante seu tempo, Israel desabou dos dias gloriosos de Jerebeam II para uma situação de caos político, em meio às invasões dos assírios. Os vários pecados de seus sacerdotes e governantes (homicídio, fornicação, perjúrio, roubo, idolatria, impiedade e outros) teriam provocado um desastre nacional e são criticados por Hosea. Suas profecias estendem-se ao longo de 60 anos, da época de Jonah e Amos à de Isahia e Micha. (N. do T.)
44. Sennacherib (ou Sancherib, que significa “O Deus da Lua substitui os meus irmãos”) foi rei da Assíria de 705 a 681 a.C. De acordo com a Bíblia, seu exército invadiu o reino de Judá, que ao norte se limitava com o reino de Israel, e foi subitamente destruído por um milagre (*II Reis* XVIII, XIX). Em 689 a.C., destruiu a Babilônia. Sargon (II) não era sucessor de Sennacherib, como escreve Kautsky, mas sim predecessor: reinou de 721 a 705 a.C. (N. do T.)
45. Média foi uma região, na antiga Pérsia, habitada pelos medos, uma das tribos de origem ariana que migraram para a Ásia Central. Os medos assentaram-se no Planalto Iraniano, a noroeste do Irã, região conhecida como Média, e, no final do século VII a.C., fundaram um reino cuja capital foi Ecbatana, cidade perto de Hamadan, 400 quilômetros ao sul de Teerã. Esse reino foi depois absorvido pelo Império Persa. (N. do T.)

46. Josiah ou Yoshiyahu (יֹאשִׁיָּהוּ), filho de Amon e Jedidah, foi rei de Judá, o reino de Israel meridional. Foi entronizado aos oito anos de idade, em meio a uma situação internacionalmente convulsionada, em que o império assírio, ao leste, começava a desintegrar-se, o império da Babilônia ainda não fora substituído e o Egito, no ocidente, ainda se recuperava do domínio assírio. Josiah reinou de cerca de 639 a cerca de 609 a.C., quando foi vencido e mortalmente ferido na batalha de Megido contra o faraó Necho II. (N. do T.)
47. Jojaquim (ou Jehojaqim, hebraico יְהוֹיָקִים), filho de Josiah, foi rei de Judá por volta do ano 598 a.C., contemporâneo do profeta Jeremias. Foi entronizado, segundo o *Livro dos Reis*, aos 18 anos de idade, e, após reinar três meses, os babilônios derrubaram-no e substituíram-no por Zedekiah (ou Tzidkiyáhu), que reinou, segundo alguns autores, de 597 a 587 a.C. e foi o último rei de Judá. Jojaquim foi exilado na Babilônia e aprisionado por Nabucodonosor II. Permaneceu cativo 37 anos (562 a.C.) até que Amel-Marduk, rei da Babilônia, o libertou. (N. do T.)
48. Assur (do assírio Aššur) era a capital do Império Assírio e estava situada na margem ocidental do Rio Tigre, norte da confluência com o pequeno Rio Zab. (N. do T.)
49. Babel (בָּבֶל, "portão de Deus") é o nome hebraico da Babilônia, cidade e reino na Mesopotâmia. (N. do T.)
50. Zedekiah ou Tzidqiyáhu (צִדְקִיָּהוּ) foi o último rei de Judá. Reinou provavelmente entre 597 e 587 ou 586 a.C. Era o terceiro filho de Josiah. (N. do T.)
51. Compare-se F. Buhl, *Die sozialen Verhältnisse der Israeliten*, p. 52-53. (Kautsky refere-se a Frants Buhl.) (N. do T.)

2. Os judeus após o Desterro

O DESTERRO

Aparentemente, a Judeia, após a destruição de Jerusalém, tivera a mesma sorte que as dez tribos de Israel depois da destruição de Samaria. Mas o mesmo acontecimento que eliminou Israel da história elevou a Judeia de despercebida futilidade a um dos fatores mais poderosos da história do mundo, devido à circunstância de que — pela maior distância da Assíria, pela firmeza natural de Jerusalém e pelas invasões de nômades do norte — a destruição de Jerusalém aconteceu 135 anos após a de Samaria.

Durante quatro gerações, depois das dez tribos, os judeus estiveram expostos a todas aquelas influências das quais já tratamos, e que incitaram o fanatismo nacional em seu mais alto grau. Só por essa razão os judeus foram para o Desterro com um sentimento nacional muito mais desenvolvido do que o de seus irmãos do norte. Porém o fato de que a comunidade judaica se concentrava essencialmente em uma única grande cidade, com o território circundante, tinha também de influir na mesma direção, enquanto o Império do Norte era um agregado de dez tribos, que não estavam estreitamente unidas umas às outras. A Judeia constituía, portanto, uma massa mais unificada e compacta que Israel.

Não obstante, os judeus teriam também perdido sua nacionalidade, no Desterro, se tivessem permanecido sob o domínio estrangeiro pelo mesmo tempo que as dez tribos. Quem estiver desterrado no estrangeiro pode, lá, suspirar por sua antiga pátria e não lançar raízes na nova terra. O Desterro pode reforçar ainda mais seu sentimento nacional. Entre as crianças nascidas no Desterro, que crescem em novo ambiente e conhecem as antigas condições somente através dos relatos de seus pais, o sentimento nacional será muito raramente tão arraigado, a menos que seja sempre mantido vivo, devido à falta de direitos ou aos maus-tratos no estrangeiro, ou à perspectiva de breve regresso à sua antiga pátria. A terceira geração então dificilmente conhece sua nacionalidade, salvo, como dito, se for subordinada constantemente ao meio e separada pela força do resto da população, como um povo diferente e inferior, e exposto, destarte, à opressão e aos maus-tratos da classe dominante.

Parece que isso não aconteceu com os judeus transplantados para a Assíria e Babilônia. Se houvessem permanecido entre os babilônios por mais de três gerações, teriam assim perdido, provavelmente, sua nacionalidade e desaparecido entre eles. No entanto, pouco após a destruição de Jerusalém, o império vitorioso começou a enfraquecer-se e os desterrados tiveram a esperança de breve regresso à terra de seus antepassados. Já durante a segunda geração, essa esperança se efetivou e os judeus puderam regressar da Babilônia para Jerusalém, pois as tribos que faziam pressão sobre a Mesopotâmia pelo norte, que destruíram a Assíria, não foram pacificadas muito rapidamente. A mais vigorosa delas foi a tribo nômade dos persas, que destruiu os dois sucessores do domínio assírio — os reinos dos medos e dos babilônios — e não só restabeleceu o Império Assírio-Babilônico sob uma nova forma, como o estendeu, enormemente, com a conquista do Egito e da Ásia Menor e a organização de um sistema militar e de uma administração nacional, que pela primeira vez formou sólida base para um império mundial, alicerçando de modo firme e mantendo permanente a paz interna.

Os conquistadores não tinham razão para conservar as pessoas conquistadas e desterradas pelos babilônios afastadas de seus lares. Em 538 a.C., a Babilônia fora conquistada pelos persas, sem um golpe difícil, o que demonstra quão fraca estava a cidade; no ano seguinte, Ciro, o rei persa, permitiu que os judeus voltassem a sua pátria. Seu exílio não durara meio século e, entretanto, muitos deles já se haviam adaptado às novas condições, dado que só uma parte se aproveitou da permissão, e muitos permaneceram na Babilônia, onde se sentiam como em sua própria casa. Pode-se quase garantir que os judeus teriam desaparecido, completamente, se Jerusalém tivesse a mesma sorte de Samaria, ou se o período entre sua destruição e a conquista da Babilônia pelos persas tivesse sido de 180 anos em vez de 50.

Apesar de curto, o período do Desterro produziu, no entanto, grandes mudanças no judaísmo, que determinaram o fortalecimento e o desenvolvimento de tendências e princípios surgidos nas condições da Judeia e lhe imprimiu traços extremamente característicos, devido à situação peculiar em que a partir de então os judeus foram colocados.

No exílio, continuaram existindo como nação, uma nação sem camponeses, composta exclusivamente de habitantes da cidade. Até então esse foi um dos caracteres mais importantes dos judeus sobre o qual essencialmente se baseiam suas "qualidades especiais", que não passam dos costumes comuns dos moradores das cidades, acentuados por um longo período de vida urbana e pela ausência de novos elementos fornecidos por um campesinato, como já acentuei em 1890.[1] Essas condições mudaram, mas pouco e temporariamente, após o regresso à Palestina, como veremos pelo que se segue.

Os judeus passaram a constituir então uma nação de *moradores da cidade*, mas também de *comerciantes*. A indústria, como vimos, não estava desenvolvida na Judeia; mal era suficiente para as necessidades domésticas. Entre os babilônios, avançados industrialmente, os judeus encontravam-se em situação desvantajosa. O serviço militar e a administração governamental eram também inacessíveis aos judeus, devido à perda de sua independência; só restava aos habitantes da cidade, como meio de vida, o comércio.

Uma vez que este, desde épocas muito remotas, era de grande papel na Palestina, tornou-se, necessariamente, a principal ocupação dos judeus no exílio.

Com o comércio aumentou a inteligência dos judeus, seu senso matemático, seu poder de abstração. Simultaneamente, a desgraça nacional ofereceu ao seu crescente talento objetivos mais nobres do que o simples lucro pessoal. No estrangeiro, esses membros da mesma nação mais estreitamente se uniram do que se estivessem em sua própria pátria. Sua coesão, em oposição aos estrangeiros, tornou-se mais forte, na medida em que o indivíduo se sentia mais fraco e mais ameaçado, quando permanecia isolado. O mesmo acontecia aos sentimentos sociais e à compaixão ética, que se fortaleceram, impregnando o pensamento judaico das mais profundas reflexões sobre as causas da desgraça nacional e os meios de reabilitar a nação.

Ao mesmo tempo, por necessidade, o pensamento judaico foi fortemente estimulado pelo esplendor da cidade metropolitana da Babilônia, seu tráfico mundial, sua velha civilização, sua ciência e sua filosofia. Como os pensadores alemães inspiraram-se e alcançaram os maiores sucessos por sua permanência na Babilônia do Sena, na primeira metade do século XIX, a permanência temporária na Babilônia do Eufrates, no século VI a.C., teve influência semelhante sobre os judeus e ampliou-lhes enormemente os horizontes.

Com efeito, como em todos os centros comerciais orientais fora das costas do Mediterrâneo, situados no interior do continente, também na Babilônia a ciência permanecia associada à religião — presa a ela — pelos motivos que expusemos. Todas as impressões novas e poderosas que os judeus recebiam também eles exteriorizavam sob forma religiosa. Na verdade, a religião então se torna, necessariamente, o fator fundamental entre os judeus, porquanto, com o fim de sua independência nacional, somente lhes restou o culto nacional como o laço que ainda unia a nação. O sacerdote desse culto passou também a constituir o único elemento central que guardava autoridade perante toda a nação. Com a supressão do Estado, a organização gentílica pareceu haver alcançado nova energia no Desterro.[2] Mas o particularismo gentílico não era fator que pudesse unir a nação. A Judeia procurou a maneira de manter e salvar a nação por meio da religião e, como consequência, o sacerdócio assumiu a direção do povo.

O sacerdócio judaico tomou do babilônio suas pretensões e muitas de suas noções do culto. Algumas sagas bíblicas são de origem babilônica, como, por exemplo, a da criação do mundo, a do paraíso, a da perda da graça, a construção da Torre de Babel, o Dilúvio. Além disso, tem ainda origem babilônica a observação estrita do Sábado. Esse dia só foi acentuado pelos judeus, depois, no Desterro.

"A ênfase dada por Ezequiel à observância do Sábado, como dia festivo, é algo *inteiramente novo*. Nenhum dos primeiros profetas acentuou tanto a celebração do Sábado, pois a passagem de *Jeremias* XVII, 19 e ss. não é genuína."[3]

Ainda após o regresso do exílio, no século V a.C., era muito difícil fazer cumprir a observância do Sábado, "pois estava em forte oposição aos costumes antigos".[4]

Podemos supor, embora não tenhamos evidência direta, que o sacerdócio judaico adquiriu do altamente desenvolvido sacerdócio babilônio não só as lendas e costumes populares, mas também um conceito mais elevado e mais espiritual da divindade.

Esse conceito fora por muito tempo bastante vago. Apesar do grande cuidado dos últimos censores e editores para eliminar das velhas histórias todos os resíduos de paganismo, encontramo-los ainda nas versões que chegaram até nós.

Lembremo-nos, por exemplo, da história relacionada com Jacó. Seu Deus não só o ajuda em todo o tipo de transações duvidosas, mas rebaixa-se a ponto de lutar com ele, em um combate em que o Deus é vencido pelo homem.

> E Jacó ficou só e um varão lutou com ele até que raiou a aurora. E como viu que não podia vencê-lo, tocou na junta de sua coxa e desconjuntou-se a coxa de Jacó enquanto com ele lutava. E disse: Deixa-me, que raia a aurora. E ele disse: Não o deixarei se não me abençoar. E ele lhe disse. Qual é o seu nome? E ele respondeu: Jacó. E ele disse: Seu nome não será mais Jacó, mas Israel, pois lutou com Deus e com os homens e venceu. Então Jacó lhe perguntou: Diga-me agora seu nome. E ele respondeu: Por que pergunta meu nome? E o benzeu. E Jacó chamou aquele lugar de Peniel: pois vi Deus frente a frente e minha alma foi libertada. (*Gênesis,* XXXII, 24-30.)

O Grande Desconhecido, com quem Jacó lutou vitoriosamente e cuja bênção obteve pela força, era um Deus, vencido por um homem, como na *Ilíada*, de Homero, em que os deuses e homens pelejam. Mas quando Diomedes conseguiu ferir Ares, foi com o auxílio de Palas Ateneia, enquanto Jacó venceu seu Deus sem a ajuda de outros deuses.

Enquanto os conceitos de Deus entre os israelitas eram muito ingênuos, as nações civilizadas, que os rodeavam, tinham, em muitos casos, castas sacerdotais bastante avançadas na direção do monoteísmo, pelo menos em seus ensinamentos ocultos.

Encontra-se forte princípio entre os egípcios.

> Não podemos apresentar em detalhe ou enumerar cronologicamente todas as múltiplas fantasias da especulação, todas as fases pelas quais passou a história do pensamento (entre os egípcios), mas chegamos a ponto de reconhecer que, nos ensinamentos ocultos, Horus[5] e Ra,[6] o filho e o pai, são absolutamente idênticos e que o deus engendrou a si mesmo com sua própria mãe, a deusa do Céu, e que ela mesma permanece como um simples produto, uma criação do único e eterno deus. Esta doutrina não se expressa claramente e sem ambi-

guidades, com todas as suas consequências, antes do princípio do Novo Império (após a expulsão dos hiksos, no século XV a.C.). Mas já principia a tomar forma no período que começa com o fim da sexta dinastia (aproximadamente no ano 2500 a.C.) e as ideias que formam sua base se acham definitivamente fixadas no Médio Império (aproximadamente em 2000 a.C.).

A nova doutrina originou-se em Anu, a cidade do Sol (Heliópolis).[7]

Essa doutrina provavelmente permaneceu secreta, mas teve pelo menos uma aplicação prática. Isso aconteceu antes que os hebreus entrassem em Canaã, durante o reinado de Amenophis IV, no século IV a.C.[8] Parece que esse príncipe estava em conflito com os sacerdotes, cuja riqueza e poder ameaçavam superá-lo. E tratou de combatê-los, levando a sério sua doutrina secreta. Ordenou que somente um deus fosse adorado e perseguiu implacavelmente todos os outros, o que equivalia a confiscar as imensas riquezas acumuladas pela casta sacerdotal.

Não temos informações relativas aos detalhes da luta entre os sacerdotes e a monarquia. Sabemos que durou longo período, mas 100 anos depois de Amenhotep IV (Amenophis), o poder sacerdotal, completamente vitorioso, restabeleceu em sua plenitude o culto dos antigos deuses.

Todo esse acontecimento demonstra até que ponto as ideias monoteístas haviam evoluído nas doutrinas secretas sacerdotais dos centros de civilização do antigo Oriente. Não temos razão para presumir que os sacerdotes babilônios fossem mais atrasados que os do Egito, pois pareciam iguais nas artes e nas ciências. Também Jeremias refere-se a um "monoteísmo latente" na Babilônia. Marduk,[9] criador do Céu e da Terra, era também o senhor dos deuses, aos quais "como ovelhas apascentava", ou todos os vários deuses eram somente reflexos especiais do único Deus. Assim se denomina em um texto babilônio referente aos vários deuses: Ninib: Marduk da Força, Nergal: Marduk da Batalha, Bel: Marduk do Governo, Nabu: Marduk dos Negócios, Sin: Marduk iluminador da Noite, Samas: Marduk do Direito, e Addu: Marduk da Chuva.

Justamente ao tempo do exílio dos judeus, quando um modo de monoteísmo emergia entre os persas, que estabeleciam contato com os babilônios, aparecem indícios de que "também na Babilônia fora feita a base de um monoteísmo, que se assemelhava provavelmente ao culto faraônico do sol, de Amenophis IV (Amenhotep). Pelo menos uma inscrição do período pouco anterior à queda da Babilônia representa o deus-lua de forma semelhante ao deus-sol de Amenophis IV, completamente coerente com a importância que na Babilônia se dava ao culto da lua".[10]

Mas, enquanto o colégio sacerdotal, na Babilônia como no Egito, tinha o mais vivo interesse em ocultar ao povo suas eventuais ideias monoteístas, pois todo o seu poder e riqueza dependiam do tradicional culto politeísta, o caso era diferente com o poder sacerdotal do fetiche nacional de Jerusalém.

Antes ainda da destruição de Jerusalém, esse fetiche crescera muito em importância, desde que a Samaria tinha sido destruída e o Império Norte de Israel desaparecido. Jerusalém era agora a única grande cidade de nacionalidade israelita. A área rural, pertencente a Jerusalém, continuou insignificante, quando comparado com a cidade. O prestígio do fetiche nacional, que fora grande em Israel, principalmente na tribo da Judeia, desde muito tempo, talvez desde antes de David, haveria agora cada vez mais de exceder e obscurecer todos os outros santuários do povo, como Jerusalém superava todas as outras cidades da Judeia. Da mesma forma, a casta sacerdotal, que servia a esse fetiche, conseguiu necessariamente uma posição dominante sobre todos os outros sacerdotes do país. Irrompeu uma luta entre os sacerdotes do campo e os da cidade, que terminou dando ao fetiche em Jerusalém uma posição monopolista, talvez antes do exílio. Pelo menos assim indica a narração do Deuteronômio, o "Livro da Doutrina", segundo um sacerdote garante ter "encontrado" no Templo, datado de 621 a.C. Contém a ordem divina de destruir todos os lugares do culto fora de Jerusalém, e o rei Josiah cumpriu fielmente esse mandato:

> E afastou os sacerdotes idólatras, que tinham colocado os reis de Judá e que então queimaram perfumes nas colinas e nas cidades de Judá e nos arredores de Jerusalém, e também aos que queimavam perfumes a Baal, ao sol e à lua e aos símbolos zodiacais e a todo o exército do céu... E fez vir todos os sacerdotes das cidades de Judá e profanou as elevações onde os sacerdotes queimavam perfumes, desde Geba até Beerseba... Igualmente o altar que estava em Beth-el[11] e o alto que fizera Jeroboão, filho de Nabat, o que fez pecar a Israel, aquele altar junto com o alto destruiu, e queimou o alto e transformou-o em pó.[12]

Não somente os lugares onde eram adorados deuses estrangeiros, mas os lugares consagrados ao próprio Jahvé, incluindo os mais antigos altares, foram profanados e destruídos.

Contudo, toda essa história, como tantas outras da Bíblia, talvez seja apenas uma falsificação do período posterior ao exílio, uma tentativa de justificar fatos, para apresentá-los como repetições do que antes acontecera, fabulando precedentes ou, pelo menos, exagerando-os. De qualquer modo, podemos presumir que ainda antes do exílio existia inveja entre os sacerdotes da capital e os das províncias, o que ocasionalmente levou à destruição de lugares sagrados que lhes faziam inconveniente concorrência. No caso dos judeus desterrados, a maioria dos quais veio de Jerusalém, não foi difícil reconhecer a posição de monopólio do templo de Jerusalém. Sob a influência, de um lado, da filosofia babilônica e, de outro, da desgraça nacional, possivelmente também da religião persa que simultaneamente com a judaica evoluía no mesmo sentido e que entrava em contato com ela, dando e possivelmente recebendo estímulos — sob a influência de todos esses fatores — a ambição dos sacerdotes, que eles trouxeram de Jerusalém pretendendo dar ao seu fetiche posição de monopólio, começou a desenvolver uma tendência para um monoteísmo ético, no qual Jahvé não aparecia somente como o deus específico, ancestral de Israel, porém como o único deus do mundo, a personificação do bem, a encarnação de toda a moralidade.

Mais tarde, quando, após o exílio, os judeus voltaram a Jerusalém, sua religião progredira e se espiritualizara a ponto de que as concepções vagas e as formas de adoração dos camponeses judeus, já superadas, lhes pareciam repulsivos métodos pagãos. Se essa mudança houvesse ocorrido em data mais remota, teria sido mais fácil para os sacerdotes e senhores de Jerusalém conseguirem a eliminação final de tais formas competitivas e provincianas de culto e estabelecer o monopólio do sacerdócio de Jerusalém, em bases permanentes.

Assim começou o monoteísmo judaico. Era de caráter ético, como também o monoteísmo da filosofia platônica. No entanto, no caso dos judeus, o novo conceito de Deus não surgiu, como entre os gregos, fora da religião, não estava arrimado em uma classe que permanecia alheia ao sacerdócio. O Deus único, desse modo, não apareceu como um novo Deus, acima e além do velho mundo de deuses, mas como a concentração do antigo grupo de deuses em um único e mais poderoso que, além disso, se encontrava mais próximo do pensamento dos habitantes de Jerusalém, o antigo Deus guerreiro e local, Jahvé, que nada tinha de ético.

Esse processo introduziu uma série de graves contradições na religião judaica. Como um Deus ético, Jahvé é de toda a humanidade, porquanto o bem e o mal são concepções entendidas de maneira absoluta, válidas igualmente para todas as pessoas. E sendo um Deus ético, uma personificação da ideia moral, é único e onipresente, da mesma forma que a moralidade é considerada igualmente válida em todas as partes. Porém a religião, em outras palavras, o culto de Jahvé, era igualmente o mais forte laço nacional entre os judeus da Babilônia; toda possibilidade de restauração da independência nacional estava indissoluvelmente ligada à restauração de Jerusalém. A edificação do Templo em Jerusalém e a garantia de sua permanência tornaram-se a palavra de ordem sob a qual a nação judaica se reunia. O poder sacerdotal desse Templo tornou-se, simultaneamente, a mais alta autoridade nacional dos judeus, uma classe que tinha extremo interesse em manter o monopólio do culto. Assim, a elevada abstração filosófica de um Deus único onipresente, que pede apenas um coração puro e um modo de vida sem pecado, mas não sacrifícios, continuou peculiarmente associada com o antigo fetichismo primitivo, onde o Deus estava em um lugar específico, o único onde os oferecimentos de toda espécie podiam aspirar a obter uma eficaz atenção. O Templo, em Jerusalém, continuou como o lar exclusivo de Jahvé, ao qual cada judeu dirigia seus pensamentos e considerava a meta de seus desejos.

Não menos interessante era outra contradição, dado que Deus viera a ser a encarnação das exigências morais, que tinham a mesma validade para todos os homens, porém continuava a ser o Deus ancestral dos judeus. Tratou-se de reconciliar essa contradição, proclamando que Deus era, na verdade, o Deus de todos os homens, cujo dever era amá-lo e honrá-lo, mas declarava, ao mesmo tempo, que o povo judeu era o único escolhido como expressão desse amor e dessa honra, o único povo a quem ele havia revelado seu esplendor, deixando os pagãos permanecerem nas trevas. Foi precisamente durante o Desterro, nos momentos de maior humilhação e desespero, que pela primeira vez surgiu entre os judeus esse sentimento peculiar de superioridade sobre o resto da humanidade. Anteriormente, Israel fora um povo igual aos demais e Jahvé um deus semelhante aos outros deuses; talvez mais poderoso que os outros — da mesma forma que se pode crer que a própria nação é mais forte que as outras —, mas, certamente, não o único Deus real, e Israel não era a única nação detentora da verdade.

> O Deus de Israel não era o Todo-Poderoso, mas somente o mais poderoso dos deuses. Estava ao lado dos demais e tinha de lutar contra eles; Kamos e Dagon e Hadad[13] eram inteiramente comparáveis a ele, menos poderosos, mas não menos genuínos. "O que vosso deus Kamos vos deu para conquistar" — Jephta[14] envia essa mensagem aos povos vizinhos que estão violando as fronteiras — "vos pertence e o que nosso Deus, Jahvé, conquistou para nós, é nosso". Os domínios dos deuses são, por conseguinte, tão claramente distinguíveis quanto os dos povos e um Deus não tem direitos na terra do outro.[15]

Mas agora essas condições mudaram inteiramente. O autor de *Isaías*, começando o capítulo XL, escreve que no fim do período do Desterro ou pouco depois, faz Jahvé proclamar:

> Eu sou Jahvé, este é meu nome; e a outro não darei minha glória, nem meu louvor a esculturas... Cantai a Jahvé um novo cântico, proclamai seu louvor até o fim da terra; os que navegais através do mar e sua abundância, as ilhas e seus moradores. Levantem a voz o deserto e suas cidades, as aldeias habitadas pelos de Kedar:[16] cantem os moradores dos rochedos, do cume dos montes eles devem se rejubilar. Glorifiquem a Jahvé e cantem seus louvores em terras distantes.[17]

Já não há menção que limite a autoridade de Deus à Palestina ou até mesmo à cidade de Jerusalém. Mas o mesmo autor faz Jahvé dizer:

> Mas tu, Israel, meu servo; tu, Jacó, a quem eu escolhi, semente de Abraão, meu amigo. Tu, a quem tomei dos extremos da terra e te chamei de teus principais e te disse: Tu serás meu servo; te escolhi e não te desprezei. Não temas, que estou contigo; não desmaies, que eu sou teu Deus... Todos que se voltarem contra ti, serão destruídos, que eu sou Jahvé, teu Deus!... Eu sou o primeiro a ensinar a Zion:[18] Vê, aí estão, teus filhos! E a Jerusalém envio um portador de salvação.[19]

Essas contradições são peculiares, porém devem-se à vida, à situação anômala dos judeus na Babilônia, transplantados para uma nova civilização, cujas marcas enormes iriam fazer evoluir todo o seu modo de pensamento, enquanto as condições em que viviam os forçavam a manter as velhas tradições, único modo de conservar a existência nacional, de muito maior importância para eles que para as outras tribos; porque uma situação penosa, que perdurara séculos, desenvolvera sua sensibilidade nacional de forma particularmente aguda e enfática.

A tarefa dos pensadores judeus consistiu em unir a nova ética com o antigo fetichismo, em conciliar a filosofia e a sabedoria da grande civilização, que tinha seu centro na Babilônia e abrangia muitos povos, com a estreiteza de uma pequena tribo de montanheses, que olhava os estrangeiros com desprezo. E era necessário promover tal conciliação sobre a base religiosa, i. e., sobre a fé tradicional. Daí que seu dever era demonstrar que o novo não era novo, mas extremamente antigo, que a verdade desses estrangeiros, que parecia irresistível, não era nova nem estranha, mas uma propriedade judaica genuína, cujo reconhecimento, por parte dos judeus, não significava abandono de sua nacionalidade no cadinho babilônico, mas, ao contrário, um robustecimento e solidificação final de sua nacionalidade.

Essa tarefa foi bem calculada para aguçar o entendimento, para desenvolver a arte da interpretação, de abrir uma saída imaginária, que a partir desse momento se desenvolveu extremamente entre os judeus. E foi isso que deu uma característica peculiar à literatura histórica dos judeus.

Começa então um processo que aconteceu com bastante frequência e que Marx analisou em sua investigação das opiniões do século XVIII, sobre as condições naturais do homem:

> O caçador e pescador particular e isolado, que constituem o ponto de partida de Smith[20] e Ricardo,[21] pertencem à imaginação trivial do século XVIII. São robinsonadas[22] que não expressam de modo algum, como apresentam os historiadores da civilização, uma simples relação contra um refinamento excessivo e o retorno a uma vida primitiva mal compreendida. Tampouco o *Contrato Social*, de Rousseau,[23] que por meio de uma convenção relaciona e põe em comunicação sujeitos independentes por natureza, repousa sobre semelhante natu-

ralismo. Essa é a aparência e somente a aparência estética das pequenas e grandes robinsonadas. Estas são, antes de tudo, a antecipação a "sociedade burguesa", que se preparava desde o século XVI e que no século XVIII marchava a passos de gigante para sua maturidade. Nessa sociedade de livre concorrência, o indivíduo surge como libertado dos laços da natureza, que em épocas anteriores da história fazem dele uma parte integrante de um conglomerado humano determinado, delimitado. Para os profetas do século XVIII, que levam nos ombros nomes como Smith e Ricardo, esse indivíduo do século XVIII — por um lado produto da dissolução das formas feudais da sociedade, por outro, resultado das forças produtoras novamente desenvolvidas desde o século XVI — surge como um *ideal* cuja existência pertence ao *passado*. Não como um *resultado histórico*, mas como o *ponto de partida da história*. Desde que esse indivíduo parecia estar em conformidade com a natureza e correspondia à sua concepção da natureza humana, ele foi considerado não um produto da história, mas da natureza. Esta ilusão é característica de toda nova época até hoje.[24]

Os pensadores, que desenvolveram as noções do monoteísmo e do domínio sacerdotal entre os judeus, durante e após o período do exílio, tinham também essa ilusão. Esse pensamento não lhes surgiu como o produto de um desenvolvimento histórico, mas como uma condição dada desde o princípio, não como "um resultado histórico", mas como o "ponto inicial da história". A própria história era concebida da mesma forma e adaptada facilmente às novas condições, uma vez que era quase toda constituída de tradição oral, não baseada, na maior parte dos casos, em evidências documentais. A fé em um só Deus e o controle de Israel pelos sacerdotes de Jahvé tornaram-se agora o ponto de partida da história de Israel; o politeísmo e o fetichismo, que não puderam ser negados completamente, foram representados como um desvio posterior da fé dos pais e não como a primitiva fé, como realmente eram.

Esse conceito tinha, ademais, a grande vantagem de ter um elemento extraordinariamente consolador, assim como também a de proclamar o próprio povo como eleito por Deus. A suposição de que Jahvé fora o único Deus ancestral de Israel tornou necessário interpretar as derrotas desse povo como derrotas de seu Deus, que fora o mais fraco em combate com outros deuses. Havia, consequentemente, muitas razões para duvidar de Jahvé e de seus sacerdotes. Mas a situação tornou-se diferente quando Jahvé passou a ser o único Deus, que escolhera os israelitas e nenhum outro povo, e eles lhe haviam pago com ingratidão e abandono. Todas as desgraças de Israel e da Judeia apareciam agora como justos castigos de seus pecados, pela negligência dos sacerdotes de Jahvé. Não eram, por conseguinte, evidências da fraqueza de Deus, mas de sua cólera, porque ele não tolera ser enganado. Mas um corolário natural dessa ideia era que Deus teria novamente misericórdia de seu povo e o resgataria e o redimiria assim que se recuperasse a fé nele, em seus sacerdotes e em seus profetas. A menos que se extinguisse a vida nacional, essa fé se tornava mais necessária na medida em que a pequena comunidade, o "verme de Jacó, oh, vós, os poucos de Israel" (*Isaías,* XLI, 14) achava-se em situação de maior desamparo entre comunidades hostis mais poderosas.

Somente um poder divino, sobrenatural, sobre-humano, um salvador, um Messias enviado por Deus, poderia salvar agora e libertar a Judeia e, finalmente, elevá-la até torná-la senhora de todos os povos que então a maltratavam. A fé no Messias surge simultaneamente ao monoteísmo e acha-se intimamente relacionada com ele. Por essa razão, o Messias não é imaginado como um Deus, mas como um ser humano, enviado por Ele, pois sua função era construir um reino terrestre, não um reino de Deus. O pensamento judaico ainda não alcançara a etapa de abstração e pensava em um reino dos judeus. De fato, Ciro, que libertara os judeus da Babilônia e os enviara novamente a Jerusalém, foi saudado como o ungido de Jahvé, o Messias, o Cristo. (*Isaías,* XLV, 1.)

Essa transformação do pensamento judaico, que recebeu o mais forte estímulo durante o Desterro, mas seguramente não alcançou sua forma naquele período, não podia ter acontecido num só lugar, ou por meios pacíficos. Não podemos esquecer que essa transformação se exteriorizava por fortes polêmicas no estilo dos profetas, em profundas dúvidas e segredos, seguindo o costume do Livro de Jó e finalmente em apresentações históricas no estilo dos vários componentes dos Cinco Livros de Moisés, que foram preparados naquele tempo.

Só muito após, com o Desterro, terminou o período revolucionário. Certas opiniões dogmáticas definidas, eclesiásticas, legais e históricas, saíram vitoriosas e foram aceitas como corretas tanto pelos sacerdotes, que haviam conseguido controlar o povo, quanto pelas próprias massas populares. Certos escritos, que estavam de acordo com tais ideias, foram declarados muito antigos e sagrados e assim transmitidos à posteridade. Sentiu-se, porém, a necessidade de introduzir alguma unidade entre os vários ingredientes dessa literatura, que se encontrava cheia de contradições, unindo, em um único conjunto variado, todos os elementos velhos e novos, os realmente entendidos e os não entendidos, os genuínos e os inventados. Contudo, não obstante todo esse "trabalho editorial", ainda felizmente permaneceram, no Antigo Testamento, bastante elementos originais, que nos permitem reconhecer, em meio de toda essa trapalhada, coberta por falsificações, traços do caráter do antigo povo hebreu, anterior ao Desterro; esse povo hebreu do qual os judeus modernos são, não somente uma continuação, mas também um perfeito contraste.

A DIÁSPORA DOS JUDEUS

Em 538 a.C., os judeus babilônios foram autorizados a regressar a Jerusalém. Já vimos, porém, que nem todos se aproveitaram dessa permissão. Como poderiam viver todos em Jerusalém? A cidade fora devastada, e seria necessário muito tempo para torná-la habitável, fortificá-la e reconstruir o templo de Jahvé. Mesmo assim, não ofereceria meios de vida para todos os judeus. Provavelmente, como agora, os camponeses prefeririam transferir-se para a cidade, enquanto a transição da vida urbana para a agrícola era tão difícil quanto rara.

Os judeus, na Babilônia, mal adquiriram habilidade industrial, talvez porque lá viveram pouco tempo. A Judeia não ganhara sua independência estatal, continuava a depender de conquistadores estrangeiros, primeiro dos persas, depois, começando com Alexandre, o Grande, dos gregos e, finalmente, após curto interregno e de revoluções mais variadas e destrutivas, veio a cair sob o controle de Roma. Faltavam, em geral, todas as condições para a existência de uma monarquia belicosa, que adquirisse riqueza, subjugando e saqueando os vizinhos mais fracos.

A agricultura, a indústria e o serviço militar não ofereciam campo para os judeus após o Desterro. A maioria deles não tinha outro modo de vida a não ser o comércio, que fora sua ocupação na Babilônia. Abraçaram essa ocupação com maior facilidade, porquanto havia séculos já possuíam as necessárias qualidades espirituais.

Entretanto, foi precisamente no período iniciado com o cativeiro na Babilônia que houve grandes mudanças na política e no comércio, com efeitos desastrosos para a situação comercial da Palestina.

A agricultura camponesa e também os ofícios são ocupações extremamente conservadoras. Enquanto falta o estímulo da concorrência — e é esse o caso das condições primitivas —, raras vezes há progresso entre essas classes (agricultura e artesanato camponês). O curso natural dos acontecimentos, quando não havia más colheitas, epidemias e outras calamidades, oferece a cada trabalhador o pão de cada dia, enquanto o que é novo e não experimentado pode dar motivo a fracassos e perdas.

O progresso técnico na agricultura camponesa e no artesanato não é originário de seu próprio espaço, senão do comércio, que traz do exterior novos produtos e processos, que dão motivos para pensar e, finalmente, produzem cultivos lucrativos e novos métodos.

Muito menos conservador é o comércio, livre, desde o princípio, das limitações locais e profissionais, crítico, por natureza, das tradições, porque as pode medir e comparar com o nível atingido em outros lugares e sob outras condições. Além disso, o comerciante sucumbe à pressão da concorrência mais facilmente que o agricultor ou artesão, porque encontra competidores das mais variadas nações nos grandes centros comerciais. Vê-se forçado a procurar sempre algo novo, particularmente, e a trabalhar pelo melhoramento nos meios de transporte e pela ampliação do círculo de suas relações comerciais. Enquanto a agricultura e a indústria não se acham dirigidas pelo capital e sobre uma base científica, o comércio é o único elemento revolucionário na economia. O comércio marítimo tem principalmente poderoso efeito nesse sentido. A navegação marítima torna possível cobrir grandes distâncias e entrar em contato com os povos mais variados, o que não acontece com o comércio por terra, porque o oceano mantém, a princípio, mais afastados os povos que estão em terra, o que torna possível que cada um evolua de modo mais independente e característico. No entanto, com o desenvolvimento da navegação marítima, estabelecendo o contato entre os povos até então separados, há um encontro mais frequente entre os extremos mais diversos, do que se realiza por meio do comércio terrestre. A navegação também estabelece exigências cada vez maiores de habilidade técnica; o comércio marítimo desenvolve-se muito mais tarde que o terrestre, porque a construção de um barco pressupõe maior domínio da natureza do que o necessário para domesticar um camelo ou um asno. Por outro lado, são precisamente os grandes benefícios do comércio marítimo, obtidos somente com um alto grau de perícia na construção naval, que constituem um dos impulsos mais poderosos para o desenvolvimento técnico da navegação. A habilidade técnica dos tempos antigos não evoluiu tanto, nem obteve triunfos semelhantes, em outros campos, como no campo da construção naval.

O comércio marítimo não é impedimento para o terrestre. Pelo contrário, estimula-o. A prosperidade da cidade marítima requer a presença de espaços interiores, que fornecem as mercadorias a serem transportadas pelos mesmos barcos que as trazem de outros portos. A cidade deve procurar o desenvolvimento de seu comércio por terra juntamente com o marítimo, mas o último continua ganhando importância cada vez mais, até tornar-se o fator decisivo, enquanto o primeiro fica subordinado ao marítimo. Se as rotas do comércio marítimo mudam, também devem mudar as terrestres.

A Fenícia, situada entre os antigos centros de civilização do Nilo e do Eufrates e participando do seu comércio, forneceu os primeiros navegantes que fizeram longas viagens pelo Mediterrâneo. Esse país tinha tanto acesso ao Mediterrâneo como o Egito, mas os egípcios foram impelidos à agricultura, cuja produção, devido às enchentes do Nilo, era inesgotável, e não à navegação. O Egito não tinha a madeira necessária à construção de barcos, nem o estímulo, que é o único impulso capaz de levar o homem, em épocas remotas, a expor-se aos perigos do alto-mar. Apesar do desenvolvimento da navegação pluvial entre os egípcios, sua navegação oceânica permaneceu costeira, de rotas curtas. Os egípcios desenvolveram a agricultura e a indústria, principalmente a de tecidos, e seu tráfico comercial prosperou. Mas não viajaram para outros países como comerciantes. Esperaram que os estrangeiros lhes trouxessem seus produtos. A seus olhos, o deserto e o mar continuavam sendo elementos hostis.

Os fenícios, por outro lado, viviam em uma faixa de terra, ao longo da costa, o que, literalmente, os impeliu ao mar, dado que essa se estendia ao longo de uma cadeia rochosa de montanhas, com muito poucas oportunidades para a agricultura. Tornava-se necessário complementar seus rendimentos insuficientes com a pesca, e seu território também produzia excelente madeira para a construção de embarcações. Essas foram as condições que obrigaram os fenícios a se lançarem ao mar. E o fato de que estavam entre regiões com indústrias altamente desenvolvidas estimulou-os, depois, a estender suas expedições pesqueiras, transformando-as em ações para operações comerciais marítimas. Desse modo, vieram a ser os portadores dos produtos hindus, arábicos, babilônios e egípcios, principalmente de artigos têxteis e especiarias, que levavam para o Ocidente, de onde traziam, ao regressar, produtos de outros tipos, sobretudo metais.

Com o transcorrer do tempo, porém, tiveram de enfrentar sérios concorrentes, os *gregos*, habitantes das ilhas e das regiões costeiras, cujas terras cultiváveis eram tão insignificantes, como as da Fenícia, que os induziu à pesca e à navegação. Esta alcançou tal proporção que passou a constituir perigo para os fenícios. A princípio, os gregos buscaram formas de evitar os fenícios e encontrar novas rotas para o Oriente. Penetraram no Mar Negro, em cujos portos estabeleceram um comércio com a Índia, através da Ásia Central. Ao mesmo tempo, trataram de estabelecer relações com o Egito e de abrir seus portos ao comércio marítimo. Justamente antes do período do cativeiro dos judeus, na Babilônia, os jônicos e os cários tiveram êxito nesse empreendimento. Na época de Psamético[25] (663 a.C.), estabeleceram-se firmemente no Egito, quase o inundando com seus comerciantes. Durante o reinado de Amásis[26] (659-525 a.C.), concedeu-se-lhes um território ao longo do braço ocidental do Nilo, onde puderam estabelecer um porto próprio, ao seu estilo, que seria denominado Naukratris. Ia servir como o centro do comércio com a Grécia. Logo o Egito sucumbiu aos persas (525 a.C.), como antes a Babilônia. Mas a posição dos gregos no Egito não se alterou. Pelo contrário, os estrangeiros ganharam amplo direito de negociar em todo o Egito, e os gregos foram os que obtiveram mais benefícios com esse acordo. Assim que se enfraqueceu o regime persa, ao debilitar-se o espírito belicoso do antigo povo nômade, como consequência da vida nas grandes cidades, os egípcios insurgiram-se, buscando recuperar sua independência, e por algum tempo tiveram sucesso (404-342 a.C.). Não o teriam conseguido sem o auxílio dos gregos que se haviam tornado suficientemente fortes para rechaçar os poderosos persas por mar e por terra e também seus súditos, os fenícios. Durante o reinado de Alexandre, o Grande, a comunidade grega começou, em 334 a.C., a tomar a ofensiva contra o Império Persa contíguo e pôs um fim à glória das cidades fenícias, já em decadência havia algum tempo.

O comércio da Palestina decaíra mais rapidamente que o da Fenícia, e o tráfico mundial abandonara as rotas da Palestina, não somente para as exportações da Índia, mas também para as da Babilônia, Arábia, Etiópia e Egito. A Palestina, que constituía a barreira entre o Egito e a Síria, continuou como o teatro em que eram travadas as guerras entre os senhores desses dois países. Mas o comércio entre as duas regiões passou a realizar-se por mar, abandonando a rota terrestre. A Palestina manteve somente as desvantagens de sua posição intermediária; perdeu todas as vantagens. Enquanto a maioria dos judeus era compelida a dedicar-se ao comércio como atividade, a possibilidade de praticá-lo em seu país diminuía progressivamente. Uma vez que o comércio não vinha a eles, viram-se obrigados a procurá-lo no estrangeiro, negociando com nações que ainda não haviam desenvolvido uma classe comercial própria, e esperavam que os comerciantes a elas fossem. Havia um número regular desses povos. Onde a agricultura mantinha a maioria da população, onde não era necessário suplementá-la por meio do pastoreio nômade ou da pesca e onde a aristocracia satisfazia seu desejo de expansão, acumulando latifúndios no país e fazendo a guerra no exterior, era geralmente preferível esperar que os mercadores viessem ao país que ir ao estrangeiro em busca de seus produtos. Essa tinha sido a prática dos egípcios e iria ser também a de Roma. Em ambos os casos, os comerciantes eram estrangeiros, principalmente gregos e judeus. Foi em países desse tipo que os comerciantes conseguiram maior prosperidade.

A Diáspora, a dispersão dos judeus fora de sua pátria, começa, portanto, justamente na época que se seguiu ao Desterro na Babilônia, no momento em que se lhes foi permitido o retorno à pátria. Essa dispersão não foi consequência de um ato de violência, como a destruição de Jerusalém, mas de imperceptível transformação que começava àquele tempo, o abandono das rotas comerciais. E como as rotas do comércio mundial desde então nunca voltaram a favorecer outra vez a Palestina, esta passou a ser evitada pela massa dos judeus, mesmo quando se lhes ofereceram liberdade de estabelecer-se nas terras de seus antepassados. O sionismo não alterará essa condição, a menos que possua o poder de mudar o centro comercial do mundo para Jerusalém.[27]

As grandes aglomerações de judeus ocorreram nas cidades onde havia maior atividade comercial e a maior acumulação de riquezas, i. e., em Alexandria e, posteriormente, em Roma. Os judeus cresceram nesses lugares, não somente em número, mas também em riqueza e poder. Seu poderoso sentimento nacional manteve-os estreitamente unidos, o que foi um fator da maior importância, dado que nos dias da crescente e geral desintegração social — que foi tão característica dos séculos imediatamente anteriores a Cristo — os laços sociais dissolviam-se e desapareciam. E como era possível encontrar judeus em todos os centros comerciais do mundo civilizado helênico e romano, os laços de sua afinidade ou parentesco estendiam-se por toda essa área, constituindo uma coesão internacional que dava apoio a cada um dos membros, não importando o país onde se encontrasse. Se, além disso, considerarmos as habilidades comerciais que haviam adquirido no decorrer de muitos séculos e que, desde seu Desterro, tinham estado desenvolvendo, sob pressão, numa só direção, compreenderemos esse aumento de poder e riqueza.

Mommsen diz de Alexandria que:

> Era quase tanto uma cidade de judeus como de gregos; os judeus de Alexandria eram pelo menos iguais aos de Jerusalém em número, riqueza, inteligência e organização. Na primeira época imperial, estimava-se que havia um milhão de judeus para oito milhões de egípcios e sua influência era talvez maior que sua representação numérica... A eles e só a eles era permitido, por assim dizer, formar uma comunidade dentro da comunidade e, enquanto em outras classes as autoridades da assembleia de cidadãos governavam os que não tinham cidadania, a eles (os judeus) era permitido em certa medida governar-se a si mesmos.
>
> Os judeus, diz Strabo,[28] têm, em Alexandria, um chefe nacional próprio, que preside o povo, decide os processos e dispõe dos contratos e convênios como se governasse uma comunidade independente. Isto se fazia porque os judeus declaravam que semelhante jurisdição específica era um requisito de sua nacionalidade ou, o que era equivalente, de sua religião. Além disso, as usuais regulamentações nacionais deram atenção em grande medida aos escrúpulos nacionais e religiosos dos judeus e, sempre que possível, concediam-lhes as necessárias exceções. O fato de que vivessem juntos fortalecia esta posição espe-

cial; por exemplo, em Alexandria, dos cinco distritos da cidade, dois eram habitados principalmente por judeus.[29]

Alguns dos judeus de Alexandria não só enriqueceram como alcançaram alta reputação e influência sobre os governantes do mundo. Por exemplo, o Supremo Arrendatário de Aduanas, alabarco Alexandre, desempenhou significativo papel, do lado árabe do Nilo. Agripa,[30] que se tornou mais tarde rei da Judeia, pediu a ele 200 dracmas emprestados, durante o reinado de Tibério. Alexandre deu-lhe cinco talentos à vista e uma ordem para pagamento do saldo em Dikæarchia[31] (Puzol).[32] Isso demonstra como eram estreitas as relações entre os judeus de Alexandria e os da Itália. Havia uma importante comunidade judaica em Dikærchia ou Puzol, perto de Nápoles. Josefo informa sobre o mesmo judeu alexandrino:

> O imperador Cláudio libertou novamente o alabarco Alexandre Lisímaco (Alexander Lisimachus), seu *bom e velho amigo*, que tinha sido fideicomissário de sua mãe Antônia, e Gaius (Calígula) aprisionara, em um acesso de cólera. O filho de Alexandre, Marco, casou-se depois com Berenice, filha do rei Agripa.[33]

Em Antioquia, a situação era a mesma de Alexandria:

> Era concedida certa independência aos judeus, como comunidade, e uma posição privilegiada, não só na capital do Egito como também na capital da Síria, e a posição que essas duas cidades ocuparam, como centros da dispersão judaica, não foi dos elementos menos importantes que contribuíram para seu desenvolvimento.[34]

A presença dos judeus em Roma data do século II a.C. Em 139 a.C., o pretor romano para os estrangeiros desterrou judeus que tinham admitido prosélitos itálicos na celebração de seu Sábado. Talvez esses judeus fossem membros de uma embaixada enviada por Simon Macabeu[35] para conseguir o favor dos romanos e que aproveitavam essa oportunidade para fazer propaganda de sua religião. Pouco depois, encontramos judeus domiciliados em Roma, onde a comunidade judaica tornou-se bastante grande quando Pompeu conquistou Jerusalém, em 63 a.C., e levou para

Roma grande número de judeus prisioneiros de guerra, que ali continuaram a viver como escravos ou libertos. Essa comunidade tornou-se muito influente. No ano de 60 a.C., Cícero queixou-se de que seu poder existia até no foro. Esse poder continuou crescendo durante o reinado de César e é descrito por Mommsen com as seguintes palavras:

> As observações de um autor do período de César demonstram como era numerosa a população judaica em Roma, antes de César, e como seus membros, ao mesmo tempo, permaneciam unidos, até o ponto de que era perigoso para um governador ofender os judeus de sua província, pois seria vaiado pela população em seu regresso à capital. Já nesse tempo, a ocupação predominante dos judeus era o comércio; o mercador judeu transferia-se a todas as partes com o conquistador romano de então, da mesma forma como depois acompanhou os genoveses e venezianos e o capital passava para as mãos dos judeus tanto quanto para as dos comerciantes romanos. Nesse período, também, encontramos a antipatia peculiar dos ocidentais para com essa raça completamente oriental e até para com suas opiniões e costumes estrangeiros. Esse judaísmo, embora não constituísse o aspecto mais agradável, no pouco aprazível quadro da mescla de nações então prevalecente, era, entretanto, um elemento histórico que se desenvolvia no curso natural das coisas. O estadista não podia nem ignorá-lo nem combatê-lo, e César protegeu-o da melhor forma possível, com correto discernimento das circunstâncias, tal como seu predecessor Alexandre, na Macedônia. Enquanto Alexandre, ao fixar os fundamentos do judaísmo alexandrino, não fez muito menos pela nação que o próprio David, ao planejar o Templo de Jerusalém, César também facilitou os interesses dos judeus, em Alexandria e em Roma, por meio de favores e privilégios especiais, protegendo particularmente seu culto contra os sacerdotes locais romanos e gregos. Os dois grandes homens, certamente, não pensaram em colocar a nacionalidade judaica na mesma base que a helênica ou ítalo-helênica. Mas o judeu, que não recebera, como o ocidental, a "caixa de Pandora"[36] da organização política, e que permanecia substancialmente em uma relação de indiferença ante o Estado; que, além disso, era tão contrário a renunciar ao núcleo de sua idiossincrasia nacional, como estava pronto para encapá-la com qualquer outra nacionalidade e a adaptar-se, até certo grau, aos hábi-

tos estrangeiros — o judeu parecia, por essa razão, como feito para um Estado que devia ser construído sobre as ruínas das centenas de constituições políticas existentes e para ser dotado de uma nacionalidade um tanto abstrata, de tom suave, desde o princípio. Ainda no mundo antigo, o judaísmo era uma fermentação efetiva de cosmopolitismo e decomposição nacional e, nessa medida, um membro especialmente privilegiado no Estado de César, cujo fundamento político era, estritamente falando, uma cidadania do mundo e cuja nacionalidade, no fundo, era a própria humanidade.[37]

Mommsen consegue consubstanciar, em uma só frase, as três distintas variedades da sabedoria histórica acadêmica. Em primeiro lugar, está o conceito de que os monarcas fazem a história, que alguns decretos de Alexandre, o Grande, criaram os judeus em Alexandria e não a alteração das rotas comerciais que já haviam levado numerosa colônia judaica ao Egito, e que continuou a desenvolver-se e fortalecer-se após a morte de Alexandre. Ou vamos acreditar que todo o comércio do Egito, que durou muitos séculos, foi criado pelo conquistador macedônio, como o resultado de um capricho momentâneo durante sua permanência temporária nesse país?

Esse respeito supersticioso pelos decretos reais é seguido imediatamente pela superstição da raça. As raças do Ocidente estão dotadas pela natureza com a "caixa de Pandora" da organização política, que falta aos judeus desde seu nascimento. A natureza está representada aparentemente como criadora, com seus próprios recursos, das inclinações políticas, antes de existir a política e distribuindo-as caprichosamente entre as diversas "raças", qualquer que seja o significado dessa palavra. Esse capricho místico da natureza é ainda mais cômico, em seus efeitos, quando nos lembramos de que os judeus, até a época de seu desterro, possuíam e aplicavam a "caixa de Pandora" da organização política na mesma proporção em que o faziam os outros povos, em sua mesma etapa de civilização. Somente a pressão de circunstâncias externas os privou do Estado e, assim, do material necessário a uma organização política.

Além dessas concepções monárquicas e antropológicas da História, Mommsen oferece-nos um terceiro conceito que representa os generais e organizadores dos Estados como influenciados por processos mentais semelhantes aos dos professores alemães em seus estudos. O inescrupuloso impostor e cavaleiro da fortuna, César, é apresentado como se no seu íntimo desejasse criar uma nacionalidade abstrata de cidadania do mundo e da humanidade, e reconhecesse e favorecesse os judeus como o meio mais apropriado para alcançar este fim!

Mesmo que César tivesse esse objetivo, não se pode considerar tal asserção como reflexo de seus verdadeiros pensamentos; da mesma forma como não nos sentimos inclinados a levar a sério as frases de Napoleão III. Os professores liberais do período em que foi escrita a *Römische Geschichte* (*História de Roma*) de Mommsen, deixar-se-iam enganar facilmente pelos giros napoleônicos das frases, mas essa tendência não constitui uma virtude política. César nunca disse uma palavra que pudesse sugerir semelhante ideia. Os césares nunca usaram frases, exceto aquelas correntes em seu tempo, que pudessem ser empregadas com propósitos demagógicos entre ingênuos proletários ou ingênuos professores. O fato de que César não só tolerara os judeus, mas mesmo os favorecera, poderia explicar-se mais facilmente, embora com menos magnificência, por suas eternas dívidas e sua ambição desmedida pelo dinheiro. Porque os judeus tinham dinheiro e lhe eram úteis, e não porque suas características nacionais pudessem ter tido valor para a criação de uma "nacionalidade diferente, abstrata", César protegeu-os e concedeu-lhes privilégios.

Os judeus agradeceram esse favor e choraram profundamente sua morte.

"No grande funeral público, foi lamentado também pelos estrangeiros residentes em Roma; cada nação de acordo com seu costume, *especialmente os judeus*, que chegaram até a visitar a câmara mortuária durante várias noites consecutivas."[38]

Augusto também levou em conta a importância dos judeus.

> As comunidades da Ásia Menor, durante o período de Augusto, trataram de lançar uniformemente sobre seus concidadãos judeus a carga das leis e de não lhes permitir por mais tempo a observância do Sábado; mas Agripa decidiu contra elas e manteve o *status quo* em favor dos judeus, ou melhor, legalizou, pela primeira vez, a isenção dos judeus do serviço militar e o privilégio do Sábado, que antes haviam sido concedidos, de acordo com as circunstâncias, somente por alguns governadores ou comunidades das províncias gregas. Augusto, além disso, ordenou aos governadores da Ásia não aplicar contra os

judeus as rigorosas leis imperiais sobre as uniões e assembleias... Augusto mostrou-se favoravelmente inclinado para com a colônia judaica no subúrbio de Roma do outro lado do Tibre e permitiu que os que não tivessem cobrado suas liberalidades (obséquios), por motivo do Sábado, recebessem sua quota posteriormente.[39]

Os judeus em Roma deviam ser muito numerosos àquela época. Mais de 8.000 pessoas (somente homens?) de sua comunidade tomaram parte em uma delegação judaica perante Augusto, no ano de 3 a.C.! Recentemente, mais uma vez, foram descobertos cemitérios judaicos em Roma.

Embora fosse sua ocupação principal, nem todos os judeus, no estrangeiro, viviam do comércio. Onde havia muitos, surgiam artesãos judeus. Médicos judeus são mencionados em inscrições existentes em Éfeso e Venosa.[40] Josefo fala-nos de um ator na corte de Roma: "Em Dikæarchia ou Puteoli, como os italianos a chamam, conheci o ator Alituro (μιμόλογος), descendente de judeus e um grande favorito de Nero. Por meio dele conheci a imperatriz Popeia."[41]

A PROPAGANDA JUDAICA

Até a data de seu Desterro, o povo de Israel não se multiplicara em progressão excepcional, i. e., com maior rapidez que os outros povos. Mas, a partir de então, cresceu em proporções notáveis. A promessa de Jahvé, que se afirma ter sido feita a Abraão, se cumprira:

> Bendizendo, bendir-te-ei e, multiplicando, multiplicarei tua semente como as estrelas do céu e como a areia que está na beira do mar, e tua semente ocupará as portas de teus inimigos: Em tua semente serão benditas todas as gentes da terra.[42]

Essa promessa, como praticamente todas as outras promessas da Bíblia, não foi inventada até que a condição nela profetizada se realizasse — como as profecias que certos heróis favorecidos pela divindade ditam em dramas históricos modernos. A promessa de Jahvé a Abraão só pôde ter sido escrita após o Desterro, pois seu conteúdo nada teria significado antes desse período, mas, depois, era de uma beleza apropriada. Na verdade, os judeus aumentaram em número, estabelecendo-se em todas as cidades importantes do mundo mediterrâneo, "a ocupar as portas de seus inimigos", estimulando em todas as partes seu comércio e "bendizendo a todas as nações da terra".

O geógrafo Strabo, que escreveu na época do nascimento de Cristo, diz dos judeus: "Essa raça chegou já a todas as cidades e é difícil encontrar um só lugar habitado da Terra que não tenha recebido essa nação e que não esteja dominado (financeiramente) por ela."

Esse rápido aumento da população judaica poderia provavelmente ter por causa, em parte, sua grande fecundidade. Mas essa não pode ser tomada como um traço *racial* especial — nesse caso, teria chamado a atenção desde os primeiros tempos —, mas como um traço especial da *classe*, agora mais numerosa entre os judeus, a classe comercial.

Não só cada forma de sociedade, porém dentro da sociedade, cada classe tem suas leis especiais de população. O moderno proletariado assalariado, por exemplo, aumenta rapidamente, em razão do fato de que os proletários, tanto homens quanto mulheres, fazem-se economicamente independentes desde tenra idade e têm oportunidade de obter trabalho para seus filhos quando ainda são jovens. Além disso, o proletário não tem propriedades para dividir, que possam tentá-lo a limitar o número de seus filhos. A lei que governa o aumento da população dos camponeses sedentários é variável. Onde há terras livres, como ocorre sempre que invadem um novo país, ocupado por pastores ou caçadores, multiplicam-se com grande rapidez, porque as condições de sua existência são muito mais favoráveis para seus filhos do que são as condições dos caçadores nômades, com fontes incertas de alimentação e com carência quase total de leite, além do materno, o que obriga a mulher a amamentar seus filhos por vários anos. O agricultor produz inúmeros alimentos, em intervalos regulares, e seu gado produz leite em abundância, mais que o gado dos pastores nômades, que gasta muitas de suas energias à procura de pastos.

Mas a terra disponível para o cultivo é limitada, e as questões impostas pela propriedade privada podem chegar a ser maiores que as fixadas pela natureza. E, ademais, o desenvolvimento técnico da agricultura é, em sua maior parte, muito lento. Cedo ou tarde uma nação de agricultores chegará a um ponto em que não encontrará novas terras para o estabelecimento de novos lares e famílias. Isso força o campesinato, a menos que seu excedente familiar possa acomodar-se em outras esferas, por exemplo, serviço militar ou indústria urbana, a impor limites artificiais ao número de filhos. Os camponeses que enfrentam essa situação são o ideal dos malthusianos.[43]

A simples propriedade privada da terra pode produzir o mesmo efeito, embora não tenha sido arada toda a superfície cultivável. A posse da terra torna-se fonte de poder. Uma pessoa, quanto mais terras possui, mais poder e riqueza tem na sociedade. O desejo dos proprietários de terras é agora o de aumentar suas posses, e como a área do país é fixa e não pode ser aumentada, a propriedade territorial só pode crescer combinando as parcelas já existentes. As leis de herança podem estimular ou retardar esse processo; podem fazê-lo avançar pelo casamento, se ambas as partes herdam terras, que se reúnem formando uma só propriedade; ou podem retardá-lo, onde uma propriedade deva ser dividida entre vários herdeiros. Chegar-se-á assim a um ponto em que tanto o camponês como o grande proprietário rural limitará o número de seus filhos a fim de manter sua propriedade tão extensa quanto possível, ou deserdará todos os filhos menos um. Onde a divisão da herança entre todos os filhos for a regra, a propriedade privada da terra conduzirá, cedo ou tarde, à limitação do número de filhos dos proprietários destas e, sob certas circunstâncias, à diminuição constante de seu número. O fato de basear-se essencialmente na agricultura foi uma das razões pelas quais decresceu a população do Império Romano.

A fertilidade das famílias judaicas constituía um intenso contraste. Os judeus haviam deixado de ser um povo dedicado, principalmente, à agricultura. A grande maioria compunha-se de comerciantes, capitalistas. Mas o capital difere da terra na medida em que pode aumentar. Quando o comércio está florescente, pode aumentar com mais rapidez que a descendência dos comerciantes; esta pode crescer rapidamente enquanto esteja crescendo a riqueza de cada um. E foi precisamente nos séculos depois do Desterro até o começo da Era Imperial que houve um enorme aumento no comércio. A exploração dos trabalhadores empregados na agricultura — escravos, arrendatários, camponeses — aumentou rapidamente enquanto se estendia a área dessa exploração. A exploração das minas também aumentava, enquanto não ficou paralisado o fornecimento de escravos. Isso levou, finalmente, como já vimos, ao declínio da agricultura, a um despovoamento das províncias e a um debilitamento do poder militar, que implicava também a interrupção do fornecimento de escravos, baseado em contínuas guerras vitoriosas; e, destarte, o declínio da mineração. Mas essas consequências demoraram muito tempo a fazer-se sentir, e até então a acumulação da riqueza em poucas mãos crescia — enquanto a população empobrecia; e crescia o luxo dos ricos. Mas o comércio de então era principalmente de artigos de luxo. Os meios de transporte estavam pouco desenvolvidos; o transporte de massa, no princípio. O comércio que levava para a Itália os cereais do Egito alcançou alguma importância, mas, em geral, os artigos de luxo continuaram como o principal objeto do comércio. Enquanto o comércio moderno se relaciona, principalmente, com a produção e o consumo das grandes massas, anteriormente servia à arrogância e ao esbanjamento de um pequeno número de exploradores. Enquanto o comércio depende hoje do aumento do consumo das massas, anteriormente dependia de um aumento da exploração e do desperdício. Nunca encontrou condições mais favoráveis para tanto do que durante o período que principia com a fundação do Império Persa e termina com o tempo dos primeiros césares. A alteração das rotas comerciais implicou grandes penalidades para a Palestina, mas ao mesmo tempo estimulou grandemente o comércio em geral, desde o Eufrates e o Nilo, até o Danúbio e o Reno, desde a Índia até a Bretanha. As nações, cuja base econômica era a agricultura, podiam decair e despovoar-se, porém uma nação de comerciantes florescia, dado que não tinha necessidade de impor o menor limite ao crescimento natural de sua população e tampouco sofria pressão exterior para contê-lo.

Por mais elevados que sejam nossos cálculos sobre a fertilidade natural do povo judaico, ela sozinha não seria explicação suficiente para sua rápida multiplicação. Esse fator foi enormemente ajudado pela força da *propaganda* do judaísmo.

O espetáculo de uma nação, aumentando seu número por meio da propaganda religiosa, é tão extraordinário como o é a própria situação histórica dos judeus.

Como outras nações, os israelitas mantiveram-se unidos, a princípio, por laços de sangue. Durante a monarquia, a constituição gentílica substituiu a organização territorial, o Estado e seus distritos. Esse laço deixou de ser efetivo quando os judeus foram desterrados. O regresso a Jerusalém só restaurou esse laço para uma pequena fração da nação. A parte maior e crescente vivia fora do Estado Nacional Judaico, no estrangeiro, não só temporariamente, como o fazem os comerciantes de outras nações, mas permanentemente. Mas isso levou à perda de outro laço adicional da nacionalidade: o do idioma *comum*. Os judeus que viviam no estrangeiro tinham de falar a língua estrangeira e, se viviam há várias gerações no exterior, as mais jovens acabavam finalmente falando unicamente o idioma de seu país nativo, esquecendo a língua de seus antepassados. O grego particularmente tornou-se muito popular entre eles. Já no século III a.C., as escrituras sagradas dos judeus foram traduzidas para o grego, talvez porque poucos judeus alexandrinos ainda entendiam o hebraico e, possivelmente, também para fins de propaganda entre os gregos. O grego veio a ser o idioma da nova literatura judaica e até o idioma do povo judeu que vivia na Itália. "As diferentes comunidades (judaicas) em Roma tinham cemitérios em comum, cinco dos quais são conhecidos. As inscrições estão feitas *principalmente* em grego, algumas quase ininteligíveis; outras estão escritas em latim; nenhuma em hebraico."[44] Os judeus não puderam manter o uso do hebraico nem mesmo na Palestina, onde adotaram o idioma aramaico, da população que os rodeava.

Vários séculos antes da destruição de Jerusalém pelos romanos, o hebraico deixara de ser uma língua viva. Já não servia como meio de comunicação entre os membros da nação, mas unicamente como meio de acesso às escrituras sagradas da Antiguidade, que na realidade não eram de tantos séculos ou milênios atrás, conforme se considerava, mas constituídas de velhos fragmentos e novas invenções.

Sua religião, que teria sido revelada pelos primeiros pais de Israel e fora realmente construída, durante e após o período do Desterro, tornou-se, com a atividade comercial, o mais forte laço entre os judeus, o único traço que os distinguia das outras nações.

O Deus único dessa religião já não era um dos muitos deuses ancestrais. Era o Deus único do mundo, cujos mandamentos se aplicavam a todos os homens. Os judeus diferençavam-se dos demais simplesmente pelo fato de que tinham reconhecido Deus, enquanto os outros, em sua cegueira, não o haviam visto. Esse reconhecimento era agora a marca do judaísmo. Quem o reconhecesse e respeitasse seus mandamentos encontrava-se entre os escolhidos de Deus, era um judeu. O monoteísmo, consequentemente, criava a possibilidade lógica de estender os limites do judaísmo por meio da propagação da ideia. Essa possibilidade talvez não tivesse sido utilizada se não houvesse coincidido com a tendência à expansão por parte dos judeus. Seu pequeno número lhes acarretara as maiores humilhações, mas não tinham sido destruídos. Tinham sobrevivido às piores atribulações, tinham encontrado novamente uma base firme e começavam a obter poder e riqueza pelos meios mais variados. Tal circunstância inspirava-lhes a orgulhosa confiança de que eram realmente o povo eleito, verdadeiramente destinado a governar as outras nações. Contudo, apesar da grandeza de sua fé em Deus e no Messias que aquele enviaria, não podiam deixar de reconhecer como seria desesperada sua situação, enquanto permanecessem como pequena nação, entre os milhões de pagãos, cuja esmagadora superioridade numérica se tornava mais evidente na medida em que se ampliava o círculo de suas relações comerciais. Quanto maior era seu desejo de ascensão, de força, mais se viam obrigados a aumentar diligentemente o número de sua população, a encontrar partidários entre as nações estrangeiras. Consequentemente, encontramos entre os judeus, nos séculos imediatamente anteriores à destruição de Jerusalém, uma poderosa tendência à expansão.

No caso dos habitantes do Estado judaico, a maneira mais simples de expandir-se era por meio da conversão pela força. Não era uma coisa extraordinária conquistar um povo. Onde os judeus o conseguiam, tratavam de impor a religião pela força. Isso se fez na época dos Macabeus e de seus sucessores, a qual se estendeu aproximadamente de 165 a 63 a. C., quando a queda do Império Sírio ofereceu ao povo judaico certa liberdade por algum tempo, utilizada não só para sacudir o jugo sírio, mas também para estender seu próprio território. A Galileia, que não tinha sido território judaico, foi conquistada nessa época, como mostrou Schürer.[45] A Idumeia e a região a leste do Jordão foram subjugadas e conseguiu-se mesmo uma base na costa, em Jafa. Tal política de conquista não era rara, porém era bastante raro que se desenvolvesse no sentido de uma expansão *religiosa*. Os habitantes das regiões conquistadas tinham que aceitar, como Deus, o Deus adorado no Templo de Jerusalém; tinham de fazer peregrinações até lá, para adorá-lo; tinham de pagar a Jerusalém impostos para o templo; tinham de tornar-se diferentes das outras nações pela prática da circuncisão e a observância das leis rituais próprias do judaísmo.

Tais procedimentos eram absolutamente desconhecidos no mundo antigo, quando o conquistador comumente permitia ao povo conquistado completa liberdade moral e religiosa e nada exigia além do tributo em riqueza e sangue.

Essa forma de expansão judaica foi possível unicamente por algum tempo, enquanto o poder dos sírios era fraco e o dos romanos não se achava suficientemente próximo para constituir ameaça ao desenvolvimento militar da Judeia. Antes que Pompeu tivesse ocupado Jerusalém (63 a.C.), o avanço dos judeus na Palestina cessara. A expansão da comunidade religiosa judaica por meio da força foi então contida, de modo efetivo, pelo poder superior dos romanos.

A partir de então, os judeus recorreram, com maior energia, a outro método para aumentar o número de seus adeptos: o da *propaganda* pacífica. Também esta era, então, um fenômeno excepcional. Antes do cristianismo, o judaísmo desenvolveu o proselitismo no mesmo grau que aquele o fez posteriormente, conseguindo êxito considerável. Era bastante natural, embora certamente não muito lógico, que os cristãos censurassem os judeus pelo zelo que eles próprios estavam desenvolvendo, nas mesmas proporções, em favor de sua própria religião:

"Ai de vós, escribas e fariseus, hipócritas!" O Evangelho põe estas palavras na boca de Jesus, "porque rodeais o mar e a terra para fazer um prosélito; e, uma vez feito, o tornais filho do inferno duas vezes mais que vós". (*Mateus*, XXIII, 15.)

Assim era o tom dos cristãos, pelo qual expressavam o ciúme da concorrência.

Somente o interesse material produziria inúmeros partidários para os judeus no ambiente "pagão". Ser membro de uma organização comercial, tão ramificada e próspera, era uma perspectiva que deveria estimular muitas pessoas. Aonde fosse o judeu, podia estar certo de contar com um apoio eficiente por parte de seus irmãos de fé.

Outras causas contribuíram também para o fortalecimento da propaganda judaica. Vimos como surge certa atitude favorável para com o monoteísmo ético numa determinada etapa de desenvolvimento da vida urbana. Mas o monoteísmo dos filósofos estava em oposição à religião tradicional, ou pelo menos fora de sua esfera. Esse monoteísmo exigia independência de pensamento. Entretanto, o mesmo desenvolvimento social que favorecia a ideia monoteística, igualmente levava, como já vimos, à desintegração da sociedade e do Estado, a um crescente isolamento do indivíduo, à necessidade crescente de uma autoridade; firme na atitude ante a vida, esse desenvolvimento não leva, consequentemente, à filosofia, que faz o indivíduo dependente de si mesmo, mas à religião, que apresenta o indivíduo como um produto pronto e acabado de alguma autoridade sobre-humana.

Somente duas das nações da civilização antiga, os persas e os judeus, devido a suas condições especiais, tinham chegado ao monoteísmo, não como uma filosofia, mas como religião. As religiões de ambos os povos fizeram progressos consideráveis entre as nações do mundo helênico e posteriormente nas do Império Romano. Devido, porém, à sua triste posição como povo, os judeus trabalhavam com muito cuidado para conseguir prosélitos e, em Alexandria, entraram em contato estreito com a filosofia grega.

Destarte, os judeus puderam oferecer o alimento mais aceitável às mentes do mundo antigo, que duvidavam de seus próprios deuses tradicionais, conquanto não tivessem suficiente energia para criar conceito de vida sem um Deus ou com um Deus único. E os judeus, ainda mais, combinavam com suas crenças, em uma só força ética primitiva, uma crença na vinda de um redentor por quem o mundo inteiro suspirava.

Entre as muitas religiões, existentes no Império Romano, a judaica era a que melhor satisfazia ao pensamento e às necessidades da época. Era superior não só à filosofia dos "pagãos", mas às suas religiões. É compreensível então que os judeus se sentissem orgulhosamente superiores àqueles e o número dos adeptos crescesse rapidamente. "*Todos os homens*", dizia o judeu alexandrino Fílon, "*estão sendo conquistados pelo judaísmo e exortados à virtude; bárbaros, helenos, habitantes de continentes e ilhas, as nações do Oriente e do Ocidente, europeus, asiáticos, todas as raças da Terra*". Esperavam que o judaísmo chegasse a ser a religião do mundo. E isto sucedia no tempo de Cristo.[46]

Já assinalamos que em 139 a.C. os judeus foram deportados de Roma porque tinham conseguido prosélitos na Itália. Informa-se de Antioquia que a maioria da comunidade judaica naquela cidade era composta de convertidos e não de judeus de nascimento. As condições devem ter sido semelhantes em muitos outros lugares. Só esse fato demonstra o absurdo do esforço para explicar os traços dos judeus através de sua raça.

Houve inclusive reis que se converteram ao judaísmo: Izates,[47] rei do distrito de Adiabeni, na Assíria, foi levado a abraçar o judaísmo por várias mulheres convertidas a essa fé, inclusive sua mãe Helena. O fanatismo levou-o ao extremo de ser circuncidado, embora até seu mestre judeu o tivesse aconselhado contra isso, como desnecessário e perigoso em sua situação. Os irmãos do rei também se converteram, no tempo de Tibério e de Cláudio.

Outros reis foram levados à conversão, atraídos por formosas judias.

Aziz, rei de Êmesa, converteu-se ao judaísmo, a fim de casar-se com Drusilla,[48] irmã de Agripa II. Esta dama recompensou sua devoção, mais tarde, de forma vil, abandonando seu real senhor por um procurador romano chamado Félix. Sua irmã Berenice, por quem o rei Polémon[49] se circuncidara, não agiu melhor. De fato, Polémon desgostou-se com a libertinagem de sua esposa e também com sua religião. Mas Berenice, acostumada a trocar de homens, logo encontrou consolo. Primeiro se casou com Marco e, após a morte deste, com seu tio Herodes. Quando morreu seu segundo marido, viveu com seu irmão Agripa, até seu casamento com o mencionado Polémon. Finalmente chegou à dignidade de amante do imperador Tito.

Enquanto essa senhora foi infiel a seu povo, muitas outras abraçaram o judaísmo, que exercia uma certa fascinação sobre as mulheres. Entre elas estava a esposa de Nero, Popeia Sabina, de quem se diz que se tornou uma judia devota sem, entretanto, mudar sua conduta moral.

Josefo conta-nos que os habitantes da cidade de Damasco tentaram expulsar os judeus da cidade quando eles se insurgiram na época de Nero. "Temiam somente por suas esposas, *pois quase todas elas eram da fé judaica*. Consequentemente, mantiveram o plano em segredo, para que elas o ignorassem e tiveram êxito. Assassinaram 10.000 judeus em uma só hora."[50]

As formas pelas quais se processava a conversão ao judaísmo eram as mais variadas. Os mais zelosos cumpriram todas as condições. Sua admissão baseava-se em três requisitos: em primeiro lugar, a circuncisão; em segundo lugar, uma imersão a fim de purificar-se da corrupção pagã; finalmente, um sacrifício. As mulheres, obviamente, ficavam isentas do primeiro requisito.

Porém todos os convertidos, sem exceção, aceitavam a obediência a todas as regras das leis judaicas. Vimos que o judaísmo estava cheio de contradições; que por um lado incluía um monoteísmo internacional de alta inspiração e, por outro lado, um monoteísmo tribal extremamente limitado, unindo assim a moral pura com a manutenção tímida de costumes tradicionais e absorvendo não apenas ideias que pareciam demasiado modernas e sublimes ao povo daquela época, mas, também, conceitos que deveriam parecer muito estranhos e até repulsivos, particularmente aos helenos e aos romanos e que, portanto, tornavam muito difíceis as relações sociais entre os membros da comunidade judaica e os não judeus. Entre outros estavam, por exemplo, as normas dietéticas, a circuncisão e a observância estrita do Sábado, que dava lugar frequentemente a extremos ridículos.

Sabemos, por Juvenal,[51] que a cozinha sem fogo, considerada agora invenção moderníssima para o lar, já era conhecida dos antigos judeus. Na véspera de Sábado, colocavam suas provisões em cestas cheias de feno, a fim de mantê-las quentes. Isso é uma indicação dos inconvenientes que envolviam a estrita observância do Sábado. Essa prática, no entanto, era levada às vezes ao extremo de se tornar desastrosa para os judeus. Piedosos guerreiros judeus, atacados pelo inimigo no Sábado, não se defendiam nem fugiam. Rendiam-se sem resistência, a fim de não infringir os mandamentos de Deus.

Não eram muitos os que levavam a esse grau o fanatismo e a fé em Deus. Nem mesmo menos rigorosa observância das leis judaicas era do agrado de todos. Encontramos, junto aos que entravam na comunidade judaica e aceitavam todas as consequências de suas leis, certo número que participava dos serviços divinos e comparecia às sinagogas, mas não aceitava os regulamentos judaicos. Fora da Palestina, havia muitos, entre os próprios judeus, que não punham grande empenho no cumprimento de tais leis. Contentavam-se em muitos casos em adorar o verdadeiro Deus e em crer na vinda do Messias, passando por alto a circuncisão e davam-se por satisfeitos que os novos membros da comunidade se limpassem dos pecados pela imersão (batismo). Esses "piedosos" (*sebomenoi*) camaradas do judaísmo constituíam provavelmente a maioria dos pagãos que abraçava a fé. Constituíam também provavelmente o mais importante campo de recrutamento para a comunidade cristã, quando essa começou a atuar fora de Jerusalém.

O ÓDIO AOS JUDEUS

Por tão grande que fosse o poder de propaganda do judaísmo, este aparentemente não teve o mesmo efeito sobre todas as classes. Muitas deviam ter-se sentido repelidas pelo judaísmo, particularmente a dos grandes proprietários da terra, cujo hábito de domicílio permanente e cuja estreiteza mental eram opostos à inquietude e ao caráter internacional do comerciante. Além disso, o comerciante obtinha parte de seus lucros à custa do proprietário rural, pois tratava de reduzir tanto quanto possível o preço dos produtos, que deles comprava, e aumentar o máximo possível os preços ao revendê-los. Os grandes proprietários de terra mantiveram sempre ótimas relações com o capital usurário. Vimos que seu poder derivou desde cedo desse capital. Contudo, em geral, eram hostis ao comércio.

Também os industriais, que produziam para exportação, tinham similar sentimento de hostilidade contra o comerciante, como os trabalhadores domésticos, atualmente, são hostis aos seus patrões.

A oposição ao comércio tomou, principalmente, a forma de oposição aos judeus, que se agarravam cada vez mais à sua nacionalidade, na medida em que seu idioma servia menos para distingui-los de seu ambiente, e permaneciam mais firmemente apegados a seus costumes nacionais tradicionais, os quais se entrelaçavam intimamente com seu vínculo nacional, a religião, e lhes tornavam objeto de intenso interesse para as massas da população fora da Palestina. Enquanto essas peculiaridades produziam, na maior parte dos casos, a zombaria da população para com tudo que fosse estrangeiro, os judeus eram hostilizados onde quer que se apresentassem como uma classe que vivia da exploração, como ocorre com todos os comerciantes e que, ao mesmo tempo, estava embasada de forma compacta, constituindo uma organização internacional oposta ao resto da população, e aumentava sua riqueza e privilégios, enquanto os demais visivelmente empobreciam e cada vez mais perdiam seus direitos.

Podemos saber por Tácito a impressão produzida pelo judaísmo em outros povos:

"Novos costumes religiosos foram introduzidos por Moisés, opostos aos dos outros mortais. Tudo que para nós é sagrado, para eles é profano; tudo que nos aborrece é aceito e permitido por eles." Entre tais usos menciona a abstinência da carne de porco, os jejuns frequentes, o Sábado.

> Defendem esses costumes religiosos, qualquer que tenha sido sua origem, alegando sua grande antiguidade. Outros costumes repulsivos e antipáticos tornavam-se obrigatórios por sua perversidade, e assim conseguiram que as piores pessoas perdessem a fé na religião de seus pais e lhes levassem contribuições e donativos, aumentando desse modo a riqueza dos judeus. O que é também devido ao fato de que entre eles prevalecem a mais estrita honestidade e sempre solícita caridade, combinadas com uma odiosa hostilidade contra os demais. Separam-se dos demais nas refeições, não coabitam com mulheres de outras crenças, mas entre eles tudo é permitido. Adotaram a circuncisão como meio de distinguir-se dos demais. Os que aderem a eles também aceitam a circuncisão e enchem-se de desprezo aos deuses, de renúncia à pátria, de falta de respeito aos pais, filhos e irmãos, e ao mesmo tempo tratam de aumentar seu número; e matar um descendente afigura-se-lhes como um crime. As almas dos mortos em batalha ou executados por sua religião, consideram-nas imortais; daí sua tendência a gerar filhos e seu desprezo pela morte.

Tácito discute depois sua negativa à adoração das imagens e conclui: "os costumes dos judeus são absurdos e sórdidos (*judaeorum mos absurdus sordidusque*)".[52]

Os satíricos zombavam dos judeus; as piadas sobre os judeus sempre encontravam um público atento.

Em sua Décima Quarta Sátira, Juvenal pinta os efeitos do exemplo de um pai sobre seus filhos. Um pai que tem uma tendência para o judaísmo dá mau exemplo a seus filhos:

> Vocês encontrarão homens cuja sorte seja ter um pai que guarde a santidade do Sábado. Essa gente ora somente às nuvens e a um deus no Céu. Creem que a carne de porco não é diferente da carne humana, pois seus pais não comiam essa carne. Abandonam logo seu prepúcio e desprezam as leis dos romanos. Mas aprendem, obedecem e honram as leis judaicas, tudo que Moisés deu a conhecer em seus documentos secretos. Não mostrarão o caminho a quem estiver perdido, mas a crentes como eles; só conduzirão os circuncidados (*verpos*) à fonte onde o sedento aplaca sua sede. Tal é a influência de um pai

para quem há um dia de descanso para cada sete dias (*ignavus*), no qual se abstém de qualquer expressão de vida.[53]

Com o aumento geral da miséria social, cresceu também a hostilidade aos judeus.

Essa hostilidade era, naqueles dias, o mais simples e menos heroico dos métodos de expressão do desgosto pela decadência do Estado e da sociedade. Não era fácil atacar os aristocratas e latifundiários, os financistas e generais, ou os déspotas do trono. Porém os judeus estavam quase indefesos, no que se referia ao poder do Estado, apesar de seus privilégios.

Nos dias remotos da época imperial, quando o empobrecimento do campesinato já avançara bastante, e imensa massa se acumulava nas cidades, desejosos do saque, recorria-se ocasionalmente a *pogroms*.

Mommsen dá uma clara descrição de um desses *pogroms*, que houve durante o reinado de Calígula (37-41 d.C.), no tempo em que se diz ter morrido Cristo.

Um neto de Herodes I e da bela Mariamne,[54] Herodes Agripa, assim chamado em honra do protetor e amigo de seu avô, era aproximadamente o mais insignificante e decaído dos numerosos filhos de príncipes em Roma. Não obstante, ou talvez por essa mesma razão, era o favorito e o amigo de infância do novo imperador, já então somente conhecido por sua libertinagem e suas dívidas, e recebera, como presente de seu protetor, pois tivera a sorte de ser o primeiro a notificá-lo da morte de Tibério, um pequeno principado judaico com o trono vago, incluindo um título real. Herodes Agripa, em 38 d.C., em sua viagem para o novo reino, chegou à cidade de Alexandria, onde buscara, meses antes, tomar empréstimos aos banqueiros judeus, depois de ter fugido para não pagar letras de câmbio. Quando apareceu em público, em Alexandria, com suas vestimentas reais e seus soldados, vistosamente equipados, ele naturalmente instigou os habitantes não judeus, nada menos que amigos dos judeus, dessa grande cidade, propensa ao ridículo e ao escândalo, a fazer uma paródia. Mas não parou aí. Culminou em uma furiosa caça aos judeus. As casas dispersas de judeus foram roubadas e incendiadas, os barcos no porto, saqueados, os judeus encontrados nos distritos não judeus foram maltratados e assassinados. Mas foi impossível realizar qualquer violência contra os distritos puramente judaicos da cidade. Os dirigentes da perseguição então tiveram a ideia de consagrar todas as sinagogas, que mais haviam estado na mira, na medida em que não tinham sido destruídas, como templos do novo governante e de fixar estátuas deste em todas elas e, na principal, uma estátua em cima de uma quadriga. Todo mundo, incluindo os judeus e o governador, sabia que o imperador Calígula se considerava seriamente — tão seriamente quanto seu perturbado espírito podia permitir — um verdadeiro deus em pessoa. O governador, Avílio Flaco,[55] um homem hábil e excelente administrador durante o reinado de Tibério, mas agora paralisado por ter caído em desgraça junto ao novo imperador, e temendo ser chamado e processado a qualquer momento, não desdenhou utilizar essa ocasião para sua reabilitação. Não só publicou um edito proibindo estorvo à elevação dessas estátuas nas sinagogas, como também praticamente apoiou o *pogrom*. Ordenou que o Sábado fosse abolido; declarou ainda em seus editos que esses estrangeiros tolerados tinham tomado posse, sem permissão, das melhores partes da cidade; agora eram confinados num só dos cinco distritos da cidade e todas as outras casas pertencentes a judeus foram entregues à população, enquanto seus expulsos moradores permaneciam em grande número nas praias, sem lugar onde abrigar-se. As súplicas sequer eram ouvidas; trinta e oito membros do Conselho dos Anciãos, que governavam a comunidade judaica naquele tempo, em lugar do *Etnarca*, foram açoitados no circo em presença de toda a população. Quatrocentas casas ficaram em ruínas; o comércio e o tráfico foram paralisados; as fábricas se fecharam; ninguém podia auxiliá-los exceto o Imperador. Duas delegações alexandrinas compareceram perante ele; a dos judeus, encabeçada por Fílon, já mencionado, um doutor de tendência neojudaica, com mais mansidão que valentia, mas que entretanto intercedeu bravamente em favor de seu povo nesses momentos difíceis; e a dos antijudeus, dirigida por Ápion,[56] também um doutor e escritor de Alexandria, o "címbalo do mundo", como o imperador Tibério o chamava, cheio de grandes palavras e maiores mentiras, da mais impudente onisciência e ilimitada fé em si mesmo, conhecedor, se não dos homens, pelo menos da indignidade dos homens, um mestre celebrado da eloquência ao mesmo tempo que da demagogia, de resposta pronta, perspicaz, destituído de vergonha e incondicionalmente

> leal. O resultado dessa negociação já estava certo de antemão; o imperador recebeu as duas partes enquanto passeava por seus jardins, mas em lugar de ouvir os suplicantes, fez-lhes perguntas irrisórias, que foram saudadas pelos antijudeus, apesar de toda a etiqueta, com grandes risadas e, como estava de bom humor, contentou-se em expressar seu pesar de que essa gente de resto tão boa estivesse organizada de forma tão má que não lhe permitia, infelizmente, captar a natureza divina inata nele, o que sem dúvida disse seriamente. Ápion obteve desse modo razão e, em todos os lugares onde os antijudeus quiseram, as sinagogas foram transformadas em templos a Calígula.[57]

Há alguém que não se lembre por essa descrição das condições atuais da Rússia?[58] E a semelhança não se limita aos *pogroms*. Não podemos hoje mencionar Calígula, essa besta demente do trono imperial, sem pensar nos ilustres protetores dos *pogroms* da Rússia. Essa canalha nem sequer é original!

Na própria Roma, o poder militar era bastante grande e os imperadores intransigentemente contrários a qualquer movimento popular para permitir que tais cenas pudessem ocorrer. Mas, quando o poder imperial se firmou, os césares, não mais necessitando dos judeus, passaram também a oprimi-los. E, em vista da desconfiança que tinham por todas as organizações, até pelas mais inocentes, essa organização religiosa internacional afigurou-se altamente antipática a eles.

As perseguições aos judeus já haviam começado no reinado de Tibério.

> Josefo descreve suas causas: "Em Roma havia um judeu, um homem totalmente sem Deus, que fora acusado de muitos delitos em seu país natal e fugira para escapar ao castigo. Esse homem fez-se passar por mestre da lei mosaica, uniu-se a três companheiros e persuadiu Fúlvia, dama aristocrática que aderira à fé judaica e que se colocara sob sua instrução, a fazer uma oferenda consistente em ouro e púrpura ao Templo de Jerusalém. Havendo recebido da senhora tal oferenda, consumiram-na para si mesmo, como tinha sido seu propósito. Saturnino (Saturninus), esposo de Fúlvia, queixou-se ao imperador Tibério, de quem era amigo, e este ordenou imediatamente que

todos os judeus fossem expulsos de Roma. Quatro mil judeus foram alistados como soldados e enviados à Sardenha."[59]

Essa história é típica da tendência das damas distintas da sociedade cortesã de Roma para o judaísmo. Se tal incidente realmente foi o motivo para tão severas medidas contra todos os judeus de Roma, certamente não foi a verdadeira razão do castigo. Teria sido suficiente castigar os culpados, a menos que houvesse hostilidade para com toda a comunidade judaica. Não menos hostil foi Calígula. Durante o reinado de Cláudio (41-54 d.C.), os judeus foram novamente expulsos de Roma, pois, como informa Suetônio (*Claudius*, capítulo XXV), causaram distúrbios sob a direção de um *Chrestos*. Este *Chrestos* não era judeu de nascimento, mas um grego convertido ao judaísmo. Também esse incidente demonstra tanto o ódio aos judeus quanto a força da propaganda judaica.

JERUSALÉM

É evidente que tal atitude para com os judeus, tanto por parte das classes dominantes como por parte do povo, fez com que eles suspirassem por Jerusalém e por seus arredores, o único rincão da terra onde, em certa medida, pelo menos eram senhores de suas próprias casas, onde toda a população era judia, o único rincão da terra de onde podia partir o prometido grande reino judeu, onde o esperado Messias podia estabelecer o domínio do judaísmo. Isso, apesar de todos os enormes progressos no exterior e da crescente impossibilidade de encontrar suficientes meios de subsistência em seu próprio país.

Jerusalém permaneceu como o centro, como a capital do judaísmo, e acompanhou seu crescimento. Voltou novamente a ser uma cidade rica, uma cidade grande, com aproximadamente 200.000 habitantes, e já não baseava sua grandeza e riqueza no poder bélico nem no comércio dos povos da Palestina, como o fora durante a época de David e Salomão, mas somente no Templo de Jahvé. Cada judeu, onde quer que vivesse, tinha de contribuir para sua manutenção, pelo que estava obrigado a pagar anualmente um "imposto ao Templo" de duas *dracmas*, que enviava para Jerusalém.

Além disso, o santuário recebia muitas outras oferendas extraordinárias. Nem todas as ofertas deviam ter-lhe sido defraudadas como o valioso donativo que os quatro judeus vigaristas arrancaram de Fúlvia, segundo Josefo. Mas, além disso, cada judeu piedoso estava obrigado a fazer, pelo menos uma vez em sua vida, uma peregrinação ao lugar onde morava seu Deus, que era o único lugar onde o Deus recebia oferendas. As sinagogas dos judeus, nas várias cidades fora de Jerusalém, eram somente lugares de reunião e oração, assim como escolas, "escolas de judeus", mas não templos onde pudessem fazer-se oferendas a Jahvé.

Os impostos do Templo e as peregrinações necessariamente levaram enormes quantias de dinheiro a Jerusalém e mantiveram grande número de pessoas vantajosamente ocupadas. Direta ou indiretamente, não apenas os sacerdotes do Templo e os escribas viviam do culto a Jahvé, mas também os vendedores e os cambistas, os artesãos e os agricultores, os camponeses, os pastores, os pescadores da Judeia e Galileia, que encontraram excelente mercado em Jerusalém para seu trigo e mel, para seus cordeiros e cabritos, bem como para a pesca feita na costa e no lago de Genesaré e enviada seca ou salgada para Jerusalém. Os compradores e vendedores, os cambistas de moedas e os vendedores de pombas, que Jesus encontrou no Templo, agiam de acordo com o trabalho desenvolvido no Templo de Jerusalém.

O que fora apresentado na literatura judaica como a situação dos mais antigos antepassados era a verdade do período em que essa literatura fora produzida: toda a população judaica da Palestina vivia literalmente do culto a Jahvé e estava ameaçada de destruição assim que esse culto desmoronasse ou assumisse formas diferentes. Não faltaram tentativas para estabelecer outros lugares onde adorar Jahvé fora de Jerusalém. Um tal Onias, filho de alto sacerdote judaico, construiu no Egito um templo a Jahvé, durante o reinado de Ptolomeu Filometor (173-146 a.C.), com a ajuda do rei, que pensou que os judeus egípcios seriam súditos mais fiéis se tivessem um templo próprio em seu país.

Entretanto, o novo templo não alcançou maior significado: possivelmente pela própria razão de que seu objetivo era garantir os judeus do Egito como súditos fiéis. Eles continuaram no Egito como estrangeiros, minoria tolerada. Como poderia vir do Egito o seu Messias, aquele que traria independência e grandeza nacional a seu povo? Pois a fé no Messias era um dos motivos mais fortes para o culto de Jahvé.

Muito mais inconveniente era um templo competidor não longe de Jerusalém, no *Monte Garrizin*, perto de *Sikhem*, que fora construído pela seita samaritana, segundo informa Josefo, no tempo de Alexandre, o Grande — segundo Schürer, um século antes —, e onde a seita realizava o culto de Jahvé. Não é de surpreender que surgisse a mais aguda hostilidade entre esses dois competidores. O antigo negócio, no entanto, era demasiado rico e tinha enorme reputação para ser prejudicado pela nova empresa. Apesar de toda a propaganda dos samaritanos, eles não aumentaram tão rapidamente como os judeus, que consideravam que seu Deus residia em Jerusalém.

Quanto mais ameaçado estava o monopólio de Jerusalém, com mais seriedade seus habitantes vigiavam a "pureza" do culto e com mais fanatismo se opunham a todo esforço para alterá-lo de qualquer forma, ou que houvesse qualquer mudança pela força. Daí o fanatismo e a intolerância religiosa dos judeus de Jerusalém, que estão em contraste tão curioso com a liberalidade religiosa das outras nações daquela época. As outras nações consideravam seus deuses uma explicação de fenômenos incompreensíveis e também consolo e ajuda em situações em que o poder humano parecia insuficiente. Mas os judeus da Palestina consideravam seu Deus o meio pelo qual viviam. Todos tinham para com seu Deus uma atitude que comumente só se encontra nos sacerdotes. O fanatismo sacerdotal na Palestina tornou-se o fanatismo de toda a população.

Embora a população se achasse unida em defesa do culto de Jahvé, embora se opusesse como um só homem a quem quer que se atrevesse a violá-lo, havia, contudo, distinções de classes que não poupavam Jerusalém. Cada classe procurava agradar Jahvé e proteger de alguma forma o Templo. E cada classe esperava, a seu modo, o Messias que viria.

OS SADUCEUS

Josefo informa no Capítulo Oitavo do Livro Segundo de sua *História da Guerra Judaica*, que havia três correntes intelectuais entre os judeus: os fariseus, os saduceus e os essênios. Em relação aos primeiros, diz:

Como as outras seitas, os fariseus interpretam a lei mais severamente. Foram os primeiros a formar uma seita que acreditava que todas as coisas são determinadas pelo destino e por Deus. Em sua opinião, podia na verdade depender do próprio homem realizar o bem ou o mal, mas o destino tinha influência em suas ações. Acreditam que a alma do homem é imortal e que as almas dos justos entrariam em novos corpos, enquanto as dos perversos seriam atormentadas por sofrimentos eternos.

A outra seita é a dos saduceus. Eles negam que o destino tenha qualquer influência e consideram que Deus nunca pode ser repreendido pelas ações boas ou más dos indivíduos; unicamente o homem é o responsável por seus atos, pois ele pode realizar boas ações e abster-se das más, de acordo com sua livre vontade. Negam também que a alma seja imortal e que haja uma recompensa ou castigo após a morte.

Os fariseus são caridosos e tratam de viver de acordo com as massas do povo. Os saduceus, pelo contrário, são cruéis até consigo mesmos e severos, tanto em relação a seus compatriotas quanto para com os estrangeiros.

Tais seitas são aqui apresentadas como se possuíssem diferentes concepções religiosas. No entanto, embora a história judaica tenha sido estudada quase exclusivamente por teólogos, para quem a religião é tudo, enquanto as contradições de classe nada significam, mesmo assim eles perceberam que a diferença entre saduceus e fariseus não era, no fundo, uma contradição religiosa, mas de classe, uma hostilidade que podia ser comparada com a existente entre a nobreza e o Terceiro Estado, antes da Revolução Francesa.

Os saduceus eram os representantes da nobreza sacerdotal que ganhara o controle do Estado judaico e o exercera, a princípio sob o domínio persa, e depois sob os sucessores de Alexandre, o Grande. Esse clero era o senhor absoluto do Templo, através do qual governava Jerusalém e, ademais, todo o judaísmo. A ele chegavam todos os impostos que eram pagos no Templo e eram, sem dúvida, volumosos. Até o Desterro, as quantias haviam sido, decerto, modestas e irregulares; mas, a partir de então, aumentaram imensamente. Já mencionamos o imposto de duas *dracmas*, que cada judeu varão, rico ou pobre, acima dos dois anos de idade, tinha de pagar anualmente ao Templo; também mencionamos as oferendas que para lá afluíam. Daremos agora somente alguns exemplos para mostrar as quantias recebidas pelo Templo. Mitrídates, em certa ocasião, confiscou 800 talentos na ilha de Cos, destinados ao Templo.[60]

Cícero diz, na oração pronunciada em 59 a.C. em defesa de Flaco (Flaccus), que fora governador da província de Asla dois anos antes:

> Posto que o dinheiro dos judeus sai todo ano da Itália e de todas as províncias e é enviado a Jerusalém, Flaco ordenou que não se enviasse nenhum dinheiro (a Jerusalém) da província de Asla (Ásia Menor Ocidental).

Cícero relata mais adiante que Flaco confiscou fundos que tinham sido reunidos em várias cidades da Ásia Menor, destinados ao Templo; somente em Apameia confiscou 100 libras de ouro.

Havia também os sacrifícios. Anteriormente, os que faziam as oferendas consumiam eles próprios os sacrifícios em uma alegre festa, da qual somente o sacerdote podia participar. Mas após o Desterro, a participação dos que fizeram os sacrifícios estava mais e mais limitada, enquanto aumentava a dos sacerdotes. Tendo sido uma contribuição para um alegre banquete, consumida pelos próprios doadores em agradável companhia, para fazer a delícia não só de Deus, mas também do homem, essa oferenda passou a ser um simples imposto em espécie, exigido por Deus para si mesmo, isto é, para seus sacerdotes. E a quantidade desses impostos aumentava cada vez mais. Não somente as oferendas em animais e outros produtos pertenceram cada vez mais exclusivamente aos sacerdotes, mas acrescentou-se-lhes ainda o pagamento dos dízimos (a décima parte) de todos os produtos agrícolas, ou o pagamento da primeira cria de cada animal. A primeira cria dos animais "puros", gado, ovelhas, cabras, em outras palavras, animais que se comiam, pagava-se em espécie na Casa de Deus. Os animais "impuros", cavalos, asnos, camelos, podiam ser substituídos por dinheiro, como também ocorria com o primogênito varão. A obrigação por este era de cinco *siclos*.

Isso nos dá uma boa ideia do muito que o clero judaico obtinha do povo, e as quantias em dinheiro depois aumentaram; assim, a terça parte de um *siclo* elevou-se logo a meio *siclo*, como se indica em *Nehemiah*, X, 32, 34-39.

> Além do mais impusemo-nos (os judeus) o encargo de contribuir cada um com a terça parte de um *siclo* para a obra da casa de nosso Deus... E, nós, os sacerdotes, os levitas e o povo, lançamos a sorte acerca da oferenda da lenha, para trazê-la à casa de nosso Deus, segundo as casas de nossos pais, nos tempos determinados de cada ano, para queimar sobre o altar de Jahvé, nosso Deus, como está escrito na lei. E que cada ano traríamos as primícias de nossa terra e as primícias de todo fruto de toda árvore, à casa de Jahvé: também os primogênitos de nossos filhos e de nossos animais, como está escrito na lei; e que traríamos os primogênitos de nossas ovelhas à casa de nosso Deus, aos sacerdotes da casa de nosso Deus; que traríamos também as primícias de nossas massas e nossas oferendas e do fruto de toda árvore, do vinho e do azeite, aos sacerdotes, às câmaras da casa de nosso Deus e o dízimo de nossa terra aos levitas; e que os levitas receberiam os décimos de nosso trabalho em todas as cidades; e que estaria com os levitas[61] o sacerdote, filho de Aarão, quando eles recebessem o dízimo; e que os levitas levariam o dízimo do dízimo à casa de nosso Deus, às câmaras na casa do tesouro. Porque às câmaras hão-de levar os filhos de Israel e os filhos de Levi a oferenda do cereal, do vinho e do azeite; e ali estarão os vasos do santuário e os sacerdotes e os porteiros e os cantores; e não abandonaremos a casa de nosso Deus.

É evidente que esse templo não era exatamente comparável ao edifício de uma igreja. Incluía imensos armazéns onde eram estocadas grandes quantidades de produtos naturais e também de ouro e prata. Consequentemente, tinha de ser bem fortificado e guardado. Como todos os templos pagãos, era considerado um lugar onde o dinheiro e a propriedade estavam particularmente bem protegidos. E, como eles, era consequentemente usado com frequência, por pessoas privadas, como um lugar onde depositar seus tesouros. Jahvé provavelmente não se encarregava, sem uma recompensa, de realizar essa função de banco de depósito.

De qualquer modo, é certo que a riqueza do clero de Jerusalém aumentou enormemente.

Marco Crasso, companheiro conquistador de César, de quem já falamos, aproveitou-se dessa situação quando se encarregou da expedição de saque contra os partas. Em sua viagem passou por Jerusalém e embolsou os tesouros do Templo judaico.

Quando Crasso estava preparado para sair contra os partas, veio à Judeia e apoderou-se de todo o dinheiro do Templo, a quantia de 2.000 talentos, que Pompeu deixara intacta, todo o ouro (não cunhado), que chegava a 8.000 talentos. Além disso, roubou uma barra de ouro que pesava 300 *minas*; uma mina equivale, em peso, a duas libras e meia.

Tudo somava aproximadamente 500 milhões de marcos. Mas logo o Templo novamente se encheu de ouro.

O recrutamento do clero estava limitado a certas famílias. Constituía uma aristocracia por nascimento, onde este ofício era hereditário. Segundo Josefo, que se refere a Hecateu (Hecateus) (*contra Ápion*, I, 22), "há 1.500 sacerdotes judaicos, que recebem dízimos e administram a comunidade".[62]

Nesse clero surgiu gradualmente uma divisão entre uma aristocracia superior e inferior. Certas famílias se conluiaram de forma a arrogar-se permanentemente toda a autoridade do governo; assim aumentaram suas riquezas, o que, por sua vez, significou maior influência. Essas famílias constituíam uma camarilha firmemente coerente, que sempre designava o Sumo Sacerdote dentre suas fileiras. E consolidavam seu poder alugando mercenários e defendendo sua autoridade contra os outros sacerdotes, a quem conseguiram relegar a uma posição inferior.

Josefo informa:

> ...por esse tempo, o rei Agripa concedeu a alta investidura sacerdotal a Ismael, filho de Phabi. Mas os Altos Sacerdotes entraram em conflito com os sacerdotes e anciãos do povo de Jerusalém. Cada um deles se rodeou de um bando de pessoas, das mais criminosas e incômodas, tornando-se seu líder. Ocasionalmente havia conflitos de palavras em que se vituperavam uns aos outros e se apedrejavam. Ninguém era capaz de contê-los; parecia haver absoluta ausência de autoridade na população, tal a violência de suas ações. Os Altos Sacerdotes finalmente tornaram-se tão audaciosos que não vacilaram em enviar seus soldados aos lavradores, a fim de apoderar-se dos dízimos pertencentes aos sacerdotes, de modo que muitos empobreceram e morreram de fome.[63]

As condições só se tornaram tão ruins quando a comunidade judaica caminhava para o fim.

Porém, desde o início a aristocracia sacerdotal se sobrepusera à massa do povo e enchera-se de ideias e inclinações opostas a ela, particularmente à população judaica da Palestina. Isso se evidenciou, particularmente, na política externa.

Vimos que a Palestina, devido à sua posição geográfica, achava-se constantemente sujeita ao domínio estrangeiro ou, pelo menos, ameaçada de ser dominada. Havia dois meios para resistir ou atenuar essas condições: a diplomacia ou a insurreição pela força.

Enquanto existiu o Império Persa, nenhum desses dois métodos prometia êxito, mas a situação mudou completamente depois que Alexandre o destruiu. A nova forma de Estado, que pôs em seu lugar, desintegrou-se após sua morte e surgiu novamente um Império Sírio-babilônio, lutando contra um Império Egípcio, pelo domínio de Israel. Agora, porém, ambos estavam governados por dinastias gregas, um pelos selêucidas e outro pelos ptolomeus, e ambos absorveram cada vez mais o espírito grego.

Parecia inútil tentar vencer qualquer desses dois poderes por meios militares; era muito mais possível obter vantagens por via da astúcia diplomática, unindo-se ao mais forte e assim obtendo uma posição privilegiada como parte deste Império. Mas devido ao ódio aos estrangeiros e à repulsa pela superior civilização grega e por seus instrumentos de poder, não se procedeu assim; mais ainda, teria sido necessário absorver essa civilização.

A aristocracia, em Jerusalém, sentia-se impelida a aceitar a cultura grega, devido a seu melhor conhecimento das coisas estrangeiras, o que era uma vantagem para ela, em virtude de sua posição social, comparada com a da massa da população: sua riqueza impelia-a nessa direção. As artes figurativas, bem como as artes em geral, não tinham florescido na Palestina, mas os gregos as haviam levado a um nível acima do atingido por qualquer outro país, àquele tempo ou ainda por muitos e muitos séculos. As classes dominantes de todas as nações, mesmo da vitoriosa Roma, tomavam da Grécia as formas de esplendor e de prazer pela vida. As formas gregas foram adotadas por todas as classes exploradoras do mundo antigo, da mesma maneira que as formas francesas foram adotadas no século XVIII por todos os exploradores da Europa.

Na medida em que aumentava a exploração dos judeus pela aristocracia e com a acumulação da riqueza por ela, essa classe passou a ansiar cada vez mais pela cultura helênica.

No Primeiro Livro dos Macabeus, lamenta-se em relação ao período de Antíoco Epífanes[64] (175-164 a.C.):

> Naqueles dias, as pessoas de Israel não tinham valor; persuadiam a muitos dizendo: por que não nos fraternizamos com as nações que nos rodeiam; pois muita miséria nos veio por estarmos afastados delas! Tal discurso lhes agradava e alguns do povo declaravam-se prontos a ir perante o rei, a fim de que os autorizasse a introduzir os costumes dos pagãos. Por conseguinte, construíram um ginásio em Jerusalém (em outras palavras, uma arena onde apareciam lutadores despidos); de acordo com os costumes dos pagãos, restauraram seus prepúcios e fizeram-se traidores do sagrado convênio e também se uniram aos pagãos e venderam-se ao mal.

Tão más eram essas pessoas que fizeram para si prepúcios artificiais, renegaram seus nomes judeus, substituindo-os por nomes gregos. Um Sumo Sacerdote chamado Jesus passou a chamar-se Jasão; outro chamado Eliochin deu-se o nome de Alkimos; um que se chamava Menassah, passou a Menelau.

Entretanto, a massa do povo judeu ofendia-se por essa aceitação dos costumes helênicos. Já mostramos várias vezes como eram pouco desenvolvidos os judeus na arte e na indústria. O progresso da influência helênica significava a introdução de produtos estrangeiros para substituir aqueles domésticos. Mas o heleno sempre veio como opressor e explorador, fosse rei da Síria ou do Egito. A Judeia, já saqueada por sua aristocracia, ressentia-se naturalmente por causa dos tributos que tinha de pagar aos monarcas estrangeiros e aos seus funcionários, como um peso muito maior. Em geral, os aristocratas conseguiram escudar-se, sendo nomeados representantes e cobradores de impostos dos senhores estrangeiros; ademais, eles souberam ainda tirar dinheiro dos oprimidos pelos tributos. Mas o povo só sentia a carga do domínio estrangeiro.

Isso já ocorrera sob o domínio persa, como é muito claramente descrito num relato oferecido pelo judeu Nehemiah, que fora nomeado pelo rei Artaxerxes,[65] seu governador na Judeia (445 a.C.). Dá-nos a seguinte informação de suas próprias atividades:

> Então foi grande o clamor do povo e das mulheres contra todos os judeus seus irmãos. E havia quem dissesse: Nós, nossos filhos e nossas filhas, somos muitos: portanto, tomamos cereais para comer e viver. E havia quem dissesse: empenhamos nossas terras, nossas vinhas e nossas casas para comprar cereais na fome. E havia quem dissesse: Pedimos dinheiro emprestado para o tributo do rei, sobre nossas terras e vinhas. Agora, nossa carne é como a carne de nossos irmãos, nossos filhos como seus filhos: e eis que nós sujeitamos nossos filhos e nossas filhas à servidão e há algumas de nossas filhas sujeitas: mas não temos meios de resgatá-las, pois nossas terras e nossas vinhas são de outros. E fiquei enojado quando ouvi seu clamor e essas palavras. Meditei então e repreendi os principais e os magistrados e disse-lhes: Usais de usura contra vossos irmãos? E convoquei contra eles uma grande junta. E disse-lhes: Nós resgatamos nossos irmãos judeus que foram vendidos ao gentio, conforme podíamos. Vós ainda vendeis vossos irmãos e serão vendidos a nós? E calaram e não tiveram o que responder. E disse: Não está certo o que fazeis. Não temeis nosso Deus, por não ser o opróbrio do gentio nosso inimigo? Também eu, meus irmãos e meus criados emprestamos-lhes dinheiro e cereais: relevemos-lhes essa dívida. Rogo-vos que devolvais a eles hoje suas terras e vinhas, suas oliveiras e suas casas, e a centésima parte do dinheiro e cereal, do vinho e do azeite que pedistes deles. E disseram: Devolveremos e nada lhes exigiremos, faremos como dizes. Então convoquei os sacerdotes e fi-los jurar que cumpririam a palavra dada. Além disso, sacudi minhas vestes e disse: Assim Deus expulse de sua casa e de seu trabalho a todo homem que não cumpra isto e assim seja expulso e esvaziado. E respondeu toda a comunidade: Amém! E louvaram a Jahvé. E o povo fez conforme isso. Também desde o dia em que o rei me mandou ser governador deles na terra de Judá, desde o ano 20 do rei Artaxerxes até o ano 32, por 12 anos nem eu nem meus irmãos comemos o pão do governador. Mas os primeiros governadores que foram antes de mim tributaram o povo e tomaram dele 40 *siclos* de prata em pão e vinho; além disso, seus criados oprimiam o povo. No entanto, eu não fiz assim, pelo temor de Deus. Também nas

> obras desse muro dei minha parte e não compramos herdade: e todos os meus criados ali estavam juntos nas obras. Além do mais, 150 homens dos judeus e magistrados e os que vinham a nós das pessoas em torno, estavam à minha mesa. E para cada dia se aprontava um boi, seis ovelhas escolhidas e aves; a cada dez dias, vinho em abundância; e com tudo isso nunca requeria o pão do governador porque a servidão desse povo era grande. Lembra-te de mim para o bem, Deus meu, por tudo que fiz a esse povo.[66]

Tais autoelogios não eram coisa rara nos documentos antigos, especialmente no Oriente. Seria ir demasiado longe supor que o funcionário em questão sempre mereceu realmente tanto bem de seu povo como demonstra essa jactanciosa história. Mas uma coisa fica evidenciada claramente por esses contos; a maneira pela qual, geralmente, os governadores e os nobres exploravam e oprimiam o povo. Nehemiah não teria tido razão de jactar-se de seus atos se não os considerasse excepcionais. Ninguém se vangloria, declarando que não roubou colherinhas de prata, a menos que tais roubos sejam comuns na sociedade de que se faz parte.

Sob a dominação egípcia e síria, os impostos da Palestina eram arrendados. O arrendatário era geralmente o Sumo Sacerdote, porém, ocasionalmente encontrava competidores em sua própria classe e então havia sempre uma querela entre os sacerdotes do escalão mais alto.

A massa do povo da Judeia tinha muito mais motivo para opor-se ao domínio estrangeiro que a aristocracia, por ele beneficiada. Sua irritação contra os estrangeiros era mais estimulada por sua ignorância sobre a verdade das forças inimigas. A massa dos judeus da Palestina não conhecia quão imensamente superiores eram as forças de seus adversários. Por todas essas razões, desprezava a diplomacia e exigia que o jugo estrangeiro fosse sacudido pela força. Mas não foi além disso; não percebeu o jugo da aristocracia. Este era também uma pesada carga para o povo, mas, apesar de tudo, tanto em Jerusalém como ao seu redor, o povo vivia em razão do Templo, da importância de seu culto e seu clero. Por conseguinte, toda a fúria causada por suas calamidades concentrava-se necessária e unicamente contra os exploradores estrangeiros. A democracia transformou-se em chauvinismo.

Devido a feliz acaso, uma insurreição desse pequeno povo contra seus poderosos conquistadores triunfou uma vez. A vitória ocorreu no tempo em que, como já mostramos, o império dos selêucidas achava-se profundamente desorganizado, devido a guerras internas e sujeito a um processo de completa desintegração, como o dos ptolomeus, enquanto os dois impérios lutavam furiosamente um contra o outro e preparavam o caminho para serem completamente subjugados pelos romanos, os novos senhores do Ocidente ou mesmo do Oriente.

Como todo sistema decadente, aumentou suas medidas repressivas, que naturalmente encontraram resistência. O patriotismo judaico tornou-se cada vez mais rebelde, e seu centro e direção achavam-se na organização dos asideus.

Provavelmente o Livro de Daniel é um dos primeiros produtos da atividade asideia; foi escrito por essa época (entre 167 e 164 a.C.) e é um panfleto predizendo para os oprimidos que logo Israel se levantaria e se libertaria. Israel seria seu próprio Salvador, seu próprio Messias. Esse foi o primeiro de uma série de panfletos de propaganda messiânica, que proclamava a derrota do domínio estrangeiro e a vitória dos judeus, sua libertação e governo sobre as nações da Terra.

Mas no Livro de Daniel, esse pensamento ainda se expressa como um levante democrático. O Messias é ainda representado como o próprio povo; como "o povo dos santos do Altíssimo". "E que o reino e a soberania e a majestade dos reinos sob o céu sejam dados ao povo dos santos do Altíssimo; cujo reino é reino eterno e todos os domínios lhes servirão e obedecerão."[67]

Essa profecia messiânica logo pareceu que esplendidamente se cumprira. A guerra de guerrilhas contra os opressores assumiu dimensões cada vez maiores, até que felizes chefes da casa dos asmoneus, incluindo em primeiro lugar Judas Macabeu, conseguiram provar seu valor contra as tropas sírias, em ações em campo aberto e finalmente conquistar Jerusalém, retida pelos sírios. A Judeia tornou-se livre e estendeu inclusive suas fronteiras. Depois que Judas Macabeu caiu (160 a.C.), seu irmão Simão teve ânimo suficiente para empreender a tarefa já realizada antes e depois por muitos generais da democracia, os quais conquistaram em guerra vitoriosa a liberdade para seu povo: ele escamoteou essa liberdade e colocou a coroa sobre sua cabeça. Ou melhor, Simão permitiu que o povo o coroasse. Uma grande reunião de sacerdotes e do povo decidiu que ele fosse Supremo Sacerdote, supremo senhor da guerra e príncipe do povo (*archiereos, strategos e ethnarches*) (141 a.C.). Desse modo, Simão veio a ser o fundador da dinastia asmoneia.

Provavelmente, sentiu como era incerta a independência recentemente conquistada, pois imediatamente se apressou em conseguir apoio estrangeiro. No ano de 139, encontramos uma delegação, enviada por ele a Roma para pedir a garantia do território judaico. Essa é a delegação, sobre a qual já informamos, que teve alguns membros deportados por proselitismo; entretanto, a delegação alcançou seus propósitos.

Simão não imaginou que seu governo seria de curta duração, até que os novos amigos da Judeia se transformaram em seus piores inimigos, destinados, finalmente, a destruir para sempre o Estado judaico. Enquanto a guerra civil entre os vários caudilhos romanos continuava com toda a ferocidade, a Judeia teve suas alternativas. Pompeu conquistou Jerusalém em 63 a.C., fazendo muitos prisioneiros de guerra, os quais enviou para Roma como escravos; limitou o território judaico à Judeia, Galileia e Pereia e impôs uma contribuição aos judeus. Crasso saqueou o Templo em 54 a.C.; após sua derrota, os judeus rebelaram-se contra os romanos na Galileia e foram dominados, sendo vendidos como escravos muitos dos prisioneiros. César, quando chegou sua vez, tratou melhor os judeus, tornando-os seus amigos. As guerras civis após a morte de César devastaram a Judeia e lhe impuseram pesados encargos. Após a vitória de Augusto, este, novamente, como César, mostrou-se favorável aos judeus, mas a Judeia permaneceu dependente dos romanos, foi reocupada por tropas destes, caiu sob a supervisão de Roma e, finalmente, sob a administração direta de funcionários romanos; e já vimos como esses alegres senhores se divertiam nas províncias que saqueavam completamente. Assim o ódio aos romanos cresceu com rapidez, principalmente entre as massas populares. Os reis títeres e os aristocratas sacerdotais, que os governavam, trataram de ganhar a boa vontade dos novos senhores romanos, como o haviam feito com os senhores gregos antes da insurreição macabeia, embora certamente muitos odiassem os estrangeiros. Contudo, seu partido, o dos saduceus, era capaz de oferecer cada vez menos resistência ao partido patriótico democrático: o dos fariseus.

Josefo informa sobre um período tão longínquo como o ano de 100 a.C., em suas *Altertürmen* (*Antiquities*): "Os ricos estavam do lado dos saduceus, mas a massa do povo era partidária dos fariseus." (XIII, 10, 6.)

Também sobre o período de Herodes (no tempo de Cristo):

> A seita dos saduceus tem poucos partidários, mas são as pessoas mais importantes do país. Entretanto, os assuntos do Estado não são dirigidos de acordo com suas opiniões. Assim que alcançam o poder, têm de atuar contra sua vontade, de acordo com a opinião dos fariseus, pois, de outro modo, o povo não os toleraria. (XVIII, 1, 4.)

Os fariseus gradualmente estavam a se transformar nos dominadores espirituais do povo judeu, tomando o lugar da aristocracia sacerdotal.

OS FARISEUS

Já tratamos dos "piedosos", os asideus, nos conflitos dos Macabeus. Alguns decênios depois, na época de Jochanan Hyrkanus (135-104 a.C.),[68] os seguidores dessa doutrina apareceram sob o nome de fariseus; os seguidores da doutrina oposta, pela primeira vez, tomaram, então, o nome de saduceus.

A origem desse último nome não está clara; talvez a palavra derive do nome do sacerdote Zadoc, em cuja honra se denominou o sacerdócio de raça dos zadoquidas. Os fariseus (*perushim*) são realmente aqueles segregados, mas davam-se o nome de "camaradas" (*chaberim*) ou confederados.

Josefo conta que em certa ocasião havia 6.000 deles, o que era uma organização política regular para um país tão pequeno. Em relação ao tempo de Herodes (37-4 a.C.), informa:

> Existiam entre os judeus, àquele tempo, alguns que estavam orgulhosos de sua observância estrita da lei de seus pais e acreditavam que Deus tinha uma afeição especial por eles. Eram os fariseus, poderosos e capazes de opor-se ao rei, mas suficientemente inteligentes para esperar uma oportunidade favorável para tal insurreição. Quando todo o povo judaico jurou fidelidade ao imperador (Augusto) e obedecer ao rei (Herodes), esses homens se recusaram a jurar; havia mais de 6.000 deles.[69]

Herodes, o tirano cruel sempre pronto a recorrer à pena de morte, não se atreveu a castigar severamente tal negativa de prestar o juramento de submissão, o que era uma prova de seu respeito pela influência dos fariseus sobre as massas do povo.

Os fariseus transformaram-se nos mestres espirituais das massas. Entre eles, os "escribas", ou *literati*, que são sempre mencionados no Novo Testamento, os rabinos (*rabbi* = meu senhor, *monsieur*), eram o grupo dominante.

Os intelectuais coincidiam com a casta sacerdotal, entre os judeus ou qualquer outro povo do Oriente. Na Judeia, essa casta sofreu o destino de todas as aristocracias. Com o aumento da riqueza, aumentou também sua negligência nas funções que eram a base de sua posição privilegiada. O máximo que fazia era atender superficialmente ao culto. Abandonou cada vez mais suas atividades científicas, literárias, legislativas e judiciárias e essas últimas foram passando totalmente às mãos de elementos educados que surgiam do povo.

As atividades judiciais e legislativas adquiriram importância especial. As assembleias legislativas são desconhecidas das nações do antigo Oriente. O direito vale como o consuetudinário, como o direito antigo. Decerto, o desenvolvimento social pode continuar, pode produzir condições e problemas novos que requerem novas normas legais. Mas o sentimento de que o direito permanece sempre o mesmo, isto é, derivado de Deus, acha-se tão profundamente arraigado na mente popular, que as novas leis são mais rapidamente aceitas quando assumem a forma de direito consuetudinário, tradicional, que existe desde tempos imemoriais e que só parece nova por ter caído em desuso.

A falsificação dos documentos constitui o meio mais simples à disposição das classes dominantes para fazer com que o novo direito se pareça com o antigo.

O sacerdócio da Judeia, como já vimos, fez uso dessa prática em vários casos. Isso não era difícil em um país onde as massas acreditavam que só uma classe dominante servia como especialista e preservadora das tradições religiosas. Mas nos países onde estava a surgir nova classe de pessoas com educação literária, junto ao antigo clero, fazia-se difícil a qualquer dessas classes apresentar uma inovação como um trabalho criado por Moisés ou qualquer outra autoridade dos tempos antigos. A classe concorrente estava atenta à prática de tais falsificações.

Há um esforço ininterrupto, por parte dos rabinos, durante os dois séculos que precederam à destruição de Jerusalém pelos romanos, para fazer uma brecha no cânon das escrituras sagradas apresentadas pelos sacerdotes e para aumentá-las pela adição de novas produções literárias que deveriam ser apresentadas como antigas e, por conseguinte, com direito ao mesmo respeito das antigas escrituras: mas esse esforço não teve êxito.

Em seu escrito contra Ápion (I, 7 e 8), Josefo examina a credibilidade dos textos judaicos.

> Porque nem todo homem tem o direito de escrever como lhe agrade, pois este direito pertence unicamente aos profetas, que registraram fielmente as coisas do passado sob a inspiração de Deus e os acontecimentos de sua própria época. Por esta razão, não possuímos milhares de escritos contradizendo-se e negando-se uns aos outros, mas somente 22 livros, que registram tudo que aconteceu desde o princípio do mundo e que com razão são considerados de origem divina; isto é, os cinco livros de Moisés, treze livros dos Profetas, que abarcam o período desde a morte de Moisés até Artaxerxes, e os quatro livros de *Salmos* e *Provérbios*.
>
> Desde o tempo de Artaxerxes até o presente, certamente todos os seus fatos são também registrados, mas não são de tanta confiança... O alto respeito que temos por nossas escrituras demonstra-se pelo fato de que por um longo tempo ninguém se atreveu a acrescentar, subtrair ou alterar alguma coisa.

Não há dúvida de que essa era a situação nos dias de Josefo. Como era mais difícil alterar a lei existente na literatura mencionada, os inovadores viam-se forçados, cada vez mais, a recorrer a uma interpretação, a fim de adaptá-la às novas condições. As escrituras sagradas dos judeus prestavam-se a essa prática, porquanto não constituíam um todo único, mas um dilúvio literário dos mais variados períodos e condições sociais. Abrangiam lendas do primitivo período beduíno, da muito culta sabedoria metropolitana da Babilônia, tudo editado sob a direção sacerdotal no período pós-babilônio; direção editorial que com frequência foi extremamente imperfeita e sem tato, permitindo passar contradições evidentes. Um corpo de "leis" desse tipo permitia provar qualquer coisa, se o manipulador tinha a necessária agudeza e memória para aprender bem todas as passagens da lei e tê-las constantemente na ponta da língua; e tal era, de fato, a natureza da sabedoria dos rabinos. Não se dedicaram ao estudo da vida, mas a imbuir seus discípulos de um conhecimento preciso das sagradas escrituras, acostumando-os a responder, com rapidez e sutileza, sobre a sua interpretação. De certo, permaneciam, inconscientemente, sob a influência da vida que os rodeava; porém, quanto mais se desenvolvia a pedante sabedoria dos rabinos, mais deixava de ser um modo de compreender a vida e, consequentemente, de dirigi-la; por um lado, vinha a ser a arte de confundir todos que chegavam, inclusive o próprio Deus, mediante uma rapidez mental de leguleio e uma astúcia superficial e enganosa e, por outro, a arte de consolar e dar um bom exemplo, em qualquer situação da vida, por meio de uma citação piedosa. Não trouxe nenhuma contribuição a nosso conhecimento do mundo; na realidade, sua ignorância do mundo constantemente aprofundava-se. Isto se tornou evidente na luta que finalmente acarretou a destruição de Jerusalém.

Os sábios e sofisticados saduceus estavam bem familiarizados com a correlação de forças de sua época. Sabiam que era impossível oferecer uma resistência séria aos romanos. Os fariseus, por outro lado, trataram com o maior vigor possível de sacudir o jugo romano, enquanto este mais pesadamente caía sobre a Judeia e levava o povo ao desespero. A insurreição dos Macabeus havia dado esplêndido exemplo de como um povo podia defender suas liberdades contra um tirano.

A esperança na vinda do Messias, que dera sólido suporte à insurreição, fortalecida igualmente pelos seus êxitos, tornou-se mais vigorosa com o desejo crescente de sacudir o jugo romano. Certamente, os romanos eram adversários mais formidáveis que o decadente Império Sírio, e a confiança na capacidade das nações para agir por si mesmas havia decrescido no mundo antigo desde os dias dos Macabeus. As chamadas guerras civis não passavam de lutas entre certos generais vitoriosos para conquistar o poder. Assim, a ideia do Messias não foi a de um povo judaico, que se emancipava, mas a de um poderoso herói, cheio de energia milagrosa, enviado por Deus para resgatar e redimir a atormentada nação dos eleitos e libertá-los de seus trabalhos e atribulações.

Até os fariseus mais entusiastas não consideravam possível vencer seus adversários sem o auxílio de semelhante general milagroso. Contudo, não punham somente nele suas esperanças. Confiavam, provavelmente, no aumento constante do número de seus partidários, dentro do Império, especialmente entre os povos vencidos, em sua força numérica em Alexandria, Babilônia, Damasco e Antioquia. Não viriam todos eles em auxílio de sua pátria oprimida se esta se rebelasse? E se uma só cidade, como Roma, conseguira conquistar um poder mundial, por que a grande e poderosa Jerusalém não seria capaz de fazer o mesmo?

O fundamento da Revelação de São João é um documento judaico de propaganda, no estilo do Livro de Daniel. Foi escrito, ao que tudo indica, ao tempo em que Vespasiano e, posteriormente, Tito[70] sitiavam Jerusalém. Contempla Roma, a "mulher sentada sobre sete colinas", "Babilônia (isto é, Roma), a grande, a mãe das fornicações e das abominações da terra", "com quem os reis da terra fornicaram" e "os comerciantes da terra tornam-se ricos pela abundância de seu luxo" (XVII e XVIII). Esta cidade cairá, e se pronunciará sentença sobre ela. "E os comerciantes da terra chorarão e lamentar-se-ão sobre ela, porque ninguém mais comprará suas mercadorias", seu lugar será ocupado pela cidade santa de Jerusalém, "as nações que forem salvas andarão na sua luz; e os reis da terra trarão sua glória e honra a ela" (XXI, 24). Efetivamente, Jerusalém era uma cidade que podia parecer, na mente de pessoas muito ingênuas, ignorantes do poder de Roma, como perigosa rival da senhora do mundo no Tibre.

Josefo informa que, ao tempo de Nero, os sacerdotes, certa vez, contaram o número de pessoas que se encontravam em Jerusalém, durante a festa de Páscoa:

"Os sacerdotes contaram 256.500 cordeiros de Páscoa. Não havia menos de dez pessoas na mesa para cada cordeiro. Algumas vezes havia até 20 pessoas para um. Mas se contarmos somente dez pessoas para cada cordeiro, chegaremos à cifra de 2.700.000 pessoas", sem considerar os impuros e os não crentes que eram proibidos de tomar parte na festa de Páscoa.[71]

Embora Josefo refira-se a um cálculo efetivo, sua informação parece realmente incrível, mesmo se supusermos que essas 2.700.000 pessoas incluíssem a numerosa gente do campo dos distritos vizinhos, que não necessitavam nem de alimentos nem de habitações em Jerusalém. Grandes carregamentos de produtos alimentícios procedentes de lugares distantes só eram possíveis, naqueles tempos, por meio de barcos. As grandes cidades da época eram todas construídas à margem de rios navegáveis ou na costa. Porém não havia qualquer possibilidade de chegar a Jerusalém por água, uma vez que tanto o mar como o Rio Jordão estavam muito distantes e o último, ademais, não era navegável. Tão grande número de pessoas não podia ter, em Jerusalém, nem mesmo água para beber. A cidade dependia em parte do fornecimento de água da chuva guardada em cisternas.

Também não se pode crer na informação, dada no mesmo texto por Josefo, segundo a qual 1.100.000 judeus pereceram, em Jerusalém, durante o sítio que precedeu à destruição da cidade.

Tácito registra um número mais reduzido.[72] A população sitiada, incluindo pessoas de todas as idades e ambos os sexos, ascendia, de acordo com ele, a 600.000. Como havia muitos sitiados que não viviam na cidade, permanentemente, seria talvez razoável admitir a metade desse número como sua população comum, durante as poucas décadas que precederam à destruição. Mesmo que fosse somente uma terça parte, era ainda uma população muito grande para uma cidade daquele tempo. Os dados de Josefo demonstram como se exagerava esse número na imaginação do povo judeu.

Por maior e mais forte que tivesse sido, Jerusalém não tinha possibilidade de vencer sem auxílio de fora, e os judeus pensavam contar com esse auxílio; porém esqueceram que a população judaica fora da Palestina era puramente urbana; uma população, de fato, de grandes cidades e que, além do mais, constituía minoria em toda parte. E, àquele tempo, ou mesmo em períodos posteriores, só os camponeses eram capazes de suportar o longo serviço militar. As massas das grandes cidades, consistentes em comerciantes, trabalhadores da indústria doméstica e um lumpemproletariado, não podiam formar um exército capaz de manter-se em campo aberto contra tropas treinadas. Não há dúvida de que, na época da última grande insurreição de Jerusalém, houve também distúrbios judaicos fora da Palestina, mas nunca alcançaram as proporções de uma verdadeira ajuda a Jerusalém.

A menos que um Messias realizasse milagres, todas as insurreições judaicas pareciam perdidas. Quanto mais rebelde era a situação na Judeia, mais fervorosa era a esperança no Messias nos círculos farisaicos. Certamente, os saduceus eram mais céticos quanto a essa esperança, tanto quanto à doutrina da ressurreição, intimamente ligada à esperança de um Messias que viria.

Como em todo o resto de sua mitologia, as ideias dos israelitas com respeito à concepção do homem após a morte não implicavam originariamente nada que os distinguisse de outros povos do mesmo nível cultural. O fato de que as pessoas mortas aparecessem em sonhos trouxe a presunção de que o morto continuava a viver uma vida pessoal, mas em uma existência incorpórea, como de sombras. Possivelmente, a sepultura do morto na escura catacumba foi o que deu origem à noção de que essa existência nas trevas estava relacionada com uma localidade subterrânea e sombria. O gosto e alegria de viver não podiam imaginar que o fim da vida não significasse também o fim de todos os prazeres e alegria, que a sombria existência da morte pudesse ser qualquer coisa mais que uma existência tenebrosa e sem prazer.

Encontramos essas noções, originariamente, entre os antigos israelitas, ou mesmo, por exemplo, entre os antigos gregos. O Hades[73] destes correspondia ao Sheol[74] dos israelitas, um lugar da mais intensa escuridão, na profundidade da terra, bem guardado, de modo que os que morriam e desciam a ele nunca mais podiam regressar. Se a sombra de Aquiles lamenta-se em Homero do fato de que um trabalhador assalariado vivo é melhor do que um príncipe morto, o pregador Salomão (no *Eclesiastes*, documento escrito no tempo dos Macabeus) declara: "Porque melhor é cachorro vivo que leão morto" e continua, "os mortos nada sabem nem têm mais recompensa; porque sua memória é posta no esquecimento; também seu amor e seu ódio e sua inveja já feneceram: nem têm já mais parte no século, em tudo que se faz sob o sol".

Os mortos não podem esperar nenhuma recompensa; todos têm a mesma sorte no inframundo. O gozo e o prazer somente podem existir na vida.

> Ainda há esperança para todo aquele que está entre os vivos... Anda e come teu pão com prazer e bebe teu vinho com o coração alegre: porque tuas obras são agradáveis a Deus. Que em todo o tempo sejam brancas as tuas vestes e nunca falte unguento sobre tua cabeça. Goza a vida com a mulher que amas, todos os dias de tua vaidade que te são dados sob o sol; porque esta é tua parte na vida e em teu trabalho com que te afanas debaixo do sol. Tudo que vier à tua mão para fazeres, fá-lo segundo tuas forças, pois no sepulcro, para onde vais, não há obras, nem indústria, nem ciência, nem sabedoria. (*Eclesiastes*, IV, 4-10.)

Aqui temos ainda um gozo da vida puramente "helênico", mas também um conceito puramente "pagão" da morte. Tais eram as antigas ideias judaicas, segundo as preservavam os saduceus. Conceitos opostos já surgiam no tempo do *Eclesiastes.* (*Der Prediger*, 9, 4, até 10.)

Este gozo da vida estava completamente de acordo com o sentimento popular na época de um campesinato rico e próspero. Após sua ruína, a aristocracia podia ainda encontrar prazer na realidade, prazer na vida, podia chegar até a elevar esses prazeres ao grau da voluptuosidade, mas as classes inferiores perdiam os prazeres cada vez mais, na medida em que sua existência se tornava ainda mais miserável. Entretanto, não tinham descido até o ponto de duvidar de toda possibilidade de melhorar as condições existentes. Quanto mais miseráveis eram essas, mais ardentemente esperavam a revolução que poderia dar-lhes uma vida melhor e, portanto, maiores prazeres. O Messias significava revolução que, certamente, se baseava cada vez mais em poderes sobrenaturais, em milagres, na medida em que a verdadeira correlação de forças mudava, com desvantagem para as massas exploradas e atormentadas. Ao mesmo tempo que aumentava a crença em milagres e a fé no milagroso poder do Messias, que viria, crescia também na mesma extensão o número de sofrimentos e sacrifícios exigidos pela luta contra a opressão, e o número de mártires que sucumbiam nesse conflito. Era possível crer que todos eles tivessem confiado e esperado em vão, que a maravilhosa vida que a vitória do Messias traria para seus escolhidos fosse arrebatada aos seus mais valorosos e devotos campeões? Seria possível que aqueles que tinham renunciado a todos os prazeres por causa dos santos e dos eleitos, aqueles que haviam sacrificado a sua própria vida não recebessem recompensa por seus sacrifícios? Iriam eles levar uma existência obscura e tenebrosa no Sheol, enquanto seus camaradas vitoriosos em Jerusalém governavam o mundo e gozavam de todos os prazeres?

Se o Messias possuía força suficiente para vencer Roma, ele também poderia provavelmente sobrepor-se à morte; as ressurreições não eram, àquele tempo, consideradas impossíveis.

Desse modo tomou forma, gradualmente, o conceito de que os campeões do judaísmo, que haviam tombado na batalha, sairiam de suas tumbas com completo vigor corporal e começariam nova vida de alegria e prazeres. Isso não era uma crença na imortalidade da alma, mas na reanimação do corpo, que iria desfrutar prazeres muito reais na vitoriosa cidade de Jerusalém. Amplo consumo do vinho era um aspecto proeminente nessas esperanças. Mas tampouco se esqueciam os prazeres do amor. Josefo conta a respeito de um eunuco de Herodes, a quem os fariseus tinham ganho para sua causa prometendo-lhe que o Messias, que viria, outorgar-lhe-ia a capacidade de coabitação e de gerar filhos.[75]

Se o Messias era suficientemente forte para recompensar seus fiéis, tornava-se natural atribuir-lhe também igual poder em matéria de castigo. De fato, enquanto era intolerável a ideia de que os mártires permanecessem sem recompensa, tornava-se igualmente intolerável, para os que lutavam pelo judaísmo, crer que todos os seus perseguidores, que morriam felizes, se achassem isentos de castigo, porquanto estavam a levar a mesma existência insensível, no submundo, como as sombras dos justos. Os corpos de tais pessoas perversas também seriam assim ressuscitados pelo Messias e lhes seriam aplicados espantosos tormentos.

A ideia original não envolvia, de modo algum, uma ressurreição de todos os mortos. A ressurreição representaria a etapa final da luta pela independência e o domínio do mundo por Jerusalém e, consequentemente, somente se referia àqueles que haviam morrido no conflito, lutando de um lado ou de outro. Assim lemos no Livro de Daniel em relação ao dia da vitória do judaísmo:

"E muitos dos que dormem na poeira da terra serão despertados, uns para a vida eterna, outros para vergonha e confusão perpétua." (XII, 2.)

A chamada Revelação de São João, como já observamos, é um trabalho que pertence à mesma espécie.[76] Na versão cristã que nos chegou, a Revelação distingue duas ressurreições. A primeira não se aplica a todos os homens, mas somente aos mártires, de acordo com nossa versão tradicional, e certamente só aos mártires cristãos, que serão ressuscitados e viverão 1.000 anos neste mundo: "as almas dos degolados pelo testemunho de Jesus e pela palavra de Deus e que não tinham adorado a besta nem sua imagem e que não receberam o sinal em suas frontes nem em suas mãos; e viverão e reinarão com Cristo 1.000 anos. Mas os outros mortos não tornarão a viver até que se cumpram 1.000 anos." (XX, 4, 5.)

A crença na ressurreição era uma doutrina de combate. Nascida no fanatismo de uma luta longa e selvagem contra um inimigo mais poderoso, essa crença, incompreensível, exceto sobre essa base, podia continuar a animar e dar ainda mais força a tal fanatismo.

No mundo não judaico, essa crença contemplou o anseio do homem pela imortalidade, completamente independente das exigências da luta, antes como produto da fadiga e da resignação. É a isto que as concepções filosóficas da imortalidade da alma, encontradas nas doutrinas platônicas e pitagóricas, devem sua ampla disseminação. Não obstante, a esperança da ressurreição, pregada pelos fariseus, tinha efeito muito mais imediato e vívido sobre as massas daqueles dias, que acreditavam em milagres, porém careciam de preparação para o pensamento abstrato. Com alegria, aceitaram essa esperança, que traduziram do meio judaico para sua própria linguagem, completamente diferente.

O judaísmo deve o êxito de sua propaganda, até a época da destruição de Jerusalém, em grande parte à crença na ressurreição. A destruição da cidade, no entanto, acabou com a maioria daqueles que esperaram firmemente a vinda do Messias, em data próxima, e ao mesmo tempo abalou os fundamentos dessa fé entre os outros judeus. A expectativa messiânica deixou de ser uma força motriz de política prática no judaísmo; tornou-se um desejo piedoso e um anelo melancólico. Simultaneamente, entretanto, a crença farisaica na ressurreição perdeu suas bases no pensamento judaico. Esta crença, junto àquela no Messias, manteve-se somente na comunidade cristã, que tomou assim dos fariseus a melhor parcela de sua propaganda.

Entretanto, a comunidade cristã tirou mais energia dos elementos proletários do judaísmo que da democracia burguesa, se é que podemos dizer.

OS ZELOTES

Os fariseus eram os representantes das massas populares, opostas à aristocracia sacerdotal. Porém essas massas também se pareciam com o "Terceiro Estado" francês, de antes da revolução de 1789, na medida em que eram compostas de elementos muito diferenciados, com interesses distintos e vários graus de espírito e habilidade combativa.

Isso também se aplica aos judeus fora da Palestina. Embora constituíssem uma população exclusivamente urbana, que vivia principalmente do comércio, transações financeiras, arrendamentos de impostos e trabalhos semelhantes, seria um sério erro presumir que consistiam somente em ricos comerciantes e banqueiros. Já mostramos que o comércio é muito mais incerto que a ocupação do camponês ou do artesão, o que era mais verdadeiro para a época, pois a navegação era menos aperfeiçoada e a pirataria florescia em grande escala. E quantas pessoas se arruinavam nas guerras civis!

Certamente houve muitos judeus que haviam sido ricos e empobreceram e muitos que nunca conseguiram ser ricos. Embora o comércio fosse a ocupação que oferecia as melhores perspectivas, naquelas condições, isso não quer dizer que todos dispusessem do capital necessário para o comércio em grande escala. O comércio praticado pela maior parte dos judeus era o pequeno comércio ambulante e a barraca pequena.

Além dessa atividade, os judeus provavelmente exerciam aqueles ofícios que não requeriam grande habilidade ou excepcional bom gosto. Onde um grande número de judeus vivia junto, as peculiaridades de seus usos e costumes deviam produzir uma demanda de muitos artesãos de sua própria fé. Quando lemos que havia um milhão de judeus entre os oito milhões de habitantes do Egito, é impossível supor que todos esses judeus vivessem do comércio; e, efetivamente, encontramos referências a indústrias judaicas em Alexandria, assim como a artesãos judeus em outras cidades.

Em muitas cidades, particularmente em Roma, os judeus devem estar representados, em grande número, entre os escravos e, portanto, entre os libertos. Suas repetidas lutas fracassadas e tentativas de insurreição ofereciam contínuo e renovado fornecimento de prisioneiros de guerra, que eram vendidos como escravos.

De todas essas classes, algumas das quais estavam muito próximas do proletariado, surgia um sedimento de lumpemproletariado, que era muito numeroso em alguns lugares. Assim, por exemplo, os judeus mendigos pareciam ter atraído especial atenção entre os proletários romanos. Martial[77] faz uma descrição da vida nas ruas da capital: junto com os artesãos, que trabalhavam nas ruas, a procissão de sacerdotes, truões e vendedores; ele se refere também a um judeu, moço enviado por sua mãe para mendigar. Juvenal, em sua Terceira Sátira, fala da Gruta de Egéria, "arrendada agora aos judeus, cujo mobiliário total consiste numa canastra e um montão de feno, porque cada árvore está obrigada agora a dar-nos um fruto. O bosque é agora propriedade dos mendigos, as musas foram expulsas dele".[78]

Isso é, certamente, um testemunho do período após a destruição de Jerusalém, do reinado de Domiciano, que expulsara os judeus de Roma e lhes permitira permanecer nessa gruta mediante o pagamento de um imposto. De qualquer modo, acusa a presença de um grande número de judeus mendigos em Roma.

O *Schnorrer*[79] já era um fenômeno notável no judaísmo.

O lumpemproletariado formava, naturalmente, um elemento muito móvel.

A meta principal das peregrinações dos judeus mendigos era seguramente Jerusalém. Ali se sentiam como em casa, não tinham razão para ter medo de inimigos ou serem maltratados por uma população hostil ou, pelo menos, indiferente. Lá se reuniam grandes massas de ricos peregrinos das mais variadas partes da Terra; e seus impulsos religiosos e, simultaneamente, sua generosidade alcançavam as maiores proporções.

Ao tempo de Cristo, não havia uma grande cidade que não contasse com um numeroso lumpemproletariado. Depois de Roma, Jerusalém possuía o maior proletariado do tipo descrito, pelo menos relativamente; em ambas as cidades essa massa era recrutada em todo o Império. Os artesãos da época estavam também intimamente ligados a esse proletariado; eram, geralmente, simples trabalhadores domésticos, e ainda hoje entre os proletários há esses trabalhadores. Não raro se associavam a mendigos e carregadores.

Onde quer que se congregassem, em grandes massas, as classes despossuídas tornavam-se particularmente agressivas. Ao contrário das classes possuidoras, nada tinham a perder, sua posição social era insuportável, e nada tinham a ganhar através da espera. Sentiam-se mais corajosos pela consciência de sua força numérica. Ademais, o poder militar não podia empregar facilmente sua força nas ruas estreitas e tortuosas daqueles dias. Apesar do pouco valor que tinham para o serviço militar em campo aberto, os proletários da cidade preenchiam, entretanto, todos os requisitos para os combates nas ruas. Os acontecimentos de Alexandria e Jerusalém haviam corrigido essa observação.

O proletariado, em Jerusalém, era inspirado por um espírito combativo completamente diverso daquele que tinham as classes possuidoras e os intelectuais, que eram recrutados pelos fariseus. Em tempos normais, os proletários concordavam em ser liderados pelos fariseus, mas, na medida em que se aguçavam as contradições entre Jerusalém e Roma, na medida em que o momento decisivo se aproximava, estes se tornavam mais cautelosos e tímidos, entrando desse modo em frequentes conflitos com os proletários mais avançados.

Esses encontraram um poderoso apoio na população do campo da Galileia. Os pequenos camponeses e os pastores eram explorados em grau extremo pela pressão dos impostos e da usura e eram lançados à servidão ou expropriados como em qualquer outro lugar do Império. Alguns deles foram provavelmente para Jerusalém aumentar as fileiras do proletariado. Como em outras regiões do Império, porém, os elementos mais enérgicos, entre os expropriados e levados ao desespero, recorriam à insurreição violenta, ao bandoleirismo. A proximidade do deserto — região dos hábitos e costumes beduínos — facilitava essa luta, oferecendo numerosos lugares onde esconder-se, conhecidos somente das pessoas familiarizadas com a região. A própria Galileia, com sua topografia irregular e inúmeras cavernas, oferecia condições favoráveis para as operações dos salteadores. A bandeira sob a qual lutavam era a esperança no Messias. Exatamente como hoje, na Rússia, a revolução é tomada como um pretexto, por cada bandido, para executar suas "expropriações", e o desejo de levar adiante a revolução faz de muitos indivíduos simples, agressivos e revolucionários, verdadeiros salteadores;[80] assim também ocorria na Galileia. Os chefes dos salteadores declaravam-se o Messias, ou pelo menos seu precursor, e os entusiastas, que se sentiam chamados a ser o profeta ou o Messias, transformavam-se em tais chefes.

Os salteadores da Galileia e os proletários de Jerusalém mantinham estreita cooperação, ajudavam-se mutuamente e, em oposição aos fariseus, constituíam finalmente um partido, os *zelotes*, i. e., os fanáticos. O contraste entre os dois grupos oferece muitos pontos de semelhança com o dos girondinos e jacobinos.

A conexão entre os proletários de Jerusalém e os bandos armados da Galileia e seu ardente desejo de ação tornaram-se evidentes, sobretudo no tempo de Cristo.

Durante a última enfermidade de Herodes (4 a.C.), o povo de Jerusalém insurgiu-se violentamente contra as inovações que ele empreendera; sua fúria foi provocada, principalmente, por uma águia de ouro que Herodes ordenara colocar no teto de seu Templo. O motim foi dominado pela força das armas. Após a sorte de Herodes, o povo novamente se sublevou na Páscoa; desta vez, com tanto ímpeto, que só após grande derramamento de sangue as tropas de Arquelau[81], filho de Herodes, conseguiram dominar a insurreição. Cerca de 3.000 judeus foram massacrados. Nem mesmo essa repressão, porém, abrandou o espírito combativo das massas em Jerusalém. Quando Arquelau foi a Roma, a fim de ser declarado rei, o povo novamente se rebelou, e os romanos intervieram: Varo,[82] que mais tarde tombou numa batalha contra os queruscos, era então governador da Síria. Dirigiu-se apressadamente a Jerusalém, dominou a rebelião e regressou a Antioquia, deixando uma legião, na primeira dessas cidades, a cargo do procurador Sabino (Sabinus). Este, apoiando-se em seu poder militar, oprimiu os judeus o máximo possível e saqueou e roubou tudo que pôde. Foi a gota d'água. Durante o Pentecostes, muitas pessoas reuniram-se em Jerusalém, incluindo grande número de galileus. Foram suficientemente fortes para rodear e sitiar a legião romana, junto com os mercenários recrutados por Herodes, que continuaram agindo após sua morte. Os romanos tentaram em vão escapar, embora muitos judeus morressem nos ataques. Os sitiadores não retrocederam e conseguiram mesmo ganhar algumas das tropas de Herodes.

Ao mesmo tempo, a rebelião explodiu em outros distritos do país. Os salteadores da Galileia conseguiram então muitos partidários e formaram exércitos regulares. Seus chefes se haviam proclamado reis dos judeus, isto é, o Messias. Entre eles se sobressaía, especialmente, Judas, cujo pai Ezequias (Ezechias) fora um bandido famoso e, como tal, executado (47 a.C.). Em Pereia, um ex-escravo de Herodes, Simon, reuniu outro bando, enquanto um terceiro era comandado pelo pastor Atronges (Athronges).[83]

Os romanos tiveram grande dificuldade para dominar a insurreição, que obrigou Varos a acudir, com duas legiões e numerosas forças auxiliares, em socorro dos sitiados de Jerusalém. Um saque e morticínio indescritíveis começaram; 2.000 dos capturados foram crucificados e muitos outros vendidos como escravos.

Isso foi na época assinalada como a do nascimento de Cristo.

Houve então paz por alguns anos, poucos. Em 6 d.C., a Judeia foi colocada diretamente sob governo romano. A primeira medida tomada pelos romanos foi fazer um censo, a fim de cobrar os impostos. Essa medida provocou nova tentativa de insurreição de Judas, o Galileu,[84] provavelmente o mesmo Judas que fora tão preeminente na insurreição de dez anos atrás. Suas forças juntaram-se às do fariseu Sadduk, que se comprometera a sublevar o povo de Jerusalém. Tal tentativa não obteve praticamente resultados importantes, mas produziu uma brecha entre as classes baixas da população e os galileus rebeldes, de um lado, e os fariseus, de outro. Na insurreição de 4 a.C., todos atuaram juntos. Porém os fariseus sentiam-se satisfeitos e recusaram-se a cooperar com os outros. Formou-se o partido dos zelotes. Desde então, o fogo da insurreição nunca se extinguiu completamente na Judeia e Galileia até a destruição de Jerusalém. Josefo descreve essa situação de seu próprio ponto de vista farisaico:

> Então Judas, um galileu, da cidade de Gamala, com o auxílio de Sadduk, um fariseu, levantou o povo em rebelião, fazendo-o crer que seria escravizado se desse os dados para o censo de suas riquezas e que deveria defender suas liberdades. Fizeram-lhe ver que, desse modo, não só preservaria suas posses, mas obteria uma fortuna maior, pois sua valentia lhe traria honra e fama. Deus não o ajudaria nessa aspiração, a menos que adotasse medidas enérgicas e não poupasse esforços para alcançá-las. O povo alegrou-se ao ouvir isto e animou-se completamente a realizar atos audazes.
>
> É impossível deter-se muito tempo sobre a quantidade de males que esses dois homens produziram ao povo. Não houve desgraça que não se devesse a eles. Fomentaram guerra após guerra. Recorriam continuamente à violência: quem quer que se manifestasse contra essa violência tinha que pagar com a vida. Os salteadores assolavam o país. As pessoas mais importantes foram mortas sob o pretexto de que se estava preservando a liberdade. Na realidade, era por ambição e pelo desejo de roubar suas propriedades. Surgiram então muitos levantes e houve muito derramamento de sangue, pois por um lado as pessoas do campo lutavam umas contra as outras, cada partido tentando superar os outros, enquanto, por outro lado, os inimigos de fora os aniquilavam. Finalmente, a fome veio somar-se a tudo isto, derrubando todas as barreiras e fazendo com que as cidades fossem saqueadas da pior forma possível, até que, finalmente, o templo de Deus foi reduzido a cinzas pelos inimigos. Desse modo, as modificações e inovações dos antigos hábitos redundaram na destruição dos próprios rebeldes. Judas e Sadduk, que introduziram uma quarta doutrina e conseguiram muitos partidários, não só perturbaram o Estado, mas também, por meio da nova doutrina, que anteriormente

não se conhecia, deram lugar a todos os males que houve depois... As pessoas jovens que se fizeram partidárias dessa doutrina trouxeram-nos a ruína. (*Altertümen*, XVIII, I, 1.)

No final do mesmo capítulo, Josefo fala com mais respeito dos próprios zelotes, os quais antes tão enfaticamente difamara. Eis suas palavras:

> A quarta dessas doutrinas (as outras três são as dos fariseus, saduceus e essênios) foi introduzida por Judas, o Galileu. Seus partidários estiveram de acordo com os fariseus em todos os pontos, exceto em que eles mostravam um obstinado amor pela liberdade e declaravam que somente Deus deveria ser reconhecido como Senhor e Príncipe. Preferiam sofrer os mais terríveis tormentos e ver seus amigos e parentes torturados, que chamar senhor a um ser humano. Mas não me deterei nesse assunto, porque é bem conhecida a obstinação que demonstraram. Não me preocupo com que não me creiam, mas não encontro palavras para expressar com suficiente clareza o heroísmo e firmeza com que suportam as piores torturas. Tal loucura infestou todo o povo como uma doença contagiosa, quando o governador Géssio Floro (64-66 d.C.) abusou de sua autoridade sobre ele em tal medida, que os obrigou em seu desespero a separar-se dos romanos.[85]

Na medida em que o jugo romano se fazia mais opressivo e aumentava o desespero, as massas judaicas escapavam mais e mais da influência dos fariseus e eram atraídas pelo fanatismo dos zelotes. Porém, ao mesmo tempo, esses geravam um especial derivativo.

Um era o êxtase arrebatador. Nem o conhecimento, nem mesmo o desejo de saber eram o forte do proletariado. Essa classe dependia das forças sociais muito mais que qualquer outra camada da população, forças que não entendia e que lhe pareciam incompreensíveis. Levado ao desespero, em maior grau que qualquer outra classe, agarrando-se a todas as possibilidades, o proletariado achava-se especialmente inclinado a acreditar em milagres; a profecia messiânica adquiriu nele, particularmente, raízes profundas e foi abandonado à sua completa ignorância, em meio das condições que prevaleciam, sem outra esperança a não ser a realização do impossível.

Qualquer lunático que se proclamasse Messias e prometesse a libertação do povo por meio dos milagres que realizaria encontrava numerosos partidários. Um destes era o profeta Teudas,[86] durante o governo de Fado[87] (que começou em 44 d.C.), que conduziu uma multidão de rebeldes ao Jordão, onde foi dispersada pela cavalaria. Teudas foi capturado e decapitado.

Durante a gestão do procurador Félix (52-60 d.C.),[88] essa exaltação predominou ainda mais:

> Havia um bando de homens perversos que, na verdade, não matavam, mas tinham pensamentos ateus e mantinham a cidade (Jerusalém) em inquietude e insegurança, tanto como assassinos poderiam fazê-lo. Eram sedutores maliciosos, que sob o pretexto da revelação divina pregavam inovações de todos os tipos e incitavam o povo à insurreição. Arrastavam-no ao deserto e faziam crer que Deus lhe permitiria contemplar um testemunho de liberdade. Como Felix considerou isso o princípio de uma rebelião, enviou soldados contra eles, cavalaria e infantaria e matou um grande número.
>
> Desgraça ainda maior caiu sobre os judeus por causa de um falso profeta do Egito (isto é, um judeu egípcio, K.). Era um feiticeiro e devido à sua magia conseguiu ser aceito como profeta. Alucinou aproximadamente 30.000 pessoas que se fizeram seus sequazes, conduziu-as para fora do deserto, ao chamado Monte das Oliveiras, a fim de penetrar em Jerusalém, esmagar a guarnição romana e conquistar autoridade sobre o povo. Assim que Felix teve notícias de seu plano, saiu a seu encontro com os soldados romanos e com todos aqueles dispostos a lutar pelo bem público e deu-lhes combate. O egípcio escapou com mais alguns. Mas a maior parte deles foi capturada e o resto escondeu-se nas montanhas.
>
> Mal tinha sido dominada essa rebelião, como se tratasse de um corpo doente e infestado, irrompeu nova epidemia. Alguns feiticeiros e assassinos reuniram-se e conseguiram muitos sequazes. Exortaram todos a usar suas liberdades e ameaçaram de morte os que continuavam sujeitos e obedientes à autoridade romana, dizendo: Devem ser libertados, ainda que contra a vontade deles, todos que estão dispostos a abaixar a cabeça sob o jugo da servidão.
>
> Percorreram toda a terra judaica, saquearam as casas dos ricos, assassinando os moradores, incendiaram as aldeias e arrasaram as terras

tão terrivelmente, que constituíram uma opressão para todo o povo judeu e essa epidemia alastrava-se dia a dia.[89]

Dentro de Jerusalém, uma rebelião franca contra o poder militar romano não era algo fácil. Os inimigos mais ferrenhos do sistema dominante recorriam então ao assassinato. Durante o governo de Felix, quando os salteadores e profetas foram mais numerosos, formou-se também uma seita de terroristas. Como ainda não se tinham inventado os explosivos, sua arma favorita era uma adaga curva, oculta sob suas vestes; esta adaga (*sica*) deu-lhes o nome de sicários.

A agitação desesperada produzida por tais defensores da causa do povo não era senão o resultado inevitável da fúria desavergonhada de seus opressores. Deixemos que o leitor conheça o que Josefo, que presenciou todas essas coisas, diz em relação aos atos dos últimos governadores da Judeia, antes da destruição de Jerusalém:

> Festo[90] recebeu o cargo de procurador (60 a 62 d.C.). Empreendeu sérias tentativas para combater os salteadores que eram uma praga na terra judaica e capturou e matou muitos deles. Seu sucessor, Albino (62-64),[91] infelizmente não seguiu o exemplo. Para ele não havia crime ou vício demasiado monstruoso. Não só dilapidou os fundos públicos na administração do Estado, mas também atacou, pela força, a propriedade privada de seus súditos, das quais pessoalmente se apropriou. Oprimiu o povo com impostos enormes e desproporcionais. Os salteadores, que as autoridades das populações, ou mesmo seus predecessores, tinham aprisionado, foram libertados mediante o pagamento de uma peça de dinheiro e só aqueles que não puderam pagar foram considerados criminosos e mantidos na prisão. Cresceu então a audácia dos rebeldes em Jerusalém. Os ricos puderam ganhar o favor de Albino, por meio de presentes e obséquios, e este fingiu não perceber o número de pessoas que cada um deles reuniu como séquito. Porém a massa popular, que não amava a tranquilidade, começou a hostilizá-los, porque Albino os favorecia. Por isto cada malfeitor cercava-se de um bando, no qual ele próprio era importante, como o supremo patife, e roubava e saqueava por meio de seus cúmplices a todos os bons cidadãos. Os que eram roubados se calavam e os que não eram assaltados adulavam o patife, com medo de receber tratamento igual. Nin-

guém se atrevia a queixar-se, pois a opressão era grande demais. Desse modo, semeou-se o germe da destruição de nossa cidade.

Embora Albino tenha agido de forma vergonhosa e perversa, foi em muito superado por seu sucessor Géssio Floro (64-66 d.C.); se comparados, Albino seria considerado muito melhor. Pois Albino fez seus desmandos, secretamente, e ocultava tudo sob uma aparência de justiça; seu sucessor, entretanto, fez tudo publicamente, como se procurasse fama, ao maltratar nosso povo. Roubou, saqueou, impôs penas e agiu como se não tivesse sido enviado para ser governador, mas como verdugo para torturar os judeus. Quando devia usar de clemência, foi cruel; além disto, era falso, e ninguém teria podido inventar mais mentiras para enganar o povo que ele. Não lhe era suficiente oprimir os indivíduos e obter lucros à sua custa. Saqueou todas as cidades e arruinou a nação inteira. Só deixou de proclamar publicamente que se podia roubar e saquear como se quisesse, desde que ele tivesse sua parte. Assim, toda a terra ficou desolada, pois muitos abandonaram seu país nativo e foram para o estrangeiro.[92]

Isto não parece um informe sobre as brutalidades dos *chinovniks* russos?[93]

Finalmente houve a grande insurreição no tempo de Floro, em que todo o povo se levantou com força total contra seus opressores. Jerusalém rebelou-se, ou melhor, as classes inferiores da população de Jerusalém rebelaram-se, quando Floro resolveu saquear o Templo, em maio de 66 d.C. A maioria dos ricos (fariseus ou saduceus) temeu esse levante e desejou a paz. A rebelião contra Roma significou também o princípio da guerra civil. O partido da guerra triunfou; o da paz sucumbiu nos combates das ruas e a guarnição romana de Jerusalém, obrigada a abandonar a cidade, foi destroçada em sua retirada.

Tão grande foi o furor combativo que os insurretos conseguiram pôr em fuga um exército de auxílio de 30.000 homens, sob o comando do *legatus*[94] da Síria Céstio Galo.[95]

Os judeus rebelaram-se em toda a Palestina e muito além de seus limites. O levante em Alexandria requereu o emprego de todas as forças militares que Roma dispunha no Egito.

Era decerto impossível para os judeus derrotar Roma: eram demasiado fracos e sua população era exclusivamente urbana. Entretanto, teriam podido conseguir arrancar de Roma certas concessões para a Judeia, pelo menos por algum tempo, se os rebeldes tivessem passado imediatamente a uma firme ofensiva enérgica, aproveitando as vantagens obtidas. As condições logo lhes haveriam sido favoráveis. No segundo ano da guerra judaica, os soldados na parte ocidental do Império sublevaram-se contra Nero; os combates entre as várias legiões continuaram até depois de sua morte (9 de junho de 68 d.C.). Vespasiano, comandante-chefe do exército que ia pacificar a Judeia, preocupou-se mais com os acontecimentos do oeste, relacionados com o controle do Império, que com a pequena guerra local para a qual tinha sido enviado.

A única oportunidade, embora pequena, que se ofereceu aos rebeldes foi, no entanto, desprezada. O leitor deve lembrar que foram as classes mais baixas que haviam declarado guerra aos romanos, derrotando o partido pacifista. Mas os ricos e os intelectuais tinham ainda poder suficiente para conseguir o controle da guerra contra os romanos; a guerra, portanto, não foi conduzida com todo o entusiasmo, com o objetivo de vencer o inimigo, mas simplesmente com o propósito de alcançar um acordo com Roma. Essa classe superior, entretanto, não permaneceu no comando por muito tempo; os rebeldes notaram a fraqueza com que lutavam seus dirigentes e os zelotes conseguiram obter o controle da autoridade militar.

> O curso desastroso dos acontecimentos foi atribuído pelo partido dos fanáticos — e com razão — à falta de energia na direção prévia da guerra. Os homens do povo fizeram todo o possível para controlar a situação e expulsar os antigos chefes. Mas como estes não abandonaram voluntariamente seus postos, terrível e sangrenta guerra civil, com atrocidades só comparáveis às da primeira Revolução Francesa,[96] desencadeou-se em Jerusalém, no inverno de 67-68.

De fato, qualquer observador desses acontecimentos não pode deixar de fazer comparações com a Revolução Francesa. Mas, enquanto o regime de terror na França foi instituído para salvar a Revolução e conduzi-la, vitoriosamente, contra os exércitos de toda a Europa, a sua implantação em Jerusalém estava antecipadamente excluída, devido à natureza da situação. O regime de terror estabelecido em Jerusalém pelas classes inferiores surgiu demasiado tarde para dar alento, mesmo curto, ao Estado judaico, pois seus dias já estavam contados. O recurso ao terror resultou somente no prolongamento do conflito, aumento dos sofrimentos e agravamento da raiva do vencedor. Mas legou ao mundo, naturalmente, um monumento de resistência, heroísmo e abnegação, que permanece único e parece muito mais impressionante na sujidade da covardia geral e egoísmo de todos os tempos.

Nem toda a população judaica de Jerusalém continuou a lutar, por três anos, até setembro de 70 d.C., sem esperanças, contra um inimigo superior, de modo mais valente, mais obstinado e mais brilhante, cobrindo cada polegada do campo com cadáveres antes de recuar, esgotada pela fome e pelas doenças e consumida nas ruínas ardentes. Os sacerdotes, os escribas, os comerciantes, em sua maioria, tinham encontrado lugar seguro desde o princípio do cerco. Foram os pequenos artesãos e vendedores, bem como os proletários de Jerusalém, os heróis de sua nação, juntamente com os camponeses empobrecidos da Galileia, que haviam conseguido entrar na cidade.

Essa foi a atmosfera em que a comunidade cristã se originou. Não apresenta, de nenhuma forma, o quadro sorridente que Rénan pinta em sua *Vida de Jesus*, pois ele se baseou não na observação das condições sociais da época, senão nas impressões da Galileia obtidas por turistas modernos. É por isso que ele julga possível dizer, em seu romance sobre Jesus, que esse belo país, naquele tempo, "transbordava de abundância, prazer e conforto", de modo "que qualquer história da origem do cristianismo deve tomar a forma de um agradável idílio".

Não mais agradável, acrescentaria eu, que o aprazível mês de maio, na Paris de 1871.[97]

OS ESSÊNIOS

Temos de admitir que em meio ao terrível quadro de dor e de sangue que a história da Judeia oferecia na época de Cristo, há uma fase que dá a impressão de um pacífico idílio. É a da ordem dos essênios,[98] que surgiu, segundo Josefo, no ano de 150 a.C. e continuou a existir até a destruição de Jerusalém. Ela desapareceu da história.

Como os zelotes, os essênios eram de origem proletária, mas de caráter diferente. Os primeiros não desenvolveram nenhuma teoria social peculiar; diferenciavam-se dos fariseus não no objetivo perseguido, mas em seus meios, na rudeza e violência com que lutavam para alcançar seus fins. Imaginavam que, uma vez alcançado o objetivo, e Jerusalém tomasse o lugar de Roma como senhora do mundo, recebendo todos os tesouros que afluíam a Roma, as calamidades cessariam para toda as classes. O nacionalismo parecia, até para os próprios proletários, tornar desnecessário o socialismo. O caráter proletário expressava-se nos zelotes unicamente na energia e no fanatismo de seu patriotismo.

Mas nem todos os proletários esperavam que o Messias trouxesse a nova Jerusalém que governaria o mundo. Muitos procuraram a maneira de melhorar sua situação imediatamente e, como a política não parecia oferecer um remédio imediato, foram procurar a solução por meio de uma organização econômica. Provavelmente os essênios devem sua origem a essa atitude; a tradição nada informa sobre o assunto.

Decerto o caráter de sua organização indica um *claro comunismo*. No tempo de Josefo havia 4.000 essênios, vivendo em casas da ordem, nas várias vilas e povoados da Judeia.

"Ali vivem juntos", diz Fílon, "organizados em corporações, uniões livres, habitações coletivas, e acham-se, usualmente, ocupados nas várias tarefas da comunidade".

> Porque nenhum deles deseja ter nenhuma propriedade privada, seja uma casa ou um escravo, terras ou rebanhos, ou qualquer outra coisa geradora de riqueza. Mas, juntando tudo que possuem, sem exceção, todos recebem assim um benefício comum.
>
> O dinheiro, que obtêm por seus vários trabalhos, confiam-no a um fideicomissário eleito, que o recebe e compra com ele o que é necessário, providenciando alimentos abundantes e todo o necessário para a vida.

Podemos supor, portanto, que todos produziam para si, ou trabalhavam por salário.

Josefo descreve a vida deles da seguinte forma:

> Após a oração matinal são dispensados pelos chefes de grupos e cada um faz o trabalho que aprendeu e depois que todos trabalha-

ram, diligentemente, até a quinta hora (contando desde a saída do sol, por conseguinte, às 11 horas da manhã), reúnem-se num certo lugar, vestem roupas brancas e lavam-se com água fria. Após esta limpeza, entram em seu refeitório onde só são admitidos os da seita. Entram tão limpos e puros como se o local fosse um templo. Depois de sentarem, silenciosamente, aparece o padeiro que coloca para cada um sua ração de pão e, da mesma forma, o cozinheiro coloca diante de cada um uma tigela de comida; então aparece o sacerdote e benze os alimentos. Não é permitido tocar a comida até que termine a oração. Finda a refeição, dão também graças, louvando a Deus, como no princípio, como aquele que provê o sustento de todos. Em seguida deixam suas roupas, como túnicas sagradas, e voltam ao trabalho até o anoitecer. Participam da ceia como o tinham feito ao meio-dia e se há hóspedes (provavelmente membros da ordem procedentes de outros povoados, pois estranhos não eram admitidos, K.) permitem que se sentem com eles. Nunca há uma disputa ou distúrbio que profane a casa e, se falam, fazem-no um de cada vez e não ao mesmo tempo, de modo que as pessoas de fora consideram a tranquilidade, reinante no edifício, como um mistério que inspira temor. A causa dessa vida silenciosa é sua constante moderação; nunca comem nem bebem mais que o necessário para a conservação de sua vida.

Em geral não realizam nenhum trabalho fora das instruções de seus monitores, mas podem dar livre expressão a seus sentimentos de compaixão e caridade; onde houver sofrimento, pode-se dar auxílio a quem o necessite e mereça e também dar de comer ao pobre. Mas nada podem dar a amigos e parentes sem avisar previamente a seu monitor ou fideicomissário.

O comunismo entre eles era levado até o último grau, incluindo mesmo a roupa. Fílon diz:

Não somente seus alimentos, mas também suas roupas são comuns a todos. Há roupas grossas para o inverno e vestidos leves para o verão, sendo permitido a cada um usá-las com discrição. Pois o que é propriedade de um pertence a todos e a propriedade de todos pertence a cada um.

Essa gente reprovava a escravidão. A agricultura era sua principal ocupação, mas eles trabalhavam também como artesãos. Proibiam solenemente a produção de artigos de luxo e armas e todo tipo de comércio.

A base de todo seu sistema comunista era uma comunidade de *consumo*, não de *produção* social. Embora haja indícios desta última, entretanto, fala-se também de trabalhos realizados pelo indivíduo, que lhe rendiam dinheiro, sob a forma de salários ou como resultado dos artigos vendidos, mas esses são trabalhos executados fora da organização social. Por outro lado, todos os membros da ordem viviam e comiam em comum; isto era o que servia principalmente para mantê-los juntos. Era um comunismo de *lar* comum, que requer abandonar o lar isolado, a família isolada e, consequentemente, também o patrimônio individual.

De fato, encontramos em todas as organizações baseadas no comunismo de consumo, em um lar comum, dificuldades devido à monogamia; por conseguinte, procuram meios de aboli-la. Há dois caminhos, que representam polos diametralmente opostos nas relações sexuais: a castidade e a "imoralidade" extremas. E, entretanto, esses dois caminhos podem ser igualmente adotados pelas organizações comunistas. Desde o tempo dos essênios, em todas as seitas cristãs comunistas, até nas colônias comunistas nos Estados Unidos, em nossos dias, encontramos essa tendência a repudiar o matrimônio e a favorecer ou o austero celibato ou uma comunidade de esposas.

Isso seria inconcebível se esse comunismo e sua superestrutura mental se baseassem em meras considerações ideológicas; mas é fácil de explicar sobre a base de suas condições econômicas.

A maioria dos essênios desaprovava tocar numa mulher de qualquer forma.

> Desprezam o matrimônio, mas adotam crianças estranhas, se ainda são novas e podem ser ensinadas, mantendo-as como filhos, instruindo-os em seus costumes e hábitos. Não desejam proibir ou abolir o matrimônio e a multiplicação do homem, mas dizem que se deve estar em guarda por causa da pouca castidade das mulheres, pois não há mulher que fique satisfeita com um só homem.

Assim se expressa Josefo, no Capítulo Oitavo do Livro Segundo de sua *História da Guerra Judaica*, de onde tiramos essas citações referentes aos essênios. No Décimo Oitavo Livro de *Antiguidades dos judeus*, capítulo I, diz também, com referência a esse assunto:

"Não tomam esposas e não têm escravos. Pensam que a escravidão não é justa e que o casamento dá lugar a discórdias."

Em ambos casos, Josefo assinala como razão da hostilidade ao matrimônio unicamente considerações práticas e não impulsos ascéticos; e Josefo conhecia-os por observação direta, tendo feito causa comum com os saduceus, os essênios e os fariseus, sucessivamente, ficando finalmente com estes últimos.

Em consequência, Josefo é quem melhor pode informar sobre as razões que tinham os essênios para opor-se às mulheres, o que não quer dizer que essas considerações fossem necessariamente a razão decisiva para tal atitude. Temos sempre que distinguir entre os argumentos oferecidos pelo homem como a causa de seus atos e os motivos psicológicos que realmente os condicionam. Poucas pessoas são claramente conscientes desses motivos. Nossos historiadores gostam de aceitar os argumentos que lhes chegam como as verdadeiras causas dos fatos e condições históricas. Condenam a busca das verdadeiras causas, que consideram uma "construção" arbitrária, isto é, desejam que nosso conhecimento histórico não alcance níveis superiores aos conseguidos na época de que datam suas fontes. Todo o vasto material que se acumulou desde aquele tempo, capacitando-nos a isolar os elementos típicos e essenciais dos mais variados fenômenos históricos dos elementos não essenciais e acidentais e a descobrir os verdadeiros motivos do homem, que permanecem atrás das supostas causas... vamos considerar todo esse material não existente?

Quem conhecer a história do comunismo compreenderá imediatamente que não era a natureza da mulher, mas a natureza do lar comunista que distanciava os essênios do matrimônio. Onde muitos homens e mulheres viviam juntos em uma casa comum, eram muito frequentes as tentações ao adultério e os desacordos conjugais, em virtude de ciúmes. A menos que se renunciasse a este tipo de lar, a renúncia a uma vida conjunta de homens e mulheres tornava-se necessária.

Nem todos os essênios optaram pela primeira atitude. No capítulo VIII do Livro Segundo de *História da Guerra Judaica*, que tantas vezes citamos, Josefo informa:

> Há também outro tipo de essênios, que se parecem com os anteriores em seu modo de vida, costumes e regulamentos, mas se diferenciam no que se refere ao matrimônio, pois dizem que aqueles que se abstêm da coabitação conjugal privam a vida da sua mais importante função, a multiplicação decresceria constantemente e a raça humana rapidamente se extinguiria, se todos pensassem como eles. Estes essênios têm o costume de experimentar suas esposas durante três anos. Se, após três purificações, as mulheres demonstram que são aptas a conceber, os essênios casam-se com elas. O propósito desta prática é demonstrar que não aderem ao matrimônio pelos prazeres da carne, mas unicamente para ter filhos.

Essa passagem não é completamente clara. De qualquer modo, demonstra que o casamento dos essênios era diferente dos matrimônios comuns. O "teste" de mulheres parece ter sido uma espécie de comunidade de esposas.

Da superestrutura ideológica que surgiu sobre estas bases sociais, há um pensamento que merece menção especial: o da falta de liberdade da vontade que prevalecia nos essênios, em oposição aos saduceus, que acreditavam no livre-arbítrio, e aos fariseus, que assumiam uma posição intermediária.

> Embora os fariseus mantenham que tudo procede de acordo com o destino, entretanto não suprimem o livre-arbítrio no homem, mas declaram que foi do agrado de Deus estabelecer uma espécie de combinação entre a decisão do destino e a dos homens, que querem fazer o bem ou o mal.[99]
>
> Os essênios, por sua vez, atribuem todas as coisas ao destino. Creem que nada pode acontecer ao homem que não tenha sido determinado pelo destino. Mas os saduceus não admitem absolutamente o destino. Dizem que não há tal coisa e que não governa os destinos dos homens. Atribuem todas as coisas ao livre-arbítrio; se vem o bem, o homem tem que agradecer a si mesmo e tem de atribuir à sua própria loucura os fatos adversos.

Essas diferentes atitudes pareciam resultar unicamente da filosofia. Mas o leitor já sabe que cada uma dessas tendências representa uma classe diferente e, se lermos a história cuidadosamente, descobriremos que as classes dominantes frequentemente se inclinam a aceitar a ideia do livre-arbítrio, enquanto, por outro lado, as classes oprimidas optam, em geral, pela ideia de uma vontade não livre.

É bastante fácil de entender. As classes dominantes sentem-se livres para agir ou para refrear seus atos como lhes agrade. Não só por sua posição de poder, mas também pelo número reduzido de seus membros. A ação necessária das leis naturais resulta evidente só nos fenômenos de massa, onde os vários desvios da normalidade contradizem uns aos outros. Quanto menor é o número de indivíduos sob observação, maior é a preponderância de elementos pessoais e acidentais sobre os elementos típicos e universais. No caso de um monarca, estes últimos parecem estar totalmente ausentes.

Os governantes assim julgam fácil considerar a si mesmos superiores a todas as influências sociais, que, enquanto não sejam reconhecidas, aparecem aos homens como poderes misteriosos, como a sorte, o destino. As classes dominantes sentem-se também impelidas a atribuir livre-arbítrio não só a si mesmas, mas também aos que se acham sob seu domínio. A miséria do homem explorado afigura-se-lhes como consequência de suas próprias faltas; cada uma de suas transgressões afigura-se como um ato mau, delituoso, que resulta de um prazer pessoal em praticar o mal e exige um castigo severo.

A presunção do livre-arbítrio torna fácil para as classes dominantes a realização de suas funções como juízes e guardiões das classes oprimidas, com um sentimento de superioridade moral e de indignação que tem necessariamente que ajudá-las a aumentar sua energia.

As grandes massas dos pobres e oprimidos devem sentir-se a cada passo escravas das circunstâncias do destino, cujas decisões podem ser impenetráveis para elas, mas de qualquer modo são mais fortes que elas. Seus próprios corpos foram feitos para sentir o absurdo do provérbio segundo o qual cada homem é que faz sua própria sorte. Em vão tentam escapar das condições que os oprimem. Sentem constantemente a pressão dessas condições e aprendem que não é uma questão individual e que todos estão presos à mesma corrente. Percebem, de forma bem clara, que não somente suas ações e consequências, mas seus sentimentos e ideias também dependem inteiramente das condições que os rodeiam.

Pode parecer cômico que os fariseus, devido à sua posição social intermediária, aceitassem simultaneamente o livre-arbítrio e a necessidade.

Entretanto, o grande filósofo Kant fez precisamente o mesmo, 2.000 anos depois.

O resto da superestrutura ideológica, fundada na constituição da sociedade dos essênios, não requer aqui mais discussão, embora o historiador, regra geral, preste mais atenção a esse ponto, precisamente, uma vez que tais ideias lhe oferecem uma oportunidade para iniciar profundas investigações sobre a origem do essenismo, parseísmo,[100] budismo, pitagorismo ou outros ismos.

O problema das verdadeiras raízes do essenismo não pode ser assim resolvido. As instituições sociais dentro de uma nação surgem sempre de suas necessidades reais, não por meras imitações de modelos externos. Não há dúvida de que podemos aprender dos países estrangeiros, ou da Antiguidade, mas aceitamos deles unicamente o que podemos usar, tudo que esteja de acordo com nossas próprias necessidades. O direito romano, por exemplo, encontrou boa acolhida na Alemanha, após o Renascimento, pela única razão de que se adaptava admiravelmente às necessidades de classes mais poderosas que surgiam, o absolutismo monárquico e o comércio. Naturalmente hoje se poupa trabalho se se encontram instrumentos já terminados ao alcance da mão. Mas o fato de que um instrumento seja de origem estrangeira não explica por que se lhe encontra uma aplicação; tal aplicação só pode ser explicada pelas verdadeiras necessidades da própria nação.

Ademais, todas as influências que possam ser projetadas no essenismo pelo parseísmo, pelo budismo ou pelo pitagorismo são de natureza muito duvidosa. Não há evidência alguma de uma influência direta de qualquer desses elementos sobre os essênios. E as semelhanças entre eles podem explicar-se unicamente pelo fato de que todos surgiram aproximadamente sob as mesmas condições, que em cada caso exerciam pressão para as mesmas tentativas de solução.

A mais razoável dessas relações é provavelmente aquela entre os pitagóricos e essênios. Até Josefo diz (*Altertümer*, XV, 10, 4) que os essênios tinham um modo de vida muito parecido ao dos pitagóricos. Mas podemos perguntar se foram os pitagóricos que aprenderam dos essênios, ou se o contrário é que é verdadeiro. Certamente, o que Josefo pretende (contra Ápion, 1, 22), que o próprio Pitágoras aceitara as ideias judaicas e as publicara como suas, é um exagero baseado em mentiras, com o propósito de glorificar os judeus. De fato, nada conhecemos de exato sobre

Pitágoras: só muito depois de sua morte começamos a ter dados abundantes sobre ele e esses se tornam mais numerosos e definidos — também mais inadmissíveis —, quanto mais tempo transcorre após sua morte. Já assinalamos a princípio que Pitágoras teve a mesma sorte que Jesus: tornou-se uma figura ideal a quem eram atribuídas todas as qualidades que se exigiam de um modelo de moralidade; chegou mesmo a ser um trabalhador maravilhoso e um profeta que dava evidência de sua missão divina por meio dos feitos mais extraordinários. Precisamente porque nada de exato se sabia dele, podiam ser-lhe atribuídas todas as ações e palavras que se julgasse conveniente. Além disso, a regulamentação da vida, com sua comunidade de bens, introduzida por Pitágoras, segundo se afirma, e que era bastante semelhante à dos essênios, é provavelmente de origem posterior, talvez não muito anterior à dos essênios. Esse pitagorismo provavelmente nasceu em Alexandria.[101]

Era muito natural algum contato com o judaísmo naquelas circunstâncias; é bastante possível que as ideias pitagóricas tenham passado à Palestina. O inverso também é possível. Finalmente, não é menos plausível que os dois sistemas tenham surgido de uma fonte comum, da prática dos egípcios; o Egito, em etapa relativamente elevada de evolução social, tinha avançado relativamente cedo para o estabelecimento de instituições monásticas.

Se a cultura antiga do Egito e seu prolongado processo de desintegração produziram, antes de qualquer outro lugar do Império Romano, uma aversão aos prazeres da vida e à propriedade privada e um desejo de escapar desse mundo, não havia lugar mais apropriado para que tal desejo fosse concretizado que o Egito, onde o deserto começava às portas da civilização. Em qualquer outra parte do Império, quem fugisse da grande cidade encontrava a propriedade privada no campo, e essa era a forma mais opressiva: a propriedade da terra. Ou então era necessário retirar-se para a selva, muito longe da civilização, que só seria possível mediante o trabalho mais duro, para o qual o habitante da grande cidade não estava preparado.

No deserto egípcio, como em todos os outros desertos, não havia propriedade privada do solo. Não era difícil viver nele. Seu clima não requeria grandes gastos em habitação, roupa, combustíveis, proteção contra a inclemência do tempo. E o deserto estava tão próximo da cidade que o ermitão podia conseguir a qualquer momento, por intermédio de seus amigos, tudo que lhe fosse necessário; na verdade, ele próprio podia obter tudo com o sacrifício de uma hora de caminhada.

O Egito começou a desenvolver, em uma época remota, um sistema de vida de ermitãos, parecido com o monastério. O neopitagorismo surgiu em Alexandria, e, finalmente, no século IV de nossa era, o monastério cristão teve origem na mesma cidade. Mas os judeus alexandrinos também desenvolveram uma ordem peculiar de monges, a dos *terapeutas*. Considerou-se falso o escrito de Fílon "sobre a vida contemplativa", em que ele informa a respeito dessa seita, mas, nesse caso, as suspeitas parecem infundadas.

Eles (os monges) renunciavam a todas as propriedades, como faz o sábio, dividindo-as entre seus parentes e amigos; abandonavam seus irmãos, filhos, esposas, amigos, pais e encontravam seu verdadeiro lar na associação com outros que pensavam da mesma forma. Tais associações existiam em muitos lugares do Egito, especialmente perto de Alexandria. Cada um deles vivia para si, em um simples cubículo junto ao dos outros, mas empregava o tempo em meditação piedosa. Sua alimentação era muito simples, consistente em pão, sal e água. No sábado, todos, homens e mulheres, reuniam-se para cantar e ouvir discursos piedosos, em uma sala geral de refeições, em que os dois sexos podiam falar, conquanto separados por uma divisão. Era proibido comer carne, beber vinho e ter escravos. Mas nada se sabe sobre seu trabalho. Viviam provavelmente de esmolas de seus amigos e protetores.

É bastante possível que os judeus alexandrinos tivessem levado para a Palestina as ideias dos terapeutas, exercendo assim influência sobre os essênios. Entretanto, as duas seitas são essencialmente diferentes. Os terapeutas viviam em ociosidade contemplativa. Os essênios trabalhavam diligentemente e obtinham o suficiente, não só para manter-se, como para dar o restante aos necessitados. Ambos condenavam a propriedade privada, mas os terapeutas não tinham ideia do que podiam fazer com os bens desse mundo. O trabalho lhes era tão odioso como o prazer; viviam sem artigos de produção e consumo e distribuíam suas propriedades entre amigos e parentes. Os essênios trabalhavam, portanto precisavam de utensílios: consequentemente, não distribuíam suas propriedades entre os amigos, mas reuniam-se para o uso comum.

No trabalho, tinham de ser eficientes e, portanto, alimentar-se suficientemente. Quem trabalha não pode praticar o ascetismo austero.

A diferença entre os terapeutas — especialmente os neopitagóricos (que em sua maior parte só falavam sobre o ascetismo, o desapego pelo mundo e a renúncia à propriedade) — e os essênios revela o contraste entre os judeus da Palestina e o resto da civilização da antiga Roma, na época em que o cristianismo surgiu. No essenismo encontramos o mesmo vigor que vimos no fanatismo (zelotes), que elevava os judeus daquela época acima do nível dos outros povos civilizados, que fugiam do prazer e da tentação porque temiam a luta, de modo que suas tendências comunistas tinham um caráter covarde e ascético.

O que tornou possível o essenismo foi a vitalidade judaica, mas esse não foi o único fator. Outros também concorreram para tornar possível esse fenômeno entre os judeus, e em nenhum outro lugar.

No último século antes de Cristo, encontramos a pobreza amplamente estendida e acompanhada por um crescente desejo dos proletários e seus amigos de remediar o mal através de suas sociedades. As refeições em comum — o último resíduo do comunismo primitivo — servem também como princípio para o comunismo posterior.

Mas entre os judeus a necessidade de união e auxílio mútuo era especialmente grande. Os compatriotas que vivem no estrangeiro estarão sempre mais estreitamente unidos que na pátria. E ninguém se sentia mais sem pátria, mais constantemente em terras estrangeiras, que os judeus fora da Judeia. Por conseguinte, se caracterizavam por uma caridade tão impressionante como sua exclusividade em relação aos não judeus. Tácito menciona no mesmo tempo seu ódio para com as outras nações e sua caridade sempre presente entre eles.[102]

Parecia que se apegavam, com especial obstinação, ao hábito de fazerem as refeições em conjunto. Aliás, não está claro por que César, que proibia todas as associações, excetuasse as associações judaicas.

> Enquanto (César) fazia depender do consentimento do Senado o estabelecimento de todas as outras associações independentes, que mantinham a comunidade de bens, não pôs qualquer obstáculo à formação das organizações judaicas com comunidade de propriedades e alimentos. O enorme desejo existente de pertencer às associações tão temidas e perseguidas pelo Estado favorecia as organizações religiosas judaicas, que conseguiam que grande número de pagãos solicitasse a sua admissão, coisa que era concedida sem dificuldades.[103]

Era natural que tais associações, se proletárias, assumissem um caráter puramente comunista. Mas não era fácil para uma associação, em uma grande cidade, ir além de promover refeições em comum, com provisões comuns. Nem era necessário fazer mais. A roupa não era um fator importante entre os proletários do sul da Europa. Era mais um adorno que uma proteção contra o clima. Os proletários da cidade podiam encontrar sempre um canto onde dormir. Além do mais, seu ganha-vida conduzia-os em várias direções da cidade, onde se dedicavam a mendigar, roubar, vender pelas ruas, transportar cargas etc.

A refeição comum da sociedade — para a qual todo membro contribuía e dela participava, estivesse ou não em condições — era o laço mais importante que os unia, o principal meio de proteger o membro individual contra as vicissitudes da vida, demasiado fatais para os que não tinham propriedades.

A situação no campo era diferente da cidade. Lá, a casa e a ocupação estavam estreitamente unidas. As refeições em comum requeriam a residência e a administração comuns. Os grandes estabelecimentos agrícolas não eram uma coisa rara naqueles tempos; trabalhados por escravos, ou administrados como grandes famílias comunistas, casas de irmandades, constituem uma peculiaridade dessa etapa da sociedade.

A Palestina era a única região onde os judeus ainda tinham campesinato, que, como vimos, estava em estreito e constante contato com a grande cidade de Jerusalém e seu proletariado. Não era difícil, consequentemente, que se estendessem ao campo e ali alcançassem o desenvolvimento que é característico dos essênios, as tendências comunistas, mais naturais no proletariado judaico que em qualquer outro daquela época.

A base econômica da sociedade dos essênios era a economia camponesa. "Todos trabalham na agricultura", é a afirmação, um tanto exagerada, de Josefo. (*Altertümer*, XVIII, L, 5.)

Tal organização só podia manter-se nas províncias se fosse tolerada pelo Estado. Uma organização cooperativa de produção não pode existir como uma sociedade secreta, principalmente no campo.

O essenismo estava ligado, consequentemente, à existência da liberdade judaica. A destruição dessa liberdade significava também a sua destruição. Não é possível para ele a existência, como uma sociedade secreta, em uma grande cidade, fora de uma Palestina livre.

A grande cidade de Jerusalém estava, entretanto, destinada a desenvolver uma forma de organização, que veio a ser mais adaptável que nenhuma outra às necessidades do proletariado urbano, através de todo o Império, e mesmo mais adaptável que qualquer outra às necessidades do próprio Império.

Ela, nascida do judaísmo, estendeu-se por todo o Império e absorveu todos os elementos da nova atitude para com a vida surgida da transformação e desintegração social daquela era.

Essa organização ainda nos falta considerar. Ela é a *comunidade cristã*.

NOTAS

1. "Das Judentum", *Die Neue Zeit*, vol. VIII, p. 23 e ss.
2. Compare-se Frank Buhl, *Die sozialen Verhältnisse der Israeliten*, p. 43.
3. B. Stade, *Geschichte des Volkes Israel*, vol. II, p. 17. Esse autor citado é Bernhard Stade (1848-1906), protestante alemão, teólogo, especialista em história hebraica e professor na Universidade de Giessen. Sua obra mais importante e conhecida é *Geschichte des Volkes Israel*, 2 vols., 1887-1888. O segundo volume foi escrito com a colaboração de Oscar Holtzmann. (N. do T.)
4. *Op. cit.*, p. 187.
5. Horus é um deus da mitologia egípcia, que representa o céu, filho de Isis e Osíris. A transcrição de seu nome egípcio é ḥr.w, lido como Haru, Heru, Har ou Hor. Era também conhecido como *Nekheny*, que significa "falcão", a imagem na qual ele se transfigurava. Em uma das lutas com Seth, que assassinara seu pai, Osíris, Horus perdeu um de seus olhos, que foi recuperado com a ajuda de sua mãe, Ísis. O olho de Horus tornou-se um dos mais conhecidos e importantes símbolos egípcios. Posteriormente, Horus foi mesclado com o deus-sol Ra, tornando-se Ra-Horakhty. (N. do T.)
6. Ra (ou Re) era o deus-sol de Heliópolis (grego Ἡλιούπολις: cidade do sol; egípcio: Iunu) no antigo Egito que veio a tornar-se a principal deidade da mitologia egípcia. A partir da IV Dinastia, em meados do III milênio a.C., os faraós se diziam descendentes e reencarnações de Ra, e na V dinastia, seu culto cresceu consideravelmente.
7. Eduard Mayer, *op. cit.*, p. 192, 193.
8. Amenophis IV (Ἀμένοφις) é a variante grega do nome de Akhenaten, conhecido como Amenhotep IV no começo do seu reinado. Ele foi um faraó da 18ª dinastia do Egito e simplificou o sincretismo, proclamando o sol como a única deidade, introduzindo certo tipo de monoteísmo. Amun foi identificado com Ra, que por sua vez foi identificado com Horus. Nefertiti, cujo famoso busto está no Museu Egípicio de Berlim, era a esposa de Akhenaten. (N. do T.)
9. Marduk foi da última geração de deuses da Mesopotâmia, protetor da cidade da Babilônia quando ela se tornou permanentemente a capital central do vale do Eufrates, no tempo de Hammurabi (século XVIII a.C.). Era então o deus supremo do pantheon da Mesopotâmia, e há referências a ele nos primeiros parágrafos do Código de Hammurabi, o primeiro código de leis da humanidade. (N. do T.)

10. H. Winckler, *Die babylonische Geisteskultur*, 1907, p. 144. Hugo Winckler (1863-1913), autor de *Die babylonische Geisteskultur. Aus der Reihe Wissenschaft und Bildung*, publicado em 1907, foi o arqueólogo e historiador alemão que descobriu a capital Hattusa, a capital dos hititas, um povo indo-europeu que, no II milênio a.C., fundou poderoso império na Anatólia central que se estendeu ao norte e ao oeste da Mesopotâmia, até a Palestina. Winckler escreveu extensivamente em cuneiforme assírio, compilou a história da Babilônia e da Assíria, ambas publicadas em 1891, e traduziu o Código de Hammurabi e as cartas de Amarna. Em 1904, assumiu a cátedra de línguas orientais na Universidade de Berlim. (N. do T.)
11. Beth-El (בֵּיתְאֵל, "casa de Deus", em hebraico), era uma cidade em Israel, identificada com a aldeia Beitun, na Cisjordânia. (N. do T.)
12. *Segundo Livro dos Reis*, XXIII, 5, 8, 15.
13. Kamos era um deus menor na Fenícia, da Armênia e de regiões da Síria. Dagon (דָּגוֹן) é o nome em hebraico para Dagan, deus dos semitas ocidentais. Hadad (*Adad, Addu, Haddu* e *Dadda*) era o deus das tempestades, dos trovões e das chuvas também dos semitas ocidentais. (N. do T.)
14. Jephtha (יפתח), de acordo com a Bíblia (*Juízes*, X,17-XII,7), foi juiz em Israel durante seis anos, depois de Jair e antes de Ibzan. Viveu em Gilead e pertencia a uma tribo hebraica fundada por Manasseh, filho de Joseph. (N. do T.)
15. Wellhausen, *op. cit.*, p. 32.
16. Kedar (קֵדָר) é um filho de Ismael mencionado na Bíblia. Seu nome passou a denominar uma tribo de nômades no deserto sírio-árabe, que se dizia descender dele. (N. do T.)
17. *Isaías,* XLII, 8, 10-12.
18. Zion, ou Sion (צִיּוֹן), é, originalmente, uma fortaleza dos jebusitas (ייְבוּס - Yəḇūsī) no monte situado a sudeste de Jerusalém. Conforme o Antigo Testamento, os jebusitas eram uma tribo canaãnita que habitava o contorno de Jerusalém no segundo milênio a.C., e Jerusalém era conhecida como Jebus, até que foi conquistada pelo rei David, por volta de 1000 a.C. Posteriormente, o termo Zion foi aplicado ao Monte do Templo em Jerusalém, à toda a cidade de Jerusalém e à Terra Prometida, na qual Deus estaria entre o seu povo escolhido.
19. *Isaías*, XLI, 8-27.
20. Adam Smith (*c.* 1723-1790) foi um político e economista escocês, autor da obra *Inquiry into the Nature and Causes of the Wealth of Nations*, um dos primeiros estudos do desenvolvimento da indústria e do comércio na Europa. Defendeu os princípios do livre-comércio, do capitalismo e do liber-

tarianismo e é considerado o fundador da economia moderna como disciplina acadêmica. (N. do T.)

21. David Ricardo (1772-1823), judeu sefaradita de origem portuguesa, nasceu em Londres e foi talvez o primeiro a desenvolver e sistematizar a economia política. Foi um homem de negócios, financista e especulador, autor da obra *Principles of Political Economy and Taxation*. Estudou a teoria do valor e introduziu a teoria das vantagens comparativas. (N. do T.)
22. Referência ao romance *Robinson Crusoe* (*The life and strange surprising adventures of Robinson Crusoe...*, 1719), de Daniel Defoe (1660(?)-1731), escritor e jornalista inglês. Trata-se de uma autobiografia fictícia, baseada na vida do marinheiro escocês Alexander Selkirk, que narra a história de um homem que viveu 28 anos em uma remota ilha na boca do Rio Orinoco, até ser resgatado. É por vezes considerado o primeiro romance da literatura inglesa. (N. do T.)
23. Jean-Jacques Rousseau (1712-1778) foi um filósofo suíço, nascido em Ermenoville, e uma das principais figuras do Iluminismo francês. Escritor, teórico da política e compositor de música, publicou várias obras, entre as quais *Do Contrato Social*, que inspirou muitos revolucionários e influiu ideologicamente na segunda fase da Revolução, de 1789-1793. (N. do T.)
24. Marx, *Einleitung zu einer Kritik der politischen Ökonomie*, publicado na edição de *Kritik der politischen Ökonomie* de 1907, p. XIII, XIV.
25. Psamético (Psammetichus ou Psamtik I) foi o primeiro dos três reis de Sais, a principal cidade de uma região administrativa do Antigo Egito, na 26ª dinastia (664-610 a.C.) (N. do T.)
26. Amásis II (ou Ahmose II) foi um faraó (570-526 a.C.) da 26ª dinastia do Egito, sucessor de Apries. Foi o último grande governante do Egito antes da conquista pela Pérsia. (N. do T.)
27. Em 1919, quando da Declaração de Balfour, havia na Palestina apenas cerca de 65.000 judeus, em uma população estimada em 700.000 habitantes. Pierre Reouvin & Jean-Baptiste Durosell, *Introduction to the History of International Relations*, Nova York, Frederick A. Praeger Publishers, 1967, p. 47. Albert Hourani, *History of the Arab Peoples,* Nova York, Warner Books, 1992, p. 323. (N. do T.)
28. Strabo (Στράϐων) era um termo dado pelos romanos àquele cujos olhos eram distorcidos ou deformados, como os portadores de estrabismo. O personagem histórico mais conhecido por esse apelido foi Strabo (63 a.C.-*c.* 24 d.C.). Era um historiador, geógrafo e filósofo grego, autor de um tratado intitulado *Geographia*, em 17 livros, nos quais escreveu a história de todos os povos então conhecidos. (N. do T.)

29. Mommsen, *Römische Geschichte,* V, p. 489-492.
30. Herodes Agripa I (10 a.C.-44 d.C.), rei da Judeia, era neto de Herodes, o Grande, e filho de Aristóbulo IV e Berenice. Seu nome original é Marcus Iulius Agrippa e ele foi mandado jovem para Roma. É o rei Herodes mencionado nos Atos dos Apóstolos. (N. do T.)
31. Dikæarchia é um anfiteatro em Pozzuoli, cidade portuária na Baía de Nápoles. Esse importante porto foi construído pelos gregos da ilha de Samos. Os romanos lá chegaram em 194 a.C. e mudaram o nome grego para Puteoli, que se tornou seu principal porto para o comércio com o Oriente. Cícero chama a cidade de *pusilla Roma*, e supõe-se que foi lá que São Paulo desembarcou depois de perigosa viagem a Cesarea, em 62 d.C. (N. do T.)
32. Josefo, *Altertümer der Juden*, 18, 6, 3.
33. Josefo, *op. cit.*, 19, 5, 1.
34. Mommsen, *Römische Geschichte*, V, p. 456.
35. Simon Macabeu (Simon Maccabæu, falecido em 135 a.C.) era membro da família Hasmonean, uma dinastia governante na antiga Judeia, de 140 a 37 a.C. Ele participou da revolta dos judeus contra o Império Selêucida, liderada por seus irmãos Judas Macabeu e Jonathan Macabeu em 165 a.C. (N. do T.)
36. Usa-se a expressão caixa de Pandora para indicar qualquer coisa que, se aberta, pode causar toda sorte de surpresa. Sua origem está no mito grego da primeira mulher, Pandora, que, contrariando as recomendações, teria aberto um vasilhame onde se encontravam todos os males, restando apenas a esperança no seu fundo. Há similitude com o mito judaico-cristão de Adão e Eva, em que também foi a mulher a responsável pela expulsão do Paraíso. Na mitologia grega, Pandora ("bem-dotada") foi a primeira mulher que Zeus criou a fim de punir os homens pela audácia do titã Prometeu, que roubara aos céus o segredo do fogo. Vários deuses colaboraram com partes para a sua criação: Hefestos moldou sua forma a partir de argila, a beleza era de Afrodite, a vocação musical foi dada por Apolo, Deméter ensinou-lhe como colher, Atena deu-lhe a habilidade com as mãos, e Poseidon a presenteou com um colar de pérolas e com a segurança de que não se afogaria. Zeus foi quem lhe deu as características pessoais, ademais da caixa, a caixa de Pandora. (N. do T.)
37. Mommsen, *Römische Geschichte*, III, p. 549-551.
38. Suetônio, *Julius Cæsar*, capítulo 84.
39. Mommsen, *Römische Geschichte*, V, p. 497-498.
40. Schürer, *Geschichte des jüdischen Volkes*, vol. III, p. 9.
41. Josefo, *Selbstbiographie*.

42. *Gênesis*, XXII, 17, 18.
43. Referência a Thomas Robert Malthus (1776-1834), demógrafo e economista inglês, que se celebrizou por suas teorias pessimistas a respeito da evolução da sociedade humana. Em sua obra *An Essay on the Principle of Population* (*Um ensaio sobre o princípio da população*), publicado em 1798, previu que o crescimento da população ultrapassaria o da produção de alimentos. Sua principal tese consistia em que as populações humanas crescem em progressão geométrica, mas o crescimento da produção de alimentos é aritmética. Segundo ele, o crescimento da população era limitado pelo aumento da mortalidade e por todas as restrições ao nascimento, como consequência da miséria. Malthus demonstrou que o nível de atividade na economia capitalista depende da demanda efetiva, o que constituía uma justificativa para os esbanjamentos praticados pelos ricos. (N. do T.)
44. Friedländer, *Sittengeschichte Roms*, II, p. 510.
45. *Geschichte des jüdischen Volkes*, vol. II, p. 5.
46. Compare-se *Tobias*, XIV, 6, 7.
47. Izates foi rei de Adiabene, velho reino na Mesopotâmia, entre o alto Zab (Lycus) e o baixo Zab (Caprus), com capital em Arbela. Ele era filho de Helena e Monobaz I. Através do mercador Ananias, entrou em contato com o judaísmo, religião à qual sua mãe já se convertera sem que ele soubesse. Ao ascender ao trono, após a morte de seu pai, ele descobriu que sua mãe adotara o judaísmo e ele mesmo também se converteu a essa religião, submetendo-se inclusive à circuncisão. Durante a conquista da Judeia e de Samaria (68-67 a.C.), foi de Adiabene que saíram provisões e tropas para resgatar os judeus da Galileia. (N. do T.)
48. Drusilla era a filha mais jovem do rei Herodes Agripa. Ela tinha apenas seis anos de idade quando seu pai morreu, deixando estipulado que ela deveria casar-se com Epífanes, filho de Antíoco, rei de Commagene (Κομμαγηνή), pequeno reino localizado no centro-sul da Anatólia (atual Turquia), com a capital em Samósata. Epífanes, porém, recusou-se a abraçar o judaísmo, mas Aziz (ou Azizus), de Êmesa (a atual Hims, ou Homs), cidade na Síria, aceitou converter-se a essa religião e, inclusive, ser circuncidado para tornar-se rei da Judeia. Marco Antônio Félix, ao assumir a função de procurador romano da Judeia (52-60 d.C.), conseguiu, com o auxílio de Átomos (ou Simon), um mágico de Chipre, convencer Drusilla a abandonar Aziz para casar-se com ele. A crueldade e a licenciosidade de Félix, segundo Flávio Josefo, eram enormes e ele tratou de esmagar a seita dos zelotes. Seu período foi marcado por conflitos e distúrbios na Judeia. (N. do T.)

49. Polémon (Πολέμων, 12/11 a.C.-74 d.C.) foi rei, subordinado a Roma, da Cilícia, do Ponto e de Cólquida, regiões localizadas no sudeste e nordeste da Ásia Menor (Anatólia) e na Geórgia ocidental, respectivamente. Juntamente com reis e príncipes da vizinhança, visitou Herodes Agripa em Tiberias, uma cidade à margem do Mar da Galileia, assim denominada em homenagem a Tibério. Lá conheceu a princesa Berenice, filha de Agripa. Ela fora primeiramente casada com Marco, filho de Alexandre, alabarco de Alexandria (ἀλαβάρχης, uma espécie de oficial que presidia a comunidade judaica na cidade). Após sua morte prematura, Berenice casara com o tio, Herodes de Chalcis, irmão de seu pai, com quem teve dois filhos. Ele morreu pouco depois e ela passou a viver com seu irmão Agripa II (M. Julius Agrippa II), e corriam rumores de que a relação fosse incestuosa. Bela e rica, Berenice casou-se então com Polémon, a fim de melhorar sua reputação, e ele converteu-se ao judaísmo, submetendo-se inclusive ao rito da circuncisão. No entanto, o casamento não durou. Ela o deixou e voltou a viver com o irmão Agripa II, reinando juntamente com ele. Anos depois, teve um relacionamento amoroso com o imperador romano Tito. Polémon, por sua vez, abandonou o judaísmo. (N. do T.)
50. *Jüdischer Krieg*, II, 2.
51. Juvenal (Decimus Iunius Iuuenalis) foi um poeta satírico latino que viveu entre fins do século I d.C. e início do século II. Entre 90 e 127 d.C., escreveu 16 *Sátiras*, das quais foram achados 500 manuscritos. Ele foi muito popular durante o Baixo Império e a Idade Média. Atribui-se a Juvenal haver cunhado a frase "*panem et circenses*" (pão e circo), ironizando o método pelo qual os imperadores romanos conseguiam manter o povo afastado da política e preservar seu poder. Mas sabe-se muito pouco de sua vida. (N. do T.)
52. *Historiae*, v. 5.
53. *Saturae*, XIV, p. 96-105.
54. Herodes, o Grande (hebraico: הוֹרְדוֹס, Hordos; grego: Ἡρῴδης, Herodes), nasceu por volta de 73 a.C. e morreu em 4 a.C. Foi rei da Judeia, subordinado a Roma, entre 37 a.C. e sua morte. Seu pai, envenenado em 43 a.C., fora um alto oficial da dinastia hasmoneana, que, fundada após a revolta dos Macabeus, reestabelecera a independência judaica dos selêucidas, na metade do século II a.C. Em 42 a.C., Herodes baniu sua primeira esposa, Dóris, e seu filho de 3 anos para casar-se com a jovem adolescente Mariamne I (também chamada Mariamme), princesa da dinastia hasmoneana conhecida por sua beleza. Apoiado por Marco Antônio, tornou-se rei da Judeia em 37 a.C., terminando o reinado dos hasmoneus e fundando sua própria dinastia. He-

rodes, que encontrava oposição por parte dos judeus ortodoxos, mandou executar Mariamne I por causa de ciúmes, em 29 a.C., e todos aqueles que ele temia ameaçarem seu poder, entre eles a mãe e o irmão de Mariamne I, Alexandra e Aristóbulo III, sumo sacerdote, e três de seus próprios filhos. Por outro lado, Herodes celebrizou-se pelas grandes obras que foram empreendidas sob seu comando, inclusive a reconstrução do templo judaico em Jerusalém. O Novo Testamento da Bíblia acusa Herodes de haver ordenado a matança das crianças em Belém (Bethlehem) para eliminar Jesus Cristo, o futuro Rei dos Judeus. (N. do T.)

55. Avílio Flaco (Aulus Avilius Flaccus) foi governador (*praefectus*) do Egito de 32 a 38 d.C. (N. do T.)
56. Ápion foi um gramático, reitor e comentador de Homero, que viveu na primeira parte do século I. Nasceu e estudou no Egito, antes de se mudar para Roma. De sua obra só sobreviveram fragmentos.
57. *Römische Geschichte*, V, p. 515-518.
58. Kautsky escreveu esta obra antes de 1908, quando ocorriam na Rússia sangrentos *pogroms*.
59. *Altertümer*, XVIII, p. 3-5.
60. Josefo, *Altertümer*, XIV, 7; um talento equivale a 4.700 marcos.
61. Os levitas pertencem à tribo de Levi, terceiro filho de Jacó, havido de Lea, irmão inteiro de Ruben, Simeon e Judá. Em consequência da apostasia dos israelitas no incidente do bezerro de ouro, quando os primogênitos se mostraram indignos da função sacerdotal, somente a tribo de Levi não foi culpada desse pecado. Os levitas foram então eleitos para substituir os primogênitos no serviço do santuário, razão pela qual Aarão e seus descendentes (todos levitas) se transformaram em cohanitas. A missão especial da tribo dos levitas é descrita amplamente como a mediação entre o Senhor e seus povos (*Números* VIII, 5-22). A eles cabia levar o Tabernáculo e seus utensílios e guardar a vigília do santuário. Eram auxiliares dos sacerdotes (cohanitas). Atualmente, nas sinagogas, os levitas têm uma única função simbólica, de quando eram os auxiliares dos cohanitas: ajudam estes a lavar as mãos (purificação) para o abençoar, pois são os que podem fazê-lo e os que mantêm tradições, como casar com mulher virgem e não participar de funerais, pois o corpo físico, sem a alma, é impuro. (N. do T.)
62. Josefo, *Altertümer*, XIV, 7.
63. Josefo, *Altertümer*, XX, 8, 9, 2, 2.
64. Antíoco Epífanes (Antiochus IV Epiphanes, Αντίοχος Επιφανής, *c.* 215-163 a.C.) reinou, entre 175 e 163 a.C., no Império Selêucida, helenístico, fundado por Seleuco I (358-281 a.C.), oficial macedônio que sucedeu a

Alexandre, o Grande. Era filho de Antíoco III, o Grande, e irmão de Seleuco IV. Epífanes foi um simples epíteto que significava divino, usado por muitos governantes. (N. do T.)

65. Artaxerxes I (Artakhshathra I) foi rei do Império Persa de 465 a 424 a.C. Pertenceu à dinastia Aquemênida (Achaemenida) e foi o sucessor de Xerxes I (485-465 a.C.). (N. do T.)
66. *Neemias*, V, 1-19. (N. do T.)
67. *Daniel*, VII, 27.
68. Jochanan Hyrkanus ou Yohanan Girhan reinou de 134 a 104 a.C., quando morreu. Ele era o 12º filho de Simon Macabeu e fundou a dinastia dos hasmoneus (Macabeus), a família que durante anos liderou o movimento pela independência da Judeia e a consagração do Templo de Jerusalém, profanado pelos gregos. Os hasmoneus governaram Israel até sua subjugação pelo Império Romano, em 63 a.C. (N. do T.)
69. *Altertümer*, XVII, 2, 4.
70. Tito Flávio (Titus Flavius, 39-81 d.C.) foi o filho mais velho e sucessor de Vespasiano, que o associou ao poder tribunício em 71 d.C. Foi imperador entre os anos de 79 e 81 d.C. e realizou grandes obras públicas, entre as quais o Coliseu, que foi o principal anfiteatro de Roma até ser danificado por um terremoto, no início do reinado de Valentiniano III. Lá os cristãos foram martirizados; em meados do século XIII, a família Frangipani transformou-o em fortaleza que várias vezes foi saqueada. (N. do T.)
71. *Jüdischer Krieg*, VI, 9, 3.
72. *Historien*, V, 13.
73. Hades (em grego Ἅιδης, significado original: "invisível") era, na mitologia grega, o deus do inframundo, o rei dos mortos. Seu domínio, a morada dos mortos, era também chamado de Hades. Pelo Hades corriam vários rios, cujo mais conhecido é o Styx (Στύξ, de στυγέω, detestar), que também formava a fronteira entre a Terra e o submundo. O Styx era guardado por Charon (Χάρων), que levava os mortos de um lado para o outro após pagamento de uma pequena moeda. Hades também era conhecido como Plutão (em grego: Πλούτων, *Plouton*, "riqueza"). (N. do T.)
74. Sheol (שְׁאוֹל) é, na Bíblia Hebraica, o submundo, a residência dos mortos, o túmulo comum da humanidade. (N. do T.)
75. *Altertümer*, XVII, 2, 4.
76. A Revelação de São João (*Apocalipse*) concorreu decisivamente para alimentar as crenças na ressurreição dos mortos, no dia do Juízo Final, no Céu e no Inferno existentes na tradição judaico-cristã-islâmica. (N. do T.)

77. Marcus Valerius Martialis ou Martial (40-104 d.C.) foi um poeta hispano-romano, um dos mais notáveis autores de epigramas e sátiras da Antiguidade. (N. do T.)
78. Juvenal, *Satiren*, III, p. 13-16.
79. *Schnorrer* é uma palavra iídiche (idioma dos judeus *Ashkenazi*, da Europa Central) que designa pedinte, mendigo, uma pessoa que frequentemente pede vantagens sem oferecer nada em retorno. Foi também incorporada ao alemão e ao inglês com significados similares. O escritor inglês Israel Zanguvill (1864-1926) escreveu, em 1894, o romance *O rei dos Schnorrers* (*The King of Schnorrers*) sobre o fenômeno. (N. do T.)
80. Esta obra de Kautsky, cuja primeira edição apareceu em 1908, foi escrita quando a Rússia, logo após a revolução de 1905, ainda estava convulsionada. Os social-democratas da facção bolchevique e outros revolucionários, populistas e anarquistas, cometiam então assassinatos políticos, ações terroristas, individuais ou em grupos, incursões de guerrilha e explosões, bem como assaltos a bancos e expropriações, ao tempo em que o governo autocrático do Czar desencadeava violenta repressão (expedições punitivas, assassinato de revolucionários etc.). Iosif Vissarionovich Dzhugashvili, conhecido como Koba e posteriormente como Stalin, organizou e/ou participou de assaltos a bancos no Cáucaso. Apesar da oposição de muitos social-democratas, Lenin entendia que nenhum marxista podia condenar, pura e simplesmente, "a guerra de guerrilhas, o terror geral das massas", que, quase sem interrupção, se estendia por toda a parte da Rússia. (N. do T.)
81. Arquelau (Herodes Archelaus, 23 a.C.-18 d.C.) era filho de Herodes, o Grande, e de Maltace, mulher samaritana, uma de suas dez esposas. Foi designado rei da Judeia no testamento de seu pai, mas foi Augusto que fez a repartição do reino. Arquelau foi então eleito etnarca da Judeia, Samaria e Idumeia e foi deposto por um levante popular em 6 d.C. Seus domínios foram anexados à província romana da Síria. (N. do T.)
82. Varo (Publius Quinctilius Varus, *c.* 46 a.C.-9 d.C.) foi cônsul romano e procônsul de Roma na África, bem como governador da província da Síria entre 6 e 1 a.C. Após a morte de Herodes, com as legiões da Antioquia e da Síria, esmagou a rebelião na Judeia e executou entre 2.000 e 3.000 judeus. Mas, em 7 d.C., foi para a Germânia e sua política de conquista provocou uma insurreição liderada por Irman (Hermann), conhecido pelo nome latino de Armínio, que servira como comandante romano e liderava a tribo dos queruscos. Em 11 de setembro de 9 d.C., três legiões romanas (XVII, XVIII e XIX), sob o comando de Varo, foram dizimadas pelas forças de Irman (Armínio) na batalha da Floresta de Teutoburg (*Teutoburger*

Wald), na Baixa Saxônia e Renânia-Westfalia. Essa derrota pôs fim à expansão do Império Romano na Germânia. (N. do T.)

83. A sublevação ocorreu durante o domínio de Arquelau (4 a.C.-6 d.C.). (N. do T.)
84. A insurreição liderada por Judas, o Galileu, foi a mais sangrenta que até então os romanos haviam enfrentado. Participaram todos os homens em idade adulta, fossem eles militantes políticos ou não. Supõe-se que José, esposo de Maria, mãe de Jesus, tenha morrido durante o enfrentamento, no ano 6 d.C., quando Jesus, segundo Mateus, teria 12 ou 13 anos de idade. Essa insurreição começou por meio de táticas de guerrilhas, promovidas pelos galileus, judeus, samaritanos e outros povos moradores da região que Roma dominava. Celebrizou-se como a Revolta dos Gaulonites — em Gamala (Gaulonítide), próximo ao Lago Tiberíades. (N. do T.)
85. Géssio Floro (Gessius Florus) foi o procurador romano da Judeia de 64 até 66 d.C. Substituiu Lúcio Albino devido à amizade de sua esposa com Popea (Poppæa), esposa de Nero. Favoreceu a população de origem grega em detrimento dos judeus, e enfureceu-os ainda mais quando removeu do Templo de Jerusalém 17 talentos, alegando que o dinheiro era para o imperador. A população judaica passou a criticá-lo, e Floro reagiu contra a agitação enviando soldados para Jerusalém e prendendo grande número de líderes. Os presos foram chicoteados e crucificados, apesar de que muitos fossem cidadãos romanos. (N. do T.)
86. Teudas (Theudas, *Thoo duhs*, "presente de Deus") foi um judeu rebelde que se proclamou o Messias, entre 44 e 46 d.C. Liderou uma revolta, com cerca de 400 seguidores. Morreu provavelmente em 46 d.C. (N. do T.)
87. Cúspio Fado (Cuspius Fadus) foi um procurador romano da província da Judeia (Palestina). É mencionado por Josefo. (N. do T.)
88. Marco Antônio Félix (Marcus Antonius Felix) foi procurador romano da Judeia entre 50 e 62 d.C.
89. Josefo, *Jüdischer Krieg*, II, 13, 4-6.
90. Pórcio Festo (Porcius Festus) foi enviado por Nero para suceder a Félix como procurador da Judeia, conforme consta dos Atos dos Apóstolos, XXIV, 27. Manteve o apóstolo Paulo na prisão, mas permitiu que ele apelasse para o César, o que salvou sua vida, uma vez que se fosse enviado para Jerusalém seria provavelmente executado pelo Sinédrio (Sanhedrin), grande conselho dos notáveis de Israel, criado após o êxodo para dirigir a comunidade judaica, com autoridade suprema sobre os assuntos religiosos, bem como civis, em alguns casos. Roma limitou-lhe os poderes, e a pena de morte que fosse decretada tinha de ser aprovada pelo seu representante. (N. do T.)

91. Lúcio Albino (Lucceius Albinus) foi enviado por Nero como sucessor de Festo em 62 d.C. Uma passagem de Flávio Josefo, de cuja autenticidade alguns estudiosos duvidam, relata que naquele mesmo ano, na vacância antes da chegada de Albino à província da Judeia, o sumo sacerdote do Sinédrio, Ananias (Ananus ben Ananus), um saduceu, reuniu a corte e condenou à morte Tiago, o Justo (Ἰάκωβος), irmão de Jesus e primeiro bispo de Jerusalém. (N. do T.)
92. *Jüdischer Krieg*, II, 14, 1, 2.
93. Os *chinovniks* eram uma categoria especial de funcionários do Estado que serviam à autocracia russa e exerciam simultaneamente funções administrativas e judiciais. (N. do T.)
94. O posto de *legatus legionais* era equivalente ao de general. Comandava uma legião e tinha o nível senatorial. Podia receber o *legatus propraetore*. Seu superior era um *dux*, que tinha sob seu comando duas ou mais legiões e podia ser um cônsul ou imperador. (N. do T.)
95. Céstio Galo (Gaius Cestius Gallus, ?-67 d.C.) foi cônsul romano em 42 d.C. e *legatus* da Síria de 63 a 65 d.C. Marchou sobre a Judeia, em 66, a fim de sufocar a grande revolta dos judeus. Conseguiu conquistar Beit Shearim, no vale de Jezreel, lugar do Grande Sinédrio. Na tentativa de tomar Jerusalém foi derrotado em Beth-horon e perdeu uma legião inteira, cerca de 6.000 soldados. Para esmagar o levante, Nero designou então Vespasiano. (N. do T.)
96. Schürer, *Geschichte des jüdischen Volkes*, I, p. 617.
97. Kautsky refere-se à Comuna de Paris, a revolução proletária que irrompeu na França como protesto contra o armistício firmado pelo governo provisório de Louis Adolphe Thiers (1797-1877), que se instalou em Versalhes após a derrota na Guerra Franco-Prussiana (1870-1871). Os *Communards*, trabalhadores que enfrentavam as tropas alemãs e francesas, persistiram de 26 de março a 28 de maio de 1871, quando foram derrotados após resistirem por 8 dias. Cerca de 30.000 foram sumariamente executados, 38.000 aprisionados e 7.000 deportados. (N. do T.)
98. Josefo escreve "essênios" (Ἐσσηνοί, *Essênoi*, N. do T.); Fílon escreve "essêos" (Ἐσσαῖοι, *Essaioi*, N. do T.). A palavra é uma helenização do termo sírio *khase* (em hebraico *khasid*), piedoso. O plural dessa palavra tem duas formas: *khasen* e *khasuya*.
99. Josefo, *Altertümer*, XVIII, 1, 3.
100. Parseísmo é o mesmo que zoroastrismo, religião monoteísta difundida na Pérsia por Zaratustra ou Zoroastro, conforme os gregos o chamavam, que representou a primeira manifestação de um monoteísmo ético. Algumas

das suas concepções possivelmente influenciaram o judaísmo, o cristianismo e o islamismo. (N. do T.)

101. Sobre esse assunto, ou mesmo sobre os pitagóricos em geral, consulte-se Zeller, *Philosophie der Griechen*, vols. I e III. (K.) Eduard Zeller (1814-1908) foi um filósofo alemão. Lecionou teologia nas universidades de Tübingen, Berna e Marburg. É autor de várias obras, entre as quais *Entwickelung des Monotheismus bei den Griechen* (1862), *Geschichte der christlichen Kirche* (1898) e *Geschichte der deutschen Philosophie seit Leibniz* (1873, ed. 1875). (N. do T.)
102. *Historien*, V, 5.
103. O. Holtzmann, *Das Ende des jüdischen Staatswesens und die Entstehung des Christentums*, 1888, p. 460.

QUARTA PARTE Os Princípios do Cristianismo

1. A primitiva comunidade cristã

O CARÁTER PROLETÁRIO DA COMUNIDADE

Vimos que o caráter puramente nacionalista dos zelotes democráticos não correspondia às necessidades de muitos elementos proletários de Jerusalém. Mas a fuga da grande cidade para o campo aberto, que fora o esforço dos essênios, não satisfazia ao gosto de todos. Então, como atualmente, era fácil escapar do campo, difícil era escapar da cidade. O proletário que se acostumara à vida da cidade já não se sentia em seu elemento quando estava no campo. Os ricos, em sua vida no campo, encontravam talvez uma agradável mudança ao afastar-se do tumulto da grande cidade; mas a volta ao campo, no caso do proletário, significava duros trabalhos, que não aprendera a desempenhar e para os quais não estava capacitado.

Tanto em Jerusalém quanto nas outras grandes cidades, a massa dos proletários devia preferir viver na metrópole. O essenismo não lhe oferecia o que precisava. Menos ainda aos que pertenciam ao lumpemproletariado e se haviam acostumado a viver como parasitas sociais.

Junto aos zelotes e essênios, devia formar-se uma terceira corrente proletária, unindo em um só movimento as tendências da duas anteriores. A expressão dessa nova tendência foi a comunidade do Messias.

Conforme geralmente se reconhece, a comunidade cristã abarcava, em seus primórdios, quase que exclusivamente elementos proletários e era uma organização proletária. E isto permaneceu ainda durante muito tempo após sua criação.

São Paulo assinala, em sua Primeira Epístola aos Coríntios, que na comunidade não estavam representadas nem a cultura nem a propriedade.

"Porque olhai, irmãos, vossa vocação, que não sois muitos sábios segundo a carne, não muitos poderosos, não muitos nobres; antes o ignorante do mundo escolheu Deus, para envergonhar os sábios; e o fraco do mundo escolheu Deus, para envergonhar o forte."[1]

Boa descrição do caráter proletário da primitiva comunidade cristã faz Friedländer, em sua obra *Vida e costumes romanos,* que já citamos várias vezes:

> Por mais numerosas que sejam as causas que contribuíram para a propagação dos Evangelhos, é certo que antes da metade ou do final do século II, só tinham uns quantos partidários isolados entre as classes superiores. Não só sua preparação filosófica e uma educação geral, intimamente ligada ao politeísmo, ofereciam a maior resistência, mas também, além disso, a profissão da fé cristã levava aos mais perigosos conflitos com a ordem existente; e finalmente, a renúncia a todos os interesses terrestres era naturalmente mais difícil para aqueles que possuíam honrarias, riqueza e influência. O pobre e o humilde, diz Lactâncio, estão mais dispostos a crer do que o rico, cuja hostilidade, sem dúvida alguma, surgiu em muitos aspectos contra as tendências socialistas do cristianismo. Por outro lado, a propagação do cristianismo na camada inferior da sociedade, favorecida em grau significativo pela dispersão dos judeus, foi muito rápida, principalmente em Roma; em uma época tão remota, como o ano de 64, o número de cristãos ali já era considerável.

Essa expansão esteve limitada por muito tempo a certas localidades.

Notícias, preservadas de forma bastante acidental, demonstram que até o ano 98, em cerca de 42 localidades, até 180, em cerca de 74, até 325, em mais de 550 localidades havia comunidades cristãs.

No Império Romano, em uma época tão posterior, no século III, os cristãos não só formavam uma pequena minoria como esta minoria, pelo menos até princípios do século, estava formada quase exclusivamente pelas classes mais baixas da sociedade. Os gentios diziam, desdenhosamente, que os cristãos só podiam converter os ingênuos, escravos, mulheres e crianças; que os cristãos eram rudes, sem educação e rústicos; que os membros de suas comunidades eram, principalmente, pessoas sem importância: artesãos e velhos. Os próprios cristãos não discutiam isso. Hierônimo (Hieronymus) diz: a comunidade de Cristo não se recruta no Liceu e na Academia, mas na massa da população (*de vili plebecula*). Está expressamente atestado pelos escritores cristãos que, até meados do século terceiro, a nova fé contava com muito poucos adeptos entre as classes superiores. Eusébio diz que a paz desfrutada pela Igreja, durante o reinado de Cômodo (180-192 d.C.), contribuiu enormemente para sua propagação, "de modo que várias pessoas em Roma, importantes por seu nascimento e riqueza, voltavam-se para a salvação com toda a sua casa e família". Orígenes, no reinado de Alexandre Severo (222-235 d.C.), diz que "na atualidade, muitos ricos e altos dignitários, bem como damas elegantes e de elevada estirpe, recebem os mensageiros cristãos"; isto equivale a dizer que o cristianismo obtinha então êxitos de que anteriormente não podia jactar-se... A partir da época de Cômodo, a propagação do cristianismo entre as classes superiores acha-se atestada expressamente por uma variedade de casos, enquanto ocorre o contrário no período precedente... As únicas pessoas importantes na época anterior a Cômodo, cuja conversão ao cristianismo parece provável, são o cônsul Flávio Clemente,[2] executado em 95 d.C., e sua esposa (ou irmã) Flávia Domitila, que foi desterrada para Pontia.[3]

O caráter proletário do cristianismo primitivo não é a menos importante das razões para termos informações tão escassas dessa fase. Seus primeiros defensores podiam ter sido pessoas muito eloquentes, mas não sabiam ler ou escrever. Tais artes eram muito mais desconhecidas na massa do povo daqueles dias que o são atualmente. Por inúmeras gerações, os ensinamentos cristãos da história de sua comunidade estavam limitados à transmissão oral, à tradição, por meio de pessoas fervorosamente excitadas e incrivelmente crédulas, relatórios de fatos que tinham sido observados unicamente por um círculo reduzido, se é que haviam realmente acontecido e que, consequentemente, não podiam ser investigados pela massa da população e muito menos por seus elementos críticos e livres de preconceitos. Somente quando pessoas mais educadas, de um nível social superior, aderiram ao cristianismo, as tradições começaram a ser fixadas por escrito, mas, ainda assim, o propósito não era tanto histórico, como de controvérsia para defender certas opiniões e exigências.

É preciso muito entusiasmo ou muito preconceito, sem mencionar a completa ignorância das condições da verdade histórica, para dar crédito a um registro vulgar de fatos e até aos discursos de certos personagens, na base de documentos literários produzidos da forma anteriormente indicada, cheios de evidentes inverossimilhanças e contradições. Já demonstramos em nossa introdução que é impossível dizer alguma coisa de definido sobre o declarado fundador da comunidade cristã. Após tudo o que se expôs, podemos acrescentar que realmente não é necessário saber nada a respeito dele. Já demonstramos que todos os modos de pensamento designados comumente, em louvor ou condenação, como caracterizadamente cristãos, são, em parte, da tradição romano-helênica e, em parte, da tradição judaica. Não há um só pensamento cristão que requeira a presunção da existência de algum sublime profeta e super-homem para explicar sua origem. Não há um só pensamento que não possa ser encontrado na literatura "pagã" ou judaica, antes de Jesus.

Porém, quanto menos importante é para nossa compreensão histórica estarmos instruídos sobre a personalidade de Jesus e seus apóstolos, tanto mais importante é conhecer o caráter da primitiva comunidade cristã.

Felizmente isso não é de todo impossível. Por mais que cubram de adornos fantásticos ou encham de completas invenções os discursos e atos das pessoas cultuadas pelos cristãos como seus heróis e mestres, não há dúvida de que os primeiros autores cristãos escreveram no espírito das comunidades nas quais e pelas quais trabalhavam. Estavam simplesmente a transmitir tradições de uma época remota, que, decerto, poderiam modificar em seus detalhes, porém seu caráter fundamental era tão claro que sofreriam forte oposição se tentassem alterá-las de forma muito acentuada. Podiam enfraquecer ou reinterpretar o espírito que prevalecia nos princípios da comunidade cristã; eliminá-lo totalmente, não o podiam fazer. Tais tentativas fracassadas podem ser, entretanto, encontradas, e tornavam-se mais audaciosas na medida em que a comunidade cristã ia perdendo seu primitivo caráter proletário, aceitando como membros pessoas educadas, ricas e respeitáveis. Mas precisamente essas tentativas nos capacitam a reconhecer nitidamente o contexto original das comunidades.

O conhecimento que já obtivemos encontra apoio na evolução das últimas seitas cristãs, bem conhecidas desde suas origens e que, como sabemos, refletiam claramente, em sua história posterior, a evolução da comunidade cristã após o século II. Podemos, portanto, supor que essa sucessão de fatos constituía uma lei natural e que as origens, muito conhecidas por nós, das seitas posteriores, oferecem uma analogia com os primórdios desconhecidos do cristianismo. Tal analogia não constitui por si só uma evidência, mas pode muito bem apoiar uma hipótese que se formulou de outra forma.

Esses dois elementos, a analogia das últimas seitas e os resíduos verdadeiramente preservados das mais antigas tradições da primitiva vida cristã, são igualmente exatos como evidências das tendências que poderíamos razoavelmente esperar por antecipação, conhecendo o caráter proletário da comunidade.

ÓDIO DE CLASSES

Em primeiro lugar, há um selvagem ódio de classe contra o rico.

Percebe-se claramente essa condição no Evangelho de São Lucas, que foi escrito em princípios do século II, particularmente na história de Lázaro, que só encontramos neste Evangelho (XVI, 19 e ss.). Nessa passagem, o rico vai para o Inferno e o pobre para o seio de Abraão, não porque o primeiro seja um pecador e o segundo um justo; nada nos diz sobre isso. O rico é condenado pela única razão de ser rico. Abraão lhe diz: "Lembra-te de que recebeste teus bens em vida e Lázaro, também, os males; mas agora este é consolado aqui, e tu, atormentado." Era o desejo de vingança por parte do oprimido e que se regozijava com a perspectiva da situação futura. O mesmo Evangelho faz Jesus dizer: "Quão dificilmente entrarão no reino de Deus os que têm riquezas! Porque é mais fácil passar um camelo pelo fundo de uma agulha que um rico entrar no reino de Deus". (XVIII, 24-25). Também aqui se condena o rico em razão de sua riqueza, não de sua maldade.

Outrossim, no Sermão da Montanha (*Lucas*, VI, 20 e ss.):

> Bem-aventurados vós, os pobres (os muito pobres, miseráveis), porque vosso é o reino de Deus. Bem-aventurados vós, os que agora tendes fome, porque sereis saciados. Bem-aventurados vós, os que agora chorais, porque rireis... Mas ai de vós, ricos! Porque tendes vosso consolo. Ai de vós, que estais fartos! Porque tereis fome. Ai de vós, que agora rides! Porque lamentareis e chorareis.

O leitor observará que ser rico e gozar da riqueza é considerado um crime, merecedor do castigo mais cruel.

O mesmo espírito observa-se ainda na Epístola de Tiago às doze tribos da Diáspora, que data de meados do século II:

> Pois bem, oh ricos, chorai lamentando vossas desventuras que vos sobrevirão. Vossas riquezas estão tão apodrecidas, vossas roupagens estão comidas de traças. Vosso ouro e prata estão corrompidos pela ferrugem e sua ferrugem será o testemunho contra vós e comerá de todos vossas carnes como fogo. Guardastes o tesouro para os dias vindouros. Eis aqui o salário dos trabalhadores que ceifaram vossos campos e que, por fraude, vós não lhes pagastes. E os clamores dos que ceifaram entraram nos ouvidos do Senhor dos Exércitos. Vivestes em deleites sobre a terra e fostes dissolutos; engordastes vossos corações como no dia de sacrifícios. Condenastes e matastes os justos e eles não resistiram. Assim, vós, irmãos, tende paciência até a vinda do Senhor. (V, 1 e ss.)

Tiago encoleriza-se até com os ricos de suas próprias fileiras, contra aqueles que tinham ingressado na comunidade cristã:

> O irmão que é de pouca sorte, glorifique-se de sua dignidade, mas o que é rico, de sua insignificância, porque ele passará como a flor da erva. Porque o sol saiu com ardor, a erva secou e sua flor caiu e sua bela aparência pereceu. Assim também murchará o rico em todos os seus caminhos... Meus irmãos amados, ouvi: Deus não escolheu os pobres deste mundo, ricos na fé e herdeiros do reino, que prometeu aos que o amam? Mas vós outros injuriastes o pobre. Não vos oprimem os ricos e não são eles mesmos que vos arrastam aos tribunais? Eles não blasfemam ao bom nome que foi invocado sobre vós?[4]

Poucas são as ocasiões em que o ódio de classe do moderno proletariado assumiu formas tão fanáticas como as do proletariado cristão. Nos curtos momentos em que, até agora, o proletariado de nossa época atingiu o poder, nunca se preocupou em vingar-se do rico. Certamente, hoje o proletariado se sente muito mais forte que se sentiu, em qualquer momento, o nascente proletariado do cristianismo. E quem se reconhece suficientemente forte sempre se inclina mais a ser magnânimo do que quem é fraco. É um sinal da falta de confiança da burguesia em sua própria força o fato de ela infligir vingança tão terrível sobre o proletariado sublevado.

O Evangelho de Mateus é mais recente alguns decênios que o de Lucas. Nesse intervalo de tempo, pessoas ricas e instruídas começaram a buscar contato com o cristianismo e muitos propagandistas cristãos começaram a perceber a necessidade de expor a doutrina de forma mais amena, a fim de atraí-las. O aspecto "raivoso" do cristianismo primitivo já não era conveniente. Mas a antiga atitude tinha lançado raízes profundas para ser abandonada e, por conseguinte, houve um esforço para revê-la, de modo oportunista. O espírito revisionista foi o que fez do Evangelho de Mateus "o Evangelho das contradições",[5] mas também o "Evangelho favorito da igreja". Neste, a Igreja concluiu que

> o caráter audacioso e revolucionário do primitivo entusiasmo e socialismo cristão havia sido tão transformado em medíocre oportunismo eclesiástico que já não parecia uma ameaça à existência de uma igreja organizada e em paz com a sociedade humana.

Naturalmente, os vários escritores que colaboraram sucessivamente na produção do Evangelho de Marcos omitiram todas as partes desfavoráveis que puderam, tais como a narração de Lázaro e a condenação da disputa da herança, que também implica severa crítica ao rico (*Lucas*, XII e ss.). O Sermão da Montanha, porém, tornara-se provavelmente demasiado popular e muito conhecido para que se pudesse tratar esse episódio da mesma maneira. Tentou-se reinterpretar o Sermão. Mateus faz Jesus dizer: "Bem-aventurados os pobres de espírito porque deles é o Reino dos Céus... Bem-aventurados os que têm fome e sede de justiça: porque eles serão saciados."

Nesse astuto revisionismo é apagado todo o traço de ódio de classe. O pobre de espírito é que será bem-aventurado. Não se sabe a que tipo de pessoas essa expressão se refere, se a idiotas ou a aquelas que são mendigas somente em sua imaginação e não na realidade, em outras palavras, aquelas que continuam a possuir enquanto garantem que seu coração não se apegou às suas propriedades. Quiçá se refere a estas últimas, mas, de qualquer modo, já não está presente a condenação do rico, que antes se expressava declarando o mendigo bem-aventurado. É divertido ver como os famintos, que agora foram transformados em famintos de justiça, são alimentados com a perspectiva de serem dela saciados. A palavra grega, traduzida por "serão saciados" era usada principalmente para referir-se a animais, e só se aplicava aos seres humanos em sentido irônico ou de desprezo, para designar um modo vulgar de encher a barriga. O fato de que a palavra seja empregada no Sermão da Montanha é também uma indicação da origem proletária do cristianismo, pois a expressão provavelmente era usada correntemente, nas esferas de onde foi tomada, para indicar um completo apaziguamento do homem corporal. Tornou-se, porém, ridícula quando aplicada à satisfação de uma fome de justiça.

A contrapartida de tais bem-aventuranças, isto é, as imprecações contra o rico, não se acham absolutamente em Mateus. Até a mais engenhosa deturpação não teria podido idealizar uma fórmula que as tornasse aceitáveis às classes abastadas cuja conversão se desejava e, consequentemente, essa parte teve de ser excluída.

Contudo, embora os círculos de grande influência da comunidade cristã, na medida em que se tornavam mais oportunistas, procurassem um modo de apagar seu caráter proletário, o proletariado e seu ódio de classe não foram eliminados, e, de vez em quando, surgiam pensadores isolados para expressar esse ódio. O leitor encontrará no pequeno livro de Paul Pflüger,[6] *Der Sozialismus der Kirchenväter*,[7] uma boa coleção de passagens nos escritos de São Clemente, bispo Astério (Asterius), Lactâncio (Lactantius), Basílio (Basilius), o Grande, São Gregório de Nisa, Santo Ambrósio, São João Crisóstomo, São Jerônimo, Santo Agostinho etc. (quase todos eles escreveram no século IV, quando o cristianismo já era a religião do Estado). Todos eles expandem livremente as expressões mais severas contra o rico, que situam no mesmo nível dos ladrões e salteadores.

COMUNISMO

Em vista desse excessivo caráter proletário da comunidade, é natural que aspirasse a realizar uma organização comunista. De fato, isso era declarado sem circunlóquios. Lemos nos Atos dos Apóstolos:

> E perseveravam na doutrina dos apóstolos, e no comunismo[8] κοινωνίᾳ e na partilha do pão e nas orações... E todos os que acreditavam estavam juntos e tinham todas as coisas em comum; e vendiam suas propriedades e seus bens e repartiam-nas entre todos, como era necessário para cada um. (II, 42, 44, 45.)
>
> E a multidão dos que acreditavam era de um coração e uma alma: e ninguém dizia ser seu algo que possuía, mas todas as coisas eram comuns... Não havia nenhum necessitado entre eles: porque todos os que possuíam terras ou casas, vendiam-nas e traziam os valores da venda e os punham aos pés dos apóstolos; e era repartido a cada um segundo tinha necessidade. (IV, 32, 34, 35.)

É sabido que Ananias e Safira (Saphira), que tentaram reter uma parte de seu dinheiro fora da comunidade, foram castigados por essa ofensa com a morte por intervenção divina.

São João Crisóstomo (esta última palavra significa "boca de ouro", por sua fogosa eloquência), um crítico intrépido de sua época (347-407 d.C.), acrescentou, à apresentação já citada do primitivo comunismo cristão, uma discussão sobre suas vantagens, que tem um sentido econômico muito realista, muito longe do ascetismo extático. Encontramos essa passagem em sua décima primeira homilia (prédica), sobre os Atos dos Apóstolos. Suas palavras são as seguintes:

> A graça estava com eles, pois nenhum tinha escassez, e todos davam generosamente para que ninguém permanecesse pobre. Porque eles não davam uma parte e retinham outra para si, nem davam todas as coisas como se fossem próprias. Aboliram a desigualdade e viviam em grande abundância e faziam-no da maneira mais digna de elogio. Não se atreviam a dar uma esmola ao necessitado nem davam liberalidades com condescendência arrogante, mas punham-nas aos pés dos apóstolos fazendo-os seus mestres e distribuidores dos donativos. Cada um tomava então o que necessitava dos armazéns da comunidade, não da propriedade privada dos indivíduos; isto evitava que os doadores adquirissem uma vã complacência pessoal.
>
> Se nós fizéssemos isso hoje, viveríamos muito mais felizes, os ricos iguais aos pobres. E o pobre não ganharia mais felicidade, por esse

meio que o rico... Porque os doadores não só não ficavam pobres, mas tornavam rico o pobre.

Imaginemos as coisas para nós mesmos: Todos dão o que têm para o fundo comum. Ninguém deve perturbar-se com essa perspectiva, seja rico ou pobre. Sabem quanto dinheiro se acumularia deste modo? Suponho — porque não se pode determinar com absoluta certeza — que se cada homem entregasse todo o seu dinheiro, seus campos, suas terras (para não mencionar os escravos, pois podemos presumir que os primeiros cristãos não tinham nenhum, por terem provavelmente libertado todos), suponho que se poderia reunir um milhão de libras de ouro, talvez duas ou três vezes essa quantia. Pois vejamos: quantas pessoas há em nossa cidade (Constantinopla)? Quantos cristãos? Não há mais de 100.000? E quantos gentios e judeus? Quantos milhares de libras poderiam ser reunidos assim? E quantos pobres temos? Não creio que haja mais de 50.000. Quanto seria necessário para alimentá-los por dia? Se comessem em mesa comum, o custo não seria muito grande. Quanto tomaremos de nosso gigantesco tesouro? Creem que este se esgotaria? E não seriam derramadas sobre nós as bênçãos de Deus, mil vezes mais abundantemente que antes? Não faríamos da terra um céu? Se essa experiência foi um êxito tão brilhante no caso de 3.000 ou 5.000 pessoas (os primeiros cristãos) e nenhuma delas teve falta de nada, quanto melhor não seria o resultado no caso de um número tão grande quanto agora? Cada novo recém-chegado não acrescentaria algo próprio?

A divisão das terras causa gastos maiores e, por conseguinte, produz pobreza. Considere-se justamente uma casa com um homem, a esposa e dez filhos. Ela tece, ele tenta obter no mercado o necessário para viver; seria mais econômico para eles viverem juntos em uma casa ou viverem separados? Certamente ficaria mais caro viverem separados. Se os dez filhos se separam, necessitariam de dez casas, dez mesas, dez empregados e, desta maneira, dez de cada coisa. E que acontece com a massa de escravos? Não comem juntos numa mesa a fim de economizar os gastos? A divisão sempre conduz ao desperdício; a reunião sempre leva a uma economia de recursos. Por isso o povo vive agora em mosteiros, e assim viveram os fiéis. Quem deles pereceu de fome? Quem não estava completamente satisfeito? Contudo, as pessoas temem essa condição mais do que temeriam um salto

> no mar imenso. Por que não faremos pelo menos um esforço de abordar o assunto com coragem? Como não seriam grandes então as nossas bênçãos! Porque, se naqueles dias, quando o número de fiéis era tão reduzido, só de 3.000 a 5.000 e, se naquele tempo, quando todo o mundo nos era hostil, quando não encontrávamos consolo em nenhum lugar, nossos predecessores empreenderam a tarefa com tanta resolução, quanto mais confiança deveríamos ter agora que há fiéis por todas as partes pela graça de Deus! Quem desejaria então continuar sendo ainda um pagão? Penso que ninguém. Arrastaríamos a todos e faríamos com que todos se inclinassem para nós.[9]

Os primeiros cristãos não foram capazes de fazer uma exposição tão clara e tão serena da situação. Mas suas breves observações, exclamações, exigências e imprecações indicam claramente, em cada caso, o uniforme caráter comunista da primeira etapa da comunidade cristã.

No Evangelho de João, que — temos de admiti-lo — só foi escrito em meados do século II, dá-se como certa a sociedade comunista de Jesus com seus discípulos. Todos eles tinham somente uma caixa comum, administrada por Judas Iscariote. João, que nesse caso como em todos os outros, tenta superar seus predecessores, aumenta o aborrecimento em que se deve ter o traidor Judas, assinalando-o como um dissipador dos fundos comuns. João descreve o incidente de Maria, quando ungiu os pés de Jesus com unguentos perfumados, com as seguintes palavras:

"E disse um de seus discípulos, Judas Iscariote, filho de Simão, o que o havia de entregar: Por que não se vendeu esse unguento por trezentos dinheiros e deu-se aos pobres? Mas disse isso, não pelo cuidado que tinha com os pobres, mas porque era ladrão e tinha a bolsa e tirava o que se lançava nela."[10]

Na última ceia, Jesus disse a Judas:

"O que fazes, fá-lo mais rápido."

"Mas nenhum dos que estavam à mesa entendeu a que propósito lhe disse isto. Pois uns pensavam que, como Judas tinha a bolsa, Jesus lhe dizia: compra o que necessitamos para a festa, ou que desse algo aos pobres."[11]

Jesus, nos Evangelhos, exige de seus discípulos, repetidamente, que cada um disponha do que possui.

"Assim, pois, qualquer de vós que não renuncia a todas as coisas que possui, não pode ser meu discípulo."[12]

> "Vendei o que possuís e dai esmolas."[13]

> E perguntou-lhe (a Jesus) um aristocrata: Bom mestre, que devo fazer para possuir a vida eterna? E Jesus lhe disse: Por que me chamas bom? Não há ninguém bom, só Deus. Sabes os mandamentos: Não deves cometer o adultério, matar, furtar, dar falso testemunho, e deves honrar teu pai e tua mãe. E ele disse: Observo-os desde a minha juventude. E Jesus, ao ouvi-lo, disse-lhe: Ainda te falta uma coisa: Vende o que tens, dá aos pobres e terás tesouros no céu; então vem e segue-me. Então, ao ouvi-lo, ficou muito triste porque era muito rico.[14]

Este incidente obriga Jesus a narrar a parábola do camelo, segundo a qual será mais fácil este passar pelo fundo de uma agulha do que um rico entrar no reino de Deus. O Reino dos Céus é apresentado como acessível somente aos que distribuem suas riquezas entre os pobres.

O Evangelho atribuído a Marcos apresenta o assunto exatamente com a mesma clareza.

Mas o revisionista Mateus dilui aí novamente a severidade original da exigência, colocando-a unicamente de forma condicional, hipotética. Mateus faz Jesus dizer, dirigindo-se ao jovem rico: "Se queres ser perfeito, anda, vende o que tens e dá aos pobres." (XIX, 21.)

A apresentação original da exigência de Jesus a cada um de seus partidários, a cada membro de sua comunidade, com o tempo passou a ser somente uma exigência para aqueles que aspirassem à perfeição.

Essa sucessão de fatos é completamente natural em uma organização que era, a princípio, puramente proletária e que, posteriormente, passou a admitir, cada vez mais, elementos ricos.

Não obstante, há inúmeros teólogos que negam o caráter comunista do cristianismo primitivo. Alegam que o informe nos Atos dos Apóstolos sobre essa matéria é de origem posterior; como o caso era frequente na Antiguidade, alega-se que o escritor também aqui colocara no passado a condição ideal com a qual sonhava. Mas esses teólogos esquecem que o caráter comunista do cristianismo primitivo era muito inconveniente para a Igreja oficial dos séculos posteriores, que se acomodava mais ou menos em sua atitude para com o rico. Se tal descrição do cristianismo primitivo dependesse de uma invenção posterior, os campeões da tendência oportunista não teriam vacilado em protestar e teriam tentado fazer com que os livros que contivessem tais descrições fossem eliminados do *cânon*, da relação dos livros reconhecidos pela Igreja. A Igreja nunca tolerou falsidades, exceto quando estava de completo acordo com elas e elas lhe convinham; o que, certamente, não se aplicaria ao comunismo. Se o comunismo foi admitido oficialmente como a exigência mais fundamental da comunidade primitiva, certamente semelhante reconhecimento só foi feito porque era impossível negá-lo, porquanto a tradição nesse ponto tinha raízes demasiado profundas e era amplamente conhecida.

AS OBJEÇÕES AO COMUNISMO

As objeções daqueles que negam a existência do comunismo na comunidade primitiva não são de forma alguma convenientes. Encontramos todas elas recapituladas por um crítico que se opõe ao quadro que tracei do primitivo cristianismo em meu livro *Precursores do socialismo*.

Esse crítico, A. K., um doutor em teologia, mostrou suas objeções em um artigo publicado em *Die Neue Zeit*, relativo ao "chamado comunismo cristão primitivo".[15]

Contradiz-nos, antes de tudo, afirmando que "as prédicas do Nazareno não aspiravam a uma revolução econômica". Mas onde obtém A. K. tal informação? Os Atos dos Apóstolos parecem-lhe uma fonte incerta para basear a descrição das organizações, cuja origem assinala num período posterior ao que se fixa como o da morte de Cristo; os Evangelhos, alguns dos quais são mais recentes que os Atos dos Apóstolos, reconhece-os como fontes absolutamente seguras até dos discursos de Cristo!

Se essa realidade é válida para os Evangelhos, também o é para os Atos dos Apóstolos. O que eles nos deixam reconhecer é o caráter dos que os escreveram. Ademais, podem conter também algumas reminiscências, mas as reminiscências das *organizações* são mais persistentes que as dos *discursos* e não podem ser deturpadas tão facilmente.

Como já vimos, podemos muito bem fixar nos discursos conhecidos sobre Cristo uma qualidade que indica muito claramente o comunismo da comunidade primitiva.

Os ensinamentos específicos de Jesus, dos quais nada sabemos com exatidão, não podem ser usados para provar qualquer coisa contra a presunção de um comunismo primitivo.

Mais ainda, A. K. faz todo tipo de esforços para levar-nos a crer que o comunismo prático dos essênios, que se desenvolvia ante os olhos dos proletários de Jerusalém, não teve qualquer influência sobre eles. Mas as *teorias* comunistas dos filósofos e poetas gregos haviam exercido a mais profunda influência sobre os proletários sem cultura das comunidades cristãs fora de Jerusalém e os tinham imbuído de ideais comunistas que, de acordo com os costumes da época, eles situavam no passado, isto é, no período da primitiva comunidade em Jerusalém.

Também os instruídos conseguiram *posteriormente* incutir nos proletários um comunismo, cuja *observação prática* não os impressionou em *época mais remota*. É necessário apresentar argumentos mais fortes para admitir tal opinião. Tudo que temos, sob a forma de evidências, é oposto a isso. Na medida em que aumentava a influência das classes educadas sobre o cristianismo, este se distanciava cada vez mais do comunismo, como já vimos em Mateus e veremos mais tarde, ao reconstruir a evolução da comunidade.

As ideias de A. K. sobre os essênios são totalmente errôneas. Em relação à comunidade cristã comunista de Jerusalém, diz:

> O fato de que a única experiência comunista se realizasse por uma associação de *Judeus* despertaria nossa suspeita. Até o verdadeiro início de nossa era, os judeus jamais fizeram tais experiências, nem antes houve ali coisa parecida a um comunismo judaico. Mas o comunismo, tanto teórico quanto prático, não era nada de novo para os helenos.

Nosso crítico não revela a fonte na qual descobre o comunismo prático dos helenos no tempo de Cristo. Mas é quase incrível ouvi-lo dizer que encontra menos comunismo entre os judeus que entre os helenos, quando, na verdade, o comunismo dos primeiros é muito superior às visões comunistas dos últimos, uma vez que aqueles haviam posto a teoria em prática. E A. K. evidentemente não tem a mais leve suspeita de que os essênios são mencionados um século *antes de Cristo*, mas parece crer que eles não surgiram nem mesmo depois de Cristo!

A esses mesmos essênios, apresentados como não tendo influência sobre as práticas da comunidade de Jerusalém, é atribuída a *lenda* comunista que foi admitida nos Atos dos Apóstolos, no século II depois de Cristo. Os essênios, que desapareceram com a destruição de Jerusalém, provavelmente porque foram arrastados na destruição geral da comunidade judaica, são apresentados como os que levaram aos proletários helênicos as lendas sobre a origem da comunidade cristã, o que fez com que os helenos adotassem a ideia de um passado comunista, em uma época em que a hostilidade entre o judaísmo e o cristianismo já havia assumido as formas mais agudas. Ao mesmo tempo, pretende-se que, quando os proletários judeus fundaram uma organização, em Jerusalém, que necessariamente teve de manter estreito contato pessoal e prático com o movimento dos essênios, estes não exerceram a menor influência sobre ela!

É bem possível que as lendas e ideias dos essênios estivessem entre os elementos incluídos na antiga literatura cristã. Mas é muito mais provável que, naquele estado primitivo da comunidade cristã, quando ainda não produzia literatura, sua organização estivesse sob a influência dos modelos essênios. E isso só podia ter sido uma influência no sentido de levar realmente adiante o comunismo e não no sentido de imaginar, simplesmente, um suposto passado comunista que não correspondesse à realidade.

Essa construção inteiramente artificial, criada por teólogos modernos, e aceita por A. K., que nega a influência essênia em uma época na qual realmente existia, e atribui-lhe, por outro lado, função decisiva quando já havia cessado, demonstra simplesmente como se tornaram engenhosos os cérebros de muitos teólogos ao serviço da tarefa de libertar a Igreja primitiva do "odor indecente do comunismo".

O que foi exposto acima não constitui o fundamento decisivo para A. K. Ele conhece uma "razão principal", até agora "nunca apreciada": "os adversários dos cristãos acusaram-nos de todas as ofensas possíveis, mas não de serem comunistas. E esses opositores não teriam desperdiçado a oportunidade de fazer semelhante acusação se tivesse havido algum fundamento para ela." Temo que o mundo continue ignorando essa "razão principal". A. K. não pode negar que o caráter comunista do cristianismo se acha claramente evidenciado em inúmeras passagens nos Atos dos Apóstolos e mesmo nos Evangelhos. Para ele essas passagens são de caráter puramente lendário. Mas não nega que existam e expressem genuínas tendências cristãs. Se, entretanto, os adversários do cristianismo não assinalaram o comunismo dessa comunidade, não se deve ao fato de não encontrarem apoio para tal acusação, pois acusaram os cristãos de outras coisas, como infanticídio, incesto etc., de cujos fatos não há a menor evidência na literatura cristã. Por conseguinte, é difícil crer que se abstivessem de fazer acusações das quais as escrituras cristãs podiam oferecer provas até dos períodos mais antigos.

Temos que procurar a razão em qualquer outra coisa, menos na ausência do comunismo no cristianismo primitivo.

A verdadeira razão é que a atitude para com o comunismo naqueles dias era bastante diferente da de hoje.

Hoje, o comunismo no sentido do cristianismo primitivo, em outras palavras, a *divisão* de bens, chegou a ser incompatível com o progresso da produção, com a existência da sociedade. Hoje, as necessidades econômicas exigem incondicional e precisamente o oposto à divisão, isto é, exigem uma *concentração* da riqueza em alguns lugares, ou em mãos de indivíduos privados, como ocorre agora ou em mãos da sociedade, do Estado, dos municípios, talvez nas das organizações cooperativas, como no esquema socialista do mundo.

Completamente diferente era a situação nos dias do cristianismo. Exceto a mineração, a indústria era quase toda em pequena escala. Na agricultura, na verdade, havia casos de extensos estabelecimentos, que produziam em grande escala, mas, operados por escravos, não eram tecnicamente superiores aos pequenos estabelecimentos e se podiam unicamente manter onde era permitida uma grosseira exploração predatória. A produção em grande escala não tinha chegado a ser a base de todo o modo de produção.

A concentração da riqueza em poucas mãos significava então qualquer coisa, menos um aumento na produtividade do trabalho e não, por certo, uma base para o progresso da produção e, consequentemente, do bem-estar social. Não significava igualmente o desenvolvimento das forças produtivas, mas apenas a acumulação de artigos de consumo, em tal quantidade que o indivíduo possivelmente não os podia consumir e não tinha outro recurso senão os repartir com outros.

Também os ricos faziam-no em larga medida e, em parte, voluntariamente. A generosidade era considerada uma das virtudes mais importantes na era imperial de Roma. Era um meio de ganhar partidários e amigos e, portanto, uma forma de aumentar o poder.

Os escravos recebiam um donativo geralmente mais ou menos generoso. Martial registra um de 10 milhões de *sestércios*. As famílias de subalternos e clientes recebiam também obséquios e proteção. Um liberto de Cota Messalino (Cotta Messalinus), amigo de Tibério, celebra sobre a lápide de seu túmulo, na Via Ápia, como seu patrão frequentemente lhe dera quantias que chegavam ao censo de um cavaleiro (400.000 *sestércios*), educara seus filhos, provera paternalmente seu futuro e conferira um tribunato militar a seu filho Cotano (Cottanus) e pagava os gastos daquele mausoléu.[16]

Havia muitos casos semelhantes. Mas, onde a democracia predominava, além da distribuição voluntária de propriedades, havia também uma distribuição involuntária. Quem desejasse um cargo oficial tinha de comprá-lo mediante obséquios generosos para o povo. Este impunha o poder, onde o tinha, além de elevados impostos para os ricos, a fim de viver de sua receita, enquanto os cidadãos eram recompensados com as rendas do Estado, a expensas do Tesouro público, por sua participação nas assembleias populares e até por sua assistência aos espetáculos públicos e grandes banquetes, ou recebiam alimentos.

Nada havia de ofensivo, aos olhos das massas, na ideia de que o rico existia a fim de poder distribuir seus bens com outros, nada que contradissesse a opinião geral. Pelo contrário, era uma ideia completamente aceita.

As massas não rechaçavam tais atitudes; pelo contrário, sentiam-se envaidecidas. Os adversários dos cristãos seriam muito estúpidos se houvessem precisamente acentuado esse aspecto. Deixemos que o leitor observe o respeito com que escritores conservadores, como Josefo e Fílon, falam do comunismo dos essênios; não o consideram repulsivo ou ridículo, mas, pelo contrário, sublime.

A "principal objeção" de A. K. ao primitivo comunismo cristão, baseada no fato de que os cristãos não foram acusados de tal prática por seus adversários, é simplesmente uma prova de que esse crítico vê o passado com os olhos da moderna sociedade capitalista e não com seus próprios olhos.

Além de tais objeções, que não se apoiam em provas e sim em meras "construções", A. K. apresenta uma série de considerações, recorrendo a fatos relatados nos Atos dos Apóstolos. Curiosamente, nosso teólogo, tão cético a respeito de tais descrições, de longa duração na primitiva literatura cristã, aceita ao pé da letra toda menção a um simples acontecimento. É como se declarasse serem inventadas as descrições das condições sociais da idade heroica, que se acham na Odisseia, mas aceitasse Polifemo[17] e Circe[18] como personagens históricos, que realmente realizaram as façanhas a eles atribuídas.

Contudo, essas façanhas individuais nada provam contra o comunismo na comunidade primitiva.

Em primeiro lugar, A. K. diz que a comunidade em Jerusalém tinha 5.000 membros. Como poderia esse número, acrescido pelas esposas e filhos, formar uma só família?

Quem disse que constituíam uma só família ou comiam em uma só mesa? E seria mesmo difícil afirmar que a primitiva comunidade tinha realmente tal número de membros, como informa os Atos dos Apóstolos (IV, 4). As estatísticas não eram um forte da literatura antiga e, menos ainda, da literatura oriental; o exagero como meio de produzir efeito estava então muito em voga.

O número 5.000 era muitas vezes dito para indicar uma grande quantidade. Assim, os Evangelhos estabelecem, com toda precisão, que o número de pessoas que Jesus alimentou com cinco pães foi de 5.000 homens "sem as mulheres e as crianças" (*Mateus,* XIV, 21). Insiste meu crítico, nesse caso, na exatidão do número?

Temos muitas razões para crer que o cálculo dos 5.000 membros da comunidade primitiva era um pouco exagerado.

Pouco após a morte de Jesus, de acordo com os Atos dos Apóstolos, Pedro pronunciou um eloquente discurso de agitação e, imediatamente, 3.000 pessoas deixaram-se batizar (II, 41). Em agitação posterior "muitos tornaram-se crentes", e então dá-se o número de 5.000 (IV, 4). Pois qual era o verdadeiro número dos membros da comunidade na época da morte de Jesus? Imediatamente após sua morte reuniu-se a comunidade com "cerca de 120 em número" (I, 15).

Isso significa que a comunidade, a princípio, era muito reduzida, apesar da diligente agitação feita por Jesus e seus apóstolos. E então temos de acreditar que após sua morte a comunidade, com alguns discursos, aumenta repentinamente de pouco mais de 100 para 5.000 pessoas? Se temos de aceitar um número exato, o último está provavelmente mais longe da verdade que o primeiro.

Cerca de 5.000 membros organizados seriam um grupo bastante notável em Jerusalém, e certamente Josefo lhes teria dado alguma atenção. Na realidade, a comunidade devia ser muito insignificante, uma vez que não é mencionada por nenhum de seus contemporâneos.

A. K. objeta o comunismo da comunidade cristã e cita a seguinte passagem:

> Então José, que os apóstolos chamavam Barnabas (traduzido como Filho de Consolação), um levita, natural de Chipre, uma vez que possuía uma herdade, vendeu-a, trouxe o dinheiro e pô-lo aos pés dos apóstolos. Porém, um homem chamado Ananias, com sua mulher Safira, vendeu uma propriedade e defraudou algo do valor, com o conhecimento de sua mulher, e trouxe uma parte e colocou-a aos pés dos apóstolos.

Isso deve significar um testemunho contra o comunismo, pois A. K. pensa que Barnabas não teria sido apontado como exemplo se os membros vendessem suas propriedades e levassem o dinheiro aos apóstolos.

A. K. esquece que Barnabas é assinalado aqui, em contraste com Ananias, como um modelo de conduta correta. Certamente nada poderia expressar mais claramente a exigência do comunismo. Seria necessário que os Atos dos Apóstolos mencionassem todo homem que vendia suas propriedades? Não sabemos por que foi precisamente Barnabas o citado, porém garantir que tal referência equivale a uma afirmação de que *somente ele* praticara o comunismo julga muito baixa a inteligência dos autores dos Atos dos Apóstolos. O exemplo de Barnabas está citado em relação direta com o fato de que todo aquele que possuía alguma coisa vendia-a. Se Barnabas recebeu menção especial, pode ser por ter sido um favorito dos autores dos Atos dos Apóstolos, pois de vez em quando chamam a atenção sobre ele. Mas pode haver outra razão para que seu nome fosse mencionado junto ao de Ananias. Ou talvez esses eram os dois únicos membros da primitiva comunidade que possuíam algo de valor para ser vendido, enquanto todos os restantes eram proletários.

O terceiro fato acrescentado é o seguinte: lemos nos Atos dos Apóstolos (VI, 1 e ss.):

"Naqueles dias, crescendo o número dos discípulos, houve murmúrios dos gregos contra os hebreus, de que suas viúvas eram menosprezadas na distribuição quotidiana."

"Isto seria possível, se o comunismo estivesse realmente em prática?", pergunta A. K., com indignação.

Ninguém, entretanto, sustenta que o comunismo não encontrasse dificuldades ao ser levado à prática, ou que não era possível encontrar tais dificuldades! E o informe estabelece ainda, não que o comunismo estava sendo abandonado, porém sua organização estava a aperfeiçoar-se pela introdução de uma divisão do trabalho. Os apóstolos somente se ocupavam da propaganda, enquanto um comitê de sete membros era eleito para assumir as funções econômicas.

Toda a narração é perfeitamente compatível com a presunção de que o comunismo era praticado, mas torna-se inteiramente ridícula se aceitamos a opinião de nosso crítico, tomada por ele de Holtzmann, de que os cristãos se distinguiam de seus concidadãos, os judeus, não por sua organização social e sim unicamente por sua fé no "Nazareno recentemente executado".

Como poderia haver uma objeção ao modo de divisão, a menos que se tivesse a ela recorrido?

Mais adiante: "No Capítulo XII (Atos dos Apóstolos) lemos, como contradição direta com a possível existência do comunismo, que uma certa Maria, membro da sociedade, vivia em sua própria casa."

Como pode saber A. K. que Maria tinha direito a *vender* sua casa? Talvez seu esposo vivesse e não estivesse unido à comunidade. Mas, mesmo que pudesse vender a casa, a comunidade não poderia ter exigido tal venda. Esta casa era o lugar de reunião dos membros, Maria a pusera à disposição para ser usada pela comunidade, embora lhe pertencesse legalmente. Os fatos de que a comunidade necessitasse de lugares e de reunião, de que não era uma pessoa jurídica que pudesse adquirir tais propriedades e de que os membros individuais retivessem alguma propriedade não falam certamente contra a existência do comunismo. Não temos direito de supor que o comunismo cristão primitivo fosse tão pedantemente estúpido ao aplicar seus regulamentos que forçasse seus membros a vender até aquelas casas de que necessitavam para seu uso, entregando o resultado para distribuição.

A última objeção parece ser o fato de que só há informações sobre comunismo no caso da comunidade de Jerusalém, enquanto não é mencionado em relação às outras comunidades cristãs. Teremos ocasião de referirmo-nos a esse ponto ao reconstruir a história posterior da comunidade cristã. Veremos então se o comunismo foi realizado com êxito, em que extensão, e por quanto tempo; mas esse é outro assunto. Já indicamos que, nas grandes cidades, enfrentavam-se dificuldades que não existiam no caso das comunidades agrícolas, por exemplo, entre os essênios.

Aqui nos referimos somente às primitivas tendências comunistas do cristianismo. Não temos o mais leve motivo de dúvida quanto a isso. Temos a seu favor o testemunho do Novo Testamento, o caráter proletário da comunidade e a tendência fortemente comunista da comunidade proletária dos judeus, durante os dois séculos que precederam à destruição de Jerusalém, que se expressava muito claramente na seita dos essênios.

Todos os argumentos contra a tendência comunista estão baseados em interpretações equivocadas, subterfúgios e sofisticações engenhosas, para os quais não há o menor apoio material.

DESPREZO PELO TRABALHO

O comunismo ao qual aspirava o cristianismo primitivo era — de acordo com as condições da época — um comunismo de artigos de consumo, um comunismo na sua distribuição e consumo coletivo. Aplicado à agricultura, podia também levar a um comunismo na produção, por meio do trabalho coletivo organizado. Na grande cidade, o modo de ganhar a vida, pelo trabalho ou pela mendicância, necessariamente dispersava os proletários, devido às condições da produção naqueles tempos. O objetivo do comunismo da grande cidade só podia ser a etapa mais alta possível daquela sangria do rico pelo pobre, que fora tão magistralmente desenvolvida nos séculos anteriores, nos lugares onde o proletariado alcançara o poder político, como em Atenas e em Roma. As atividades em comum às quais aspirava podiam, quando muito, equivaler a um consumo coletivo dos alimentos, um comunismo equivalente a uma casa comum, a uma organização familiar. De fato, somente desse ponto de vista Crisóstomo, como já vimos, defende o comunismo. Quem vai *produzir* a riqueza que será consumida em comum não é o aspecto que lhe interessa, e encontramos a mesma condição no cristianismo primitivo. Os

Evangelhos citam observações de Jesus em relação a todos os assuntos possíveis, mas não no que se refere ao trabalho. Ou melhor, quando fala do trabalho, fá-lo nos termos mais desdenhosos. Assim é dito em Lucas (XII, 22 e ss.):

> Não vos preocupeis com vossa vida, que comereis, nem com o corpo, que vestireis. A vida é mais que a comida e o corpo é mais que as vestes. Observai os corvos, que não semeiam, nem colhem, que não têm despensa, nem celeiros; e Deus os alimenta. Quão mais Deus estima a vós que às aves? E qual de vós poderá acrescentar uma polegada à sua estatura? Pois se não o podeis para o que é menor, por que vos preocupais com os demais? Considerai os lírios, como crescem: não bordam nem fiam; e eu vos digo, que nem Salomão com toda a sua glória vestiu-se como eles. E se assim Deus veste a erva, que está no campo e amanhã é lançada ao forno, quanto mais a vós, homens de pouca fé! Vós, pois, não procureis o que heis de comer, ou de beber, não fiqueis em ansiosa perplexidade. Porque os gentios de todo o mundo é que procuram estas coisas. Mas vosso Pai sabe que necessitais delas. Buscai antes de tudo seu reino e estas coisas vos serão acrescentadas. Não temais, ó pequenino rebanho, porque vosso Pai se agradou em dar-vos o seu reino. Vendei os vossos bens e dai esmolas.

Isso, de forma alguma, deve ser entendido como exortação ao cristão para ser ascético e, consequentemente, ignorar o que comer ou beber, pela necessidade de fixar a atenção no bem-estar da alma. Não, os cristãos devem lutar pelo reino de Deus; em outras palavras, por seu próprio governo e então terão tudo de que precisarem. Logo teremos ocasião de observar quão terreno era seu conceito desse "reino de Deus".

A DESTRUIÇÃO DA FAMÍLIA

Onde o comunismo não se funda em uma comunidade de produção, mas de consumo e tem o objetivo de transformar toda a comunidade em uma nova família, a presença dos laços da família tradicional constitui necessariamente um elemento perturbador. Já vimos o caso dos essênios e vamos observar uma repetição, no caso do cristianismo, que, com frequência, expressa sua hostilidade à família de forma muito enfática. Assim, o Evangelho atribuído a Marcos narra (III, 31 e ss.):

> Vêm depois seus irmãos (de Jesus) e sua mãe e, como estava fora, enviaram a ele, chamando-o. E as pessoas estavam sentadas ao redor dele e lhe disseram: Eis aqui tua mãe e teus irmãos que saíram a procurar-te. E ele lhes respondeu, dizendo: Quem são minha mãe e meus irmãos? E olhando aos que estavam sentados ao redor, disse: eis aqui minha mãe e irmãos. Pois qualquer que faça a vontade de Deus, é meu irmão, minha irmã e minha mãe.

Lucas é particularmente enfático nesse ponto. Ele conta (IX, 59 e ss.):

> E disse a outro: segue-me. E ele disse: Senhor, deixe primeiro que vá e enterre meu pai. E Jesus lhe disse: Deixa que os mortos enterrem seus mortos; e tu, vai e anuncia o reino de Deus. Então também disse outro: Seguir-te-ei, Senhor: mas deixe que me despeça primeiro dos que estão em minha casa. E Jesus lhe disse: ninguém que, tendo posto sua mão no arado, olha para trás, é apto para o reino de Deus.

Mais direto ódio à família, a evidenciar a falta de consideração que se lhe votava, encontra-se na seguinte passagem de Lucas (XIV, 26):

"Se vem alguém a mim e não aborrece seu pai, mãe, mulher e filhos, e irmãos e irmãs e ainda também sua vida, não pode ser meu discípulo."

Também em relação a esse ponto Mateus mostra-se o revisionista oportunista. Expressa a máxima anterior da seguinte forma (XI, 36):

"Quem ama pai ou mãe mais que a mim, não é digno de mim; e quem ama filho ou filha mais que a mim, não é digno de mim."

Isso já é uma atenuação considerável do ódio para com a família.

Estreitamente relacionada com esse ódio à família está a renúncia ao matrimônio, inexoravelmente exigida pelo cristianismo e pelo essenismo. Mas os dois sistemas são também semelhantes no fato de que ambos desenvolveram as duas formas possíveis de renúncia ao casamento: o celibato ou a renúncia a toda a vida conjugal, e às relações sexuais irregulares, extramaritais, que também foram designadas sob a denominação de "sociedade das mulheres".

Há uma passagem digna de nota na *Cidade do sol* de Campanella,[19] onde um crítico sustenta:

> São Clemente, o romano, diz que, por acordos dos apóstolos, até suas esposas tinham que ser possuídas em comum e exalta Platão e Sócrates por terem também sustentado que as coisas deviam ser assim. Mas as Glosas interpretam isto como significando uma obediência comum a todos, não uma comunidade de leito. E Tertuliano confirma estas Glosas e diz que os primeiros cristãos possuíam todas as coisas em comum, exceto suas esposas, as quais, entretanto, demonstravam obediência a todos.

Esta obediência comum constitui interessante paralelo com a bem-aventurança daqueles que são "pobres de espírito".

Um estado peculiar de relações sexuais é sugerido numa passagem de *Doutrinas dos doze apóstolos*, uma das produções mais antigas da cristandade, que dá uma ideia de suas instituições no século II; aí lemos (XI, 2):

"Cada profeta provado e verdadeiro, que age em relação ao mistério temporal da Igreja, mas não ensina aos demais a fazer o que ele próprio faz, não seja julgado por vós, pois é julgado por Deus; tal era a conduta dos antigos profetas (cristãos)."

Harnack[20] observa que as palavras obscuras, "o mistério temporal da Igreja", significam o estado de matrimônio e que o objetivo dessas linhas era garantir contra a desconfiança que a comunidade sentia para com os profetas que entravam em peculiares relações conjugais. Harnack conjectura que essa referência é a pessoas que viviam no matrimônio como eunucos ou que viviam com suas esposas como irmãs. É possível que tal continência tenha realmente ofendido? Dificilmente poderíamos presumi-lo. Seria muito interessante, entretanto, se pudéssemos saber que tais profetas, embora já não pregassem uma prática sexual extramarital, ainda "se assemelhassem aos antigos profetas", i. e., aos primeiros mestres do cristianismo, que realmente praticavam tais relações.

O próprio Harnack cita a seguinte passagem como uma "boa ilustração da conduta em relação ao mistério temporal da Igreja", tomado da *Carta sobre a virgindade* (I, 10), erroneamente atribuída a São Clemente:

> Muitas pessoas desavergonhadas vivem junto com virgens sob o pretexto de piedade e assim incorrem em perigo, ou andam rondando com elas por caminhos e bosques, em lugares que estão cheios de perigos, incomodidades, armadilhas e canais... Outros comem e bebem com elas, sentam-se juntos à mesa, com virgens e mulheres consagradas (*sacratis*), em orgias escandalosas com muita falta de vergonha; tais coisas não devem existir entre os fiéis e menos ainda entre aqueles que fizeram voto de virgindade.

Na Primeira Epístola de Paulo aos Coríntios, os apóstolos, que se tinham sujeitado ao celibato, reclamam o direito de vagabundear pelo mundo com camaradas mulheres. Paulo grita:

"Não cabe a mim a liberdade de trazer comigo uma companheira (ἀδελφήν) como mulher[21] (γυναῖκα), como também fizeram os outros apóstolos, os irmãos do Senhor e Kephas (Paulus)?"[22] (*I Coríntios*, IX, 1, 5).

Um momento antes, Paulo dera conselhos contra o matrimônio.

Esse vaguear do apóstolo, com uma dama jovem, constitui importante elemento nos Atos do Apóstolo Paulo,[23] um romance que Tertuliano[24] diz que fora escrito por um presbítero na Ásia Menor, no século II, com o consentimento do próprio Paulo. Entretanto, "esses Atos foram por muito tempo um livro favorito de edificação",[25] o que é um sinal de que muitos cristãos piedosos não consideram os atos neles relatados ofensivos, senão, antes, bastante edificantes. A parte mais notável desse livro é a "bela lenda de Tecla[26]... que constitui uma excelente descrição da atmosfera do cristianismo no século II".[27]

A lenda narra que Tecla, a prometida de um jovem aristocrata de Icário, ouvira uma das orações do apóstolo e se entusiasmara por ele imediatamente. A narração nos dá uma interessante descrição pessoal do apóstolo: estatura baixa, calvo, pernas curvadas, joelhos salientes, olhos grandes, sobrancelhas cerradas, nariz bem longo, cheio de encanto, com a aparência ora de um homem, ora de um anjo. Infelizmente não diz qual dos anteriores valores corporais pode ser classificado como uma ajuda à sua aparência angelical.

Em resumo, o poder mágico do discurso causa profunda impressão na formosa Tecla e ela renuncia ao seu noivo. Este, por sua vez, denuncia Paulo perante o governador, como um homem que, por seus discursos, induz as mulheres e as donzelas a não se casarem. Paulo é preso, mas Tecla consegue chegar à sua cela e ali é encontrada. O governador, então, condena Paulo ao desterro e Tecla a morrer queimada na fogueira. Ela se salva por um milagre. A pira ardente é apagada por uma tempestade, que também confunde e dispersa os espectadores.

Tecla é libertada e segue Paulo, a quem encontra no caminho. Ele a toma pela mão e dirige-se com ela para Antioquia, onde encontram um aristocrata que imediatamente se enamora dela e quer tirá-la de Paulo, oferecendo-lhe polpuda indenização em troca de seu consentimento. Paulo responde que ela não lhe pertence e não a conhece, o que é uma resposta muito pusilânime para um apóstolo orgulhoso. Mas Tecla faz contrastar essa fraqueza com a energia com que se defende contra o aristocrata voluptuoso, que tenta tomá-la pela força. Por essa ofensa, ela é lançada às feras no circo, mas essas não lhe fazem mal, e é libertada novamente. Veste-se então como homem, corta o cabelo e segue novamente Paulo, que a instrui para ensinar a palavra de Deus e provavelmente também lhe confere o direito de batizar, segundo se pode inferir de uma observação de Tertuliano.[28]

A forma original dessa historieta continha evidentemente muitas coisas ofensivas à Igreja ulterior; "mas como os Atos foram considerados, por outro lado, edificantes e de entretenimento, recorreu-se a uma edição clerical, que eliminou os elementos mais censuráveis, sem suprimir inteiramente todos os traços do caráter original da obra".[29] Entretanto, embora muitos desses escritos tenham se perdido, resta ainda um número suficiente de indicações que assinalam a existência de relações sexuais peculiares, que se desviavam consideravelmente das formas tradicionais, ofendiam muito e, consequentemente, requeriam enérgica defesa por parte dos apóstolos; a igreja posterior, que tinha de carregar a responsabilidade de tais condições, tentou tanto quanto possível suprimir seus registros.

Não temos que assinalar, quase em absoluto, que o celibato conduz geralmente a relações sexuais extraconjugais, exceto no caso de ascetas fanáticos.

O fato de que os cristãos esperassem que o estado futuro que viria com a ressurreição estivesse caracterizado pela não existência do matrimônio acha-se também claramente indicado na seguinte passagem, em que Jesus responde à delicada pergunta: Se uma mulher teve sete esposos sucessivamente, a qual deles pertencerá após a ressurreição?

> Então, respondendo, Jesus disse-lhes: os filhos deste século se casam e são dados em casamento, mas os que forem considerados dignos daquele século e da ressurreição dos mortos não se casam nem são dados em casamento. Porque já não podem mais morrer, pois são iguais aos anjos e são filhos de Deus, quando são filhos da ressurreição. (*Lucas*, XX, 34-36.)

Não se deve crer que aí é dito que os homens seriam espíritos puros no primitivo estado cristão do futuro, sem necessidades corporais. Seu caráter físico e seu desfrute de prazeres materiais se acham expressamente acentuados, como já tivemos ocasião de conhecer. Não há dúvida de que Jesus diz que todos os matrimônios existentes se dissolverão no estado do futuro, de modo que a pergunta, sobre a qual dos setes esposos deveria a mulher pertencer, perde seu sentido.

Não devemos considerar o fato de que o bispo romano Calisto (217-222)[30] permitia a donzelas e viúvas de posição senatorial entrar em relações extraconjugais até com escravos como uma evidência de hostilidade ao matrimônio. Esse consentimento não era o produto de um comunismo, cuja hostilidade à família fora exagerado ao mais alto grau, mas antes o produto de um revisionismo oportunista, que estabelecia com prazer exceções a fim de obter partidários ricos e poderosos.

Esse revisionismo repetidamente se opunha ao renascimento das tendências comunistas da Igreja Cristã e estas estavam relacionadas, muito amiúde, com uma denúncia do matrimônio, pelo recurso ao celibato, ou pela prática da chamada comunidade de esposas, encontrada com frequência entre os maniqueus e os gnósticos.

A mais vigorosa de tais tendências era a representada pelos carpocracianos.

> Epífanes (Epiphanes) (o filho de Carpócrates[31]) ensinava que a divina justiça concedera todas as coisas a suas criaturas para igual posse e prazer. O meu e o teu só foram introduzidos no mundo quando começaram a atuar as leis humanas e com elas o roubo e o adultério e todos os outros pecados; porque, não diz o apóstolo: "Através da lei eu conheci o pecado." (*Romanos III*, 20; VII, 7.) O próprio Deus dotou o homem do poderoso impulso sexual, a fim de manter a raça, portanto, qualquer proibição do desejo sexual é absurda, e a proibi-

ção do desejo da mulher do próximo é sem dúvida também absurda, pois é tornar propriedade privada uma coisa comum. Os gnósticos, por conseguinte, consideram a monogamia uma transgressão da comunidade de esposas requerida pela justiça divina, como a propriedade privada das coisas é uma violação da comunidade de bens... São Clemente conclui sua avaliação de os gnósticos libertinos (carpocratianos e nicolaítas,[32] uma divisão especial dos simonianos[33]), com a observação de que todas essas heresias podem ser classificadas em duas tendências: ou ensinam um indiferentismo moral ou uma continência exagerada e hipócrita.[34]

Essas eram na verdade as alternativas que podia seguir um comunismo doméstico consistente. Já indicamos que esses dois extremos podiam encontrar-se, que tinham sua origem na mesma raiz econômica, apesar de parecerem irreconciliáveis em filosofia.

Com a dissolução, ou pelo menos o enfraquecimento dos laços de família tradicionais, ocorreu, necessariamente, uma mudança na situação da mulher. Uma vez que não estava mais limitada às estreitas atividades da família, uma vez que as pôs de lado, viu-se capacitada a dedicar sua mente e seus interesses a outros pensamentos, fora da esfera familiar. De acordo com seu temperamento, constituição e posição social, podia em alguns casos libertar-se não só dos laços familiares, mas também de todas as considerações éticas, de toda observância aos mandamentos sociais, de toda virtude e modéstia. Esse era comumente o caso com as senhoras aristocratas da Roma imperial, que podiam, por sua grande riqueza e pela privação artificial de filhos, abster-se de qualquer trabalho na família.

A abolição da família por um comunismo doméstico fortaleceu enormemente nas mulheres proletárias os sentimentos éticos, que se transferiram do círculo estreito da família para o muito mais amplo da comunidade cristã; sua solicitude desinteressada pela satisfação diária das necessidades dos esposos transformou-se num interesse pela libertação da raça humana de todas as suas misérias.

Assim, na primitiva comunidade cristã, encontramos não só profetas, mas também profetisas. Por exemplo, os Atos dos Apóstolos falam-nos de Felipe "o evangelista; e este tinha quatro filhas, donzelas, que profetizavam". (XXI, 9.)

A história de Tecla, a quem Paulo encarrega de ensinar e até de batizar, indica também que a presença de mestras da divina palavra não era de todo ausente na comunidade cristã.

Na Primeira Epístola aos Coríntios (XI, 5), Paulo reconhece expressamente o direito de as mulheres agirem como profetas. Só lhes pede que se velem quando exercerem essa função, a fim de não provocar o desejo dos anjos.

Entretanto, o capítulo 14 diz:

> Vossas mulheres calem nas comunidades, pois não lhes é permitido falar, mas estejam bem sujeitas, como também diz a lei. E, se querem aprender alguma coisa, perguntem em casa a seus maridos, pois é coisa desonesta uma mulher falar na comunidade. (34, 35.)

Os críticos bíblicos modernos consideram esta passagem interpolação posterior. Igualmente, toda a Primeira Epístola de São Paulo a Timóteo (bem como a Segunda e a dirigida a Tito) é uma falsificação que data do século II. Tais escritos já tratam de forçar a mulher novamente aos estreitos confins da família: “Mas se salvará gerando filhos.” (II, 15.)

Essa não era de modo algum a opinião da comunidade cristã primitiva; seus conceitos sobre o casamento, a família e a posição da mulher estão completamente de acordo com o que podemos inferir logicamente das formas de comunismo que eram então realizáveis na prática e fornecem uma prova adicional de que o comunismo dominava a filosofia do cristianismo primitivo.

NOTAS

1. Primeira Epístola aos Coríntios, I, 26 e ss.
2. Tito Flávio Clemente (Titus Flavius Clemens), sobrinho-neto do imperador Vespasiano e irmão de Tito Flávio Sabino (Titus Flavius Sabinus), era casado com Flavia Domitila, sua prima. Ficou bastante impressionado com a saga do povo judeu e, influenciado pelo rabino Akiba ben Joseph ou, como é chamado no *Talmud*, Rabbi Akiva, que viveu na Judeia no segundo século depois de Cristo e deu importante contribuição à Torah oral, converteu-se ao judaísmo e declarou-o perante o imperador Domiciano, que o acusou de apostasia perante o Senado. Condenado unanimemente à morte, Flávio Clemente, antes de morrer, fez ele mesmo a circuncisão e adotou o nome de Shalom Ketiah. Stefano (Stephanus), servo de Flávio Clemente, vingou seu amo, assassinando Domiciano, com a ajuda do Senado. (N. do T.)
3. *Sittengeschichte Roms*, II, p. 540-543.
4. *Tiago*, I, 9-11; II, 5-7.
5. Pfleiderer, *Das Urchristentum*, vol. II, p. 378, 380.
6. Paul Pflüger (1865-1947), filho de missionários suíços, nasceu em Rio Novo (Brasil) e foi pioneiro da política social na Suíça, para onde foi levado ainda jovem. Estudou teologia e filosofia na Basileia, em Lausanne e Zurique. Em 1898, tornou-se padre na igreja de St. Jakob em Zürich-Aussersihl. Pertenceu ao Partido Social-Democrata da Suíça e exerceu intensa atividade política. (N. do T.)
7. O *socialismo dos pais da Igreja.* (N. do T.)
8. A tradução comum é "comunhão", porém Kautsky traduz como "comunismo".
9. S. P. N., *Joannis Chrysostomi opera omnia quae exstant*, Paris, 1859. Ed. Migne, vol. IX, p. 96-98.
10. *João*, XII, 4-6.
11. *João*, XIII, 27-29.
12. *Lucas*, XIV, 33.
13. *Lucas*, XII, 33.
14. *Lucas*, XVIII, 18-23.
15. "Der sogenannte urchristliche Kommunismus", *Die Neue Zeit*, vol. XXVI, nº 2, p. 482.
16. Friedländer, *Sittengeschichte Roms,* I, p. 111.
17. Polifemo (Polyphemus; grego: Πολύφημος, transliterado como Polyphemos) era um dos ciclopes (Κύκλωψ) que, na mitologia grega, eram gigantes com apenas um olho no meio da testa. Eram ferreiros e forjavam réus

para Zeus. Eles viviam em uma ilha onde Ulisses desembarcou. Um deles matou e devorou alguns marinheiros que regressavam com Ulisses da Guerra de Troia. Polifemo era filho de Poseidon e da ninfa Thoosa e vivia em uma caverna próxima da Sicília, junto ao vulcão Etna. (N. do T.)

18. Circe ou Kírkē (Κίρκη), na mitologia grega, era uma deusa e às vezes uma feiticeira, capaz de transformar os homens em animais. Na *Odisseia*, de Homero, ela vivia em um solar de pedra, no meio de um bosque na ilha de Aeaea, cercada de lobos e leões. Supõe-se que se encontra no monte Circeu. Ela era filha de Helios, um titã pré-olímpico do sol, e Perse, uma das Oceânides (Ωκεανιδες), ninfas filhas de Oceano e Tetis. (N. do T.)
19. Giovanni Domenico Campanella, também conhecido como Tommaso Campanella (1568-1639), foi um filósofo dominicano, poeta e político. Pertenceu à Ordem dos Pregadores e dedicou-se aos estudos de filosofia. Em 1599, entretanto, foi preso por ordem do governo da Espanha sob a acusação de heresia e conspiração e esteve encarcerado 27 anos, em Nápoles. Embora libertado em 1626, foi outra vez submetido ao tribunal do Santo Ofício, em Roma. Depois que recuperou a liberdade, por intercessão do papa Urbano VIII, passou algum tempo no mosteiro dominicano de Minerva e, a fim de evitar ser novamente preso sob a suspeita de conspiração, teve de fugir em 1634 para a França, onde foi acolhido por Luís XIII e pelo cardeal Richelieu. Campanella deixou muitas obras sobre gramática, retórica, filosofia, teologia, política e medicina. A mais conhecida, escrita em 1623, é *Civitas solis* ou *La del Sole,* na qual descreve um Estado teocrático universal, fundado em princípios comunitários de igualdade. (N. do T.)
20. Adolf von Harnack (1851-1930) foi um teólogo alemão e historiador da Igreja, havendo lecionado nas universidades de Leipzig, Giessen e Marburg. Entre suas obras destacam-se *Das Wesen des Christentums* e *Die Mission und Ausbreitung des Christentums in den ersten drei Jahrhunderten*. (N. do T.)
21. Lutero traduz: "Trazer uma irmã como minha mulher." Weizsäcker traduz assim: "Trazer como minha esposa." A palavra grega traduzida aqui como esposa significa mulher, enquanto criatura sexuada, a fêmea dos animais e, consequentemente, também uma esposa. É impossível que o apóstolo, ao defender aqui "sua liberdade", refira-se a uma esposa legítima. (N. do A.)
22. O apóstolo Paulo chamava o apóstolo Pedro (Petrus), cujo nome original era Simão, pelos nomes de Cephas, Cefas, Kephas ou Kepha, que em aramaico têm o mesmo significado. Jesus falava principalmente aramaico, e é possível que esse nome tenha sido dado por ele a Simão, e não Pedro, a versão grega que terminou por prevalecer. (N. do T.)

23. Kautsky refere-se aos Atos de Paulo e Tecla (*Acta Pauli et Theclae*), um dos escritos do Novo Testamento considerado apócrifo. O escrito narra a história de Paulo com uma virgem, chamada Tecla, sobre a qual exerce influência. Parece que fazia parte de um escrito muito maior. (N. do T.)
24. Tertuliano foi um dos mais prolíficos autores dos primeiros tempos da Cristandade. Ele denunciou as doutrinas que considerava heréticas, mas posteriormente adotou posições assim consideradas e aderiu ao montanismo, movimento cristão do século II fundado por Montano que floresceu na região de Frígia (Anatólia). Os montanistas declaravam-se por vozes do Espírito Santo e profetizavam outra era cristã. Entre os escritos de Tertuliano destacam-se *Apologeticus*, *De testimonio animae*, *Adv. Judaeos*, *Adv. Marcionem*, *Adv. Praxeam*, *Adv. Hermogenem*, *De praescriptione hereticorum*, *Scorpiace*, *De monogamia*, *Ad uxorem*, *De virginibus velandis*, *De cultu feminarum*, *De patientia*, *De pudicitia*, *De oratione*, *Ad martyras* etc. (N. do T.)
25. Pfleiderer, *Urchistentums*, II, p. 171.
26. De acordo com a *Acta,* Tecla (Thekla) nasceu em uma ilustre família de Icônio (Ἰκόνιον), cidade no planalto central de Anatólia (Turquia). O *Martyrologium Hieronymianum* (58, 78) contém uma longa lista de mártires e o nome Tecla aparece como queimada na Via Ostiensis, mas seu nome aparece em várias outras datas, inclusive entre os que foram queimados na Via Aurélia, juntamente com Tertulla, Lupus e Justa. É possível que houvesse outras mulheres com o nome de Tecla. Nada mais se sabe a respeito de Tecla, que é uma das principais santidades da Igreja Ortodoxa Grega. (N. do T.)
27. Pfleiderer, *Urchistentums,* p. 245, 246.
28. Nos Atos de Paulo e Tecla, Paulo dá a Tecla autoridade apostólica ao dizer: "Ide e ensinai a palavra de Deus!" O texto narra: "40. Mas Tecla anelou por Paulo e o procurou, mandando buscá-lo em todos os prováveis lugares onde o encontraria. Foi relatado a ela que ele estava em Mira. Então ela tomou jovens e criadas e cingiu-se, costurou seu manto em capa conforme a moda dos homens e foi-se para Mira, e achou Paulo falando a Palavra de Deus. (...) Ela disse para ele: Eu tenho tomado o banho, Paulo, pois Aquele que trabalhou em ti pelo Evangelho também tem trabalhado comigo por meu batismo (...) E Tecla levantou-se e disse para Paulo: Eu estou indo a Icônio. Mas Paulo disse: Ide e ensinai a Palavra de Deus! (...) E após haver dado este testemunho, ela foi para Selêucia; e depois de esclarecer a muitos com a Palavra de Deus, ela adormeceu com um sono profundo." Tertuliano atacou os Atos de Paulo e Tecla, de modo a destruir

qualquer autoridade que poderia permitir a uma mulher ensinar e batizar. (N. do T.)

29. Pfleiderer, *op. cit.*, vol. III, p. 256.
30. Calisto I (Callixtus I) foi o sucessor do papa Zeferino (199-217) e chefiou a Igreja por cinco anos, de 217 a 222, durante os reinados dos imperadores Elagabalo e Sétimo Severo. Tertuliano acusou-o de ser demasiado indulgente ao administrar o sacramento da penitência, absolvendo os pecadores de adultério, homicídio e apostasia, absolvição que antes só era concedida uma vez, depois de severa penitência pública. Essa divergência levou Hipólito de Roma, que também divergira de Zeferino por causa da nomeação de Calisto, a ser escolhido como o antipapa. De acordo com a tradição antiga, Calisto morreu como mártir durante uma rebelião popular. (N. do T.)
31. Carpócrates de Alexandria foi o fundador do primeiro movimento religioso cristão, o gnosticismo, expressão derivada da antiga Gnose, que em grego significa conhecimento/entendimento, alcançado por meio da experiência pessoal. Essa seita originou-se provavelmente na Ásia Menor e floresceu durante os séculos II e III. Com influência do neoplatonismo e dos pitagóricos, mesclava elementos das filosofias do paganismo, como os mistérios de Elêusis, com a doutrina cristã. (N. do T.)
32. Nicolaítas era uma seita de adeptos do gnosticismo fundada por Nicolau (Nicolays) de Antioquia, de acordo com Santo Irineu (130-202), bispo cristão da Igreja Apostólica em Lugdunum, na Gália (Lyon, França), autor de *Adversus Hæreses*, na qual denunciou e atacou as heresias. (N. do T.)
33. Os simonianos eram gnósticos, seita fundada por Simon Magus, conhecido também como Simon, o Feiticeiro, ou Simon de Gitta. Ela se desenvolveu no século II e seus membros, adeptos do antinomianismo, não se consideravam obrigados a obedecer às leis da ética e da moralidade, conforme apresentadas pelas autoridades religiosas. O antinomianismo é o contrário do legalismo. (N. do T.)
34. Pfleiderer, *Urchristentum*, I, p. 113, 114.

2. A ideia cristã do Messias

A VINDA DO REINO DE DEUS

O título deste capítulo é na realidade um pleonasmo. Sabemos que Cristo é simplesmente a versão grega de Messias. Portanto, a ideia cristã do Messias significa a mesma coisa, do ponto de vista etimológico, que a ideia messiânica do Messias.

Mas historicamente a cristandade não inclui todos os que acreditaram no Messias, mas somente um tipo específico desses crentes, cujas expectativas messiânicas diferiam muito pouco, a princípio, das do resto do povo judaico.

Em primeiro lugar, a comunidade cristã em Jerusalém, como todo o resto dos judeus, esperava que o Messias viesse logo, mas não em um tempo precisamente fixado. Os Evangelhos que nos chegaram foram escritos em uma época em que os cristãos, na maioria, já não tinham essa esperança ardente. Eles nos mostram claramente que a esperança dos contemporâneos de Cristo tinha sido completamente frustrada, porém mantinha certos resíduos, recebidos das fontes orais e escritas com que trabalhavam.

De acordo com Marcos (I, 14, 15), "mas depois que João foi encarcerado, Jesus veio à Galileia pregar o Evangelho do reino de Deus, dizendo: O tempo cumpriu-se *e o reino de Deus está próximo*".

Os discípulos perguntam a Jesus qual é o sinal pelo qual reconhecerão a vinda do Messias. Ele lhes dá todos os sinais: terremotos, pestes, desastres de guerra, eclipses do sol etc., e informa-lhes que o filho do Homem virá com grande poder e magnificência para redimir seus fiéis, acrescentando:

"Na verdade vos digo, não passará essa geração sem que tudo esteja feito." (*Lucas*, XXI, 32.)

O informe de Marcos é semelhante (XIII, 30). Faz Jesus dizer novamente, no capítulo IX:

"Em verdade vos digo que há alguns dos que estão aqui que não gostarão da morte até que tenham visto o reino de Deus, que vem com toda a força."

Mateus, finalmente, apresenta Jesus prometendo a seus discípulos:

"Mas o que suportar até o fim, este será salvo. Quando vos perseguirem em uma cidade, fugi para outra. Digo-vos que não acabareis de andar por todas as cidades de Israel, até que venha o Filho do homem." (X, 22, 23.)

A afirmação de Paulo em sua Primeira Epístola aos Tessalonicenses (IV, 13 e ss.) é semelhante:

> Tampouco, irmãos, queremos que ignoreis a respeito dos que dormem, que não vos entristeçais como os outros que não têm esperanças. Cremos que Jesus morreu e ressuscitou, então também Deus através de Jesus trará os que nele faleceram. Por isto vos dizemos na palavra do Senhor: que nós, *que vivemos*, *que ficamos* até a vinda do Senhor, não nos anteciparemos aos que faleceram. O próprio Senhor, logo que invocado, ouvida a voz do arcanjo e ressoada a trombeta de Deus, descerá do céu; e os mortos em Cristo ressuscitarão primeiro; então nós, os que vivemos, os que ficamos, juntamente com ele seremos arrebatados nas nuvens para receber o Senhor nos ares e assim estaremos sempre com o Senhor.

Não era, portanto, de todo necessário que se estivesse morto para entrar no reino de Deus. Os vivos podiam contar com isto contemplando sua vinda. E o próprio reino era concebido como um lugar onde tanto aqueles que vivessem nesse momento como aqueles que ressuscitassem dos mortos gozariam a vida em sentido completamente corporal. Ainda vemos nos Evangelhos traços de tal crença, embora a concepção posterior da Igreja abandonasse a ideia de um estado temporal do futuro e o substituísse por um estado celestial.

Assim, Jesus promete (*Mateus*, XIX, 28 e ss.):

> Na verdade digo a vós, que me seguistes, na regeneração, quando o Filho do Homem sentar-se no trono de sua glória, vós também vos sentareis sobre doze tronos, para julgar as doze tribos de Israel. E quem quer que deixe casas, ou irmãos, ou irmãs, ou pai, ou mãe, ou

mulher, ou filhos, ou terras em meu nome, receberá cem vezes isso e herdará a vida eterna.

Em outras palavras, a recompensa por ter dissolvido a família e abandonado a propriedade seria um desfrute real dos prazeres temporais no estado do futuro. Refere-se particularmente aos prazeres da mesa.

Jesus ameaça os que não o seguem com exclusão de sua sociedade no dia após a grande catástrofe:

> Ali haverá choro e ranger de dentes, quando virdes Abraão e Isaac e a todos os profetas no reino de Deus e vós, excluídos. E virão do Oriente e do Ocidente, do Norte e do Sul e sentar-se-ão à mesa no reino de Deus. (*Lucas*, XIII, 28-29 — compare-se com *Mateus*, VIII, 11, 12.)

Mas promete aos Apóstolos:

> Eu, pois, vos confio um reino, como meu pai o confiou a mim, para que comais e bebais em minha mesa, em meu reino e vos senteis sobre tronos a julgar as doze tribos de Israel. (*Lucas*, XXII, 29, 30.)

Mesmo entre os apóstolos surgiram disputas quanto à precedência à mesa no estado do futuro. São Tiago e João exigem os lugares à direita e à esquerda do mestre, o que provoca aborrecimento entre os outros dez apóstolos. (*Marcos*, X, 35 e ss.)

Jesus diz a um fariseu, em cuja casa está a comer, que não convide seus amigos e parentes para a mesa, mas o pobre e o paralítico, o coxo e o cego: "e serás bem-aventurado, pois não te podem retribuir, mas serás recompensado na ressurreição dos justos." (*Lucas*, XIV, 14.) Imediatamente compreendemos a natureza de sua bem-aventurança: "E ouvindo isto, um dos que justamente estavam sentados à mesa disse-lhe: Bem-aventurado o que *comerá pão* no reino dos céus." (*Lucas*, XIV, 15.)

Mas haverá também bebidas para acompanhar os alimentos. Na última ceia, Jesus anuncia: "E eu vos digo, que desde agora só beberei do fruto da videira, até aquele dia, quando irei bebê-lo novamente convosco no reino de meu pai." (*Mateus*, XXVI, 29.)

A ressurreição de Jesus é considerada precursora da ressurreição de seus discípulos; os Evangelhos acentuam expressamente a presença corporal de Jesus, após a ressurreição.

Encontrou-se, após sua ressurreição, com dois de seus discípulos, na aldeia de Emaús, comeu com eles e desapareceu.

> E, levantando-se na mesma hora, tornaram a Jerusalém onde acharam os onze reunidos e outros com eles, os quais diziam: ressuscitou o Senhor verdadeiramente e apareceu a Simão. Então os dois contavam as coisas que lhes tinham acontecido no caminho e como Jesus fora reconhecido por eles ao partir o pão. Falavam ainda estas coisas, quando Jesus apareceu no meio deles e lhes disse: "A paz esteja convosco." Então eles espantados e assombrados pensavam que viam um espírito. Mas ele lhes disse: "Por que estais perturbados e sobem dúvidas a vossos corações? Olhai para minhas mãos e meus pés, que sou eu mesmo: apalpai e vedes; que o espírito não tem carne nem ossos, como vedes que eu tenho." E dizendo isto, mostrou-lhes as mãos e os pés. E como eles ainda não acreditavam, cheios de alegria e maravilhados, disse-lhes: "Tendes aqui algo para comer?" Então eles lhe apresentaram parte de um peixe assado e um favo de mel. E ele os tomou e comeu diante deles. (*Lucas,* XXIV, 33 e ss.).

No Evangelho de João, Jesus oferece evidência não só de sua existência em carne, após a ressurreição, mas também de um apetite muito saudável. João informa que Jesus apareceu a seus discípulos em uma habitação, cujas portas estavam fechadas, e foi "apalpado" pelo incrédulo Tomé; e acrescenta:

> Depois Jesus novamente se manifestou a seus discípulos no mar de Tiberíades;[1] e manifestou-se desta maneira. Estavam juntos Simão Pedro e Tomé, chamado Dídimo, e Nataniel, que era de Caná da Galileia, e os filhos de Zebedeu e outros dois de seus discípulos. Disse-lhes Simão: Vou pescar. Disseram-lhe: Vamos também contigo. Foram e subiram em uma barca e naquela noite nada pescaram. E, de manhã, Jesus pôs-se à margem: mas os discípulos não viram que era Jesus. E disse-lhes: Moços, tendes algo de comer? Responderam-lhe: Não. E ele lhes disse: Lançai a rede do lado direito do barco e achareis. Lança-

ram a rede e não a conseguiram puxar, por causa da quantidade de peixes. Então aquele discípulo, que amava Jesus, disse a Pedro: É o Senhor... Foram para terra e viram a mesa posta e um peixe em cima dela e pão... Disse-lhes Jesus: Vinde, comei... Esta foi a terceira vez que Jesus se manifestou a seus discípulos, tendo ressuscitado de entre os mortos. (*João*, XXI.)

A terceira vez foi provavelmente a última. Talvez tenha sido após seu fortalecimento com esse desjejum de peixe que Jesus subiu aos Céus, na imaginação do evangelista, de onde regressaria como o Messias.

Embora os cristãos sustentassem firmemente a presença corporal do ressuscitado, tinham, entretanto, que supor que esse corpo era de uma natureza diferente da anterior, embora só fosse pela vida eterna. Em uma época tão ignorante e tão crédula como a da cristandade primitiva, não deve surpreender que encontremos as ideias mais exageradas sobre esses assuntos, tanto na mente dos cristãos como na dos judeus.

Na Primeira Epístola de Paulo aos Coríntios, encontramos exposta a opinião de que aqueles de seus camaradas que vivessem para ver o estado do futuro, mesmo os que ressuscitassem, teriam uma existência corporal nova e superior:

> Vejais, digo-vos também um segredo: Não morreremos todos (até a vinda do Messias), mas seremos transformados, em um abrir e fechar de olhos, no chamamento final; pois será tocada a trombeta e os mortos levantar-se-ão sem corrupção e nós (os vivos) seremos transformados. (XV, 51, 52.)

A Revelação de João fala também de duas ressurreições, a primeira das quais deve ocorrer após a queda de Roma:

> E vi tronos e sentaram-se sobre eles e lhes foi dado julgamento; e vi as almas dos executados por causa do testemunho de Jesus e pela palavra de Deus... e viveram e reinaram com Cristo mil anos. Mas os outros mortos não tornarão a viver, até que se cumpram mil anos. Esta é a primeira ressurreição; a segunda morte não tem poder nestes; antes serão sacerdotes de Deus e de Cristo e reinarão com ele mil anos. (XV, 51, 52.)

Mas surge então uma rebelião dos povos da terra contra esses homens santos. Os rebeldes são lançados a um lago de fogo e enxofre, e os mortos, todos que então ressuscitaram, são julgados; os maus são lançados ao lago de fogo, enquanto os justos não mais morrerão e gozarão a vida da nova Jerusalém, à qual as nações da Terra trarão seus esplendores e suas riquezas.

O leitor observará que o nacionalismo judaico aparece ainda aí da maneira mais ingênua. De fato, como já tivemos ocasião de observar, o modelo da Revelação cristã de João é de origem judia, havendo sido composto durante o sítio de Jerusalém.

Mesmo após a queda de Jerusalém, havia ainda apocalipses judaicos, que expressavam de forma semelhante suas esperanças messiânicas. Assim são o Livro de Baruch[2] e o Quarto Livro de Ezra.[3]

Baruch anuncia que o Messias reunirá os povos e outorgará a vida àqueles que se submetam aos descendentes de Jacó e destruirá os outros que oprimiram Israel. Então o Messias sentar-se-á em seu trono, e prevalecerá a felicidade eterna. A natureza concederá tudo abundantemente, principalmente vinho. Os mortos ressuscitarão, e os homens serão organizados de modo completamente diferente. Os justos não mais se fatigarão com o trabalho, seus corpos brilharão com esplendor, mas os maus serão ainda mais feios que antes e entregues à tortura.

O autor do Quarto Livro de Ezra expõe pensamentos semelhantes. O Messias virá, viverá durante 400 anos e então morrerá com todo o resto da humanidade. Seguir-se-á então a ressurreição universal e um julgamento no qual o justo terá paz e prazer sete vezes maiores.

Vimos como é pequena a diferença em todos esses pontos entre as esperanças messiânicas dos primeiros cristãos e as da população judia como um todo. O Quarto Livro de Ezra, com inúmeros adornos posteriores, também atraiu grande atenção na Igreja Cristã e foi admitido em várias traduções protestantes da Bíblia.

A LINHAGEM DE JESUS

O primitivo conceito cristão do Messias coincidia, naquele tempo, tão exatamente com o conceito judeu que os Evangelhos ainda se esforçam em fazer aparecer Jesus como descendente de David. Porque o Messias, de acordo com a ideia judaica, devia ser de sangue real. Cita-se de vez em quando como "o filho de David" ou o "filho de Deus", que em hebraico significa a mesma coisa. Assim, no Segundo Livro de Samuel (VII, 14), Deus diz a David: "Eu serei pai para ele e ele será meu filho."

E o Rei diz no Segundo Salmo:

"Jahvé disse-me: Meu filho és tu; eu te gerei hoje." (*Salmos*, II, 7.)

Era necessário, portanto, provar por meio de uma grande árvore genealógica que José, o pai de Jesus, era descendente de David e fazer com que Jesus, o Nazareno, nascesse em Belém, a cidade de David. A fim de que isso parecesse admissível, utilizaram-se as mais notáveis asserções. Já nos referimos ao relato dado por Lucas (2, 1 e ss.).

> E aconteceu naqueles dias que saiu um edito, por parte do imperador Augusto, para que toda a terra fosse recenseada. A primeira medida para esse recenseamento foi tornar Cirênio governador da Síria.[4] E todos seriam recenseados, cada um em sua cidade. E subiu José da Galileia, da cidade de Nazaré, na Judeia, à cidade de David, que se chama Belém, pois era da casa e família de David; para ser recenseado com Maria, sua mulher, casada com ele, que estava grávida.

O autor ou autores do Evangelho de Lucas suspeitavam que havia algo errado, e em sua ignorância escreveram os mais completos absurdos. Augusto nunca ordenou um censo geral no Império. Evidentemente, a referência é ao censo feito por Quirino, em 7 d.C., na Judeia, que acabava de converter-se em província romana. Foi o primeiro censo desse tipo na Judeia.

Entretanto, esse engano é, relativamente, de pouca importância. Que dizer, porém, da ideia de que um censo geral no Império, ou mesmo um simples censo provincial, obrigasse cada um a transportar-se para sua cidade natal para ser recenseado? Mesmo hoje, na idade da estrada de ferro, tal disposição produziria imensa migração, cujo tamanho só seria superado por sua estupidez. De fato, os censos romanos nunca exigiram informações de ninguém fora do lugar *de seu domicílio*, e somente os homens tinham que pessoalmente comparecer.

Entretanto, não se conseguiria o fim piedoso se o bom José tivesse viajado sozinho para a cidade de David. O censo levou cada chefe de família a deslocar-se para sua cidade natal com filhos e bagagem, a fim de poder representar José viajando para Belém, com sua esposa, apesar de seu adiantado estado de gravidez.

Todo esse trabalho de amor foi perdido, dado que se tornou uma fonte de sérias dificuldades para o pensamento cristão, quando a comunidade começou a ultrapassar a terra judaica. Os gentios não tinham interesse especial em David, e ser dele descendente não era recomendação. O pensamento helênico e romano inclinava-se muito a levar a sério a fraternidade de Deus, enquanto para os judeus era meramente um signo de estirpe real. Não era nada raro entre gregos e romanos, como já vimos, representar um grande homem como filho de Apolo ou de qualquer outro Deus.

Mas o pensamento cristão, em tal esforço para dar prestígio ao Messias ante os olhos dos gentios, encontrou uma pequena dificuldade: o monoteísmo, que recebeu dos judeus. Um Deus gerando um filho não é nada anormal no politeísmo: é mais um deus. Mas fazer com que um Deus gere outro e permaneça como uma unidade, isto não é tão fácil de explicar. E o assunto não se simplificava isolando o poder criativo emanado da divindade de Deus na forma de um Espírito Santo especial. O problema era agora acomodar essas pessoas sob um só conceito que abarcasse as três. Essa foi uma tarefa em que a mais extravagante fantasia e fina sutileza fracassou. A Trindade tornou-se um dos mistérios em que se devia crer, mesmo sem entendê-lo; um mistério em que se devia crer precisamente em razão de seu absurdo.

Não há religião sem contradições. Nenhuma religião surgiu de um só cérebro como o resultado de um processo puramente lógico: cada religião é o produto de múltiplas influências sociais, que com frequência se estendem por séculos e que refletem as mais variadas situações históricas. Mas seria difícil encontrar alguma outra religião tão rica em contradições e em suposições irracionais como o é a cristã, porque dificilmente outra religião surgiu de elementos tão assombrosamente diferentes: o cristianismo foi transmitido pelo judaísmo aos romanos; pelos proletários, aos governantes do mundo; por uma organização comunista, a uma organização formada para a exploração de todas as classes.

Entretanto, a união do pai e do filho em uma só pessoa não foi a única dificuldade que resultou da imagem do Messias, para o pensamento cristão, assim que passou à influência de um meio não judaico.

Que se iria fazer com a paternidade de José? Não era possível fazer com que Maria concebesse Jesus de seu esposo. E como Deus coabitara com ela, não como um ser humano, porém como espírito, ela deveria permanecer virgem. Isso significava renunciar à ideia de que Jesus fosse descendente de David. Mas é tão grande o poder da tradição na religião que, apesar de tudo isso, a bela árvore genealógica que fora inventada para José e a designação de Jesus como filho de David continuaram a ser transmitidas fielmente. O pobre José devia então receber o desagradável papel de viver com uma virgem sem violar-lhe a virgindade e, além disso, sem sequer ofender-se de modo algum com sua gravidez.

JESUS COMO REBELDE

Embora os cristãos da época posterior não tenham conseguido apagar inteiramente a linhagem real de seu Messias, apesar de sua origem divina, fizeram os maiores esforços para eliminar outra característica de sua origem judaica, isto é, seu *espírito rebelde.*

O cristianismo no século II estava cada vez mais dominado por uma obediência passiva, que era totalmente diferente da natureza do judaísmo do século precedente. Já conhecemos o caráter rebelde daquelas camadas do povo judaico que esperavam o Messias, principalmente os proletários de Jerusalém e os bandos errantes da Galileia, os verdadeiros elementos dos quais se originou o cristianismo. Temos que presumir, portanto, que o cristianismo se caracterizava em seus primórdios pela violência. Esta suposição se converte em certeza quando descobrimos seus traços nos Evangelhos, apesar do fato de que suas edições posteriores puseram todo o empenho em eliminar qualquer elemento que pudesse ofender os que detinham o poder.

Por muito submisso e gentil que Jesus pudesse em geral parecer, ele ocasionalmente expressava ideias bem diferentes, que nos obrigam a supor que — quer tenha existido realmente, quer tenha sido simplesmente uma figura ideal — era, segundo a tradição original, um rebelde que foi crucificado como líder fracassado de uma insurreição. É mesmo digna de nota a maneira pela qual ocasionalmente falava de pessoas justas perante a lei:

"Não vim chamar os que amam a lei (δικαίους), mas os pecadores." (*Marcos,* II, 17.)

Lutero traduz: "Não vim chamar os justos, mas os pecadores ao arrependimento." Talvez fosse essa a variante no manuscrito que usou. Os cristãos devem ter percebido antes como seria perigoso admitir que Jesus chamava especialmente aqueles elementos que se opunham à lei. Lucas, portanto, acrescentou ao chamamento (καλέω) as palavras "ao arrependimento", (εἰς μετάνοιαν) cuja adição pode ser encontrada também em muitos manuscritos de Marcos. Mas, ao alterar a "convocação" ou "chamamento" com as palavras "chamar ao arrependimento", tirou-se todo o significado da frase. Quem pensa em chamar o "justo", como Lutero traduz a palavra (δικαίους), ao arrependimento? Além disso, semelhante alteração contradiz o contexto, pois Jesus emprega a palavra por ter sido acusado de comer em companhia de pessoas que eram desprezadas e de associar-se a elas, mas não de dizer-lhes que mudassem de conduta. Ninguém teria objetado se chamasse os pecadores "ao arrependimento".

Bruno Bauer, em sua discussão dessa passagem, nota, corretamente:

> Em sua forma original, esse ditame nem mesmo se refere ao assunto de se os pecadores realmente farão penitência, aceitarão o chamamento e *ganharão* seu direito ao reino dos Céus por meio da obediência a quem prega penitência. Como pecadores, *são* muito mais privilegiados pela justiça. Como pecadores, *são* chamados à bem-aventurança, *absolutamente favorecidos*; O reino dos Céus pertence aos pecadores, e o chamado que se lhes dirige simplesmente os instala em seu *direito de propriedade*, que a eles *pertence* como pecadores.[5]

Essa passagem sugere um desprezo pelas leis tradicionais, e as palavras pelas quais Jesus anuncia a vinda do Messias sugerem violência: o Império Romano existente afunda-se em terrível matança. E os santos não devem desempenhar papel passivo.

Jesus declara:

> Eu vim para lançar fogo sobre a terra. Que quero, se já está aceso? É-me necessário ser batizado. Como me angustio até que seja cumprido! Pensais que vim para a terra trazer a paz? Não, eu digo, porém mais discórdia, porque estarão daqui em diante cinco divididos numa casa; três contra dois e dois contra três. (*Lucas,* XII, 49-52.)

Em Mateus, ele diz mais diretamente:

"Não penseis que vim trazer paz à terra: não vim trazer a paz, mas a espada." (X, 34.)

Ao chegar a Jerusalém, na Páscoa, expulsa os mercadores e banqueiros do Templo, fato inconcebível sem a ajuda ativa de um grupo considerável de pessoas, a quem ele teria incitado.

Não muito antes, na última ceia, imediatamente antes da catástrofe, Jesus diz a seus discípulos:

> Agora o que tem bolsa, tome-a e também o alforje, e o que não tem, *venda sua capa e compre espada*. Porque vos digo que é necessário que se cumpra ainda em mim aquilo que está escrito: E com os maus foi contado, pois o que está escrito de mim terá cumprimento. Então eles disseram: Senhor, eis aqui duas espadas. E ele lhes disse: Basta.[6]

Logo após, no Monte das Oliveiras, há o choque com as forças armadas do Estado, Jesus deve ser preso.

> E eis que um dos que estavam com Jesus, estendendo a mão, sacou sua espada e, ferindo um servo do Pontífice, cortou-lhe a orelha.[7]

Contudo, nesse Evangelho, Jesus é apresentado como contra todo derramamento de sangue, e deixa-se voluntariamente prender e, portanto, ser executado, enquanto seus companheiros não são de forma alguma molestados.

Na forma em que nos chegou, essa história é das mais especiais, cheia de contradições; originariamente, deveria ser bastante diferente.

Jesus pede espadas, como se tivesse chegado o momento da ação; seus fiéis saem armados de espadas e, no exato momento em que encontram o inimigo e as desembainham, Jesus repentinamente declara que se opõe de princípio a todo uso da força; certamente essa afirmação é especialmente clara no caso de Mateus:

> Devolva a espada a seu lugar; pois todos os que usarem espadas, por meio delas perecerão. Acaso pensas que não posso agora orar a meu pai e ele me daria mais de doze legiões de anjos? Como, pois, se cumpririam as escrituras, segundo as quais assim deve suceder?[8]

Mas se Jesus opunha-se de princípio a todo uso da força, por que pediu as espadas? Por que permitia a seus amigos usarem armas quando iam com ele? Podemos entender essa contradição somente se supusermos que a tradição cristã, em sua forma originária, devia conter informações do *coup d'état*, cuidadosamente planejado, em que Jesus foi capturado, um golpe de mão que parecia oportuno depois de ter conseguido expulsar do Templo banqueiros e comerciantes. Os últimos editores não puderam suprimir esse informe, profundamente arraigado na tradição, em sua totalidade. Eles o mutilaram, fazendo aparecer o uso da força como um ato dos apóstolos contra a vontade de Jesus.

Talvez não tenha pouca importância recordar que esse choque foi no Monte das Oliveiras. Era o lugar indicado para qualquer golpe de mão contra Jerusalém.

Recordemos, por exemplo, o informe de Josefo sobre a fracassada insurreição dirigida pelo judeu egípcio no tempo do procurador Félix (52-56 d.C.),[9] que já relatamos.

Esse homem veio do deserto para o Monte das Oliveiras com 30.000 homens, a fim de atacar a cidade de Jerusalém, expulsar a guarnição romana e tomar o poder. Félix combateu o egípcio e dispersou seus partidários; o egípcio fugiu.

As narrações de Josefo contêm vários feitos semelhantes, que revelam o estado de ânimo da população judaica ao tempo de Cristo. Uma tentativa de insurreição pelo profeta galileu Jesus[10] não estaria em contradição com tal estado de ânimo.

Se considerarmos seu empreendimento como tentativa nesse mesmo sentido, podemos entender também a traição de Judas, que se acha ligada ao informe que estamos discutindo.

De acordo com a versão que foi preservada, Judas traiu Jesus por meio de um beijo, indicando assim aos agentes qual o homem que devia ser preso. Mas essa operação não tinha sentido algum. De acordo com os Evangelhos, Jesus era bem conhecido em Jerusalém; pregava publicamente todos os dias, era recebido pelas massas de braços abertos; e, entretanto, temos de crer que, inesperadamente, fosse necessário que Judas o apontasse para distingui-lo de seus partidários. Situação semelhante seria se a polícia de Berlim pagasse a um delator a fim de que lhe mostrasse quem é Bebel.[11]

A situação é completamente diversa, se considerarmos que se tratava de um golpe de mão, cuidadosamente planejado. Havia algo que valesse a pena trair, um segredo que se pudesse comprar. Se o relato sobre o golpe de mão que fora planejado tem de ser eliminado da história, a história da traição de Judas também perde sentido. Como esse ato de traição era aparentemente bem conhecido entre os camaradas e seu ódio para com o traidor demasiado grande, era impossível para o evangelista eliminar totalmente esse fato. Vê-se então obrigado a construir um novo ato de traição, a partir de sua própria fantasia, no que não teve muito êxito.

Não menos infeliz do que a atual versão da traição de Judas é a da captura de Jesus. Jesus é que foi preso, embora pregasse os meios pacíficos, enquanto seus apóstolos, que haviam desembainhado suas espadas e usado, não são incomodados. De fato, Pedro, que arrancara uma orelha de Malchus,[12] segue os agentes e senta-se no pátio do grande sacerdote e conversa pacificamente com eles. Imaginemos um homem em Berlim opondo-se pela força à prisão de um camarada, descarregando uma pistola na refrega, ferindo um policial e, depois, andando tranquilamente, a conversar amigavelmente com a polícia e sentando-se no comissariado com os membros da mesma para esquentar-se e tomar um copo de cerveja com eles!

Maior contrassenso não podia ser inventado. Mas é precisamente esse contrassenso que deve mostrar o esforço que se fez para esconder algo que devia ser eliminado a qualquer preço. Uma ação natural, facilmente compreensível, uma luta corpo a corpo, que termina em uma derrota pela traição de Judas e na captura do chefe, vem a ser, na forma exposta pelo Evangelho, um processo incompreensível e absolutamente sem sentido, que aconteceu somente "para que as escrituras pudessem cumprir-se".

A execução de Jesus, compreensível quando se considera que ele foi um rebelde, torna-se um ato de malícia sem sentido, completamente incompreensível, contra a vontade do próprio governador romano, que desejava libertá-lo. É um acúmulo de situações sem nexo, que só a necessidade de apagar os fatos reais, sentida pelo editores posteriores, pode explicar.

Até os essênios, pacíficos e opostos a todo conflito, eram arrastados naquele tempo pela onda geral de patriotismo. Encontramos essênios entre os generais judeus na última grande guerra contra os romanos. Sobre isso, Josefo diz:

> Os judeus haviam escolhido três grandes generais que eram dotados não só de força corporal e valentia, mas também de inteligência e sabedoria: Niger, de Pereia; Silas, da Babilônia; e João, o essênio.[13]

A hipótese de que a execução de Jesus deveu-se ao fato de ser um rebelde é, portanto, não apenas a única que pode tornar claras as narrações do Evangelho, mas também a única completamente de acordo com o caráter da época e do lugar. Da data que comumente se assinala como da morte de Jesus até a destruição de Jerusalém, as agitações na cidade não cessaram. Os combates nas ruas tornaram-se correntes, bem como as execuções de insurretos. Um combate de rua semelhante, empreendido por um pequeno número de proletários, seguido pela crucificação de seu líder, nativo da Galileia — sempre uma província rebelde — pode, muito bem, ter causado uma impressão profunda em todos os participantes que sobreviveram, enquanto a história talvez não tenha registrado fato tão comum.

Em vista do estado de agitação em que vivia todo povo judaico, naquela época, era natural que a seita que realizara a tentativa de levante enfatizasse a propaganda, dando-lhe importante lugar na tradição e, naturalmente, também exagerando e adornando alguns detalhes, como a personalidade do herói.

A situação, porém, mudou depois que Jerusalém foi destruída. Com a comunidade judaica, os últimos restos da oposição democrática, que ainda existiam no Império Romano, foram também destruídos. Nessa época cessam as guerras civis no Império Romano.

Nos dois séculos que transcorreram entre os Macabeus e a destruição de Jerusalém por Tito, o golfo oriental do Mediterrâneo estivera em constante estado de agitação. Um governo após outro caía, uma nação após outra perdia sua independência ou posição dominante. O poder, que direta ou indiretamente estava por trás de todas essas convulsões, o Estado romano, estava ao mesmo tempo dilacerado pelos mais gigantescos desastres, de Graco a Vespasiano, os quais emanavam cada vez mais dos exércitos e de seus chefes.

Nessa época, em que a esperança no Messias se desenvolvia e se consolidava, nenhum organismo político parecia mais do que provisório, enquanto a revolução política era o que parecia inevitável, o que se esperava. Esse período terminou com Vespasiano. Durante seu reinado, a monarquia militar conseguiu, finalmente, o acordo financeiro que o imperador necessitava a fim de prevenir por antecipação qualquer atividade de um possível rival, atraindo para si o favor dos soldados e detendo, em suas origens, por um longo período, as rebeliões militares.

A partir de então começa a "idade de ouro" do Império, uma situação geral de paz interna que se prolonga por mais de um século, de Vespasiano (69 d.C.) a Cômodo (180 d.C.). Enquanto nos dois séculos precedentes a agitação fora o estado normal, a tranquilidade tornou-se a regra em todo esse século. A revolução política, anteriormente uma coisa natural, afigurava-se como algo anormal. A submissão ao poder imperial, a paciente obediência não só pareciam uma norma de prudência para o covarde como lançavam raízes cada vez mais profundas como uma obrigação moral.

Isso devia naturalmente produzir efeitos sobre a comunidade cristã. O Messias da rebelião, como correspondia ao pensamento judaico, não era mais necessitado. Sua moral era contrária. Porém, uma vez que a comunidade se acostumara a considerar Jesus o seu Deus, a incorporação de todas as virtudes, a mudança não implicava o abandono do Jesus rebelde e a substituição por uma imagem ideal, adaptada às novas condições. Significou simplesmente a eliminação gradual de todos os elementos rebeldes da imagem de Jesus-Deus, transformando, paulatinamente, o Jesus rebelde em uma figura passiva, assassinada não por motivo de revolta, mas simplesmente por sua infinita bondade e santidade, e pela natureza viciada e a malícia de invejosos traiçoeiros.

Os retoques, por sorte, foram feitos com tanta estupidez, que traços e cores originais ainda podem ser descobertos, permitindo as deduções sobre todo o quadro. É precisamente porque esses resíduos não se harmonizam com os retoques posteriores que podemos inferir, com mais certeza, que os primeiros são genuínos e representam o verdadeiro informe original.

A esse ponto, bem como sobre outros aspectos já discutidos, a imagem do Messias na primeira comunidade cristã corresponde totalmente à imagem judia original. Só a última comunidade cristã começou a introduzir divergências. Há, porém, dois pontos em que a imagem do Messias, na comunidade cristã, difere, desde o princípio, do Messias judaico.

A RESSURREIÇÃO DO CRUCIFICADO

Messias havia muitos no tempo de Jesus, sobretudo na Galileia, onde os profetas e chefes de quadrilhas surgiam a cada momento, revelando-se como redentores e ungidos do Senhor. Mas quando eram capturados pelo poder romano, crucificados ou abatidos, seu papel messiânico terminava e era considerado um falso profeta e um falso Messias. O verdadeiro profeta ainda estava por chegar.

A comunidade cristã manteve-se ao lado de seu líder. Para eles, também, o Messias em toda a sua magnificência estava por chegar. Mas ele não era outro senão o que já fora, isto é, o Crucificado, que ressuscitara três dias após sua morte, aparecera aos seus adeptos e ascendera ao céu.

Essa concepção era peculiar à comunidade cristã. Qual teria sido a sua origem?

De acordo com a primitiva concepção cristã, foi o milagre da ressurreição de Cristo, no terceiro dia após a crucificação, que demonstrou seu caráter divino e causou expectativa de que outra vez viria do céu. Nossos teólogos atuais não foram além desse ponto. Naturalmente, entre eles, os "espíritos liberais" já não tomam a ressurreição literalmente. Jesus realmente não ressuscitou dentre os mortos, mas seus discípulos acreditaram tê-lo visto em seus arrebatamentos de êxtase, após sua morte e, por isso, inferiram que era de origem divina:

> Da mesma forma que Paulo, no caminho de Damasco, viu, em um momento de êxtase, a luminosa aparição celestial de Cristo — temos de pensar que Pedro teve primeiro a mesma experiência — uma experiência espiritual, de nenhum modo um incompreensível milagre, mas psicologicamente concebível, de acordo com muitas experiências análogas de todas as épocas... Mas, conforme analogias de outrora totalmente compreensíveis, é também fácil de entender que essa experiência de visão extática não se limitou a Pedro, e logo se repetiu com outros discípulos e, finalmente, com grupos de crentes... O fundamento histórico da crença dos discípulos na ressurreição encontramo-la na visão de um indivíduo em êxtase e que logo convence a todos; em tais experiências, pensaram ver o mestre crucificado, vivo e ascendendo para a glória celestial... No mundo de milagres, a fantasia teceu a roupagem do que movia e inundava a alma. No fun-

do, a força comovedora, em sua fé na ressurreição de Jesus, não passava da impressão indelével que uma pessoa fizera sobre eles: seu amor e sua confiança nele eram mais fortes que a morte. Esse milagre de amor e não um milagre de onipotência foi o fundamento da crença na ressurreição, na comunidade primitiva. Não se deteve em emoções passageiras, mas a crença inspirada, novamente despertada, impelia à ação; os discípulos reconheceram sua missão na vida. Deviam proclamar a seus compatriotas que Jesus de Nazaré, que eles tinham entregue a seus inimigos, era o Messias; que Deus o tinha mostrado plenamente pela ressurreição de Jesus e sua ascensão ao céu e que Jesus logo retornaria para encarregar-se de seu governo messiânico na terra.[14]

Segundo a exposição acima, temos de aceitar como consequência de uma alucinação acidental de um simples mortal a disseminação da fé da comunidade cristã no Messias e com ela todo o enorme fenômeno histórico do cristianismo.

Não é de modo algum impossível que um dos apóstolos pudesse haver tido uma visão do Crucificado. Igualmente não é impossível que pessoas cressem nessa visão, porquanto na época havia muita credulidade e o povo judeu se achava profundamente impressionado com a fé na ressurreição. A ressurreição não era considerada de nenhum modo inconcebível. Acrescentemos alguns exemplos aos que já demos.

Em Mateus, Jesus prescreve a seus apóstolos suas atividades: "Curai enfermos, limpai leprosos, *ressuscitai mortos,* lançai fora demônios." (X, 8.) A ressurreição dos mortos é incluída aqui como um fato dos mais reais na enumeração dos deveres diários dos apóstolos, junto com a cura dos enfermos. Uma admoestação previne-os contra a aceitação de pagamento por seu trabalho. Jesus, ou melhor, o autor do Evangelho, considerou que ressuscitar mortos mediante honorários, em outras palavras, realizá-lo como um negócio, estava inteiramente dentro da esfera da possibilidade.

Bastante característica é a história da ressurreição, como relatada por Mateus. A sepultura de Jesus está guardada por soldados, de modo que os apóstolos não podem roubar o cadáver e propagar a ideia de que ressuscitou. Mas a pedra rola para um lado do sepulcro, com acompanhamento de relâmpagos e terremotos, e Jesus ressuscita.

> Aí vão alguns da guarda à cidade e anunciaram aos sacerdotes todas as coisas que haviam acontecido. E eles se reuniram com os anciãos, que deram muito dinheiro aos soldados, dizendo: Deveis dizer que seus discípulos vieram de noite e o furtaram, enquanto dormistes. Caso isto chegue ao conhecimento do governador, nós o persuadiremos e vos poremos em segurança. E eles, tomando o dinheiro, fizeram como foram instruídos; e isto foi divulgado entre os judeus até o dia de hoje. (XXVIII, 11 e ss.)

Esses cristãos imaginavam que a ressurreição de um homem, morto e enterrado por três dias, não causaria tão profunda impressão nas testemunhas presentes, o que tornaria necessário mais do que um suborno para impor-lhes silêncio e mesmo induzi-las a propagar um informe oposto à verdade.

Podemos facilmente acreditar que os autores que expressavam opiniões como as aqui expostas pelo evangelista eram capazes de aceitar a fábula da ressurreição sem a menor dúvida.

Mas isso não é tudo. Essa credulidade, esta firme confiança na possibilidade de ressurreição não eram característica peculiar à comunidade cristã, uma vez que esta a compartilhava com toda a população judaica da época, pelo menos com aquela parte da população que esperava um Messias. Por que só a comunidade cristã teve uma visão da ressurreição de seu Messias? Por que não também os adeptos de alguns dos outros Messias que sofreram a morte no martírio naquele período?

Nossos teólogos responderão que foi por causa da impressão particularmente profunda, produzida pela personalidade de Jesus, uma impressão que nenhum dos outros Messias pôde causar. Contrário a esta afirmação está o fato de que as atividades de Jesus que, de acordo com todas as indicações, duraram um período muito curto, não deixaram traços nas massas, pois nem um só de seus contemporâneos as registrou. Mas outros Messias continuaram lutando por muito tempo contra os romanos e temporariamente alcançaram grandes êxitos. Será possível que tenham causado menos impressão que Jesus? Mas, suponhamos que Jesus, embora incapaz de fascinar as massas, fosse, entretanto, capaz de deixar atrás de si impressões inesquecíveis entre alguns de seus adeptos, devido ao poder de sua personalidade. Isso explicaria, no máximo, por que continuou a fé em Jesus entre seus amigos pessoais e não por que alcançou força de propaganda entre pessoas que não o haviam conhecido e sobre os quais sua personalidade não podia influir. Se foi somente a impressão geral causada por Jesus que produziu a fé em sua ressurreição e em sua missão divina, esta fé necessariamente se tornaria mais fraca na medida em que a lembrança dele se extinguisse e diminuísse o número de pessoas que estiveram em contato pessoal com ele.

Como se sabe, aos atores a posteridade não confere lauréis;[15] porém neste ponto os comediantes e os clérigos têm muito em comum. O que é verdade para o ator, o é também para o pregador, se este é somente pregador e atua só por meio de sua personalidade, não deixando nada escrito atrás de si que possa sobreviver a sua vida pessoal. Seus sermões, por mais profundamente eficazes e elevados que sejam, não podem produzir a mesma impressão nos que não os ouvem, naqueles que só os conhecem através de referências. E sua personalidade não terá sobre essas pessoas efeito algum, nem excitará sua fantasia.

Ninguém pode deixar atrás de si uma recordação de sua personalidade além do círculo dos que com ele estiveram em contato pessoal, a não ser que haja produzido uma criação capaz de produzir impressão completamente separada de sua personalidade, ou seja, uma *criação artística*, um edifício, uma reprodução, uma composição musical, um trabalho de literatura; ou um *triunfo científico*, uma coleção metódica de dados, uma teoria, uma invenção, uma descoberta; ou, finalmente, uma *instituição*, uma *organização política* ou *social*, de qualquer tipo, causada por ele ou, pelo menos, com sua notável cooperação.

Enquanto essa criação dure e atue, também durará o interesse na personalidade de seu criador. Com efeito, embora tal criação possa praticamente ser ignorada durante a vida de seu autor, ela crescerá após sua morte e começará a ter importância, como acontece com muitos descobrimentos, invenções e organizações. É bastante possível que o interesse em seu criador comece somente após sua morte e continue a aumentar cada vez mais. Quanto menos atenção se lhe preste em vida, quanto menos conhecida for sua pessoa, mais essa ignorância excitará a imaginação, se sua criação for poderosa, mais envolverá sua personalidade com uma auréola de anedotas e lendas. O amor do homem pelas relações causais, que busca em cada fato social — e, em outra época, também em cada fato natural — uma personalidade ativa atrás do fato, é suficientemente forte para inventar o autor de qualquer trabalho que tenha tido poderoso significado, ou pelo menos para associar esse trabalho a algum nome transmitido pela tradição, no caso de que o verdadeiro autor seja esquecido ou, como acontece frequentemente, se for o produto da cooperação de muitos talentos e nenhum dos quais supere completamente os outros, de modo que seja impossível nomear desde o princípio um produtor específico.

Não em sua *personalidade*, mas na *criação* relacionada com seu nome, temos que buscar a razão por que a atividade messiânica de Jesus não teve a sorte das atividades similares de Judas, Teudas e os outros Messias daquele tempo. Fé extática na personalidade do profeta, amor aos milagres, arroubos, fé na ressurreição, todas essas coisas encontramos entre os partidários dos outros Messias. Não podemos procurar a causa da diferenciação de um deles no que todos têm em comum. Ainda que possa ser natural para os teólogos, até para os mais liberais, ter como certo que, embora se deixem de lado todos os milagres atribuídos a Jesus, o próprio Jesus permanece como um milagre, como um super-homem nunca visto, somos obrigados a negar mesmo esse milagre. O único ponto de diferença entre Jesus e os outros Messias está no fato de que estes não deixaram nada atrás de si que pudesse preservar sua personalidade, enquanto Jesus deixou uma organização com elementos que foram excelentemente calculados para manter unidos seus adeptos e atrair crescente número deles.

Os outros Messias tinham somente reunido bandos com propósitos de insurreição, que se dispersavam após o fracasso. Se Jesus não houvesse feito mais que isso, seu nome teria desaparecido sem deixar traço após a crucificação. Jesus, porém, não foi simplesmente um rebelde, era também um representante e líder, talvez até o fundador, de uma organização que lhe sobreviveu e continuou aumentando em número e força.

A suposição tradicional é de que a comunidade de Cristo só foi organizada pelos apóstolos após a morte de Jesus. Mas nada nos obriga a aceitar essa presunção, que é, por outro lado, inadmissível. Porque essa presunção dá como certo nada menos que, imediatamente após a morte de Jesus, seus partidários introduziram em suas doutrinas algo inteiramente novo, até então ignorado e não desejado por ele, e que aqueles que tinham permanecido não organizados até então, passaram a organizar-se (a que seu mestre se opusera), no próprio momento em que tinham sofrido uma derrota suficientemente forte para destruir até uma organização bem unida. Para julgar por analogia outras organizações semelhantes, cujos começos melhor se conhece, pode-se supor que as organizações comunistas de beneficência dos proletários de Jerusalém, imbuídas da esperança na vinda do Messias, tinham existido ainda antes do tempo de Jesus e que um valente agitador e rebelde, chamado Jesus, vindo da Galileia, simplesmente se transformou em seu mais eminente defensor e mártir.

Segundo João, os doze apóstolos possuíam uma caixa comum enquanto Jesus ainda vivia. Mas Jesus também exige que todos os seus outros discípulos entreguem suas propriedades.

Em nenhum lugar, nos Atos dos Apóstolos, consta que os apóstolos e a comunidade somente se organizaram após a morte de Jesus. Já os encontramos organizados nesse tempo, reunindo-se em assembleias e realizando suas funções. A primeira menção de comunismo nos Atos dos Apóstolos é a seguinte:

"E perseveravam na doutrina dos apóstolos e na comunhão e na partilha do pão e nas orações." (II, 42.) Isto significa que continuavam a fazer suas refeições juntos e também continuaram outras práticas comunistas. Se tais práticas só tivessem sido implantadas após a morte de Jesus, essa expressão não teria sido empregada.

Foi a organização da comunidade que serviu como um vínculo para manter unidos os adeptos de Jesus após sua morte, como meio de manter viva a memória de seu líder crucificado, que anunciara a si próprio como o Messias. Com o crescimento da organização, na medida em que ela se tornava mais poderosa, seu mártir necessariamente ocupou cada vez mais a fantasia de seus membros, e eles, cada vez mais adversos à ideia de considerar o Messias crucificado como falso, sentiram-se mais e mais impelidos a reconhecê-lo como o verdadeiro Messias e, apesar de sua morte, a reconhecê-lo como aquele que voltaria com todo o seu esplendor. Para eles, era mais natural crer na ressurreição, e essa crença no caráter messiânico e na ressurreição do Crucificado tornou-se o traço característico da organização, distinguindo seus membros de outros crentes no Messias. Se a fé na ressurreição do Messias houvesse surgido de impressões *pessoais*, necessariamente ter-se-ia extinguido com o decorrer do tempo, sendo, aos poucos, substituída por outras impressões e, finalmente, desapareceria totalmente com a morte dos que haviam conhecido Jesus. Porém, se tal fé resultara da influência de sua *organização*, então far-se-ia tanto mais sólida e entusiástica com o crescimento da organização quanto menos soubessem positivamente a respeito da pessoa de Jesus, e a fantasia de seus adoradores estivesse menos agrilhoada a certos detalhes.

Não foi a fé na ressurreição do Crucificado que criou a comunidade cristã e lhe deu força; pelo contrário, foi o vigor e a força da comunidade que criaram a crença na vida imortal do Messias.

Nada havia na crença na ressurreição do Messias crucificado que estivesse em contradição com o pensamento judaico. Nós vimos que o pensamento judaico estava transpassado pela crença na ressurreição; mas também a literatura messiânica dos judeus estava impregnada da ideia de que a futura glória só podia ser comprada ao preço do sofrimento e da morte do justo, ideia que era uma consequência natural dos castigos e atribulações a que os judeus se achavam então submetidos.

A fé no Messias crucificado necessitava apenas de uma variante especial das diferentes expectativas messiânicas que os judeus, naqueles tempos, estavam a construir, mas o fundamento sobre o qual se erguia devia ao mesmo tempo implicar o desenvolvimento de uma oposição aos judeus. Este (i.e. fundamento), que era a força vital da organização comunista do proletariado, estava estreitamente relacionado com a forma peculiar das expectativas messiânicas dos proletários comunistas de Jerusalém.

O REDENTOR INTERNACIONAL

As expectativas messiânicas do resto dos judeus eram puramente nacionais em seu caráter, incluindo a dos zelotes. Implicavam a sujeição dos outros povos à dominação mundial judaica, que devia substituir o domínio de Roma; era a revanche contra os povos que oprimiam e maltratavam os judeus. Mas as expectativas messiânicas dos cristãos eram completamente diferentes. Essa comunidade também estava eivada de patriotismo judaico e de hostilidade aos romanos. Destruir o jugo estrangeiro era a preliminar necessária a qualquer libertação. Os membros da comunidade cristã, entretanto, não pretendiam derrubar somente o domínio dos governantes estrangeiros. Queriam derrubar o domínio de todos os governantes, inclusive os do próprio país. E convocavam os molestados e sofridos, pois o dia do juízo devia ser o dia da vingança contra o rico e o poderoso.

A paixão que os animava não era ódio de raça, mas ódio de classe. Essa característica era o germe de sua separação do resto dos judeus, que eram unificados pelo espírito nacional.

Ao mesmo tempo, esse foi também o germe de aproximação com o resto do mundo, o mundo não judaico. A ideia nacional do Messias devia permanecer restrita ao judaísmo, rechaçada pelo resto do mundo, que ela aspirava a subjugar.

O ódio de classe contra o rico, bem como a solidariedade proletária, eram pensamentos aceitáveis não apenas pelos proletários judeus. A esperança messiânica, que implicava a redenção do pobre, devia ter necessariamente encontrado aceitação entre os pobres de todas as nações. Somente o Messias social, não o nacional, podia transcender os limites do judaísmo. Somente tal Messias podia sobreviver vitoriosamente à terrível catástrofe que sobreveio à comunidade judaica, culminando na destruição de Jerusalém.

Por outro lado, uma organização comunista não podia manter-se no Império Romano, exceto em uma região onde ela estivesse fortalecida pela fé na vinda do Messias e na redenção daqueles que eram oprimidos e maltratados. Praticamente, tais organizações comunistas, como veremos mais adiante, baseavam-se em uma associação de auxílio mútuo. A necessidade de semelhantes organizações viera a ser universal no Império Romano, começando com o primeiro século de nossa era, e sentia-se mais vivamente na medida em que aumentava a pobreza real e que os últimos restos do primitivo comunismo tradicional desapareciam. Um despotismo desconfiado dissolvia todas as formas de organização; vimos que Trajano temia até as organizações de voluntários contra incêndios. César, entretanto, salvara as organizações judias, porém, mais tarde, estas também perderam sua posição privilegiada.

As organizações de auxílio mútuo não podiam continuar existindo exceto como sociedades secretas. Mas haveria alguém que consentisse em arriscar a vida unicamente para obter auxílio na doença? Ou quem arriscaria a vida por um sentimento de solidariedade com seus camaradas, em uma época em que o espírito público quase totalmente se extinguira? O que quer que fosse que houvesse restado de tal espírito público, ou de devoção pelo bem comum, em lugar algum se encontrava uma ideia grande e elevada como a da renovação messiânica do mundo, i. e., da sociedade. E os mais egoístas dos proletários, aqueles que se uniam às associações de auxílio mútuo para obter lucro pessoal, eram tranquilizados, sobre seus riscos pessoais, com a ideia de uma ressurreição com uma subsequente e rica recompensa; uma ideia que não teria sido necessária a fim de manter a moral do perseguido, em uma época cujas condições aguilhoavam os instintos e sentimentos sociais ao mais alto grau, de modo que o indivíduo se sentia irresistivelmente forçado a obedecer-lhes, até o ponto de fazer perigar suas próprias vantagens, sua própria vida. A ideia de uma ressurreição pessoal era, por outro lado, indispensável para a condução de uma luta perigosa contra forças poderosas, numa época em que todos os instintos e sentimentos sociais se tinham reduzido a um grau extremamente baixo pela dissolução social progressiva, não só entre as classes governantes, mas também entre as oprimidas e exploradas.

Somente na forma comunista da comunidade cristã, na do Messias *crucificado*, podia a ideia deste lançar raízes fora do judaísmo. Só por meio da fé no *Messias* e na *ressurreição* podia a organização comunista manter-se e estender-se como um corpo secreto no Império Romano. Mas quando se uniram esses dois fatores — o comunismo e a fé no Messias — tornaram-se irresistíveis. O que os judeus tinham esperado em vão de seu Messias de linhagem real foi realizado pelo Messias crucificado que surgira do proletariado: subjugou Roma, pôs os césares a seus pés, conquistou o mundo. Mas não conquistou-o para o proletariado. Em seu curso vitorioso, a organização beneficente comunista e proletária transformou-se no mais terrível instrumento de domínio e exploração do mundo. Este processo dialético não é nada novo. O Messias crucificado não foi nem o primeiro nem o último conquistador que voltava os exércitos vitoriosos contra seu próprio povo, utilizando-os para subjugá-los e escravizá-los.

César e Napoleão também tiveram sua origem em vitórias da democracia.

NOTAS

1. Tiberíades ou Tiberias (טְבֶרְיָה) é uma cidade ao norte do Mar da Galileia, em Israel. Tomou esse nome em homenagem ao imperador Tibério. (N. do T.)
2. O Livro de Baruch, (בָּרוּךְ: Βαρούχ, abençoado), referido às vezes como Baruch I, é livro deuterocanônico, encontrado na Bíblia grega (LXX) e na Bíblia Vulgata, mas não incluído na Bíblia Hebraica, embora incluído na versão de Theodotion, *scholar* judeu helenista. O Livro de Baruch é encontrados entre os livros proféticos, como os de Isaías, Jeremias, Lamentações, Ezequiel, Daniel e doze outros profetas, chamados de Profetas Menores. (N. do T.)
3. O livro de Ezra (אֶעֱזְרָ) é um dos livros da Bíblia Hebraica, dividido em dez capítulos. A Bíblia Hebraica, que foi incorporada à Bíblia Cristã, com algumas variações, como no Velho Testamento, é chamada de Tanakh (תַּנַ"ךְ) em hebraico. Trata-se de um acrônimo formado pelas letras inicias das três partes que a compõem. A primeira e mais importante parte é a Torah (תּוֹרָה, "ensinamento"), também conhecida como Pentateuco ou Cinco Livros de Moisés, cujos cinco livros são *Gênesis* (בְּרֵאשִׁית, Bərēshit); *Êxodo* (שְׁמוֹ ת, Shəmōt); *Levítico* (וַיִּקְרָא, Wajjiqrā'); *Números* (בְּמִדְבַּר, Bəmidbār) e *Deuteronômio* (דְּבָרִים, Dəḇārīm). A segunda parte consiste nos livros dos profetas (נְבִיאִים, Nəḇī'īm). A terceira parte, à qual também pertence o livro de Ezra, consiste nos "escritos" (כְּתוּבִים, Kətūḇīm). (N. do T.)
4. Cirênio (Cyrenius) é a forma helenizada de Quirino. O nome completo era Publius Sulpicius Quirinus, que foi governador de Cilícia, anexada à Síria ao tempo do nascimento de Jesus (*Lucas*, II, 2). (N. do T.)
5. *Kritik der Evangelium und Geschichte ihres Ursprungs*, 1851, p. 248.
6. *Lucas*, XXII, 36 e ss. (N. do T.)
7. *Mateus*, XXVI, 51. (N. do T.)
8. *Mateus*, XXVI, 52-54. (N. do T.)
9. Marco Antônio Félix foi procurador romano na Judeia (52-60 d.C.), sucedendo a Ventídio Cumano (Ventidius Cumanus). O apóstolo Paulo, após ser preso em Jerusalém, foi mantido em custódia por dois anos (Atos dos Apóstolos, XXIV). Ao retornar a Roma, Félix foi acusado de aproveitar-se da disputa entre judeus e sírios da Cesarea para matar e roubar os habitantes, porém, devido à influência de seu irmão junto a Nero, escapou da punição. (N. do T.)
10. Ao que tudo indica, houve anteriormente um profeta Galileu, também chamado Jesus, que tentou promover um levante na Judeia. (N. do T.)

11. Ferdinand August Bebel (1840-1913) foi líder do movimento operário na Alemanha e, juntamente com Ferdinand Lassalle, fundou, em 1875, o Partido Socialista dos Trabalhadores da Alemanha (Sozialistischen Arbeiterpartei Deutschlands — SAPD). Deixou obras, entre as quais *Die Frau und der Sozialismus* (1883) e *Die mohammedanisch-arabische Kulturperiode* (1884). (N. do T.)
12. No Novo Testamento, Malchus é o nome do servidor do alto sacerdote, que ajudou na captura de Jesus. (*João*, XVIII, 10-11). (N. do T.)
13. *Jüdischer Krieg*, III, 2, 1.
14. Pfleiderer, *Die Entstehung des Christentums,* 1907, p. 112-114.
15. Essa frase de Kautsky foi inspirada em um verso de Schiller: "*Dem Mimen flicht die Nachwelt keine Kränze.*" Friedrich Schiller, *Wallenstein-Trilogie* (1799), Prólogo, *in* Friedrich von Schiller, *Balladen & Dramen*, Munique, Trautwein Klassiker-Edition, 1996, p. 196. (N. do T.)

3. Os judeus cristãos e os gentios cristãos

A AGITAÇÃO ENTRE OS GENTIOS

A primeira comunidade comunista do Messias formou-se em Jerusalém; não temos a menor razão para duvidar da afirmação sobre isto nos Atos dos Apóstolos. Mas as comunidades logo surgiram noutras cidades que tinham um proletariado judaico. Entre Jerusalém e as outras partes do Império, especialmente em sua metade oriental, havia, certamente, um tráfico muito ativo, de muitas centenas de milhares, talvez milhões, de peregrinos. E inúmeros mendigos, sem família ou lar, viajavam incessantemente de um lugar para outro, como ainda ocorre na Europa oriental, detendo-se em cada parte até esgotar a caridade local. Esse era o significado das instruções dadas por Jesus a seus apóstolos:

> Não leveis bolsa, nem alforje, nem sandálias; a ninguém saudeis no caminho. Em qualquer casa onde entrardes, dizei primeiramente: A paz esteja convosco. E se houver ali algum filho da paz, vossa paz repousará sobre ele; e se não, voltará a vós. E pousai naquela mesma casa, comendo e bebendo o que vos derem, pois o trabalhador é digno de seu salário. Não andeis a mudar de casa em casa. E, em qualquer cidade onde entrardes e vos receberem, comei o que puserem diante de vós e curai os enfermos que nela houver e dizei-lhes: para vós outros, está próximo o reino de Deus. Mas em qualquer cidade onde entrardes e não vos receberem, saindo às suas ruas, dizei: Mesmo a poeira de vossa cidade que se grudou nos nossos pés, sacudimos em vós; não obstante sabei que está próximo o reino dos céus. E vos digo que os de Sodoma terão mais remissão naquele dia que os daquela cidade. (*Lucas*, X, 4-13.)

A ameaça final, que o evangelista põe na boca de Jesus, é típica do rancor do mendigo que fora fraudado em suas esperanças de esmola. Gostaria de afastar-se vendo toda a cidade arder em chamas. Porém, nesse caso, o Messias desempenha por ele o papel de incendiário.

Todos os agitadores da nova organização, sem bens de nenhuma espécie, e que erravam assim, eram considerados apóstolos, e não somente os doze cujos nomes nos chegaram como encarregados por Jesus de ser os proclamadores de sua palavra. O *Didache*[1] (o ensinamento dos doze apóstolos), já mencionado, ainda fala, em meados do segundo século de apóstolos ativos na comunidade.

Tais "mendigos e conspiradores" peregrinos, que se consideravam imbuídos do Espírito Santo, levaram os princípios da nova organização proletária, a "alegre mensagem" do Evangelho[2] de Jerusalém, às comunidades judaicas vizinhas e, finalmente, até a própria Roma. Tão logo, porém, deixava o solo da Palestina, o Evangelho entrava em um ambiente social completamente diferente, que estampava nele um selo igualmente diferente.

Junto dos membros da comunidade judaica, os apóstolos encontraram outro grupo, em estreito contato com aqueles, os associados dos judeus, os gentios "tementes a Deus"(σεβόμενοι), que adoravam o Deus judaico, assistiam às sinagogas, mas eram incapazes de aceitar todos os costumes judaicos. No máximo submetiam-se às cerimônias da imersão ou batismo; mas não tinham nada a ver com a circuncisão ou as leis dietéticas, a observância do sábado e outros atos extremos, que os teriam separado inteiramente de seu ambiente "pagão".

O conteúdo social do Evangelho havia encontrado pronta aceitação na camada proletária de tais "gentios tementes a Deus". Foram eles que o transplantaram para outros grupos proletários não judaicos, onde havia terreno favorável à doutrina do Messias crucificado, na medida em que o Evangelho prometia uma transformação social e instituições de auxílio imediatamente organizadas. Essas camadas não tinham simpatias para com todos os costumes especificamente judaicos; na realidade, muitas olhavam-nos com aversão e desprezo.

O novo ensinamento, quanto mais se propagava nas comunidades judaicas fora da Palestina, mais ganhava em sua imensa força de propaganda. Ao se despojar de suas peculiaridades judaicas, deixava de ser nacional e tornava-se de natureza exclusivamente social.

Quem primeiro reconheceu essa condição e defendeu-se energicamente foi Saul,[3] um judeu, que a tradição diz que não veio da Palestina, mas da comunidade judaica de uma cidade grega, Tarso, na Cilícia. Espírito fogoso, lançou-se primeiramente, com toda a sua energia, na defesa do farisaísmo e, como fariseu, lutou contra a comunidade cristã, que se ligava estreitamente aos zelotes, até que, de acordo com a lenda, convenceu-se repentinamente de seu erro por uma visão e passou para o extremo oposto. Uniu-se à comunidade cristã, mas pareceu imediatamente a favor da demolição das ideias estabelecidas, pois exigia que a nova doutrina se propagasse entre os não judeus e que seria desnecessário a estes aceitar previamente o judaísmo para se tornarem cristãos.

O fato de que trocou seu nome hebraico de Saul pelo latino de Paulus é característico de suas tendências. Tais mudanças de nome eram feitas, frequentemente, por judeus que desejavam desempenhar um papel em círculos não judaicos. Se Manasses trocava seu nome pelo de Menelau, por que Saul não haveria de passar a ser Paulus/Paulo?

Na novela de Paulo o que tem fundamento histórico provavelmente não pode ser com segurança determinado. Como em todos os assuntos relativos a histórias pessoais, o Novo Testamento é aqui, novamente, uma fonte de pouco valor, cheio de contradições e milagres impossíveis. Mas os atos pessoais de Paulo são um assunto secundário. O ponto importante é sua oposição, desde o início, às ideias anteriores da comunidade cristã. Esta oposição decorreu da natureza do caso; era inevitável e, apesar de que os Atos dos Apóstolos possam exagerar os acontecimentos individuais, a realidade do conflito entre as duas tendências, dentro da comunidade, pode ser percebida. Os Atos dos Apóstolos são um produto de polêmica, e o resultado desse conflito, escrito com o propósito de fazer propaganda de Paulo e também encobrir a contradição entre as duas tendências.

A princípio, a nova tendência era provavelmente muito modesta, defendendo somente a tolerância em certos pontos que a comunidade mãe poderia ter descuidado.

Pelo menos isso é o que parece provável do informe nos Atos dos Apóstolos que, temos de admitir, pintavam a situação bem mais cor-de-rosa, e pretendiam que reinava a paz onde havia, verdadeiramente, uma luta encarniçada.[4]

Os Atos dos Apóstolos, por exemplo, relatam assim a época em que Paulo fez agitação na Síria:

> Então alguns, que vinham da Judeia, ensinavam aos irmãos: que se não vos circuncidastes, conforme o rito de Moisés, não podereis ser salvos. Assim, como foi suscitada uma séria luta e contenda deles com Paulo e Barnabas, foi decidido que os dois fossem a Jerusalém, juntamente com alguns dos outros, perguntar aos apóstolos e aos presbíteros sobre essa questão. Enviados, pois, e até certo ponto acompanhados pela comunidade, passaram pela Fenícia e Samaria, e, contando a conversão dos gentios, causaram grande alegria a todos os irmãos. E chegados a Jerusalém foram bem recebidos pela comunidade, pelos apóstolos e pelos presbíteros, e informaram todas as coisas que Deus fizera com eles. Mas alguns da seita dos fariseus, que tinham acreditado, levantaram-se dizendo: É necessário circuncidá-los e determinar-lhes que observem a lei de Moisés. (Atos dos Apóstolos, XV, 1-5.)

Os apóstolos e os anciãos — em outras palavras, o comitê executivo do partido — reúnem-se, e Pedro, como Tiago, assim pronunciam discursos conciliatórios e finalmente resolvem enviar Judas Barnabas e Silas, também membros do comitê executivo, à Síria, a fim de proclamarem aos irmãos. (Atos do Apóstolos, XV, 22 e ss.):

"Pois pareceu bem ao Espírito Santo e a nós não impormos uma carga a mais além das coisas necessárias: que vos deveis abster-se de coisas sacrificadas a ídolos bem como do sangue da carne de animais sufocados e de fornicação." A direção renunciava assim à circuncisão dos prosélitos gentios, mas as práticas da caridade não deviam ser abandonadas: "Somente nos pediram que nos lembrássemos dos pobres: o mesmo que fui também solícito em fazer."

Tal é o informe do apóstolo em sua Epístola aos Gálatas (II, 10).

O sistema de auxílio era considerado da mesma forma pelos cristãos judeus e pelos gentios cristãos e não constituía um assunto de disputa entre eles. Portanto, é muito pouco mencionado em sua literatura, que se referia quase exclusivamente aos assuntos de polêmica. Seria, porém, errôneo presumir, devido às menções pouco frequentes, que essa atividade caritativa não desempenhava um papel no cristianismo primitivo. É verdade que não representou papel nas suas desavenças internas. Essas desavenças continuaram não obstante todos os esforços de conciliação.

Na epístola, acima citada, de Paulo aos gálatas, já encontramos os defensores da circuncisão acusados de agir por considerações oportunistas:

"Todos os que querem ostentar-se na carne, estes vos obrigam à circuncisão, somente para não padecerem perseguição pela cruz de Cristo." (VI, 12.)

Após o congresso antes mencionado, em Jerusalém, os Atos dos Apóstolos descrevem Paulo empreendendo uma viagem de agitação pela Grécia, cujo objetivo é novamente a propaganda entre os gentios. Depois do regresso a Jerusalém, informa a seus camaradas o sucesso de sua agitação:

> E eles como o ouviram, glorificaram a Deus e lhe disseram: Já vês, irmão, quantos milhares de judeus acreditaram e todos são zeladores da lei. Porém foram informados acerca de ti, que ensinas a todos os judeus que estão entre os gentios a apartar-se de Moisés, dizendo-lhes que não devem circuncidar seus filhos, nem andar segundo o costume. (Atos dos Apóstolos, XXI, 20-21.)

Paulo deve defender-se então de tal acusação e evidenciar que é ainda um judeu piedoso. Declara que está disposto a fazê-lo, mas é impedido de levar a cabo sua intenção por um ataque repentino dos judeus, que desejam matá-lo como traidor de sua nação. As autoridades romanas impõem-lhe uma espécie de prisão protetora e, finalmente, enviam-no a Roma, onde pode levar adiante sua agitação sem ser em absoluto incomodado, o que era muito diferente do que ocorria em Jerusalém: "Pregando o reino de Deus e desempenhando o que é do Senhor Jesus Cristo com toda liberdade, sem impedimento." (Atos dos Apóstolos, XXVIII, 31.)

A OPOSIÇÃO ENTRE JUDEUS E CRISTÃOS

É natural que os gentios cristãos proclamassem seu ponto de vista mais enfaticamente quando seu número cresceu. A oposição, portanto, estava condenada a tornar-se mais aguda.

Quanto mais a oposição perdurava, mais numerosas tornavam-se as áreas de atrito, mais hostil necessariamente se tornava a atitude das duas tendências, uma contra a outra. A situação mais ainda se aguçou ao agravar-se o contraste entre os judeus e os povos entre os quais viviam, nas últimas décadas antes da destruição de Jerusalém. O elemento proletário do judaísmo, sobretudo o de Jerusalém, foi precisamente o que se aproximou dos povos não judaicos, particularmente dos romanos, com um ódio cada vez mais fanático. O romano era o pior opressor e explorador, o pior inimigo, e o heleno era seu aliado. Acentuava-se mais do que nunca cada ponto que os diferenciava dos judeus. Todos que punham a maior ênfase na propaganda entre os judeus viam-se necessariamente impelidos, por considerações baseadas nos êxitos de sua agitação, a evidenciar com mais força as características judaicas, a aderir a todas as leis judaicas, às quais se achavam demasiado inclinados, dada a influência de seu meio.

Mas, à medida que aumentava o ódio fanático dos judeus contra as nações de seus opressores, cresciam também a repulsa e o desprezo que as massas sentiam pelos judeus. Isso levou, outra vez, muitos dos gentios cristãos e seus agitadores não apenas a reclamarem para si a isenção das leis judaicas, mas também a se referirem a elas de forma cada vez mais desdenhosa. O contraste entre os cristãos judeus e os gentios cristãos transformou-se mais e mais em uma hostilidade ao próprio judaísmo. Entretanto, a crença no Messias, incluindo também o Messias crucificado, estava demasiado entrelaçada com o judaísmo para permitir aos gentios cristãos negá-lo completamente. Tomaram do judaísmo todas as profecias messiânicas e outros sustentáculos para a fé no Messias, mas simultaneamente tornaram-se cada vez mais adversos ao judaísmo. Esse fato acrescentou nova contradição às muitas já existentes no cristianismo.

Já vimos como era grande a ênfase posta pelos Evangelhos na origem de Jesus diretamente de David e como fazem os mais estranhos arranjos para que o galileu nasça em Jerusalém. Volta e meia citam passagens das escrituras sagradas dos judeus para provar com elas a missão messiânica de Jesus. Chegam mesmo a representar Jesus protestando contra qualquer acusação de que pretendesse abolir a lei judaica.

> Não penseis que vim para abolir a lei ou os profetas: não vim para abolir, mas para cumprir. Porque em verdade vos digo que até que o céu e a terra se desvaneçam, nada, nenhum colchete, passará da lei, até que tudo aconteça. (*Mateus*, V, 17, 18; compare-se com *Lucas*, XVI, 16.)

Jesus ordena a seus discípulos: "Pelo caminho dos gentios não ireis e em cidade de samaritanos não entreis; mas ide antes às ovelhas perdidas da casa de Israel." (*Mateus,* X, 5, 6.)

Esta é uma proibição terminante contra a propaganda fora do judaísmo. Jesus se expressa da mesma forma, embora mais docemente, com uma mulher fenícia, em Mateus (uma grega nascida na Síria-Fenícia, em Marcos). Ela lhe implora:

> Senhor, filho de David, tem misericórdia de mim; minha filha está atormentada pelo demônio. Mas ele não lhe respondeu palavra. Então seus discípulos lhe rogaram, dizendo: Atendei-a, pois lança vozes atrás de nós. E ele, respondendo, disse: *Só sou enviado às ovelhas perdidas da casa de Israel.* Então ela veio e adorou-o, dizendo: Senhor, socorre-me. E respondendo, ele disse: Não é bom tomar o pão dos filhos e lançá-lo aos cães. E ela disse: Sim, Senhor, mas os cães comem as migalhas que caem da mesa de seus senhores. Então, respondendo, Jesus disse: Oh, mulher, grande é a tua fé, seja feito como queres. E sua filha ficou curada desde aquela hora. (*Mateus,* XV, 22 e ss.; compare-se com *Marcos,* VII, 26.)

Nesse caso, Jesus consente em ouvir a razão. Mas a princípio mostra-se muito desagradável com a grega, pelo fato de não ser judia, embora ela o chame filho de David, em termos que sugerem uma fé judaica no Messias.

Completamente judaico é o pensamento que está por trás da promessa de Jesus a seus discípulos, de que se sentarão, no estado do futuro, em doze tronos, julgando as doze tribos de Israel. Essa promessa só podia ter encanto para um judeu e somente na Judeia. Perdia todo o sentido na propaganda entre os gentios.

Contudo, nos Evangelhos, tais traços marcantes da fé judaica no Messias se justapõem às expressões de hostilidade aos judeus, que imbuíam seus autores e editores. Jesus repetidas vezes pronuncia sermões contra tudo que é sagrado aos judeus piedosos, os jejuns, as leis dietéticas, a observância do Sábado. Exalta os gentios contra os judeus:

"Portanto vos digo, que o reino de Deus será tirado de vós e dado a gente que o faça dar frutos." (*Mateus,* XXI, 43.)

Jesus vai ao extremo de maldizer abertamente os judeus.

> Então começou a recriminar as cidades em que tinham sido feitas muitas de suas maravilhas, porque não se tinham arrependido, dizendo: Ai de ti, Chorazin! Ai de ti, Bethsaida! Porque, se em Tiro e em Sídon houvessem sido feitos os milagres que foram feitos em vós, há muito que elas se teriam arrependido, com vestes grosseiras e cinzas. E, contudo, vos digo, que a Tiro e a Sídon será mais tolerável o castigo no dia do juízo que a vós. E tu, Kapernaum, não foste erguida para o céu? Tu será lançada ao inferno. Se em Sodoma fossem feitos os milagres que foram feitos em ti, ela teria permanecido até o dia de hoje. Digo-vos, portanto, que a terra de Sodoma terá castigo mais tolerável que o teu no dia do juízo. (*Mateus*, XI, 20-24.)

Essas palavras evidenciam ódio direto aos judeus. Já não se trata de uma seita do judaísmo a injuriar outra seita da mesma nação. A nação judaica, como tal, é apontada como inferior, moralmente, e apresentada como insolitamente maliciosa e teimosa.

Esse mesmo pensamento se encontra nas profecias atribuídas a Jesus, relativas à destruição de Jerusalém que, certamente, foram inventadas depois que o fato aconteceu. A guerra, que tão assombrosamente revelou a energia dos judeus e o perigo que representavam para seus inimigos, esta erupção selvagem de feroz desespero, exagerou a hostilidade entre judeus e gentios até o último grau e teve o mesmo efeito, portanto, que o massacre de junho e a Comuna de Paris, no século XIX, produziram sobre o ódio de classe entre o proletariado e a burguesia. Isso também aprofundou o abismo entre o cristianismo judeu e o cristianismo pagão, mas privou cada vez mais o primeiro de toda a sua base. A destruição de Jerusalém minou o terreno que servia de alicerce para qualquer movimento independente de classe por parte do proletariado judeu. Tal movimento teria de fundar-se na independência da nação. Após a destruição de Jerusalém, havia judeus somente em países estrangeiros, entre inimigos, por quem todos eles, ricos e pobres, eram igualmente odiados e perseguidos e contra quem todos tinham de manter-se firmemente unidos. A caridade do poderoso para com seus compatriotas pobres alcançou, portanto, alto grau precisamente entre os judeus; em muitos casos, o sentimento de solidariedade nacional dominava as hostilidades de classes. A fase judaica do cristianismo, por conseguinte, perdeu verdadeiramente sua força de propaganda. O cristianismo desde então veio a ser cada vez mais exclusivamente gentio, não mais um partido político dentro do judaísmo, mas fora dele, e a ele hostil. O modo de pensar cristão e o antissemita passaram a ser gradualmente idênticos.

Com a queda da comunidade judaica, a esperança nacional do judaísmo no Messias perdeu o terreno do qual surgiu. Podia continuar a existir por alguns decênios, fazer mais alguns movimentos espasmódicos antes de sua morte, porém, como fator efetivo no desenvolvimento social e político, recebera um golpe mortal com a destruição de Jerusalém.

O mesmo não ocorreu com a esperança no Messias entre os gentios cristãos, que se haviam divorciado completamente da nação judaica e não sofriam suas atribulações. A ideia do Messias manteve então sua força viva somente sob a forma do *Messias Crucificado*, em outras palavras, do Messias não judaico, do Messias traduzido para o grego, o *Cristo*.

Os cristãos efetivamente conseguiram até transformar o espantoso acontecimento, que significava a *derrocada* da esperança judaica no Messias, em um *triunfo* de Cristo. Jerusalém começou a aparecer agora como o inimigo de Cristo, e a destruição de Jerusalém fora a vingança deste sobre os judeus, uma terrível evidência de seu poder vitorioso. Lucas conta a entrada de Jesus em Jerusalém:

> E quando chegou perto, vindo à cidade, chorou sobre ela, dizendo: Oh, se também tu conhecesses, pelo menos nesse dia, o que é a paz! Mas agora está escondida de teus olhos. Pois sobre ti virão dias em que teus inimigos cercar-te-ão de trincheiras, rodear-te-ão, acossar-te-ão de todos os lados. Eles te arrasarão e a teus filhos, dentro de ti, e não deixarão pedra sobre pedra porque não reconheceste o tempo de tua visitação. (*Lucas,* XIX, 41-44.)

Imediatamente depois, diz outra vez que os dias da destruição de Jerusalém, com aniquilamento até mesmo das mães grávidas e daquelas que ainda amamentam, serão os "dias de vingança" (ἐκδικήσεως). (*Lucas,* XXI, 22.)

A matança de setembro da Revolução Francesa, que não foi promovida com o propósito de executar uma *vingança* sobre crianças, mas a fim de rechaçar um inimigo cruel, tornam-se corporativamente suaves quando se comparam com essa sentença do Bom Pastor.

A destruição de Jerusalém teve ainda outras consequências para o pensamento cristão. Já assinalamos como o cristianismo, que até então se caracterizara pela violência, atingiu agora um caráter pacífico. Somente entre os judeus encontramos ainda uma democracia vigorosa nos primórdios da Era Imperial. As outras nações do Império tornaram-se incapazes para a guerra e pusilânimes, inclusive seus proletários. A destruição de Jerusalém eliminou a última reserva de energia popular no Império. Toda rebelião era sem esperanças. O cristianismo tornou-se unicamente o cristianismo gentio e, assim, submisso e francamente servil.

Porém os governantes do Império eram os romanos. Com eles era preciso, acima de tudo, mostrar-se gentil. Enquanto os primeiros cristãos foram patriotas judeus e inimigos de todo domínio estrangeiro e exploração, os gentios cristãos acrescentaram ao ódio pelos judeus um culto ao romanismo e à autoridade imperial. Isso também se expressa nos Evangelhos. Conhecida é a história dos provocadores enviados a Jesus pelos "escribas e sacerdotes", com o objetivo de provocá-lo e obter dele palavras de alta traição:

> E espreitando-o, enviaram espias (ἐγκαθέτους) que teriam de se fingir de justos (i.e., de companheiros de Jesus), para surpreenderem-no em palavras, a fim de entregarem-no ao principado e à potestade do governador. Eles lhe perguntaram, dizendo: Mestre, sabemos que dizes e ensinas bem e não tens respeito às pessoas, mas ensinas o caminho de Deus, segundo a verdade. É lícito pagar tributo a César, ou não? Mas Jesus, percebendo a astúcia deles, disse-lhes: Por que me tentais? Mostrai-me uma moeda. De quem tem a efígie e a inscrição? E respondendo disseram: de César. Então lhes disse: Pois dai a César o que é de César e a Deus o que é de Deus. (*Lucas*, XX, 20-25.)

Jesus expõe aqui uma notável teoria do dinheiro e do imposto: a moeda pertence àquele cuja imagem e inscrição ostenta; ao pagar impostos não fazemos outra coisa que devolver seu dinheiro ao imperador.

O mesmo espírito permeia os escritos dos líderes da propaganda entre os gentios cristãos. Assim, lemos na Epístola de Paulo aos Romanos (XIII, 1-7):

> Todo homem se submeta às autoridades superiores, pois não há autoridade senão de Deus; onde há, por Deus é ordenada. Assim, o

> que se opõe à autoridade resiste à ordem de Deus; e os que resistem recebem a condenação ao inferno... A autoridade não leva a espada em vão; é ministra de Deus, vingadora para o castigo do que faz o mal. Pelo qual é necessário que lhe fiqueis sujeitos, não somente pelo temor de castigo, mas também pela consciência. Por isto também deveis pagar os tributos; porque são ministros de Deus que servem para isto. Pagai a todos o que deveis; quando imposto, imposto; quando pedágio, pedágio; quando temor, temor; quando honra, honra.

Como isso já está longe do Jesus que ordenava a seus discípulos comprar espadas e pregava ódio aos ricos e poderosos! Como já está longe do cristianismo que na Revelação de São João imprecava contra Roma e os reis aliados, da maneira mais raivosa:

> A grande Babilônia (Roma), habitação de demônios e guarita de todo espírito imundo e albergue de todas as aves sujas e desagradáveis. Porque todas as gentes beberam do vinho do furor de sua fornicação; e os reis da terra fornicaram com ela e os mercadores da terra se enriqueceram com sua opulência... os reis da terra que fornicaram com ela e viveram em deleites, se lamentarão e chorarão sobre ela. (XVIII, 2, 3, 9.)

A nota fundamental nos Atos dos Apóstolos é a ênfase na hostilidade dos judeus para com os ensinamentos do Messias crucificado e também a ênfase sobre uma pretensa receptividade atribuída aos romanos por tais ensinamentos. O que a cristandade nem desejava nem imaginava ser a situação após a queda de Jerusalém é apresentado como tendo sido fato. A propaganda cristã, segundo os Atos dos Apóstolos, é reprimida várias vezes pelos judeus em Jerusalém; os judeus perseguem e apedrejam os cristãos onde podem, enquanto as autoridades romanas protegem estes últimos. Vimos que se disse ter sido Paulo seriamente ameaçado em Jerusalém, enquanto se lhe permitia pregar em Roma sem ser incomodado. Liberdade em Roma, supressão pela força em Jerusalém!

Mas a evidência mais saliente do ódio aos judeus e lisonja aos romanos aparece na história da paixão de Cristo, a história dos sofrimentos e da morte de Cristo. Aqui podemos observar claramente como o conteúdo inicial dessa lenda se transformou em seu oposto sob a influência de novas tendências.

Como o relato da paixão é a parte mais importante do esboço histórico oferecido pelos Evangelhos e a única parte em que podemos pretender estar tratando com a História, e como é muito típica do modo primitivo cristão de fazer história, esse relato merece nossa especial consideração.

NOTAS

1. O *Didache* (grego: διδαχή, ensinamento) é provavelmente o primeiro texto do cristianismo, o primeiro catecismo (*c*. 150-180, para outros 100-120 d.C.), contendo instruções para as comunidades cristãs, dividido em três partes, com lições sobre rituais como batismo, eucaristia e organização da Igreja. É considerado por alguns pais da Igreja parte do Novo Testamento, mas é rejeitado por outros e não é incluído no cânon, com exceção da Igreja Ortodoxa da Etiópia. (N. do T.)
2. Evangelho deriva do latim *evangelium*, e este do grego ευαγγέλιον, *euangelion*. *Eυ* significa "bem" e αγγέλιον" anunciar, informar. Portanto, Evangelho significa "boa mensagem".
3. Saul, nome original de Paulus, Paulo de Tarso ou São Paulo, o Apóstolo (*c*. de 3-*c*. 66), foi o que mais contribuiu para a expansão do cristianismo fora das comunidades judaicas, entre os gentios. É apresentado no Novo Testamento como um judeu helenizado e um cidadão romano de Tarso, na Anatólia (Turquia asiática). Ao contrário dos demais apóstolos, não conheceu Jesus pessoalmente; era fariseu e fez carreira no Templo, e diferenciava-se dos outros apóstolos, que eram pescadores analfabetos, por ser um homem culto, educado em duas culturas (grega e judaica). Também foi ele que distorceu o caráter revolucionário do cristianismo primitivo, de modo a facilitar sua aceitação pelas classes privilegiadas. (N. do T.)
4. Compare-se Bruno Bauer, *Die Apostelgeschichte, eine Ausgleichung des Paulinismus und des Judentums innerhalb der christlichen Kirche*, 1850.

4. A história da paixão de Cristo

Há, na verdade, poucas coisas que podem ser encontradas nos Evangelhos com certo grau de admissibilidade, como fatos reais da vida de Cristo, seu nascimento e morte; dois fatos que, se pudessem, com certeza, ser provados, demonstrariam que Jesus viveu realmente e não foi simplesmente uma figura mitológica, mas não lançam luz alguma sobre os elementos mais importantes de uma personalidade histórica: as *atividades* dessa pessoa entre o nascimento e a morte. O enredo de máximas morais e feitos milagrosos, relatados pelos Evangelhos como um informe de tais atividades, está tão repleto de fatos impossíveis e obviamente inventados, tem tão pouco apoio em outras evidências, que não pode ser usado como fonte.

A situação não é muito diferente no que se refere ao testemunho do nascimento e da morte de Jesus. Entretanto, temos aqui algumas indicações de que um núcleo real de fatos se acha oculto sob um conjunto de invenções. Podemos concluir a existência de tal núcleo pelo fato de que os contos contêm informações que foram extremamente embaraçosas para o cristianismo, e que este seguramente não teria inventado, mas que deviam ser demasiado conhecidas e aceitas entre seus partidários para permitir aos autores dos Evangelhos substituírem-nas por suas próprias invenções, o que, em outros casos, fizeram com frequência e sem vacilar.

Um desses fatos é a origem galileia de Jesus, muito inconveniente em vista de suas pretensões davídico-messiânicas. O Messias devia necessariamente vir da cidade de David. Vimos que subterfúgios peculiares foram necessários para relacionar o galileu com essa cidade. Se Jesus tivesse sido o simples produto da imaginação de alguma comunidade com entusiasmo messiânico, tal comunidade nunca teria pensado em fazer dele um galileu. Por conseguinte, podemos aceitar pelo menos sua origem galileia e, com isso, sua existência como extremamente prováveis. Também podemos aceitar sua morte na cruz. Vimos que os Evangelhos ainda contêm passagens que nos permitem supor que Jesus planejara uma insurreição pelo uso da força e que fora crucificado por essa tentativa. Essa também constitui uma situação tão embaraçosa que dificilmente pode resultar de uma invenção. Está em contradição demasiadamente aguda com o espírito prevalecente no cristianismo da época, quando começa a refletir sobre seu passado e a registrar a história de sua origem, não com fins históricos, mas com propósitos de polêmica e propaganda.

A própria morte do Messias pela crucificação era uma ideia tão estranha ao pensamento judaico — que sempre representou o Messias com o esplendor de um herói vitorioso —, que só um fato real, o martírio do líder de uma boa causa, que produzira uma impressão indelével em seus adeptos, podia haver criado o ambiente propício para a ideia do Messias crucificado.

Quando os gentios cristãos aceitaram a tradição de que fora crucificado, logo descobriram que havia um aspecto negativo: a tradição declarava que os romanos tinham crucificado Jesus como um Messias judaico, um rei dos judeus, em outras palavras, um líder da independência judaica, um traidor do domínio romano. Após a queda de Jerusalém, essa tradição tornou-se duplamente desconcertante. O cristianismo estava em oposição aberta aos judeus e desejava estar em boas relações com as autoridades romanas. Era necessário mutilar a tradição de maneira que desviasse a responsabilidade da crucificação de Cristo dos ombros dos romanos aos dos judeus, e limpar Cristo não só de toda a aparência de uso da força, mas também de toda expressão de ideias patrióticas judaicas, antirromanas.

Porém, como fossem tão ignorantes como a grande massa das classes inferiores daqueles tempos, os evangelistas produziram as mais extraordinárias misturas de cores em seu retoque do quadro original.

Provavelmente, em nenhum lugar dos Evangelhos podemos encontrar mais contradições e absurdos que na parte que causou a mais profunda impressão no mundo cristão, por cerca de 2.000 anos, e estimulou sua fantasia da forma mais poderosa. Nenhum outro tema, possivelmente, foi pintado com tanta frequência como o sofrimento e a morte de Cristo. Entretanto, essa história não resistiria a uma investigação séria e é um conjunto da mais antiartística e flagrante invenção.

A força do costume foi a razão única pela qual até os espíritos mais refinados da cristandade continuaram a aceitar as incríveis interpolações feitas pelos autores dos Evangelhos, de modo que os elementos patéticos envolvidos na crucificação de Jesus, bem como em qualquer martírio por uma grande causa, produziram efeitos, apesar da massa de detalhes que impregnara, com a auréola mais brilhante, até os elementos mais ridículos e absurdos da lenda.

A história da paixão começa com a entrada de Jesus em Jerusalém. É o triunfo de um rei.[1] A população sai a saudá-lo, alguns estendem suas túnicas ante ele, no caminho, e outros empunham ramos de árvores que haviam cortado, e todos o aclamam com júbilo: "Hosana! (socorre-nos). Bendito o que vem em nome do Senhor. *Bendito o reino de nosso pai David que vem.*" (*Marcos,* XI, 9.)

Assim eram recebidos os reis pelos judeus (compare-se com *II Reis* IX, 13, referente a Jehu).

O povo adere a Jesus; somente a aristocracia e a burguesia, "os altos sacerdotes e os escribas", são-lhe hostis. Jesus comporta-se como um ditador. Tem poder suficiente para expulsar do Templo os vendedores e banqueiros, sem encontrar a menor resistência. Parece ter o controle mais absoluto dessa cidadela do judaísmo.

Esse é naturalmente um exagero do evangelista. Tivesse Jesus tal poder, não teria deixado de atrair consideravelmente a atenção. Um autor como Josefo, que relata os detalhes mais insignificantes, haveria decerto escrito algo sobre o assunto. Ademais, nem mesmo os elementos proletários de Jerusalém, os zelotes, por exemplo, foram alguma vez suficientemente fortes para governar, sem oposição, a cidade. Encontravam sempre resistência. Houvesse Jesus tentado entrar em Jerusalém, e purificar o Templo contra a oposição dos saduceus e fariseus, seria necessário primeiramente travar violenta batalha nas ruas. Tais lutas de rua entre as várias facções judaicas eram, àquele tempo, acontecimentos cotidianos.

É preciso notar, entretanto, que no relato da entrada de Jesus em Jerusalém a população aparece a aclamá-lo como aquele que traz "o reino de nosso pai David", em outras palavras, como o restaurador da independência do reino judaico. Esse fato mostra Jesus não só como um adversário das classes governantes dos judeus, mas também em oposição aos romanos. Tal hostilidade não é certamente produto da fantasia cristã, senão da realidade judaica.

Agora vêm os acontecimentos de que já tratamos no relato dos Evangelhos: a ordem para que os discípulos obtenham armas, a traição de Judas, o conflito armado no Monte das Oliveiras. Já vimos que são resíduos de uma antiga tradição, que posteriormente já não pareceram apropriados e foram retocados para tornar seu tom mais pacífico e submisso.

Jesus é aprisionado, conduzido ao palácio do supremo-sacerdote e ali julgado:

> E os altos sacerdotes e todo o Sinédrio procuravam testemunho contra Jesus, para entregá-lo à morte; mas não o encontravam. Porque muitos diziam falso testemunho contra ele; mas seus testemunhos não coincidiam... Então o supremo-sacerdote, levantando-se, perguntou a Jesus: Não respondes algo? Que atestam estes contra ti? Mas ele calava e nada respondia. O pontífice voltou a perguntar-lhe e disse-lhe: És o Cristo, o filho do Bendito? E Jesus disse-lhe: Sou e vereis o Filho do Homem sentado à direita de Deus e vindo das nuvens do céu. Então o supremo-sacerdote, rasgando suas roupas, disse: Para que temos necessidade de testemunhas? Ouvistes a blasfêmia; que vos parece? E todos eles o consideraram culpado sujeito a pena de morte. (*Marcos*, XIV, 55, 56, 60, 64.)

Na verdade, esse é um processo judicial notável! O tribunal reúne-se imediatamente após a prisão do criminoso, na mesma noite, mas não no local destinado aos conclaves, provavelmente a colina do Templo,[2] e sim no palácio do supremo-sacerdote! Que pensaríamos na Alemanha da veracidade do relato de julgamento de alta traição em que o tribunal se reunisse no Palácio Real de Berlim! Aparecem agora falsos testemunhos contra Jesus, porém, apesar do fato de que ninguém o interroga e de que Jesus não responde às acusações, nada acrescentam que o incrimine. Jesus é o primeiro a admitir-se culpado, ao declarar ser o Messias. No entanto, para que todo esse aparato de falsos testemunhos, se essa confissão é suficiente para condenar Jesus? Seu objetivo é somente demonstrar a perversidade dos judeus. Jesus, imediatamente, é condenado à morte. Essa é uma violação da ordem estabelecida, à qual os judeus da época prestavam muita atenção. Só uma sentença absolutória podia ser pronunciada pela corte sem dilação; uma sentença condenatória só podia ser proferida no dia seguinte ao julgamento.

Tinha, porém, o Sinédrio,[3] naquele tempo, poder de pronunciar a sentença de morte? O Sanhedrin diz: "Quarenta anos antes da destruição do Templo, Israel foi despojado da competência de pronunciar sentença de vida e morte."

Confirma-o o fato de que o Sinédrio não executa Jesus, mas o entrega, depois do processo, para ser novamente julgado por Pilatos, desta vez sob a acusação de alta traição aos romanos, pois tentara fazer-se rei dos judeus e libertar assim a Judeia do domínio de Roma. Acusação excelente para ser feita por uma corte de patriotas judeus!

É bastante possível, entretanto, que o conselho tivesse o direito de pronunciar sentenças de morte que requeressem a aprovação do procurador para sua execução.

Que curso tem o processo perante a autoridade romana?

> E Pilatos perguntou-lhe: És o rei dos judeus? Jesus respondeu: Tu o disseste. E os altos sacerdotes fizeram muitas acusações contra ele. E Pilatos outra vez perguntou-lhe: Nada respondes? Olha de quantas coisas te acusam. Mas Jesus nada mais respondia, de modo que Pilatos se admirou. Mas no dia da festa era costume soltar um preso, pedido pelo povo. E havia um, que se chamava Barrabbas,[4] preso com outros motineiros que, durante a rebelião, haviam cometido assassinatos. E o povo começou a pedir, como sempre o fizera. E Pilatos perguntou-lhes: Quereis que solte o rei dos judeus? Porque sabia que os altos sacerdotes lho haviam entregue por inveja. Mas estes incitaram a massa, para que pedisse a soltura de Barrabbas. E Pilatos, respondendo, novamente lhes disse: Que quereis, pois, que se faça com o que chamais rei dos judeus? E eles gritaram novamente: Crucificai-o. Mas Pilatos lhes disse: Mas que mal fez? E eles gritavam cada vez mais. Crucificai-o. E Pilatos, querendo satisfazer ao povo, soltou Barrabbas e entregou Jesus, depois de açoitá-lo, para que fosse crucificado. (*Marcos*, XV, 2-15.)

Em Mateus, Pilatos vai ao extremo de lavar as mãos em presença da massa e declarar: "Sou inocente do sangue desse justo: olhai vós." E, respondendo a todo o povo, disse: "Que seu sangue caia sobre nós e sobre nossos filhos!" (*Mateus*, XXVII, 24, 25.)

Lucas não diz que o conselho condenou Jesus à morte, mas que simplesmente o denunciou a Pilatos.

> Levantando-se, então, todos eles, levaram-no a Pilatos. E começaram a acusá-lo, dizendo: deste falamos que perverte a nação e proíbe

dar tributo a César, dizendo que é o Cristo, o rei. Então Pilatos lhe perguntou: És o rei dos judeus? E Jesus respondeu: Tu o disseste. E Pilatos declarou aos altos sacerdotes e às pessoas: Nenhuma culpa encontro nesse homem. Mas eles alegavam, zelosos: Subverte o povo, ensinando por toda a Judeia, da Galileia até aqui. (*Lucas*, XXIII, 1-5.)

O relato de Lucas é o que provavelmente mais se aproxima da verdade. Aqui Jesus é acusado de traição, em presença de Pilatos, e com orgulho valoroso nega sua culpa. Ao ser perguntado por Pilatos se é o rei dos judeus, isto é, seu líder na luta pela independência, Jesus declara: "Tu o disseste." O Evangelho de São João percebe como seria embaraçoso reter esse resíduo de patriotismo judaico e, consequentemente, faz Jesus responder: "Meu reino não é deste mundo", o que quer dizer: se fosse deste mundo, meus adeptos haveriam lutado. O Evangelho de São João é o mais moderno. Levou, portanto, muito tempo antes que os escritores cristãos decidissem falsificar os fatos originais.

O caso perante Pilatos apresentava-se evidentemente simples. Como representante do poder romano, ele estava simplesmente cumprindo sua missão ao decidir que fosse Jesus, o rebelde, executado.

A grande massa dos judeus, porém, não tinha o menor motivo para indignar-se com um homem que nada queria com o domínio romano e os exortava a não pagar os impostos ao imperador. Se Jesus realmente fez isso, estava a atuar completamente de acordo com o espírito dos zelotes, então predominante em Jerusalém.

Da natureza do caso, se admitirmos que a acusação no Evangelho é verdadeira, conclui-se, então, que os judeus simpatizavam com Jesus, enquanto Pilatos estava obrigado a condená-lo.

Que relatam, porém, os Evangelhos? Pilatos não encontra a menor culpa em Jesus, embora este admita tal culpa. A autoridade romana reconhece repetidamente a inocência do acusado e pergunta que mal fez esse homem.

Isso é bastante estranho. Porém é ainda mais estranho que Pilatos, embora não reconheça a culpabilidade de Jesus, não o liberte.

Acontecia algumas vezes que o procurador considerava algum caso político demasiado complicado para julgar. Parece insólito, no entanto, que um dos funcionários do imperador romano buscasse a solução do problema perguntando à *massa popular* o que devia fazer com o acusado.

Se preferia não pronunciar sentença, em caso de alta traição, teria de enviar o acusado a Roma, ao imperador. O procurador Marco Antônio Félix (52-60 d.C.), por exemplo, assim procedeu. Induziu o chefe dos zelotes de Jerusalém, o chefe dos salteadores, Eleazar,[5] que assolara a comarca durante vinte anos, a apresentar-se perante ele, prometendo-lhe salvo-conduto, e aprisionou-o e enviou-o a Roma, além de ter crucificado muitos de seus adeptos.

Pilatos poderia ter enviado Jesus a Roma. Entretanto, Mateus faz Pilatos representar um papel muito mais ridículo: um juiz romano, representante do imperador Tibério, senhor de vida e morte, pede uma reunião popular em Jerusalém, que lhe permita absolver um prisioneiro e, ante a negativa do povo, responde: "Bem, matem-no, eu sou inocente de seu sangue!"

Isso combina tanto com o papel histórico de Pilatos quanto um murro no olho.[6] Agripa I, em uma carta a Fílon, descreve Pilatos como "um caráter inexorável e cruelmente severo", e acusa-o de "corrupção, violências, roubos, maus-tratos, insultos, *contínuas execuções sem sentença*, crueldades intoleráveis e intermináveis".

Sua severidade e crueldade produziram condições tão terríveis que até o governo central de Roma as julgou demasiadas e o chamou de volta (36 d.C.).

E esse homem, precisamente, teria, no caso de Jesus, do proletário sedicioso, mostrado tão excepcional amor à justiça e tanta bondade, só superada, infelizmente para o réu, por ridícula fraqueza diante do povo?

Os evangelistas eram muito ignorantes para incomodar-se com esse relato, mas provavelmente sentiram que estavam a atribuir um papel bastante peculiar ao governador romano. Daí por que buscaram uma causa que tornasse esse papel mais crível: informam que Pilatos se acostumara a libertar um prisioneiro na Páscoa, a pedido dos judeus, e quando se ofereceu para libertar Jesus, responderam: "Não, preferimos o assassino Barrabbas!"

É estranho que semelhante costume não seja mencionado em nenhum lugar, exceto nos Evangelhos. Ele contraria tanto a instituição romana — que não dava aos governadores o direito de perdão — quanto qualquer ordem legal instituída, ao atribuir o direito de perdão não a um órgão responsável, mas a uma multidão acidentalmente reunida. Somente os teólogos podiam aceitar, literalmente, tal situação jurídica.

Contudo, mesmo se aceitarmos o direito de perdão tão especialmente conferido à massa judaica, que transitava em frente da casa do procurador, temos, entretanto, que perguntar: Que relação há entre esse direito e o presente caso?

Jesus não fora sentenciado legalmente. Pôncio Pilatos está diante da questão: Jesus é ou não culpado de alta traição? Sentenciá-lo-ei ou não? E responde com a pergunta: Vós fareis ou não o uso de vosso direito de perdão a seu favor? Pilatos, em vez de pronunciar a sentença, apela para o perdão! Se ele considera Jesus inocente, não tem direito a absolvê-lo?

Aí está novo absurdo. Têm os judeus o direito do perdão, e como exercem-no? Contentam-se em pedir que Barrabbas seja libertado? Não, exigem que Jesus seja crucificado! Os evangelistas aparentemente deduzem que o direito de perdoar um implica o direito de condenar o outro.

Essa prática judicial louca é igualada por uma prática política não menos louca.

Os evangelistas mostram-nos uma multidão que odeia Jesus a tal ponto que prefere perdoar um assassino; precisamente um assassino — não achava um objeto mais digno de clemência —; e mostram que ela só se satisfaz quando Jesus é levado à crucificação.

Considere-se que se trata do mesmo ajuntamento popular que um dia antes saudou Jesus como a um rei, com gritos de *hosana*, estendeu as túnicas à sua passagem e unanimemente aclamou-o com júbilo, sem a menor voz de oposição. E foi essa devoção por parte da massa que constituiu — de acordo com os Evangelhos — a causa do desejo de parte dos aristocratas de tirar a vida de Jesus, bem como porque não ousaram prendê-lo durante o dia e preferiram fazê-lo à noite. E agora essa mesma multidão aparece, igualmente unânime em seu ódio feroz e fanático contra Jesus, contra o homem acusado de um crime que o tornaria digno do maior respeito perante os olhos de qualquer patriota judeu: tentar libertar a comunidade judaica do domínio estrangeiro.

Aconteceu alguma coisa que justifique tal assombrosa transformação mental? Os mais poderosos motivos seriam necessários para uma explicação de tal mudança. Os evangelistas simplesmente emitem algumas frases incoerentes e ridículas. Lucas e João não expõem motivos. Marcos diz: “Os altos sacerdotes incitaram a multidão contra Jesus”; Mateus: “Eles persuadiram a multidão.” Essas frases demonstram somente que os escritores cristãos perderam, até o último fio, seu sentido e conhecimento políticos.

Nem a massa de menor inteligência pode ser levada a um ódio fanático sem motivo algum. O motivo pode ser tolo ou mau, mas precisa haver um motivo. Nos Evangelhos, a multidão judaica excede, em sua estúpida vilania, o mais perverso e idiota vilão de melodrama. Porque, sem a menor razão, sem o menor motivo, clama pelo sangue de quem venerava no dia anterior.

A situação torna-se ainda mais estúpida quando consideramos as condições políticas daquele tempo. Distintas de quase todas as outras partes do Império Romano, a comunidade judaica tinha uma vida política particularmente ativa, chegando aos mais altos extremos em todos os antagonismos sociais e políticos. Os partidos políticos estavam bem organizados, não eram de modo algum multidões incontroláveis. As classes mais baixas de Jerusalém tinham sido completamente imbuídas das doutrinas dos zelotes, estavam em choque constante com os saduceus e fariseus, e cheias do mais selvagem ódio contra os romanos. Seus melhores aliados eram os rebeldes galileus.

Mesmo que os saduceus e fariseus tivessem conseguido incitar uma certa parte do povo contra Jesus, possivelmente não teriam podido levar a cabo uma demonstração popular unânime; no melhor dos casos, teriam levado a um encarniçado combate nas ruas. Não há nada mais ridículo que a ideia de que os zelotes lançaram gritos selvagens, não contra os romanos e aristocratas, mas contra o rebelde acusado, cuja execução obtiveram, pela força, do comandante romano, poltrão, apesar de sua estranha simpatia pelo traidor.

Ninguém jamais inventou coisa tão pueril. Porém, com esse esforço para apresentar o sangrento tirano Pilatos como um inocente cordeiro e apresentar a depravação nativa dos judeus como responsável pela crucificação do inofensivo e pacífico Messias, o gênio dos evangelistas se esgota completamente. A fonte de sua capacidade inventiva seca por uns instantes, e a história original surge novamente, pelo menos por um momento: após ser condenado, Jesus é escarnecido e maltratado — não pelos judeus, mas pelos soldados do mesmo Pilatos que acaba de declará-lo inocente. Pilatos agora faz com que seus soldados não só crucifiquem Jesus, mas primeiro o açoitem e zombem dele como Rei dos Judeus; é coroado com uma coroa de espinhos, um manto púrpura é jogado em suas costas, os soldados se ajoelham perante ele e novamente batem em sua cabeça e lhe cospem no rosto. Finalmente, colocam sobre sua cruz a inscrição: “Jesus, Rei dos Judeus.”

Isso mostra novamente a verdadeira origem do caso. Os romanos aparecem novamente como os inimigos mais cruéis de Jesus. E o objeto das zombarias, ou mesmo do ódio, é sua alta traição, sua pretensão de ser rei dos judeus, seu esforço para acabar com a dominação de Roma.

Infelizmente, a verdade não se mantém por muito tempo.

Jesus morre. É necessário então conseguir provas, sob a forma de espetaculosos efeitos teatrais, de que um Deus morreu.

> Mas Jesus, havendo outra vez exclamado em alta voz, entregou o espírito. Então, o véu do templo rompeu-se em dois de alto a baixo: a terra tremeu e as pedras fenderam-se; abriram-se os sepulcros e muitos corpos de santos que dormiam levantaram-se; e saindo dos sepulcros, após sua ressurreição, vieram à santa cidade e apareceram a muitos. (*Mateus*, XXVII, 50-53.)

Os evangelistas não dizem o que os "santos" ressuscitados realizaram em seu passeio coletivo a Jerusalém e se depois permaneceram vivos ou voltaram devidamente às suas tumbas. De qualquer forma, poder-se-ia esperar que tão extraordinário acontecimento houvesse causado profunda impressão em todas as testemunhas presentes e convencido a todos da divindade de Jesus, mas os judeus permaneceram obstinados. Novamente são os romanos os únicos a reconhecer a divindade.

> E o centurião e os que estavam com ele guardando Jesus, ao verem o terremoto e as coisas que aconteceram, tiveram grande temor, e disseram: Verdadeiramente Filho de Deus era este. (*Mateus,* XXVII, 54.)

Os altos sacerdotes e os fariseus, por outro lado, dizem ainda que Jesus é um impostor (XXVII, 63), e quando ressuscita dentre os mortos, o único efeito é que as testemunhas romanas tornam-se mais ricas pelo suborno que já mencionamos, em pagamento por sua declaração de que o milagre foi impostura.

Assim, no final da história da paixão, a corrupção judaica transforma os honrados soldados romanos em instrumentos de traição e infâmia, que demonstra fúria diabólica ao replicar à mais sublime clemência divina.

Em todo esse relato, a tendência de servilismo em relação aos romanos e do ódio destes aos judeus expõe-se tão compactamente e expressa-se com tal acúmulo de absurdos, que se pensa que não poderia exercer a menor influência sobre pessoas inteligentes. Não obstante, sabemos que surtiu bons efeitos. Esse relato, acrescido pelo halo da divindade, enobrecido pelo martírio do orgulhoso proclamador de elevada missão, foi por muitos séculos um dos melhores meios de provocar ódio e desprezo pelos judeus, até nos espíritos mais benévolos da cristandade; porque o judaísmo não significava nada para eles e dele mantiveram-se afastados, infamaram os judeus como a escória da humanidade, como a raça dotada pela natureza da mais perversa malícia e obstinação, que deve permanecer separada de toda a sociedade humana e dominada com mão de ferro.

Porém teria sido impossível que esse conceito se firmasse se não tivesse sido aceito em uma época de ódio e perseguição universal contra os judeus.

Ao emergir, com a proscrição dos judeus, ele a agravou imensamente, prolongou sua duração, ampliou seu círculo.

O que aparece como relato da paixão do Senhor Jesus Cristo é, no fundo, somente um testemunho da história da paixão do povo judeu.

NOTAS

1. Como uma curiosidade divertida, chamemos aqui a atenção para o "milagre literário realizado por Mateus ao apresentar Jesus sentado *simultaneamente* sobre dois animais ao entrar na cidade". (Bruno Bauer, *Kritik der Evangelien*, vol. III, p. 114). As traduções tradicionais ratificam esse milagre. Assim, Lutero traduz: "E trouxeram o asno e o jumento e puseram sobre eles seus mantos; e o sentaram sobre eles." (*Mateus*, XXI, 7.) Mas, no original, lemos: "E trouxeram o asno (fêmea) e o jumento e puseram seus vestidos sobre *ambos* e o sentaram sobre *ambos*." E apesar de todas as liberdades anteriores tomadas por artistas literários, essa falsidade foi reescrita século após século, por um copista após outro, o que prova a irreflexão e simplicidade dos compiladores dos Evangelhos.
2. Schürer, *Geschichte des jüdischen Volkes*, vol. II, p. 211. (N. do A.) A colina do Templo (*Haram al-Sharif* em árabe, *Har ha-Bayit* em hebraico) e o Muro das Lamentações (*Kotel ha-Ma'aravi*) são os dois lugares mais sagrados para os judeus em Jerusalém. (N. do T.)
3. Sinédrio (ou Sanhedrin, do grego συνέδριον), ou Grande Sinédrio, é a designação para a suprema corte do Israel antigo, com sede em Jerusalém. O Grande Sinédrio era composto por 71 membros, que não tinham nome especial. O número de membros era ímpar, pois assim se evitavam impasses. Segundo as descrições de Flávio Josefo e dos Evangelhos, o Grande Sinédrio tinha funções políticas e jurídicas, conduzindo os julgamentos e aplicando os castigos para os vários pecados e crimes. O Talmud, depois da Tanakh (a Bíblia Hebraica), a mais importante obra do judaísmo rabínico, também atribui ao Sinédrio funções religiosas de decisão sobre questões do Templo, dos sacerdotes, dos sacrifícios e outras. Adicionalmente a esse Grande Sinédrio, o Talmud também fala de sinédrios de nível inferior. Ademais, Sanhedrin é o nome de um tratado da Mishná, uma compilação de leis orais judaicas, que forma a base do Talmud. A Mishná consiste de seis partes e, no total, 63 tratados. O tratado Sanhedrin faz parte da quarta seção da Mishná e trata de questões de direito penal e punições. (N. do T.)
4. Alguns manuscritos de Mateus apresentam Barrabbas (aramaico, "filho do pai") com nome "Jesus bar Abbas", o que gerou confusão sobre a forma ser original ou posterior. De acordo com os Evangelhos, a multidão de judeus escolheu Barrabbas para ser libertado, na Páscoa, em vez de Jesus de Nazaré. Essa história tem especial significado, sobretudo porque é frequentemente usada para acusar os judeus pela crucificação do Cristo e justificar o antissemitismo: alguns *scholars* arguem que a história foi modificada, a fim

de isentar Roma da responsabilidade pela crucificação e facilitar a aceitação do cristianismo por Justiniano, o que ocorreu com o Édito de Milão (313 d.C.), que acabou com a perseguição aos cristãos. (N. do T.)

5. Eleazar ben Simon (רָזָעְלֶא, Deus tem ajudado) (?- *c.* 70 d.C.) foi o líder zelote na primeira guerra dos judeus contra o domínio de Roma. No ano 66 d.C., em Beit-Horon, suas forças emboscaram e derrotaram a *Legio XII Fulminata*, enviada pelo legado da Síria, Céstio Galo, para esmagar o levante. E em 68-70, Eleazar participou da guerra civil que irrompeu entre as facções judaicas, durante o cerco de Jerusalém por Tito. Ele comandou os zelotes que capturaram o Templo de Jerusalém. (N. do T.)

6. Kautsky assim escreveu em alemão: "*Diese Rolle paßt zu dem historischen Pilatus wie die Faust aufs Auge.*" "Combinar como o punho em cima do olho" é uma expressão idiomática alemã que tem o significado de "não combinar absolutamente", por causa de sua conotação de força e violência. Em tempos mais recentes, por frequente uso irônico, a expressão também passou a adquirir o sentido contrário: "combinar muito bem". (N. do T.)

5. A evolução da organização da comunidade

PROLETÁRIOS E ESCRAVOS

Vimos como parte dos elementos do cristianismo — monoteísmo, messianismo, crença na ressurreição, comunismo essênio — surgiu entre os judeus, e como parte das classes baixas desse povo encontrou a maior satisfação de suas ideias e aspirações em uma combinação de tais elementos. Vimos também como todo o organismo social do Império Romano se achava afetado por condições que o faziam (especialmente nos setores proletários) mais e mais suscetível a essas novas tendências de origem judaica. Quando se achavam sujeitas à influência de um meio não judaico, porém, essas tendências não só se separavam do judaísmo como passavam até mesmo a hostilizá-lo. Elas se misturaram aos movimentos do moribundo mundo greco-romano, que transformou o espírito da democracia nacional, prevalecente entre os judeus até a destruição de Jerusalém, precisamente no oposto, causando-lhe resignação abúlica, servilismo e ânsia de morte.

Simultaneamente, com a mudança na mentalidade, a organização da comunidade também se alterou profundamente.

Era um vigoroso comunismo, embora confuso, que prevalecia na comunidade em seus primórdios, uma condenação de toda propriedade privada, um impulso por uma ordem social nova e melhor, em que todas as diferenças de classe desaparecessem com a divisão da propriedade.

Originalmente, a comunidade cristã deve ter sido, sobretudo, uma organização de luta, se é que temos razão em nossa presunção de que as várias alusões à violência (de outra forma inexplicáveis), nos Evangelhos, são resíduos da tradição. Isso corresponderia plenamente à situação histórica da coletividade judaica naquele tempo.

Seria totalmente incrível se precisamente uma seita proletária houvesse permanecido intocada pela atmosfera geral revolucionária.

A esperança da revolução, da vinda do Messias, da sublevação social, saturou as primeiras organizações cristãs entre os judeus. A atenção ao momento presente, em outras palavras, aos detalhes práticos do trabalho, era provavelmente descuidada.

Mas essa situação mudou após a destruição de Jerusalém. Os elementos que haviam dado à comunidade messiânica seu caráter rebelde foram derrotados. E a comunidade do Messias tornou-se cada vez mais uma comunidade antijudaica, dentro do proletariado não judaico, que não tinha a capacidade nem o desejo da luta. Mas, na medida em que a comunidade se tornava mais velha, também ficava mais claro que já não poderia contar com o cumprimento da profecia, ainda contida nos Evangelhos, de que os contemporâneos de Jesus presenciariam a grande mudança. A fé na vinda do "reino de Deus" gradualmente desapareceu. O reino de Deus, que devia descer do Céu para a Terra, transferiu-se cada vez mais para o Céu; a ressurreição da carne transformou-se então na imortalidade da alma, e só esta estava destinada a experimentar todos os prazeres do céu ou os tormentos do Inferno.

Na medida em que a esperança messiânica no futuro assumiu cada vez mais uma forma celestial, tornou-se politicamente conservadora ou indiferente, e o interesse prático no dia presente predominou.

Com a diminuição do entusiasmo revolucionário, porém, o comunismo prático também mudou.

No princípio resultara de um desejo enérgico, mas vago, de abolição de toda a propriedade privada, um impulso de remediar a pobreza dos camaradas com a comunidade de todos os bens.

Mas já mostramos que, em contraste com os essênios, as comunidades cristãs foram, a princípio, simplesmente urbanas e metropolitanas, o que constituía um obstáculo para que dessem forma completa e permanente a seu comunismo.

Entre os essênios, bem como entre os cristãos, o comunismo fora a princípio um comunismo dos bens de consumo, um comunismo de consumo. Como ainda hoje no campo, o consumo e a produção estavam muito mais vinculados. A produção era para o consumo privado, não para a venda. A agricultura, a criação de gado, a caça estavam todos estreitamente relacionados. A produção em grande escala, na agricultura, era bastante factível na época e superior à pequena produção, uma vez que permitia uma divisão mais perfeita do trabalho e uma utilização mais completa dos vários utensílios e edifícios. Certamente, isso estava mais que neutralizado pelas desvantagens do trabalho escravo. No entanto, mesmo quando a laboração realizada por meio dos escravos era a forma mais comum na agricultura de grande escala, essa não constituía a única forma possível. Nos primórdios da evolução da agricultura, encontramos grandes fazendas operadas por numerosas famílias de camponeses. Os essênios, onde quer que formassem as grandes colônias semimonásticas no campo, estabeleceram provavelmente empresas cooperativas agrícolas familiares em grande escala, como a colônia junto ao Mar Morto, de que fala Plínio (*História natural*, Livro 5), onde "viviam na sociedade das palmeiras".

A forma da produção, contudo, é sempre, em última análise, o fator decisivo de toda estrutura social. Só as sociedades baseadas em um modo de produção capaz de desenvolver-se podem adquirir força e continuidade.

Enquanto a agricultura social ou cooperativa era possível, na época em que o cristianismo surgiu não existia nenhum desses requisitos prévios. Os trabalhadores, nas indústrias urbanas, eram escravos ou ex-escravos domésticos agora libertados. Grandes estabelecimentos com trabalhadores livres, como a grande família camponesa, mal eram conhecidos. Escravos, trabalhadores domésticos, carregadores, vendedores ambulantes, pequenos comerciantes, o lumpemproletariado eram as classes baixas da população urbana daqueles tempos, entre as quais podiam surgir as tendências comunistas. Essas camadas não apresentam elemento algum que pudesse ter ampliado a posse comum dos artigos de consumo à capacidade de produção comum. O elemento comum continuou como apenas uma comunidade de consumo. E essa comunidade, por sua vez, reduzia-se, essencialmente, a fazer as refeições em comum. A roupa e a habitação, na pátria do cristianismo ou na Itália Central e do sul, não eram de grande importância. Mesmo um comunismo tão completo como o dos essênios não foi tão longe a ponto de estabelecer uma comunidade de roupas. Em assuntos de vestuário, a propriedade privada parece realmente inevitável. Uma comunidade de casas era muito difícil de ser alcançada em uma grande cidade, uma vez que as oficinas dos vários camaradas estavam disseminadas em todas as direções e a especulação dos bens de raiz, na primitiva Era Cristã, tornava os preços das casas muito altos nas grandes cidades. A ausência de facilidade de transportes reunia a população das cidades em espaços reduzidos e transformava os proprietários desses locais em senhores absolutos de seus habitantes, que eram terrivelmente explorados. As casas eram construídas tão altas quanto então a técnica permitia. Em Roma, eram de sete andares ou mais, e as rendas atingiam cifras fabulosas. O negócio dos bens de raiz era, por conseguinte, uma das formas de inversão favoritas dos capitalistas da época. No triunvirato que se apropriou da República Romana, Crasso havia obtido sua riqueza por meio de tais especulações.

Os proletários da grande cidade não podiam competir nesse campo; só isso já era suficiente para impedi-los de recorrer à comunidade de habitações. Além disso, em vista da desconfiança dos imperadores, a comunidade cristã só podia existir como sociedade secreta. A comunidade de residências teria tornado fácil sua descoberta.

O comunismo cristão, assim, não pôde ter uma forma geral permanente para o conjunto de seus membros, salvo as refeições em comum.

Os Evangelhos descrevem também o "reino de Deus", que significa o estado do futuro, quase exclusivamente como a refeição em comum. Não eram esperados outros prazeres. Essa bem-aventurança preocupava a maioria dos primeiros cristãos.

Por mais importante que fosse para os proletários livres, tal forma de comunismo prático significava muito pouco para os escravos, que usualmente eram parte da família de seus amos e alimentados a sua mesa, embora certamente com bastante frugalidade. Só alguns escravos viviam fora da casa, como, por exemplo, aqueles que tinham pequena loja na cidade para a venda dos produtos da fazenda de seu senhor.

Para os escravos, a vinda do Messias e a esperança de um reino de bem-aventurança geral eram muito atraentes, muito mais que o comunismo prático, que se podia realizar unicamente sob formas que tinham pouco significado para eles, enquanto fossem escravos.

Não conhecemos a atitude dos primeiros cristãos em relação à escravidão. Os essênios a condenavam, como vimos. Fílon informa:

> Entre eles ninguém é escravo, mas todos são livres, trabalhando mutuamente uns pelos outros. Consideram a escravidão não somente injusta e uma violação da piedade, mas também ímpia, uma transgressão da lei natural, que criou todos iguais... como irmãos.

Os proletários da comunidade do Messias em Jerusalém tinham possivelmente a mesma opinião.

As perspectivas da revolução social, entretanto, haviam desaparecido com a destruição de Jerusalém. Os intérpretes da comunidade cristã, tão solicitamente interessados em não despertar qualquer suspeita de hostilidade aos poderes dominantes, tentaram também pacificar os escravos rebeldes que havia em suas fileiras.

Destarte, por exemplo, o autor da Epístola de Paulo aos Colossenses[1] — na forma existente, uma "edição" ou falsificação que data do século II — ordena aos escravos o seguinte:

> Servos, obedecei em tudo a vossos senhores carnais não servindo apenas sob vigilância, visando tão só agradar aos homens, mas com simplicidade de coração, temendo ao Senhor. (III, 22.)

O autor da Primeira Epístola de Pedro — provavelmente escrita no tempo de Trajano — usa termos ainda mais claros:

> Servos, sede submissos com todo temor a vossos senhores; não somente aos bons e humanos, mas também aos indignos.[2] Porque isto é grato que alguém suporte tristezas, sofrendo injustamente, por motivo de sua consciência para com Deus. Pois, que glória há se, pecando, vós sois esbofeteados e sofreis? Mas, se ao fazer o bem sois afligidos, e sofreis, isso é certamente grato a Deus. (*I Pedro*, II, 18-20.)

O incipiente oportunismo cristão do século II chegou mesmo a conformar-se com que senhores cristãos tivessem irmãos da comunidade como escravos, segundo prova a Primeira Epístola de Paulo a Timóteo:

> Todos os que estão sob o jugo da servidão tenham seus senhores como dignos de toda honra, para que não seja blasfemado o nome do Senhor e sua doutrina. E os que têm senhores fiéis não os menosprezem por serem irmãos; sirvam-nos *de ainda melhor vontade*, pois são fiéis e participantes das refeições comuns (ἀγαπητοὶ), que se dedicam às boas ações. (VI, 1-2.)

Nada é mais errôneo que a presunção de que o cristianismo aboliu a escravidão; pelo contrário, deu-lhe novo apoio. Na Antiguidade, o escravo só era mantido em obediência pelo *temor*. Estava reservado ao cristianismo exaltar a obediência indolente do escravo como um *dever moral* que devia ser cumprido com alegria.

O cristianismo, pelo menos depois que deixou de ser revolucionário, já não ofereceu ao escravo a esperança de liberdade, e seu comunismo prático, por outro lado, raramente envolvia vantagens reais para ele. O único elemento que podia ainda atrair o escravo era a "igualdade diante de Deus", em outras palavras, dentro da comunidade, onde cada camarada devia ter os mesmos direitos, onde o escravo podia sentar-se ao lado de seu senhor na refeição em comum, se esse também era membro da comunidade.

Calisto, escravo cristão de um liberto cristão, chegou a ser bispo de Roma (217-222 d.C.).[3]

Mas nem mesmo essa forma de igualdade tinha já muita significação. Lembremo-nos de como se aproximara a situação do proletariado livre à do escravo, de cujas fileiras saíam muitos de seus membros e que, por outro lado, os escravos da família imperial conseguiam altos cargos públicos no Estado e eram frequentemente adulados até pelos aristocratas.

O fato de o cristianismo, apesar de todo seu comunismo e sentimento proletário, ter sido incapaz de abolir a escravidão até em suas próprias fileiras demonstra quão profundamente arraigado estava na antiguidade "pagã", por mais que pudesse ser hostil a ela, e demonstra o quanto a ética está ligada ao modo de produção. Assim como os Direitos do Homem, proclamados na Declaração de Independência dos Estados Unidos da América, se conformaram com a escravidão, também o amor universal ao próximo, a fraternidade e a igualdade de todos perante Deus, apregados na comunidade do Messias, conciliaram-se com a escravidão. O cristianismo, desde o princípio, era principalmente uma religião do proletariado livre, mas, apesar de toda a aproximação, sempre subsistiu uma diferença de interesses entre ele e os escravos da Antiguidade.

Os proletários livres constituíam, desde o início, maioria na comunidade cristã e evitavam que os interesses dos escravos expressassem-se completamente na comunidade. Isso, por sua vez, fez com que a comunidade atraísse menos os escravos que trabalhadores livres, e a maioria foi assim reforçada.

A evolução econômica seguia na mesma direção. Precisamente na época em que as tendências revolucionárias da comunidade cristã recebiam seu golpe de morte, i. e., no tempo da queda de Jerusalém, começava nova era para o Império Romano, de paz universal, doméstica, mas também, em larga medida, de paz internacional, porquanto ele perdera sua força de expansão. Mas a guerra, civil ou de conquista, fora o meio de obter escravos baratos; e tal condição deixou de existir. O escravo tornou-se raro e dispendioso; o trabalho escravo já não era lucrativo; na agricultura foi substituído pelos colonos; na indústria urbana, pelo trabalho de obreiros livres. O escravo deixou de ser, cada vez mais, um produtor de artigos necessários e tornou-se produtor de artigos de luxo. Os serviços pessoais ao grande e poderoso converteram-se na principal função da escravidão. O espírito do escravo tornou-se cada vez mais sinônimo do espírito de lacaio. Os dias de Espártaco haviam passado.

A oposição entre os escravos e os proletários livres devia aguçar-se como consequência da diminuição do número de escravos e do aumento do número de proletários livres nas grandes cidades. Essas duas tendências determinaram que o elemento escravo da comunidade cristã fosse ainda mais relegado. Não surpreende que o cristianismo perdesse finalmente todo o interesse pelos escravos.

Essa evolução é completamente explicável, se enxergarmos no cristianismo a precipitação de particulares interesses de classe. Mas torna-se inexplicável se compreendida simplesmente como uma estrutura ideal, porque o desenvolvimento lógico de suas noções fundamentais teria conduzido necessariamente à abolição da escravatura; porém, na história universal, a lógica sempre parou ante os interesses de classe.

A DECADÊNCIA DO COMUNISMO

O reconhecimento da escravidão, bem como a tendência crescente a limitar a comunidade de bens às refeições em comum, não eram os únicos obstáculos encontrados pela comunidade cristã em seu esforço para levar adiante suas tendências comunistas.

Tais aspirações exigiam que cada membro da comunidade vendesse todas as suas propriedades e colocasse a quantia obtida à disposição da comunidade, para distribuição entre seus membros.

É claro que tal prática não podia ser realizada em larga escala. O pressuposto era que pelo menos a metade da sociedade permanecesse incrédula, pois de outro modo não haveria quem comprasse as propriedades dos crentes nem quem vendesse a eles os alimentos de que necessitavam.

Se os crentes tentavam viver não da produção, mas da divisão de seus bens, devia haver um número suficiente de incrédulos que produzissem para os crentes. Contudo, ainda nesse último caso, o sistema estava condenado a desaparecer assim que todos os crentes houvessem vendido, distribuído e consumido suas propriedades. Certamente, antes disso, o Messias desceria das nuvens e remediaria todos os males "da carne".

Mas essa prova nunca pôde ser aplicada.

O número de camaradas que possuíam algo de valor para vender e dividir era muito pequeno nas primeiras etapas da comunidade. Disso ela não podia viver. Só podia ter renda permanente se fizesse com que cada membro entregasse à comunidade seus *ganhos* diários. Se os membros não eram simples mendigos ou carregadores, necessitavam de alguma propriedade, se é que iam ganhar algo, propriedade de *meios de produção* para tecelões, oleiros ou ferreiros, ou de mercadorias, no caso de comerciantes ou vendedores ambulantes.

Em tais circunstâncias, a comunidade não podia organizar oficinas especiais para produzir para suas próprias necessidades, como os essênios faziam, não podia isolar-se da esfera da produção de mercadorias e da produção individual e, não obstante todas as suas aspirações comunistas, tinha de aceitar a propriedade privada dos meios de produção e a existência de mercadorias.

Ao admitir a produção individual, o reconhecimento do lar individual relacionado com tal produção tinha de ser aceito, assim como a família e a monogamia, apesar das refeições em comum, que são, outra vez, o resultado prático das tendências comunistas.

Esse não foi, entretanto, seu resultado único. Os proletários tinham conseguido unir-se, com o objetivo de reduzir sua miséria por meio do esforço coletivo. Quando encontravam obstáculos à execução de um comunismo perfeito, viam-se obrigados a ampliar suas obras de caridade, para ajudar ao indivíduo em caso de infortúnio extremo.

As comunidades cristãs estavam estreitamente relacionadas umas com as outras. A um camarada forasteiro que chegava a comunidade dava trabalho, se queria lá permanecer; se ia continuar viagem, dava uma ajuda para seus gastos.

Se um camarada adoecia, a comunidade dele se encarregava. Quando morria, encarregava-se do enterro, da viúva e dos filhos; se era preso, o que ocorria com bastante frequência, a comunidade o consolava e ajudava.

A organização proletária cristã criou assim uma esfera de obrigações equivalentes ao sistema de seguros de um moderno sindicato. Nos Evangelhos, é a observância desse sistema de seguro mútuo que dava o direito à vida eterna. Quando o Messias vier, dividirá os homens entre aqueles que vão compartilhar o esplendor do Estado futuro e a vida eterna e aqueles destinados à condenação eterna. Aos primeiros, os cordeiros, o rei dirá: "Vinde, benditos de meu pai, herdai o reino preparado para vós desde a fundação do mundo: Porque tive fome e me destes de comer; tive sede e me destes de beber; pedi hospedagem e fui recolhido; nu, vestistes-me; estive enfermo e me visitastes; estive preso e fostes ver-me." Os justos responderão então que não fizeram tais coisas pelo rei. "E respondendo, o rei lhes dirá: Em verdade vos digo que tudo quanto fizestes a um destes meus irmãos pequeninos, a mim o fizestes." (*Mateus*, XXV, 34-36, 40.)

As refeições em comum e a caridade recíproca eram em qualquer caso o vínculo mais seguro, que mantinha as massas em permanente união dentro da comunidade cristã.

Essa prática de caridade, entretanto, estava a desenvolver a força motriz que iria enfraquecer e destruir as primitivas aspirações comunistas.

À medida que a esperança na chegada do Messias, com toda a sua glória, desvanecia-se, à medida que a comunidade se convencia cada vez mais de que era necessário adquirir propriedades, a fim de realizar seu programa de auxílio, violava-se o caráter proletário de classe da propaganda cristã e mais e mais esforços se faziam para recrutar membros ricos, cujo dinheiro poderia ser usado.

Quanto mais dinheiro necessitava a comunidade, mais diligentemente seus agitadores trabalhavam, de modo a demonstrar aos patronos ricos a vaidade de todos os tesouros deste mundo, sua carência de valor, comparados com a felicidade da vida eterna que seria alcançada pelos ricos somente quando repartissem suas riquezas. E suas pregações, naquele tempo de desalento geral, não deixaram de surtir efeito principalmente entre as classes abastadas. Quantas pessoas ricas houve que, após uma juventude dissipada, se sentiam enojadas de todos os prazeres! Tendo esgotado todas as sensações que podiam ser compradas, restava uma: a da pobreza.

Na Idade Média, ainda encontramos casos frequentes de ricos que dão todas as suas riquezas aos pobres e tornam-se mendigos, na maioria dos casos, após ter desfrutado de todos os prazeres do mundo, até sentir nojo deles.

Essas pessoas não eram tão numerosas que fizessem essas maravilhas na quantidade necessária à comunidade. Com a miséria crescente no Império, com a multiplicação do lumpemproletariado na comunidade, que não podia ou não queria ganhar o pão com o trabalho, tornava-se imperativo recrutar pessoas ricas a fim de pagar os gastos feitos com as pobres.

Era mais fácil fazer com que um rico deixasse seu dinheiro, para os fins caritativos da comunidade, quando morria, do que fazê-lo doar em vida. As famílias sem filhos eram muito frequentes. Os laços familiares, muito débeis; o desejo de deixar legados aos parentes, com frequência muito pequeno. Por outro lado, o interesse na própria personalidade, o individualismo, desenvolvera-se em alto grau, encerrando o desejo de outra vida feliz após a morte.

A doutrina cristã adaptava-se bem à satisfação de tal desejo e deixava aberto aos ricos um caminho conveniente para alcançar a felicidade eterna, sem sérias privações na vida terrena, só se desfazendo de seus bens com a morte, quando já não lhes eram úteis. O legado de suas propriedades, agora completamente inúteis, podia comprar-lhes a salvação eterna.

Os agitadores cristãos atraíam, por conseguinte, os jovens e apaixonados aristocratas, cansados da vida que levavam, e também atraíam os velhos ricos, esgotados, aproveitando seu temor à morte e aos sofrimentos que os esperavam no Inferno. A manipulação escusa de heranças sempre foi o método favorito dos agitadores cristãos para saciar o forte estômago da Igreja com mais e mais alimentos.

Mas, nos primeiros séculos da vida da comunidade, o fornecimento de ricos legados não era provavelmente muito grande, sobretudo se se considera que a comunidade, enquanto organização secreta, não tinha personalidade legal e não podia, portanto, herdar diretamente.

Esforços foram feitos então para recrutar pessoas ricas para a manutenção da comunidade, mesmo que não estivessem dispostas a cumprir estritamente os mandamentos do Senhor, distribuindo entre os pobres tudo o que possuíam. Vimos que a generosidade era um traço comum entre os abastados daquela época, antes que a acumulação do capital desempenhasse um papel importante no modo de produção. Essa generosidade redundava em vantagens para a comunidade, ao constituir uma permanente fonte de renda. À medida que a comunidade deixava de ser uma organização de luta, à medida que se acentuava sua face caritativa, tornavam-se mais fortes as tendências para suavizar o primitivo ódio proletário contra o rico e para fazer com que este se sentisse nela como em sua própria casa, embora permanecesse rico e agarrado aos seus bens.

A concepção da comunidade sobre o mundo — abandono dos antigos deuses, monoteísmo, crença na ressurreição, esperança no Messias —, como vimos, estava de acordo com a necessidade geral daqueles tempos e tinha de tornar a doutrina cristã agradável até às classes superiores.

Por outro lado, os ricos, ante a crescente miséria das massas, procuravam métodos para enfrentá-la, como as fundações caritativas evidenciam, uma vez que ela ameaçava toda a sociedade. Também isso tinha que lhes tornar as organizações cristãs mais aprazíveis.

Finalmente, o desejo de popularidade foi também um fator no apoio à comunidade cristã, pelo menos nos lugares onde tais comunidades adquiriram influência sobre uma parte considerável da população.

A comunidade cristã, consequentemente, podia muito bem oferecer atrações, mesmo para os ricos que não tinham chegado a fugir do mundo, que não haviam chegado ao desespero e não eram induzidos a prometer o legado de suas propriedades por temor à morte ou às torturas do Inferno.

Mas, para fazer com que o rico se sentisse bem dentro da comunidade, o caráter dela tinha de mudar fundamentalmente; o ódio de classe aos ricos tinha de ser abandonado.

O espírito proletário combativo da comunidade foi prejudicado por esse esforço para atrair o rico e fazer-lhe concessões, como sabemos pela Epístola de Tiago às doze tribos da Diáspora, que data de meados do século II e já foi mencionada neste livro. Tiago admoesta os membros:

> Porque se em vossa comunidade entra um homem com anel de ouro e trajes luxuosos e também entra um pobre com roupas modestas e tratardes com deferência ao que traz as roupas preciosas e lhe disserdes: Senta-te aqui em bom lugar. E disserdes ao pobre: Fica em pé, ou senta-te abaixo do estrado dos meus pés. Não julgais em vós mesmos e vindes a ser juízes de perversos pensamentos? Mas vós ofendestes o pobre... Se, todavia, fazeis diferença entre pessoas, cometeis pecado... (II, 2-9.)

E então ataca aqueles que só exigiam a aceitação teórica da doutrina pelo rico, que não precisava dar dinheiro:

> Irmãos, que adiantará se alguém disser que tem fé e não tiver obras? Poderá tal fé salvá-lo? E se o irmão ou irmã estiverem nus e necessitados de alimento de cada dia e algum de vós lhes disser: Ide em paz, aquecidos e fartos; mas não lhes derdes as coisas que são necessárias para o corpo, que adiantará? Assim também a fé, se não tiver obras por si só, está morta. (II, 14-17.)

Evidentemente, o fundamento da organização não se alterou com a consideração pelo rico, esta permaneceu teórica e praticamente inalterável. Mas o dever de dar o que se possuía foi substituído por uma contribuição voluntária, que com frequência não passava de pequeno donativo.

Mais moderno que a Epístola de Tiago é o *Apologeticus* de Tertuliano (provavelmente 150-160 d.C.). Esse documento descreve também a organização da comunidade:

> Mesmo que tenhamos uma espécie de caixa, esta não é formada por pagamentos de admissão, o que seria um tipo de venda da religião, porém cada um dá moderada quantia em um determinado dia do mês ou quando quiser, caso quiser e puder. Pois ninguém é obrigado, porém cada um dá sua contribuição por sua própria vontade. Estas são, pode dizer-se, os pecúlios da piedade. Não é gasto em banquetes, em orgias ou refeições inúteis, mas em alimentar e enterrar pessoas pobres, meninos e meninas que não têm pais nem dinheiro, para pessoas velhas incapazes de sair de casa, e também para náufra-

> gos, ou para pessoas que estão nas minas, ou desterradas nas ilhas, ou nas prisões — se somente a filiação à comunidade de Deus é a causa disso eles se tornam credores de serem mantidos por sua confissão.

Continua:

> Nós, unidos de coração e alma, não temos dúvidas sobre a comunhão de bens; conosco tudo é comum, exceto as mulheres; a comunidade somente cessa aí, onde outros a praticam somente.[4]

Na teoria, o comunismo não foi largado; e na prática, unicamente o rigor de sua aplicação parecia haver suavizado. Mas, imperceptivelmente, todo o caráter da comunidade, adaptado em princípio somente às condições proletárias, foi mudando devido à crescente consideração pelo rico. Aqueles elementos que favoreceram o recrutamento de membros ricos tinham não apenas de combater o ódio de classe na comunidade, mas também alterar em muitos aspectos o seu funcionamento interno.

Embora o comunismo se houvesse enfraquecido muito, as refeições em comum continuaram ainda a ser o vínculo firme que unia todos os camaradas. As instituições caritativas dedicaram-se unicamente a casos isolados de infortúnio que, entretanto, poderiam atingir a todos. A refeição comum satisfazia às necessidades diárias de todos. Toda a comunidade comparecia a essas refeições; eram o centro em torno do qual girava toda a vida da organização.

Mas, no caso de membros ricos, a refeição em comum não tinha importância como refeição. Em casa, comiam e bebiam melhor e de modo mais agradável. A comida simples e muitas vezes crua tinha de ofender seus paladares delicados. Quando compareciam a essas refeições, só compareciam para participar da vida da comunidade, para obter influência nela, não para satisfazer o estômago. O que para outros significava a satisfação de uma necessidade física, era para eles somente a satisfação de uma necessidade espiritual; compartilhar o pão e o vinho era um ato puramente simbólico. À medida que aumentava o número de ricos na comunidade, aumentava também o número dos elementos nas refeições comuns que somente se interessavam na reunião e em seus símbolos, não em beber e comer. No século II, por conseguinte, as verdadeiras refeições em comum, para os membros mais pobres, foram separadas das refeições puramente simbólicas para toda a comunidade, e no século IV, quando a Igreja chegara a ser o poder dominante do Estado, as refeições do primeiro tipo chegaram finalmente a ser eliminadas das casas de reunião da comunidade, isto é, das igrejas. Caíram cada vez mais em desuso e foram abolidas no decorrer dos séculos seguintes. Desse modo, o caráter mais proeminente do comunismo prático desapareceu totalmente da comunidade cristã e seu lugar foi ocupado exclusivamente pelas obras de caridade, a solicitude para os pobres e os fracos, que dura até a época presente, embora em escala relativamente pequena.

Nada ficou na comunidade que pudesse tornar-se desaprazível ao rico. Deixara de ser uma instituição proletária. Os ricos, que a princípio foram excluídos completamente do "reino de Deus", a menos que entregassem suas propriedades ao pobre, podiam agora desempenhar nesse reino o mesmo papel que no "mundo do Demônio" e frequentemente usaram tal privilégio.

Os velhos contrastes de classe não só se repetiram na comunidade cristã como surgiu nova classe dominante, uma nova burocracia com um novo chefe, o bispo, a quem logo conheceremos.

Foi perante a *comunidade* cristã, não perante o *comunismo* cristão, que os imperadores romanos finalmente dobraram os joelhos. A vitória do cristianismo não foi uma ditadura do proletariado, mas dos senhores que ele criara em sua própria comunidade.

Os heróis e mártires das primitivas comunidades, que haviam entregue seus bens, seu trabalho, sua vida, pela libertação do pobre e do miserável, não fizeram outra coisa que fixar as bases para um novo modo de tirania e exploração.

APÓSTOLOS, PROFETAS E MESTRES

Originariamente, a comunidade não tinha dignitários nem havia qualquer distinção entre seus membros. Todos os membros, de qualquer sexo, podiam ser mestres ou agitadores, se julgassem ter condições para esse trabalho. Cada qual falava de acordo com sua inteligência ou, como naqueles dias se dizia, como o Espírito Santo o iluminava. A maior parte deles continuava também, certamente, seus próprios negócios, mas alguns que haviam adquirido especial prestígio venderam suas propriedades e dedicaram-se completamente à agitação, como apóstolos ou profetas. O resultado foi nova diferenciação de classes.

Duas classes surgiram então dentro da comunidade cristã: os membros comuns, cujo comunismo prático foi aplicado somente às refeições comuns e às medidas para o bem-estar geral da comunidade, encontrando empregos, socorrendo viúvas e órfãos, bem como os prisioneiros, e organizando os seguros de doença e de vida etc. Mas os que realizavam o comunismo completamente eram considerados "santos" ou "perfeitos"; renunciavam à propriedade e à monogamia, dando todos os seus bens à comunidade.

Era um belo gesto, e conferia a esses elementos radicais, como seus nomes o indicam, grande prestígio na comunidade. Sentiam-se animados de um sentimento de superioridade sobre os outros camaradas e conduziam-se como *elite* dominante.

A forma radical do comunismo produziu, assim, uma nova aristocracia.

Como toda aristocracia, não se contentou em reclamar o direito de mandar no resto da comunidade e tratou também de explorá-la.

Como iriam viver os "santos", tendo dado todos os meios de produção e outros bens que possuíam? Só podiam recorrer a trabalhos ocasionais, como carregar embrulhos, dar recados e atividades semelhantes, ou à mendicância.

O mais natural era sustentar-se mendigando entre os camaradas e mesmo entre a comunidade, que não podiam deixar um homem meritório, ou até uma mulher meritória, passar fome, especialmente se esse membro cheio de méritos tinha o dom da propaganda, que, porém, àquele tempo não requeria difícil saber a adquirir, mas simplesmente temperamento, sutileza e rapidez na resposta.

Paulo já altercava com os coríntios, recordando-lhes que a comunidade é obrigada a isentá-lo como a todos os outros apóstolos, do trabalho manual, bem como a mantê-lo:

> Não sou apóstolo, não sou livre? Não vi Jesus Nosso Senhor? Não sois minha obra no senhor?... Não tenho a liberdade de trazer comigo uma companheira como mulher, como os outros apóstolos e os irmãos do Senhor e Cephas também o fizeram? Ou só eu e Barnabas não temos o direito de viver sem trabalho manual?... quem apascenta

o gado e não se alimenta com o leite do gado?... Porque na lei de Moisés está escrito: Não poreis cabresto no boi que debulha. Acaso Deus se preocupa com os bois? Ou suas palavras em toda a parte não dizem por nós?

O boi de Deus, que debulha, quer dizer *nós*: este é o significado das palavras de Paulo. Essa passagem certamente não se refere a bois que estejam a debulhar palha vazia. O apóstolo continua: "Se nós semeamos o espiritual, é muita coisa recolhermos de vós bens materiais? Se outros têm em vós esse poder, por que não nós?" (*I Coríntios*, IX, 11-12.)

A última frase, notemos de passagem, indica também o caráter comunista das primeiras comunidades cristãs.

Paulo, após essa defesa do bom abastecimento para os apóstolos, constata que não fala por si, mas pelos outros e que nada pede aos coríntios. No entanto, permite-se receber sustimento de outras comunidades: "Despojei as outras comunidades, recebendo pensão (ὀψώνιον), para servir a vós... minha falta supriram os irmãos que vieram de Macedônia..." (*II Coríntios*, XI, 8.)

No entanto, isso, naturalmente, não altera o fato que Paulo acentua: o dever da comunidade de atender a seus "santos", que não reconheciam a obrigação de trabalhar.

O efeito que esse comunismo cristão produziu na mente dos incrédulos mostra-nos a história do Peregrino Proteu,[5] escrita em 165 d.C., por Luciano. O satírico Luciano não é, certamente, um observador sem preconceitos. Relata muitas anedotas maliciosas bastante improváveis, dizendo, por exemplo, que Peregrino deixara sua cidade natal, Pário, no Helesponto,[6] porque assassinara seu pai. Como nunca foi feita, na corte, acusação por tal delito, o assunto é, pelo menos, bastante duvidoso.

Contudo, após aplicar as necessárias restrições ao relato de Luciano, ainda resta muito a notar, porque não só demonstra como a comunidade cristã parecia aos gentios, mas oferece também aspectos de sua vida real.

Depois de haver feito uma série de afirmações as mais maliciosas sobre Peregrino, Luciano conta como ele desterrou a si mesmo após ter assassinado seu pai e errou pelo mundo:

Nessa época, conheceu também a admirável sabedoria dos cristãos, por intercâmbio com seus sacerdotes e escribas na Palestina. Logo pareceram puras crianças em comparação com ele. Tornou-se seu profeta, presidente de seus banquetes (θιασάρχης), chefe da sinagoga (Luciano mistura judeus e cristãos, K.), tudo em uma pessoa; explicou para eles uma série de escritos e comentou-os; ele próprio escreveu vários deles. Em resumo, tomaram-no por um Deus, fizeram-no seu legislador e o nomearam seu chefe. Decerto, ainda veneravam aquele grande homem que fora crucificado na Palestina por ter introduzido essa nova religião (τελετήν).[7] Por essa razão, Peregrino naquela época foi detido e encarcerado, o que lhe deu prestígio considerável para o resto de sua vida, satisfazendo sua fanfarrice e seu desejo de fama, que foram suas paixões dominantes.

Enquanto permanecia preso, os cristãos, acreditando que isso era uma desgraça, fizeram todo o possível para ajudá-lo a fugir. Julgando-o impossível, proporcionaram-lhe todos os cuidados e solicitudes. Desde pela manhã cedo, velhas podiam ser vistas, viúvas e órfãos sentados fora da prisão, enquanto os mais velhos subornavam os guardas para passar a noite com ele. Levavam-lhe muitos alimentos, comentavam suas lendas santas, e o querido Peregrino, como ainda o chamavam, era aos seus olhos um novo Sócrates. Certos representantes das comunidades cristãs vieram até das cidades asiáticas para ajudá-lo, auxiliá-lo na corte e consolá-lo. Em semelhantes casos, em que a irmandade estava comprometida, mostravam incrível zelo; em resumo, não economizavam esforços. Peregrino recebeu também muito dinheiro deles, devido a sua prisão, e não ganhou pouco com isso.

Porque esses desgraçados vivem na convicção de que serão imortais e viverão para sempre, pelo que desprezam a morte e amiúde buscam-na voluntariamente. Além disso, seu primeiro legislador persuadiu-os de que todos eles haviam se tornado irmãos desde que haviam abjurado os deuses helênicos, adorado seu mestre (σοφιστήν) crucificado e vivido de acordo com suas leis; por conseguinte, menosprezam todas as coisas igualmente, considerando-as propriedade comum (κοινὰ ἡγοῦνται), sem ter nenhuma razão para essa opinião. Se são visitados por um impostor inteligente, capaz de aproveitar-se da situação, este logo se torna muito rico, por sua habilidade em enganar essa gente simples.

Decerto tudo isso não pode ser literalmente aceito. É provável que seja tão falso quanto as histórias dos tesouros acumulados pelos agitadores socialistas com os centavos dos operários. A comunidade cristã tinha primeiro de tornar-se mais rica que era, antes que qualquer pessoa pudesse enriquecer-se com ela. Mas é provável que seja verdade que, naquele tempo, a comunidade cristã tratava com muita solicitude seus agitadores e organizadores, e que pessoas inescrupulosas se aproveitavam dessa circunstância. Devemos notar, além disso, o que isso implicava para o comunismo da comunidade.

Luciano informa, depois, que o prefeito da Síria libertou Peregrino porque este lhe parecera demasiadamente insignificante. Peregrino voltou então a sua cidade natal, onde encontrou seu patrimônio bastante devastado. Pelo menos lhe sobrou ainda considerável soma em dinheiro, considerada imensa por seus partidários e avaliada até por Luciano, que tanto lhe era desfavorável, em 15 talentos (70.000 marcos). Entregou essa soma à população de sua cidade natal, segundo Luciano, a fim de libertar-se da acusação de parricídio:

> Falou na Assembleia Popular dos pários: tinha já os cabelos longos, usava uma túnica suja, levava um saco, uma vara nas mãos e, em geral, causava uma impressão muito teatral. Apareceu diante deles com essa vestimenta e declarou propriedade do povo todos os bens que seu saudoso pai deixara. Quando o povo ouviu isso, gente pobre, cuja boca salivava pela distribuição, imediatamente gritaram que só ele era um amigo da sabedoria e da pátria, só ele um sucessor de Diógenes e Crates.[8] As bocas de seus inimigos, porém, foram seladas, e quem ousasse lembrar o incidente do assassinato teria sido morto imediatamente.
>
> Empreendeu então pela segunda vez uma peregrinação errante; fornecendo-lhe os cristãos, abundantemente, o dinheiro para a viagem, seguindo-o por todas as partes, e não permitindo que lhe faltasse nada. Assim viveu por algum tempo.[9]

Mas Peregrino foi finalmente excluído da comunidade sob o pretexto de que comera alimentos proibidos. Destarte, viu-se privado de seus meios de vida e tentou recuperar suas propriedades, sem êxito. Como filósofo mendicante, cínico e ascético, circulou pelo Egito, Itália e Grécia, pondo fim a sua vida em Olímpia, após os jogos e em presença de um auditório convidado para esse espetáculo, pelo meio teatral de saltar a uma pira ardente à meia-noite, à luz da lua.

É evidente que no tempo em que o cristianismo surgiu criaturas singulares foram produzidas. Mas seria fazer injustiça a um homem como Peregrino considerá-lo somente como charlatão. Sua morte voluntária, por si só, é uma evidência do contrário. O suicídio, com anúncio, requer certamente não só uma vaidade sem limites e amor ao sensacionalismo, mas também um pouco de desprezo pelo mundo e asco pela vida, ou tem de ser classificado como loucura completa.

Se Peregrino Proteu, como o pinta Luciano, não é realmente Peregrino Proteu, mas uma caricatura, esta é admirável. A essência da caricatura não é uma simples deformação de aparências, mas uma ênfase unilateral e um exagero de elementos característicos e determinantes. O verdadeiro caricaturista não deve ser um simples e grotesco palhaço. Deve ver as coisas por completo e reconhecer nelas os elementos essenciais e significativos.

Luciano acentuou, assim, aqueles aspectos de Peregrino que deviam ser importantes a toda a classe dos "santos e perfeitos", dos quais este era representante. Agiam impelidos talvez pelos motivos mais variados, algumas vezes sublimes, outras vezes tolos, aparentando muito desinteresse por si próprios, contudo, por trás de toda a sua atitude para com a comunidade, já existia, ao mesmo tempo, a tendência à exploração observada por Luciano. O enriquecimento dos "santos" empobrecidos pelo comunismo da comunidade podia, naqueles dias, ser ainda um exagero. Mas logo se tornaria uma realidade que, finalmente, deixou muito atrás os mais grosseiros exageros de quem zomba de sua etapa primitiva.

Luciano põe a maior ênfase na "riqueza" adquirida pelos profetas. Outro gentio, contemporâneo de Luciano, acentua sua loucura.

Celso[10] descreve "como profetizam na Fenícia e na Palestina":

> Há muitos que, embora careçam de reputação ou nome, exercem seu ofício ao menor estímulo, com a maior facilidade, dentro e fora dos lugares sagrados como se estivessem submetidos ao êxtase profético. Outros, vagando como mendigos e visitando as cidades e os acampamentos militares, oferecem o mesmo espetáculo. Cada um deles tem as palavras na ponta da língua e usam-nas instantaneamente:

"Sou Deus", "filho de Deus" ou "espírito de Deus". Vim porque o fim do mundo já se aproxima e vós, os humanos, sereis destruídos por vossa maldade! Mas eu vos salvarei e vós me contemplareis vir novamente com poder celestial! Bem-aventurado quem agora me honre! Eu relegarei todos os demais ao fogo eterno, as cidades bem como os países e seus povos. Aqueles que não reconheçam agora as sentenças que caem sobre suas cabeças logo se lamentarão e mudarão de opinião inutilmente! Mas aqueles que tiverem acreditado em mim, preservarei eternamente! A essas ameaças grandiloquentes acrescentam palavras raras, meio loucas e absolutamente incoerentes, cujo sentido não pode ser compreendido por nenhum homem, por mais inteligente que seja, tão obscuras e vazias. Mas o primeiro simplório ou charlatão que as ouve pode explicá-las como lhe parece melhor... Estes pseudoprofetas, a quem em mais de uma ocasião ouvi pessoalmente, admitiram sua fraqueza depois que os convenci e confessaram que inventaram todas as suas inescrutáveis palavras.[11]

Aqui estamos tratando novamente da amável combinação de charlatães e profetas, mas iríamos outra vez demasiado longe se disséssemos ser toda essa atividade uma impostura. Ela indica simplesmente uma condição geral da população, que oferecia aos impostores um campo propício de atividade, conquanto também deva ter dado lugar a casos reais de sentimentos exagerados e extáticos em mentes facilmente excitáveis.

Os apóstolos e os profetas, a esse respeito, eram provavelmente iguais. Diferiam, entretanto, em um aspecto importante: os apóstolos não tinham domicílio fixo, vagavam de um lado para o outro sem lar, donde seu nome (ἀπόστολος, mensageiro, viajante, navegador). Os profetas, por outro lado, eram as "celebridades locais".

A categoria de apóstolos provavelmente se desenvolveu primeiro. Enquanto uma comunidade ainda era pequena, não podia sustentar permanentemente um agitador. Assim que os meios para mantê-lo se esgotavam, tinha de ir para outro lugar. E enquanto o número das comunidades era pequeno, a tarefa importante era a de fundar novas comunidades em cidades onde elas ainda não existiam. A expansão da organização a novos campos até então não trabalhados e a manutenção de uma conexão entre eles representavam a maior tarefa de tais agitadores andantes, os apóstolos. Eles são particularmente responsáveis pelo caráter internacional da organização cristã, que tanto contribuiu para sua permanência. Uma organização local podia ser destruída por não ter apoio exterior. Mas dificilmente se poderia perseguir todas as comunidades cristãs, em todas as partes do Império, com os recursos então disponíveis à autoridade estatal. Subsistiam sempre algumas que podiam oferecer ajuda material ao perseguido e onde ele podia encontrar refúgio. Isso acontecia principalmente com os apóstolos, que constantemente se movimentavam, e cujo número algumas vezes deve ter sido considerável.

Agitadores locais, ocupados inteiramente no trabalho de organização, só puderam surgir quando certas comunidades alcançaram proporções suficientes para que seus meios lhes permitissem manter permanentemente tais agitadores.

Quanto maior era o número das cidades que contavam com comunidades cristãs e de seus membros, mais floresciam os profetas e menor era o campo para as atividades dos apóstolos, que haviam sempre atuado em cidades onde as comunidades cristãs ainda não existiam ou eram reduzidas. O prestígio dos apóstolos devia decair.

É possível que houvesse certa oposição entre eles e os profetas, porque os meios das comunidades eram limitados. Quanto mais recebiam os apóstolos, menos ficava para os profetas. Estes, por conseguinte, deviam esforçar-se para diminuir o prestígio decadente dos apóstolos, restringir os donativos que se lhes concediam e, por outro lado, aumentar seu próprio prestígio e formular determinadas reclamações sobre as esmolas dos crentes.

Esses esforços estão bem claros na *Doutrina (Didache) dos doze apóstolos*, já citada várias vezes, documento escrito entre 135 e 170 d.C. Nele lemos:

> Cada apóstolo que vier a nós deve ser recebido como o Mestre. Mas não deverá permanecer mais de um dia, no máximo dois. Mas, se *permanecer por três dias, é um falso profeta.* E quando o apóstolo os deixar, *nada receberá*, exceto a quantidade de pão de que necessite para sua jornada até a próxima parada. *Se exigir dinheiro, é um falso profeta.*
>
> Não tenteis nem proveis a um profeta que fale no espírito; porque todos os pecados serão perdoados, mas esse pecado não será perdoado. Mas nem todo homem que fale no espírito é um profeta, mas só

> o que se comporta como o Mestre; por conseguinte, o profeta e o falso profeta podem distinguir-se por sua conduta. E nenhum profeta que impelido pelo espírito de Deus ordenar uma refeição (Harnack diz: *para os pobres*), tomará parte nela, a menos que seja um falso profeta. Mas cada profeta, provado e verdadeiro, que age com consideração pelos mistérios temporais da Igreja, mas não ensina aos outros a fazer o que ele próprio faz, não o julgueis; pois terá seu julgamento em Deus. Os antigos profetas (cristãos) sempre agiram assim.

Já vimos que essa passagem provavelmente contém uma referência ao amor livre, que devia ser permitido aos profetas se não exortassem a comunidade a seguir o seu exemplo. E continua:

> Mas quem disser no espírito: Dai-me dinheiro ou alguma outra coisa, não lhe presteis atenção; mas se pede donativos para outros que sofrem, que ninguém o julgue.
>
> Porém todo homem que vier no nome do Senhor (em outras palavras, cada camarada; K.), que seja admitido; experimentai-o então e distingui o falso do verdadeiro, porque deveis ter compreensão. Se o recém-chegado é um visitante em trânsito, ajudai-o, mas não deverá permanecer convosco mais que dois ou três dias, no máximo. Se deseja estabelecer-se convosco, permiti-lhe trabalhar e comer, se é artesão. Se não conhece ofício, considerai o assunto da melhor forma, que nenhum cristão permaneça ocioso entre vós. Se não aceitar essa condição, será um que obtém lucros do Cristo. Evitai semelhante indivíduo.

Já se considerava portanto necessário impedir que a comunidade fosse invadida e explorada por mendigos de outros lugares. Isso só se aplicaria aos mendigos comuns.

> Todo profeta verdadeiro que deseje estabelecer-se entre vós é digno de sua alimentação. Da mesma forma, um verdadeiro mestre, como qualquer trabalhador, é digno de sua alimentação. Todos os primeiros frutos de teu lugar e eira, de teu gado e ovelhas, darás aos profetas, pois eles são vossos sumos sacerdotes. Mas se não tendes profetas, dai-os aos pobres. Quando fizerdes massa, tomai a primeira

porção e dai-a de acordo com o mandamento. Da mesma forma, quando abrirdes uma vasilha de vinho ou azeite, toma o primeiro que fluir e dai-o aos profetas. Mas do dinheiro e roupas e outros bens, tomai uma parte, de acordo com vosso juramento, e dai-a de conformidade com o mandamento.

Os apóstolos são tratados muito mesquinhamente nesses regulamentos. Ainda não era possível suprimi-los completamente, porém a comunidade onde se apresentassem deveria despachá-los o mais cedo possível. Enquanto um camarada comum, de passagem, podia pedir a hospitalidade da comunidade por dois ou três dias, o infeliz apóstolo só podia obtê-la por um ou dois dias. Não podia em absoluto pedir dinheiro.

O profeta, por outro lado, é "digno de sua alimentação"! Deve ser sustentado pelo tesouro da comunidade. Ademais, os crentes são obrigados a entregar-lhe os primeiros frutos de vinho, pão, azeite, uma parte de suas roupas e até de suas rendas em dinheiro.

Isso está bem de acordo com a descrição dada por Luciano, justamente no tempo em que foi escrito o *Didache*, da vida próspera de Peregrino, que também se declarara profeta.

Enquanto os profetas substituíam assim os apóstolos, iam encontrando uma nova concorrência nos *mestres*, cuja importância, quando foi escrito o *Didache*, era ainda muito pequena, pois só eram ligeiramente mencionados.

Além desses três elementos, ativos na comunidade, havia também outros, que não são mencionados no *Didache*. Paulo enumera todos em sua Primeira Epístola aos Coríntios. (XII, 28.)

> A uns estabeleceu Deus na Igreja, primeiramente apóstolos, em segundo lugar profetas, em terceiro lugar mestres, depois operadores de milagres, depois dons de curar, socorros, governos, variedades de línguas.

Destes, os dons de *prestação de socorro* e *administração* tornaram-se muito importantes, mas não os de curar, que provavelmente não tomaram, na comunidade, formas que os distinguissem daqueles geralmente comuns na época. O surgimento dos mestres relaciona-se com a admissão de elementos ricos e instruídos na comunidade. Os apóstolos e os profetas eram pessoas ignorantes que falavam sempre sem estudar as matérias de que tratavam. Os instruídos, amiúde, desprezavam essa atitude. Alguns destes, atraídos pela natureza caritativa da comunidade, ou por seu poder, ou possivelmente pelo caráter geral da doutrina, tentavam elevá-la a uma esfera superior do que era então considerado ciência e que, certamente, já não representava grande coisa. Essas pessoas vieram a ser os doutores. Foram eles que primeiro tentaram imbuir o cristianismo do espírito de Sêneca ou de Fílon, que anteriormente não exercera influência.

Eram observados com inveja e antipatia pela comunidade e, provavelmente, também pela maioria dos apóstolos e profetas. A relação não era talvez diferente da que existia entre a "mão calosa do trabalhador" e os "acadêmicos". Entretanto, os doutores teriam sem dúvida obtido cada vez mais prestígio com o aumento dos elementos ricos e instruídos da comunidade e teriam liquidado, finalmente, os profetas e apóstolos.

Antes, porém, que a situação chegasse a esse ponto, as três categorias foram absorvidas por um poder que começava a sobrepujar todos em força, o qual, porém, o *Didache* só menciona de passagem: o *bispo*.

O BISPO

O início das comunidades cristãs não era diferente do que ocorre em toda nova organização proletária. Seus fundadores, os apóstolos, tinham de cuidar de todo o trabalho da comunidade, bem como da propaganda e de sua administração. Entretanto, com o desenvolvimento da comunidade, sentiu-se a necessidade de uma divisão do trabalho que atribuísse certas funções a determinados funcionários.

Primeiramente, fez-se um trabalho separado da administração das *rendas e gastos da comunidade*.

A propaganda podia ser realizada por qualquer membro, como melhor lhe parecesse. Mesmo aqueles exclusivamente dedicados à propaganda ainda não tinham sido encarregados desse trabalho pela comunidade no século II, como já vimos. Os apóstolos e os profetas eram designados por si mesmos, autodesignados ou, segundo eles mesmos acreditavam, seguindo unicamente a voz de Deus. O prestígio que desfrutava na comunidade o propagandista individual, apóstolo ou profeta, bem como o montante de seus ganhos, dependia da impressão que causasse, em outras palavras, de sua personalidade.

Por outro lado, a manutenção da disciplina do partido, se assim podemos chamá-lo, era um assunto que dizia respeito a toda a comunidade, embora essa fosse pequena e todos os membros se conhecessem. A própria comunidade decidia sobre a admissão de novos membros. Não tinha importância quem dirigia a cerimônia de iniciação, que era a imersão. A comunidade decidia sobre as expulsões, mantinha a paz entre os camaradas e dirimia as disputas que pudessem surgir entre eles. Era o tribunal perante o qual tinham de ser apresentadas todas as acusações que alguns camaradas fizessem contra outros. Os cristãos eram tão desconfiados em relação aos tribunais do Estado quanto são agora os social-democratas. Suas ideias sociais estavam também em contradição aguda com a dos juízes do Estado. Um cristão consideraria um pecado comparecer perante um juiz do Estado, em demanda de seus direitos, especialmente em caso que envolvesse litígio com um camarada. Desse modo, plantava-se o germe de um poder judicial especial, um poder sempre reclamado pela Igreja sobre seus adeptos, como oposto aos tribunais ordinários. Também nesse assunto o caráter original da lei da Igreja foi mais tarde completamente deformado, pois, nos primórdios da comunidade cristã, significava a abolição de toda justiça de classe o julgamento do acusado por seus semelhantes.

Na Primeira Epístola de Paulo aos Coríntios (VI, 1-4), lê-se:

> Aventura-se algum de vós, tendo questão contra outro, a submetê-la a juízo perante os injustos e não perante os santos? (significando os camaradas; K.) Ou não sabeis que os santos hão de julgar o mundo? Ora, se o mundo deverá ser julgado por vós, sois acaso indignos de julgar as coisas mínimas? Não sabeis que havemos de julgar os próprios anjos, quanto mais as coisas desta vida? Entretanto, vós, quando tendes a julgar negócios terrenos, constituís um tribunal daqueles que não têm nenhuma aceitação na Igreja!

A manutenção da disciplina e da paz na comunidade a princípio não requereria formas nem era vinculada a um ofício ou um caminho determinados pelas instâncias, como a própria propaganda.

O fator econômico, no entanto, requeria regulação ainda em uma etapa primitiva principalmente, posto que a comunidade não era simples organização de propaganda, e sim, desde o início, uma associação de auxílio mútuo.

De acordo com os Atos dos Apóstolos, logo surgiu, na comunidade de Jerusalém, a necessidade de instruir certos camaradas na cobrança e distribuição dos donativos dos membros, particularmente no serviço de comida na mesa. *Diakoneo* (διακονέω) quer dizer servir particularmente à mesa. Está claro que esse era o principal trabalho dos *diáconos*, já que a refeição em comum representava a função fundamental do comunismo cristão primitivo.

Lemos nos Atos dos Apóstolos:

> Ora, naqueles dias, multiplicando-se o número dos discípulos, houve murmuração dos companheiros helenos contra os hebreus, porque suas viúvas estavam sendo esquecidas nas refeições diárias (παρεθεωροῦντο ἐν τῇ διακονίᾳ). Então os doze (*apóstolos — àquele tempo, eram realmente onze, se considerarmos todas as narrações dos Evangelhos literalmente*) convocaram a comunidade dos discípulos e disseram: não é bom que nós tenhamos que abandonar a proclamação da palavra de Deus para servir às mesas. Então, irmãos, escolhei dentre vós sete homens comprovados, cheios de juízo e de sabedoria, aos quais encarregaremos deste serviço. (VI, 1-3.)

O relato diz que tal sugestão foi executada, e em realidade deve ter acontecido de modo semelhante, pois está na natureza do caso.

Os apóstolos foram, portanto, relevados desse serviço de servir as refeições, que primitivamente estavam obrigados a fazer, além do serviço da propaganda, que ficava muito difícil com o aumento da comunidade. Mas os servidores recém-nomeados (diáconos) também tiveram necessidade de dividir seus trabalhos. O serviço da mesa e outros serviços e trabalhos de limpeza eram assuntos completamente diferentes da cobrança e administração das quotas dos membros. Esse último implicava uma posição de absoluta confiança, especialmente em uma comunidade grande, com rendas altas. Requeria uma dose considerável de honradez, conhecimento de negócios e benevolência, assim como severidade.

Nomeou-se então um administrador acima dos diáconos.

A nomeação desse administrador era inevitável. Toda organização que possua propriedade ou rendas deve ter semelhante funcionário. Nas irmandades e sociedades da Ásia Menor, os funcionários administrativos e financeiros ostentavam o título de *Epimeletes* ou *Episkopos* (observador, superintendente). Este nome foi aplicado também, no governo das cidades, a certos funcionários administrativos. Hatch, que reconstrói essa evolução detalhadamente, descreve-a em um livro ao qual devemos muitas informações sobre esse assunto,[12] cita um jurista romano, Carísio (Charisius), como diz Tertuliano:

"*Episcopi* (bispos) são aqueles que supervisionam o pão e outras coisas compráveis que servem para a manutenção diária da população da cidade (*Episcopi, qui praesunt pani et caeteris venalibus rebus quae civitatum populis at quotidianum victum usui sunt*)."

O bispo da cidade era, portanto, um funcionário administrativo relacionado, particularmente, com a alimentação da população. Era natural dar o mesmo título ao administrador da "casa do povo" cristã.

Já lemos sobre o tesouro comum da comunidade, mencionado por Tertuliano. Na primeira apologia de Justino, o Mártir (nascido cerca de 100 d.C.), aprendemos que a administração desse tesouro foi atribuída a um fidei comissário especial. Tertuliano relata:

> Os ricos e pessoas de boa vontade podem dar, discretamente, de suas propriedades, coletando-se os donativos e depositando-os com o superintendente, que ajuda assim aos órfãos e viúvas e aqueles em situação de calamidade por causa de doenças ou outras razões, aos prisioneiros e estrangeiros na cidade e cuida de todos os necessitados em geral.

Muito trabalho, muita responsabilidade, mas também muito poder foram postos em mãos do bispo.

Nos primórdios da comunidade, o cargo do bispo, bem como de outros funcionários da comunidade, era um cargo honorário, que devia ser atendido sem compensação adicional ao negócio regular de cada funcionário.

> Os bispos e presbíteros daqueles dias remotos mantinham bancos, praticavam a medicina, trabalhavam como parteiros, guardavam ovelhas ou vendiam suas mercadorias no mercado... Os principais decretos existentes dos conselhos locais da época, em relação a esse ponto,

são que os bispos não deviam levar suas mercadorias de um mercado a outro, nem deviam valer-se de sua posição para comprar mais barato e vender mais caro que outras pessoas.[13]

Mas, à medida que uma comunidade crescia, tornava-se impossível realizar suas numerosas funções econômicas como um trabalho não retribuído. O bispo tornou-se empregado da comunidade e recebeu em troca um salário.

Isso tornava permanente seu direito ao cargo. A comunidade tinha o direito de depô-lo se não cumprisse seus deveres, mas é evidente que teria algum escrúpulo em privar de seu posto um homem que separara de sua profissão. Por outro lado, a administração dos negócios da comunidade requeria um certo grau de destreza e de conhecimento das condições da mesma, que só podiam adquirir-se com uma longa permanência no cargo. Portanto, era necessário, a fim de facilitar o desempenho dos negócios da comunidade, evitar qualquer mudança desnecessária no cargo do bispo.

Mas, quanto mais tempo permanecia o bispo no cargo, mais aumentavam, necessariamente, seu prestígio e poder, caso desempenhasse eficientemente suas funções.

O bispo não foi o único funcionário permanente da comunidade. O cargo dos diáconos não pôde ser mantido permanentemente como função honorária. Os diáconos também foram pagos, como o bispo, pelo tesouro da comunidade, mas como subordinados daquele. Como o bispo tinha que trabalhar com eles, era consultado sobre suas nomeações. Desse modo, teve o privilégio de distribuir os cargos da comunidade, o que aumentou evidentemente o seu prestígio.

Contudo, na medida em que crescia a comunidade, tornava-se impossível atender aos assuntos de sua própria disciplina. Não só aumentava o número de seus membros como também a variedade de suas ocupações. Enquanto, a princípio, todos formavam uma família, onde cada um conhecia os demais camaradas, estavam completamente unidos em pensamento e constituíam uma *elite* de entusiastas que se sacrificavam, tais condições mudaram com o crescimento da comunidade. Foram admitidos os mais variados elementos, procedentes de classes e regiões diferentes, muitas vezes estranhos e sem conhecimento uns dos outros, algumas vezes até hostis entre si — como escravos e senhores —, bem como indivíduos que não eram impelidos pelo entusiasmo, mas pelo cálculo astucioso, a fim de aproveitar-se da credulidade e generosidade dos camaradas. Outrossim, havia diferença de opiniões. Tudo isso produzia necessariamente disputas de todos os tipos, que com frequência não podiam ser decididas por uma simples discussão, na assembleia da comunidade, mas exigiam longas investigações dos fatos.

Confiou-se a um colégio, dos anciãos ou presbíteros, a função de manter a disciplina na comunidade e resolver as disputas que nela surgiam, informando à comunidade sobre a expulsão de membros indignos, talvez também sobre a admissão de novos membros, a qual era celebrada com a cerimônia de iniciação: o batismo.

O bispo, que estava precisamente informado de todos os assuntos da comunidade, era o presidente do colégio. Assim obteve uma influência sobre a política e jurisdição moral da comunidade. Onde os presbíteros, em razão das crescentes dimensões da comunidade, vieram a ser funcionários pagos permanentemente, foram colocados imediatamente sob a jurisdição do guardião do tesouro da comunidade, o bispo, assim como estavam os diáconos.

Em uma cidade grande, a comunidade podia facilmente chegar a ser de tal vulto que requeresse mais de uma casa para suas reuniões. Estabeleceu-se, então, uma divisão por distritos. Em cada reunião de distrito, um diácono tinha de atender aos membros, enquanto um presbítero era o delegado do bispo para dirigir a reunião e representá-lo. O mesmo ocorria nos subúrbios e aldeias. Onde as grandes cidades eram próximas, como a de Roma ou Alexandria, a influência dessas era esmagadora e as comunidades vizinhas caíam automaticamente sob a influência da grande cidade e de seu bispo, que lhes enviava seus diáconos e presbíteros.

Desse modo, sob a direção do bispo, formou-se gradualmente uma burocracia comunal, que se tornava cada vez mais independente e poderosa. Devia ter o maior prestígio na comunidade, de modo que pudesse ser eleito para um posto tão desejado. Uma vez alcançado, o posto conferia tanto poder ao beneficiado que a vontade de qualquer bispo com um pouco de inteligência e habilidade (suas tendências haviam coincidido, desde o princípio, com as da maioria de sua comunidade) cada vez mais foi a decisiva, especialmente em assuntos pessoais.

Como consequência, o bispo adquiriu autoridade não só sobre as pessoas que exerciam funções na administração da comunidade, mas também sobre os que tratavam da propaganda e da teoria.

Vimos como no século II os apóstolos foram eliminados pelos profetas. Ambos provavelmente entravam em conflitos frequentes com o bispo que, em tais ocasiões, não deve ter vacilado em lhes fazer sentir seu poder financeiro e moral. Não devia ter dificuldades em proibir os apóstolos e profetas, bem como os doutores, de residir na comunidade, assim que surgiam tendências que não eram de seu agrado. E isso decerto acontecia com muita frequência no caso de apóstolos e profetas.

Os bispos, em outras palavras, os guardiões do tesouro, por certo não eram escolhidos preferencialmente entre os entusiastas, alheios ao mundo, mas entre os homens práticos, entendidos em negócios. Estes conheciam o valor do dinheiro e, portanto, também o benefício de ter muitos associados ricos. É natural supor que foram eles que representaram, na comunidade cristã, o revisionismo oportunista e forçaram a atenuar o ódio contra o rico, a enfraquecer os ensinamentos da comunidade, de forma a permitir que nela os ricos também se sentissem à vontade.

Os ricos, naqueles tempos, eram também os homens instruídos. Adaptar a comunidade às exigências deles significava enfraquecer a influência dos apóstolos e profetas e levar suas tendências *ad absurdum*, tanto as daqueles que combatiam a riqueza por simples vilania quanto daqueles elementos desinteressados que a combatiam por entusiasmo, com profundo ódio e, mais ainda, se haviam entregado todas as suas propriedades à comunidade quando ainda eram ricos, a fim de realizar seus elevados ideais comunistas.

Na luta entre o rigor e o oportunismo, este saiu vitorioso. Em outras palavras, os bispos triunfaram contra os apóstolos e profetas, cuja liberdade de ação e direito à vida diminuíram perceptivelmente na comunidade. Os servidores da comunidade substituíram-nos cada vez mais. Como, a princípio, cada membro tivera voz nas reuniões da comunidade e direito de ocupar-se das atividades de propaganda, os servidores da comunidade também podiam realizá-las, o que provavelmente fizeram em grande escala. É claro que os membros que sobressaíam da massa anônima, como oradores bem conhecidos, tinham melhor oportunidade de ser eleitos para os cargos da comunidade do que os membros completamente desconhecidos. Por outro lado, igualmente se exigia dos eleitos a realização de trabalhos de propaganda, além de suas atividades administrativas e judiciais. Alguns dos servidores administrativos eram mais ativos na primeira função do que no seu trabalho original, já que o crescimento da comunidade criava novos órgãos, aliviando os outros. Desse modo, em muitos casos os diáconos puderam dedicar-se mais ao trabalho de propaganda, quando suas funções nas grandes comunidades foram substituídas por hospitais especiais, asilos de órfãos, casas para pobres e pousadas para membros imigrados.

Por outro lado, fazia-se necessário, precisamente pelo desenvolvimento da comunidade e suas funções econômicas, dar a seus funcionários alguma preparação para os cargos. Teria sido agora muito caro e perigoso permitir a cada um adquirir o saber somente por suas próprias experiências. Daí por diante os servidores comunais foram preparados, na casa do bispo, e ali conheceram os deveres e encargos da Igreja. Onde os servidores tinham também de atender à propaganda, além de seus assuntos oficiais, era natural prepará-los para esse trabalho na própria casa do bispo, instruindo-os nos ensinamentos da comunidade.

O bispo, desse modo, tornou-se o centro, não só da atividade econômica, mas igualmente da propaganda da comunidade, e uma vez mais a ideologia ajoelha-se diante da economia.

Concebeu-se então uma doutrina oficial, reconhecida e disseminada pela burocracia da comunidade, que aplicava medidas repressivas, cada vez mais, contra todas as concepções com as quais não estivesse de acordo.

Isso não quer dizer que a doutrina oficial fosse sempre hostil à opinião inteligente.

As tendências às quais se opunham os bispos eram as do comunismo proletário primitivo, hostil ao Estado e à propriedade. De acordo com a ignorância das classes baixas da população, sua credulidade e a incompatibilidade de suas esperanças com a realidade, eram precisamente essas tendências que estavam associadas a uma fé especial nos milagres e a um estado mental exaltado. Apesar do muito que a Igreja oficial realizou, nesse campo, as seitas perseguidas nos primeiros séculos excederam-na consideravelmente em seus loucos exageros.

A simpatia para com os oprimidos e a aversão a toda pressão não devem confundir-nos, fazendo-nos considerar toda oposição à Igreja oficial, toda forma de heresia, como mostra de um estado mental superior.

A formulação de uma doutrina oficial da Igreja foi facilitada também por outras circunstâncias determinadas.

Temos poucas informações sobre as doutrinas ensinadas nos começos da comunidade cristã. A julgar por simples indicações, eram de natureza muito simples e não muito extensas. Certamente não devemos supor que continham então tudo que depois foi exposto nos Evangelhos como ensinamento de Jesus.

Conquanto possamos até admitir a probabilidade de Jesus haver vivido e sido crucificado, quiçá devido a uma tentativa de insurreição, não há praticamente nenhuma outra coisa que se possa dizer dele. O que se divulga, como seus ensinamentos, tem tão pouca evidência em seu apoio, é tão contraditório e tão pouco original, tão cheio de máximas morais vulgares, então correntes de boca em boca, que não se pode perceber, com certeza, o menor traço dos verdadeiros ensinamentos de Jesus. A esse respeito nada sabemos.

Temos o direito de imaginar que as origens das comunidades cristãs foram similares às das outras organizações socialistas, com as quais apresentam muitas semelhanças. Olhando essas origens, não encontramos nenhuma personalidade dominante cujos ensinamentos se tornaram norma para a história posterior do movimento, mas sempre um caótico fermento, um instinto vago, a buscar e agrupar inúmeros proletários, nenhum perceptivelmente mais proeminente que os outros, todos movendo-se em conjunto no mesmo sentido, mas desenvolvendo frequentemente os mais notáveis desvios individuais. Tal quadro, por exemplo, apresenta-se no começo do movimento proletário socialista, no segundo quarto do século XIX. A famosa Liga dos Justos, posteriormente Liga dos Comunistas, já era uma instituição que existia havia algum tempo, antes que Marx e Engels lhe dessem uma base teórica definida no *Manifesto comunista*. E essa mesma liga era somente a continuação de antigas tendências proletárias na França e Inglaterra. Sem Marx e Engels, seus ensinamentos haveriam por muito tempo permanecido em estado de fermentação. Os dois autores do *Manifesto comunista* foram capazes de assegurar sua posição dominante e determinante em virtude de seu domínio da ciência de sua época.

Nada temos que demonstre — pelo contrário, é absolutamente impossível — que uma pessoa verdadeiramente instruída determinasse o nascimento do cristianismo. Há referências expressas de que Jesus não superou seus camaradas, simples proletários, tendo a mesma educação. Paulo não se refere a seus conhecimentos superiores, mas ao seu martírio e a sua ressurreição. Sua morte causou nos cristãos profunda impressão.

Os apóstolos e profetas não repetem doutrinas definidas que lhes tenham chegado pela tradição, mas falam segundo a inclinação do momento. Expressam as opiniões mais variadas. As comunidades primitivas estão cheias de disputas e atritos.

Paulo escreve aos coríntios:

> Porém, não posso louvá-los, porquanto vos ajuntais, não para melhor e sim para pior. Porque, antes de tudo, estou informado sobre divisões (σχίσματα) entre vós, quando vos reunis na igreja; e eu em parte o creio. Porque até mesmo importa que haja partidos entre vós, para que também os aprovados (δόκιμοι) se tornem conhecidos em vosso meio. (*I Coríntios*, XI, 17-19.)

Essa necessidade de diferentes tendências, heresias (Paulo usa a palavra αἱρέσεις[14]) na comunidade, não foi reconhecida posteriormente, sob nenhuma forma, pela Igreja oficial.

No século II, terminam a procura vaga e o tateamento. A comunidade tem uma história atrás de si. E no curso dessa história várias doutrinas de fé saíram vitoriosas, obtendo aprovação entre a grande massa da comunidade. Agora também entram pessoas instruídas na comunidade. Por um lado, põem em forma escrita a história do movimento e suas doutrinas, transmitidas a eles verbalmente, preservando-as contra mudanças posteriores; por outro, querem elevar os ensinamentos da comunidade, do simples estado em que as encontram ao nível da ciência de sua época (que é ainda bastante baixo), encher esses ensinamentos com sua filosofia, e torná-los assim do agrado também dos instruídos, e armá-la contra as objeções da crítica pagã.

Para chegar a ser mestre na comunidade cristã, a pessoa devia possuir certa quantidade de conhecimentos. Os apóstolos e os profetas, que anteriormente se haviam encolerizado com a maldade desse mundo e haviam predito seu fim para breve, já não podiam competir com os instruídos.

Os infelizes apóstolos e profetas foram, assim, afastados e oprimidos em todas as partes. Seu pequeno negócio logo teve de sucumbir perante o imenso mecanismo da burocracia cristã e desapareceu. Ademais, os mestres ou doutores foram privados de sua liberdade e subordinados ao bispo. Em seguida, ninguém já se atrevia a abrir a boca nas reuniões da comunidade, na Igreja,[15] sem prévia permissão do bispo; isto é, ninguém fora da burocracia da comunidade, do clero,[16] que era manejado pelo bispo, que cada vez mais se distinguia da massa dos membros leigos[17] e assumia uma posição superior. A metáfora do pastor e seu rebanho tornou-se popular; o rebanho significa um rebanho de ovelhas tão dóceis que podem ser conduzidas e tosquiadas sem resistência. O pastor supremo é o bispo.

O caráter internacional do movimento contribuiu também para o aumento do poder do bispo. Antes, os apóstolos foram aqueles que mantinham a coesão internacional das várias comunidades, ao viajarem constantemente de uma a outra. Mas, na medida em que os apóstolos foram relegados ao fundo da cena, tornou-se importante encontrar outros meios de cimentar e unir as comunidades. Se surgiam disputas onde era necessária uma ação ou regulamentação comum em qualquer assunto, reuniam-se congressos de delegados das comunidades, congressos provinciais e até imperiais, a partir do século II.

A princípio, tais reuniões serviam somente para discussão e acordos mútuos. Não podiam aprovar resoluções obrigatórias. Cada comunidade sentia-se soberana. Cipriano,[18] na primeira metade do século III, proclamou a absoluta independência da comunidade. Mas é claro que, desde o princípio, a maioria devia influir nas decisões. Gradualmente essa superioridade obteve força obrigatória, as resoluções da maioria transformaram-se em leis para todas as comunidades representadas que fundiram-se em um só corpo. Tudo o que a comunidade individual perdeu em liberdade de ação ganhou em força o movimento como um todo.

Assim se criou a Igreja Católica.[19] As comunidades que se recusaram a cumprir as decisões dos congressos (sínodos, concílios) foram expulsas da organização, sendo excluídas do corpo central. Um indivíduo que fosse excluído de sua comunidade, já não podia ser admitido em outras. Era expulso de todas. E os efeitos da expulsão ou excomunhão tornaram-se mais severos.

O direito de expulsar membros que se opunham aos propósitos da organização certamente não seria negado à Igreja, que existia junto de muitos outros partidos ou organizações dentro do Estado e tinha objetivos determinados. Não teria podido alcançar esses objetivos se tivesse renunciado ao direito de expulsar quem se opusesse a eles.

Mas as coisas se tornaram diferentes quando a Igreja se transformou em uma organização que preenchia todo o Estado e até toda a sociedade europeia, da qual os Estados só constituíam certas partes. Ser expulso da

Igreja equivalia então a ser expulso da sociedade humana; podia tornar-se equivalente a uma sentença de morte.

A faculdade de excluir membros que não reconhecem os objetivos da organização é indispensável para a formação e exitosa atuação de partidos específicos em um Estado e, consequentemente, para uma vida política ativa e proveitosa, para um vigoroso desenvolvimento político; mas transforma-se em um meio de impedir a formação de partidos, de tornar impossível toda vida e desenvolvimento políticos se, em vez de ser utilizado pelos vários partidos do Estado, vem a ser utilizado pelo próprio Estado ou por uma organização que o preenche. Mas é absurdo exigir, dos diversos partidos, a plena liberdade de opinião — para todos os membros da comunidade que cada partido democrático deve exigir do Estado. Um partido que tolere em suas fileiras todas as opiniões deixa de ser um partido. Mas o Estado, quando persegue determinadas ideias, transforma-se ele próprio em um partido. A democracia deve exigir não que os partidos deixem de sê-lo, porém que o Estado deixe de ser um partido.

Do ponto de vista democrático, não se devem fazer objeções às excomunhões da Igreja, enquanto essa permanece simplesmente como um dos vários partidos. Quem não acreditar nas doutrinas da Igreja, quem não cumprir suas regras, não tem lugar nela. A democracia não tem direito de exigir tolerância da Igreja, enquanto esta se contente em ser um partido entre muitos outros, a menos que o Estado se coloque ao lado da Igreja ou se identifique com ela. Então, deve introduzir-se na Igreja uma política democrática, não uma exigência de tolerar incrédulos, que seria somente uma medida paliativa.

Contudo, conquanto não se possa objetar, do ponto de vista democrático, o direito de excomunhão da Igreja *per se*, antes de transformar-se em uma Igreja de Estado, muito se pode dizer contra a forma com que ele foi aplicado já àquela época, uma vez que não o foi pela massa de membros, mas pela burocracia. Quanto mais dano se podia fazer assim ao indivíduo, mais crescia o poder da burocracia eclesiástica e de seu chefe, o bispo.

Ademais, o bispo era o delegado de sua comunidade aos congressos eclesiásticos. E dado que o poder episcopal cresceu simultaneamente com os concílios, estes foram, desde o princípio, reuniões de bispos.

Ao prestígio e poder de que o bispo gozava, por força da administração dos fundos e da designação e gerência de todo o aparelho administrativo, judicial, científico e propagandístico da burocracia comunal, juntou-se a prepotência do todo, da *Igreja Católica*, sobre a parte, a comunidade. O bispo defrontava a comunidade como representante da totalidade da Igreja. Na medida em que sua organização se tornava mais rígida, as comunidades perdiam força em relação ao bispo, pelo menos nos casos em que esse representava as tendências da maioria de seus colegas. "Através desse cartel dos bispos, os leigos perderam completamente seus direitos."[20]

Os bispos não estavam enganados ao afirmar que sua autoridade vinha dos apóstolos e ao se considerar seus sucessores. Os bispos, como anteriormente os apóstolos, eram o elemento unificador internacional entre todas as comunidades, e foi precisamente esse fator que lhes deu muita de sua influência e poder.

Logo desapareceram até os últimos resíduos da democracia primitiva da comunidade, isto é, o direito de eleger os funcionários. Com o aumento da independência e do poder do bispo e seus seguidores, tornou-se mais fácil a esse convencê-los a eleger as pessoas que lhe convinham. Era realmente o bispo quem designava as pessoas que deviam ocupar tais cargos. Na eleição do próprio bispo, os candidatos propostos pelo clero tinham as maiores possibilidades, devido ao poder de que este dispunha na comunidade. Finalmente, apenas o clero passou a eleger o bispo, restando à massa da comunidade somente o direito de aprovar ou não a eleição. Mesmo essa prerrogativa, porém, transformou-se em simples formalidade. E a comunidade foi degradada até tornar-se uma simples *claque* que, quando o bispo era apresentado pelo clero, devia aclamá-lo com aplausos de júbilo.

Isso significou a destruição final da organização democrática ao confirmar o poder absoluto do clero e completar sua transformação, de um humilde "servo dos servos do Senhor", em seu amo absoluto.

Era natural que as propriedades da comunidade tornassem-se de seus administradores, não propriedades pessoais, mas da burocracia como um organismo. As propriedades da Igreja deixaram de ser "comunais", dos membros, e passaram a ser do clero. Essa transformação encontrou apoio poderoso e foi acelerada pelo reconhecimento do cristianismo pelo Estado, no princípio do século IV. No entanto, por outro lado, o reconhecimento da Igreja Católica foi somente uma consequência do progresso, feito pelo poder da burocracia e pelo poder absoluto do bispo dentro da mesma burocracia.

Enquanto a Igreja foi uma organização democrática, era absolutamente oposta ao despotismo imperial romano. Por outro lado, a burocracia dos bispos, que dominava e explorava o povo, era um bom instrumento para o despotismo imperial. Além disso, este não podia ignorar a Igreja, mas devia chegar a um acordo com ela, pois, caso contrário, ela poderia superá-lo em poder.

O clero chegara a ser um poder que cada governante do Império tinha de reconhecer. Entre os vários pretendentes ao trono, antes das guerras civis do começo do século IV, Constantino, que fizera uma aliança com os dirigentes eclesiásticos, foi vitorioso.

O bispo passou a ser o senhor, governando juntamente com os imperadores. Estes presidiam frequentemente os concílios de bispos mas, em troca, puseram a autoridade do Estado à disposição deles, para efetivar suas decisões e excomunhões.

Simultaneamente, a Igreja obteve os direitos de pessoa jurídica, capaz de possuir e herdar propriedades (321 d.C.). Seu proverbial apetite viu-se assim enormemente estimulado e as propriedades da Igreja rapidamente se multiplicaram. E também aumentou a exploração praticada pela Igreja.

Desse modo, a organização do comunismo proletário, rebelde, transformou-se no mais fiel apoio do despotismo e da exploração, uma fonte de novo despotismo, de nova exploração.

A comunidade cristã vitoriosa era, em todos os aspectos, precisamente o contrário daquela fundada três séculos antes por pobres pescadores, camponeses galileus e proletários de Jerusalém. O Messias crucificado tornou-se o maior sustentáculo daquela sociedade infame e degradada, cuja destruição completa a comunidade messiânica esperara que ele realizasse.

O MOSTEIRO

A Igreja Católica, desde que fora reconhecida pelo Estado, transformou as tendências da comunidade messiânica primitiva exatamente no oposto. Isso, entretanto, não ocorreu por meios pacíficos, sem resistência nem luta. As condições sociais que haviam gerado o comunismo democrático dos cristãos primitivos continuaram a existir e, na realidade, tornaram-se mais preocupantes e ameaçadoras na medida em que o Império se desintegrava.

Vimos que desde o princípio apareceram tendências contra a nova orientação. Mas, quando a inovação se tornou a atitude dominante e oficial da Igreja, não tolerando outras opiniões dentro da comunidade, surgiram, cada vez mais, novas seitas democráticas e comunistas ao lado da Igreja Católica. Assim, por exemplo, na época em que a Igreja foi reconhecida por Constantino, a seita dos circunceliões[21] estendera-se pela África do Norte; eram mendigos em êxtase que apoiavam até o extremo a luta da seita donaciana contra a Igreja do próprio Estado, pregando hostilidade a todos os ricos e poderosos. Como na Galileia nos tempos de Cristo, na África do Norte, no século IV, a população camponesa insurgia-se em desespero contra seus opressores, e o bandoleirismo, praticado por grupos numerosos, demonstra a forma na qual se expressava seu protesto. Como sucedera anteriormente com os zelotes e talvez também com os primeiros partidários de Jesus, os circunceliões fixaram então, como objetivo, a libertação e o fim de toda opressão. Com extrema audácia, combateram até as tropas imperiais que durante várias décadas, juntamente com o clérigo católico, lutaram para sufocar a rebelião.

Assim como esse esforço de renovação comunista da Igreja, igualmente fracassaram todos os outros, por meios pacíficos ou violentos. Foram derrotadas pelas mesmas causas que haviam finalmente transformado a primeira em seu oposto e que continuaram a existir juntamente com a necessidade de que ocorressem outra vez tais tentativas. Conquanto a miséria crescente fomentasse essa necessidade, não se deve esquecer que os recursos da Igreja também aumentavam, capacitando-a a proteger parte cada vez maior do proletariado, por meio de suas instituições de caridade, contra as instigações da miséria, mas também a torná-la dependente do clero, a corrompê-la, a sufocar todo entusiasmo e todo pensamento mais elevado.

Quando a Igreja chegou a ser a Igreja do Estado, instrumento de despotismo e exploração tão poderoso e gigantesco como ainda não existira na história, a destruição de todas as tendências comunistas dentro dela parecia finalmente selada. Essas tendências, entretanto, obteriam nova energia precisamente dentro da Igreja do Estado.

Até o momento de seu reconhecimento pelo Estado, a propagação das comunidades cristãs geralmente se limitara às grandes cidades; pois só nestas podiam preservar-se em períodos de perseguição. No interior, onde é fácil observar cada indivíduo, as organizações secretas somente podem preservar-se quando desfrutam do apoio de toda a população como, por exemplo, no caso dos grupos secretos irlandeses, nos últimos séculos, em oposição ao domínio inglês. O movimento social de oposição de uma minoria encontrara, até então, as maiores dificuldades no interior. Isso igualmente se aplica à cristandade nos três primeiros séculos.

Os obstáculos à sua propagação nas províncias desapareceram quando o cristianismo deixou de ser um movimento de oposição e foi reconhecido pelo Estado. Daí por diante, nada se opôs à organização das comunidades cristãs nas províncias. Durante três séculos, o cristianismo — como o judaísmo — fora quase que exclusivamente uma religião da cidade. Agora, pela primeira vez, tornava-se também religião dos camponeses.

Juntamente com o cristianismo, suas tendências comunistas invadiram as províncias, encontrando condições diferentes e muito mais favoráveis que na cidade, como já vimos na discussão sobre o essenismo. Este despertou imediatamente para nova vida, em forma cristã, assim que se ofereceram nas províncias possibilidades de criar organizações comunistas, o que demonstra como era forte sua necessidade social. Precisamente na época em que o cristianismo foi reconhecido pelo Estado, em princípios do século IV, estabeleceram-se no Egito os primeiros mosteiros, logo seguidos de outros em muitas partes do Império.

Essa forma de comunismo não só pouca oposição sofreu das autoridades eclesiásticas e nacionais, como foi mesmo favorecida por elas, da mesma maneira que as experiências comunistas na América, na primeira metade do século XIX, não foram desagradáveis aos governos da França e Inglaterra. Não podia deixar de ser interessante para eles que os incansáveis agitadores comunistas de suas grandes cidades fossem excluídos do mundo para se dedicar pacificamente à agricultura em plena selva.

Diferentemente das experiências comunistas owenistas,[22] fourieristas[23] e cabetistas[24] na América, as experiências do camponês egípcio Antônio e seus discípulos tiveram êxito brilhante, como também as colônias comunistas camponesas nos Estados Unidos nos séculos XVIII e XIX, muito semelhantes às egípcias. Atribui-se frequentemente seu êxito ao fato de estarem penetradas pelo entusiasmo religioso, que faltava aos seguidores das modernas utopias. Sem religião não haveria comunismo. Mas o mesmo entusiasmo religioso que inspirara os monges, nos mosteiros, inspirara também os cristãos das grandes cidades, nos primeiros séculos e, entretanto, suas experiências comunistas não foram completas nem duráveis.

A causa do êxito, em um caso, e do fracasso, no outro, não se encontra na religião, mas nas circunstâncias materiais.

Em contraste com as experiências comunistas do cristianismo primitivo, nas grandes cidades, os mosteiros, bem como as colônias comunistas nas selvas, tinham a vantagem de que a agricultura requer uma combinação da fazenda e da família, e a agricultura em grande escala não só já não era possível, mas alcançara alto grau de desenvolvimento no "sistema de *oikos*"[25] dos grandes proprietários de terras. Essa operação em grande escala do sistema de *oikos* estivera baseada, entretanto, na escravidão, o que fixava os limites de sua produtividade e de sua existência. A interrupção do fornecimento de escravos motivou o desaparecimento das grandes fazendas. Os mosteiros tomaram-nas novamente e continuaram a trabalhá-las. Na realidade, puderam desenvolvê-las em grau mais elevado, pois os mosteiros substituíram o trabalho dos escravos pelo de seus próprios membros livres. Em vista da desintegração geral da sociedade, os mosteiros tornaram-se, finalmente, os únicos lugares, no decadente Império, onde se preservaram os últimos resíduos da antiga tecnologia, através da tormenta do período de migração, e ainda aperfeiçoaram-na em muitos pontos.

Excluídas as influências do Oriente, particularmente dos árabes, os mosteiros foram os lugares de onde partiu novamente o desenvolvimento da civilização da Europa durante a Idade Média. O modo cooperativo de produção dos mosteiros adaptava-se muito bem às condições da produção rural, até o fim da Idade Antiga e começo da Idade Média. Daí o seu êxito. Nas cidades, por outro lado, as condições de produção opunham-se ao trabalho cooperativo e o comunismo somente podia existir na forma de simples comunismo de consumo, mas é o modo de produção, não o modo de distribuição ou consumo que, em última análise, determina o caráter das relações sociais. Foi somente no campo, nos mosteiros, onde a comunidade de consumo, desejada originariamente pelo cristianismo, obteve uma base permanente na comunidade de produção. Sobre essa base, as irmandades dos essênios floresceram por vários séculos e foram destruídas, finalmente, pela aniquilação repentina da comunidade judaica, não como resultado de causas internas. É sobre uma comunidade de produção que surge a grande estrutura do mosteiro cristão, preservando-se até nossos dias.

Por que então fracassaram as colônias do moderno comunismo utópico? Eram construídas sobre um fundamento semelhante ao do comunismo monástico, mas o modo de produção mudara completamente desde então. Em lugar das dispersas indústrias da Antiguidade, que desenvolvem o individualismo no trabalho e tornam difícil aos operários urbanos a colaboração em cooperativas, inspirando-lhes um sentimento anárquico na produção, encontramos hoje, na indústria urbana, imensas fábricas nas quais cada trabalhador constitui somente uma peça da engrenagem, que deve operar harmonicamente com inúmeras outras. Os hábitos do trabalho em cooperação, de disciplina, de uma subordinação do indivíduo às exigências do todo, substituem, no trabalho moderno, a atitude anárquica do operário individual.

Mas só na produção.

O consumo é diferente.

As condições de vida eram anteriormente tão simples e uniformes para a massa da população que provocavam a uniformidade de consumo e de necessidades, não tornando intolerável, de forma alguma, a comunidade permanente de consumo.

O modo moderno de produção, agregando todas as classes e nações, reunindo os produtos do mundo inteiro nos grandes centros comerciais, criando incessantemente novos produtos, gerando incansavelmente novos meios de satisfazer as necessidades e até novas necessidades, estimula, assim, na massa da população, grande variedade de inclinações e necessidades pessoais, um "individualismo" que anteriormente só existia nas classes opulentas e aristocráticas, e igualmente uma variedade de consumo, no sentido mais amplo de desfrute. Os objetos mais rudimentares, mais materiais de consumo, alimentos, bebidas, roupas, estão sujeitos, certamente, em muitos casos, à estandartização no moderno sistema de produção. Mas está na essência desse modo de produção não limitar a esses produtos nem mesmo o consumo das massas e criar entre as camadas operárias uma demanda crescente, cada vez mais diferenciada e variando de indivíduo para indivíduo, de artigos de cultura, educativos, artísticos, esportivos e outros. Desse modo, o individualismo de desfrute, anteriormente privilégio do rico e do instruído, estende-se, outrossim, entre as classes trabalhadoras, primeiro nas grandes cidades, depois, gradualmente, no resto da população. Ainda que o trabalhador moderno, a bem da disciplina, esteja obrigado a fazer grandes concessões em sua colaboração com os companheiros e reconheça-as como necessárias, ele resiste tenazmente a toda tentativa de dirigir seu consumo, seu desfrute. Nessa esfera, o trabalhador torna-se, cada vez mais, individualista ou, se se preferir, anarquista.

Vê-se agora como tem de sentir-se o moderno proletário da cidade em uma pequena colônia comunista, no campo, que no fundo não passa de um grande estabelecimento agrícola, com trabalhos industriais subsidiários. Como já expusemos várias vezes, a indústria e a casa, nesse ramo da produção, estiveram sempre relacionadas. Isso era uma vantagem para o comunismo cristão, que partiu da comunidade de consumo. Nas instituições monásticas, no interior, esse comunismo foi, por conseguinte, forçado a juntar-se com o comunismo de produção, o que lhe deu grande força de resistência e potencial desenvolvimento.

O moderno comunismo utópico, que surgia da comunidade na produção e nela encontrava sólida base, devido à estreita relação entre consumo e produção em seus pequenos estabelecimentos, foi induzido a acrescentar o comunismo de consumo ao da produção. O primeiro tinha de afetar o último como pólvora explosiva e produzir eternas disputas, as mais desagradáveis, por pequenas provocações.

Somente os elementos da população que não foram tocados pelo capitalismo moderno, camponeses afastados do mundo, podiam ainda fundar colônias comunistas, no século XIX, dentro da área da civilização moderna. Sua religião somente tem relação com seu êxito na medida em que o entusiasmo religioso como fenômeno social — não como uma idiossincrasia individual — só se encontra agora em camadas muito atrasadas da população.

Nos meios industriais modernos, em estágio avançado, o comunismo de produção só pode ser implantado em tão grande escala que seja compatível com individualismo de consumo altamente desenvolvido, no sentido mais amplo da palavra.

Não foi o comunismo de produção que fracassou nas colônias comunistas não religiosas do século XIX. O capitalismo pratica-o com grande êxito, desde muito tempo. Foi o comunismo da estandardização do consumo pessoal, tão contrário aos hábitos modernos, que fracassou.

Nos tempos antigos e também na Idade Média, não havia sinais de uma individualização de necessidades entre as massas populares. Assim, o comunismo monástico não encontrou tal obstáculo e pôde florescer, na medida em que seu modo de produção excedia ao que geralmente prevalecia, de acordo com sua própria superioridade econômica. Rufino (Rufinus, 345-410), que fundou um mosteiro no Monte das Oliveiras, perto de Jerusalém, em 377 d.C., garante que quase igual número de pessoas vivia tanto nos mosteiros dos distritos rurais do Egito quanto nas cidades. Apesar de que possa haver exagero de uma imaginação piedosa, não há dúvida de que sua afirmação indica um número de monges e monjas que devia ser extraordinário.

Destarte, através do sistema monástico, o entusiasmo comunista na cristandade vivificou-se, pois encontrou aí uma forma que não aparecia como oposição herética à burocracia eclesiástica dominante, e podia muito bem chegar a um acordo com ela.

Mas essa forma de comunismo cristão tampouco podia chegar a ser a forma geral da sociedade, e apenas se limitava a certas camadas. Consequentemente, o novo comunismo também devia transformar-se no contrário, o que ocorria com mais segurança quanto maior era sua superioridade econômica. O mais provável é que este fator convertesse seus participantes em uma aristocracia superior ao restante da população, dominando-a e explorando-a.

O comunismo monástico não podia chegar a ser a forma geral da sociedade, ainda que somente pela razão de que, ao dirigir uma casa comum, sobre a qual se baseava, devia rechaçar o matrimônio, como antes haviam feito os essênios e como fizeram depois as colônias comunistas religiosas na América do Norte (no século XIX). A prosperidade da casa comum requeria a renúncia ao matrimônio individual; uma espécie de comunidade de matrimônio teria sido completamente compatível com isso, como também demonstraram algumas das colônias já mencionadas. Todavia essa relação entre os sexos contrapunha-se muito asperamente ao sentimento social geral da Idade Média para ser reconhecido pela maioria e publicamente praticado. Esse período caracterizava-se por um sentimento de desencargo de responsabilidades, que considerava a abstinência de todo prazer, o ascetismo, uma solução mais natural, além de rodear de um halo peculiar os que a praticavam. A prática do celibato, entretanto, condenou a vida monástica, por antecipação, a permanecer limitada a uma minoria, que podia às vezes aumentar consideravelmente, como aparece no trecho citado de Rufino, mas nem em seu óbvio exagero ele se atreve a apresentar a população monástica como uma maioria. E o entusiasmo monástico dos egípcios, dos dias de Rufino, logo diminuiu.

À medida que o comunismo monástico se afirmou e se consolidou, devia aumentar a riqueza do mosteiro. As indústrias monásticas logo forneciam os melhores produtos e os mais baratos, pois a casa comum tornava o custo de produção bastante baixo. Como o sistema de *oikos* dos grandes proprietários de terras, os mosteiros produziam quase tudo o que necessitavam em alimentos e matérias-primas. Sua mão de obra demonstrava muito mais zelo do que os escravos do grande proprietário, porquanto eram os próprios membros do mosteiro que recebiam todo o produto de seu trabalho. Além disso, cada mosteiro abrigava tantos trabalhadores que podia selecionar os mais capacitados para cada uma de suas indústrias, introduzindo assim maior divisão do trabalho. Finalmente, o mosteiro, em comparação com o indivíduo, era eterno. As invenções e os segredos do negócio que, em outras situações, facilmente perdiam-se com a morte do inventor e de sua família tornaram-se a ocupação de muitos membros do mosteiro, sendo transmitidos por eles a seus sucessores. Além disso, o mosteiro, sendo eterno, não era afetado pelas consequências do direito de herança, que fragmentava as propriedades. Ele só concentrava propriedades, sem jamais ter de dividi-lo em legados.

A riqueza de cada mosteiro, desse modo, crescia, e também a riqueza com a unificação de mosteiros sob uma só direção e sob regulamentos uniformes, as chamadas ordens monásticas. Porém, assim que um mosteiro se tornava rico e poderoso, sofria o mesmo processo, repetido, desde então, em muitas outras organizações comunistas que abrangem somente uma parte da sociedade, como hoje ainda se pode observar em organizações cooperativas que prosperam. Os proprietários dos meios de produção consideram mais cômodo fazer com que outros trabalhem por eles, em vez de trabalharem eles próprios, se conseguem encontrar os trabalhadores necessários: lavradores assalariados sem recurso algum, escravos ou servos.

Embora o sistema monástico, em seus primórdios, imprimisse nova vida ao entusiasmo comunista no cristianismo, não obstante seguiu, finalmente, o mesmo caminho que o clero da Igreja. Transformou-se em uma organização de exploração e domínio.

Decerto essas organizações dominantes não se conformaram em ser simples instrumento abúlico dos governantes da Igreja, os bispos. Economicamente independentes, rivalizando com eles em riqueza, com uma organização também internacional, os mosteiros eram capazes de opor-se aos bispos, quando ninguém podia atrever-se a fazê-lo.

Contribuíram então, ocasionalmente, para atenuar um pouco o despotismo dos bispos, se bem que essa atenuação depois se converteria no contrário.

Após a divisão da Igreja, o imperador tornou-se, na Igreja do Oriente, o senhor feudal dos bispos. Mas, no Ocidente, não existia uma autoridade estatal que pudesse dominar todo o reino da Igreja. Por conseguinte, foi o bispo de Roma que primeiro obteve precedência sobre os outros bispos da Igreja Ocidental, graças à importância de sua diocese. Essa precedência, no decorrer dos séculos, transformou-se cada vez mais em um domínio sobre os outros bispos. Da mesma forma que a monarquia absoluta dos tempos modernos desenvolveu-se a partir da luta de classes entre a nobreza feudal e a burguesia, a do papa afirmou-se a partir da luta de classes entre a aristocracia dos bispos e os monges proprietários das grandes fábricas monásticas.

Com a consolidação do papado, a curva ascendente do desenvolvimento da Igreja alcançou seu ponto culminante. A partir de então a evolução no Estado e na sociedade significa derrota para a Igreja, torna-se inimiga desta que, ao opor-se a toda evolução, converte-se em uma instituição total e francamente reacionária, antissocial.

Mesmo após sua transformação no contrário do que fora em sua primeira etapa, após converter-se em organização de domínio e exploração, a Igreja ainda conseguiu por algum tempo realizar grandes coisas. Mas, com o fim das Cruzadas, a Igreja já havia feito para a humanidade tudo o que foi possível. Sua contribuição, após haver chegado a ser a religião do Estado, consistiu em resgatar e expandir os resíduos da civilização antiga, como ela os encontrou. Quando, porém, novo modo de produção, muito superior ao antigo, desenvolveu-se sobre a base do sistema que fora preservado e elevado pela Igreja, resultando no capitalismo, e surgiu um comunismo de produção, que tudo abrangia, a Igreja Católica não pôde ser mais que um obstáculo ao progresso social. Nascida do comunismo, acha-se agora entre os mais ferozes inimigos do moderno comunismo.

Este não desenvolverá, por sua vez, o mesmo processo dialético do comunismo cristão e chegará a ser também novo mecanismo para a exploração e o domínio?

Esse é o último assunto que requer nossa atenção.

NOTAS

1. O conteúdo dessa epístola aos colossenses proclama a supremacia e a plena suficiência de Cristo. Trata da pessoa e da obra de Cristo (I, 15-23), da heresia (II, 8-23) e da união do crente com Cristo (III, 1-4). (N. do T.)
2. σκολιοῖς. A palavra compreende injustiça, falsidade, perfídia. Lutero traduz muito suavemente por "*den wunderlichen*" (isto é, *os estranhos*).
3. Referência ao papa Calisto I (também conhecido como Callixtus I), que foi o sumo-pontífice da Igreja Católica durante cinco anos, de 217 a 222 d.C. Seu contemporâneo e inimigo, provavelmente o antipapa Hippólito, escreveu *Philosophumena*, em que relata que ele, como jovem escravo, foi acusado pelo seu senhor Carpóforo (Carpophorus) de malversação de dinheiro depositado por outros cristãos. Calisto então fugiu para Roma. (N. do T.)
4. Citado por Harnack, *Die Mission und Ausbreitung des Christentums in der ersten drei Jahrhunderten*, 1906, I, p. 121. Compare-se com Pfleiderer, *Urchristentum*, II, p. 672, 678.
5. Peregrino Proteu (Peregrinus Proteus, 100-165 d.C.) foi um filósofo cínico, de Pário, Mísia, região no noroeste da Turquia, ao sul do Mar de Mármara. Suspeito de parricídio, teve de deixar sua terra e chegou à Palestina, onde se integrou em uma comunidade cristã. Depois foi excomungado. Finalmente, cometeu suicídio cremando a si próprio na pira dos jogos olímpicos em 165 d.C. Luciano de Samósata assistiu ao ato e descreveu-o. (N. do T.)
6. Atualmente chamado de Dardanelos, estreito na Turquia que liga o Mar Egeu ao Mar de Mármara. (N. do T.)
7. Esta frase contraria o sentido do texto; podem ser feitas ainda outras objeções, principalmente à palavra "decerto" (γοῦν). Além disso, Suidas, lexicógrafo do século X, afirma explicitamente que Luciano "caluniara o próprio Cristo" em sua biografia de Peregrino. Mas tal passagem não pôde ser encontrada nas variantes que foram conservadas. Parece razoável procurar essa passagem na frase supradita e supor que esse foi o lugar em que Luciano zombou de Cristo, o que escandalizou as almas piedosas e induziu-as a transformar a passagem em seu oposto, ao copiarem-na. De fato, alguns pesquisadores consideram essa frase, em sua forma atual, uma falsificação cristã.
8. Crates, natural de Tebas (*c.* 368/365-*c.* 288/285 a.C.), foi um filósofo grego que pertenceu à escola Cínica. Foi discípulo de Diógenes de Sínope. (N. do T.)
9. Luciano, *Vom Tode des Peregrinus*, p. 11-16.

10. Celso (Celsus ou Kelsos, Κέλσος), originário de Alexandria, foi um filósofo platonista que viveu no século II e celebrizou-se por sua obra *A verdadeira doutrina*, escrita em 178, na qual faz crítica ao cristianismo. (N. do T.)
11. Citado por Harnack em sua edição *Die Lehre der zwölf Apostel*, p. 130 e ss.
12. Edwin Hatch, *Die Gesellschaftsverfassung der christilichen Kirchen im Altertum.* Traduzida e comentada por Adolf Harnack. (N. do A.) Edwin Hatch (1835-1889) foi um teólogo inglês, mais conhecido por seu ensaio *Influência das ideias e usanças gregas sobre a Igreja cristã.* (N. do T.)
13. Hatch, *op. cit.*, p. 151 e 152.
14. *Haireseis*, opinião. (N. do T.)
15. *Ecclesia* (ἐκκλησία) significava originariamente uma *reunião do povo.*
16. *Kleros* (κλῆϱος), o legado, a propriedade de Deus, o povo de Deus, os escolhidos de Deus.
17. De *laos* (λᾶος), o povo.
18. Cipriano (Thascius Cæcilius Cyprianus, *c.* 200/210-258 d.C.) em 248/249, poucos anos após se converter ao cristianismo, foi escolhido para bispo de Cartago (Tunísia). Grande orador, empenhou-se na organização da Igreja Cristã na África e morreu como mártir. Foi canonizado como São Cipriano. (N. do T.)
19. Católica: de *holos* (ὅλος), completo, e a preposição *kata* (κατα), que quer dizer *para baixo, concernente a, pertencente a. Katholikos* quer dizer *pertencente ao todo*; a Igreja Católica é, consequentemente, a igreja como um *todo.*
20. Harnack, *Mission und Ausbreitung des Christentums*, I, p. 370. Como exemplo do grande poder alcançado pelo bispo sobre sua comunidade, Harnack cita o incidente do bispo Trófimo (Trophimus). Quando este se converteu ao paganismo, em um período de perseguição, a maior parte de sua comunidade o seguiu. "Mas quando regressou ao redil e fez penitência, todos os outros o seguiram novamente e nenhum deles teria regressado à Igreja se Trófimo não o fizesse."
21. Os circunceliões foram os adeptos do donatismo, doutrina religiosa cristã que a Igreja Católica considerou herética, e persistiu, na África romanizada, nos séculos IV e V. O nome donatismo é derivado de dois bispos com o mesmo nome: Donato da Casa Nigra, bispo da Numídia; e Donato, o Grande, bispo de Cartago. Eram grupos rurais de homens livres e migrantes, sem terras, que, sob a autoridade de um *condutor,* alugavam seus serviços para a semeadura, a vindima ou a colheita das oliveiras nas propriedades rurais. Também foram identificados outros grupos entre os circunceliões, como escravos fugitivos, ascetas e pequenos proprietários. (N. do T.)

22. Robert Owen (1771-1858) foi um socialista utópico, nascido no País de Gales, e fundador do movimento cooperativo. Na fábrica que chegou a possuir na Escócia, reduziu a jornada de trabalho para 10,5 horas, construiu casas para os operários, jardim de infância e a primeira cooperativa. Tornou-se crítico do capitalismo e, em 1825, foi para os Estados Unidos, comprou de George Rapp uma colônia religiosa na Pensilvânia por US$ 125.000, mudou o nome de Harmony para New Harmony (Indiana) e implantou uma sociedade socialista. (N. do T.)
23. François Marie Charles Fourier (1772-1837) foi um socialista utópico francês que defendeu a extensão do direito de voto às mulheres. Inspirou a fundação de uma comunidade socialista, chamada La Reunion, com colonos belgas, franceses e suíços, perto de Dallas, no Texas. Seus seguidores, durante o século XIX, criaram mais de 40 colônias similares nos Estados Unidos. (N. do T.)
24. Referência ao movimento liderado por Étienne Cabet (1788-1856), filósofo francês e socialista utópico. Em 1831, foi eleito para a Câmara dos Deputados, mas devido aos seus ataques ao governo foi acusado de traição e fugiu para a Inglaterra, onde, influenciado por Robert Owen, escreveu o livro *Voyage et aventures de Lord William Carisdall en Icarie*, que descrevia uma sociedade ideal, chamada Icária. Em 1848, Cabet tentou organizar nos Estados Unidos comunidades icarianas, que subsistiram, após sua morte, até 1898. (N. do T.)
25. *Oikos* (grego: οἶκος, plural: οἶκοι) provém do grego antigo e é equivalente a lar, casa, família. Um *oikos*, como um grupo social, foi a unidade básica na maioria das cidades-estado da Grécia Antiga, com o chefe da família, esposa, filhos e escravos vivendo juntos no mesmo ambiente doméstico. Grandes *oikos* possuíam também fazendas, que eram geralmente trabalhadas por escravos. (N. do T.)

6. Cristianismo e social-democracia

A famosa introdução escrita por Engels, em março de 1895, para a nova edição de *As lutas de classes na França de 1848 a 1850*, de Marx, termina com as seguintes palavras:

> Há quase 1.600 anos atuava também no Império Romano um perigoso partido revolucionário. A religião aluía todos os alicerces do Estado. Negava firmemente que a vontade do imperador fosse a lei suprema; era um partido que não tinha pátria, era internacional, estendia-se a todo o território do império, desde a Gália até a Ásia, e ultrapassava as fronteiras imperiais. Havia muitos anos que fazia um trabalho de sapa subterrâneo e secreto, porém, desde algum tempo, já se considerava suficientemente forte para surgir à luz do dia. Este partido da revolta, que era conhecido em toda parte com o nome de cristão, estava também fortemente representado no exército; legiões inteiras eram cristãs. Quando recebiam ordem de comparecer aos sacrifícios solenes da igreja pagã nacional, para participar das cerimônias, os soldados da subversão levavam sua insolência a ponto de prender em seus capacetes distintivos especiais — cruzes — em sinal de protesto. Mesmo as costumeiras medidas preventivas, tomadas pelos superiores nas casernas, revelavam-se inúteis. O imperador Diocleciano não pôde continuar a contemplar como se escavava a ordem e a disciplina dentro do seu exército. Interveio energicamente, quando ainda era tempo de fazê-lo. Promulgou uma lei contra os socialistas, digo, os cristãos. As reuniões dos revoltosos foram proibidas, suas sedes fechadas ou mesmo demolidas, as insígnias cristãs — cruzes etc. — interditadas, tal como na Saxônia os lenços vermelhos. Os cristãos foram impedidos de ocupar cargos públicos, não podendo sequer chegar a cabos. Como, na época, ainda não havia juízes tão amestrados a respeito à "consideração da pessoa", como o que pressupõe o

projeto de lei antissubversiva, de autoria do senhor von Köller,[1] o que se fez foi proibir sem rodeios que os cristãos recorressem aos tribunais. Esta lei de exceção também foi estéril. Os cristãos, burlando-se dela, arrancaram-na acintosamente dos muros e diz-se mesmo que queimaram o palácio em que se encontrava o imperador, em Nicomédia. Então, este se vingou, promovendo grande perseguição dos cristãos, no ano 303 de nossa era. Foi a última de seu gênero. E deu tão bom resultado que, dezessete anos depois, o exército estava composto predominantemente por cristãos, e o novo autocrata do Império Romano, Constantino, a quem clérigos chamam o Grande, proclamou o cristianismo religião do Estado.

Quem conhece os trabalhos de Engels, e coteja essas últimas linhas de seu "testamento político" com as ideias expressas durante sua vida, não pode ter dúvida alguma acerca das intenções que se encontram por trás dessa humorística comparação. Engels queria assinalar a natureza irresistível do progresso de nosso movimento que, dizia ele, devia sua inevitabilidade especialmente ao aumento de seus partidários no exército, de modo que logo seria capaz de fazer ceder o mais poderoso autocrata.

Essa narração demonstra o vigoroso otimismo que Engels manteve até sua morte.[2]

Mas o trecho foi também interpretado de forma diferente, pois é precedido pela afirmação de que o partido floresce mais atualmente, quando segue métodos legais. Certas pessoas sustentaram que Engels, em seu "testamento político", nega o trabalho de toda a sua vida e apresenta finalmente o ponto de vista revolucionário, que defendeu por duas gerações, como um erro. Essas pessoas inferiam que Engels já reconhecera como insustentável a doutrina de Marx de que a força é a parteira de toda nova forma de sociedade. Ao traçar uma comparação entre o cristianismo e a social-democracia, tais intérpretes não punham a ênfase na natureza *irresistível* e *fundamental* do progresso, mas na proclamação do cristianismo como religião do Estado, feita voluntariamente por Constantino, e esta vitória foi obtida sem nenhum tipo de *convulsões violentas* no Estado, somente por meios *pacíficos*, por meio da *intervenção amigável do governo*.

Essas pessoas pensam que a social-democracia da mesma forma vencerá. Imediatamente após a morte de Engels, essa esperança parecia, na verdade, provável, quando surgiu Waldeck-Rousseau,[3] como um novo Constantino na França, e nomeou seu ministro um bispo dos novos cristãos, senhor Millerand.[4]

Quem conhece Engels e corretamente o julga sabe que nunca passou por sua mente abjurar suas ideias revolucionárias, e a passagem final de sua introdução não pode, consequentemente, ser interpretada no sentido acima mencionado. Mas deve-se admitir que o trecho não é muito claro. As pessoas que conhecem Engels, e imaginam que imediatamente antes de sua morte foi assaltado por dúvidas repentinas sobre a utilidade do trabalho de toda a sua vida, podem interpretar essas linhas, isoladamente, como indicação de que o caminho do cristianismo para a vitória é um modelo para o caminho que a social-democracia ainda tem de percorrer.

Se fosse essa realmente a opinião de Engels, não se poderia fazer um juízo pior da social-democracia. Seria equivalente a uma profecia, não de um triunfo próximo, mas de uma derrota completa de seus esforços.

É característico que as pessoas que assim utilizam esse escrito passem por alto todos os elementos grandes e profundos de Engels, celebrando em troca, com entusiasmo, frases que, se realmente contivessem o que se lhes atribui, seriam totalmente errôneas.

Vimos que o cristianismo só conseguiu a vitória quando se transformou precisamente no oposto de seu caráter originário; que a vitória da cristandade não foi do proletariado, mas do clero que o explorava e dominava; que o cristianismo não foi vitorioso como força subversiva, mas como força conservadora, como novo fundamento de opressão e exploração; que não só não eliminou o poder imperial, nem a escravidão, nem a pobreza das massas, nem a concentração da riqueza em poucas mãos, mas, pelo contrário, consolidou-os. A *organização* cristã, a Igreja, obteve a vitória ao renunciar às suas aspirações primitivas e defender o seu contrário.

Na verdade, se a vitória da social-democracia deve ser alcançada do mesmo modo que a do cristianismo, seria uma boa razão para renunciar, não à revolução, senão à social-democracia; não poderia haver acusação mais severa contra a social-democracia do ponto de vista proletário, e os ataques desferidos pelos anarquistas contra ela estariam perfeitamente justificados. Na verdade, a tentativa dos elementos socialistas e burgueses em funções ministeriais na França, aspirando a imitar o método cristão de tornar o cristianismo uma instituição estatal na Antiguidade — e aplicado, nesse caso, bastante curiosamente, para combater a Igreja do Estado —, só tem como efeito reforçar o sindicalismo semianárquico e antissocial-democrata.

Mas, felizmente, o paralelo entre o cristianismo e a social-democracia, em conexão com esse tema, está completamente deslocado.

O cristianismo é, em sua origem, um movimento dos pobres, como a social-democracia, e ambos têm muitos elementos em comum, conforme já assinalamos.

Engels também se referiu a essa semelhança em um artigo intitulado "Acerca da história do cristianismo primitivo", publicado em *Die Neue Zeit*,[5] escrito pouco antes de sua morte, indicando quão profundamente se interessava por essa matéria naquele tempo e como para ele era natural o paralelo apresentado em sua introdução a *As lutas de classe na França*. Esse artigo diz:

> A história do cristianismo primitivo apresenta coincidências notáveis com o moderno movimento operário. Ele foi, em sua origem, um movimento dos oprimidos; surgiu primeiro como religião de escravos e libertos, dos pobres, dos proscritos, dos povos subjugados ou que Roma dispersou. O cristianismo e o socialismo pregam uma próxima redenção da servidão e da miséria; o cristianismo imagina essa redenção em uma vida no além, no Céu, depois da morte; o socialismo, neste mundo, por meio da transformação da sociedade. Ambos são caçados e perseguidos, seus partidários são proscritos, sujeitos a legislação especial, apresentados, em algumas situações, como inimigos da humanidade, em outras, como inimigos da nação, da religião, da família, da ordem social. E, a despeito de todas as perseguições, e favorecidos por elas, ambos avançam irresistivelmente. Três séculos depois do seu surgimento, o cristianismo é reconhecido, no Império Romano, como religião de Estado e, em 60, o socialismo conquistou uma posição que torna sua vitória absolutamente certa.

Esse paralelo é correto, tomado em seu conjunto, mas tem algumas limitações: o cristianismo dificilmente pode ser chamado de religião dos escravos, pois nada fez por eles. Mas, por outro lado, a libertação da miséria, anunciada pelo cristianismo, era um princípio completamente material a ocorrer nesta Terra, não no Céu. Esta circunstância aumenta a semelhança com o movimento operário moderno.

Engels continua:

> O paralelo entre esses dois fenômenos históricos pode ser feito também na Idade Média, nas primeiras insurreições de camponeses oprimidos e particularmente dos plebeus urbanos. Os comunistas da Revolução Francesa, ou mesmo Weitling[6] e seus partidários, fazem referência ao cristianismo primitivo muito antes de que Ernest Rénan dissesse: "Se desejais formar uma ideia das primitivas comunidades cristãs, entrai na seção local da Associação Internacional de Trabalhadores."
>
> O literato francês que escreveu a novela eclesiástica *Les origines du christianisme*, um plágio da crítica alemã à Bíblia, sem paralelo por sua audácia, não percebeu ele mesmo o quanto de verdade continham essas palavras. Gostaria que algum velho "internacional" lesse, digamos, a chamada Segunda Epístola aos Coríntios, sem sentir abrir as velhas feridas, pelo menos em um certo sentido.

Engels passa então a maiores detalhes, ao comparar o cristianismo primitivo e a Internacional, mas não reconstrói o desenvolvimento posterior do cristianismo ou do movimento operário. O colapso dialético do primeiro não recebe sua atenção e, entretanto, se houvesse prosseguido nesse assunto, Engels teria descoberto traços de iguais transformações no movimento operário moderno. Como o cristianismo, esse movimento é levado a criar órgãos permanentes no decorrer de sua evolução, uma espécie de burocracia profissional no partido, bem como nos sindicatos, sem os quais não pode funcionar; constituem uma necessidade para ele, que devem continuar crescendo e ter deveres cada vez mais importantes.

Essa burocracia — que deve ser tomada em amplo sentido, incluindo não só os funcionários administrativos mas também os editores e delegados parlamentares — não chegará a ser, no curso dos acontecimentos, uma nova aristocracia, como o clero dirigido pelo bispo? Não virá a ser uma aristocracia que domine e explore as massas trabalhadoras e obtenha, finalmente, a força necessária para tratar com as autoridades do Estado em termos iguais, vendo-se tentada assim, não a derrubá-las, mas a unir-se a elas?

Esse seria, fora de dúvida, o resultado final, se o paralelo fosse perfeito. Mas felizmente não é o caso. Apesar das inúmeras semelhanças entre o cristianismo e o movimento operário moderno, há também diferenças fundamentais.

O proletariado é hoje completamente diferente daquele do cristianismo primitivo. A ideia tradicional de um proletariado livre, constituído só de mendigos, é provavelmente exagerada. Os escravos não eram os únicos trabalhadores. A verdade, porém, é que o trabalho dos escravos corrompeu também os trabalhadores proletários e os libertos, a maior parte dos quais trabalhava em suas casas. O ideal dos proletários que trabalhavam era o do mendigo: ter uma vida sem trabalho, à custa do rico, que devia obter dos escravos o *quantum* necessário de produtos.

Outrossim, o cristianismo nos três primeiros séculos era exclusivamente um movimento urbano, mas os proletários da cidade tinham muito pouca importância na composição da sociedade daquele tempo, cuja base produtiva era quase totalmente a da Antiguidade, combinada com atividades industriais de pouca importância.

Como resultado de tudo isso, os principais sustentáculos do movimento cristão, os proletários livres da cidade, trabalhadores sem ocupações, não sentiam que a sociedade vivesse deles; esforçavam-se por viver da sociedade sem nada dar em troca. O trabalho não desempenhava papel algum no futuro Estado.

Destarte, era natural que, não obstante todo o ódio de classe contra o rico, houvesse às vezes esforços para ganhar seu favor e generosidade — a inclinação da burocracia eclesiástica para favorecê-los na mesa da comunidade encontrou pouca resistência, assim como a arrogância da própria burocracia.

A decadência econômica e moral do proletariado, no Império Romano, aumentou ainda mais com a decadência geral de toda a sociedade, que se tornava mais pobre e desesperada na medida em que suas forças produtivas progressivamente declinavam. O desespero e a angústia abrangiam todas as classes, paralisavam suas iniciativas e constituíam a razão pela qual os proletários esperavam a salvação, somente por meio de poderes extraordinários e sobrenaturais, o que os tornava vítimas indefesas de qualquer impostor inteligente ou aventureiro enérgico, confiante em si mesmo, e fazia-os renunciar, por considerá-la inútil, a toda forma de resistência a qualquer dos poderes dominantes.

Como é diferente o proletariado moderno! É um proletariado de trabalho, que sabe que toda a sociedade repousa sobre seus ombros. E o modo capitalista de produção está transferindo o centro de gravidade cada vez mais das províncias para os centros industriais, onde a vida intelectual e política é mais ativa. Os trabalhadores desses centros, os mais enérgicos e inteligentes de todos, constituem agora os elementos que controlam os destinos da sociedade.

Aí o modo de produção dominante amplia enormemente suas forças, aumentando assim as exigências dos trabalhadores contra a sociedade, e também seu poder para conquistar o que reivindica. Disposição, confiança, consciência de si mesmos inspiram os trabalhadores, como antes inspiraram a nascente burguesia, dando-lhes força para romper as cadeias da dominação e exploração feudal, eclesiástica e burocrática e obter ímpeto suficiente para promover o desenvolvimento do capital.

A origem do cristianismo coincide com um colapso da democracia. Os três séculos de seu desenvolvimento, anteriores a seu reconhecimento, caracterizam-se por uma decadência constante de todos os remanescentes de autonomia e também por uma desintegração progressiva das forças produtivas.

O movimento operário moderno tem origem em uma enorme vitória da democracia, a grande Revolução Francesa. No século que transcorreu desde então, ocorreu, com todas as suas mudanças e flutuações, persistente avanço da democracia, um verdadeiramente fabuloso aumento das forças produtivas e não somente maior expansão, mas também maior independência e clareza, do proletariado.

Basta examinar esse contraste para compreender que o desenvolvimento do socialismo não pode possivelmente desviar-se de seu curso como sucedeu ao cristianismo. Não há por que temer que se desenvolva, a partir de suas próprias fileiras, uma classe de senhores e exploradores que partilhem o saque com os antigos detentores do poder.

Enquanto a habilidade e o espírito combativo do proletariado decresciam progressivamente no Império Romano, tais qualidades se fortalecem na sociedade moderna. As contradições de classe fazem-se perceptivelmente mais agudas, e isso deverá frustrar toda tentativa de induzir o proletariado a abandonar a luta porque seus líderes tenham sido favorecidos. Qualquer tentativa semelhante, até agora, levou ao isolamento de quem a fez, abandonado pelo proletariado, apesar de seus serviços anteriores. Mas não somente o proletariado e o ambiente político e social em que se move são completamente diferentes das condições da primitiva Era Cristã. O comunismo atual e as condições de sua realização são igualmente diferentes das condições do antigo comunismo.

Porém a *aspiração* ao comunismo, a *necessidade* dele emana hoje, como antigamente, da mesma fonte, a *falta de propriedade*. E, enquanto o socialismo é apenas um socialismo de sentimentos, só uma expressão dessa necessidade, também no moderno movimento proletário ele às vezes apresentará aspirações iguais àquelas dos tempos do cristianismo primitivo. A mais superficial compreensão das condições econômicas do comunismo, porém, dá-lhe, nos nossos tempos, um caráter totalmente diferente do primitivo comunismo cristão.

A concentração da riqueza em poucas mãos, que no Império Romano corria paralelamente a um decréscimo constante das forças produtivas — e pelo qual era parcialmente responsável — tornou-se hoje a base de enorme aumento das forças produtivas. Enquanto a distribuição da riqueza, naquele tempo, de nenhum modo teria prejudicado a produtividade da sociedade, e antes a teria favorecido, hoje significaria completa paralisação da produção. O comunismo moderno já não pode pensar em distribuição igualitária da riqueza. Seu objetivo é antes assegurar o maior aumento possível da produtividade do trabalho e uma distribuição mais equitativa dos produtos anuais do trabalho, por meio da maximização da concentração da riqueza: transformando o monopólio particular de um grupo de capitalistas em um monopólio da sociedade.

No entanto, se o moderno comunismo tem de satisfazer às necessidades do homem novo, criadas pelos métodos modernos de produção, tem também de preservar completamente o individualismo do consumo. Este não implica isolamento dos indivíduos enquanto consomem. Pode tomar até a forma de um consumo social, de uma atividade social; o individualismo do desfrute não é equivalente a uma abolição de grandes empresas na produção de artigos de consumo, nem a uma substituição da máquina pelo trabalho manual, como sonham muitos socialistas estéticos. O individualismo de consumo requer *liberdade* na escolha das satisfações e na escolha da sociedade da qual o consumidor participa.

As massas da população urbana, nos dias do cristianismo primitivo, não conheceram formas de produção social; grandes empresas com trabalhadores livres dificilmente existiram, pode dizer-se, na indústria urbana. Em troca, estavam bem familiarizados com as formas sociais de consumo, especialmente com as refeições em comum, muitas vezes fornecidas pela comunidade ou pelo Estado.

Assim, o comunismo cristão primitivo era um comunismo de *distribuição* de riqueza e estandardização de *consumo*; o comunismo moderno significa *concentração* da riqueza e da *produção*.

O comunismo cristão primitivo não tinha de estender-se por toda a sociedade para realizar-se. Sua execução podia começar dentro de uma área limitada. De fato, dentro desses limites, podia assumir formas permanentes, se bem que, na verdade, estas fossem de uma natureza que impedia sua transformação em uma forma geral da sociedade.

Como consequência, o comunismo primitivo cristão transformava-se por fim em uma nova forma de aristocracia e estava obrigado a realizar essa dialética interna dentro da sociedade que ela encontrara, desenvolvera. Não podia abolir as classes sociais, mas somente acrescentar à sociedade nova forma de domínio.

O comunismo moderno, em vista da enorme expansão dos meios de produção, o caráter social do modo de produção, a elevada concentração dos setores mais importantes da riqueza, não tem a menor oportunidade de ser levado à prática em qualquer escala inferior à da sociedade como um todo. Todas as tentativas para realizar o comunismo nos pequenos estabelecimentos de colônias socialistas ou cooperativas de produção, dentro da sociedade como atualmente se apresenta, fracassaram. O comunismo não pode ser efetivado, por meio de pequenas organizações, dentro da sociedade capitalista, que viria a absorvê-las, na medida em que se expandissem, assim que tivessem poder suficiente para controlar e transformar toda a vida social. Esse poder é o *poder do Estado*. A conquista do poder político pelo proletariado é a primeira condição para a realização do comunismo moderno.

Enquanto o proletariado não alcança essa etapa, não se pode pensar em produção socialista, nem que esta incorra em tais contradições, em seu desenvolvimento, que transformem o que tem sentido em desatino, e o benefício em tormento. Porém, mesmo depois que o proletariado moderno houver conquistado o poder político, a produção social não será um fato imediato, como um todo acabado. O desenvolvimento econômico tomará repentinamente direção, não mais para acentuar o capitalismo e sim para preparar a produção social. Quando esta avançar, até o ponto de provocar contradições e abusos, que a levem a um desenvolvimento ulterior, de qualquer modo ainda desconhecido e absolutamente obscuro; este é um tema interminável e com o qual não precisamos nos preocupar agora.

Até onde se pode acompanhar o moderno movimento socialista, está excluída a hipótese de que ele venha a produzir fenômenos que, de alguma forma, se aparentem com os do cristianismo como religião de Estado. E também é verdade que a forma pela qual o cristianismo alcançou sua vitória não pode de modo algum servir para modelar o moderno movimento de emancipação do proletariado.

A vitória dos defensores do proletariado certamente não será tão confortável como a dos senhores bispos do século IV.

Mas podemos dizer que, não só no tempo até esta vitória, o socialismo não vai gerar contradições internas que têm qualquer coisa em comum com as quais o cristianismo se debatera, mas podemos supô-lo também, com grande segurança, para o tempo em que as consequências imprevisíveis dessa vitória se produzirão.

O capitalismo desenvolveu as condições para colocar a sociedade sobre uma base inteiramente nova, completamente diferente daquela sobre a qual esteve desde que surgiram as diferenças de classe. Enquanto nenhuma nova classe ou partido revolucionário — nem mesmo quando foi muito além do cristianismo na forma reconhecida por Constantino e nem mesmo quando realmente aboliu diferenças de classe existentes — foi capaz de abolir todas as classes, mas criou sempre novas diferenças, substituindo as antigas, agora existem as condições materiais para uma eliminação de todas as distinções de classe. O interesse de classe do proletariado moderno impele-o a aproveitar tais condições para conseguir essa abolição, pois é agora a classe mais inferior, enquanto nos dias do cristianismo os escravos eram inferiores ao proletariado.

As diferenças e as contradições de classe não devem ser confundidas de modo algum com as que ocorrem entre as várias profissões, devido à divisão do trabalho. O conflito entre as classes resulta de três causas: da propriedade privada dos meios de produção, do manejo das armas e da ciência. Certas condições técnicas e sociais produzem a diferenciação entre aqueles que possuem os meios de produção e os que não os possuem; posteriormente, produzem a diferenciação entre os que estão treinados no uso das armas e os que estão indefesos; finalmente, vem a distinção entre os homens cultos e os ignorantes.

O modo capitalista de produção cria as condições necessárias para abolir todas essas contradições. Não só favorece a abolição da propriedade privada dos meios de produção, como a riqueza das suas forças produtivas anula a necessidade de limitar o treinamento militar e o conhecimento a certas camadas. Essa necessidade criou-se tão pronto o treinamento militar e a ciência alcançaram grau muito elevado, capacitando a aquisição de armas e conhecimentos, para utilizá-las com êxito, pelos que tinham tempo livre e meios materiais além dos necessários à vida.

Enquanto a produtividade do trabalho permaneceu pequena e só deixava reduzido excedente econômico, ninguém podia ter o tempo suficiente e os recursos necessários para manter-se ao corrente da ciência militar ou da ciência em geral de sua época. De fato, requeria-se excedente econômico de muitos indivíduos para capacitar um só a fazer perfeita demonstração no campo militar ou do saber em geral.

Isso só era possível através da exploração de muitos por uns poucos. A elevação da capacidade militar e inteligência de alguns possibilitavam a opressão e a exploração das massas ignorantes e indefesas. Por outro lado, precisamente a opressão e a exploração das massas constituíam o meio de aumentar a perícia militar e o conhecimento das classes dirigentes.

As nações que puderam permanecer livres da exploração e opressão continuaram ignorantes e, com frequência, indefesas, diante de vizinhos melhor armados e melhor informados. Na luta pela existência, as nações de exploradores e opressores derrotaram, portanto, aquelas que mantiveram o primitivo comunismo e a primitiva democracia.

O modo capitalista de produção aperfeiçoou tão infinitamente a produtividade do trabalho que a questão de diferenças de classes já não existe. Essas diferenças já não se mantêm como necessidade social, mas apenas como consequência do tradicional alinhamento das relações de forças, e cessarão quando ele não mais existir.

O próprio modo capitalista de produção, devido aos grandes excedentes que criou, permitiu a diferentes nações recorrer a um *serviço militar universal*, eliminando assim a aristocracia dos guerreiros. Mas o capitalismo põe todas as nações do mercado mundial em relações tão estreitas e permanentes umas com as outras que a paz no mundo se torna cada vez mais uma urgente necessidade, e qualquer tipo de guerra, uma cruel loucura. Se o modo capitalista de produção e a rivalidade econômica, entre as várias nações, podem ser superados, o estado de paz eterna, desejado agora pelas grandes massas da humanidade, será uma realidade. A paz universal realizada pelo despotismo, nas nações do Mediterrâneo, no século II da era cristã — a única vantagem que aquele despotismo trouxe para tais nações — será realizada no século XX, pelo socialismo, para as nações do mundo.

Com isso, a base da oposição entre guerreiros e não guerreiros desaparecerá.

Não será menor, senão também desaparecerá, a base do contraste entre os instruídos. Já agora o modo capitalista de produção barateou imensamente os instrumentos do saber, por meio da impressão barata, tornando-os acessíveis às massas. Simultaneamente, produz crescente demanda de intelectuais, que prepara em grande número de suas escolas, e impele-os depois para o proletariado, quando se tornam muito numerosos. O capitalismo criou assim a possibilidade técnica para uma grande redução do dia de trabalho, e certo número de camadas de trabalhadores conseguiu algumas vantagens nesse sentindo, ao deixar-lhe tempo para atividades culturais.

Com a vitória do proletariado, tais germes desenvolver-se-ão imediatamente, tornando bela realidade as possibilidades proporcionadas pelo modo capitalista de produção para uma educação geral das massas.

O período do crescimento do cristianismo é da mais sombria decadência intelectual, de desenvolvimento de uma ignorância absurda, da mais estúpida superstição. O período do crescimento do socialismo é um dos mais importantes progressos nas ciências naturais, de uma rápida aquisição do conhecimento pelas classes sob a influência da social-democracia.

A contradição de classe, resultante da preparação militar, perdeu sua base. Gerada pela propriedade privada dos meios de produção, perderá igualmente sua base assim que o domínio político do proletariado produzir efeitos, e as consequências far-se-ão logo evidentes na diminuição da diferença entre instruídos e não instruídos, que pode desaparecer no decorrer de uma só geração.

Os últimos fatores das diferenças e contradições de classe haverão cessado.

O socialismo, portanto, não só tem que alcançar o poder por meios inteiramente diferentes dos que utilizou o cristianismo, mas também produzir efeitos completamente diversos. Tem que eliminar para sempre todo o domínio de classe.

NOTAS

1. Ernst Matthias von Köller (1841-1928) foi um político alemão, extremamente conservador, que exerceu a função de ministro do Interior (1894) e propôs leis repressivas contra os liberais e os social-democratas. Esse projeto, apresentado em 1894, foi rechaçado em 1895. (N. do T.)
2. Friedrich Engels nasceu em 1820 e faleceu em 1895, pouco tempo depois de escrever o prefácio que Kautsky cita. (N. do T.)
3. Pierre Marie René Ernest Waldeck-Rousseau, conhecido como Pierre Waldeck-Rousseau (1846-1904), foi um político que exerceu o cargo de primeiro-ministro da França entre 22 de junho de 1899 e 7 de junho de 1902. Celebrizou-se por haver participado dos sindicatos com a legislação de 1884, conhecida como *Loi Waldeck-Rousseau*. (N. do T.)
4. Alexandre Millerand (1859-1943), socialista francês, preconizou em 1892 a nacionalização de todas as minas. Sua carreira atingiu o auge em 1920, quando ocupou a função de presidente do Conselho de Ministros. Mas, ao entrar no governo, em 1899, no gabinete de Pierre Waldeck-Rousseau, foi criticado duramente pelo líder socialista francês Jules Guedes (1845-1922) e por Rosa Luxemburg (1870-1919), contrários à participação de socialistas em governos burgueses. Apesar de sua posição teórica, Jules Guedes terminou por participar de governos entre 1914 e 1916 e Rosa Luxemburg foi assassinada em Berlim, em 1919, após uma insurreição fracassada. (N. do T.)
5. Vol. XIII, nº 1, p. 4 e ss., setembro de 1894. (*Zur Geschichte des Urchristentums.*)
6. Wilhelm Weitling (1808-1871) foi um socialista alemão que pertenceu à Liga dos Justos e desenvolveu um projeto de uma sociedade comunista. Publicou em 1838 *L'Humanité telle qu'elle est et telle qu'elle devrait être*, e depois, em 1842, *Garanties de l'harmonie et de la liberté*. Esteve algum tempo em Paris e depois na Suíça, onde foi preso em 1843, acusado de agitação revolucionária, e extraditado para o reino da Prússia. Em 1846, ano em que Marx rompeu com ele, Weitling emigrou para os Estados Unidos. Morreu em Nova York, em 1871. (N. do T.)

APÊNDICE

Comunismo cristão e heresia

Luiz Alberto Moniz Bandeira

Ele ia perorando, abalando a família,
A santa religião e a sociedade,
Decepando a moral e a propriedade.

....

Sempre, sempre a dizer que todos que o céu cobre
São irmãos, iguais... que não há superiores,
Nem grandes, nem pequenos, ou servos ou senhores,
E que o fruto é comum...

....

Foi, pois, crucificado.
Ouvindo frases tais (...)
Eu surpreso exclamei: Senhor, mas quem sois vós?

....

Eu me chamo Elisab, sou escriba do templo...
Porém de quem falais?... Dizei-me... de quem é?
Meu Deus! Deste vadio... Jesus de Nazaré.

Castro Alves, parafraseando Victor Hugo[1]

What Jesus does say is that the man reaches his perfection not through what he has, not even through what he does, but entirely through what he is. And so the wealthy young man who comes to Jesus is represented as a thoroughly good citizen, who has broken none of the laws of the state, none commandments of his religion. (...) Jesus says to him, "You should give up private property. It hinders you from realising your perfection. It is a drag upon you. It is a burden (...)".

Oscar Wilde[2]

O cristianismo pode ser considerado parte essencial da história do Império Romano, dentro do qual a união e a disciplina permitiram que a Igreja crescesse e se formasse como Estado independente.[3] Nietzsche apontou a cristandade como "*der Vampyr des imperium Romanum*" (o vampiro do Império Romano), a organização que destruiu o início de uma grande civilização, destinada a durar milênios.[4] Com efeito, o cristianismo triunfou, mas na versão de Paulo de Tarso, um cristianismo não político, não nacional, submisso, que pregava a obediência às autoridades, e não em sua forma primitiva, escatológica, permeada pelo irredentismo judaico e pela influência essênia/zelote.[5] Cerca de 200 anos depois do martírio de Jesus, o imperador Constantino (307-337 d.C.) adotou o cristianismo como religião oficial do Império Romano, cuja capital transferiu para Constantinopla (Bizâncio), e em 325 convocou o Concílio Ecumênico de Niceia. A legalização e a instituição do cristianismo como religião oficial do Império Romano configuraram profunda mudança na História. O Império Romano cristão afastou-se do seu passado e identificou-se mais com Israel, comungando a reverência pelas mesmas Escrituras Sagradas nas quais o povo judeu baseava sua existência. Tornou-se um império bíblico, monoteísta, não muito diferente de Israel em suas crenças básicas e cujos súditos haviam sofrido perseguições.[6] E seu declínio acelerou-se.[7]

A princípio, o paganismo foi apenas tolerado.[8] Mas o monoteísmo, ao acabar com a pluralidade de deuses, legitimou no Império Romano o absolutismo do monarca, cujo poder, soberano, não podia ter limite jurídico, i. e., não podia ser limitado pelos direitos públicos subjetivos, ou autolimitar-se, porque ele era a própria fonte do direito. E os sucessores de Constantino começaram a considerar-se divinos, o que, na verdade, já estava a acontecer desde Augusto, quando um *status* super-humano foi concedido aos imperadores, aos quais se consagravam altares. De certo modo, eram já considerados "divinos", e não só depois da morte. Os imperadores, na qualidade de *imperator in regno suo*, por direito que Deus diretamente lhes conferia, mestres das condições materiais e temporais da Igreja, ao mesmo tempo que buscavam reter a autoridade de Pontífice Máximo (*Pontifex Maximus*), ante a qual a autoridade civil se inclinava.

O Império Romano, bizantino, tornou-se um Estado teocrático, como o que existira na Judeia, para o qual os delitos religiosos configuravam crimes políticos. O domínio da religião, como Karl Marx observou, passou a ser a religião do domínio (*Herrschaft*), no Império Romano cristão,[9] e só importava o monarca, que personificava o Estado, cuja contextura institucional assentava-se sobre o dogma da soberania una e indivisível da coroa. A interpretação das leis dependia da autoridade do soberano, e os intérpretes não podiam ser outros senão os que ele designava e lhe prestavam obediência.[10]

Na Europa, durante a Idade Média, entendia-se que os povos deviam submeter-se aos preceitos da *lex divina*, estabelecidos nas revelações feitas por Deus, e das quais a Igreja era depositária, e aos preceitos da lei positiva, que os homens formulavam, adaptando os princípios da *lex naturalis* à sua comunidade.[11] Na verdade, porém, o direito era, sobretudo, consuetudinário e emanava do mais forte, tanto que a palavra *iustitia* se alastrou a ponto de designar o conjunto dos poderes senhoriais,[12] e estava diretamente tutelado pela Igreja Católica, cujos clérigos também eram senhores de espada e exerciam poderes temporais. Os reis e imperadores não eram chefes de Estado, mas de *principes*, que lhes prestavam a *hominium* ou *homagium*,[13] como vassalos, mas tinham direitos soberanos e seu próprio senhorio territorial. Não havia autoridade da lei e direito, exceto o capricho e a vontade dos senhores feudais, e aos soberanos cabia a investidura dos bispos, que lhes deviam a *hominium* e executar serviço feudal, como vassalos, detentores de feudos seculares.

O conceito de crime político, ao longo da História, sempre dependeu do conceito de Estado na época determinada,[14] assim como da fonte do direito, enquanto ordenamento das relações sociais, e do nível de consciência possível, que reconhece a legitimidade da lei ou do costume. Nos Estados teocráticos, entre os judeus, que obedeciam à *hagadá* e *halachá* (teologia e lei do judaísmo), e os islâmicos, regidos pelo Corão, as infrações religiosas confundiam-se com os crimes políticos e eram punidas com a pena de morte. E no Sacro Império Romano-Germânico, durante a Idade Média, as noções do Direito divino (*lex divina*) e do Direito natural (*lex naturalis*) mesclaram-se e assentaram os padrões normativos da política, em meio de crônico conflito de jurisdição entre o papado e o imperador e, posteriormente, entre o primeiro e as monarquias nacionais que estavam a emergir.

Assim, na medida em que a Igreja Católica e o regime feudal se entrelaçaram, o direito confundiu-se com a teologia, e a heresia[15] configurou um crime tanto eclesiástico quanto secular, *publicum crimen*, equiparado ao de traição e punível com a pena de morte, conforme disposto no *Liber I*, sob o título *De Haereticis*, do *Codex*[16] de Justiniano (482-565 d.C.). Qualquer ofensa à ordem religiosa, aos preceitos estabelecidos pela Igreja Católica, configurava um crime contra a ordem política, porque atentava contra a autoridade do soberano, que se supunha por direito divino. Justiniano, que era cristão e fora elevado ao trono do Império Romano do Oriente em 527, com o nome de Flavius Petrus Sabbatius Justinianus, reproduziu, no *De Haereticis*, do seu *Codex*, a mesma norma aplicada na Roma Antiga contra os primeiros cristãos[17] e decretou a pena de morte contra os adeptos do maniqueísmo, seita fundada pelo persa Manys ou Manytos (algumas vezes *Manentos* ou *Manichios*, Manes, em latim, e Manichaeus em St. Augustino) sintetizando todos os sistemas religiosos como o dualismo de Zoroastro, o *folklore* da Babilônia, a ética budista e alguns elementos do cristianismo.[18]

As leis romanas, entretanto, não previam a morte de hereges na fogueira, embora as autoridades seculares ou a populaça geralmente promovessem esse tipo de punição característico da Idade Média, sancionado pelo direito consuetudinário, ou seja, pelos costumes. Durante as festas do Natal, em 1051 e em 1052, diversos hereges foram enforcados em Goslar, cidade na Baixa Saxônia onde imperadores e reis do Sacro Império Romano-Germânico residiam, porque o imperador Heinrich III (1017-1056) queria impedir que a "lepra herética" se espalhasse. Robert II Capet, o Pio (972-1031), rei da França, ordenou em 1022 que os hereges impenitentes fossem lançados ao fogo.[19] A acusação de heresia tornara-se uma arma bastante poderosa, utilizada amplamente nas polêmicas eclesiásticas e disputas políticas, e explorada até mesmo para depor príncipes, reis e imperadores. Qualquer devoção popular ou resistência às autoridades eclesiásticas podiam configurar uma heresia e provocar a repressão.

Embora às vezes rotuladas de *maniqueísmo*, as heresias, que começaram a aparecer no século XI, nada tinham com o movimento de Manys. Algumas configuraram tendências coletivistas, igualitárias, que continuaram a manifestar-se, inspiradas no cristianismo primitivo, na tradição apostólica da pobreza e na teoria de que a humanidade originalmente fora igualitária e justa. As tensões sociais geravam o clima para os predicadores heréticos, e eles encontravam sua audiência nas cidades da Europa onde a população urbana crescia rapidamente. Em 1076 ou 1077, o bispo de Cambrai (França) condenou à morte na fogueira os hereges, os *cataros*,[20] que se consideravam puros, bons cristãos, e sua prédica, em favor da pobreza e da abstinência, condenava implícita ou explicitamente a opulência e o luxo da Igreja Católica. Esse movimento, o catarismo, começou no século XII, em Albi (França), e permaneceu durante muito tempo na clandestinidade. Seus adeptos apregoavam a renúncia à posse de bens e aparentemente aceitavam o dualismo *maniqueísta*, que cria em dois princípios independentes e opostos, o bem e o mal. Diziam não ter propriedades, "não possuindo casa, ou terras, ou nada que lhes pertencesse, da mesma maneira que Cristo não tinha propriedades nem permitia o direito de posse aos seus discípulos".[21] Eles consideravam a si próprios irmãos e irmãs, puros, vivendo em uma comunidade casta, praticando a caridade e buscando ardentemente a verdade na simplicidade da vida, repudiando o luxo mundano. Tinham muito em comum com os bogomilos dos Bálcãs e estavam mais próximos do estilo de vida de Jesus e seus apóstolos do que os sacerdotes da Igreja, os bispos, acusados de "pescadores de dinheiro e não de almas, com mil fraudes para esvaziar os bolsos dos pobres".[22]

A queima de supostos hereges ocorria em diversas partes da Europa, independentemente de qualquer julgamento. Em Soissons, na França (1114), e em Colônia, na Alemanha (1143), populares arrancaram hereges das prisões eclesiásticas para matá-los na fogueira, destino que muitos germânicos pagãos tiveram, sob a acusação de sortilégio e bruxaria. No curso do século XII, entretanto, afigurou-se a necessidade de estabelecer uma legislação penal para conter o avanço das heresias, que assumiam o caráter de contestação da soberania real, fundada no direito divino. Não se tratava de uma questão teológica. Era uma questão política, que ameaçava o poder da Igreja e, consequentemente, dos reis e imperadores. No Sínodo de Verona (1184), que instituiu a Inquisição Episcopal, o papa Lúcio III (1181-1185) emitiu a bula *Ad abolendam*, contra as heresias, determinando que os clérigos e monges por elas persuadidos fossem privados de seus privilégios, cargos e benefícios, e abandonados ao braço secular, e os leigos, que não pudessem provar sua inocência perante o bispo, fossem levados à justiça laica para que recebessem a pena merecida (*animadversio debita*). As sentenças deveriam ser as mais severas, incluindo o confisco de propriedade, contra os reincidentes, aplicando-se a mesma punição contra quem os protegesse ou socorresse. O Sínodo de Verona não previu a pena capital. Foi Pedro II de Aragão (1174-1213) que, por volta de 1197, decretou contra os hereges a primeira pena de morte na fogueira. E, em 1210, um sínodo eclesiástico em Paris, presidido por Pierre de Corbeil, condenou os membros de uma seita mal conhecida e entregou-os ao braço secular para a execução da sentença.[23]

Esse procedimento consolidou-se no curso do século XIII. Inocêncio III (1198-1216)[24] começou a exigir que os fiéis frequentassem a Igreja de sua aldeia (paróquia), de modo que o *paroclus* (padre) conhecesse pessoalmente a todos, e tratou de promover a reforma do clero e a guarda da pobreza. E, no 4º Concílio de Latrão, Inocêncio III, através do cânon *Omnis utriusque sexus*, determinou que os fiéis tinham a obrigação de comungar, uma vez por ano, e confessar seus pecados ao vigário, método pelo qual a Igreja podia identificar os heréticos, ou seja, os que não pensavam e não agiam segundo a sua doutrina. Os bispos passaram, destarte, a exercer a função não só de pastor de almas, mas também de policial, no combate às heresias. Inocêncio III, promovendo a reforma da Igreja, estabeleceu assim a Inquisição Episcopal e passou também a nomear legados especiais, com plenos poderes para reprimir as heresias, tais como o *waldensianismo* e o *catarismo*,[25] propagadas desde os meados do século XII, no sul da França. Os waldensianos, protoprotestantes, insistiam na pobreza absoluta, e sua seita também se difundiu no norte da Itália. Eles dividiam seus adeptos em duas classes: os perfeitos (*perfecti*), que deviam praticar o coletivismo e, provavelmente, o celibato, e os noviços (*discipuli*), aos quais era permitida a posse de bens e casa. O propagador dessa heresia foi Peter Waldo, mercador que viveu em Lyon, França, por volta de 1160, e se desfez de todos os seus bens para viver como os primitivos cristãos. Os *cataros*, por sua vez, constituíram no sul da França uma Igreja alternativa, que já havia começado a suplantar o catolicismo.[26] Esse fato alarmou Roma, cada vez mais ameaçada pelas deserções e queda de sua renda, baseada na arrecadação de dízimos, que muitos se recusavam em pagar ou relutavam em fazê-lo.

Após o assassinato do legado papal Pedro de Castelnau, em 1208, Inocêncio III requereu o apoio do braço secular, a fim de reprimir os *cataros*, também conhecidos como *albigenses*,[27] que ameaçavam a unidade da Igreja, e levou os barões do norte da França, liderados por Simon de Monfort e pelo abade Arnaud Amaury, cisterciano e abade de Cîteaux, a empreenderem sangrenta cruzada, conhecida posteriormente como Cruzada Albigense, em que cristãos lutaram contra cristãos. O exército contou com 15.000 a 20.000 cavaleiros, homens de armas, servidores e outros elementos, e um dos objetivos foi apoderar-se do feudo de Raimundo VI, conde de Toulouse, vassalo do rei de Aragão. A repressão, então promovida, estabeleceu os padrões da Igreja para suprimir as heresias. Em 1209, os cruzados saquearam a cidade de Bezier, no sul da França, e mataram cerca de 20.000 pessoas, entre homens, mulheres e crianças, inclusive os católicos, por ordem do legado de Inocêncio III, o arcebispo Arnaud Amaury, duque de Narbonne, a quem se atribuiu a frase: "*Tue-les tous, Dieu reconnaîtra les siens.*" O terror promovido pelos cruzados contra os *cataros* prosseguiu. Após a queda de Lavaur, em 1211, 400 pessoas foram queimadas e mais 94, no mesmo ano, após a queda de Casses.

Inocêncio III, o papa mais poderoso na Idade Média, foi o primeiro a intitular-se Vigário de Cristo e o que mais enfatizou o conceito do *Corpus Christianum*, a visão de uma sociedade cristã inteiramente unificada, em todos os aspectos, sob a liderança do monarca secular e principalmente do chefe da Igreja. Inocêncio III, com a bula *Vergentis in senium* (1199), a primeira legislação contra as heresias desde o *Ad abolendam*, pretendeu submeter os que dissentiam da Igreja, por meio da intimidação, instituindo a perda dos direitos civis e do direito de ocupar cargos públicos; dos benefícios, se eram clérigos; não podiam exercer funções de juízes, defensores e notários; os bens eram confiscados e ab-rogados os direitos dos herdeiros; seus corpos seriam desenterrados e incinerados, se morressem antes da condenação, suas residências seriam queimadas. Assim, Inocêncio III, ao fundamentar tais punições, comparou a heresia ao *criminis laesa maiestatis*, previsto na *Lex quisquis*, do ano de 397, instituída pelos imperadores romanos do Oriente e Ocidente, Arcádio (395-408) e Honório (395-423),[28] prescrevendo os mais rigorosos castigos contra os culpados de conspiração ou que pensassem em conspirar. Assim, nas mesmas penas previstas para os culpados de *criminis laesa maiestatis* também deviam incorrer os que conspiravam contra a fé e a Igreja.

Como consequência da doutrina de Inocêncio III, segundo a qual o poder espiritual se identificava com o poder civil, sobrepujando-o, a heresia configurou um delito tanto eclesiástico quanto civil, que ameaçava destruir o *Corpus Christianum* e por isso não devia ser de nenhum modo tolerada. Uma legislação penal afigurou-se necessária para reprimir heresias na medida em que expressavam ou refletiam conflitos sociais, com o surgimento das comunas; e a oposição à doutrina da Igreja, fundada na escolástica, assumia um caráter subversivo e abalava os fundamentos da ordem social e do poder político. No 4º Concílio de Latrão (1215), Inocêncio III estatuiu que os hereges condenados fossem entregues ao poder secular. E, assim como Justiniano reproduzira no *De Haereticis*, do *Codex Iustiniani*, contra os hereges, a mesma norma aplicada em Roma Antiga para reprimir os primeiros cristãos, ele revitalizou a lei judaica,[29] estabelecida no *Deuteronomium* (XIII, 1-11), o quinto e último livro da *Torah* (*Pentateuchus*), que determinava que o filho de Israel matasse, sem piedade, quem o convidasse secretamente para servir a outros deuses, fosse irmã, filho, filha, esposa ou amigo: "A tua mão será a primeira contra ele, para o matar, e depois a mão de todo o povo. Apedrejá-lo-ás até que morra. (...)"[30] Essa doutrina, que teria Jesus resgatado, ao dizer que "aquele que não permanecer comigo será lançado fora como galho seco e será atirado ao fogo", segundo o Evangelho de João, permitiu que a Igreja Católica racionalizasse e justificasse a adoção da lei judaica, contida no *Deuteronomium* e em outras passagens do Velho Testamento. Com esse fundamento, Inocêncio III entendeu que, se a lei civil punia os traidores do governo com o confisco de suas propriedades e com a morte, todos os que traíssem a fé cristã também deviam ter a mesma pena.

Em 1220 e depois em 1224, Friedrich II Hohenstaufen (1215-1250), imperador do Sacro Império Romano-Germânico,[31] o *stupor mundi* que se julgava representante de Deus na terra, baixou editos decretando que os heréticos, condenados pela justiça eclesiástica, com autorização imperial, sofressem a morte por fogo (*auctoritate nostra ignis iudicio concremandos*). Luís IX (1215-1270), da França, o São Luís, aplicou o cânon do 4º Concílio de Latrão e não apenas esmagou os *albigenses*, em 1226, como determinou que os barões tratassem os hereges de acordo com os preceitos do dever (*de ipsis faciant quod debebant*), de modo que eles recebessem o "castigo apropriado" (*debita animadversio*), o que se entendia como condenação à morte na fogueira.[32]

A cruzada contra os *albigenses* terminou em 1229. E Friedrich II, em 1231, promulgou seu importante código — *Liber Constitutionun Regni Siciliae Melphitanae* ou *Liber Augustalis* ou *Costitutiones Melphitanae* (Constituições de Melfi)[33] — ao qual incorporou os editos de 1220 e

1224, instituindo o confisco dos bens, a proscrição e a pena de morte para os hereges. A *rationale* era a concepção de que qualquer oposição à doutrina da Igreja constituía um ataque a Deus, que era seu fundador, e uma vez que o Estado e a Igreja tinham uma única lei, o herético impenitente era traidor de Deus, da Igreja e, por conseguinte, do Estado, razão pela qual merecia a pena de morte. Os teólogos e os juristas, de certo modo, fundamentaram esta doutrina na percepção de que a heresia e o alto crime (*crimen laesa maiestatis*)[34] se assemelhavam, e daí surgia a necessidade de aplicar a lei de Roma aos que, rompendo com a fé cristã conforme a doutrina oficial da Igreja, ameaçavam a ordem política por ela legitimada. A codificação da legislação contra a heresia processou-se, sobretudo, entre os anos 1180 e 1230.

A INQUISIÇÃO

O papa Gregório IX, nascido Ugolino, conde de Segni (1227-1241), conquanto protestasse contra a legislação imperial de Friedrich II, dado que ela visava à organização de um Estado forte, sobrepondo-o à Igreja, publicou, em 1231, o edito *Excommunicamus*, com o qual sancionou as leis de 1220 e 1224, que determinavam a pena de morte para os acusados de heresia, e em 1232, através da bula *Ille humani generis*, instituiu a *Inquisitio Haereticae Pravitatis* (Inquisição do Mal Herético), encarregando os dominicanos[35] Konrad von Marburg e Robert le Bougres de proceder à *inquisitio*, formando os tribunais eclesiásticos para punir os hereges impenitentes, na Alemanha e França, onde eles promoveram sangrentos *pogroms*.[36] No mesmo ano, o dominicano Alberic seguiu para a Lombardia com o título de *Inquisitor haereticae pravitatis*, e através da bula *Declinante iam mundi* (1232), Gregório IX instruiu o arcebispo Esparrago, em Aragão, no sentido de procurar e punir os hereges, dentro de suas dioceses, com a colaboração dos dominicanos. Os dogmas da Igreja tornaram-se um axioma político, e os textos da Bíblia tinham força de lei em qualquer Corte de Justiça.

A Inquisição pontifícia ou legatina, limitada, inicialmente, à Alemanha e à França, estendeu-se a Aragão, em 1232, e a toda a Europa, em 1233, suplantando a Inquisição Episcopal, estabelecida por Inocêncio III, no 4º Concílio de Latrão (1215). Em 1252, Inocêncio IV, com a bula *Ad extirpanda*, sancionou a tortura, o uso do açoite, queimaduras no corpo, cavalete e prisão em celas de um metro quadrado para obter a confissão dos acusados de heresia. E a Igreja Cristã, cuja organização clerical e concepção teológica refletiam a hierarquia da sociedade feudal, tratou de construir, juntamente com o poder secular com o qual se confundia, um sistema de terror, contra as heresias, a fim de defender e preservar suas prerrogativas e domínio, bem como as vastas extensões de terras das quais as ordens monásticas se tornaram proprietárias. O resgate do cristianismo primitivo, comunitário, coletivista, configurou uma das piores heresias.

Poderosa e cada vez mais rica, a Igreja Católica não podia tolerar tendências religiosas, como o *catarismo* ou o *waldesianismo*, cujo propagador, Peter Waldo, tendo dado o exemplo com a venda de seus bens, apregoava o retorno à pobreza dos primitivos cristãos, com base no ensinamento contido no Evangelho de Marcos, segundo o qual Jesus mandara que quem o quisesse seguir vendesse todas as suas coisas e as desse ao pobre.[37] Em 1317, o papa João XXII[38] (1249-1316) publicou a bula *Quorumdam exigit*,[39] na qual declarou que a castidade e a observância da obediência a Deus, na pessoa dos seus superiores, se sobrepunham à pobreza. Com essa norma, ele implicitamente censurou o frade Michele Fuschi (1270-1342), conhecido como Michele da Cesena, ministro-geral da Ordem de São Francisco (Ordo Fratrum Minorum),[40] e autor do documento *Gravi qua premor*, sobre a pobreza de Cristo, emitido em 1316. E em 1318, editou a bula *Gloriosam ecclesiam*, excomungando os monges *fraticelli*[41] (*fraticelli de paupere vita*), também conhecidos como *Francescani Spirituali*, uma dissidência da Ordem de São Francisco, que Angelo Clareno da Cingoli (*c.* 1245-1337) chefiava. Eles defendiam a pobreza como um caminho para a perfeição cristã, afirmando que o Cristo e seus apóstolos não tinham propriedade nem *in communi* nem *in speciali* (nem em comum nem individualmente), e acusaram a Igreja romana de ser carnal e corrupta, repleta de riqueza, mergulhada em prazeres e manchada de crimes, cometidos pelo Sumo Pontífice e outros prelados inferiores. A Inquisição, em 1318, mandou, em Marselha, quatro *fraticelli* à fogueira, porém eles continuaram a exercer grande influência em Marche, Úmbria, Lazio, Campânia e Basilicata, no centro e sul da Itália, bem como na província de Roma.

A prédica da pobreza feita pelos *waldensianos*, *fraticelli* e outras tendências, com fundamento no exemplo do Cristo e dos apóstolos, constituía uma condenação da potência e da riqueza, ostentadas pela Igreja, sobretudo na Itália, o centro da cristandade, onde os mais revoltantes aspectos se apresentavam, havendo a *virtus* perdido seu significado. E essa controvérsia teológica sobre se era ou não consistente com a fé católica sustentar que o Cristo e seus apóstolos tinham ou não propriedade individual ou em comum, exprimiu, ideologicamente, os conflitos sociais e políticos, que se aguçavam, pois, enquanto a Igreja aumentara enormemente a sua riqueza através de doações e legados, terríveis epidemias de fome assolavam a Europa.

Em *Il nome della rosa*, romance relacionado com os monges, os *fraticelli* proclamavam "*como veritá di fede la povertà di Cristo*". Umberto Eco registrou que:

> *la penisola, in cui la potenza del clero era evidente più che in ogni altro paese, e in cui più che in ogni altro paese il clero ostentava potenza e ricchezza, aveva generato da almeno due secoli movimenti di uomini intensi a un vita più povera, in polemica coi preti corrotti, di cui rifiutavano persino i sacramenti, riunendosi in comunità autonome, al tempo stesso invise ai signori, all'impero e alle magistrature cittadine.*[42]

Em outra passagem de *Il nome della rosa*, o Abade, um dos personagens de Umberto Eco, exclama:

> *Ma i fraticelli sono eretici (...). Non si limitano a sostenere la povertà di Cristo e degli apostoli (Y). I fraticelli traggono da tale dottrina un sillogismo, ne inferiscono un diritto alla rivolta, al saccheggio, alla perversione dei costumi.*[43]

Em 1321, o inquisidor dominicano Johannes de Beaune (Belna), em Narbonne, mandou prender um Beghard ou Beguin, membro de uma comunidade religiosa laica, e acusou-o de heresia por defender a opinião de que o Cristo e seus apóstolos viviam na mais completa pobreza. O franciscano Berenger Talon defendeu Beghard e recorreu ao papa João XXII[44] (1249-1316), invocando a bula *Exiit qui seminat* (1279), do papa Nicolau III (1277-1280), que estabelecera a constituição da Ordem de São Francisco, segundo a qual os frades de nada podiam apropriar-se, nem de casa nem de lugar nem de qualquer coisa, como declarou o papa Gregório IV, regra que devia ser observada não apenas individualmente, mas também em comum.[45] À mesma época, Michele da Cesena convocou o Capitolo Generale, que se reuniu em Perugia (1322), para emitir um pronunciamento em favor da absoluta pobreza do Cristo e dos apóstolos, consubstanciado no documento *Gravi qua premor*, e recebeu o aval dos ministros provinciais da Ordem, na Inglaterra, Aquitânia, França do Norte e Alemanha do Sul. O papa João XXII, irritado, emitiu as bulas *Ad conditorem canonum* (1322) e *Cum inter nonnullos* (*scholasticos viros*),[46] em 1323, condenando como herético o ensinamento de que o Cristo e seus apóstolos não possuíam bens e viviam na pobreza. Os *fraticelli*, porém, não reconheciam a legitimidade do papa João XXII, e o frade franciscano William of Ockham (*c.* 1285-*c.* 1347),[47] filósofo escolástico inglês, *venerabilis inceptor* ou *doctor invincibilis*, opôs-se, e confrontou-o, por considerar que ele estava a destruir o ideal religioso da ordem, baseado na completa pobreza de Cristo e seus apóstolos. Juntamente com Bonagratia de Bergamo (*c.* 1265-1340), representante dos Franciscanos junto à Cúria em Avignon, Jean de Jandun (*c.* 1280-1328) e Marsílio (Marsilius) da Padova (*c.* 1270-*c.* 1342), ele se uniu a Michele da Cesena e, apesar de excomungados e presos, conseguiram fugir para München, sob a proteção de Ludwig von Bayern (1282-1347), rei da Baviera (1314-1347) e imperador do Sacro Império Romano-Germânico (1328-1347).

O CRISTIANISMO REVOLUCIONÁRIO

Àquele tempo, enquanto os bispos e outros altos representantes da hierarquia eclesiástica levavam a vida na opulência e na luxúria, as revoltas camponesas começaram a espraiar-se em várias regiões da Europa. As doutrinas coletivistas e igualitárias das primitivas comunidades cristãs, registradas nos Evangelhos e nos Atos dos Apóstolos, converteram-se em armas para os que, durante a Idade Média, apregoavam o confisco dos bens da Igreja e defendiam a pobreza voluntária dos cristãos, dado que Jesus e seus apóstolos nada possuíam. A hostilidade ao alto clero na Inglaterra transparece nitidamente nas baladas sobre Robin Hood, particularmente em *The Bishop*, *The Bishop of Hereford* e *Golden Prize*, em que os padres e bispos eram enganados, sequestrados ou roubados.[48] O retorno à tradição democrática e à comunidade de bens do cristianismo primitivo, à "restauração da pura palavra de Deus", à qual o papa e o clero davam uma interpretação oposta à realidade, afigurou-se necessário a diversos setores da sociedade na Europa feudal. Cada classe certamente construía a "pura palavra de Deus" consoante a seus interesses, mas somente em um ponto coincidiam e havia unanimidade: na necessidade de expropriar a riqueza da Igreja, uma vez que ela não pertencia à comunidade. As heresias encapavam um sentido político, de caráter essencialmente antifeudal e democrático, revestido pela roupagem religiosa, que era o máximo de consciência possível durante a Idade Média. E a crença de que era iminente o advento do *Millenium*, quando todos os mortos ressuscitariam para serem julgados pelos seus atos,[49] encorajou o ataque aos ricos, que seriam tragados pelo apocalipse na terra antes de serem condenados às chamas eternas no outro mundo. O capelão John Ball expressou essas ideias. Ao terminar a missa, no domingo, reunia o povo no cemitério e dizia:

> Boa gente, as coisas na Inglaterra não podem andar direito — e não andarão — enquanto os bens não forem postos em comum, enquanto houver vilãos e fidalgos e não formos todos iguais. Por que aqueles a quem chamamos senhores são mais poderosos do que nós? Descendemos todos de um só pai e uma só mãe, Adão e Eva. Em que podem eles dizer e provar que são mais senhores do que nós, senão porque nos obrigam a cultivar e lavrar o que consomem? Eles se vestem de veludos e nós de mesquinho pano; eles têm os vinhos, as especiarias e os bons pães; nós temos o centeio, o farelo e a palha, eles repousam em belos solares e nós temos a chuva e o vento nos campos, e é preciso que de nós e de nosso labor venha aquilo de que eles vivem (...) Vamos ter com o rei (....). Digamos-lhe que nós queremos que não seja assim ou que daremos remédio a isso.[50]

John Ball, juntamente com Wat Tyler e Jack Straw, chefiou então o grande levante camponês, ocorrido em 1381. Os aldeões de Fobbing (Essex), na Inglaterra, rebelaram-se, atacaram e assassinaram os coletores de impostos, e refugiaram-se nas florestas. A sublevação logo se espraiou por vários condados e os camponeses, jornaleiros, aprendizes e outros elementos invadiram e ocuparam Londres, onde o rei Ricardo II concordou em encontrá-los, em Mile End, e fez algumas concessões táticas, prometendo cartas coletivas de perdão para os homens de Essex e Hertforshire. Em um dos encontros com o rei Ricardo II, Wat Tyler foi abatido. E a maioria dos camponeses voltou para as suas aldeias. As cartas de perdão, algumas semanas depois, foram porém derrogadas, apesar dos conflitos que se sucederam, com a invasão de feudos e mosteiros, em meio a brutal repressão promovida pelo rei Ricardo II. Os rebeldes foram enforcados às centenas. Durou muito o terror das classes dirigentes. John Ball foi capturado em Coventry e, acusado de alta traição, foi submetido a torturas, enforcado e esquartejado.[51]

Também John Wycliffe (*c.* 1324-1384), doutor em teologia pela Universidade de Oxford e contemporâneo de John Ball, pregava a necessidade de reformar a Igreja Cristã, censurava seus costumes e privilégios e exprobrava o fato de que ela e as ordens monásticas se tornaram proprietárias de vastas extensões de terra, cujo confisco advogou. Devido a essas críticas, bem como sua oposição a que a Inglaterra se submetesse à autoridade de Roma, John Wycliffe foi condenado por heresia, em 1382, embora praticamente nada sofresse e continuasse como reitor de Lutterworth, até morrer, em 1384.[52] Ele contava com o respaldo de muitos dos nobres, entre quais o quarto filho de Eduardo III, John of Gaunt, duque de Lancaster (1340-1399), e Henry, 4º Lord Percy of Alnwick e 1º conde de Northumberland (1368-1409), revoltados com a riqueza da Igreja. Porém, após a revolta camponesa, William Courtenay (1342-1396), ao assumir o arcebispado de Canterbury, pediu a prisão dos heréticos, os frades mendicantes, conhecidos como *Lollards*,[53] que tratavam de propagar os ensinamentos de Wycliffe, predicando a pobreza, tal como os waldensianos e *fraticelli* fizeram na França e na Itália. Não possuíam dinheiro, não carregavam sacos para receber os donativos e só podiam aceitar alimento quando sentiam fome. O poeta inglês Geoffrey Chaucer (1343-1400), que tinha muitos simpatizantes *Lollards*, escreveu em uma das passagens de sua obra *Canterbury Tales* — "The Epilogue of Man of Law's Tale":

> *"I see well that ye learned men in lore Can muche good, by Godde's dignity." Know The Parson him answer'd, "Ben'dicite! What ails the*

man, so sinfully to swear?" Our Host answer'd: "O Jankin,[54] *be ye there? Now, good men" quoth our Host, "hearken to me. I smell a Lollard in the wind" quoth he. "Abide, for Godde's digne passion, worthy For we shall have a predication: This Lollard here will preachen us somewhat."*[55]

Àquele tempo, fim da Idade Média, já se afigurava como pecado social consumir mais do que era necessário, desperdiçar o que se podia converter em dinheiro, enquanto a frugalidade e a poupança se convertiam em virtudes, na medida em que a economia natural do feudalismo, cujos ciclos de escassez e abundância se alternavam, começara a gerar excedente de produção, que era transformado em dinheiro, possibilitando o incremento do comércio e o consumo supérfluo.[56] Ricardo II, apesar das pressões dos bispos, tolerou a atuação desses frades mendicantes, que muitos barões protegiam, irritados com a riqueza e o poderio da Igreja. Seu reinado, porém, terminou em 1399, quando ele, ao regressar da Irlanda, foi deposto pelo Parlamento, após perder a batalha para seu parente Henry Bolingbroke (1367-1413), o duque de Lancaster, que conquistou o poder pelas armas e tornou-se o rei Henrique IV, embora não fosse por direito hereditário o primeiro na linha de sucessão. Ricardo, preso, foi morto por esfomeação. E Henrique IV (reinou de 1399 a 1413) atendeu à demanda da Igreja, quando as classes dirigentes começaram a perceber os *Lollards* como perigo que ameaçava não apenas a ortodoxia religiosa, mas também sua riqueza e a ordem social. O estatuto *De hæretico comburendo*, aprovado em 1401 pela Câmara dos Comuns, autorizando a queima dos hereges na fogueira, evidenciou esse temor, ao acusar os *Lollards* de instigar o povo à sedição e insurreição, perpetrar a subversão da fé católica e também destruir o Estado, direitos e liberdades da Igreja da Inglaterra, razão pela qual deveriam ser executados, "*before the people in an high place*", para que "*such punishment may strike fear into the minds of others*".[57] A heresia configurava, portanto, um crime político, e a morte na fogueira constituiu um instrumento para aterrorizar e suprimir qualquer dissidência.

Com efeito, desde a aprovação do *De hæretico comburendo*, as perseguições se desencadearam, atingindo principalmente os pobres, alfaiates, curtidores, cujo crime às vezes consistia em ter negado a eucaristia ou reunido amigos para ler a versão da Bíblia que Wycliffe traduzira para o inglês em 1395. O clérigo William Sawtrey, ao que tudo indica, foi o primeiro *Lollard* a ser executado na fogueira, em 1410. E, em 1414, o rei Henrique V (1487-1422), pouco tempo depois de ascender ao trono da Inglaterra, debelou um levante de 20.000 *Lollards*, em Kent, instigado por Sir John Oldcastle (*c.* 1378-1417),[58] que a Igreja excomungara, em 1413, por professar as opiniões de Wycliffe. Sir John Oldcastle foi capturado em 1417, enforcado e, ao mesmo tempo, queimado em fogo lento. Muitos outros foram executados, acusados de traição e felonia. E a repressão prosseguiu. Os ossos de Wycliffe foram desenterrados e queimados em 1428, ano em que o arcebispo de Canterbury, Henry Chicheley (1362-1443), intensificou a repressão contra os *Lollards*. Abraham, monge da abadia de Colchester, foi queimado vivo, juntamente com Milburn White e John Wade, ambos padres católicos. Muitos outros foram também presos, à mesma época, acusados de heresia. Cerca de 36 receberam pena de morte e foram conduzidos para o campo de St. Giles, em Londres, onde ocorrera a execução de Sir John Oldcastle. E, entre 1428 e 1431, William Alnwick, bispo de Norwich, submeteu cerca de 175 religiosos a processo, sob acusação de heresia, e vários foram queimados. William White, John (ou William) Waddon e Hugh Pye morreram na fogueira.

O movimento não se restringiu à Inglaterra. À Boêmia, o professor de teologia da Universidade de Praga, Jan Hus[59] (*c.* 1369-1415), levou a doutrina de Wycliffe, cujos escritos traduziu para o tcheco, ensinando que nenhum homem podia ter autoridade sobre outros, e nenhum grupo ou instituição podia reivindicar especial santidade e conceder indulgências.[60] Seus adeptos mais radicais, igualitaristas, formaram comunidades do tipo *kibbutz*, e tinham todos os bens em comum.[61] O Concílio de Konstanz[62] (Principado de Baden, Alemanha), em 1415, condenou-o à morte na fogueira, acusado de professar a heresia donatista,[63] devido ao anarquismo latente nas pregações, opondo-se ao domínio e a toda autoridade, assim como Wycliffe o fizera. No ano seguinte, seu discípulo Jerome (Hierônimo) de Praga teve igual destino. O eclesiástico e teólogo Jean de Charlier de Gerson (1463-1429), chefe da delegação da França e quiçá o principal responsável pela condenação de Jan Hus e Jerome de Praga, opôs-se ao franciscano Jean Parvus (Le Petit), que defendeu Jean (Jean sans Peur), duque de Borgonha (1371-1419), mandante do assassinato de Luís d'Orléans (1407), irmão de Carlos I, da França, sustentando que qualquer vassalo, a despeito de seu juramento e sem aguardar sentença judicial, podia legalmente matar ou ordenar a morte de um tirano.

TIRANICÍDIO

Na Antiguidade, ao tempo de Aristóteles, dava-se a denominação de tirania a todo gênero de comunidade política (posteriormente, conceituada em latim como *res publica*), que não fosse popular (como a existente em Atenas).[64] Também se denominava tirano todo aquele que assumia ilegalmente o poder, o usurpador. E a tese do tiranicídio não era nova na Igreja romana. O dominicano São Thomas de Aquino (*c.* 1225-1274)[65] e outros teólogos autorizados, entre os quais John of Salisbury (*c.* 1115-1180),[66] em sua obra *Policraticus* (*De nugis curialium et vestigiis philosophorum*),[67] já haviam defendido o princípio de que qualquer indivíduo tinha mandato tácito e legítima autoridade para assassinar o governante, quando outros meios não havia para sua destituição, caso fosse ele tirano por usurpação (*tyrannus in titula*), que injustamente eliminara ou tentara eliminar o legítimo governante, ou tirano pela extrema opressão exercida sobre o povo (*tyrannus in regimine*), usando arbitrariamente o poder. De acordo com a doutrina de São Thomas de Aquino, quem usurpa o poder é um criminoso e, se a autoridade legítima poderia condená-lo à morte, em processo legal, uma pessoa particular também poderia executá-lo, com a autoridade pública, para acabar a usurpação e restaurar a autoridade legítima. O mesmo preceito se aplicava para a eliminação do tirano, que assumia legitimamente o poder, mas o usava para oprimir o povo, sobretudo se não havia meios legais para o condenar e depor.[68] Muitos dos que defenderam a Reforma Protestante foram, uns mais outros menos, a favor do tiranicídio. Martinho Lutero (1483-1546) defendeu o princípio de que a comunidade como um todo podia condenar o tirano à morte. Phillipp Melanchton, seu colaborador, declarou que matar um tirano era o mais agradável que um homem podia oferecer a Deus. E o notável poeta John Milton (1608-1674), um dos expoentes do puritanismo na Revolução Inglesa, admitiu o mesmo preceito, no Parlamento, em 1649, citando uma frase de Sêneca, para justificar a execução do rei Carlos I Stuart:

There can be slain
No sacrifice to God more acceptable
Than an unjust and wicked king.[69]

Como o próprio Kautsky salientou, as obras poéticas são com frequência muito mais importantes para o estudo de suas épocas que as mais fiéis narrativas históricas, porque apresentam um panorama da vida diária das massas, que é constante e permanente em seus efeitos, com a mais duradoura influência sobre a sociedade.[70] E a Bíblia, particularmente o Velho Testamento, contém muitas histórias de déspotas que foram assassinados.[71] O livro *Juízes*, no Antigo Testamento, conta que Ehud fez para si uma espada de dois gumes, de um côvado de comprimento, matou Eglom, rei de Moab, que escravizara o povo de Israel. Também Jehu, que matou Joram, rei de Israel, e Akhasya, rei de Judá.[72] O Concílio de Konstanz, contudo, terminou por condenar o tiranicídio, sem mencionar o nome do duque de Borgonha e, apesar da pressão dos clérigos poloneses, não pronunciou sentença definitiva contra o dominicano Johann von Falkenberg, partidário dos cavaleiros da Ordem Teutônica de Livônia na luta contra rei da Polônia, Władysław II Jagiełło (1386-1434), cujo assassinato advogara, em livro, como legal. Martinho V (1386- 1431), então eleito papa (1417), declarou que, em matéria de fé, somente aprovaria o que fora decidido pelo Concílio e não por uma ou mais nações.[73]

O fogo, que queimou Jan Hus e Hierônimo, incendiou, porém, a Boêmia e a Morávia. Seu reformismo religioso tornou-se a ideologia nacional dos tchecos, encapando o descontentamento e o ódio contra o domínio do Sacro Império Romano-Germânico, regido por Sigmund von Luxemburg (1410-1437), que presidira o Concílio de Konstanz.[74] O terror não impediu que seus discípulos, os hussitas, se insurgissem, em 1419-1420, e, sob a chefia de Jan Žižka (1370-1424), atacassem continuamente o sul da Alemanha. Os habitantes da cidade de Tábor, onde o movimento hussita persistira, aliaram-se aos camponeses e, anunciando o *Millenium* de Cristo, rejeitaram a autoridade da Igreja, proclamaram que não mais haveria nem servos nem senhores, instituíram uma sociedade do tipo comunista, inspirada no cristianismo primitivo, como um retorno à idade da inocência. O poder da comunidade sustentou-se em virtude de seu controle sobre as minas locais, e ela resistiu a seis cruzadas, durante a década de 1420-1430. Somente em 1434, Sigmund von Luxemburg conseguiu esmagar o movimento, na batalha de Lipany, quando entre 13.000 e 18.000 taborites perderam a vida.

Também Joana d'Arc (1412-1431), *la Pucelle*, condenada como herética e queimada viva em 1431,[75] era uma camponesa pobre e passou a exercer extraordinário fascínio sobre os soldados franceses, na sua maioria vilãos, que entenderam ser a expulsão dos ingleses o primeiro passo para aliviar sua miséria. Joana d'Arc deu à guerra contra o domínio da Inglaterra, até então um assunto da nobreza, um caráter nacional e popular. Corporalizou o nacionalismo francês, quando a noção de pátria ainda era estranha à consciência medieval da sociedade cristã, ao representar camponeses, burgueses e nobres das diversas províncias, que se sentiam membros da mesma comunidade e não mais se sujeitavam ao jugo da Inglaterra,[76] após um século de pilhagem pelos soldados ingleses.[77] Em carta ao rei da Inglaterra, Henrique VI, ainda criança, e ao seu preceptor, duque de Bedford (1389-1435),[78] datada de 22 de março de 1428 (Semana Santa), ela se qualificou como *chef de guerre*, "*envoyée de par Dieu, le Roi du ciel, corps pour corps, pour vous chasser hors de toute la France*". E, depois de presa em 1430, quando o inquisidor lhe perguntou se ela se reportaria à Igreja militante e o que faria se o papa, cardeais e outros prelados lhe indicassem que suas revelações eram ilusórias, ou coisas diabólicas, *la Pucelle* respondeu que se dirigiria a Deus, cujo mandado cumpria. Não deveria dirigir-se a ninguém no mundo, mas somente a Ele.[79] Joana d'Arc negou o papel da Igreja na intermediação com Deus. E, não obstante professar o puro catolicismo e pretendesse empreender uma cruzada contra os hussitas,[80] negou assim à Igreja Católica a intermediação com Deus, a quem devia primeiramente servir e que lhe teria encarregado a missão de libertar a França do domínio da Inglaterra.[81] William Shakespeare, em sua peça teatral *Henrique VI*, fez de *la Pucelle* um dos seus personagens que declara haver nascido entre ovelhas e, depois, diz ao delfim Carlos, o bastardo de Orleans: "*Assign'd am I to be the English scourge.*"[82] Friedrich Schiller, em sua peça teatral *Die Jungfrau von Orleans*, também salientou várias vezes o nacionalismo de Joana d'Arc, inclusive no diálogo com a rainha da Inglaterra, quando lhe atribui a frase: "*Frankreich wird nimmer Englands Fesseln tragen*" ("A França não mais suportará o jugo da Inglaterra").[83] O dramaturgo irlandês Bernard Shaw, que apontou Joana d'Arc como um dos primeiros mártires protestantes e um dos primeiros apóstolos do nacionalismo, ressaltou, no prefácio à sua peça teatral *Saint Joan*, que "*neither Hus nor Wycliffe was as bluntly as Joan*", quando declarou que fora enviada por Deus para expulsar os ingleses da França, recusando-se a aceitar a interpretação da vontade de Deus conforme a da Igreja Católica.[84] "*Je suis cy envoiée de par Dieu, le roy du ciel*"[85] — disse *la Pucelle*, durante o julgamento. E Bernard Shaw, ao teatralizar o julgamento de Joana d'Arc, fez Pierre Cauchon (?-1442), bispo de Beauvais e presidente da corte eclesiástica, que a julgou e condenou, declarar:

> *When she threats to drive the English from the soil of France she is undoubtedly thinking of the whole extent of country in which French is spoken. To her French-speaking people are what the Holy Scriptures describe as a nation. Call this side of her heresy Nationalism, if you will: I can find you no better name for it.*[86]

Essas palavras, atribuídas por Bernard Shaw ao bispo Pierre Cauchon, embora saíssem da imaginação, demonstram seu entendimento de que a heresia de Joana d'Arc, como crime eclesiástico, implicava um crime político, por que ela não reconhecera a "*divine authority*" do papa, dos cardeais e demais prelados da Igreja militante, como representantes de Deus na terra. O entrançamento dos aspectos eclesiástico e político da heresia Bernard Shaw deixou ainda mais claro, ao fazer Warwick[87] declarar ao cardeal Pierre Cauchon que "*if you burn the Protestant, I will burn the Nationalist* (...)".[88] A ficção, nesse caso, ajuda compreender a história de *la Pucelle* e as causas reais de sua condenação à morte na fogueira.[89] Carlos VII (1403-1461), que deveu a ela sua coroação como rei da França, nada fez para salvá-la. A inquisição, como disse Voltaire (1694-1778), foi "*une invention admirable*" para tornar o papa e os monges mais poderosos e "*tout um royaume hypocrite*", i. e., reis, príncipes e outros potentados, que se valeram da religião católica na Idade Média.[90]

Na Península Ibérica, a Inquisição serviu para promover a coesão política, desde que Recaredo (587-601), rei dos visigodos, converteu-se ao cristianismo, em 587, e instituiu-o como religião oficial do Estado, no III Concílio de Toledo (589), com o objetivo de conter as tendências centrífugas e centralizar o poder. Não conseguiu evitar, entretanto, que o reino visigodo na Península Ibérica se dividisse em vários outros, após a invasão dos muçulmanos, que começou por volta de 711. E, apesar de que a Inquisição pontifícia se estabelecesse, desde 1232, no reino de Aragão, para erradicar o catarismo, nem ela nem a Inquisição episcopal funcionaram devidamente nas demais regiões da Península Ibérica.[91] A fim de proceder à Reconquista, com a expulsão dos muçulmanos e a unificação da Espanha, Fernando V (1452-1516), rei de Aragão e da Sicília, e Isabel (1451-1504), que em 1474 ascendera ao trono de Castela e de Leão, solicitaram ao papa Sisto IV, por sugestão do monge dominicano Tomás de Torquemada (1420-1498), neto de judeus, que autorizasse o estabelecimento de um tribunal da Inquisição, no que foram atendidos com a bula *Exigit sincerae devotionis affectus*.[92] Devido aos abusos, o papa retirou a autorização, mas voltou a concedê-la e o Santo Ofício foi restabelecido em 1480. Essa Inquisição espanhola diferenciou-se da Inquisição pontifícia porque o papa delegou aos Reis Católicos, ou seja, ao poder secular, a prerrogativa para a nomeação dos inquisidores, que se tornaram funcionários do Estado e obedeciam às suas determinações. O inquisidor geral, cargo que Torquemada passou a exercer a partir de 1484, tinha toda a autoridade e não cabia apelação à Roma das sentenças proferidas pelo tribunal. Essa Inquisição espanhola não foi uma instituição simplesmente eclesiástica. Funcionou com claros objetivos políticos, permitindo a Fernando de Aragão e Isabel de Castela e Leão eliminar os adversários e unificar seus reinos, cuja população era muito heterogênea, composta por cristãos, moçárabes, muçulmanos e judeus. Serviu como instrumento para aterrorizar camponeses e artesãos, e os comerciantes cristãos, temendo a concorrência dos judeus, começaram, no século XIV, a fomentar o antijudaísmo na Península Ibérica.[93] O Santo Ofício foi instalado em Portugal, em 1536, mas só em 1547 conseguiu o controle sobre os judeus. Lá, em Portugal como na Espanha, a introdução do tribunal do Santo Ofício resultou não tanto de iniciativa da Igreja quanto dos reis. Seu objetivo foi não apenas defender a fé cristã, era também social e político. Visava a conter a ascensão da burguesia, representada pelo judaísmo, reprimir também os protestantes, que passavam a representar a maior ameaça ao catolicismo, e evitar as lutas religiosas, que provocaram os levantes camponeses nos demais países da Europa.[94]

A REFORMA

Na Alemanha, no início do século XVI, as revoltas camponesas ocorreram realmente sob inspiração religiosas. Thomas Münzer (1489 ou 1490-1525), que se unira a Martinho Lutero no início da Reforma Protestante, incitou os camponeses a que se revoltassem contra os ricos proprietários, na Turíngia e na Saxônia (Alemanha), com base na interpretação do Livro da Revelação, o Apocalipse, de São João, que profetizava a luta do bem contra o mal e o fim do mundo.[95] Quando se tornou claro, em 1524, que as classes baixas nada teriam a ganhar com a Reforma na Igreja, circunscrita aos interesses das classes dirigentes,[96] Münzer, rompendo com Lutero, passou a expressar as necessidades das massas camponesas e plebeias e emergiu como um dos líderes da guerra camponesa na Alemanha. Recebeu mais tarde um grande número de mineiros reunidos no distrito de Mansfeld, e os distúrbios se estenderam à população de Meissen. E, como na Inglaterra em 1381, o levante irrompeu em várias partes da Alemanha. Com a crença de que o reino de Deus não estava no outro mundo, mas na Terra, com uma doutrina teológica revolucionária, Münzer considerava um "artigo de nosso credo, e que desejamos realizar, que todas as coisas são em comum (*omnia sunt communia*) e deveriam ser distribuídas quando a ocasião requeira, de acordo com as necessidades".[97] Em 1525, comandou cerca de 8.000 camponeses, que marcharam, cantando, para a batalha de Frankenhausen. Münzer estava convencido de que Deus interviria em seu favor, mas foi capturado e preso. Submetido a torturas, abjurou, para não ser queimado, a forma particular do protestantismo que adotara. Foi decapitado em Muhlhausen, em 27 de maio de 1525.

Cerca de uma década depois, de 1534 a 1535, os anabatistas radicais,[98] influenciados em larga medida pelas ideias de Münzer e chefiados por Bernhard Knipperdolling (1495-1536), Melchior Hoffmann (1495-1543), Jan Matthys (?), Jan van Leiden (1509?-1536) e outros, capturaram a cidade de Münster, no norte da Alemanha, onde buscaram erguer a Nova Jerusalém, mencionada nos versículos III, 12 e XXI, 2, do Apocalipse, no sentido de renovação ou reconstrução da cristandade, mediante o estabelecimento de uma teocracia, onde existia a comunidade de bens e a poligamia era permitida. A propriedade de ouro, prata e dinheiro seria completamente abolida. Os profetas e os pregadores chegaram a um acordo e decretaram que todas as posses seriam em comum. Segundo o historiador inglês Christopher Hill, os anabatistas, nos séculos XVI e XVII, eram equivalentes aos anarquistas, pois a maioria recusava-se à prestação de juramento, sobretudo aos reis.[99]

A comunidade de bens foi a base de todo o movimento anabatista em Münster. Contudo, o que determinou o caráter da cidade foi o cerco, promovido pelo príncipe-bispo Franz von Waldeck (1491-1553), que a transformou em um acampamento de guerra, cujas demandas tiveram precedência sobre todas as outras questões. A liberdade e a igualdade somente vigoraram, na medida em que eram compatíveis com a ditadura militar.[100] E, em 1536, as forças do príncipe Franz von Waldeck derrotaram os anabatistas, comandados por Jan van Leiden, que foi barbaramente torturado, com ferro em brasa, e executado, juntamente com outros líderes da Nova Jerusalém. Esse movimento anabatista se espraiou até a Holanda, sob a liderança de Menno Simons, cujos seguidores se tornaram conhecidos como mennonitas, e à Suíça, onde foram duramente perseguidos por Ulrich Zwingli (1424-1531), que promovera a Reforma Protestante, a partir de Zurique.

Àquele tempo, não somente os camponeses, mas também a burguesia emergente e vários segmentos da nobreza, já se opunham ao poder que o papa exercia sobre a Europa. Sua redução ou eliminação tornava-se necessária, de modo a permitir que as monarquias absolutas se estabelecessem, no processo de formação dos Estados nacionais, unitários e centralizados. As questões eclesiásticas também se refletiam sobre o Estado, devido ao pagamento dos dízimos à Igreja. E o rei Henrique VIII, em virtude desse e de outros fatores, opôs-se a certas decisões do papa Clemente VII, que também se recusava a anular seu casamento com Catarina de Aragão.[101] E, rompendo com Roma, proclamou a supremacia do rei sobre a Igreja. O objetivo de Henrique VIII foi acabar com interferência do Vaticano nos assuntos internos da Inglaterra e converter o clero em instrumento do absolutismo monárquico.[102] Como Christopher Hill acentuou, a Reforma na Inglaterra foi um ato do Estado.[103] E o Estado-eclesiástico instituído por Henrique VIII constituiu um meio de impor a unidade nacional.

A partir de 1529, o Parlamento aprovou diversas leis, separando do Vaticano a Igreja, chefiada pelo rei Henrique VIII, e em 1536 o ataque aos mosteiros começou, em meio de escândalos reais ou fabricados, de modo a justificar o confisco dos bens da Igreja, em favor dos proprietários rurais, enriquecendo ainda mais aqueles que se mantinham solidários com a

Coroa. Mas, tanto na organização quanto na doutrina, a Igreja reformada por Henrique VIII tentou manter a tradição da Igreja católica, embora abandonasse numerosas práticas e crenças. Várias tendências, como se fossem partidos, começaram então a desenvolver-se dentro do clero inglês. Além da alta Igreja, que menos se distanciava de Roma e aceitava o ritual imposto por Henrique VIII, havia os presbiterianos. Estes permaneciam na Igreja anglicana, mas pretendiam radicalizar a reforma, enquanto os independentes eram contrários ao episcopado anglicano e o sínodo presbiteriano, não reconhecendo nenhuma Igreja do Estado, quer como a da Inglaterra quer como a existente na Escócia.

O protestantismo na Inglaterra e, mais ainda, na Escócia recebeu forte influência de Jean Calvin ou Caulvin (1509-1564),[104] que desencadeou a partir de Genebra o movimento da Reforma e se opôs à doutrina da Igreja medieval, contrária à usura e, consequentemente, ao lucro. Max Weber (1864-1920), em sua notável obra *Die protestantische Ethik und der Geist des Kapitalismus*,[105] observou que os espanhóis sabiam que a "heresia" (isto é, o calvinismo), "favorecia o espírito comercial", conforme a teoria sustentada no século XVII pelo economista inglês Sir William Petty (1623-1687), ao discutir os fatores que determinaram o desenvolvimento do capitalismo nos Países Baixos. Nem Calvin nem outros promotores da Reforma, porém, consideravam a aspiração de bens terrestres um valor ético, um valor em si.[106]

A doutrina defendida por Jean Calvin confluiu com a de Lutero, resgatando o princípio do apóstolo Paulo, segundo o qual "aquele que não trabalha não deve comer" — a propriedade seria justificada pelo trabalho — e contribuiu, na Inglaterra, para o desenvolvimento do puritanismo que, a princípio, representou apenas uma tendência na Igreja anglicana. Não exprimia propriamente uma divergência religiosa, mas um determinado comportamento, sob a influência de uma concepção ética, diferente da Igreja e da monarquia. A designação de puritanos era genérica. Aplicava-se a todos aqueles que entendiam que a Reforma ou purificação da Igreja, dos ritos e regras romanas, não tinha avançado bastante e vinculavam a purificação da religião à moral do corpo político, o que eventualmente implicava resistência ao absolutismo na Igreja e no Estado.[107] Esse movimento envolveu segmentos de diversas classes sociais, inclusive da classe alta e da pequena nobreza, além de clérigos, artesãos e camponeses.[108] A doutrina da predestinação, que estava na essência do protestantismo desde Lutero,[109] constituiu o fundamento dogmático da ética dos puritanos.[110] E, de certo modo, eles foram os sucessores históricos dos *Lollards*. Costumavam usar roupas de cores sóbrias, de corte simples, doméstico, e desprezar os prazeres da vida. Destacavam-se pela singularidade no seu fervor e piedade e exerciam a militância da fé, com o intento de levar todo homem a conhecer a verdade. De muitos de seus escritos podem ser extraídas citações, condenando o afã de possuir bens e dinheiro, contrário à moral do fim da Idade Média.

O puritanismo, uma das representações do que Max Weber denominou de *asketischen Protestantismus* (protestantismo ascético),[111] expressou, sem dúvida, um protesto contra a sociedade existente. Segundo Christopher Hill, serviu para descrever quase todo oponente à Corte e, antes da grande revolução de 1648, ele podia distinguir três correntes de opinião que podiam ser classificadas como puritanas.[112] Mas, apesar das semelhanças externas, o puritanismo diferiu bastante do ascetismo praticado no cristianismo primitivo. Tanto o cristianismo primitivo quanto o puritanismo condenavam a vaidade, a iniquidade dos prazeres da vida, de qualquer tipo. Mas enquanto o ascetismo, no cristianismo primitivo, implicava a ociosidade, o puritanismo da Reforma valorizou a profissão, o trabalho, a indústria, e favoreceu a burguesia emergente, a classe mercantil da Inglaterra. Outrossim, enquanto o ascetismo do cristianismo primitivo desenvolvera-se dentro de um contexto predominantemente rural, o puritanismo, como observou Christopher Hill, foi um fenômeno urbano cuja força proveio, sobretudo, dos artesãos e comerciantes das vilas e cidades.[113] E, em um país como a Inglaterra, que começava a industrializar-se no século XVI, a sociedade necessitava de disciplina e regularidade no trabalho.

As condições feudais que possibilitaram as revoltas camponesas até a dinastia dos Tudors (1485-1603)[114] estavam, no entanto, a desaparecer. O uso da pólvora para fins militares não só superou os métodos de guerra, representados pelo espírito de cavalaria da antiga nobreza, mas também as armas — lanças, arco e flecha, machados etc. — de que os camponeses podiam dispor. Os nobres não mais tiveram condições de manter seus exércitos particulares, nem os camponeses de contrapor-se a canhões e arcabuzes. A economia natural da Idade Média, alternada por períodos de abundância e escassez, e a estrutura social, outrossim, começaram a modificar-se. O Estatuto do Trabalhador caíra em desuso ao fim do século XIV, e a servidão foi finalmente abolida durante a dinastia Tudor (1485-1603). Os camponeses dividiram-se em pequenos proprietários rurais, rendeiros e assalariados, com interesses distintos. Não eram mais os servos de outrora. E o crescimento do comércio impulsionou a economia monetária ao permitir que o excedente de produção pudesse ser convertido em dinheiro. Em tais circunstâncias, o puritanismo, da mesma forma que o calvinismo, o luteranismo e outras tendências protestantes começaram a perceber como pecado o consumo além do necessário e o desperdício.

A imagem dos *Lollards*, na Inglaterra, perdurou, vivamente, até o início do século XVII, tanto que o grande dramaturgo inglês Christopher Marlowe (1564-1593) a eles se referiu várias vezes em *The Tragical History of Doctor Faustus*, dada ao público em 1604.[115] E, não obstante as profundas transformações econômicas, sociais e políticas, que ocorreram em quase toda a Europa, ao fim da Idade Média, as tendências coletivistas e igualitárias do cristianismo primitivo voltaram a manifestar-se, durante a guerra civil na Inglaterra (1642-1648), quando emergiram os *Levellers* (niveladores), sob a liderança do tenente-coronel John Lilburne, cuja doutrina ensinava que o único poder emanava do povo e que tanto a monarquia como a Câmara dos Lordes eram excrescências que deviam ser abolidas. A expressão *Leveller* não tinha, inicialmente, um significado estritamente partidário. Aplicava-se aos revolucionários com tendências igualitárias, e serviu muitas vezes para designar as comoções sociais que tinham alguma conexão com a política. No curso de 1648, os *Levellers* começaram a conformar uma tendência politicamente mais definida, ante o *The Agreement of the People*, apresentado ao Conselho do Exército, em 28 de outubro de 1647. E chegaram a adquirir enorme influência, sobretudo nas camadas mais baixas do *New Model Army*, dentro do qual elegiam os *Agitators* de cada regimento, e eles entraram em acordo com os oficiais mais altos, apelidados *Grandees* para promover os *Putney Debates*, em torno de uma Constituição para a Inglaterra. Em meio da grande revolução de 1648, os *Levellers* apresentaram ao Parlamento uma petição intitulada *To the Right Honourable the Commons of England* e, pouco mais de um mês depois, realizaram enorme demonstração, quando Thomas Rainsborough (1610-1648), coronel do *New Model Army*, foi assassinado. Depois do julgamento e execução do rei Carlos I Stuart, em janeiro de 1649, os conflitos se radicalizaram, e Cromwell ordenou o encarceramento, na Torre de Londres, de John Lilburne, Richard Overton (1559-1664) e outros *Agitators*, que lideravam os *Levellers*. Lá, eles escreveram o *An Agreement of the Free People of England*,[116] dado ao público em 1º de maio de 1649, no qual defendiam uma reforma constitucional na Inglaterra, com a implantação de uma democracia, com o direito de voto para todos, igualdade perante a lei, liberdade de religião e de imprensa, abolição da prisão por dívida, entre outros.[117]

Oliver Cromwell (1599-1658), que passara a exercer o poder na Inglaterra, como *Lord Protector*, aceitou o *Agreement of the Free People of England*, mas desejou que os direitos prescritos permanecessem no papel. Segundo o historiador inglês H. N. Brailsford, a Inglaterra, sob o protetorado, continuava uma teocracia como no reinado de Carlos I. Cromwell era um ditador conservador. Tanto quanto o rei ungido e hereditário, estava seguro de seu direito divino de governar. E imobilizou a revolução, salvando a Inglaterra das tendências radicais, que estavam a transtornar a venerável pirâmide social, "*the rank and orders of men*", mantida ao longo dos séculos e ameaçada pelos *Levellers*, "*with their anarchical principle of equality*".[118] Vários motins então ocorreram em diversas cidades, inclusive Londres. E, em maio de 1649, cerca de 400 soldados do *New Model Army*, sob o comando do capitão William Thompson, insurgiram-se em Bunbury, pequena cidade à margem do Rio Cherwell, em Oxfordshire, e Salisbury. As forças leais a Cromwell conseguiram, porém, derrotá-los em Burford, e William Thompson e outros líderes foram enforcados.[119]

O esmagamento do motim em Banbury quebrou a força dos *Levellers* dentro do exército. Mas entre os *Levellers* formara-se um núcleo ainda mais radical, os *Diggers*,[120] camponeses sem terra, que participaram das guerras civis e se consideravam os *True Levellers*. Eles defendiam a coletivização das terras, inspirados pelas ideias de Gerrard Winstanley (1609-1676), autor de *The New Law of Righteousness*, em que advogava o comunismo cristão, justificando-o com base nos *Atos dos Apóstolos*, IV, 32,[121] e proclamava que Deus, no começo dos tempos, fez a terra, mas não disse que uma parte da humanidade deveria dominar a outra. Gerrard Winstanley considerava os normandos escravizadores da Inglaterra, desde que William, o Conquistador (1028?-1087), Duque da Normandia, vencera a batalha de Hastings e se fizera coroar rei do país.[122] Seu livro mais expressivo foi *The Law of Righteousness*, uma espécie de manifesto comunista escrito no dialeto do seu tempo, segundo H. N.

Brailsford.[123] E depois que o rei Carlos I Stuart foi executado, no início de 1649, os *Diggers* emitiram a *Declaration from the Poor Oppressed People of England*,[124] na qual afirmavam:

> *That the earth was not made purposely for you, to be Lords of it, and we to be your Slaves, Servants, and Beggers; but it was made to be a common Livelihood to all, without respect of persons. (...) For the power of inclosing Land, and owning Propriety, was brought into the Creation by your Ancestors by the Sword; which first did murther their fellow Creatures, Men, and after plunder or steal away their Land, and left this Land successively to you, their Children. And therefore, though you did not kill or theeve, yet you hold that cursed thing in your hand, by the power of the Sword; and so you justifie the wicked deeds of your Fathers; and that sin of your Fathers, shall be visited upon the Head of you, and your Children, to the third and fourth Generation, and longer too, till your bloody and theeving power be rooted out of the Land.*[125]

Os *Diggers* consideravam que a "*cursed thing, called Particular Property*" era a causa de todas as guerras, derramamento de sangue, roubos e leis que escravizavam e mantinham o povo na miséria. Eles denunciavam a propriedade privada fruto da *Norman law*, que era a lei do conquistador, e consideravam *robbery* o senhorio de terras.[126] E, conforme os princípios coletivistas, pretenderam estabelecer, de acordo com o modelo do comunismo cristão, descrito nos Atos dos Apóstolos, uma sociedade igualitária. Em 1º de abril de 1649, sob a liderança do reverendo William Everard (1575?-1650?), dezenas de *Diggers* acamparam, com suas famílias, em St. George's Hill, perto de Walton on Thames, e começaram a lavrar e adubar a terra coletivamente.[127] Depois, outros estabeleceram-se em Cobham Heath, no condado de Surrey, e tomaram terras em Kent (Cox Hall), Buckinghamshire (Iver), Hertfordshire (Barnet), Leicestershire (Bosworth) e em outras localidades em Goucestershire e Northamptonshire (Wellingborough).[128] Suas atividades alarmaram os proprietários de terra. Consta que Cromwell, ao comentar o objetivo coletivista dos *Diggers* declarou: "*What is the purport of the levelling principle but to make the tenant as liberal a fortune as the landlord. I was by birth a gentleman. You must cut these people in pieces or they will cut you in pieces.*"[129] E deu instruções para que o general Thomas Fairfax (1612-1671) dispersasse os *Diggers* pela força e destruísse suas casas, bem como as colheitas e ferramentas. Os *Diggers* terminaram assim expulsos de St. George Hills e Cobham Heath, bem como das outras regiões, e o programa agrário radical foi derrotado.[130]

Em 1653, a Casa dos Comuns instituiu a *Commonwealth* (no sentido de *res publica*) e decidiu que Cromwell exercesse o poder, de fato uma ditadura militar, como *Lord Protector*. Muitos dos *Levellers* desiludiram-se. E, com a restauração da monarquia, em 1660, e a coroação de Carlos II Stuart, os puritanos perderam o poder e intensificou-se a perseguição às diversas seitas, entre as quais os *Quakers*, cujas comunidades mais se assemelhavam às dos anabatistas na Alemanha e Países Baixos. Milhares de puritanos, ao perceber que não tinham condições de permanecer na Inglaterra, emigraram para juntar-ser àqueles que, em 1620, partiram de Southampton, no *Mayflower*, com destino à América do Norte. E lá instituíram uma teocracia, onde o historiador americano Paul Johnson ressaltou que o igualitarismo, desde o princípio, "brilhou por sua ausência".[131] A exclusividade religiosa dos primeiros assentamentos, porém, não se prolongou por mais de uma década. Pouco a pouco, foram autorizados os assentamentos de anglicanos, batistas e até Quackers; as diferenças em matéria de riqueza ampliaram-se na segunda e terceira gerações, disputas debilitaram a autoridade eclesiástica, e a sociedade tornou-se mais e mais secular e mercantil. E, com o advento do capitalismo e a Revolução Industrial, no século XVIII, a utopia comunista do cristianismo primitivo desvaneceu-se, deixou de configurar uma heresia religiosa e assumiu um caráter laico, como outro tipo de transgressão política, embora durante o século XIX algumas comunidades ainda fossem criadas, nos Estados Unidos, como experiências coletivistas, igualitárias, mas não exerceram maior influência sobre a sociedade.

St. Leon, inverno de 2005/2006

NOTAS

1. Antônio Frederico de Castro Alves, "Palavras de um conservador. A propósito de um perturbador", paráfrase de Victor Hugo, in Antônio Frederico Castro Alves, *Obra Completa*, Rio de Janeiro, Nova Aguilar S.A., 1997, p. 509-511.
2. Oscar Wilde, "The Soul of a Man under Socialism", in Oscar Wilde, *Collected Works,* Hertfordshire (Grã-Bretanha), Wordsworth Edition, 1997, p. 1047-1048.
3. Edward Gibbon, *The History of the Decline and Fall of the Roman Empire*, Londres, Penguin Books, vol. I, p. 446-447.
4. Friedrich Nietzsche, *Der Antichrist* in Friedrich Nietzsche. *Gesammelte Werke,* Bindlach, Gordon Verlag GmbH, 2005, p. 1144.
5. Paul Johnson, *A History of Christianity*, Londres, Weidelfeld & Nicolson, 1976, p. 69-70.
6. Jacob Neusner, *Introdução ao judaísmo,* Rio de Janeiro, Imago, 2004, p. 77.
7. Edward Gibbon, *The History of the Decline and Fall of the Roman Empire*, Londres, Penguin Books, vol. II, p. 510-516.
8. Constantino I costumava exortar seus súditos à conversão, embora ele próprio só viesse a receber o batismo pouco antes de morrer, em Ancirona, perto da Nicomedia (İzmit, Turquia), em 22 de maio de 337.
9. Karl Marx, "Zur Judenfrage" in K. Marx & F. Engels, *Werke,* Berlim, Dietz Verlag, Band 1, 1981, p. 359.
10. Thomas Hobbes, *Leviathan*, Cambridge, Cambridge University Press, 2002, p. 190.
11. Nelson de Sousa Sampaio, *Prólogo à Teoria do Estado* (Ideologia e Ciência Política), Rio de Janeiro/São Paulo, Companhia Editora Forense, 1953, p. 37.
12. Marc Bloch, *A sociedade feudal*, Lisboa, Edições 70, s/d., p. 375.
13. A expressão *feudum* tem conexão com *fides* e a fidelidade dos vassalos não implicava obrigação para com a comunidade, mas para com outro indivíduo, ao qual tinham de prestar a *hominium* (homenagem em latim) ou *homagium* (*hommage* em francês e, em alemão, *Mannschaft*), ou seja, ajuda militar, essência do contrato vassálico.
14. Franz von Liszt, *Tratado de Direito Penal Alemão*, Rio de Janeiro, Editora Briguet, tomo 11, 1899, p. 417-418.
15. A palavra heresia é derivada do grego *hairesis*, opinião ou doutrina aceita por doutores da Igreja, oposta à sua ortodoxia. O herético mantém a fé cristã, mas contesta os dogmas da Igreja. O termo, porém, aparece com

vários significados em textos antigos. Flávio Josefo usou-o para três seitas religiosas existentes na Judeia desde o período dos macabeus: os saduceus, os fariseus e os essênios. Paulo apontou o governador romano Félix como líder da heresia (*haireseos*). O arianismo foi a primeira grande heresia que se propagou na Igreja Católica, ameaçando sua unidade, no momento em que vários teólogos se esforçavam para harmonizar as doutrinas da unidade de Deus e a divindade de Cristo. Foi o presbítero de Alexandria, Arius, nascido na Líbia, que desencadeou esse movimento herético, ao negar que Cristo, o Filho/Logos, gerado por Deus para servir de intermediário entre Ele e a humanidade, tivesse a mesma essência, natureza ou substância de Deus, ou seja, não era consubstancial (*homoousios*) com o pai e por isso não era igual a ele, nem em dignidade, o coeterno, nem na esfera real da deidade. Essa controvérsia teológica sobre o status do Filho (Cristo)/Logos e sua relação com a natureza de Deus, começou, provavelmente, no ano de 318. O arianismo perdurou do século IV a.C. ao século VIII. T. E. Pollard, "The Exegesis of Scripture and the Arian Controversy", *Bulletin of the John Rylands Library*, 41 (1959), p. 414-429. Maurice Wiles, *Archetypal Heresy, Arianism Through the Centuries*, Oxford, Clarendon Press, 1996, p. 214. A heresia difere da apostasia, palavra derivada de *apo*, que significa de, e *stasis*, posição. Apóstata é o que abandona a fé cristã e adere ao judaísmo ou islamismo. Quando o cristianismo se tornou a religião oficial do Império Romano, os apóstatas foram privados dos direitos civis, não podiam testemunhar em tribunais, nem legar ou herdar propriedade, e induzir alguém à apostasia era punível com a pena de morte. A Igreja classificou três tipos de apostasia: apostasia *a fide* ou *perfidiae*, quando o cristão renuncia à sua fé; apostasia *ab ordine*, quando o clérigo abandona o estado eclesiástico; apostasia a *religione* ou *monachatus*, quando o religioso deixa a vida religiosa.

16. *Domini Nostri Sacratissimi Principis Iustiniani Codex* — I, 5 (De *haereticis et manichaeis et samaritis*).
17. Em Roma, os imperadores eram considerados parentes dos deuses, e muitos cristãos pereceram porque se recusaram a adorá-los, o que constituía uma heresia. O juiz romano podia fazer contra o suspeito uma *inquisitio* (do latim *inquirere*, inquirir), daí a origem da palavra inquisição.
18. A teoria dos dois eternos princípios — o bem e o mal — constituía predominantemente o cerne dessa seita, denominada maniqueísmo e classificada como dualismo religioso.

19. Malcolm Lambert, *La otra historia de los cátaros*, Madri, Ediciones Martinez Roca, p. 27.
20. A palavra cátaros provém do grego *katharos* (puro, καθαρός) e foi inventada em 1163 pelo monge Ekbert von Schönau, depois da primeira execução de hereges na fogueira em Colônia, em 1163.
21. L. Paolino, "Esiti ereticali della conversione alla povertà: La conversione alla povertà nell'Italia dei secoli XI-XIV", Atti del Convegno dell'Accademia Tuderdina e del Centro di Studi sulla Spiritualità medievale (dir. E. Menesto, Spoleto, 1991, p. 127-186 e p. 155-161 *apud* Malcolm Lambert, *La otra historia de los cátaros*, Madri, Ediciones Martinez Roca, p. 44.
22. Michael Baigent & Richard Leigh, *The Inquisition*, Londres, Penguin Books, 1999, p. 4-13.
23. Uma figura da Idade Média, que integra a iconografia das *Grandes chroniques de France*, apresenta Felipe II Augusto, avô de Luís IX, assistindo à morte de hereges na fogueira. *Apud* Jacques Le Goff, *São Luís* (Biografia), Rio de Janeiro, Record, 1999, p. 59, 696-699 e 790.
24. Chamava-se Lotario e nasceu em Gavignano (Segni) em 1160 ou 1161.
25. O waldensianismo foi condenado no 3º Concílio de Latrão (1179). Norman F. Cantor, *Life and Death of a Civilization*, Londres, Macmillan Company, 2ª ed., 1969, p. 416-417. David Nicholas, *The Medieval Wese (400-1450)*, Georgetown-Ontario, The Dorsey Press, 1973, p. 202-203.
26. Paul Johnson, *A History of Christianity*, Londres, Weidenfeld e Nicolson, 1976, p. 251-252.
27. Os cátaros eram também conhecidos como albigenses, porque esse movimento herético teve origem na cidade de Albi, condado de Toulouse, no sul da França. David Nicholas, *The Medieval Wese (400-1450)*, Georgetown-Ontario, The Dorsey Press, 1973, p. 200-202.
28. No ano 395, após a morte de Teodósio (Theodosius), o último dos sucessores de Augusto e Constantino, o Império Romano foi dividido em dois. Arcádio (Arcadius) tornou-se o imperador do Ocidente, e seu irmão Honório (Honorius), do Oriente. Vide Edward Gibbon, *The History of the Decline and Fall of the Roman Empire*, Londres, Penguin Books, vol. II, p. 98-102.
29. O código judaico, estabelecido no Deuteronomium, que significa repetição, não foi o primeiro a existir, foi posterior às leis de Hammurabi.
30. Em latim: "*Sed statim interficies sit primum manus tua super eum et post te omnis populus mittat manum. Lapidibus obrutus necabitur quia voluit*

te abstrahere a Domino Deo tuo qui eduxit te de terra Aegypti de domo servitutis." *Deuteronomium,* XII, 9-11.

31. Friedrich II foi sucessivamente rei dos germânicos, imperador do Sacro Império Romano-Germânico e rei da Sicília e de Jerusalém.
32. Nos *Etablissements de St. Louis et coutumes de Beauvaisis* (*Ordonnances des rois de France*, I, 211) consta que "*quand le juge* (eclesiástico) *laurait examiné* (o suspeito) *se il trouvait, quil feust bougres, si le devrait faire envoier à la justice laie, et la justice laie le dolt fere ardoirr*". Les établissements de Saint Louis, Société de l'histoire de France, publié par Paul Viollet, vol. 1-4, Paris, Renouard, 1881-1886.
33. Esse código é considerado o grande monumento legislativo laico da Idade Média, base do Estado administrativo moderno e do princípio da soberania.
34. No Digesto (.48 tit. 4s1), uma compilação das decisões dos jurisconsultos romanos, Domiciano Ulpiano (150-228 d.C.) definiu o *crimen laesae, imminutae, diminutae, minutae, majestatis* como *crimen illud quod adversus Populum Romanum vel adversus securitatem ejus committitur.*
35. A Ordem dos Dominicanos foi fundada em 1214 por Dominicus de Guzmán (1170-1221), em Toulouse (França), com a finalidade de contrapor-se às heresias, por meio da predicação, do ensino e de exemplos de austeridade. O papa Honório III reconheceu-a formalmente em 1216, e Gregório IX canonizou Dominicus de Guzmán, em 1221. Posteriormente, foi dada a interpretação de *Dominicani* como *domini canes*, o que significa "os cães do Senhor".
36. David Nicholas, *The Medieval Wese (400-1450)*, Georgetown-Ontario, The Dorsey Press, 1973, p. 201.
37. Em latim: "*Iesus autem intuitus eum dilexit eum et dixit illi unum tibi deest vade quaecumque habes vende et da pauperibus et habebis thesaurum in caelo et veni sequere me.*" *Evangelho segundo Marcos*, X, 21; Vulgata.
38. Nascera em Cahors, batizado como Jacques d'Euse. Sucedeu a Clemente V e estabeleceu o papado em Avignon.
39. *Monumenta Iuris Canonici*, series B, *Corpus Collectionum*, vol. 6: *Extravagantes Iohannis* XXII, Vaticano, Ed. Jacqueline Tarrant, 1983, p. 228-254.
40. Fundada por S. Francesco di Assisi (1181-1126), por volta de 1207-1208.
41. *Fraticelli* é diminutivo derivado do italiano *fratello* (irmão), cujo plural é *fratelli. Fratres* (irmãos, em latim) foi a designação dada aos frades franciscanos (*Fratres Minores*) das ordens mendicantes, fundadas durante o século XIII. A dissidência começou com o irmão Angelo da Clareno (ou da Cin-

goli), antes de 1278, ano em que ele e outros frades foram condenados à prisão, mas libertados algum tempo depois. No início de 1317, porém, Angelo foi excomungado e outra vez preso. Defendeu-se com a *Epistola Excusatoria*, na qual se apresentou como zeloso Franciscano. Os seguidores de Angelo da Clareno contestavam a autoridade de Giovanni XXII como papa, pois ele tinha ab-rogado a regra de São Francisco, que, de acordo com a doutrina, representava o Evangelho puro e simples. Eles se estabeleceram no centro da Itália, nas províncias de Roma, Úmbria e Ancona, bem como no sul, em Campânia, Basilicata e Nápoles. Os *fraticelli* foram completamente liquidados, em 1426, quando a Inquisição, com a colaboração das autoridades seculares, devastou 31 vilas cujos habitantes simpatizavam com a sua predicação.

42. Umberto Eco, *Il nome della rosa,* Milão, Tascabili Bompiani, 2001, p. 21 e 57.
43. *Id.*, *ibid.*, p. 155. Em *Il nome della rosa*, Umberto Eco reproduz vivamente a mentalidade existente no início do século XIII e as discussões teológicas que abalavam a Igreja.
44. Nascera em Cahors, batizado como Jacques d'Euse. Ele sucedeu a Clemente V e estabeleceu o papado em Avignon.
45. "*Dicimus quod abdicatio proprietatis hujusmodi omnium rerum tam in speciali quam etiam in communi propter Deum meritoria est et sancta, quam et Christus viam perfectionis ostendens verbo docuit et exemplo firmavit (...).*" *Constitutio facta per dominum Nicolaum Papam III super confirmatione regule fraturm Minorum — De regula fraturm Minorum aliqua dubia declarat, et alia per predecessores suos jam declarata seriosius et clarius ordinat.* (Fol. 184; an II, N. 156; Potthast 21628.) "Dizemos que a abdicação dessa espécie de propriedade sobre todas as coisas, não apenas individualmente, mas também em comum, é meritória e sagrada à vista de Deus, pois o Cristo mostrou o caminho da perfeição, ensinando com a palavra e fortalecendo-a com o exemplo (...)."
46. *Monumenta Iuris Canonici*, series B, *Corpus Collectionum*, vol. 6, *Extravagantes Iohannis XXII*, Vaticano, Ed. Jacqueline Tarrant, 1983, p. 228-254.
47. William of Ockham nasceu em Ockham, em 1280, e morreu em München (Bayern, Alemanha), em 1349.
48. J. C. Holt, *Robin Hood*, Londres, Tames and Hudson, 1996, p. 163-164.
49. A interpretação literal do Apocalipse de São João dera origem, nos primeiros séculos da Era Cristã, à seita dos milenaristas. Joaquim de Fiore (*c.*

1132-1202), ou Gioacchino da Fiore, abade cisterciense, desenvolveu essa interpretação em três obras intituladas *Liber Concordiae Novi ac Veteris Testamenti*, *Expositio in Apocalipsim* e *Psalterium Decem Chordarum*. Liderou também um movimento profético que surgiu na Península Itálica no correr do século XIII e que se espraiou pela Europa Ocidental. Segundo a crença, o advento do *millenium* devia ocorrer entre uma primeira ressurreição, a dos escolhidos, já mortos, e uma segunda, a de todos os outros homens, para serem julgados de acordo com seus atos. Na Idade Média, a Igreja Católica condenou como herético o milenarismo, que se inspirava nas profecias do Antigo Testamento e no Apocalipse de São João Evangelista. Também foi combatido por Santo Agostinho, que interpretou os mil anos do Apocalipse como a Sexta Idade, com período de duração não determinado, reservado ao reinado da Igreja entre a primeira vinda do Salvador e a vinda do Anticristo.

50. *Apud* André Maurois, *História da Inglaterra*, Rio de Janeiro, Irmãos Pongetti Editores, 4ª ed., s/d, p. 157.
51. *Id.*, *ibid.*, p. 157. A. L. Morton, *História do povo inglês*, Rio de Janeiro, Civilização Brasileira, 1970, p. 104-106.
52. Muitas décadas após sua morte, sob a direção do papa Martinho V, o Concílio de Constança, em 4 de maio de 1415, declarou Wycliffe herege obstinado. Foi decretado então que seus restos mortais seriam desenterrados e queimados, assim como seus livros. As cinzas de Wycliffe foram lançadas no Rio Swift.
53. O registro mais antigo do nome *Lollard*, na Inglaterra, data de 1387, no mandato do bispo de Worcester contra cinco "*poor preachers*", "*nomine seu rita Lollardorum confoederatos*".
54. O mesmo que Johnny. Os padres eram então apelidados de Sir John.
55. Geoffrey Chaucer, *Canterbury Tales*, Londres, Everyman's Library, 1992, p. 156-157.
56. Eduard Bernstein, *Cromwell and Communism. Socialism and Democracy in the Great English Revolution*, Nova York, Schocken Books, 1963, p. 26-28.
57. "(...) *They make unlawful conventiclers and confederacies, they hold and exercise schools, they make and write books, they do wickedly instruct and inform people, and as such they may excite and stir them to sedition and insurrection, and make great strife and division among the people, and other enormities horrible to he heard daily do perpetrate and commit subversion of the said catholic faith and doctrine of the Holy Church, in diminution of divine Worship, and also in destruction of the estate, rights,*

and liberties of the said Church of England." Statutes of the Realm, 2:12S-28:2 Henrique IV.

58. Sir John Oldcastle foi o nome original de Sir John Falstaff, personagem de Shakespeare nas peças de teatro *Henrique IV* (partes I e II) e *As alegres comadres de Windsor*, conforme apareceu nas suas primeiras edições. Mas, depois de protestos contra o fato de ser ele caracterizado como um bêbado barulhento, quando na verdade foi um mártir protestante, Shakespeare mudou o nome para Falstaff.
59. Jan Hus nasceu em Husinec, Boêmia, entre 1369 e 1372. Cursou a Universidade de Praga, onde terminou seu mestrado em 1396 e, dois anos depois, começou a lecionar. Em 1401, tornou-se reitor. Hus não só pregou os ensinamentos de Wycliff, como traduziu suas obras para a língua tcheca. Condenado pelo Concílio de Roma (1412-1413), foi excomungado, detido em 1414 sob a acusação de heresia, e permaneceu preso durante sete meses, enquanto se processava o julgamento. Por não abjurar suas convicções, foi condenado como herege, despido e queimado na estaca, na cidade de Konstanz (Alemanha), em 6 de julho de 1415. Morreu cantando a ladainha em grego *Kyrie eleison* (Κύϱιε ἐλέησον, Senhor, tem misericórdia).
60. Steven Ozment, *The Age of Reform: 1250-1550*, New Haven, Yale Press, 1980, p. 169.
61. Paul Johnson, *A History of Christianity*, Londres, Weidenfeld e Nicolson, 1976, p. 260.
62. O Concílio de Konstanz durou mais de três anos, de 5 de novembro de 1414 a 22 de abril de 1418.
63. O donatismo foi um cisma que houve no cristianismo (311-393), no tempo de Constantino, quando Donato (Donatus, ?-355) assumiu o bispado de Cartago e rompeu com a Igreja. Os donatistas eram ascetas, valorizavam o martírio e queriam manter o clero puro, arguindo que o relacionamento da Igreja com o Estado, que cessara de perseguir os cristãos, indicava a perda da pureza e da fé. Esse movimento se desenvolveu na África do Norte e seu grande opositor foi Santo Agostinho.
64. Thomas Hobbes, *Leviathan*, Cambridge, Cambridge University Press, 2002, p. 470-471.
65. Sancti Thomae de Aquino, *Corpus Thomisticum — Scriptum super Sententiis*, liber II distinctio XLIV, Textum Parmae 1856 editum Pampilonae ad Universitatis Studiorum Navarrensis aedes A. D. MMII.
66. John of Salisbury, filósofo escolástico nascido na Inglaterra, foi secretário de Sir Thomas Becket e bispo de Chartres.

67. John of Salisbury, *Policraticus. Of the Frivolities of Courtiers and Footprints of Philosopher* (Cary J. Nederman ed.), Cambridge University Press, 1991, Book IV, p. 27-61.
68. Super Sent., lib. 2 d. 44 q. 2 a. 2 tit.
69. A frase de Sêneca citada em latim é:
"_______*Victima haud ulla amplior*
Potest, magisque opima mactari
Jovi quam rex iniquus."
A tradução aproximada da frase de Milton é: "[Não] se pode oferecer [literalmente: não se pode matar, como se fazia com animais oferecidos como sacrifício às divindades]\\ melhor sacrifício a Deus\\ do que um rei injusto e malvado." Milton traduziu aqui a passagem de Sêneca com um viés cristão, substituindo "Jove" ou "Júpiter" por "Deus". Estas palavras exprimem bem sua posição de adversário da dinastia Stuart, favorável à execução do rei Carlos I no tempo de Cromwell.
"*The Tenure of Kings and Magistrates: Proving that if is lawful, and hath been held so through all ages, for any, who have the power, to call to account a tyrant, or wicked king; and, after due conviction, to depose, and put him to death; if the ordinary magistrate have neglected, or denied to do it. And that they, who of late so much blame deposing, are the men that did it themselves.*" 1649. John Milton, *Poetical Works*, Londres, Everyman's Library, 1946, p. 482.
70. Karl Kautsky, *Der Ursprung des Christentums*, Stuttgart, J. H. W. Dietz Nachfolger, 1908, p. 24.
71. Essa é a história de Ehud:
"13 Eglom, unindo a si os amonitas e os amalequitas, foi e feriu a Israel, tomando a cidade das palmeiras (Jericó): 14 E os filhos de Israel serviram a Eglom, rei de Moab, dezoito anos.
15 Mas quando os filhos de Israel clamaram ao Senhor, o Senhor suscitou-lhes um libertador, Ehud, filho de Gera, benjamita, homem canhoto. E, por seu intermédio, os filhos de Israel enviaram tributo a Eglom, rei de Moab.
16 E Ehud fez para si uma espada de dois gumes, de um côvado de comprimento, e cingiu-a à coxa direita, por baixo das vestes.
17 E levou aquele tributo a Eglom, rei de Moab. Ora, Eglom era muito gordo:
18 Quando Ehud acabou de entregar o tributo, despediu a gente que o trouxera.
19 Ele mesmo, porém, voltou das imagens de escultura que estavam ao pé de Gilgal, e disse: Tenho uma palavra para dizer-te em segredo, ó rei. Disse o rei: Silêncio! E todos os que lhe assistiam saíram da sua presença.

20 Ehud aproximou-se do rei, que estava sentado a sós no seu quarto de verão, e lhe disse: Tenho uma palavra da parte de Deus para dizer-te. Ao que o rei se levantou da sua cadeira.
21 Então Ehud, estendendo a mão esquerda, tirou a espada de sobre a coxa direita, e lha cravou no ventre.
22 O cabo também entrou após a lâmina, e a gordura encerrou a lâmina, pois ele não tirou a espada do ventre:
23 Então Ehud, saindo ao pórtico, cerrou as portas do quarto e as trancou.
24 Tendo ele saído vieram os servos do rei; e olharam, e eis que as portas do quarto estavam trancadas. Disseram: Sem dúvida ele está aliviando o ventre na privada do seu quarto.
25 Assim esperaram até ficarem alarmados, mas ainda não abriam as portas do quarto. Então, tomando a chave, abriram-nas, e eis seu senhor estendido morto por terra.
26 Ehud escapou enquanto eles se demoravam e, tendo passado pelas imagens de escultura, chegou a Se'îra.
27 E assim que chegou, tocou a trombeta na região montanhosa de Ephraim; e os filhos de Israel, com ele à frente, desceram das montanhas.
28 E disse-lhes: Segui-me, porque o Senhor vos entregou nas mãos os vossos inimigos, os moabitas. E desceram após ele, tomaram os vaus do Jordão contra os moabitas, e não deixaram passar a nenhum deles.
29 E naquela ocasião mataram dos moabitas cerca de dez mil homens, todos robustos e valentes; e não escapou nenhum.
30 Assim foi subjugado Moab naquele dia debaixo da mão de Israel; e a terra teve sossego por oitenta anos.
31 Depois dele levantou-se Sangar, filho de Anate, que matou seiscentos homens dos filisteus com uma aguilhada de bois; ele também libertou Israel." *Juízes*, III, 13-31.

72. A história de Jehu e de Joram:
"21 Disse Joram: Aparelha-me o carro! E lho aparelharam. Saiu Joram, rei de Israel, com Akhazya, rei de Judá, cada um em seu carro para irem ao encontro de Jehu, e o encontraram no campo de Nabot, o yisreelita.
22 E sucedeu que, vendo Joram a Jehu, perguntou: Há paz, Jehu? Respondeu ele: Que paz, enquanto as prostituições da tua mãe Jezabel e as suas feitiçarias são tantas?
23 Então Joram deu volta, e fugiu, dizendo a Akhazya: Há traição, Akhazya!
24 Mas Jehu, entesando o seu arco com toda a força, feriu Joram entre as espáduas, e a flecha lhe saiu pelo coração; e ele caiu no seu carro.

25 Disse então Jehu a Bidkar, seu ajudante: Levanta-o, e lança-o no campo da herança de Nabot, o Yisreelita; pois lembra-te de indo eu e tu juntos a cavalo após seu pai Acabe, o Senhor pôs sobre ele esta sentença, dizendo:
26 Certamente vi ontem o sangue de Nabot e o sangue de seus filhos, diz o Senhor; e neste mesmo campo te retribuirei, diz o Senhor. Agora, pois, levanta-o, e lança-o neste campo, conforme a palavra do Senhor.
27 Quando Akhazya, rei de Judá, viu isto, fugiu pelo caminho da casa do jardim. E Jehu o perseguiu, dizendo: A este também! Matai-o! Então o feriram no carro, à subida de Gur, que está junto a Ibleam; mas ele fugiu para Megiddo, e ali morreu.
28 E seus servos o levaram num carro a Jerusalém, e o enterraram na sua sepultura junto a seus pais, na cidade de Davi.
29 Ora, Akhazya começara a reinar sobre Judá no ano undécimo de Joram, filho de Acabe.
30 Depois Jehu veio a Yisreel; que, ouvindo Îzebel, pintou-se em volta dos olhos, e enfeitou a sua cabeça, e olhou pela janela.
31 Quando Jehu entrava pela porta, disse ela: Teve paz Zimri, que matou a seu senhor?
32 Ao que ele levantou o rosto para a janela e disse: Quem é comigo? Quem? E dois ou três eunucos olharam para ele.
33 Então disse ele: Lançai-a daí abaixo. E lançaram-na abaixo; e foram salpicados com o sangue dela a parede e os cavalos; e ele a atropelou.
34 E tendo ele entrado, comeu e bebeu; depois disse: Olhai por aquela maldita, e sepultai-a, porque é filha de rei.
35 Foram, pois, para a sepultar; porém não acharam dela senão a caveira, os pés e as palmas das mãos." *II Reis*, IX, 21-35.

73. "*Omnia et singula determinata et decreta in materiis fidei per præsens concilium conciliariter et non aliter nec alio modo*." Nicolau, arcebispo de Gnesen, ordenou a prisão de von Falkenberg, e um comitê, formado para julgar sua obra, recomendou que ela fosse queimada. Veredito similar foi dado por uma assembleia reunida em Strasburg, em 1417, que condenou von Falkenberg à prisão perpétua e o papa Martinho V, ao regressar a Roma, levou-o consigo e o manteve confinado. Não se sabe se ele recuperou a liberdade nem quando morreu.
74. Sigmund von Luxemburg foi rei da Hungria, Alemanha, Boêmia e Itália e imperador do Sacro Império Romano-Germânico.
75. Em 7 de julho de 1456, sob a presidência de Jean Juvenal des Ursins, arcebispo de Reims, o processo e a sentença de 1431 foram declarados "*nuls, invalides, sans valeur et sans autorité*" por estarem "*entachés de vol, de ca-*

lomnie, d'iniquité, de contradiction, d'erreur manifeste en fait et en droit y compris l'abjuration, les exécutions et toutes leurs conséquences". Joana d'Arc foi beatificada pelo papa Pio X, em 18 de abril de 1909, e canonizada após a derrota da Alemanha, em 1920.

76. Em 1415, Jean sans Peur, o duque de Borgonha que mandara assassinar Luís d'Orléans (1407), assinou o Pacto de Calais com Henrique V, da Inglaterra, reconhecendo-o e aos seus descendentes como herdeiros do trono de França. Em 2 de dezembro de 1419, Phillippe, o Bom (filho de Jean sans Peur e novo duque de Borgonha), como representante de Carlos VI, rei de França, firmou outro acordo, em Arras, mediante o qual Henrique V casaria com Catherine de France, filha Carlos VI, e a herança da Casa de Valois reverter-se-ia para o rei da Inglaterra, após a morte de seus sogros. O tratado foi celebrado em Troyes em 2 de maio de 1420, o que uniria a França e a Inglaterra sob a coroa da Casa de Lancaster. O delfim Carlos foi assim eliminado da sucessão, pelos próprios pais e, oficialmente banido, refugiou-se além do Loire. Henrique V, porém, faleceu, com 36 anos, em 31 de agosto de 1422, na floresta de Vincennes, e dois meses depois, em 21 de outubro, Carlos VI também morreu. Henrique VI, o herdeiro inglês do trono, tinha apenas dez meses, e o duque de Bedford, regente da França, e o duque de Gloucester pretendiam coroá-lo em Reims, logo que estivesse em idade de pronunciar as fórmulas sagradas. O delfim Carlos, sem reino e sem dinheiro, vagava pelas poucas províncias que lhe restavam, quando lhe apareceu *la Pucelle*, com 16 anos, dizendo-lhe que ouvira vozes de santos (São Michel, Santa Catarina e Santa Margarita) e que Deus lhe atribuíra a missão de expulsar os ingleses da França.

77. Shakespeare registra a devastação causada na França pelos ingleses na sua peça teatral *Henrique VI*, na qual *la Pucelle* figura como personagem e, exortando o duque de Borgonha a voltar-se contra as forças do duque de Bedford, diz:
"*Look on thy country, look on fertile France,/ And see the cities and the towns defaced/ By wasting ruin of the cruel foe./................................/ Behold the wounds, the most unnatural wounds,/ Which thou thyself hast/ given her woeful breast./ O, turn thy edged sword another way;/ Strike those that hurt, and hurt not those that help.*" W. Shakespeare, *Henrique VI*, First Part, Act III, Scene III, in William Shakespeare, *Complete Works*, Nova York, Gramercy Books, 1990, p. 539.

78. John of Lancaster, duque de Bedford, era o terceiro filho do rei Henrique IV; o título foi criado quando seu irmão, Henrique V, subiu ao trono. Ele também recebeu os títulos de conde de Kendal e conde de Richmond (a

partir de 1414), bem como o de Protetor e Defensor da Inglaterra e da Igreja inglesa, sendo o principal conselheiro do Rei (*Regni Anglie et Ecclesie Anglicane Protector et Defensor ac Consiliaris Principalis domini Regis*). O outro filho de Henrique V era Humphrey, duque de Gloucester (1390-1447).

79. "Q: *Si l'Église militante vous indique que vos révélations sont des illusions, ou des choses diaboliques, reporterez-vous à l'église?*
A: *Je me reporterai à Dieu, dont le commandement sera toujours... Au cas où l'Église prescrirait le contraire, je ne devrais me référer aucun dans le monde, mais seul à Dieu, dont le commandement je suis toujours.*
Q: *Puis ne vous croyez-vous pas êtes-vous sujets à l'église de Dieu qui est sur terre, c'est-à-dire à notre seigneur le pape, aux cardinaux, l'archbishops, des évêques, et d'autres prelates de l'Église?*
A: *Oui, je me pense être sujet à eux, mais Dieu doit être servi d'abord.*" Extrato do interrogatório de Joana d'Arc.

80. Joana escreveu uma carta aos hussitas, datada de 23 de março de 1430, ameaçando comandar uma cruzada contra eles caso não regrassem à ortodoxia católica. A carta foi traduzida para o latim por seu confessor, Jean Pasquerel, e uma versão em alemão foi conservada no Arquivo de Viena.

81. "*Certaine femme y avait en effet surgi, d'une étonnante présomption, que le vulgaire appelait la Pucelle, et qui, à l'encontre de la décence naturelle, adoptant l'habit d'homme, couverte de l'armure militaire, s'entremit audacieusement de massacres humains en plusieurs rencontres belliqueuses et parut en divers combats. Et sa présomption monta à ce point qu'elle s'était vantée d'être envoyée de par Dieu pour mener ces luttes guerrières, et que saint Michel, saint Gabriel, une multitude d'autres anges, ainsi que les saintes Catherine et Marguerite, lui apparurent visiblement. Ainsi, durant presque une année entière, elle a séduit les populations de proche en proche, si bien que la plupart des hommes, détournés d'ouïr la vérité, donnaient créance aux fables que la rumeur publique propageait à travers presque tout l'univers sur les gentes de cette superstitieuse femme. Enfin a divine clémence, prenant en pitié son peuple qu'elle voyait tout ému et si légèrement donner dans ces incrédulités nouvelles et périlleuses au plus haut point, avant d'avoir la preuve qu'elle était inspirée de Dieu, a mis cette femelle en nos mains et notre puissance.*" *Lettre du roi d'Angleterre pour expliquer à l'Empereur et aux divers princes d'Europe la condamnation de Jeanne d'Arc (8 juin 1431).*"

82. William Shakespeare, *Henrique VI*, First Part, Act I, Scene II, in William Shakespeare, *The Complete Works*, Nova York, Gramercy Books, p. 526.

83. Friedrich Schiller, *Die Jungfrau von Orleans*, 5, Aufzug, 9, Auftritt, Stuttgart, Philipp Reclam, jun. 2002, p. 129.
84. Bernard Shaw, *Saint Joan,* Londres, Penguin Books, 1957, p. 7-28.
85. Procès de condemnation, 5ème interrogatoire public, Lettre de Jeanne d'Arc aux Français - 22 mars 1429. Francês medieval.
86. Bernard Shaw, *Saint Joan*, Londres, Penguin Books, 1957, p. 99.
87. Richard de Beauchamp, 5º conde de Warwick (1382-1439), tutor de Henrique VI.
88. Bernard Shaw, *Saint Joan*, Londres, Penguin Books, 1957, p. 99.
89. Os processos de condenação (1431) e de reabilitação (1456) são virtualmente as duas únicas fontes sobre a história de Joana d'Arc, que inspirou grandes teatrólogos, como Shakespeare, Schiller, Bernard Shaw e Bertolt Brecht.
90. Voltaire (François Marie Arouet), *Dictionnaire Philosophique,* Paris, GF Flamarion, 1964, p. 237.
91. Entre 1320 e 1339, o dominicano Nicolau Eymerich, autor do manual dos inquisidores (*Directorium Inquisitorum*), dirigiu a inquisição em Aragão. Em 1238, a inquisição foi estabelecida em Navarra sob a supervisão do dominicano Pedro de Leodegaria.
92. O amor da sincera devoção exige.
93. Luiz Nazário, "O julgamento das chamas: auto de fé como espetáculo de massa" in Anita Novinsky & Maria Luiza Tucci Carneiro, *Inquisição: Ensaio sobre mentalidade, heresias e arte,* São Paulo, Expressão e Cultura/Editora da Universidade de São Paulo, 1992, p. 529.
94. Rosemarie Érika Horch, "Motivos que levaram os livros luso-espanhóis a serem censurados no século XVI", *id., ibid.,* p. 483-484.
95. O livro da Revelação é o Apocalipse, palavra de origem grega — *apocalipses* — que significa revelação. É o único livro profético no Novo Testamento, colocado sempre no último lugar da Sagrada Escritura. Prediz o destino da humanidade, o fim do mundo e o começo de uma eterna vida. A interpretação era a de que ele previa o fim do Império Romano.
96. Sobre o tema, vide Friedrich Engels, *Der deutsche Bauernkrieg* in Marx & Engels, *Werke,* Band 7, Berlim, Dietz Verlag, 1978, p. 344-358.
97. *Apud* Karl Kautsky, *Vorläufer des Neueren Sozialismus,* Zweiter Band, *Der Kommunismus in der Deutschen Reformation*, Berlim, Verlag J.H.W. Dietz Nachf., 1947, p. 67.
98. O nome anabatista é derivado do grego *ana+baptizo*, que significa rebatizar, isto é, um segundo batismo, porque os afiliados a esse movimento não reconheciam o batismo na infância. O batismo devia ocorrer quando as pessoas se tornassem adultas.

99. Christopher Hill, *Society and Puritanism in Pre-Revolutionary England*, Londres, Penguin Books, 1991, p. 389-390.
100. Karl Kautsky, *Vorläufer des Neueren Sozialismus,* Zweiter Band, *Der Kommunismus in der Deutschen Reformation*, Berlim, Verlag J. H. W. Dietz Nachf., 1947, p. 237.
101. Catarina de Aragão fora anteriormente casada com Arthur, irmão de Henrique VIII, que alegou esse fato para requerer a anulação do seu matrimônio. Ela era uma princesa espanhola, o que lhe dificultava um entendimento com a França. Também ela não lhe dera um herdeiro varão.
102. Eduard Bernstein, *Cromwell and Communism. Socialism and Democracy in the Great English Revolution,* Nova York, Schoken Books, 1963, p. 19.
103. Christopher Hill, *Puritanism and Revolution,* Londres, Penguin Books, 1958, p. 41.
104. Vide Eduard Bernstein, *Sozialismus und Demokratie in der grossen englischen Revolution,* Hannover, Verlag J. H. W. Dietz Nachf. GmbH, 1964, p. 81-83.
105. Max Weber, *Die protestantische Ethik und der Geist des Kapitalismus,* Munique, FinanzBuch Verlag, 2006, p. 17-18, v. 1.
106. *Id., ibid.,* p. 65.
107. Eduard Bernstein, *Sozialismus und Demokratie in der grossen englischen Revolution,* Hannover, Verlag J. H. W. Dietz Nachf. GmbH, 1964, p. 27-30.
108. *Id., ibid.,* p. 27-30.
109. Christopher Hill, *O eleito de Deus. Oliver Cromwell e a Revolução Inglesa,* São Paulo, Companhia das Letras, 1988, p. 195.
110. *Id., ibid.,* p. 195.
111. Max Weber, *Die protestantische Ethik und der Geist des Kapitalismus*, Munique, FinanzBuch Verlag, 2006, p. 69-74.
112. Christopher Hill, *Society and Puritanism in Pre-Revolutionary England,* Londres, Penguin Books, 1991, p. 29-30.
113. *Id., ibid.,* p. 483.
114. Os reis da dinastia Tudor foram Henrique VII, Henrique VIII e Elisabeth I.
115. Christopher Marlowe, *The Tragical History of Doctor Faustus*, Act III, Scene II and III, in Christopher Marlowe, *The Complete Plays,* Londres, Penguin Books, 1986, p. 298-302. Há duas versões da obra de Marlowe: uma, de 1604, e outra, de 1616, que omite 36 linhas, mas acrescenta cerca de 676 outras.
116. *An Agreement of the Free People of England. Tendered as a Peace-Offering to this distressed Nation by Lieutenant Colonel John Lilburne, Master*

William Walwyn, Master Thomas Prince, and Master Richard Overton, Prisoners in the Tower of London, May the 1st, 1649.

117. Eduard Bernstein, *Sozialismus und Demokratie in der grossen englischen Revolution,* Hannover, Verlag J. H. W. Dietz Nachf. GmbH, 1964, p. 122-123.
118. H. N. Brailsford, *The Levellers and the English Revolution,* Nottingham, Spokesman Books, 1976, p. 9 e 417.
119. Christopher Hill, *The World Turned Upside Down — Radical Ideas During the English Revolution*, Middlesex (Inglaterra), Penguin Books, 1982, p. 69-70. Vide também Eduard Bernstein, *Sozialismus und Demokratie in der grossen englischen Revolution,* Hannover, Verlag J. H. W. Dietz Nachf. GmbH, 1964, p. 185-192. Vide também H. N. Brailsford, *The Levellers and the English Revolution,* Nottingham, Spokesman Books, 1976, p. 511-522.
120. O *Oxford English Dictionary* define os *Diggers* como "um setor dos Levellers em 1649 que adotou princípios comunistas no que diz respeito à terra, de acordo com os quais eles começaram a cavar [*to dig*] e plantar os *commons*". Aí a palavra *commons* designava as terras consideradas de propriedade comum (pertencentes à comunidade como um todo), mas que por isso não eram divididas em parcelas individuais ou familiares. Tampouco podiam ser apropriadas por um proprietário único (nem mesmo por um nobre ou grande ricaço local). Por tudo isso, eram frequentemente deixadas sem cerca ou sebe ao redor e sem cultivo.
121. *Id., ibid.,* p. 144.
122. Eduard Bernstein, *Sozialismus und Demokratie in der grossen englischen Revolution,* Hannover, Verlag J. H. W. Dietz Nachf. GmbH, 1964, p. 168-169.
123. H. N. Brailsford, *The Levellers and the English Revolution,* Nottingham, Spokesman Books, 1976, p. 659.
124. A *Declaration from the Poor Oppressed People of England, directed to all that call themselves, or are called Lords of Manors, through this Nation; That have begun to cut, or that through fear and covetousness, do intend to cut down the Woods and Trees that grow upon the Commons and Waste Land. Printed in the Yeer, 1649.*
125. O texto citado mantém o texto do original inglês, do século XVII.
126. Eduard Bernstein, *Sozialismus und Demokratie in der grossen englischen Revolution,* Hannover, Verlag J. H. W. Dietz Nachf. GmbH, 1964, p. 124-125.
127. H. N. Brailsford, *The Levellers and the English Revolution,* Nottingham, Spokesman Books, 1976, p. 656.

128. Christopher Hill, *The World Turned Upside Down — Radical Ideas During the English Revolution,* Middlesex (Inglaterra), Penguin Books, 1982, p. 124.
129. A. L. Morton, *História do povo inglês,* Rio de Janeiro, Civilização Brasileira, 1970, p. 222.
130. Christopher Hill, *The World Turned Upside Down — Radical Ideas During the English Revolution,* Middlesex (Inglaterra), Penguin Books, 1982, p. 55.
131. Paul Johnson, *Estados Unidos. La Historia,* Buenos Aires, Javier Vergara Editor, 2002, p. 71.

Este livro foi composto na tipografia Palatino,
em corpo 10,5/17, impresso em papel off-white no
Sistema Digital Instant Duplex da
Divisão Gráfica da Distribuidora Record.